Savigny international?

Herausgegeben von
Joachim Rückert
und Thomas Duve

Studien zur
europäischen Rechtsgeschichte

Veröffentlichungen des
Max-Planck-Instituts
für europäische Rechtsgeschichte
Frankfurt am Main

Band 291

Savignyana
Texte und Studien
Herausgegeben von Joachim Rückert
Band 13

Vittorio Klostermann
Frankfurt am Main
2015

Savigny international?

Herausgegeben von
Joachim Rückert
und Thomas Duve

Vittorio Klostermann
Frankfurt am Main
2015

Bibliographische Information der Deutschen Nationalbibliothek
Die Deutsche Nationalbibliothek verzeichnet diese Publikation in der Deutschen Nationalbibliographie; detaillierte bibliographische Daten sind im Internet über *http://dnb.dnb.de* abrufbar.

Druck: Wilhelm & Adam, Heusenstamm
Typographie: Elmar Lixenfeld, Frankfurt am Main

Gedruckt auf Alster Werkdruck der Firma Geese, Hamburg.
Alterungsbeständig ISO 9706 und PEFC-zertifiziert

Printed in Germany
ISSN 1610-6040
ISBN 978-3-465-04244-0

Inhalt

Vorwort

Am 24. und 25. Oktober 2011 fand in Frankfurt die Tagung ›Savigny international?‹ statt. In ihr sollte anlässlich des 150. Todestages des großen Frankfurter Juristen ein etwas anderer Blick auf sein Werk geworfen werden: Es sollte um Savigny-Übersetzungen, um Savigny-Bilder und Savigny-Schlüsselworte gehen. Wir wollten mehr wissen über die Aneignung der Texte dieses vielleicht bekanntesten deutschen Juristen des 19. Jahrhunderts in unterschiedlichen epistemischen Gemeinschaften. Wissenschaftlerinnen und Wissenschaftler aus Amerika, Asien und Europa haben sich auf Einladung von Joachim Rückert und Thomas Duve im Rahmen der International Max Planck Research School for Comparative Legal History auf diese Perspektive eingelassen, die in der rechtshistorischen Forschung – nicht zuletzt auch in vielen Arbeiten der in der IMPRS versammelten jüngeren Wissenschaftlerinnen und Wissenschaftler – immer größere Bedeutung bekommen hat.

Bei der Vorbereitung der Tagung haben insbesondere Nicole Pasakarnis, bei der Drucklegung Karl-Heinz Lingens wie stets tatkräftig mitgewirkt. Ihnen wie allen so förderlich und fruchtbar Beteiligten sei auch an dieser Stelle herzlich für ihre Beiträge und ihre Geduld gedankt.

Im März 2015 Thomas Duve und Joachim Rückert

Das Vorhaben: Drei Zugriffe. Savigny-Bilder. Übersetzungen. Schlüsselworte

Den Teilnehmern der Tagung wurde mit den Einladungen der folgende Text zum Vorhaben übermittelt. Das sollte der gemeinsamen Konzentration dienen:

Savigny steht immer wieder auf den Tagesordnungen. Im Jahr 2011 kommt ein besonderer Anlass hinzu. Er lohnt eigene Aufmerksamkeit.

1. Anlass und Relevanz

Am 25. Oktober 2011 jährte sich zum 150. Mal der *Todestag* Savignys. Dessen zu gedenken, ist kein leerer Ritus und kein übertriebener Personenkult. Denn Friedrich Carl von Savigny hat mit seiner allgemeinen Rechtslehre und seiner Privatrechtsdogmatik, die zudem über das Privatrecht hinaus ging, die juristische Moderne wesentlich begründet. In der dezidierten Abwendung von den Prinzipien des ständisch verfassten Ancien Régime und dem entschiedenen Neubau einer allgemeinen Rechtslehre aus dem Prinzip der gleichen Freiheit und gleichen Autonomie in Recht und Sittlichkeit, hat er für den Bereich der Jurisprudenz und des Rechts die große Sattelzeit um und nach 1800 entscheidend geprägt. Das hat seine Aktualität, zumal nach den Umbrüchen von 1989/90, keineswegs verloren. Gedenken ist also angebracht. Den Ritus lebendig und mit wissenschaftlicher Leidenschaft zu erfüllen, ist die immer neue Aufgabe.

Sie soll angegangen werden und zwar mit einer *internationalen wissenschaftlichen Konferenz*. Dabei soll es nicht um Forschungsberichte und Einflussforschungen als solche gehen. Vielmehr sollen die *Savigny-Bilder* Thema sein, deren Gestalt und deren Selektion, wie sie seit dem späten 19. Jahrhundert global konstruiert wurden. Im Rahmen der Rezeption und der Wirkungsgeschichte entstanden überall bestimmte Savigny-Bilder, die sich in bestimmter Weise von denen im deutschen Bereich unterscheiden.

Es erscheint sehr lohnend und aufschlussreich, historisch wie aktuell, diesen Savigny-Geschichten und -Bildern nachzugehen. Es ist noch nie versucht worden, dies etwas systematischer einzufangen. Konkret erscheinen folgende drei Zugriffe besonders lohnend:

Joachim Rückert

2. Drei Zugriffe

(1) *Der übersetzte Savigny.* Es existiert eine Fülle von Übersetzungen aus recht verschiedenen Zeiten, so zum Beispiel erst neuerlich eine vollständige russische Übersetzung, die freilich noch nicht im Druck erschienen ist. Diese Übersetzungen haben bestimmte Anlässe und Orte und Inhalte. Sie bieten Vorworte und Anmerkungen, sie veranlassten Rezensionen und Rezeptionen. Dem ist noch nie systematisch nachgegangen worden, obwohl gerade daraus überaus reicher Aufschluss für eine genauere Wirkungsgeschichte zu erwarten wäre. Für einen ersten Schritt kommt es dabei auf eine Bestandsaufnahme der Übersetzungen an. Wünschenswert sind dann Analysen der maßgebenden Kontexte und Wirkungen. Warum wurde übersetzt, von wem, aus welchem Anlass, aus welchem Interesse, in welcher Auswahl, mit welchen Wirkungen, mit welcher Kritik, usw.?

(2) *Die Blicke von außen.* Jede Rezeption bedeutet Verschiebungen der Perspektiven. Auf dem Fundament der Übersetzungen und anderer Rezeptionsquellen lassen sich die Blicke von außen erschließen. Es geht also nicht um Einflussforschung von Savigny her, sondern um die Savigny-Bilder, die gebildet werden. Für die Frage, welches Bild gebildet wurde, kann man ausgehen von den Angeboten, die schon im deutschen Raum vorlagen. Betont werden können der politische, der philosophische, der methodische, der dogmatische, der zivilrechtliche, der juristisch-grundbegriffliche, der allgemein ideengeschichtliche, auch der religiöse, der öffentlich-rechtliche, der soziale, der ökonomische Savigny. Hilfreich mag hier die Literaturanalyse bei Rückert, Savigny, 1984, sein, sowie die Analyse der Wirkungsgeschichte auf mehreren Ebenen in ders., Savignys Einfluss ... nach 1900, in: Rechtsgeschichte in den beiden deutschen Staaten, Frankfurt 1991, 34 ff. Welches Bild also wird rezipiert? Unter welchen Selektionen und Modifikationen geschieht dies? Welche Strömungen vor Ort bedienen sich dieses Bildes und welche nicht?

Generell wird man sagen können, dass die historische Schule ein eminenter Kulturfaktor war und ist. Sie bildet ein juristisch umfassendes, geistes-, politik- und sozialgeschichtliches Phänomen, sozialgeschichtlich indem sie den Juristenstand stark umgebildet und gefestigt hat. Sie wirkte und wirkt als Faktor der globalen Geistesgeschichte. Welchen Nerv hat ihre Konzeption in anderen Kulturen getroffen? Welches Bild davon nahm man sich zum Bild? Im neunzehnten Jahrhundert? Im zwanzigsten Jahrhundert? Inwiefern ist die Botschaft der Geschichtlichkeit des Rechts als Kulturfaktor wirksam geworden? Als Historismus oder als Historisierung? Welches Element wurde rezipiert – das mehr genetisch-historische oder das mehr prinzipiell-systematische? Oder beide, und dann in welchem Verhältnis? Und mit oder ohne die spezifische, objektiv-idealistische Metaphysik? Wann war dies der Fall, unter welchen Umständen und unter welchen Selektionen und Rezeptionen? Welche Selbstbilder wurden dadurch gefördert oder gehemmt? Mit welchen Interessenpolitiken und sozialen Entwicklungen sind bestimmte Rezeptionen und Bilder verknüpft? Was zeigen die Blicke von außen über unsere eigenen Bilder? Usw.

(3) *Analyse der Schlüsselworte.* Besonders aufschlussreiche Ergebnisse dürften sich aus einer Analyse bestimmter Savigny'scher Schlüsselworte und -passagen gewinnen lassen. Damit lassen sich aus kleinen Fragen große Funken schlagen. Es wäre von hohem Interesse, wie solche Schlüsselworte aus seiner Gesamtkonzeption in anderen Sprachen aufgenommen, verwendet und in Gebrauch genommen werden. Wenn die Bedeutung der Worte ihr Gebrauch in der Sprache ist (Wittgenstein, Philos. Untersuchungen, Nr. 43), dann muss es äußerst aufschlussreich sein, dem wirklichen Gebrauch Savigny'scher Schlüsselworte in anderen Sprachen nachzugehen. Geschieht dies zu den jeweils gleichen Textabschnitten, so ergibt sich auch die seltene Chance einer wahrhaft vergleichenden Bilanz der einzelnen Beiträge. Sie kann dann als eigenes Resümee genutzt werden. Wie steht es also mit »innerer Notwendigkeit«, mit »natürlich« und »willkürlich«, mit »wahrhaft historisch«, »von selbst«, »objektiv gegeben« und so weiter? Auch dies wäre gewiss eine sehr lohnende Arbeit. Über einige maßgebende Textabschnitte sollte man sich verständigen können.

Als Schlüsselworte und entsprechende Passagen bei Savigny kommen hier nur solche in Frage, die er selbst hat drucken lassen und die also zeitgenössisch Verbreitung finden konnten. Dafür kommen besonders folgende in Betracht:

- Aus dem *Beruf* gehören hierher jedenfalls aus Kap. 2 der Anfang, p. 8 und p. 14 über *innere stillwirkende Kräfte*, dann p. 22 über *Wissenschaft*, p. 117 über *bis zur Wurzel verfolgen* als Methode und p. 48 über den *zweyfachen Sinn.*
- Aus dem *System* Band I gehören hierher jedenfalls die Passagen p. 7 f. über *Rechtsverhältnis, organische Natur, sich offenbaren* und *lebendige Construction,* p. 16 f. über *Gestalt des Rechts, stete organische Entwicklung* und *natürlichen* Entwicklungsprozess sowie p. 207 f. über *freye Geistestätigkeit* und *Gesetz in seiner Wahrheit* erkennen.
- Aus der *Geschichte des römischen Rechts im Mittelalter* gehört hierher jedenfalls die Vorrede zum 1. Band.

Die gemeinsame Konzentration besonders auf diese Passagen sollte die Chance bieten, dass man anhand mehrerer Vorträge dazu sich auch vergleichend orientieren könnte über die Rezeptionen in unterschiedlichen Sprach- und Denkwelten. Freilich ist es dafür unverzichtbar, sich die Übersetzungen, Übersetzer usw. genauer anzusehen, um zu erkennen, ob sie und wie sie die allgemeinen und philosophischen Kontexte mitübersetzen oder nicht.

Im Sinne eines solchen Vergleichs hatte Aldo Mazzacane einen Vergleichenden Kommentar zum Schwerpunkt I übernommen und Hans-Peter Haferkamp einen Vergleichenden Kommentar zum Schwerpunkt II und dem Gesamtergebnis. Der Text von Haferkamp findet sich unten.

Joachim Rückert

Schwerpunkt I:

Savigny-Übersetzungen und Savigny-Bilder

Savigny-Übersetzungen und Savigny-Bilder in Frankreich

Savigny-Übersetzungen und Savigny-Bilder in Frankreich gehören zur allgemeinen Problematik der Savigny-Rezeption in Frankreich.

Diese lange Zeit in Frankreich vernachlässigte Problematik ist jetzt durch die ausführlichen Arbeiten der 80er und 90er Jahre von Olivier Motte,[1] Donald Kelley[2] und Alfons Bürge[3] sowie durch die neueren Arbeiten von Michel Boudot,[4] Jean-Louis Halpérin,[5] Jacky Hummel[6] und Olivier Jouanjan[7] in Frankreich besser bekannt. Außer von Donald Kelley, Jacky Hummel und Olivier Jouanjan wurde diese Savigny-Rezeption vor allem in rechtshistorischer Hinsicht untersucht.

Die Savigny-Rezeption in Frankreich scheint mir aber nur ein Teil der viel mehr studierten und diskutierten Rezeption der deutschen Kultur in Frankreich im Laufe des 19. Jahrhunderts zu sein.[8]

1 Olivier Motte, Savigny et la France, Bern 1980.

2 Donald R. Kelley, Historians and the Law in Postrevolutionary France, Princeton 1984.

3 Alfons Bürge, Das französische Privatrecht im 19. Jahrhundert – Zwischen Tradition und Pandektenwissenschaft, Liberalismus und Etatismus, Frankfurt am Main 1991, sowie Les Codes passeront – la raison des peuples restera, Constantin Dufour und die Rezeption von Savignys Programmschriften in Frankreich, in: ZRG, Rom. Abt. 1985, S. 344–384.

4 Michel Boudot, Les civilistes français face à l'œuvre de Savigny, in: Annuaire de l'Institut Michel Villey, I, 2009, S. 39–58.

5 Jean-Louis Halpérin, Entre nationalisme juridique et communauté de droit, Paris 1999, S. 47–66 und 88–98, insbes. 94–98, und Le recul de l'Ecole historique du droit ou le déclin de la méthode savignicienne, in: Annuaire (Anm. 4), S. 101–116.

6 Jacky Hummel, La réception de la pensée de Savigny sous la Monarchie de Juillet. Sur une controverse doctrinale opposant Laboulaye et Ledru-Rollin, in: Annuaire (Anm. 4), S. 117–139.

7 Olivier Jouanjan, Sur une réception française de Savigny (A l'occasion de la première traduction en langue française de De la vocation de notre temps pour la législation et la science du droit), in: Droits, 46, 2007, S. 159–181.

8 Siehe u.a. Louis Reynaud, L'influence allemande en France au XVIIIème et au XIXème siècle, Paris 1922; Jean-Marie Carré, Les écrivains français et le mirage

In dieser Hinsicht, um die Entstehung der Savigny-Übersetzungen und die Bildung der Savigny-Bilder in Frankreich wohl zu verstehen, wäre es notwendig diese Savigny-Rezeption im Zusammenhang mit der allgemeinen Rezeption der deutschen Kultur in Frankreich in der Restaurationszeit und in der Zeit der Juli-Monarchie bis zum *Second Empire* zu erforschen. Savignys Ausstrahlung und Einfluss in Frankreich zu dieser Zeit erscheinen mir nur als eine Seite der vielseitigen Entdeckung der deutschen Kultur durch die französischen Oberschichten und Intellektuellen seit dem Ende der Napoleonischen Ära.

So sollte man sich in einem Einleitungsteil mit diesem allgemeinen Rahmen der Savigny-Rezeption in Frankreich befassen – sei es mit dem allgemeinen kulturellen, philosophischen, politischen und wissenschaftlichen Zusammenhang oder mit dem spezifischen juristischen und rechtshistorischen Kontext.[9]

Man sollte sich ganz besonders mit den Hauptvermittlern der historischen Schule – Rechtsgelehrten oder Zeitschriften – beschäftigen. Es sei hier in erster Linie an die echten Apostel und Missionare der deutschen rechtshistorischen Schule in Frankreich erinnert – wie man sie genannt hat[10] –, einerseits an die Gestalten der deutschen und ausländischen Rechtsgelehrten Leopold-August Warnkönig (1794–1866),[11] Louis Wolowski (1810–1876)[12] und Pellegrino Rossi (1787–1848),[13] andererseits an diejenigen der französischen Rechtshisto-

allemand 1800–1940, Paris 1947, und insbes. André Monchoux, L'Allemagne devant les Lettres françaises de 1814 à 1835, Paris 1953. Vgl. auch Claude Digeon, La crise allemande de la pensée française (1870–1914), Paris 1959.

9 In dieser Hinsicht vgl. Olivier Motte, Lettres inédites de juristes français du XIXème siècles conservées dans les archives et bibliothèques allemandes, Bd. 1, Bonn 1989, Introduction, S. 12–95, und Bürge, Das französische Privatrecht (Anm. 3), S. 150–225.

10 Vgl. Pierre Legendre, Méditation sur l'esprit libéral: la leçon d'Edouard de Laboulaye, juriste-témoin, in: Revue de droit public, 1971, S. 83, welcher Laboulaye als »Missionar« der historischen Rechtsschule Savignys bezeichnet. Der erste, der von »Mission« sprach, war aber schon zur Zeit L. A. Warnkönig in seinem Tagebuch (V, 15. und 27.4.1827), zit. von Gisela Wild, Leopold August Warnkönig 1794–1866 – Ein Rechtslehrer zwischen Naturrecht und historischer Schule und ein Vermittler deutschen Geistes in Westeuropa, S. 14, welche dazu hinzufügt: »Freilich versteht er darunter allein die Anschauungen der historischen Schule über das Recht und die Rechtsgeschichte, und verlangt die Bekehrung der »französischen Freunde« auf sein »feuriges« Werben«, S. 15.

11 Vgl. Wild, Warnkönig (Anm. 10)

12 Vgl. Emile Levasseur, La vie et les travaux de Wolowski, Paris 1877, und Anthony Roulliet, Wolowski. Sa vie et ses travaux, Paris 1881, sowie die ausführliche biographische Notiz von Motte, Lettres (Anm. 9), Bd. 2, S. 1687–1694, und diejenige vom Dictionnaire historique des juristes français (DHJF), Paris 2007, S. 782–783.

13 Über P. Rossi, siehe Des libertés et des peines, Actes du Colloque Pellegrino Rossi de Genève 1979, Genf 1980, insbes. Pio Caroni, Pellegrino Rossi et Savigny –

riker und Publizisten Athanase Jourdan (1791–1826),[14] Gründer der *Thémis*, Henri Klimrath (1807–1837),[15] Eugène Lerminier (1803–1857)[16] und Edouard de Laboulaye (1811–1883)[17] sowie an die Römischrechtler aus Südfrankreich Charles-Auguste Pellat (1793–1871),[18] Charles Giraud (1802–1881)[19] und Ray-

L'Ecole historique du droit à Genève, S. 15–40, sowie ALFRED DUFOUR, Hommage à Pellegrino Rossi (1787–1848), Genevois et Suisse à vocation européenne, Basel-Genf-München 1998 und LUIGI LACCHE (Hg.), Un Liberale europeo: Pellegrino Rossi (1787–1848), Atti della giornata di studio, Macerata 1998, Mailand 2001 und DHJF, S. 678–680.

14 Zu Athanase Jourdan vgl. das klassische Werk von JULIEN BONNECASE, La »Thémis« (1819–1831). Son fondateur, Athanase Jourdan, Toulouse 1912, sowie ANTON HANSEN, Athanase Jourdan, Ein Beitrag zur französischen Rechtsphilosophie des beginnenden 19. Jahrhunderts, Heidelberg 1957, die ausführliche biographische Notiz von MOTTE, Lettres (Anm. 9), Bd. 1, S. 892–904, und DHJF, S. 431–432.

15 Über Henri Klimrath, siehe JULIEN BONNECASE, La pensée juridique française de 1804 à l'heure présente, Bordeaux 1933, Bd. 1, S. 366–376, sowie ders. La Faculté de Droit de Strasbourg. Ses maîtres et ses doctrines, sa contribution à la science juridique française du dix-neuvième siècle, Toulouse 1916, S. 184–188; vgl. auch MOTTE, Lettres (Anm. 9), Bd. 2, S. 1005–1008, sowie DHJF, S. 439–440.

16 Zu Eugène Lerminier siehe BONNIE G. SMITH, The Rise and Fall of Eugène Lerminier, in: French Historical Studies, Bd. XII, 1982, S. 377–400; GEORGES NAVET, Eugène Lerminier (1803–1857): la science du droit comme synthèse de l'histoire et de la philosophie, in: Revue d'histoire des sciences humaines, 2000, 1, n° 4, S. 33–56, sowie JEAN-LOUIS DUMAS, La philosophie du droit au XIXème siècle: Lerminier, in: Archives de Philosophie du Droit (APD), 17, 1972, S. 375–379, MOTTE, Lettres inédites (Anm. 9), Bd. 2, S. 1164–1169, und DHJS, S. 497–498.

17 Über Edouard de Laboulaye und sein Werk siehe in der reichlichen Literatur JACQUES FLACH, La vie et les œuvres de M. Edouard Laboulaye, in: Revue politique et littéraire, III, Bd. 7, 1884, S. 610–618; EMILE BOUTMY, Taine, Scherer, Laboulaye, Paris 1901, sowie JEAN DE SOTO, Edouard de Laboulaye, in: Revue internationale d'histoire politique et constitutionnelle, NS, 5, 1955, S. 114–150; LEGENDRE, Méditation (Anm. 10), S. 83–122; MOTTE, Savigny (Anm. 1), S. 115–191, sowie die wichtige Dissertation von ANDRÉ DAUTERIBES, Les idées politiques d'Edouard de Laboulaye (1811–1883), 2 Bde (maschinenschriftlich), Montpellier 1989. Vgl. auch die ausführliche bio-bibliographische Notiz von MOTTE, Lettres (Anm. 9), Bd. 2, S. 1036–1055, und diejenige vom DHJF, S. 444–446.

18 Zu Charles-Auguste Pellat, vgl. außerdem den Nachruf von GUSTAVE BOISSONADE, M.C.-A. Pellat, in: Revue de Législation ancienne et moderne, 2, 1872, S. 102–104, MOTTE, Savigny (Anm. 1), S. 200–210, und ders. Lettres inédites (Anm. 9), Bd. 2, S. 1415–1419 und DHJF, S. 614–615.

19 Zu Charles Giraud vgl. den Nachruf von ADHEMAR ESMEIN, Charles Giraud. Notice sur sa vie et ses œuvres juridiques, in: Nouvelle Revue historique de droit français et étranger (NRHDFE), 1883, S. 229–247, welcher Giraud als »einen der berühmtesten Vertreter der historischen Schule (l'un des plus illustres représentants de l'école historique)« bezeichnet, sowie denjenigen von HENRY MONNIER,

mond Bénech (1807–1855),[20] Gründer der *Académie de Législation* von Toulouse,[21] um nur die Eifrigsten unter ihnen zu nennen. Unter ihnen wäre noch die verschiedenartige Beherrschung der deutschen Sprache näher zu untersuchen.[22]

Es sollte ebenfalls die Schlüsselrolle der Rechtsfakultät Straßburg zwischen deutscher und französischer Rechtswissenschaft untersucht werden,[23] von J.G.D. Arnold (1780–1829) und H. Klimrath bis zu P.L.A. Eschbach (1814–1860)[24] um nicht von Charles Aubry (1802–1883) und Charles Rau (1803–1877)[25] zu sprechen.

Notice sur les travaux juridiques de M.Ch. Giraud, Revue critique de législation et de jurisprudence (RCLJ) NS, 10, 1881, S. 690–704, Motte, Savigny (Anm. 1), S. 151–152, und ders. Lettres, (Anm. 9), Bd. 1, S. 808–816, sowie DHJF, S. 372–374.

20 Über Raymond-Osmin Bénech, neben dem Nachruf von Victor Molinier, Notice historique et bibliographique sur la vie et les travaux de M. Bénech, RCLJ, 10, 1857, S. 169–189, siehe die bio-bibliographische Notiz von Motte, Lettres (Anm. 9), S. 255–259, sowie Bürge, Das französische Privatrecht (Anm. 3), S. 168–169, und DHJF, S. 64–65.

21 Dazu vgl. Bürge, a.a.O.

22 Vgl. dazu den Abschnitt von Bürge, Das französische Privatrecht (Anm. 3), Die Überwindung der Sprachbarriere, S. 169–173. Hier sollte unter den Rechtsgelehrten zwischen denjenigen unterschieden werden, welche deutscher Abstammung sind, wie L.A. Warnkönig und J.J. Foelix (1791–1853), oder ausländischer Abstammung, wie P. Rossi, L. Wolowski und J. Bergson (1815–1863), aber deutsch gut beherrschen, denjenigen französischer Abstammung, die sich die Mühe gegeben haben deutsch zu lernen, wie E. de Laboulaye, E. Lerminier, Ch. Guenoux, Ch.-A. Pellat, Ch. Giraud, R. Bénech und C. Dufour (1805–1885), und schliesslich denjenigen, welche die deutsche Literatur nur aus zweiter Hand kennen wie A.M.J.J. Dupin (1783–1865), Auguste Ledru-Rollin (1787–1874) und Pascal Duprat (1816–1885). Wie wir sehen werden, werden die zwei letztgenannten gegen Savigny scharf polemisieren, wobei beide Savigny gelegentlich grob missverstehen: so wenn Savigny im Vom Beruf behauptet, dass »der Code in Deutschland eindrang, und krebsartig immer weiter frass« (Kap. I, S. 2), verstehen sie beide, dass für Savigny »le Code est une espèce d'écrevisse, qui s'est glissée en Allemagne« und deuten diesen Vergleich, wie Ledru-Rollin, als »groben deutschen Witz (plaisanterie tudesque)« in: De l'influence de l'Ecole française sur le droit au XIXème siècle, Paris 1845, S. XXXIX; siehe gleiche Missdeutung bei P. Duprat, Des idées de Savigny en France ou la Contre-Révolution dans le Droit, in: Revue indépendante, 15, 1844, S. 495.

23 U.a. vgl. Bonnecase, La Faculté de droit de Strasbourg (Anm. 15) und Bürge, Das französische Privatrecht (Anm. 3), S. 165–167.

24 Über diese Professoren der Rechtsfakultät Straßburg, siehe Bonnecase, La Faculté (Anm. 15), S. 164–168, 191–194 und 232–237. Insbes. zu Georges-Daniel Arnold, vgl. Marcel Thomann, Georges-Daniel Arnold (1780–1829), Professeur à la Faculté de droit de l'Université de Strasbourg, in: Bulletin de la Société académique du Bas-Rhin, NS, Bd. 79–80, 1981–1982, S. 169–171, sowie Motte, Lettres (Anm. 9), Bd. 1, S. 213–217; zu Henri Klimrath, siehe oben

Es sei aber auch an die einflussreiche Rolle der Zeitschriften in der Rezeption der deutschen historischen Schule erinnert. Unter den zahlreichen kulturellen Pariser Zeitschriften,[26] die zu dieser Rezeption beitrugen, seien nur die drei wichtigsten erwähnt:[27] *Le Globe* (1824–1832),[28] die *Revue de Paris* (1829–1845),[29] die *Revue des deux Mondes* (ab 1829)[30] – aber auch die *Revue encyclopédique* (1819–1834) und die *Revue française* (1828–1830)[31] sollten erforscht werden und dazu müsste man unbedingt die drei Hauptzeitschriften der französischen Germanisten hinzufügen: die erste *Revue germanique* (1826–1828), die *Nouvelle Revue germanique* (1829–1837) und die spätere *Revue germanique* (1858–1868) von Dollfuss und Nefftzer.[32]

Man sollte sich auch viel mehr mit allen juristischen Zeitschriften befassen, welche sich mit der Verbreitung der Lehren und der Werke von Savigny und seiner Schule beschäftigten.

Nur die berühmtesten möchte ich hier erwähnen, das heißt, einerseits die von Rossi in Genf gegründeten *Annales de législation* (1820–1823)[33] und die Pariser

(Anm. 15) und zu Prosper-Louis-Auguste Eschbach, Motte, Lettres (Anm. 9), Bd. 1, S. 623–624, und DHJF, S. 653.

25 Zu Charles Aubry und zu Charles Rau, vgl. Bonnecase, La Faculté (Anm. 15), S. 194–209. Insbes. zu Ch. Aubry, siehe Motte, Lettres (Anm. 9), Bd. 1, S. 243–245, sowie DHJF, S. 22–23, und zu Ch. Rau, DHJF, S. 653.

26 Über diese kulturellen Pariser Zeitschriften im allgemeinen, vgl. Monchoux, L'Allemagne (Anm. 8), S. 165–217.

27 Unter den 7 nach Monchoux, L'Allemagne (Anm. 8), S. 190–217, bemerkenswertesten kulturellen Pariser Zeitschriften betrachten wir nur *Le Globe* (1824–1832), die *Revue de Paris* (1829–1845) und die *Revue des Deux Mondes* (ab 1829).

28 Über *Le Globe* siehe außerdem Monchoux, L'Allemagne (Anm. 8), S. 196–205, Jean-Jacques Goblot, *Le Globe*, 1824–1830, Paris 1993.

29 Über die *Revue de Paris*, siehe Monchoux, L'Allemagne (Anm. 8), S. 207–210.

30 Zur *Revue des Deux Mondes*, siehe neben Monchoux, L'Allemagne (Anm. 8), S. 214–216, Gabriel de Broglie, Histoire politique de la *Revue des Deux Mondes*, Paris 1979.

31 Dazu siehe Monchoux, L'Allemagne (Anm. 8), S. 193–196 sowie 177–178.

32 Zu diesen verschiedenen Germanistenzeitschriften, vgl. Monchoux, L'Allemagne (Anm. 8), S. 218–229, sowie Georges Pariset, La *Revue Germanique de Dollfuss et Nefftzer* (1858–1868), Paris 1906.

33 Durch P. Rossi, E. Dumont, Ch.L. de Sismondi und P.F. Bellot als *Annales de Législation et de Jurisprudence* gegründet verwandelte sie sich 1822–1823 in *Annales de Législation et d'Economie politique*. Vgl. Alfred Dufour, Genève et la science juridique européenne du début du XIXème siècle: la fonction médiatrice des *Annales de Législation* (1820–1823), in: Jean-François Kervégan und Heinz Mohnhaupt (Hg.), Wechselseitige Beeinflussungen und Rezeptionen von Recht und Philosophie in Deutschland und Frankreich, Jus Commune, Sonderhefte 144, Frankfurt am Main 2001, S. 288–328.

Thémis (1819–1831) von Athanase Jourdan,[34] andererseits die *Revue de législation et de jurisprudence* (1834–1852) von Louis Wolowski (1810–1876)[35] und die *Revue étrangère et française de législation* (1833–1843) von Jean-Jacques Gaspard Foelix (1791–1853)[36] sowie die *Revue historique de droit français et étranger* (1855–1869) von Edouard de Laboulaye.[37]

Die meisten dieser kulturellen und juristischen Zeitschriften wimmeln von Anzeigen, Rezensionen und Aufsätzen, welche sich auf die Veröffentlichung und die Verbreitung der Savigny-Werke sowie der Savigny-Übersetzungen beziehen.[38]

Im begrenzten Rahmen dieses Beitrages müssen wir aber auf eine eingehende Untersuchung dieser Literatur verzichten. Unter diesen Umständen werden wir uns hier darauf beschränken, die eigentlich vorgeschlagenen Themen im

34 Vgl. Bonnecase, La »Thémis« (Anm. 14), sowie in jüngsterer Zeit Bürge, Das französische Privatrecht (Anm. 3), S. 152–161.

35 Vgl. Motte, Lettres (Anm. 9) Bd. 2, 1689–1693, und A. Bürge, Das französische Privatrecht (Anm. 3), S. 159–161, 251–252 und 279. Gegründet 1834 – siehe Levasseur, La vie (Anm. 12) S. 9–10 –, fusionnierte die Revue de législation et de jurisprudence 1852 mit der 1851 gegründeten Revue critique de la jurisprudence en matière civile und wurde umbenannt in Revue critique de la législation et de la jurisprudence.

36 Vgl. Barbara Dölemeyer, Karl Josef Anton Mittermaier und Jean Jacques Gaspard Foelix – Zwei Pole juristischer Kommunikation im 19. Jahrhundert, in: Kervégan und Mohnhaupt, Wechselseitige (Anm. 33), S. 260–285, insbes. S. 278–281.

37 Die Revue historique de droit français et étranger (RHD) wird ab 1870 bis 1876 durch die Revue de législation ancienne et moderne weitergeführt, verwandelt sich ab 1877 bis 1921 in Nouvelle Revue historique de droit français et étranger (NRHDFE) und wird wieder ab 1922 als Revue historique de droit français et étranger (RHD) fortgeführt. Über Zweck und Methode der neugegründeten Zeitschrift, siehe den Einleitungsaufsatz von Laboulaye, De la méthode historique en jurisprudence et de son avenir, RHD, 1, 1855, S. 1–23.

38 Es sei hier nur auf die ausführliche mit zahlreichen Exzerpten versehene Besprechung von Savignys *Recht des Besitzes* durch Warnkönig in der *Thémis*, 3, 1821, S. 224–235; 445–460; 4, 1822, S. 234–256; 5, 1823, S. 345–366 und 468–477, hingewiesen sowie auch auf diejenigen von Savignys *Beruf* in *Le Globe* V, Nr. 59, 1827, S. 309–311, und von Guenoux's Übersetzung der *Geschichte des römischen Rechts im Mittelalter* durch Lerminier in *Le Globe*, VIIIe Année, Nr. 197, 1830, S. 791–792, und in der *Revue française*, VII–VIII, 1829, S. 84–124 und 77–100; es sei aber auch auf die ebenso ausführliche Rezension von Guenoux's französischer Übersetzung der *Geschichte des römischen Rechts* durch J.M. Pardessus (1772–1853) im *Journal des Savants*, 1840, S. 41–52; 93–111, 152–165 und 460–470, an die anonyme französische Analyse derselben Übersetzung in der *Revue des deux Mondes*, XIX, 1839, S. 437–439, oder an die gleichzeitigen Ankündigungen von Savignys *System des heutigen römischen Rechts* und von Guenoux's Übersetzung desselben in der *Revue de législation et de jurisprudence*, 9, 1839–1840, S. 400, verwiesen.

engeren Sinne zu behandeln, das heißt die Savigny-Übersetzungen und die Savigny-Bilder im französischen Sprach- und Kulturraum.

I.

Kommen wir jetzt zum ersten Hauptteil dieses Referates, das heißt zu der Geschichte der Savigny-Übersetzungen ins Französische, wobei wir hauptsächlich die *äußere Geschichte* betrachten werden.

Von vornherein muss man hier zwischen A) *Teilübersetzungen* und B) *veröffentlichten Werken* unterscheiden.

A) Unter *Teilübersetzungen* muss man auch einen Unterschied machen zwischen den als *Torso* verbliebenen Übersetzungsversuchen und *Exzerpten*, die nie zum Teil eines vollständigen Übersetzungsversuchs gehörten.

Einige dieser als Torso verbliebenen Übersetzungen wurden teilweise publiziert: das war der Fall der ersten Übersetzungsfragmente der *Geschichte des Römischen Rechts* von Louis Meynier (1791–1867),[39] die nur zum Teil in den Genfer *Annales de législation* zwischen 1820 und 1822[40] und später 1824 in der Pariser *Thémis*[41] erschienen sind.

Andere dieser Torsi sind ganz verschwunden. Das ist zuerst der Fall der weitererarbeiteten Übersetzungen der *Geschichte des Römischen Rechts* vom Genfer Advokat Antoine Cerclet (1797–1849)[42] und vom zukünftigen Professor für Römisches Recht in Aix-en-Provence Louis Etienne (1799–1885).[43] Das ist

39 Zum Juristen und Rechtshistoriker Louis Meynier, siehe Dufour, Genève (Anm. 33), S. 303–304, sowie den Brief von Meynier an Savigny vom 30.XI.1821 zit. in Motte, Lettres (Anm. 9), Bd. 2, S. 1266–1268; vgl. auch ders. S. 1261–1262, und Savigny (Anm. 1), S. 96 u. 100.

40 Vgl. *Annales* (Anm. 33), 1, 1820, S. 70–100, und 181–230; 2, 1821, S. 99–140; 3, 1822, S. 56–99.

41 Vgl. *Thémis*, 6, 1824, S. 261–268; es handelt sich tatsächlich um einen abgekürzten und leicht veränderten Auszug des ersten Teiles des ersten Beitrages Meyniers zu den Genfer *Annales*, 1, 1820, S. 70–79 (siehe Anm. 40).

42 Zum Advokat Antoine Cerclet, siehe Dufour, Genève, (Anm. 33), S. 304. Über die Beziehungen zwischen L. Meynier und A. Cerclet, der beauftragt wurde, Meyniers Übersetzungen weiterzuführen und zu beendigen, vgl. den zitierten Brief von Meynier an Savigny (Anm. 39) bei Motte, Lettres (Anm. 9), Bd. 2, S. 1267, sowie *Thémis*, 6, 1824, S. 261, (Fn 1).

43 Über Louis Etienne, der später von den Redaktoren der *Thémis* beauftragt wurde, die Übersetzungen von Meynier und von Cerclet zu Ende zu führen, siehe Motte, Savigny (Anm. 1), S. 95–96, sowie über die Rolle der Redaktoren der *Thémis* in der Weiterführung dieses Übersetzungsunternehmens den Brief von A. Jourdan an F. C. von Savigny vom 25.10.1825 bei Motte, Lettres (Anm. 9), Bd. 1, S. 935.

auch dann der Fall der zwei gescheiterten Versuche der Übersetzung des *Recht des Besitzes* am Ende der 30er Jahre vom wohlbekannten Römischrechtler Charles-Auguste Pellat[44] und von einem gewissen Herrn Desmoutis nach dem Briefwechsel von Pellat mit Savigny aus den Jahren 1837 und 1840.[45] Und hier muss noch bemerkt werden, dass, wenn Pellat auf die Veröffentlichung seiner Übersetzung verzichtet, so ist es weil 1840–1841 zwei weitere Übersetzungen des *Rechts des Besitzes* in Brüssel und Paris erscheinen sollten.[46]

Was die *Exzerpte* aus Übersetzungen von Werken Savignys betrifft, die nie zum Teil eines vollständigen Übersetzungsversuches wurden, so handelt es sich – außer den soeben erwähnten Fragmenten aus der Übersetzung der *Geschichte des Römischen Rechts* von Louis Meynier – hauptsächlich um *Exzerpte* aus freien oder buchstäblichen Übersetzungen aus dem *Recht des Besitzes* in der ausführlichen Rezension, die L. A. Warnkönig 1821 bis1823 in der *Thémis* publizierte,[47] sowie aus den sogenannten *programmatischen Schriften*[48] in Werken von Lerminier, Laboulaye und Rivier. Das ist der Fall von ein paar Seiten aus dem *Vom Beruf* in Lerminiers Besprechung dieses Werkes in *Le Globe* (1827) sowie in seiner *Introduction générale à l'histoire du droit* (1830).[49] Das Gleiche gilt vom Einleitungsaufsatz der *Zeitschrift für geschichtliche Rechtswissenschaft* »Über den Zweck dieser Zeitschrift« aus dem Jahre 1815 bei Laboulayes buchstäblicher achtseitiger Übersetzung in der *Einleitung* seiner *Histoire de la propriété foncière en*

44 Über Charles-Auguste Pellat, der jahrzehntelang (1829–1871) Pandekten an der Pariser Rechtsfakultät las, siehe Motte, Savigny (Anm. 1), S. 193–220, sowie Lettres (Anm. 9), Bd. 2, S. 1415–1419, und DHJF, S. 614–615.

45 Dazu vgl. Motte, Savigny (Anm. 1), S. 208–209.

46 Dazu siehe Brief von Pellat an Savigny vom 12. März 1840, in Motte, Savigny (Anm. 1), S. 209–210. Es handelt sich um die Übersetzungen von Jules Beving und von Charles Faivre d'Audelange, siehe unten S. 10, Anm. 58–59.

47 Vgl. *Thémis*, 3, 1821, S. 224–235 und 445–460; 4, 1822, S. 234–256; 5, 1823, S. 345–366 und 468–477, siehe oben Anm. 38.

48 Zur Problematik der Benennung der »programmatischen Schriften« Savignys, siehe Alfred Dufour, Savignys Stimmen für und wider neue Gesetzbücher – Eine wenig studierte Programmschrift des Begründers der historischen Rechtsschule, in: Pascal Pichonnaz (Hg), Spuren des römischen Rechts, Festschrift für Bruno Huwyler, Bern 2007, S. 171–172. Unter »programmatischen Schriften« verstehen wir mit der herrschenden Lehre, von E. Landsberg bis zu F. Wieacker, neben dem *Beruf*, den Einleitungsaufsatz der Zeitschrift für geschichtliche Rechtswissenschaft (ZgRw), Über den Zweck dieser Zeitschrift, ZgRw, 1, 1815, S. 1–17, die berühmte Gönner-Rezension, (ZgRw) 1, 1815, 3, S. 373–423, und den Rezensionsaufsatz Stimmen für und wider neue Gesetzbücher (ZgRw), 3, 1816, 1, S. 1–52.

49 Vgl. Eugene Lerminier, Introduction générale à l'histoire du droit, Bruxelles, 1830, Kap. XVII, S. 214–220. Ab S. 212 bis S. 222 begnügt sich tatsächlich Lerminier in diesem Kapitel seines Buches den Text seiner oben zitierten Besprechung des *Vom Beruf* aus der Zeitschrift *Le Globe*, V, 1827, N. 59 (Anm. 38) fast wörtlich zu wiederholen.

Occident (1839)[50] oder bei Alphonse Rivier, dem berühmten Genfer Römisch- und Völkerrechtler, in der *Antrittsrede* seiner *Introduction historique au droit romain* aus dem Jahre 1872.[51]

B) Nun, was die Geschichte der vollständig veröffentlichten Übersetzungen von Savignys Werken anbelangt, darf man äußerlich insgesamt drei Hauptperioden unterscheiden. Die Geschichte der Savigny-Übersetzungen entwickelt sich tatsächlich in *drei Wellen*.

1. Die *erste Welle*, welche von einer Periode verschiedener gescheiterter Versuche in der Restaurationszeit eingeleitet wird,[52] erstreckt sich vom Anfang der 20er Jahre bis zum Ende der 40er Jahre. Sie entspricht der geschichtlichen Periode der Restauration und der Juli-Monarchie.[53] Es ist die Blütezeit der Savigny-Rezeption in Frankreich, die ihren Höhepunkt 1837 mit der Ernennung Savignys zum ausländischen Mitglied der *Académie des sciences morales et politiques* erreicht[54] – eine Periode, welche sich aber nicht ohne Widerstand der Anhänger der *Ecole de l'Exégèse* entwickelt.[55]

50 Vgl. Edouard Laboulaye, Histoire du droit de propriété foncière en Occident, Paris 1839, Introduction, S. 24–32.

51 Vgl. Alphonse Rivier, Introduction historique au droit romain, Brüssel–Berlin–Genf–Paris, 1872, Leçon d'ouverture, S. 18–22.

52 Siehe oben S. 7, Anm. 39–43.

53 Dazu siehe Motte, Savigny (Anm. 1), S. 11–12, sowie Lettres (Anm. 9), Bd. 1, S. 40–45. Zum äußeren Rahmen dieses Eindringens der historischen Rechtsschule in Frankreich, siehe was die allgemeine geistige Strömung anbelangt Bürge, Das französische Privatrecht (Anm. 3), S. 150–165, und, was die politische Lage betrifft, Motte, Savigny (Anm. 1), S. 13–14.

54 Nach dem Secrétaire perpétuel de l'Académie des Sciences Morales et Politiques François Mignet, Nouveaux Eloges historiques, Paris (1864) 1877[2], De Savigny, S. 3: »L'Académie des Sciences morales et politiques le [= titre d'associé étranger] lui avait conféré comme au plus éminent représentant de la science du droit, comme à l'auteur de nombreux et mémorables ouvrages, à l'homme d'Etat qui sut appliquer avec sagesse et avec mesure cette même science juridique qu'il avait illustrée par ses livres et par son enseignement«.

55 Zu diesem Widerstand, siehe u.a. Bürge, Das französische Privatrecht (Anm. 3), S. 156–157, Motte, Lettres (Anm. 9), Bd. 1, S. 45, mit Hinweisen auf Edouard Bonnier, Du système allemand et du système français quant à l'organisation de l'enseignement du droit, in: Revue de droit français et étranger, t. 3, 1846, S. 150–218, sowie auf William Belime, Philosophie du Droit ou Cours d'introduction à la science du droit, t. 1, Paris 1844, S. 31–32. Zur Verteidigung der *Ecole de l'Exégèse* in der heutigen Zeit, vgl. Philippe Rémy, Eloge de l'Exégèse, in Droits, 1, 1985, S. 115–123; zu dieser Verteidigung, siehe die zutreffende Bemerkung von Jacques Poumarède, Défense et illustration de la Coutume au temps de l'Exégèse (Les débuts de l'Ecole française du droit historique), in La Coutume et la Loi, Lyon 1986, S. 96, Anm. 5: »Emporté par son souci de réhabiliter le positivisme dominant, il enrôle sous la bannière de l'Exégèse ceux-là mêmes qui en ont été les victimes«.

Diese *erste Hauptwelle* der Savigny-Übersetzungen ist gekennzeichnet einerseits durch die klassisch und einzigartig gewordenen französischen Übersetzungen Charles Guenoux' der *Geschichte des römischen Rechts im Mittelalter* in zwei Auflagen 1830 und 1839[56] sowie des *System des heutigen Römischen Rechts* zwischen 1840 und 1849 (2. Auflage 1855–1860. Neuauflage der Übersetzung des 8. Bandes 2002).[57]

Aber diese *erste Hauptwelle* der Savigny-Übersetzungen charakterisiert sich auch andererseits durch die beiden schon erwähnten Übersetzungen des *Recht des Besitzes* aus den Jahren 1840 und 1841. Es handelt sich zuerst um die Übersetzung des belgischen Rechtsanwalts Jules Beving aus Brüssel,[58] dann um die Pariser Übersetzung des Doktors der Rechte Charles Faivre d'Audelange aus dem französischen Jura[59] – eine Übersetzung welche vom Pariser Rechtsprofessor Auguste Valette (1805–1878) teilweise überprüft wurde[60] und in einer zweiten Auflage 1845 wiederveröffentlicht wurde.[61]

Soweit über die ersten Savigny-Übersetzungen aus den 30er und 40er Jahren des 19. Jahrhunderts, welche uns erlauben von einer *ersten Hauptwelle* in der Geschichte der Savigny-Übersetzungen ins Französische zu sprechen.

56 Vgl. Histoire du droit romain au Moyen Âge, par F.C. de Savigny, traduite de l'allemand et précédée d'une introduction (*sic*) par M. Charles Guenoux, Docteur en droit, t. I et II, Paris, Alexandre Mesnier Libraire, 1830, 2 volumes; Histoire du droit romain au Moyen Âge, par M. de Savigny, traduite de l'allemand sur la dernière édition et précédée d'une notice sur la vie et les écrits de l'auteur, par M. Charles Guenoux, Docteur en droit, t. I à IV, Paris, chez Charles Hingray Editeur [...] et Aug. Durand, Libraire, 1839, 4 volumes. Was die erste Auflage (1830) betrifft, fehlt die auf der Titelseite angekündigte Einleitung; nur wird hier als *Préface de l'auteur* Savignys Vorrede zum 1. Band in französischer Übersetzung veröffentlicht.

57 Vgl. Traité de droit romain par M. F. C. de Savigny, traduit de l'allemand par M. Ch. Guenoux, Docteur en droit, Paris, Firmin Didot, 1840–1851, 8 volumes; Traité de droit romain par M. F. C. de Savigny, Membre de l'Institut de France, traduit de l'allemand par M. Ch. Guenoux, Docteur en Droit, Paris, Librairie de Firmin Didot Frères, 1855–1860, 8 volumes; réédition du huitième volume, Editions Panthéon-Assas, Paris 2002.

58 Vgl. Traité de la possession d'après les principes du droit romain par M. Fr.-Ch. de Savigny [...], traduit de l'allemand (sur la 6me édition) par Jules Beving, Avocat, Bruxelles, Société belge de librairie, Hauman et Comp. 1840.

59 Vgl. Traité de la possession en droit romain par M. F. C. de Savigny [...], traduit de l'allemand (sur la dernière édition) par Ch., Faivre d'Audelange, Docteur en Droit, Avocat à la Cour Royale de Paris et revu par M. Valette, Professeur à la Faculté de Droit de Paris, Paris, Louis Delamotte, Editeur, et chez Delamotte aîné, libraire, Ch. Hingray, 1841.

60 Siehe Vorwort, S. I–II, sowie O. Motte, Savigny (Anm. 1), S. 210 (Fn. 63), und Lettres (Anm. 9), Bd. 1, S. 638, und Bd. 2, S. 1637.

61 Paris, Joubert, 1845.

2. Nach dieser ersten Periode muss man bis zum zweiten Jahrzehnt des *Second Empire* von Napoléon III. warten, um eine *neue Welle* von Savigny-Übersetzungen wahrzunehmen.

Diese *zweite Welle* von Savigny-Übersetzungen kennzeichnet sich einerseits durch zwei Übersetzungen des zweibändigen *Obligationenrechts* aus den frühen 1850er Jahren.[62] Es sind diejenige aus dem Jahre 1863 vom Pariser Professor Joseph Camille Gérardin (1837–1896) und vom Pariser Rechtsgelehrten Paul Jozon (1836–1881)[63] sowie diejenige vom Brüsseler Richter Théodore Hippert (1839–1919) aus dem Jahre 1873,[64] d.h. im gleichen Jahr wie die 2. Auflage der ersterwähnten Übersetzung.

Aber diese *zweite Welle* charakterisiert sich noch andererseits durch die dritte französische Übersetzung des *Rechts des Besitzes*, diejenige vom belgischen Römischrechtler Henri Staedtler (1835–1926), welche 1866 in Brüssel erscheint mit drei weiteren Auflagen bis 1893.[65]

Bei der Durchführung der Übersetzungen dieser *zweiten Welle* darf man als Zeichen der Zeit die zunehmende Rolle von den Universitätsprofessoren hervorheben, während sie in der *ersten Übersetzungswelle* – im Unterschied zu dem was in Italien passiert, wie es schon von Filippo Ranieri bemerkt wurde[66] – bedeutsamerweise praktisch keine Rolle spielten im Vergleich zu den Praktikern und zu den Privatgelehrten.

3. Diese Hauptrolle der Universitätsprofessoren ist sicherlich das Hauptmerkmal der *dritten Periode* der Geschichte der Savigny-Übersetzungen ins Französische. Und das ist kein Zufall. Denn diese *dritte Periode*, welche sich im Laufe des

62 Vgl. F.C. von Savigny, Das Obligationenrecht als Theil des heutigen römischen Rechts, Berlin, Veit, 2 Bde, 1851–1853.

63 Vgl. Le Droit des Obligations par M. de Savigny [...], traduit de l'allemand par C. Gérardin et P. Jozon, Avocats, Docteurs en droit, t. I et II, Paris, Auguste Durand, Libraire-Editeur, 1863, 2 volumes; 2e édition Paris, Thorin 1873, 2 volumes.

64 Vgl. Le Droit des Obligations partie du droit romain actuel par Frédéric Carl de Savigny. Traduction de T. Hippert, Avocat, Secrétaire du Parquet de la Cour de Cassation de Belgique, t. I et II, Paris, A. Durand et Pedone Lauriel, Libraires-Editeurs, 1873, 2 volumes.

65 Vgl. Traité de la possession en droit romain par Frédéric Charles de Savigny, Septième édition publiée d'après les notes laissées par l'auteur et augmentée d'un appendice sur l'état actuel de la doctrine par M. Ad. Fr. Rudorff [...]. Traduit de l'allemand par Henri Staedtler, Docteur en droit romain, Professeur à la Faculté de droit de Louvain, Paris, Auguste Durand, Libraire-Editeur, 1866; Bruxelles, Bruylant-Christophe et Cie, 1870^{2}, 1879^{3}; 1893^{4}.

66 Siehe Filippo Ranieri, Le traduzione e le annotazioni di opere giuridiche straniere nel sec. XIX come mezzo di penetrazione e di influenza delle dottrine, in: La formazione storica del diritto moderno in Europa, Atti del III. Congresso internazionale della Società italiana di Storia del diritto, Florenz 1977, S. 1494–1496.

ersten Jahrzehntes unseres Jahrhunderts entwickelt hat, betrifft ausschließlich die sogenannten *programmatischen Schriften* Savignys,[67] woran nur Rechtstheoretiker, Rechtsphilosophen und Rechtshistoriker Interesse haben können.

Bezüglich dieser dritten Periode zögere ich von einer *Welle* zu sprechen, denn es handelt sich tatsächlich nur um die Übersetzungen des Manifestes der historischen Rechtsschule – *Vom Beruf unserer Zeit für Gesetzgebung und Rechtswissenschaft* (1814), die ich 2006 publizierte[68] – und um diejenige von zwei der sogenannten *programmatischen Schriften*, welche in der Zeitschrift der historischen Rechtsschule 1815 und 1816 veröffentlicht wurden: 1. den Einleitungsaufsatz »Über den Zweck dieser Zeitschrift«, der 2004 von Olivier Jouanjan übersetzt und publiziert wurde;[69] 2. den Beitrag »Stimmen für und wider neue Gesetzbücher«, den ich 2006 mitsamt dem *Vom Beruf* in Genf übersetzt und in Paris veröffentlicht habe.[70]

Von einer kleineren *dritten Welle* neuer Savigny-Übersetzungen dürfte man doch reden, insofern – wie Olivier Jouanjan schon 2004 die Leser der *Annales de la Faculté de Droit de Strasbourg* benachrichtigte[71] und es mir bestätigte, als ich die Übersetzung des *Vom Beruf* beendigte – zwei Kollegen an den Universitäten MacGill von Montréal und Laval von Québec, die Professorin K. Bartenstein und der Professor M. Saint-Hilaire, zur gleichen Zeit auch an einer französischen Übersetzung des *Vom Beruf* arbeiteten.[72] So wiederholte sich eine Lage, die schon in der ersten Periode dieser Geschichte der Savigny-Übersetzungen mit den Versuchen von Meynier, Etienne und Cerclet und mit denjenigen von Desmoutis und Pellat stattfand.[73]

* * *

Betrachten wir jetzt etwas näher diese *drei Wellen* von Savigny-Übersetzungen, vor allem ihre Hauptvertreter und ihre Übersetzungswerke.

67 Dazu siehe oben Anm. 48.

68 Vgl. Friedrich Carl von Savigny, De la vocation de notre temps pour la législation et la science du droit, traduction, introduction et notes par Alfred Dufour, Paris, Presses Universitaires de France, 2006.

69 Vgl. Friedrich Carl von Savigny, Sur le but de la présente revue, traduction française d'Olivier Jouanjan, in: L'esprit de l'Ecole historique du droit, Annales de la Faculté de droit de Strasbourg, NS 7, 2004, S. 25–32.

70 Vgl. Friedrich Carl von Savigny, Opinions pour et contre de nouveaux Codes, in Savigny, De la vocation (Anm. 68), Annexe II (1828), Annexe 1, S. 137–162.

71 Vgl. Jouanjan, Présentation, in: L'esprit de l'Ecole historique du droit, (Anm. 69), S. 19, Fn. 47.

72 Siehe Dufour, Présentation générale, III, in Savigny, De la vocation (Anm. 68), S. 43, Fn. 1.

73 Siehe oben S. 7–8 und S. 10.

1. Die *erste Welle* dieser Savigny-Übersetzungen ins Französische, welche sich von der Restaurationszeit bis zum Ende der Juli-Monarchie erstreckt, entspricht in Frankreich der begeisterten Entdeckung der deutschen Kultur, der deutschen Philosophie und der deutschen Wissenschaft.[74]

Es ist die Zeit der Deutschlandreisen, welche vom französischen Philosophen, Eklektiker und Politiker Victor Cousin (1792–1867)[75] eingeführt sind – Victor Cousin, der eine Art von »philosophischem Papsttum« (L. Jaume) ausübt und der die zukünftigen Historiker und Geschichtsphilosophen Edgar Quinet (1803–1875)[76] und Jules Michelet (1798–1874)[77] dazu auffordert, die deutschen Universitäten zu besuchen, um sich die deutsche Wissenschaft anzueignen.[78]

In rechtsgeschichtlicher Hinsicht ist es auch für die rechthistorische Schule die Zeit der Apostel, sei es Leopold-August Warnkönig in Belgien und in Paris[79] oder Athanase Jourdan in Paris.[80] Es ist schließlich die Zeit der eigentlichen »Missionare« wie Eugène Lerminier im *Collège de France* und Edouard de Laboulaye nach einem Wort von Pierre Legendre.[81]

74 Siehe dazu Reynaud, L'influence allemande (Anm. 8), S. 145–151 und S. 219–239, sowie Carré, Les écrivains français (Anm. 8), S. 23–61, und Monchoux, L'Allemagne (Anm. 8), S. 41–72.

75 Vgl. Victor Cousin, Souvenirs d'Allemagne. Notes d'un journal de voyage en l'année 1817 (1866[1]), Paris 2011; dazu siehe Monchoux, L'Allemagne (Anm. 8), S. 65–71, sowie Carré, Les écrivains français (Anm. 8), S. 42–52. Über Victor Cousin, sein Leben und sein Werk, siehe Hermann Joseph Ody, Victor Cousin. Ein Lebensbild im deutsch-französischen Kulturraum, Saarbrücken 1953, sowie das klassische Werk von Jules Barthélemy-Saint-Hilaire, M. Victor Cousin. Sa vie, sa correspondance, 3 vol., Paris 1895 (zu Savigny und seinen Briefen, vgl. Bd. 3, S. 306–311).

76 Über Edgar Quinet, der sich durch seine Übersetzung von Herder berühmt machte – *Idées sur la philosophie de l'histoire de l'humanité de Herder*, Paris 1827 –, siehe Willy Aeschimann, La pensée d'Egard Quinet: étude sur la formation de ses idées, Paris-Genf 1986, sowie Reynaud, L'influence allemande (Anm. 8), S. 227–234.

77 In der ausführlichen Literatur über Jules Michelet, vom klassischen Werk von Gabriel Monod, La vie et la pensée de Jules Michelet, 2 Bde, Paris 1924, zur neueren Biographie von Paul Viallaneix, Michelet, les travaux et les jours 1798–1874, Paris 1998, siehe insbes. was Michelets Beziehungen zu Deutschland anbelangt Werner Kaegi, Michelet und Deutschland, Basel 1936.

78 Zum Einfluss Victor Cousins auf Quinet und Michelet, vgl. Kaegi, Michelet (Anm. 77), S. 29–36, sowie Monchoux, L'Allemagne (Anm. 8), Kap. VI: La triade Cousin, Michelet, Quinet. L'histoire et la science germanisante, S. 83–92.

79 Dazu vgl. Wild, Warnkönig (Anm. 10), S. 12–27, sowie Bürge, Das französische Privatrecht (Anm. 3), S. 152–154.

80 Siehe Bürge, Ebda. Mit Zurückhaltung, Bonnecase, La Thémis (Anm. 14), S. 212–213.

81 Vgl. Legendre, Méditation (Anm. 10), S. 83, oben zitierte Formel (Anm. 10).

Diese Zeit der Begeisterung, die sich in den großen französischen kulturellen Zeitschriften wie *Le Globe*, die *Revue de Paris*, die *Revue des Deux Mondes*, die *Revue française* oder sogar im *Journal des Savants* widerspiegelt,[82] sowie in den juristischen Zeitschriften wie die Genfer *Annales de législation*,[83] die *Thémis*,[84] die *Revue de législation*[85] oder die *Revue étrangère et française de législation*,[86] hat eine »verworrene [Übersetzungs]tätigkeit« (O. Motte)[87] zur Folge. Diese Verworrenheit wird durch die Vielfalt der schon erwähnten gescheiterten Übersetzungsversuche von Savignys Hauptwerken bezeugt, wie denjenigen von Meynier, Cerclet und Etienne in den 20er Jahren und denjenigen von Desmoutis und Pellat am Ende der 30er Jahre.

Von dieser verworrenen Übersetzungstätigkeit, welche sich noch anfangs der 40er Jahre mit den beiden Übersetzungen des *Recht des Besitzes* vom Belgier Jules Beving und vom Franzosen Charles Faivre d'Audelange verlängert, muss man die beträchtliche Übersetzungstätigkeit von Charles Guenoux unterscheiden, welche fast zwei Jahrzehnte dauern wird. Und das ist kein Zufall.

Tatsächlich weiss man nur wenig Biographisches über Charles Guenoux, außer dass er 1826 an der Pariser Rechtsfakultät promoviert wurde und dass er 1848 zur Nationalversammlung kandidierte.[88] Aber sicher ist, dass er lange Zeit in enger Beziehung mit Savigny selber war, nicht nur im Briefwechsel, der leider – nach Olivier Mottes Forschungen[89] – verschwunden ist, sondern auch durch regelmäßige und persönliche Besuche nach Berlin und nach Bad Ragaz.[90]

Soweit zur Persönlichkeit von Charles Guenoux.

82 Siehe u.a. Monchoux, L'Allemagne (Anm. 8), S. 190–217 und S. 260–261, sowie oben Anm. 38.

83 Vgl. Dufour, Genève (Anm. 33), insbes. S. 313–321.

84 Vgl. Wild, Warnkönig (Anm. 10), S. 20–25, sowie Bürge, Das französische Privatrecht (Anm. 3), S. 152–154.

85 Vgl. O. Motte, Lettres (Anm. 9), Bd. 2, S. 1689, sowie Bürge, Das französische Privatrecht (Anm. 3), S. 159–161 und S. 251–252.

86 Vgl. Dölemeyer, Mittermaier (Anm. 36), S. 278–281.

87 Vgl. Motte, Lettres (Anm. 9), Bd. 1, S. 70.

88 Dazu siehe A. de Fontaine de Resbecq, Notice sur le Doctorat en droit avec un tableau de l'enseignement et des études dans les neuf Facultés de Droit et une analyse chronologique des lois, statuts, décrets, règlements et circulaires relatifs à cet enseignement de 1791 à 1857, Paris 1857, p. 28, sowie Felix Bourquelet, Alfred Maury, La littérature française contemporaine 1827–1849 continuation de la France littéraire, Dictionnaire bibliographique, tome IVème, Paris 1852. Wir danken Herrn Kollegen Eric Gilardeau, Maître de conférence an der Universität Paris XII, für die Mitteilung dieser biographischen Auskünfte.

89 Zum Verschwinden des Briefwechsels zwischen Guenoux und Savigny, vgl. Motte, Savigny (Anm. 1), S. 87–88.

90 Über diese Beziehungen zwischen Guenoux und Savigny, vgl. Adolf Stoll, Friedrich Carl von Savigny. Ein Bild seines Lebens mit einer Sammlung seiner Briefe, Berlin, Bd. 2, 1929, Nr. 524, Savignys Brief an Frau Solger vom 12.

Wenden wir uns jetzt seinem beachtenswerten Übersetzungswerk zu. Hier muss man einen klaren Unterschied machen zwischen seiner allmählichen Übersetzung des sechsbändigen *Geschichte des Römischen Rechts im Mittelalter*, welche in mehreren Etappen veröffentlicht wurde, und der planmäßigen Übersetzung und Veröffentlichung des *System des heutigen Römischen Rechts* auf Französisch.

1. Denn was die Übersetzung der *Geschichte des Römischen Rechts* anbelangt, so erscheint sie zuerst 1826 und 1829 in der Zeitschrift *Thémis* unter der Form von Exzerpten aus dem 4. Kapitel des 1. Bandes »Über die Schöffen«,[91] sowie vom Text der Einleitung und des 26. Kapitels des 4. Bandes.[92]
2. Dann werden die zwei ersten Bände von dieser *Geschichte* im Jahre 1830 veröffentlicht – ohne *Vorwort*, ohne *Anmerkungen* und ohne Erklärungen über diese *Teilübersetzung* des damals fünfbändigen Werkes Savignys.[93]
3. Endlich 1839 publiziert Guenoux das ganze Werk von Savigny, aber *nicht vollständig*, insofern er – im Einverständnis mit Savigny – nur *die drei ersten Bände* vollständig übersetzt und nur eine *zusammengefasste Übersetzung* der *drei letzten Bände* in seinem *vierten Band* publiziert.[94]

November 1841, S. 530, und Bd. 3, 1939, Savignys Brief an Lulu des Bordes geb. Brentano vom 14. August 1853 aus Ragaz: »Unser Begleiter auf der Reise hierherund hier im Bade ist Guenoux, den Du kennst«, S. 131–132 (nach Stoll, a.a.O. S. 235, wäre im Jahre 1840 Guenoux, der mehrmals aus Paris nach Berlin zu Savigny reiste, um ihn »von Angesicht zu Angesicht» zu kennen, sogar »vier Monate in Berlin geblieben«); siehe auch Motte, Savigny (Anm. 1), S. 87–88, sowie S. 206–211 und 216–219, die Briefe Ch.-A. Pellats an F.C. von Savigny aus den Jahren 1836–1842 und 1853–1854.

91 Vgl. Des Echevins, in *Thémis*, 8, 1826, S. 225–248. Diese buchstäbliche Übersetzung wird später 1830 und 1839 in der Gesamtübersetzung des ersten Bandes der *Geschichte*, S. 160–178, veröffentlicht.

92 Vgl. De l'importance des recherches historico-littéraires par rapport à la jurisprudence, in *Thémis*, 9, 1829, S. 281–288, sowie Histoire du droit romain pendant le Moyen Âge par M. de Savigny (Tome IV), Chapitre XXVI. Ravenne et Bologne avant Irnérius, in *Thémis*, 8, 1826, S. 115–122. Dabei handelt es sich, nach eingehender Untersuchung, in beiden Fällen je um eine erste dem Originaltext treuere wenn nicht buchstäbliche Fassung der späteren und teilweise stark gekürzten veröffentlichten Übersetzung des Textes des 4. Bandes der *Geschichte* (S. III–VII und S. 9, Fn. 1).

93 Vgl. Histoire du droit romain au Moyen-Age par F.C. de Savigny (Anm. 56), t. I et II, Paris, Alexandre Mesnier Libraire, 1830.

94 Vgl. Histoire du droit romain au Moyen-Âge par M. de Savigny (Anm. 56), t. I–IV, Paris, Charles Hingray Editeur – Aug. Durand Libraire, 1839. Über die Gründe der Veröffentlichung einer zusammengefassten Übersetzung dieses Werkes ab dem 4. Band, siehe Ch. Guenoux's Vorwort (*Notice*) S. 21: »Ils (d.h. die Befürworter des geschichtlichen Studiums des Rechts) m'engagèrent à ne la publier qu'en extrait»; zu Savignys Mahnung, nur die drei letzten Bände seiner

Dabei muss unterstrichen werden, dass Guenoux – weiter im Einverständnis mit Savigny – die Einteilung der Bände 4 bis 6, vom Kapitel 26 zum Kapitel 60, *formell* bewahrt, jedes Kapitel aber *drastisch* – um drei Viertel bis neun Zehntel – *reduziert.*[95]

Solche Zusammenfassungen – wenn auch im Einverständnis mit Savigny – werden ihm von manchem Rezensenten – wie 1839 in der *Revue des Deux Mondes*[96] – stark vorgeworfen.

Betreffend diese 2. Auflage in 4 Bänden der französischen Übersetzung der *Geschichte des Römischen Rechts im Mittelalter* geziemt es sich auch zu bemerken, dass sie von einem zwanzigseitigen Lebens- und Werksabriss Savignys eingeleitet wird, welcher eine tiefe Kenntnis der savignyschen Schriften bezeugt und die hohe wissenschaftliche Motivation des Übersetzers enthüllt.[97] Diese *Notice sur la vie et les ouvrages de Frédéric-Charles de Savigny* bildet eine Art *Vorwort* und erlaubt Guenoux, einerseits einen Brief Savignys zu zitieren, um seinen 4. Band zu

Geschichte in zusammengefasster Übersetzung zu publizieren, siehe Savignys im gleichen Vorwort veröffentlichten Brief, S. 22: »Le troisième volume ne meparaît susceptible d'aucun retranchement. Quant aux quatrième et suivants, rien de plus facile que de les réduire, et je vous donnerai volontiers mes conseils là-dessus (Was den 4. Band und Folgende betrifft, so gibt es nichts Leichteres als sie zu reduzieren und ich werde Sie gerne darüber beraten)«.

95 Siehe Savignys von Guenoux soeben zitierten Brief (Anm. 94). So »reduziert« Guenoux z.B. im 4. Band seiner Übersetzung den ürsprünglichen savignyschen Text des 28. Kapitels über die *vier Doktoren Bulgarus, Martinus, Jacobus und Hugo* um vier Fünftel (von 108 auf 24 Seiten) sowie diejenigen des 42. und des 46. Kapitels aus dem 5. Band über *Accursius* und über *Jacobus de Ravanis* und *Raimundus Lullus* um drei Viertel und denjenigen des 53. Kapitels aus dem 6. Band über *Bartolus* um fünf Sechstel (von 41 auf 7 Seiten); es werden sogar Kapitel wie das 39. aus dem 5. Band über *Balduinus* und *Tancredus* sowie das 55. aus dem 6. Band über *Baldus* und die *Familie Baldeschi* um neun Zehntel (von 64 bzw. 41 auf 6 bzw. 4 Seiten) »verstümmelt«, um mit dem französischen Rezensenten von der *Revue des Deux Mondes* (XIX, 1839, S. 439) zu sprechen.

96 Vgl. Revue des Deux Mondes, XIX, 1839, S. 437–439, insbes. S. 439 über den letzten zusammengefassten Band: »On a peine à comprendre que le traducteur, M. Guenoux, ait mutilé cette partie si utile et si neuve d'un livre en tout si complet. C'est là une profanation (es ist eine Schändung) qui n'a, selon nous, aucun motif plausible» […]« M. Guenoux, au lieu de rayer d'un trait de plume ce qui avait quelquefois coûté à l'auteur plusieurs années d'étude, eût agi plus sagement peut-être, en appliquant à sa propre préface ce procédé de dégagement et d'élimination«.

97 Siehe Histoire du droit romain (Anm. 56), Paris 1839, Bd. 1, Notice sur la vie et les ouvrages de Frédéric-Charles de Savigny, S. 1–23, insbes. S. 9–10 und 15–19.

rechtfertigen,[98] andererseits dem französischen Leser mitzuteilen, dass Savigny die Übersetzung der drei ersten Bände vollständig nachgeprüft hat.[99]

Schließlich muss hinzugefügt werden, dass diese Auflage vom Jahre 1839 wie diejenige aus dem Jahre 1830 von keinen *Anmerkungen* des Übersetzers begleitet wird.

Dieser großen Übersetzungsarbeit von Charles Guenoux aus den 30er Jahren folgt sofort eine zweite ebenso beachtliche Übersetzungsarbeit desselben Privatgelehrten. Es handelt sich um die Übersetzung des achtbändigen *Systems des heutigen Römischen Rechts*, welche fast zur gleichen Zeit wie der Originaltext Savignys, dank der engen Beziehungen zwischen Übersetzer und Verfasser, zwischen 1840 und 1851 in Paris veröffentlicht wird.[100]

Im Unterschied zur Übersetzung der *Geschichte des Römischen Rechts* wird es hier keine Zusammenfassung geben. Der Übersetzer zögert aber nicht vor freien Übersetzungen, sobald es sich um philosophisch stark geprägte Begriffe handelt.[101] Auch wird der Titel des Werkes geändert und aus dem *System des heutigen Römischen Rechts* wird ein *Traité de Droit romain*, ein *Lehrbuch des römischen Rechts*,[102] welches schon fünf Jahre später zwischen 1855 und 1860 in Paris wiederveröffentlicht wurde.

Um vollständig zu sein über diese *erste Welle* von Savigny-Übersetzungen sollte noch von den beiden Übersetzungen des *Rechts des Besitzes* aus den Jahren 1840 und 1841 die Rede sein. Im begrenzten Rahmen dieses Beitrages werden

98 A.a.O., S. 21–22.

99 Ebda. S. 22: »L'extrait des trois derniers volumes a été fait sous les yeux de l'auteur, la traduction des trois premiers a été revue par lui, on peut donc compter sur son exactitude«.

100 Vgl. Traité de droit romain par M. F. C. de Savigny traduit de l'allemand par M. Ch. Guenoux, Paris, Firmin-;Didot, 1840–1851, 8 volumes (s. Anm. 57).

101 Siehe u. a. Guenoux's Übersetzung der Abschnitte über *Rechtserzeugung*, *Volk* und *Staat* (I. Buch, II. Kap., §§ 7, 8 und 9), wo Begriffe wie *Volksgeist*, *Volk* als *Naturganze* oder *Volksgemeinschaft* verschiedenartig, wenn nicht willkürlich übersetzt werden: so durch Worte wie *»esprit national«* (vgl. 1. Band, S. 19) für *Volksgeist*, durch Worte bald wie *»ensemble réel«* (ebda), bald wie *»être«* (a.a.O., S. 21), bald wie *»être individuel«* (a.a.O., S. 19) für *Naturganze* oder durch Worte wie *»unité nationale«* (a.a.O., S. 21) für *Volksgemeinschaft*. Ebenso problematisch erscheint Guenoux's Übersetzung des 1. Abschnittes des 1. Kapitels über *Wesen und Arten der Rechtsverhältnisse* (II. Buch, I. Kapitel, § 52), wo Begriffe von *Wesen* (der Rechtsverhältnisse) und *Dasein* (des Rechts) nicht ganz richtig übersetzt werden (vgl. 1. Band, S. 325–326). Das Gleiche muss bemerkt werden bezüglich seiner Übersetzung der Einleitung Savignys zum Kapitel über *Entstehung und Untergang der Rechtsverhältnisse* (II. Buch, III. Kapitel, § 104), wo Begriffe wie diejenigen von *Natur* oder *Rechtssystem* durch ganz verschiedenartige Worte übersetzt werden (vgl. 3. Band, S. 1–3).

102 Vgl. Guenoux's Übersetzung der Vorrede Savignys zum ersten Band des Systems, 1840, S. XXXVI–XXXVIII, in Traité (Anm. 57). Préface, S. XXXV–XXXVII. Zur

wir uns mit einzelnen Bemerkungen begnügen, welche hauptsächlich die äußeren Merkmale dieser Übersetzungen betreffen.

Was die *Verfasser* dieser beiden fast zu gleicher Zeit veröffentlichten Übersetzungen anbelangt, handelt es sich in beiden Fällen um Rechtsanwälte: der erste, ein Belgier, Jules Beving, geboren 1805, war bei dem Brüsseler Berufungsgericht tätig;[103] der zweite, ein Franzose, Charles Faivre d'Audelange, der 1837 promovierte, war Advokat bei dem Pariser *Cour royale.*[104]

In beiden Fällen wird in einem zweiseitigen Vorwort auf die epochemachende Rezension des *Recht des Besitzes* verwiesen, welche Warnkönig 1821 bis 1823 in der *Thémis* publizierte um die Veröffentlichung einer französischen Übersetzung zu ermutigen.[105] So im *Vorwort* des Brüsseler Verlegers 1840[106] und fast in gleichen Worten im *Vorwort* von Faivre d'Audelange im Jahre 1841.[107]

Aber in beiden Fällen handelt es sich um ganz mittelmäßige Übersetzungen – sogar mit zahlreichen Fehlern und Ungenauigkeiten sowie mit schweren mehrseitigen Unterlassungen wie bei Bevings Übersetzung.[108] Das gleiche gilt von

Problematik *System–Traité* oder *Kommentar* zur Zeit in Frankreich, siehe Bürge, Das französische Privatrecht (Anm. 3), S. 238–245, insbes. S. 241.

103 Römischrechtler, Advokat beim Brüsseler *Cour d'Appel*; Jules Beving war schon durch seine erste französische Übersetzung des *Lehrbuchs des römischen Rechts* von F. Mackeldey berühmt, die 1839 von A. Vuy in der *Revue de Législation*, 6, S. 862–865 rezensiert wurde; siehe *Manuel de droit romain contenant la théorie des Institutes* [...] *de F. Mackeldey, traduit de l'allemand par J. Beving*, Brüssel 1837, (1841^2; 1846^3). Seine französische Übersetzung des *Recht des Besitzes* von Savigny erschien 1840 (vgl. Anm. 58).

104 Doktor der Rechte (Paris 1837), Advokat beim Pariser Berufungsgericht, stammt Charles Faivre d'Audelange aus dem französischen Jura; nach einer mittelmässigen Karriere als Rechtsanwalt wird er 1848 von Auguste Ledru-Rollin zum *Commissaire de la République* im *Département du Doubs* ernannt, wo er auf harten Widerstand stößt. Vgl. Edmond Preclin, La Révolution de 1848 en Franche-Comté (1848–1851), in *Etude d'histoire moderne et contemporaine*, Bd. II, 1848, S. 282, und Xavier Marmier, Journal (1848–1870), Genf–Paris 1968, Bd. 1. Zu seiner Pariser Promotion und zu seiner französischen Übersetzung des *Rechts des Besitzes*, 1841 (Vgl. Anm. 59), sowie zu seinem Briefwechsel mit deutschen Juristen, siehe Motte, Lettres (Anm. 9), Bd. 1, S. 638–639.

105 Siehe oben Anm. 38.

106 Vgl. *Avis de l'Éditeur*, Traité (Anm. 58), S. I–II.

107 Vgl. *Préface du traducteur*, Traité (Anm. 59), S. I.

108 Dazu siehe Faivres Vorwort, Traité (Anm. 59), S. II, mit genauen Hinweisen auf die entsprechenden Seiten (Fn. 1): »Elle renferme d'assez fréquentes inexactitudes, des non-sens, de fort nombreuses omissions de notes et jusqu'à des omissions de 4, 5 et 6 pages dans le texte«. Siehe auch die ebenso kritischen Bemerkungen von Ch.-A. Pellat in seinem Brief vom 12. März 1840 an Savigny bei Motte, Savigny, (Anm. 1), S. 209.

der Übersetzung von Faivre d'Audelange,[109] welcher sich vergebens um die Unterstützung Savignys bewarb.[110]

Versucht man die Übersetzungen dieser *ersten Welle* zu beurteilen, dann fällt zunächst auf, dass alle Werke von Praktikern oder Rechtsgelehrten sind, die außerhalb der Universität tätig sind. Meistens handelt es sich sogar um Außenseiter wie die Verfasser der als Torso verbliebenen Übersetzungen oder die Übersetzer des *Rechts des Besitzes*, dessen Übersetzungen von mittelmäßigem Wert sind. Umso erstaunlicher erscheinen die hervorragenden Leistungen von Charles Guenoux, welcher noch auf seinen Biographen wartet.

2. Nun ist es höchste Zeit, die Übersetzungen der *zweiten Welle* näher zu betrachten.

Diese *zweite Welle* von Savigny-Übersetzungen entwickelt sich in der Zeit des endenden *Second Empire* und der beginnenden Dritten Republik und sie entspricht jenseits der Niederlage von Sedan (1870) einer Periode von tiefer Bewunderung für das deutsche Universitätswesen sowie für die deutsche Wissenschaft.[111]

Es ist auch die Zeit der Gründung und der Entwicklung der *Revue germanique* von Dollfuss und Nefftzer (1858–1868)[112] sowie die Zeit der Gründung der französischen Savigny-Stiftung unter der Leitung von Laboulaye (1867).[113]

Unter diesen Umständen erstaunt es nicht, dass sich eine neue Generation von Rechtsgelehrten an eine weitere Savigny-Übersetzungsarbeit setzt.

Das ist zuerst der Fall des Rechtsanwalts Paul Jozon (1836–1881), Advokat beim französischen Staatsrat und beim Kassationshof,[114] und des Pariser Römi-

109 Dazu siehe Motte, Lettres (Anm. 9), Bd. 1, S. 638, sowie den Brief Faivres an Savigny vom 10. Juli 1841, ebda, S. 639.

110 Ebda S. 638.

111 Es ist insbes. die Zeit der Bewunderung Ernest Renans (1823–1892) und Hippolyte Taines (1828–1893) für die deutsche Kultur, die deutsche Philosophie und die deutsche Wissenschaft; Renan erscheint sogar als einer der ersten eifrigen Mitarbeiter der neu gegründeten *Revue Germanique* der Elsässer Dollfuss und Nefftzer, während Taines Beiträge zu dieser Zeitschrift in der ersten Lieferung angekündigt werden. Vgl. u.a. zu dieser Periode Reynaud, L'influence allemande (Anm. 8), II. Teil, Kap. III: La France à l'école de la pensée allemande, III, S. 239–258, und Carré, Les écrivains français (Anm. 8), Kap. VIII: La maison de la science, S. 80–90.

112 Vgl. dazu Pariset, La Revue germanique (Anm. 32).

113 Siehe Fondation Savigny, *RHD* (Anm. 37), 13, 1867, S. 113–121.

114 Rechtsgelehrter und Mitarbeiter der Revue critique de législation et de jurisprudence, Begründer der *Société de Législation comparée*, Paul Jozon, der 1836 promovierte und 1865 zum Advokat wurde, fing ab 1870 eine politische Laufbahn an, welche ihn 1871 zum Abgeordneten an der Nationalversammlung und 1877 zum Staatssekretariat beim Justizminister führte. Dazu siehe Motte, Lettres (Anm. 9), Bd. 1, S. 1001, sowie Dictionnaire de biographie française, Bd. VIII, Paris 1994, Sp. 944.

schrechtlers Joseph-Camille Gérardin (1837–1896), Professor an der Pariser Rechtsfakultät,[115] welche die französische Übersetzung des *Obligationenrecht* unternehmen und 1863 publizieren.[116]

Das ist auch der Fall des belgischen in Lüttich promovierten Römischrechtlers Henri Staedtler (1835–1926), Professor an der Universität Löwen,[117] der an einer neuen Übersetzung des *Recht des Besitzes* arbeitet, die 1866 mit einem kurzen Vorwort erscheint.[118] Und das ist schließlich der Fall des Brüsseler Richters und Kunsthistorikers Théodor Hippert (1839–1919),[119] welcher 1873 eine zweite französische Übersetzung des *Obligationenrechts*, in zwei Bänden, ohne Vorwort und ohne Anmerkungen, aber mit einer ähnlichen Einteilung wie die erste Übersetzung von Gérardin und Jozon veröffentlicht.[120]

115 Wohlbekannter Römischrechtler, lange Mitarbeiter der *Nouvelle revue historique de droit français et étranger*, wurde Joseph Camille Gérardin, Doktor der Rechte, der 1864 *Agrégé* der Rechtsfakultäten wurde, 1872 zum Professor für römisches Recht an der Pariser Rechtsfakultät ernannt. Siehe dazu Dictionnaire illustré de Meurthe-et-Moselle, 1900, S. 901, sowie Dictionnaire de biographie française, Bd. XV, Paris 1982, Sp. 1248.

116 Vgl. Le Droit des obligations par M. de Savigny [...] traduit de l'allemand par C. Gérardin et P. Jozon, t. I et II, 2 vol. Paris 1863 (Anm. 63).

117 Als gebürtiger Brüsseler, promovierte Henri Staedtler 1861 an der Rechtsfakultät Lüttich mit einer römischrechtlichen Dissertation und wurde ab 1865–1866 Professor für römisches Recht an der Universität Löwen. Dazu siehe A. Le Roy, Liber Memorialis, L'Université de Liège depuis sa fondation, Lüttich 1869, und Biographie Nationale publiée par l'Académie Royale [...] de Belgique, Bd. XXIII, Brüssel, 1921–1924, Sp. 538.

118 Vgl. Traité de la possession en droit romain par Frédéric Charles de Savigny [...], traduit de l'allemand par Henri Staedtler, Paris 1866 (Anm. 65).

119 Théodore Hippert, gebürtiger Schaarbeeker, wurde zugleich Rechtspraktiker und Kunsthistoriker. 1867 Advokat beim Obersten Gerichtshof, dann 1880 Richter am Brüsseler Amtsgericht und 1898 Vize-Präsident dieses Gerichts, führt Th. Hippert bis 1911 seine Laufbahn als Conseiller beim Berufungsgericht weiter. Mitarbeiter der *Revue de droit international et de législation comparée*, er ist zugleich seit 1869 Sekretär der *Société internationale des Aquafortistes* und Verfasser eines zweibändigen Buches *Le peintre-graveur hollandais et belge au XIX*^e^ siècle, Brüssel 1874–1879. Vor seiner neuen Übersetzung des savignyschen zweibändigen Obligationenrechts erscheint er als Übersetzer des fünfbändigen Werkes von Rudolf Gneist über Englands Kommunalverfassung La Constitution communale de l'Angleterre. Son histoire, son état actuel ou le self–government, par Rod. Gneist. Traduit sous la direction de l'auteur, Brüssel 1868–1870. Dazu vgl. Médailles historiques de Belgique, Bd. III, Brüssel 1919, S. 157–158, sowie Eug. de Seyn, Dictionnaire des écrivains belges, Bd. 1, Brügge 1930, S. 1006 –1007.

120 Vgl. Le Droit des Obligations partie du droit romain actuel par Frédéric Carl de Savigny. Traduction de Th. Hippert [...], Paris 1873, 2 vol. (Anm. 64). Über die zweibändige Einteilung, siehe Anm. 121, *in fine*.

Aus Zeitgründen, aber auch aus sachlichen Gründen, werden wir uns auf die erste Übersetzung des *Obligationenrecht* beschränken, denn sie bildet unseres Erachtens eine der besten und vollständigsten Übersetzungsarbeiten aller Savigny-Übersetzungen ins Französische.

Ganz äußerlich muss von vornherein bemerkt werden, dass die Einteilung dieser Übersetzung der beiden Bände des Werkes von Savigny keineswegs der Einteilung des Originalwerks entspricht. So muss die französische Leserschaft bis zum 2. Viertel des 2. Bandes der Übersetzung warten, um das 2. Kapitel des savignyschen *Obligationenrecht* über die *Entstehung der Obligationen* – eigentlicher Gegenstand des 2. Bandes des Original-Werkes – zu finden.[121]

Was noch merkwürdiger erscheint, ist das Schweigen der Übersetzer über diese sonderbare Einteilung, obgleich sie sich über ihre Arbeit in einem bedeutungsvollen *Vorwort* äußern.[122]

Nun, was dieses *Vorwort* betrifft, enthält es nicht nur wie bei Guenoux eine kurze Lebensbeschreibung[123] sowie eine summarische Zusammenfassung des Werkes von Savigny,[124] sondern auch eine ausführliche Erläuterung über die Arbeit der beiden Übersetzer:

- Sinn ihrer Übersetzung[125]
- Rolle eines Übersetzers[126]
- Genauigkeits- und Klarheitsforderungen[127]

121 Während beim Originalwerk der 1. Band mit dem Ende des 1. Kapitels über die *Natur der Obligationen* endet (Vgl. Bd. 1, § 50, S. 520) und der 2. Band mit dem Anfang des 2. Kapitels über die *Entstehung der Obligationen* beginnt (Vgl. Bd. 2, § 51, S. 1), schließt der 1. Band der Übersetzung merkwürdigerweise mit dem 39. Abschnitt dieses 1. Kapitels mitten im 4. Teil über den *Gegenstand der Obligationen* und mitten im Thema der *bestimmten und unbestimmten Leistungen* (*Prestations déterminées et indéterminées; prestations de genre.* Quantités (Bestimmte, unbestimmte Leistungen. Generische, Quantitäten), vgl. Bd. 1, § 39, S. 436). Das hat zur Folge, dass der 2. Band der Übersetzung weiter mit den *bestimmten und unbestimmten Leistungen*, bzw. mit dem Thema des *Geldes* anfängt (*Prestations déterminées et indéterminées. Argent. Idée et espèces* (Bestimmte, unbestimmte Leistungen. Geld. Begriff und Arten), vgl. Bd. 2, § 40, S. 1). Th. Hippert 1873 folgt einer ähnlichen Einteilung, indem er seinen 1. Band mit dem 40. Abschnitt des 1. Kapitels mitten im Thema der bestimmten und unbestimmten Leistungen schließt (*Prestations déterminées et indéterminées; argent, notion, espèces* (Geld. Begriff und Arten), vgl. Bd. 1, § 40, S. 332), sodass sein 2. Band mit dem 41. Abschnitt über das gleiche Thema anfängt (*Prestations déterminées et indéterminées; argent, valeur différente* (Geld. Verschiedene Werte), vgl. Bd. 2, § 41, S. 1).

122 Vgl. Préface des traducteurs, Le droit des obligations (Anm. 63), Bd. 1, S. 1–9.

123 A.a.O., S. 1–2.

124 A.a.O., S. 3–5.

125 A.a.O., S. 5–6.

126 Ebda, S. 6.

127 Ebda.

– Einwände gegen Savignys Ansichten (wobei sie Abstand von Savignys »illiberalen politischen Ideen« nehmen).[128]

Schließlich muss hervorgehoben werden, dass diese Übersetzung mit zahlreichen *Erläuterungsanmerkungen* versehen ist.[129]

3. Was endlich die sogenannte *dritte Welle* der Savigny-Übersetzungen ins Französische vom ersten Jahrzehnt dieses Jahrhunderts betrifft, werden wir darauf verzichten, sie näher zu betrachten, denn es sind Werke von den hier über Frankreich referierenden Kollegen.

Sachlich möchte ich doch nur sagen, dass meine Übersetzung des *Vom Beruf*, welche 2006 in Paris erschienen ist und von einer vierzigseitigen allgemeinen *Einleitung* eingeführt wird.[130] Diese enthält eine kurze Biographie von Savigny[131] und versucht den geschichtlichen Zusammenhang des Kodifikationsstreites darzustellen[132] sowie die Hauptthemen und Schlüsselbegriffe der savignyschen Argumentation zusammenzufassen.[133] Diese erste französische Übersetzung des *Vom Beruf* seit ungefähr 200 Jahren ist auch mit zahlreichen *Anmerkungen* über von Savigny zitierten, aber der französischen Leserschaft wenig bekannten deutschen Juristen versehen,[134] sowie mit einem *Anhang*, der die Übersetzung der Vorrede Savignys zur 2. Auflage (1828)[135] und des damals wieder publizierten Aufsatzes »Stimmen für und wider neue Gesetzbücher« aus dem Jahre 1816 enthält.[136]

128 A.a.O., S. 7–9.

129 Hier handelt es sich zuerst um kleine Erläuterungsanmerkungen, welche sich vor allem auf Worte und Begriffe beziehen mit denen die französischen Leser wenig vertraut sind, wie das gemeine Recht (Bd. 1, S. 143, Fn. 1), der preußische Thaler (Bd. 2, S. 10–11, Fn. 1; S. 268, Fn. 1 und S. 395, Fn. 1) und der noch in Deutschland geltende Unterschied zwischen Allodial- und Feudalgütern (Bd. 1, S. 152–153, Fn. 1). Die meisten Anmerkungen betreffen aber vielmehr einerseits heikle Übersetzungsfragen (Bd. 2, S. 141–142, Fn. 1; S. 237–238, Fn. 1; S. 242, Fn. 1; S. 248, Fn. 1–3; S. 383, Fn. 1) oder andererseits Hinweise auf Werke von zeitgenössischen französischen Rechtsgelehrten wie die Römischrechtler Charles Demangeat (1820–1896) Bd. 1, S. 154, Fn. 1; S. 162, Fn. 1; S. 177, Fn. 1 u.a.), Machelard (Bd. 1, S. 35, Fn. 1; S. 73, Fn. 1; S. 95, Fn. 1; S. 112, Fn. 1; S. 115. Fn. 1–2) oder sogar Pellat (Bd. 2, S. 290, Fn. 1). Wird so oft auf Demangeat verwiesen, so ist es, weil er die Übersetzer zu ihrer großartigen Arbeit ermuntert hat (vgl. Vorwort, S. 5).

130 Vgl. Savigny, De la vocation (Anm. 68), Présentation générale, S. 3–46.

131 A.a.O., I. Savigny. Une vie dans l'histoire, S. 3–10.

132 A.a.O., II. »Sauver la science face aux Codes«. Une œuvre à contretemps, S. 11–26.

133 A.a.O., II, S. 27–42.

134 Vgl. Savigny, De la vocation (Anm. 68), S. 177–212.

135 Vgl. Savigny, De la vocation (Anm. 68), Annexe I, S. 133–136.

136 Vgl. Savigny, Opinions (Anm. 70), in: De la vocation (Anm. 68), Annexe II, S. 137–162.

Was die Übersetzung der übrigen sogenannten *programmatischen Schriften*[137] von Savigny anbelangt, insbesondere diejenige des Einleitungsaufsatzes der Zeitschrift der historischen Rechtsschule »Über den Zweck dieser Zeitschrift«,[138] welche manche Schlüsselbegriffe Savignys enthält, erlaube ich mir auf die *Einleitung* zu dieser Übersetzung ihres Verfassers zu verweisen, dem darüber morgen referierenden Kollegen Olivien Jouanjan.[139]

Als Schlussbemerkungen zum ersten Hauptteil dieses Referates darf zuerst unterstrichen werden, dass betreffend die Verfasser der französischen Savigny Übersetzungen die meisten Übersetzer der zwei *ersten Wellen*, im Unterschied zu ihren italienischen Kollegen, bezeichnenderweise, wie schon bemerkt wurde, keineswegs Universitätsprofessoren sind,[140] sondern Juristen aus der Praxis, Rechtsanwälte und Privatgelehrte. Und das zeigt wohl auf welchen Widerstand die Savigny-Rezeption im französischen Universitätswesen zuerst gestossen ist.[141] Tatsächlich erst mit der endenden *zweiten Welle* und der *dritten Welle* erscheinen als Übersetzer die ersten Universitätsprofessoren.

Dazu, als weiteres Merkmal der Savigny-Übersetzungen ins Französische, muss noch hinzugefügt werden, dass die Hälfte dieser Übersetzer aus Nachbarländern oder Grenzregionen Frankreichs wie aus Belgien, dem Elsass und der Westschweiz stammt. Es handelt sich typischerweise um Brückenländer oder Brückenstädte zwischen deutscher und französischer Kultur.[142] Mit Ausnahme von Guenoux, Jozon und Gérardin – um die besten französischen Übersetzer des 19. Jahrhunderts zu zitieren – sind tatsächlich die Übersetzer des *Recht des Besitzes*, des *Obligationenrecht* sowie der *programmatische Schriften*, belgische,

137 Zur Problematik der sogenannten »programmatischen Schriften« oder »Programmschriften«, siehe oben Anm. 48.

138 Vgl. Savigny, Sur le but (Anm. 69).

139 Vgl. Présentation in L'esprit de l'Ecole historique du droit (Anm. 69) S. 9–23, insbes. S. 19–20.

140 Zur Lage in Italien, siehe die oben zitierten Bemerkungen von Ranieri, Le traduzione (Anm. 66). Merkwürdigerweise sind die meisten französischen Übersetzer der Werke Savignys von diesen zwei ersten Wellen nicht nur Praktiker und Privatgelehrte, sondern auch zugleich – früher oder später, mit mehr oder weniger Erfolg – politisch engagierte, liberal wenn nicht links eingestellte Gestalten. Das ist zuerst der Fall von Ch. Guenoux, der 1848 zur Nationalversammlung kandidierte (Vgl. Charles Guenoux, Ma candidature dans le département de Seine-et-Marne, Michelin, 1848); es ist aber auch der Fall von Ch. Faivre d'Audelange, welcher zum *Commissaire de la République* von A. Ledru-Rollin im Doubs ernannt wurde (vgl. oben Anm. 104) und der Fall von Paul Jozon, der 1871 Abgeordneter der Nationalversammlung und ab 1877 am Staatssekretariat des Justizministeriums tätig wurde (vgl. oben Anm. 114).

141 Dazu siehe u.a. Motte, Lettres (Anm. 9), Bd. 1, S. 42–45, und Bürge, Das französische Privatrecht (Anm. 3), S. 154–157.

142 Siehe dazu Motte, Lettres (Anm. 9), Bd. 1, S. 57–61, sowie Bürge, Das französische Privatrecht (Anm. 3), S. 165–167.

Straßburger und Genfer Rechtsgelehrte,[143] welche mit den beiden Kulturen mehr oder weniger vertraut sind. Soweit das Thema der Savigny-Übersetzungen.

II.

Nach der Schilderung der äußeren Geschichte der französischen *Savigny-Übersetzungen*, geziemt es sich aus diesen verschiedenartigen Aspekten der Savigny-Rezeption in Frankreich die *Savigny-Bilder* hervorzuheben, welche im Laufe der letzten 200 Jahre in Frankreich gebildet wurden.

Hierbei werden wir zugleich in *chronologischer* und in *kontextueller* Hinsicht vorgehen. Und wir werden von einem Zitat aus den Heften des französischen Anarchisten und sozialistischen Denkers Pierre-Joseph Proudhon (1809–1885) ausgehen. Proudhon schrieb nämlich Ende 1840 folgendes:

»Wenn jemand Jünger wie Michelet, Jules Simon, den Übersetzer von Herder, Jouffroy, Darimon, Lerminier hinterlässt, wenn er eine Schule gegründet hat, die noch die ganze Gesellschaft mit seinem Geist beseelt und bis zu seinen Gegnern [...] da wird sein Ruhm sicher nicht vergehen«.[144] Tatsächlich werden die Hauptlehren der historischen Rechtsschule von Guizot bis zu Chateaubriand[145] und selbstverständlich Proudhon diskutiert.

143 Jules Beving, erster Übersetzer des *Recht des Besitzes* 1840, und Henri Staedtler, dritter Übersetzer dieses Werkes 1866, sind sowie Théodore Hippert, der zweite Übersetzer des *Obligationenrecht* 1873, belgische Staatsangehörige, während Olivier Jouanjan und Alfred Dufour, die ersten Übersetzer der programmatischen Schriften, Straßburger bzw. Genfer sind.

144 Vgl. Pierre-Joseph Proudhon, Cahiers de lecture (Bibliothèque Nationale, manuscrits occidentaux), XVII, f. 12 (1840), zit. von Sophie Ambost, Proudhon et la norme – Pensée juridique d'un anarchiste, Rennes 2004, S. 162, Fn. 12: »*Quand un homme laisse des disciples tels que Michelet, J. Simon, le traducteur de Herder, Jouffroy, Darimon, Lerminier, quand il a fondé une école qui inspire de son esprit toute la société et jusqu'à ses antagonismes [...] sa gloire ne périra pas*«. Über Proudhons Rechtsdenken und Beziehungen zur Rechtslehre der historischen Rechtsschule, siehe Ambost, Proudhon, II. Teil, Kap. 1, S. 159–184, welche unterstreicht wie stark die Vorlesungen von Lerminier sowie die Vertrautheit mit den Werken von Laboulaye die Bildung der Rechtsauffassung Proudhons beeinflusst haben (vgl. S. 161–165). Pierre-Joseph Proudhon muss mit seinem Vetter Jean-Baptiste Victor Proudhon (1758–1838), dem berühmen Privatrechtler aus der *Ecole de l'Exégèse* nicht verwechselt werden, siehe ebda, S. 160, Fn. 4, sowie DHJF, S. 645–647.

145 Zu Chateaubriands Äußerungen über die historische Rechtsschule, siehe seine wenig bekannten historischen Studien in *Œuvres complètes de M. le Vicomte de Chateaubriand*, Bd. IV, Etudes historiques, Bd. I (1831), Paris 1836, Préface, S. 38–43, insbes. S. 41–43 mit Hinweis auf Savigny S. 43.

Von vornherein muss aber bemerkt werden, dass die *ersten* Savigny-Bilder, welche sich in Frankreich bilden, *vor* der Veröffentlichung der ersten Savigny-Übersetzungen 1830 erscheinen. Das erklärt sich aus den bahnbrechenden Arbeiten der ersten kulturellen und juristischen Vermittler zwischen Deutschland und Frankreich wie einerseits François Guizot (1787–1874), der Historiker und Politiker,[146] und Victor Cousin (1792–1867), der Philosoph und Politiker,[147] andererseits die schon zitierten Juristen Leopold-August Warnkönig (1794–1866),[148] Athanase Jourdan (1791–1826)[149] und Eugène Lerminier (1803–1857),[150] welche vom Anfang bis zum Ende der Restaurationszeit durch ihre Vorlesungen sowie durch ihre Aufsätze und Rezensionen der ersten Hauptwerke Savignys zur Bildung eines ersten unbestrittenen Bildes Savigny wesentlich beitragen.

146 Zu Guizots Beeinflussung durch die deutsche Kultur im Allgemeinen und insbes. durch Savignys *Geschichte des römischen Rechts im Mittelalter*, vgl. u.a. Charles-H. Pouthas, Guizot pendant la Restauration, Paris 1923, S. 14–15 und 299–312, sowie Peter Stadler, Geschichtsschreibung und historisches Denken in Frankreich, Zürich 1958, S. 108–110, und Pierre Rosanvallon, Le moment Guizot, Paris 1985, S. 45, Fn. 1. Dieser Einfluss ist besonders in Guizots Essais sur l'histoire de France (1823) spürbar: so im 1. *Essai* und ausdrücklich im 4. *Essai*, wo Savignys Hauptwerk mehrmals in Fußnoten erwähnt wird; siehe François Guizot, Essais sur l'histoire de France, Paris 1868[12], 1. *Essai*, S. 1–44, und insbes. 4. *Essai*, Kap. II, V, S. 198–208, und Kap. III, I, S. 218–251.

147 Vgl. Barthélemy-Saint-Hilaire, M. Victor Cousin (Anm. 75), Bd. 3, S. 306 –311, sowie Cousin, Souvenirs d'Allemagne (Anm. 75), insbes. S. 92–112.

148 Vgl. die oben zitierte Arbeit von Wild, Warnkönig (Anm. 10).

149 Vgl. die schon erwähnten Werke (Anm. 14) von Bonnecase, Athanase Jourdan, und Hansen, (Anm. 14) sowie die ebda zitierten Notizen von Motte, Lettres (Anm. 9), a.a.O., und vom DHJF, a.a.O.

150 Vgl. die zitierten Aufsätze von Smith, The Rise, und Dumas, La philosophie (Anm. 16) sowie die erwähnten Notizen (Anm. 16) von Motte, Lettres (Anm. 9), a.a.O., und von dhjf, a.a.O. Es muss hier unterstrichen werden, dass sich Lerminier sehr früh mit Savigny befasst hat, wie es seine Dissertation aus dem Jahre 1827 *De possessione analytica savignianae doctrinae expositio* (Paris, Guiraudet) sowie seine oben erwähnte Besprechung des *Vom Beruf* im *Globe* des gleichen Jahres (vg. Anm. 38) klar bezeugen, was ihn nicht hindert, sich mit ähnlicher Begeisterung für Eduard Gans (1797–1839) und die sogenannte philosophische Schule zu interessieren wie es seine schon zitierte (Anm. 49) *Introduction générale à l'histoire du droit* (Paris 1829) Brüssel 1830, enthüllt, worin er versucht, »eine Theorie des positiven Rechts darzustellen, welche imstande sei, Philosophie und Geschichte in der Jurisprudenz zu versöhnen« (Préface, S. X). Über die begeisterte, opportunistische und weltmännische Gestalt Lerminiers, welche nicht nur von Sainte-Beuve (*Nouveaux Lundis*, V, art. Charles Magnin), sondern auch von Stendhal und von Balzac porträtiert wurde, siehe bei Stendhal, *Lucien Leuwen*, die Figur von Ernest Develroy und bei Balzac, *Les Illusions perdues*, diejenige von Lucien Chardon de Rubempré (vgl. Henri Martineau, Petit dictionnaire stendhalien, Paris 1948, S. 303–304).

Dieses erste unbestrittene *Savigny-Bild* ist das Bild des *Gelehrtenfürsten* (*Prince des jurisconsultes*) nach dem Wort von Victor Cousin aus den 20er Jahren.[151] Es ist auch das Bild des »*Haupt der historischen Schule*« (*Chef de l'Ecole historique*) – so die Bezeichnung durch Warnkönig (1819) im 1. Band der *Thémis*[152] und durch Lerminier in seinem Aufsatz in *Le Globe* (1827).[153]

Eugène Lerminier ist ebenfalls der erste, der Savigny 1829 mit Cujas vergleicht,[154] ein Savigny-Bild, das später öfters verwendet wird.[155]

Sollen sich solche Savigny-Bilder im Laufe der nachfolgenden Jahrzehnte und sogar bis Ende des 20. Jahrhunderts bewähren, so muss doch festgestellt werden, dass die Weiterentwicklung der Savigny-Bilder *nach* der Veröffentlichung der ersten Savigny-Übersetzungen anders verlaufen wird.

Von nun an, das heißt vom Anfang der 30er Jahre, verändern sich die Savigny-Bilder, die immer mehr *kontrastiert* werden, und das ist der Fall in den verschiedenartigsten Zusammenhängen.

Es ist gerade diese Entwicklung, die wir jetzt näher verfolgen möchten. Wie es soeben bemerkt wurde, hat die Veröffentlichung der ersten vollständigen Übersetzungen von den ersten Hauptwerken Savignys – sei es *Das Recht des Besitzes* oder *Die Geschichte des römischen Rechts im Mittelalter* – die Bildung *neuer Savigny-Bilder* zur Folge. Das hängt nicht nur mit der neuen Verbreitung dieser Werke Savignys in Frankreich zusammen, sondern auch ganz besonders mit den ersten Rezensionen[156] sowie mit den ersten biographischen Notizen und Auf-

151 Vgl. Cousin, *Souvenirs d'Allemagne* (Anm. 75), S. 112. Diese Formel findet noch ein halbes Jahrhundert später Anklang bei Laboulayes Lobpreisung Savignys als »le plus grand jurisconsulte de notre siècle«, vgl. Fondation Savigny, RHD 13, 1867, S. 113.

152 Vgl. Warnkönig, »De l'état actuel de la science du droit en Allemagne et de la révolution qu'elle y a éprouvée dans le cours de ces trente dernières années«, in Thémis, 1, 1819, S. 22: »MM Hugo et Savigny [...] devinrent les chefs d'une nouvelle école à laquelle ils donnèrent le nom d'*école historique*«.

153 Siehe Le Globe, V, Nr. 59, S. 311, und insbes. Nr. 99, S. 531: »l'illustre chef de l'école historique allemande«, sowie VII, Nr. 55, S. 435: »l'illustre chef de l'école historique«. Eine ähnliche Formel benutzt Lerminier in seiner Besprechung der *Geschichte des römischen Rechts im Mittelalter* und ihrer angekündigten französischen Übersetzung in der *Revue française* VIII, 1829, S. 99: »Chef de l'école historique dans la jurisprudence, M. de Savigny se distingue surtout par son habile sagacité«.

154 Vgl. die eben zitierte Besprechung der *Geschichte des römischen Rechts* in der *Revue française*, VIII, 1829, S. 100.

155 So in den sechziger und siebziger Jahren des 19. Jahrhunderts, siehe unten S. 35, Fn. 206–207.

156 Siehe die oben erwähnten (Anm. 38) Besprechungen des *Recht des Besitzes* von Warnkönig in der *Thémis* 1821–1823) und diejenigen des *Vom Beruf* und der *Geschichte des römischen Rechts* von Lerminier in *Le Globe* (1827 und 1830) und in der *Revue française* (1829).

sätzen über Savigny und sein Werk wie diejenigen von Guenoux und Laboulaye.[157]

Unter diesen Umständen veranlassen 1844–1845 Savignys Lebens- und Werksabriss von Guenoux (1839) und Laboulayes Abhandlung über Savignys Leben und Lehren (1842) sowie die dadurch erweiterte Verbreitung der Lehren Savignys eine öffentliche und harte, von Proudhon inspirierte Kritik von fortschrittlichen Juristen wie der Publizist Pascal Duprat (1816–1885)[158] und der Politiker Auguste Ledru-Rollin (1809–1874), Mitglied des Abgeordnetenhauses.[159]

So entstand insbesondere eine heftige Polemik zwischen Laboulaye und Ledru-Rollin, welche neue Savigny-Bilder auftauchen ließ.[160] Aber auch weitere rein rechtshistorische Aufsätze und Werke der soeben erwähnten ersten Savigny-Anhänger in Frankreich wie Lerminier[161] und Laboulaye[162] bezeugen andere neue Savigny-Bilder.

Zusammenfassend aus diesen verschiedenartigen Schriften, wissenschaftlicher, publizistischer oder polemischer Art, wie Rezensionen, Aufsätze, Kommentare oder Streitschriften gehen neue *kontrastierte* Savigny-Bilder in Frankreich hervor, welche einerseits weit über die *erste Welle* der Savigny-Übersetzungen fortbestehen werden und welche andererseits den üblichen deutschen Savigny-Bildern nicht unbedingt entsprechen werden.

157 Vgl. Histoire du droit romain au Moyen Âge [...] traduit de l'allemand par M. Charles Guenoux (Anm. 56), 2. Auflage, 1. Bd., Paris 1839, Notice sur la vie et les ouvrages de Frédéric Charles de Savigny, S. 1–23; Edouard Laboulaye, Essais sur la vie et les doctrines de Frédéric Charles de Savigny, Paris–Leipzig 1842.

158 Vgl. Pascal Duprat, Des idées de Savigny en France, ou la Contre-Révolution dans le Droit – MM. Giraud, Klimrath, Laboulaye etc., in *Revue indépendante*, 15, 1844, S. 481–511. Über Pascal Duprat, ehemaliger Student an der Universität Heidelberg und Mitarbeiter an der Zeitschrift *Réforme*, siehe Motte, Savigny (Anm. 1), S. 128.

159 Vgl. Auguste Ledru-Rollin, De l'influence de l'Ecole française sur le droit au XIXe siècle, in Jurisprudence française – Répertoire général du Journal du Palais, Paris 1845, Introduction, S. I–LXI. Über Alexandre Auguste Ledru-Rollin, siehe die biographische Notiz des DHJF, S. 483. Zu dieser von Proudhon inspirierten Kritik und den nachfolgenden harten Polemiken, vgl. den oben erwähnten Aufsatz von Hummel, La réception (Anm. 6).

160 Zu dieser Polemik, Gegenstand des erwähnten Aufsatzes von Hummel, La réception (Anm. 6), siehe den öffentlichen Briefaustausch zwischen E. Laboulaye und A. Ledru-Rollin in Revue de Législation et de Jurisprudence, NS, 1844, Bd. V, Sept.–Dez. 1844, S. 534–535 (Brief von E. Laboulaye); NS, 1845, Bd. I, Jan.–Apr. 1845, S. 149–155 (Erwiderung von A. Ledru-Rollin), und S. 155–160 (Schlussbrief von E. Laboulaye).

161 Vgl. Lerminier, Introduction générale (Anm. 49), Kap. XVII, S. 206–237, insbes. 221–223.

162 Vgl. Laboulaye, Histoire (Anm. 50), S. 23–42.

Diese verschiedenartigen neuen Savigny-Bilder möchte ich nun etwas genauer beschreiben, wie gesagt, in *kontextueller* sowie in *chronologischer* Hinsicht.

Kontextuell handelt es sich um die vier folgenden Zusammenhänge:[163]

1. der *national-kulturelle* Kontext;
2. der *philosophische* Kontext;
3. der *politische* Kontext;
4. der *wissenschaftliche*, bzw. der *rechtsgeschichtliche* Kontext.

1. So, zuerst in einem *national-kulturellen* Kontext, was aus den verschiedenartigen Aufsätzen über die rechtshistorische Schule hervorgeht, welche im Laufe der letzten zwei Jahrhunderte in Frankreich erschienen sind, ist im *besten* Sinne ein *romantisches Savigny-Bild* von *geschichtlichem Mystizismus*, beziehungsweise *Fetischismus* geprägt – so Duprat 1844.[164]

Solches Savigny-Bild wird nicht nur *polemisch* in den 40er Jahren des 19. Jahrhunderts gebildet; man findet es noch in Raymond Saleilles' (1855–1912) *wissenschaftlichen* Studien über die rechtshistorische Schule mehr als 75 Jahre später[165] sowie 1978 im *Lehrbuch* des Rechtsphilosophen und Rechtshistorikers Albert Brimo.[166]

In diesem gleichen *national-kulturellen* Zusammenhang bildet sich auch im *schlimmsten* Sinne ein *nationales*, wenn nicht *nationalistisches* Savigny-Bild, das Bild vom *Haupt einer deutschen Schule*, wenn nicht von einer *gallophoben*, d.h. *französischfeindlichen* Schule um die Worte von Ledru-Rollin[167] zu zitieren.

163 Im Wesentlichen folgen wir hier der kontextuellen Einteilung von Monchoux, L'Allemagne (Anm. 8), I. Teil: Le regard, S. 23–72.

164 Vgl. Duprat, Des idées (Anm. 158), S. 506, über den »*mysticisme historique*, qui voudrait installer le passé à la place de l'avenir« und S. 508, über den »*mysticisme historique* d'Outre Rhin«, sowie S. 507, über »cette espèce de *fétichisme historique*«.

165 Vgl. Raymond Saleilles, Ecole historique et droit naturel, in Revue trimestrielle de droit civil, 1, 1902, S. 92, über Savignys »*préférences romantiques* pour la génération mystérieuse et toute spontanée du droit« sowie, S. 93, über dessen »*retour presque mystique* aux vieilles curiosités coutumières«.

166 Vgl. Albert brimo, Les Grands Courants de la Philosophie du Droit et de l'Etat, Paris (1968[1]) 1978[3], S. 184, über Savignys mystische und romantische Rechtslehre als Vorzeichen, wenn nicht als Vorbereitung der totalitären Lehren des National-Sozialismus: »La doctrine de Savigny, en plaçant à la base des institutions un *élément mystique* et *romantique*, a, hélas, préparé l'avènement des théories totalitaires du national-socialisme«.

167 Vgl. Ledru-Rollin, De l'influence (Anm. 159), S. VIII und insbes. S. XLVIII: »De l'Ecole doctrinaire est sortie une nouvelle secte *gallophobe*, qui veut naturaliser dans nos écoles et dans nos académies les doctrines de l'école historique allemande«.

Ledru-Rollin setzt gerade dieser *deutschen* Schule die *französische* Schule entgegen, um vor einer »neuen Invasion« zu warnen.[168]

Dabei handelt es sich nicht bloß um übertriebene Formeln einer *Polemik* aus den 40er Jahren. Schon 1824 schmälerte der berühmte Rechtsanwalt Dupin l'Aîné (1783–1865) die »junge französische historische Schule« von Jourdan als »eine kleine Sekte, welche versucht, *den Germanismus in die französische Jurisprudenz einzuführen,* wie eine andere Schule das gleiche tun möchte mit der Romantik in unserer Literatur«.[169]

Soweit Savignys *romantisches* und *germanisches* Bild im *national-kulturellen* Kontext.

2. In einem *philosophischen* Kontext, wo so viele Missverständnisse die französische Rezeption der historischen Rechtsschule gekennzeichnet haben (O. Jouanjan),[170] ist es paradoxerweise nicht das Bild von einem *Philosophen der Freiheit*, welches das Savigny-Bild charakterisiert, das aus der französischen Savigny-Literatur des 19. Jahrhunderts hervorgeht. Wenn auch Savigny mit Kant verglichen wird und der Ausdruck »Kant der Jurisprudenz« hier und da benutzt wird,[171] so ist es eigentlich um seine *Reformerrolle* in der Rechtswissenschaft zu unterstreichen und nicht um seine *Philosophengestalt* hervorzuheben.

Das Savigny-Bild, das sich im *philosophischen* Kontext der Juli-Monarchie bildet und verbreitet, ist vielmehr das Bild eines *Nicht-Philosophen*. So lautet ausdrücklich der Vorwurf seines eifrigsten Verfechters und frühesten Kommentators, Eugène Lerminier.[172]

168 Vgl. LEDRU-ROLLIN, a.a.O., »C'est l'Université de France qui encourage la révolte contre l'Ecole française [...]. Nous sommes menacés d'une *nouvelle invasion étrangère*«. Die Kritik an dem »engstirnigen und ausschließenden Nationalismus« (*nationalisme étroit et exclusif*) der Savigny-;Schule findet sich noch 1904 bei RAYMOND SALEILLES, Le Code civil et la méthode historique in Le Livre du Centenaire, Bd. 1, Paris 1904, p. 127.

169 Vgl. ANDRÉ-MARIE-JEAN-JACQUES DUPIN dit Dupin Aîné, Introduction aux Œuvres de Pothier, Nouvelle édition, Paris, Bd. 1, 1824, S. LXXVI: »Il existe une petite secte, qui s'efforce d'introduire le *germanisme* dans la jurisprudence, à l'exemple de cette autre Ecole qui voudrait faire dominer le *romantisme* dans notre littérature«. Zit. von BÜRGE, Das französische Privatrecht (Anm. 3), S. 155, Fn. 31.

170 Vgl. JOUANJAN, Sur une réception (Anm. 7), S. 163–181, insbes. S. 165 und 177–181.

171 Wenn es auch höchstwahrscheinlich ist, dass Savignys Vorhaben, »ein Reformator der Jurisprudenz, ein Kant in der Rechtsgelehrsamkeit zu werden« nach dem Brief Leonhardis an Leonhard Creuzer vom 19. März 1799 (vgl. STOLL, F.K. von Savigny, Bd. 1, 1927, S. 54) in Frankreich nicht bekannt wurde, fiel die Ähnlichkeit der geistigen Rolle Savignys in der Jurisprudenz mit derjenigen Kants in der Philosophie manchem französischen Beobachter auf, so u.a. DUPRAT, Des idées (Anm. 158), S. 487.

172 Vgl. LERMINIER, Introduction (Anm. 49), S. 20.

In seiner *Introduction générale à l'histoire du droit* aus dem Jahre 1830 wirft Lerminier Savigny vor: »Er habe sich ausschliesslich mit der *Geschichte* beschäftigt [...] und die *philosophische Grundlage* des Rechts verkannt«.[173] Gleiche Äußerungen finden sich auch bei Duprat.[174]

Dadurch, aber auch dank der relativ frühen Übersetzung seiner rechtshistorischen Hauptwerke ins Französische, verbreitet sich so in Frankreich nach einem Wort von Jouanjan das Bild von *Savigny* als *reinem Historiker* (»Savigny purement historien«).[175]

Dieses Bild von *Savigny* als *reinem Historiker* erschien aber bald als ein Trugbild.

Das geht eben so klar aus der Abhandlung von seinem Anhänger Edouard de Laboulaye (1842) wie aus der polemischen Schrift von seinem Gegner Pascal Duprat (1844) hervor. Mitten in seiner Abhandlung über Savigny stellt nämlich Laboulaye fest:

»Die Ideen von Herrn von Savigny haben eine höhere Tragweite als man es in Frankreich vermutet. Sie sind dazu bestimmt in einem weiteren Bereich zu erscheinen: [...] in dem *politischen* Bereich«.[176]

Duprat meint es etwas anders, aber kommt zum gleichen Schluss, indem er schreibt:

»Erst seit einigen Jahren hat man neben dem Rechtsgelehrten einen *Philosophen* sehen wollen«[177] worunter Duprat einen *verstellten politischen Philosophen*, besser gesagt einen *politischen Denker* versteht. So erscheint ein neues Savigny-Bild: das Bild von Savigny als *politischem Denker.*

3. Damit gelangen wir zum eigentlichen *politischen* Kontext.

In diesem *politischen* Kontext treffen wir wieder *kontrastierende* Savigny-Bilder. Aus der Savigny-Literatur der Juli-Monarchie und des *Second Empire* sowie aus derjenigen der V. Republik bilden sich und entwickeln sich nämlich entgegengesetzte Savigny-Bilder wie das *reaktionäre* Savigny-Bild, Hauptvertreter der

173 Ebda: »C'est ainsi que le chef célèbre de l'Ecole historique allemande, M. de Savigny, uniquement préoccupé de l'histoire [...] n'a pas reconnu le fondement philosophique du droit positif«.

174 Vgl. Duprat, Des idées (Anm. 158), S. 488.

175 Vgl. Jouanjan, Sur une réception (Anm. 170), S. 165: »Une image d'un Savigny purement historien s'imposait ainsi en France«.

176 Vgl. Laboulaye, Essai (Anm. 157), S. 48: »Les idées de M. de Savigny ont [...] une portée plus grande qu'on ne le suppose ordinairement en France; la jurisprudence n'est point leur seul objet, mais elles sont destinées à paraître dans une sphère plus vaste, je veux parler de la politique«.

177 Vgl. Duprat, Des idées (Anm. 158), S. 488: »Ce n'est que depuis quelques années qu'on a voulu voir le philosophe à côté de l'érudit. Le mouvement, qui semble reporter en arrière notre société politique, a dû contribuer à donner parmi nous à Savigny cette nouvelle influence«.

Gegenrevolution, und das *gemäßigte* Savigny-Bild vom *konservativen Mann der Mitte*, Verfechter einer *Politik* des *juste milieu*, wie diejenige der Hauptvertreter der Juli-Monarchie.

So bildet sich einerseits, auf der Seite der *Gegner* Savignys, das wohlbekannte *reaktionäre* Savigny-Bild, welches sich in einer links eingestellten Strömung von Duprat (1844)[178] bis zum Marxisten Krystufek im Jahre 1966[179] entwickelt. In dieser Hinsicht wird Savigny lieber mit Edmund Burke (1729–1797) als mit Joseph de Maistre (1753–1821) verglichen, wie Duprat es in einem ausführlichen, sechsseitigen Vergleich tut, um aus ihm einen *Vertreter der Konterrevolution* zu machen.[180]

Es bildet sich aber auch auf der Seite der *Verfechter* der historischen Rechtsschule in Frankreich ein *fatalistisches* Savigny-Bild, welches dem deutschen *quietistischen* Savigny-Bild ähnelt. Dieses Savigny-Bild, welchem Savigny einen gewissen *Fatalismus* vor der geschichtlichen Entwicklung zuschreibt, trifft man bei François Guizot in den 20er Jahren[181] wie bei Laboulaye 1839[182] oder bei

178 Siehe die politischen Klänge des Untertitels des zitierten Aufsatzes von Duprat – »La Contre-Révolution dans le Droit« – sowie der letzten Seiten (u.a. S. 509): »Hâtons-nous de fermer les portes à cette funeste doctrine [...] Le système de Savigny, qui se lie [...] à la pensée de Burke, est une coalition intellectuelle de l'Angleterre et de l'Allemagne contre ces principes [= de 1789] que nous avons propagés en Europe«.

179 Vgl. Zdenek Krystufek, La querelle entre Savigny et Thibaut et son influence sur la pensée juridique européenne, in RHD, 44, 1966, S. 65.

180 Vgl. Duprat, Des idées (Anm. 158), S. 496–502, mit der polemischen Formel (S. 500): »Savigny pouvait donc choisir entre deux systèmes qui s'offraient à lui. Avec un sens philosophique un peu élevé, il aurait incliné vers de Maistre [...]. Un esprit plus vulgaire devait l'associer à Burke«.

181 Vgl. François Guizot, Histoire des origines du gouvernement représentatif en Europe (1820–1822), Paris 1851, Bd. 1, XVIIIe Leçon, S. 212–223, insbes. S. 222: »Si l'école historique se bornait à étudier soigneusement les faits, à mettre en lumière la portion de droit qu'ils renferment [...], elle aurait pleinement raison. Mais quand elle entreprend de légitimer les faits par les faits, quand elle refuse de leur appliquer à tous l'invariable loi de la justice et du droit rationnel, elle abandonne tout principe; elle tombe dans une sorte de *fatalisme absurde* et *honteux*«. Zu Guizots Kritik an der historischen Schule Savignys, siehe Stadler, Geschichtsschreibung (Anm. 146), S. 110.

182 Vgl. Laboulaye, Histoire (Anm. 50), Introduction, S. 34: »Elle [L'école allemande] s'est trop préoccupée du *poids fatal* que chaque siècle jette dans le plateau du siècle qui le suit«, und S. 35: »De ces trois éléments, M. de Savigny ne voit que le second [= des intérêts antérieurs protégés par la loi], dont en effet le développement est *fatal*«.

Raymond Saleilles anfangs des 20. Jahrhunderts, der lieber vom *esprit d'immobilisation,* [183] von *Unbeweglichkeit* spricht – ein klassischer Vorwurf.[184]

Dieses *fatalistische* Bild von Savigny findet sich ebenfalls in einer ganz anderen Strömung bei dem ersten Proudhon in seinen Heften aus dem Jahr 1841[185] wie beim Soziologen Georges Gurvitch (1894–1965) in seinem Buch *L'idée du droit social* aus dem Jahre 1931.[186]

Diesem negativ geprägten Savigny-Bild wird aber sehr früh ein ganz verschiedenes Bild entgegengesetzt: es ist das *gemäßigte* Savigny-Bild des *Reformkonservativen*, des Mannes der »goldenen Mitte«, Anhänger einer *maßvollen Reformpolitik.*

In dieser Geistesrichtung wird seine »Rücksicht auf die Rechte der Vergangenheit« (*respect des droits du passé*) sowie seine »weise und vorsichtige Verbesserung des Gegenwärtigen« (*amélioration sage et prudente du présent*) 1842 von seinem liberalen Schüler Laboulaye mit Begeisterung gelobt.[187] 15 Jahre später rühmt ihn auch Louis Wolowski im *Journal des Economistes* als »glorreichen Verteidiger der Tradition mit liberalem Geist«.[188] »Liberal und

183 Vgl. Saleilles, Ecole historique (Anm. 165), S. 93: »A mon sens, l'école historique n'a de rôle à jouer dans le domaine du droit, en dehors de celui de l'histoire, que si elle fournit une méthode d'interprétation pour contribuer à l'évolution du droit. Malheureusement, on n'avait su tirer aucun principe d'interprétation; et, du même coup, cette école ainsi comprise avait fait du droit un chapitre pur et simple de l'histoire, lui enlevant son autonomie propre. De là, l'*esprit d'immobilisation,* d'attachement au passé et de retour presque mystique aux vieilles curiosités coutumières». Im gleichen Sinne, siehe ders. Le Code civil (Anm. 168), S. 99: »L'école de Savigny, prise sous sa forme initiale, reposait sur quelques postulats, qui, sous prétexte d'évolution, ne devaient aboutir qu'à l'*immobilisation*«.

184 Siehe dazu die Zurückweisung dieses unbegründeten Vorwurfes Thibauts durch Savigny, Stimmen (Anm. 48), ZgRw, 1816, 1, S. 3–4.

185 Vgl. Proudhon, Cahiers (Anm. 144), XVII, f 49, Laboulayes Urteil über Savignys Schule zusammenfassend: »Elle s'est trop préoccupée du poids *fatal* que chaque siècle jette dans le plateau du siècle qui le suit, et pas assez de l'élément libre«, zit. von Ambost, Proudhon (Anm. 144), S. 165, Fn. 24, sowie S. 183.

186 Vgl. Georges Gurvitch, L'Idée du Droit social, Paris 1931, IV. Teil, Kap. III: Les traces de l'Idée du Droit social dans l'Ecole historique des juristes et chez les germanistes, § 1, S. 480: »Toute création est rejetée dans le passé et le processus historique est conçu d'une façon *fataliste*«,

187 Vgl. Laboulaye, Essai (Anm. 157), S. 67.

188 Vgl. Louis Wolowski, De l'application de la méthode historique à l'étude de l'économie politique in Journal des économistes, XV, 1857, S. 183 (schon 1856 als Préface zu Roscher, Principes d'économie politique publiziert): »Le glorieux défenseur de la *tradition* conservait un esprit *libéral*«.

zurückhaltend« so wird auch Savigny 1864 von Mignet (1796–1884) bezeichnet.[189]

Dieses Savigny-Bild wird sich nach den Arbeiten von Olivier Motte und Joachim Rückert wieder seit 25 Jahren in Frankreich mit den Aufsätzen von Olivier Beaud verbreiten, welcher Savigny 1997 als einen »*conservateur modéré*« schildert.[190]

Aus einer näheren Betrachtung ergibt sich, dass die Tragweite des savignyschen Denkens viel tiefer reicht als zur *politisch-institutionellen* Ordnung. Sie reicht bis zu den *Grundlagen* des *sozial-politischen* Wesens.

In dieser Perspektive wird sich ab 1850 in Frankreich auf der Grundlage der *Volksgeistlehre* noch ein neues Savigny-Bild entwickeln. Es handelt sich um das zuerst vom zweiten Proudhon gebildete Bild eines *staatsfeindlichen Savignys (Savigny anti-étatiste)*,[191] ein Bild welches ab 1931 von Gurvitch weiter entwickelt wird, wie es aus dem Abschnitt seines *Idée du droit social* über »*Die staatsfeindliche Theorie des Volksrechts bei Savigny und Puchta*« klar hervorgeht.[192] Dieses neue Savigny-Bild wird noch vor 15 Jahren mit zahlreichen Schattierungen von Olivier Beaud in seinen Ausführungen über die organische und privatrechtliche Staatsauffassung Savignys weiter entwickelt.[193]

Dieses *staatsfeindliche* Savigny-Bild wird aber schon im Laufe der zweiten Hälfte des 19. Jahrhunderts etwas bestritten. So fühlen sich im Vorwort der ersten Auflage (1863) ihrer französischen Übersetzung des *Obligationenrecht* –

189 Vgl. Mignet, Nouveaux Eloges historiques, Paris (1864) 1877, De Savigny, S. 45: »Libéral et réservé, M. de Savigny était pour les innovations opportunes et qui n'altéraient pas les institutions restées encore nécessaires«.

190 Vgl. Olivier Beaud, Savigny et le droit public – Plaidoyer pour une lecture politique de l'œuvre de Savigny in J.F. Kervégan, H. Mohnhaupt (Hg.), Recht zwischen Natur und Geschichte, Jus Commune, Sonderhefte 100, Frankfurt/Main 1997, S. 211 – »Savigny adopte à ce sujet [i.e. Selbstverwaltung der Gemeinden] une position modérée« –, S. 216 – »Les conservateurs modérés parmi lesquels il figure« – und S. 221 – »il existe [...] deux manières d'être conservateur: soit en étant réactionnaire [...] soit d'être conservateur réformiste. Or, il est clair que Savigny ne partage pas les outrances réactionnaires de certains de ses collègues et qu'il souhaite seulement réformer les institutions«.

191 Vgl. Proudhon, Cours d'Economie politique (1852–1855), XV, n° 59, und XXII, f. 32, zit. von Ambost, Proudhon (Anm. 144), S. 173–174. Proudhons neues Savigny-Bild und Deutung erklärt sich nach Ambost (S. 166) hauptsächlich durch den Staatsstreich und die Thronbesteigung Napoleons III.

192 Vgl. Gurvitch, L'Idée (Anm. 186), a.a.O., Kap. III, § 1: La théorie anti-étatiste du »*Volksrecht*« chez Savigny et Puchta, S. 470–487, insbes. S. 473–474.

193 Vgl. Beaud, Savigny (Anm. 190), S. 191–199, welcher von »vision organique« (S. 191) und von »vision civiliste de l'Etat« (S. 193) spricht.

wie schon erwähnt – Gérardin und Jozon gezwungen, von den *etatistischen »illiberalen Ansichten«* Savignys Abstand zu nehmen.[194]

Dem *staatsfeindlichen Savigny-Bild* wird gegen Ende des 19. Jahrhunderts ein völlig verschiedenes Bild entgegengesetzt. Auf Grund der Ausführungen Savignys über die Entstehung und das Wesen des Staates im 1. Band des *System des heutigen Römischen Rechts* trägt Charles Andler 1897 in seinem Buch *Les origines du socialisme d'Etat* dazu bei, das Bild eines grundsätzlich *etatistischen Savignys* zu bilden, von dessen Lehren der *deutsche Staatssozialismus* seinen Ursprung genommen habe.[195]

4. Von viel wichtigerer Bedeutung erscheinen die Savigny-Bilder, die sich im *wissenschaftlichen* Kontext bilden, das heißt im *juristischen* sowie im *rechtshistorischen* Kontext.

In diesem Zusammenhang sind es die gleichen Savigny-Bilder, die im Laufe der Entwicklung der französischen Rechts- und Geschichtswissenschaften des 19. Jahrhunderts in den verschiedensten Strömungen ans Licht kommen und sich bis ins späte 20. Jahrhundert fortsetzen.

194 Vgl. Le Droit des obligations [...] traduit de l'allemand par C. Gérardin und P. Jozon (Anm. 116), Vorwort, S. 8–9: »Son [i.e. Savignys] amour de l'antiquité [...], joint à ses opinions politiques peu libérales, lui inspiraient pour toute innovation une répulsion instinctive. Il jugeait spécialement dangereuses et était porté à rejeter celles dont le but consistait à donner aux particuliers plus de liberté et d'initiative, et à diminuer l'omnipotence de l'Etat et l'influence qu'il acquiert en intervenant dans les affaires privées. [...] Or, ces idées ne sont pas les nôtres. L'initiative individuelle nous séduit; l'influence gouvernementale ne nous semble pas toujours heureuse«.

195 Vgl. Charles Andler, Les origines du socialisme d'Etat en Allemagne, Paris 1897, S. 1–15 und S. 36–47. Über den geistigen Ursprung des Staatssozialismus, siehe S. 2, insbes. S. 2–3: »Le socialisme d'Etat est une doctrine de réforme respectueuse des nécessités historiques. Il ne change la tradition que lorsqu'elle est en conflit avec la justice rationnelle [...] il voit dans l'existence des choses traditionnelles une raison suffisante de les conserver. Il pense que l'organisation rationnelle de l'Etat n'est possible qu'après une évolution historique. [...]
Le socialisme d'Etat atteste en cela qu'il a ses racines chez les théoriciens du commencement du siècle, qui voulurent consolider le régime existant en justifiant la *tradition* par des raisons de science et de sentiment. La critique du droit rationaliste français par les réactionnaires romantiques, au nom de l'histoire et de la *tradition*, voilà où il remonte, [...] toutes ces doctrines se greffent sur quelques souches maîtresses, qui, à leur tour, plongent jusque dans l'historisme des juristes et des économistes romantiques«; siehe auch a.a.O., S. 41–46: »L'Etat est un fait général que nulle réflexion ne fonde. La nécessité d'où il est sorti n'est pas celle d'un danger à conjurer, dont on a acquis la notion, mais celle d'une spontanéité naturelle. [...] On ne discute pas de l'Etat, ni du droit, si l'on aime la vérité et si on ne veut pas mettre des sophismes au service du crime« (S. 46).

Es ist zunächst selbstverständlich das Bild des *Schulengründers* und des *Hauptmeisters* der *geschichtlichen Rechtswissenschaft*, welches zwischen 1819 und 1874 bei so verschiedenartigen Gestalten wie Warnkönig[196] und Lerminier,[197] Laboulaye[198] und Proudhon,[199] Mignet[200] und Rodière (1818–1874)[201] hervortritt und noch Ende des 20. Jahrhunderts wie bei J. L. Halpérin[202] erscheint.

Es ist aber auch das Bild des echten *Erneuerers der Rechtswissenschaft*, des wirklichen *Regenerators* nach den Worten von Warnkönig[203] und Laboulaye, der sogar schon 1842 vom »unermüdlichen Apostel der *juristischen Regeneration*« spricht.[204]

Dabei erscheint oft der schon erwähnte Vergleich mit Cujas. Ähnlich wie Laboulaye und Lerminier[205] rühmen noch in den 70er Jahren Mignet und Rodière Savigny als *neuen Cujas* (*Cujas redivivus*)[206] oder als *Cujas unseres Jahrhunderts* (*Cujas de notre siècle*).[207]

Schließlich bildet sich ebenfalls in derselben Hinsicht das Savigny-Bild des *Reformers*, wobei die Gestalt Savignys mit denjenigen von Victor Cousin und von Immanuel Kant verglichen wird. So vertritt Savigny für Laboulaye was Cousin für die *französische Philosophie*[208] bedeuten kann, während für Duprat Savignys Rolle in der Rechtswissenschaft derjenigen von Kant in der deutschen Philoso-

196 Vgl. Warnkönig, De l'état actuel (Anm. 152), Thémis 1, 1819, S. 22.

197 Vgl. Lerminier, Revue française, N° VIII, 1829 (Anm. 38), S. 99, wiederveröffentlicht in Lerminier, Introduction générale (Anm. 49), S. 394: »Chef de l'Ecole historique dans la jurisprudence«.

198 Vgl. Laboulaye, Essai (1842) (Anm. 157), S. 51: »M. de Savigny, au contraire, a été dès le premier jour, chef d'école«.

199 Vgl. Proudhon, Cahiers XVII, (1840), (Anm. 144), f. 12: »quand il a fondé une école«.

200 Vgl. Mignet, Nouveaux Eloges (1864), (Anm. 189), S. 3: »M. de Savigny a été, de nos jours, en jurisprudence, le chef glorieux de l'école historique », sowie S. 28; siehe auch S. 54: »Il restait un de ces génies qui font école et font époque«.

201 Vgl. Aime Rodiere, Les Grands Jurisconsultes, Toulouse–Paris 1874, S. 462: »Savigny, chef de cette école«.

202 Vgl. Halperin, Entre nationalisme (Anm. 5), der Savigny nicht nur als »chef de file de la nouvelle école historique du droit« (S. 49), sondern auch als »grand maître de la science historique du droit« (S. 51) bezeichnet.

203 Vgl. Warnkönig, De l'état actuel (Anm. 152), S. 21.

204 Vgl. Laboulaye, Essai (Anm. 157), S. 62 – »l'apôtre infatigable de la régénération juridique« – sowie Fondation Savigny (Anm. 113), S. 113 – »Comme Cujas, il a eu la gloire de renouveler la science« – und S. 115 – »Savigny [...] fut le véritable rénovateur de la science du droit«.

205 Vgl. Laboulaye, ebda, sowie Lerminier, Introduction (Anm. 49), S. 395.

206 Vgl. Mignet, Nouveaux Eloges (Anm. 189), S. 16: »du grand Cujas qu'il était appelé à ressusciter pour le XIXe siècle«.

207 Vgl. Rodiere, Les Grands Jurisconsultes (Anm. 201), S. 455: »Savigny a été le Cujas de notre siècle«.

208 Vgl. Laboulaye, Essai (Anm. 49), S. 62.

phie ähnelt.[209] Solche Savigny-Bilder mit den entsprechenden Parallelen werden allmählich im Laufe des 20. Jahrhundert in Frankreich verschwinden. Skizzenhaft gesagt wird in diesem wissenschaftlichen Kontext nur das Bild des *Schulengründers* verbleiben, d.h. das Bild des *Gründers der historischen Rechtsschule* und das Bild des *Erneuerers der Rechtswissenschaft*.

Von diesen allgemeinen Bildern, welche Savigny als Rechtsreformer zelebrieren, muss man die spezifische Anerkennung Savignys im französischen Sprachraum, nicht so sehr als Reformer der Zivilrechtswissenschaft – sei es in der Besitzlehre oder im Obligationenrecht[210] –, sondern als »Reformator des Internationalen Privatrechts« (M. Gutzwiller)[211] unterscheiden: Diese Anerkennung wird seit den achtziger Jahren des 19. Jahrhunderts von einer Reihe von Anhängern bezeugt,[212] vom Belgier François Laurent (1810–1887)[213] zu den französischen Internationalprivatrechtlern Frantz Despagnets (1857–1906),[214] Jules Valéry (1863–1938)[215] und Henri Donnedieu de Vabres (1880–1952),[216] die eine Art savignysche IPR-Schule in Frankreich gebildet haben,[217] welche die »ganz analytische Methode« (*méthode tout analytique*) (E. Gaudemet)[218] sowie die völkerrechtliche Grundlage der savignyschen Lehre des IPRs[219] in den romanischen Ländern, vor allem in Frankreich, verbreitet hat.[220]

209 Vgl. Duprat, Des idées (Anm. 158), S. 487.

210 Vgl. Boudot, Les civilistes français (Anm. 4), S. 41–52 und 53–58.

211 Vgl. Max Gutzwiller, Der Einfluss Savignys sauf die Entwicklung des Internationalen Privatrechts, Freiburg (Schweiz), 1923, S. 148.

212 Vgl. Gutzwiller, Der Einfluss (Anm. 211), S. 135–144, sowie ders. Le développement historique du droit international privé in Recueil des Cours de l'Académie de Droit international, 1929, IV, S. 353–367, insbes. S. 362–363, und Halperin, Entre nationalisme (Anm. 5), S. 94–98.

213 Vgl. François Laurent, Droit civil international, Brüssel–Paris, 1880, Bd. 1, S. 601–623.

214 Vgl. Frantz Despagnets, Précis de droit international privé, Paris 1909, S. 325–326.

215 Vgl. Jules Valéry, Manuel de droit international privé, Paris 1914, S. 36–38 und 469–472.

216 Vgl. Henri Donnedieu de Vabres, L'évolution de la jurisprudence française en matière de conflit de lois, Paris 1905.

217 Vgl. Gutzwiller, Der Einfluss, (Anm. 211), S. 135–144, der das Wort Alberic Rollin, Principes de droit international privé, Paris, 3 Bde, 1. Bd. S. 93 zitiert: »Ni Wächter, ni Schäffner n'ont fait à proprement parler école. Mais il en est autrement de l'illustre Savigny«. (A. a. O., S. 147–148, Fn. 49).

218 Vgl. Eugène gaudemet, »La théorie des conflits de lois dans l'œuvre d'Antoine Pillet et la doctrine de Savigny«, in Mélanges Antoine Pillet, Paris 1929, Bd. 1, S. 91.

219 Vgl. Gutzwiller, Der Einfluss (Anm. 211), S. 137–140.

220 Vgl. Gutzwiller, Der Einfluss (Anm. 211), S. 135. Savignys IPR-Lehre sollte anfangs des 21. Jahrhunderts in Frankreich soviel Interesse wecken, dass sie 2002

* * *

Es sind tatsächlich die Bilder von Savigny als *Erneuerer der Rechtswissenschaft*, welche sich, wie wir es schon bemerkt haben, mit den Bildern von Savigny *Gründer der historischen Rechtsschule*, von Savigny *Romantiker* und Savigny *Reaktionär* bis zum letzten Drittel des 20. Jahrhunderts in der französischen juristischen Literatur fortsetzen werden.

Dass eben diese Bilder fast unverändert so lange fortdauern werden hat meines Erachtens zweierlei Gründe:

1. Es ist einerseits das Verschwinden der sogenannten *Missionar- und Gründergeneration* der französischen historischen Rechtsschule: Warnkönig hat sich nach Deutschland zurückgezogen und stirbt 1866, Lerminier stirbt 1857 und Laboulaye etwas später 1883;

2. Es ist andererseits die eindeutige *Verschlechterung der deutsch-französischen Beziehungen* nach dem *Second Empire* und der Niederlage von Sedan und dies bis zum Bruch des 1. Weltkrieges.

Wie Olivier Motte in seiner Veröffentlichung des Briefwechsels zwischen französischen und deutschen Juristen des 19. Jahrhunderts wohl gezeigt hat, bedeutete der Krieg von 1870 eine tiefe Wunde, welche den Austausch und die Beziehungen verlangsamen sollte,[221] so dass von nun an die Vermittler, die sich zwischen Deutschland und Frankreich betätigten, fast ausschließlich Professoren aus der Westschweiz sind, wie Charles Le Fort (1821–1888), Alphonse Rivier (1835–1898) und Henri Brocher (1835–1907) von den Genfer und Lausanner Rechtsfakultäten.[222] Es ist aber erst der 1. Weltkrieg, welcher den echten Bruch bildet, der mit dem Dritten Reich endgültig wird, mindestens bis zur V. Republik und dem Aufbau der Europäischen Union.

Unter diesen Umständen wiederholen sich bis zu den 80er Jahren des letzten Jahrhunderts von einer Generation zur andern die *gleichen erwähnten Savigny-Bilder* in der französischen juristischen Literatur, insofern man noch Interesse für Savigny zeigt.

So vergingen der 100-jährige Todestag sowie der 200-jährige Geburtstag Savignys praktisch unbemerkt in Frankreichs rechtsgeschichtlicher Literatur. Zu diesen Anlässen konnte ich ohne Widerspruch in verschiedenen Rezensio-

zu einer späten Neuveröffentlichung der 2. Auflage der französischen Übersetzung des 8. Bandes des *Systems des heutigen römischen Rechts* durch Guenoux (1860) in Paris mit einem bedeutungsvollen Vorwort vom Pariser Professor Hervé Synvet geführt hat (vgl. oben Anm. 57 *in fine*).

221 Vgl. Motte, Lettres (Anm. 9), Bd. 1, S. 48–49.

222 Ebda.

nen in französischen Zeitschriften ironisch bemerken, dass »die historische Rechtsschule kein Lieblingsthema der französischen Literatur war«.[223]

Einige Jahre später 1986 bestätigte der Rechtshistoriker aus Toulouse Jacques Poumarède ausdrücklich mein ironisches Urteil, indem er schrieb:

»Es steht über der Rezeption des savignyschen Denkens in unserem Lande eine *Art von Fluch* [...] Die französische Savigny-Literatur bezeugt eine seltene Dürftigkeit«.[224]

Zu dieser Zeit war ich so im Stande im Rahmen des Pariser rechtsphilosophischen Seminars von Michel Villey so wie der *Archives de philosophie du droit* die geläufigen Savigny-Bilder des *romantischen*, des *mystischen* und des *reaktionären Rechtsdenkers* zu schattieren.[225]

Die echte Erneuerung dieser Savigny-Bilder in der französischen Literatur kam aber erst nach der Verbreitung der epochemachenden Forschungen und Arbeiten von Joachim Rückert[226] und von Wolfgang van Hall.[227] Und das war eigentlich das Verdienst einerseits, auf dem *öffentlich-* und *verfassungsrechtlichen* Gebiet, von Olivier Beaud, u. a. mit seinen Aufsätzen über *Savigny und das öffentliche Recht*[228] und *Savigny und der deutsche Konstitutionalismus*[229] zwischen den Jahren 1997 und 2001, aus denen die Bilder Savignys als *zivilistischer*

223 Vgl. u.a. ALFRED DUFOUR, Une philosophie romantique du droit et de l'histoire – A propos d'un récent ouvrage sur l'un des maîtres de l'Ecole historique in Archives de Philosophie du Droit (APD), 19, 1974, S. 425, jetzt in Droits de l'Homme, droit naturel et histoire, Paris, 1991, S. 165, sowie De l'Ecole du droit naturel à l'Ecole du droit historique – Etude critique pour le bicentenaire de la naissance de Savigny, APD, 26, 1981, S. 304–305, und La théorie des sources du droit dans l'Ecole du Droit historique, in APD, 27, 1982, S. 85, jetzt in: Droits de l'Homme, S. 221. Siehe auch DERS. Savigny, la France et la philosophie allemande, in Revue d'histoire du droit (Tijdschrift voor rechtsgeschiedenis), LV, 1987, S. 151.

224 Vgl. JACQUES POUMARÈDE, Défense et illustration de la Coutume (Anm. 55), S. 110, Anm. 14: »Il pèse sur la réception de la pensée savignienne dans notre pays une sorte de malédiction [...] la littérature française sur Savigny est d'une rare indigence«.

225 Siehe u.a. DUFOUR, Droit et Langage dans l'Ecole historique du Droit, APD, 19, 1974, S. 154–155, und De l'Ecole (Anm. 223), S. 317–320, sowie DERS. Rationnel et irrationnel dans l'Ecole du droit historique, APD, 23, 1978, S. 150–153.

226 Siehe vor allem JOACHIM RÜCKERT, Idealismus, Jurisprudenz und Politik bei F.C. von Savigny, Ebelsbach 1984; dazu unsere Rezension, Savigny, la France et la philosophie allemande (Anm. 223), S. 155–163.

227 Vgl. WOLFGANG VAN HALL, Savigny als Praktiker – Die Staatsgutachten (1817–1842), Kiel 1981.

228 Vgl. OLIVIER BEAUD, Savigny et le droit public (1997) (Anm. 190).

229 Vgl. OLIVIER BEAUD, Le cas Savigny ou un constitutionnalisme allemand sans l'Etat de droit, in: OLIVIER JOUANJAN (Hg), Figures de l'Etat de droit, Strasbourg, 2001, S. 149–176.

Staatstheoretiker sowie als *mäßiger Reformkonservativer* hervorgingen; andererseits, auf dem *rechtsphilosophischen* sowie auf dem *öffentlich-rechtlichen* Gebiet, war es auch das Verdienst von Olivier Jouanjan mit seiner *Geschichte des Rechtsdenkens in Deutschland*[230] 2005 und mit seinen Beiträgen zur Zeitschrift *Droits* aus den Jahren 1999 und 2007 »*Über den Willen in der deutschen Rechtswissenschaft des 19. Jahrhunderts*«[231] und »*Über eine Savigny-Rezeption in Frankreich*«,[232] aus denen ein neues Savigny-Bild als *Rechtsdenker mit stark philosophischer Bildung* und als *Erneuerer des hermeneutischen Denkens*[233] hervortritt.

Schlussbetrachtungen

Zum Schluss dieses Referates möchte ich drei Bemerkungen formulieren. Die erste betrifft die lange Geschichte der Savigny-Übersetzungen ins Französische; die zweite die Savigny-Bilder; die dritte die dialektische Beziehung zwischen Savigny-Bildern und Savigny-Übersetzungen.

1. Was die reichhaltige Geschichte der Savigny-Übersetzungen ins Französische anbelangt, darf noch gefragt werden, warum man fast zwei Jahrhunderte warten musste bis zur Übersetzung der »*programmatischen Schriften*« und ganz besonders bis zur Übersetzung des *Vom Beruf*, wenn man bedenkt, dass dieses Werk schon im Jahre 1831 ins Englische und 1847 ins Italienische übersetzt wurde. Die Antwort liegt meines Erachtens an einer gewissen *ambivalenten Haltung* der französischen Juristenkaste Savigny gegenüber, und dieses nicht so sehr wegen der französischen Herkunft dieses preußischen Rechtsgelehrten, sondern wegen seiner Kodifikationsfeindlichkeit, und ganz besonders wegen seiner harten Worte gegen den *Code Napoléon* und gegen die französische Rechtswissenschaft seiner Zeit.

Noch vor sieben Jahren, als ich an der Übersetzung des *Vom Beruf* arbeitete, stellte ich die Frage an einen französischen Kollegen – einen eifrigen Verfechter der *Ecole de l'Exégèse* – der mir zur Antwort gab, man könne dem Verfasser des *Vom Beruf* seine völlig ungerechte Kritik am *Code Napoléon* sowie an der

230 Vgl. Olivier Jouanjan, Une histoire de la pensée juridique en Allemagne (1800–1918) – Idéalisme et conceptualisme chez les juristes allemands du XIXe siècle, Paris 2005.

231 Vgl. Olivier Jouanjan, La volonté dans la science juridique allemande du XIXe siècle: itinéraires d'un concept entre droit romain et droit politique, in Droits, 28, 1999, S. 47–69.

232 Vgl. Jouanjan, Sur une réception (Anm. 7), S. 159–181.

233 A.a.O., S. 174: »Avec son génie propre, mais dans un contexte idéaliste commun, Savigny se fait, au même moment que Wolf et Schleiermacher, l'un des rénovateurs décisif de la pensée herméneutique«.

französischen Rechtswissenschaft seiner Zeit nicht vergeben. So darf man sich fragen, ob die Antwort auf diese heikle Frage nicht unter dem Stichwort *nationale Überempfindlichkeit* zu suchen wäre.

2. Was die Savigny-Bilder anbelangt, welche in Frankreich besonders während der Blütezeit der Rezeption der deutschen historischen Rechtsschule gebildet werden, so fällt auf, dass sie weniger der Wirklichkeit der komplexen Gestalt Savignys entsprechen als den Verhältnissen und Bedürfnissen politischer, philosophischer oder rechtswissenschaftlicher Art der Verfechter sowie der Gegner der historischen Rechtsschule in Frankreich.

Wenn Savigny als *Vertreter der Mittellinie* von seinen liberalen Verfechtern gelobt wird, dann ist es vor allem, um ihre Reformpolitik des allmählichen Fortschritts (*progrès graduel*) zu verteidigen.

Im Gegenbild, wenn Savigny als *Reaktionär* und als *blasser Nacheiferer* von *Burke* oder *Joseph de Maistre* von den französischen Gegnern der historischen Schule herabgewürdigt wird, dann ist es, um die Politik seiner an die Macht gelangten Verfechter zu diskreditieren.

Gleichfalls, wenn Savigny als *Nicht-Philosoph* und *reiner Historiker* nicht nur von seinen Gegnern, sondern auch von seinen Anhängern bezeichnet wird, so ist es nicht nur unter dem Einfluss der hegelianischen Schule in Frankreich, welche behauptet, er sei eigentlich kein echter Philosoph, sondern weil paradoxerweise die philosophischen Grundlagen seiner Rechtsauffassung von seinen Schülern nicht verstanden werden, insofern sie dem herrschenden französischen Eklektizismus grundsätzlich fremd sind.[234]

So sollte eine bestimmte *Diskrepanz* zwischen den französischen und den deutschen Savigny-Bildern festgestellt werden, eine *Diskrepanz*, welche von den Kulturhistorikern in den deutsch-französischen kulturellen Beziehungen schon seit Jahrzehnten hervorgehoben wurde und welche einige von ihnen dazu führen sollte von einem bestimmten »*mirage allemand*« zu sprechen.[235]

Ob dieses vermutete *Trugbild* aus einer zu tiefen Bewunderung Deutschlands oder aus einer gewissen Unmitteilbarkeit der Kulturen hervorgeht, bleibe dahingestellt.

3. Schließlich, was die Verhältnisse zwischen Savigny-Übersetzungen und Savigny-Bildern anbelangt, sei es während der Blütezeit der Rezeption der

234 Siehe zu den philosophischen Grundlagen der savignyschen Rechtsauffassung und ihrer Missdeutung in Frankreich durch Savigny-Schüler wie Lerminier, Jouanjan, a.a.O., S. 165–181.

235 Siehe u.a. Carré, Les écrivains (Anm. 8), Introduction: La vie des mirages, S. VII–XVI, der auch, S. IX, von Abstand (*décalage*) spricht: »C'est qu'il y a presque toujours eu, entre l'Allemagne et les intellectuels français, un »décalage«, un retard de plusieurs années«.

deutschen historischen Rechtschule in Frankreich oder in dem ersten Jahrzehnt dieses Jahrhunderts, da darf man sich fragen, ob nicht eine dialektische Beziehung zwischen diesen Bildern und den Savigny-Übersetzungen besteht.

So darf die Frage gestellt werden, ob es nicht die ersten Savigny-Bilder des *Gelehrten-Fürsten* und des *Erneuerers der Rechtswissenschaft* sind, welche die ersten Savigny-Übersetzungen wie diejenigen von L. Meynier und von Ch. Guenoux bestimmt haben, wenn auch angenommen wird, dass eben diese Übersetzungen selber die Bildung neuer Savigny-Bilder veranlasst haben.

Das Gleiche gilt für die neueren Bilder des endenden 20. Jahrhunderts, welche anfangs dieses Jahrhunderts die neueren Übersetzungen der *programmatischen Schriften* gewissermaßen bestimmt haben. Man darf sich fragen, welche neuen oder »neualten« Bilder nach der Neuveröffentlichung der Übersetzung des 8. Bandes des *Systems* und nach der Übersetzung der *programmatischen Schriften* erscheinen werden. Wird es sich um die Bilder des «Reformators des IPRs», des Rechtsmethodologen oder des großen Rechtsdenkers handeln, um dasjenige des Befürworters eines christlichen Staates oder um dasjenige des Verfechters der Idee einer europäischen Staatengemeinschaft? Die Frage bleibt offen.

Alfred Dufour

»Wer vieles bringt, wird manchem etwas bringen.«*

Savigny-Übersetzungen und Savigny-Bilder in der Welt des Common Law

Zur Einleitung: Savigny-Übersetzungen im Kontext

Die Übersetzungen der Werke Savignys sind ein wichtiger Teil seiner Wirkungsgeschichte jenseits des deutschen Sprachraums und deshalb einer gründlichen Untersuchung wert. Aber sie sind eben nur ein Teil. Um Fehleinschätzungen (und insbesondere Überschätzungen) ihres Einflusses zu vermeiden, muss man sich deshalb den größeren Kontext bewusst machen, bevor man sich ihnen im einzelnen zuwendet. Jedenfalls in der Welt des Common Law beruhte Savignys Wirkung nämlich keineswegs allein auf (englischen) Übersetzungen. Sie war vielmehr entscheidend durch zwei andere Faktoren mitbedingt, nämlich zum einen durch sonstige Fachliteratur und zum anderen durch das weitere intellektuelle und kulturelle Umfeld.

Zum einen muss man Savigny-Übersetzungen ins Englische im Zusammenspiel mit anderer Savigny-Literatur sehen, die sich in zwei Gruppen teilen lässt. Die erste bestand aus Savignys Werken im deutschen Original. Als Folge des Aufstiegs der deutschen Kultur und insbesondere des Universitätswesens im 19. Jahrhundert waren Deutschkenntnisse unter der gebildeten Schicht in angloamerikanischen Ländern seinerzeit recht weit verbreitet. Vor allem in der zweiten Hälfte des Jahrhunderts konnten viele unter den akademisch interessierten Common Lawyers, wie Austin, Pollock und Maitland in England oder Holmes, Ames und später Pound in den Vereinigten Staaten, Deutsch zumindest lesen. Das gehörte unter der juristischen Elite geradezu zum Handwerk, denn

* Goethe, Faust I, Vorspiel auf dem Theater.

nur so hatte man breiteren Zugang zur damals als führend geltenden deutschen Rechtswissenschaft. Dementsprechend wurden Savignys Werke von dieser Elite vielfach im Original herangezogen und auch zitiert. Sein Einfluss wurde natürlich durch die englischen Übersetzungen verstärkt, denn erst sie machten Savigny einer breiteren Leserschaft zugänglich. Die zweite Gruppe war die Sekundärliteratur *über* Savigny. Es gab eine ganze Reihe von Aufsätzen zu Person und Werk sowie zur historischen Schule allgemein,[1] und die englischsprachigen Werke zur Rechtstheorie (im weiteren Sinne der *jurisprudence)* kamen an Savigny fast nie vorbei.[2] Sofern die breitere Masse der Common Lawyers etwas über Savigny wusste, bezog sie ihre Kenntnisse wohl weniger unmittelbar aus seinen Schriften, sondern vor allem aus dieser Sekundärliteratur. Das musste nicht nur zu Oberflächlichkeit, sondern auch zu mehr oder minder fruchtbaren Uminterpretationen und Missverständnissen führen.

Zum anderen muss man Savigny-Übersetzungen ins Englische im Zusammenhang mit zwei breiteren intellektuellen und kulturellen Entwicklungen in der anglo-amerikanischen Welt sehen. Zunächst war das dortige Interesse an Savigny, wie wir immer wieder sehen werden, Teil einer allgemein starken

1 Vgl. ANON. (William Guthrie, s. u. Anm. 46), Friedrich Carl von Savigny, in: Law Magazine and Review 15 (1863) 76–111 (der Autor gibt zwar keinen Nachweis, die Fußnoten weisen aber bereits darauf hin, dass es sich um eine Übersetzung der Biographie von ADOLF FRIEDRICH RUDORFF, Friedrich Carl von Savigny: sein Wesen und Wirken, Weimar 1862, handelt; der Text ist wohl identisch mit ADOLF FRIEDRICH RUDOFF, Savigny. Erinnerung an sein Wesen und Wirken, in: ZfRGesch 2 (1863) 2–68); ANON., The German Historical School of Jurisprudence, in: American Jurist 14 (1835) 42–62; ANON. Written and Unwritten Systems of Law, in: American Jurist 5 (1831) 23–52 (u. a. über die Auseinandersetzung Thibaut-Savigny); ANON., On the Schools of German Jurists, in: The Monthly Law Magazine and Political Review 6 (1840) 77–98 (speziell zu Savigny 95 ff.); vgl. auch GUSTAVUS SCHMIDT, Besprechung von Savigny, Traité de la Possession (übersetzt von Beving, Brüssel 1840), in: Louisiana Law Review 1 (1841) 47–64; im späten 19. Jahrhundert: ERNST FREUND, Historical Jurisprudence in Germany, in: Political Science Quarterly 5 (1890) 468–486; nach 1900: JAMES DE MONTMORENCY, Friedrich Carl von Savigny, in: JOHN MCDONALD und EDWARD MANSON (Hg.), Great Jurists of the World, Boston 1914, 561–589; RUDOLF LEONHARD, Methods Followed in Germany by the Historical School, in: Columbia Law Review 7 (1907) 539–581.

2 Dazu unten II.A.3, S. 72 ff. (analytical jurisprudence insbesondere in England). Eine Ausnahme ist Henry Sumner Maine. Sein historisch-evolutionistischer Ansatz ist offensichtlich mit Savignys Rechtstheorie verwandt, und Maine bewunderte Savigny ausdrücklich, vgl. HENRY SUMNER MAINE, Ancient Law, London 1861, 150 (»the great Savigny«), 171 (»the genius of Savigny«). Doch zitierte er ihn nur wenige Male und niemals ausdrücklich in Bezug auf seine Rechtstheorie. Allerdings sind Zitate in Maines Schriften überhaupt äußerst selten – sein Hauptwerk, Ancient Law, enthält auf über 200 Seiten fast gar keine Hinweise auf die Arbeiten anderer.

Beschäftigung der anglo-amerikanischen Juristen mit dem deutschen Rechtsdenken des 19. Jahrhunderts.[3] Als *legal science* übte die deutsche Rechtswissenschaft in ihren vielfältigen Ausprägungen auf führende Denker im Common Law eine Faszination aus, die sich teils in Bewunderung, teils in Ablehnung äußerte.[4] Als bekanntester Begründer dieser Rechtswissenschaft war Savigny immer Mittelpunkt der Aufmerksamkeit.[5] Ferner stand auch diese Beschäftigung mit der deutschen Jurisprudenz in einem noch größeren Zusammenhang, nämlich im Kontext des hohen Ansehens, das der deutschen Wissenschaft und den deutschen Universitäten seinerzeit auch in der anglo-amerikanischen Welt zuteil wurde. Das galt nicht nur für die der historischen Schule verbundenen Bereiche der Geschichtsforschung und Altertumskunde, sondern bis hin zur Medizin und den Naturwissenschaften. Savigny-Übersetzungen waren in England und den Vereinigten Staaten deshalb nicht nur juristische Texte, sondern auch Schriften eines Repräsentanten des deutschen Gelehrtentums, das seinerzeit Weltruhm genoss.

Die folgende Untersuchung gliedert sich in zwei Hauptteile. Der erste enthält eine Bestandsaufnahme der englischen Savigny-Übersetzungen, die zehn Arbeiten umfasst; wer an den Einzelheiten nicht interessiert ist, mag diesen Teil überspringen und sich insoweit mit dem tabellarischen Überblick im Anhang (s. u. S. 465–467) begnügen. Der zweite Teil präsentiert acht Savigny-Bilder, die sich in den Übersetzungen widerspiegeln; sie zeigen, dass Savigny auch in der Welt des Common Law eine vielgestaltige Figur war, die »manchem etwas bringen« konnte. Zur Abrundung wirft der Schluss einen Blick auf die Wiederentdeckung Savignys durch zwei prominente amerikanische Rechtswissenschaftler in jüngerer Zeit.

I. Übersetzungen: Zehn Arbeiten

Savigny war keineswegs der einzige deutsche Jurist, dessen Arbeiten im 19. und frühen 20. Jahrhundert ins Englische übertragen wurden. Vielmehr finden sich auch Übersetzungen von Gierke, Mackeldey, Puchta und Thibaut;[6] sie blieben jedoch Einzelerscheinungen. Savigny war der einzige deutschsprachige Rechts-

3 Das ist ein fast durchgängiges Thema bei der Betrachtung der Savigny-Bilder, unten II., s. S. 67 ff.

4 Mathias Reimann, Historische Schule und Common Law, Berlin 1993.

5 S. u. II.A.7, S. 82 und II.B, S. 82 ff.

6 Auszüge aus Otto von Gierke, Das Genossenschaftsrecht, 3 Bde., Berlin 1868–1913, wurden übersetzt von Frederic William Maitland, Political Theories of the Middle Ages, Cambridge 1913. Ferdinano Mackeldey, Lehrbuch des heutigen römischen Rechts (zuerst 1814) erschien als Compendium of Modern Civil Law, hrsg. von Philip Ignatius Kaufmann, in London 1845 und

gelehrte, den man über Jahrzehnte hinweg immer wieder übersetzte, bis schließlich fast alle Hauptwerke auf Englisch vorlagen. Wir betrachten zunächst in chronologischer Folge, wer was wann und wo übersetzte (sogleich A.) und schließen dem einige allgemeinere Beobachtungen zum zeitlichen und räumlichen Rahmen an (unten B.).

A. Wer was wann wo: Breite Vielfalt

Die Übersetzungen Savignys ins Englische umfassen beinahe die ganze Spannbreite seines Werkes. Sie erfolgten aus den verschiedensten Anlässen und Gründen. In schöner (aber zufälliger) Symmetrie erschienen fünf vor und fünf nach seinem Tod.

1. On the Present State of the German Universities (London 1803)

Die Serie der englischen Übersetzungen beginnt bereits zu einem Zeitpunkt, als Savigny noch ganz am Anfang seiner Karriere stand und bevor er mit seiner Monographie zum Besitzrecht berühmt wurde: Im Mai 1803 erschien in Band III des *Monthly Register*, einer allgemeinen Londoner Kulturzeitschrift, eine dreiseitige (3–6) Abhandlung Savignys unter dem Titel *On the Present State of the German Universities*. Savigny zeichnet darin einerseits ein positives und romantisches Bild, indem er den Eifer der deutschen akademischen Lehrer lobt und den Universitäten große Bedeutung für die Volksbildung und die deutsche Nation beimisst. Andererseits ist er durchaus kritisch, insbesondere bei Schilderung der Zustände in Leipzig und Halle, bei der er kein Blatt vor den Mund nimmt.

Der Text ist in zumindest dreierlei Hinsicht ein Kuriosum. Erstens geht er auf die fast zufällige persönliche Bekanntschaft zwischen dem Übersetzer, dem jungen Engländer Henry Crabb Robinson (1775–1867), und Savigny in Marburg im Sommer 1803 zurück.[7] Zweitens schrieb Savigny den Beitrag nicht zur

in einer Übersetzung von Moses A. Dropsie als Handbook of the Roman Law in Philadelphia 1883. Georg Friedrich Puchta, Grundriß zu Vorlesungen über juristische Encyklopädie und Methodologie, Erlangen 1822, wurde von William Hastie übersetzt und veröffentlicht in: Outlines of the Science of Jurisprudence: An Introduction to the Study of Law, Edinburgh 1887, 3–138. Anton Friedrich Justus Thibaut, System des Pandektenrechts, (9. Aufl. bearb. von Buchholtz, Jena 1846, zuerst Jena 1803), wurde übersetzt von Nathaniel Lindley als Introduction to the Study of Jurisprudence, Philadelphia 1855. Zu den Übersetzungen Niebuhrs unten Anm. 104.

7 Zum Hintergrund anschaulich Rene Wellek, Ein unbekannter Artikel Savignys über die deutschen Universitäten, in: SZ Germ. Abt. 51 (1931) 529–533. Robin-

Veröffentlichung in Deutschland, sondern eigens für Robinson und zum Zwecke der Übersetzung und Publikation in England.[8] Drittens blieb der Aufsatz in Deutschland für mehr als ein Jahrhundert unbekannt;[9] er ist wohlgemerkt nicht identisch mit den späteren Arbeiten Savignys zum Universitätswesen.[10] 1931 wurde in Deutschland zunächst die englische Fassung veröffentlicht;[11] das deutsche Original kam sogar erst 1951 in Druck, und selbst dann nicht in einer juristischen Fachzeitschrift.[12] Im Werk Savignys ist die Schrift deshalb eine Randerscheinung. Sie wurde in England zwar von den Abonnenten des *Monthly Register* gelesen, hat aber dort keine erkennbare Wirkung gehabt und ist wohl bald vergessen worden.

2. *The History of the Roman Law During the Middle Ages (Edinburgh 1829)*

Die Reihe der dauerhaft bekannten und auch immer wieder zitierten Savigny-Übersetzungen ins Englische beginnt ein Vierteljahrhundert später. Der 1815 in Heidelberg veröffentlichte erste Band von Savignys Geschichte des römischen Rechts im Mittelalter erschien 1829 in Edinburgh als *The History of the Roman Law During the Middle Ages*.[13] Dahinter standen diesmal nicht Zufallsbegegnung und Gelegenheitsinteresse, sondern ein fachlich versierter Übersetzer mit einem klaren rechtswissenschaftlich-politischen Anliegen.

son war zunächst Anwaltsgehilfe und sodann, nachdem ihm eine Erbschaft zugefallen war, Privatgelehrter und Bildungsreisender, der eine ganze Reihe von Texten über Deutschland und seine Kultur in England veröffentlichte. Auf einer Deutschlandreise im Jahre 1800 hatte er in Frankfurt die Familie Brentano kennengelernt. Deshalb wohnte er zwei Jahre später, als er nach Marburg kam, bei Christian und Clemens Brentano. Im selben Haus wohnte nebenan der dreiundzwanzigjährige, an der Marburger Universität lehrende Savigny. Für sechs Wochen teilte man Mahlzeiten und saß man fast täglich in Gesprächen zusammen, bis Robinson nach Jena weiterreiste. Robinson und Savigny blieben weiterhin in brieflichem Kontakt, aus dem sich schließlich ergab, dass Savigny den Aufsatz schrieb.

8 Wellek, Ein unbekannter Artikel (Anm. 7) 531, 533.

9 Savigny hatte es Robinson zur Auflage gemacht, den Aufsatz »keinem Deutschen [zu zeigen], weil was darin auch für uns gesagt seyn könnte, einmal in ganz anderem Zusammenhang gesagt sein soll«, Brief Savignys an Robinson vom 9. Januar 1803, abgedruckt bei Hertha Marquardt, Ein unbekannter Aufsatz Friedrich Carl von Savignys über die deutschen Universitäten aus dem Jahre 1803 nebst vier ungedruckten Briefen Savignys an Henry Crabb Robinson, in: Die Sammlung 6 (1951) 321, 331.

10 Friedrich Carl von Savigny, Über Wesen und Werth der Universitäten, in: Rankes Historisch-Politische Zeitschrift 1 (1832) 569–592.

11 SZ Germ. Abt. 51 (1931) 533–537.

12 Marquardt, Ein unbekannter Aufsatz (Anm. 9) 321–324.

13 Neudruck Westport/Connecticut 1979.

Der Übersetzer, Elias Cathcart (1794–1877), war ein in Edinburgh geborener Jurist. Wie unter Schotten seinerzeit nicht unüblich, hatte er auf dem Kontinent, nämlich in Leiden studiert und den Grad eines LLD, also eines Doktors beider Rechte erworben. Cathcart war deshalb kein eigentlicher Common Lawyer, sondern ein u. a. im römischen Recht ausgebildeter Vertreter der schottischen Mischrechtsordnung. In seiner Savignys Vorwort (*Preface*) angefügten *Note by Translator* zeigt er auf fast 20 Seiten umfassende und gründliche Kenntnisse der römischen Quellen und der kontinentaleuropäischen Rechtsgeschichte.

In dieser *Note* wird auch deutlich, welches Anliegen Cathcart mit seiner Übersetzung verfolgt. Es geht ihm vor allem um Savignys Kontinuitätsthese: Cathcart will seinem englischsprachigen Publikum mit Savignys erstem Band beweisen, dass der Einfluss des römischen Rechts sich auch in England durch das Mittelalter hindurch erhalten hatte. Dahinter steht das rechtspolitische Anliegen des schottischen Juristen, das kontinentale Rechtserbe im Vereinigten Königreich zu betonen und damit dem Alleinherrschaftsanspruch des Common Law entgegenzutreten. Cathcarts Übersetzung fügt sich damit in eine breitere wissenschaftliche Auseinandersetzung ein, auf die wir noch zurückkommen müssen.[14]

3. *Of the Vocation of Our Age for Legislation and Jurisprudence* (London 1831)

Nur zwei Jahre später erschien in London die Übersetzung von Savignys »Beruf« unter dem Titel *Of the Vocation of Our Age for Legislation and Jurisprudence.*[15] Sie wurde die im englischen Sprachraum meistgelesene, meistzitierte und deshalb wohl auch die einflussreichste Savigny-Übersetzung. Das zeigt sich auch daran, dass sie selbst in jüngerer Zeit mehrfach neugedruckt wurde.[16]

Zugrunde lag ihr nicht nur ein juristisches, sondern auch ein literarisches Allgemeinbildungsinteresse. Der Übersetzer, Abraham Hayward (1801–1881), war zum einen Jurist. Er war Anwalt am Londoner Lincoln's Inn und wurde

14 Unten II.A.2, S. 69 und 4, S. 75. Es ist deshalb wahrscheinlich, dass Cathcart von vornherein nur den ersten Band übersetzen wollte, denn dieser erfüllt sein Anliegen bereits im Wesentlichen. An einer Übersetzung der späteren, weitgehend literaturgeschichtlichen Bände dürfte ihm nichts gelegen haben. Gegen eine ursprüngliche Absicht, das Gesamtwerk zu übersetzen, spricht auch, dass Savignys Geschichte des römischen Rechts 1829 noch gar nicht abgeschlossen war – der sechste und letzte Band erschien erst zwei Jahre später.

15 Sie beruhte auf der 2. Auflage, die 1828 erschienen war.

16 New York 1975 (Arno Press); Birmingham/Alabama 1986 (Legal Classics Library, nur für Mitglieder, d. h. nicht im Handel erhältlich); Clark/New Jersey 2002 (The Lawbook Exchange); Auszüge sind abgedruckt in Wolfgang Schirmacher (Hrsg.), German Essays on Science in the 19th Century, New York 1996, 212–216.

später sogar *Queen's Counsel*, womit er zur Elite gehörte. Sein Interesse galt allerdings nicht nur der praktischen Arbeit, sondern auch der juristischen Allgemeinbildung, insbesondere der Rechtstheorie. Das zeigte sich vor allem in seiner Tätigkeit als Mitbegründer und -herausgeber des *Law Magazine, or Quarterly Review of Jurisprudence* (ab 1828). Dementsprechend richtete er auch seine Übersetzung des »Berufs« an diejenigen Kollegen, »who take an interest in the philosophy of jurisprudence«.[17] Savigny, so erklärt er in seinem Vorwort, beweist nämlich, dass die Beschäftigung mit dem Recht kein trockenes Studium positiver Rechtssätze sein muss; vielmehr zeigt sich das Recht im »Beruf« als »something real, living, and dramatic.«[18] Savigny faszinierte, weil er über das juristische Alltagsgeschäft hinausblickte und eine Theorie des Rechts entwickelte. Außerdem erklärt Hayward bereits im Vorwort, dass Savigny sich insbesondere gegen Kodifikationsbestrebungen wandte; das war für die Common Lawyers der Zeit ein wichtiger Gesichtspunkt, auf den wir noch zurückkommen müssen.[19]

Hayward war zum anderen aber auch einer der bekanntesten Publizisten im damaligen England. Als Autor von Essays und Übersetzungen ging er weit über den juristischen Horizont hinaus. Das zeigt sich etwa darin, dass er – sozusagen als Hobby – Goethes »Faust« ins Englische übertrug. Auch seine Savigny-Übersetzung bekundete literarisches Interesse. Hayward nannte sie im Vorwort »a book printed more as a literary curiosity than for the sake of the mere matters of fact, or even of the arguments contained in it«.[20] Mit anderen Worten: der »Beruf« war für Hayward nicht nur ein juristischer Text, sondern auch ein Stück deutscher Literatur, wie sie damals in England vor allem durch die Essays und Goethe-Übersetzungen Thomas Carlyles (1795–1881) bekannt war.

Angeregt durch die positive Aufnahme, die *Of the Vocation* in England fand, unternahm Hayward im Spätsommer 1831 eine Deutschlandreise, um sich vor Ort genauer mit der deutschen Jurisprudenz vertraut zu machen. Dabei lernte er u. a. Hugo, Eichhorn, Gans, Blume und die Gebrüder Grimm kennen.[21] Savigny, zu dieser Zeit längst in hohen Staatsämtern, begegnete er persönlich nicht. Doch existiert ein Brief Savignys an ihn, in dem dieser seine Freude über Haywards Übersetzung in geradezu überschwenglichen Worten ausdrückt.[22] Ähnlich wie bei Henry Crabb Robinson ist also auch Haywards Interesse an

17 Translator's Preface, iii.

18 A. a. O. ii; Hayward zitiert und übersetzt hier einen Kommentar zum »Beruf« von Lerminier (dazu Dufour, in diesem Band, S. 7 ff.).

19 Unten II.A.5, S. 77 ff.

20 Hayward, Of the Vocation, vii.

21 Henry E. Carlisle, A Selection from the Correspondence of Abraham Hayward, Bd. I, London 1886, 11–15.

22 A. a. O. 15–16; Hayward hatte Savigny offenbar ein Exemplar geschickt.

Savigny eingebettet in persönliche Beziehungen zur Welt der deutschen Rechtswissenschaft des frühen 19. Jahrhunderts.

4. *Analysis of Savigny's Treatise on the Law of Possession* (Boston 1838)

Einen ganz anderen und wiederum etwas kuriosen Charakter hat eine zehn Jahre später zunächst in Boston erschienene *Analysis of Savigny's Treatise on the Law of Possession*, denn es handelt sich um die Übersetzung einer (Art von) Übersetzung. Savigny hatte seine Monographie über das Recht des Besitzes 1803 veröffentlicht und dadurch seinen Ruhm in der Zivilrechtswissenschaft begründet; 1827 war die fünfte Auflage erschienen.[23] Diese hatte Leopold August Warnkönig (1794–1866) für die französische Zeitschrift *Thémis* (auf Französisch) vorgestellt und zusammengefasst. Warnkönigs Schrift wurde nun wiederum ins Englische übersetzt und 1838 im 19. Band der in Boston erscheinenden Zeitschrift *The American Jurist and Law Magazine* publiziert (13–49). Der Text kam im Folgejahr, also 1839, noch einmal eigenständig in Edinburgh heraus, unter demselben Titel und mit Nennung von L. A. Warnkönig als Autor.[24]

Der Übersetzer nennt sich selbst am Ende des Textes nur mit seinen Initialen: L. S. C. Es muss sich dabei um Luther Stearns Cushing (1803–1856) handeln, einen Kenner des römischen Rechts und prominenten Juristen seiner Zeit. Cushing hatte 1826 in Harvard den Grad eines *bachelor of law* erworben und von 1826 bis 1832 als Herausgeber des *American Jurist and Law Magazine* gearbeitet. Nach einigen Jahren als Richter in Boston unterrichtete er 1848 bis 1851 an der Harvard Law School römisches Recht. Cushing war also eine Art amerikanischer Romanist.

Die *Analysis* besteht zunächst aus einer Übersicht über Savignys Werk (14–24); ihr folgt eine Zusammenfassung seiner Besitztheorie (24–49). Diese ist gegenüber der Monographie notwendigerweise stark vereinfacht, aber sie gibt einen guten und leicht verständlichen Überblick über die wesentlichen Punkte.[25] Die *Analysis* macht Savignys Besitzrecht dadurch für ein weiteres Publikum von Common Lawyers zugänglich. Genau das war die Absicht des Übersetzers; er bemerkt in seiner kurzen Einleitung, dass der Überblick nützlich sein werde,

23 Ihr folgte noch eine sechste (Gießen 1837).

24 Freundlicher Hinweis von Stefan Vogenauer.

25 Cushing betont, er habe bei der Übersetzung in Zweifelsfällen die 5. Auflage des »Besitzes« im deutschen Original konsultiert; er habe »thus avoided the errors, into which we might have fallen by confining ourselves exclusively to the work of Mr. Warnkönig.«, The American Jurist and Law Magazine 19 (1838) 14.

»not only to the student of the Roman law, but to the practical lawyer«.[26] Schließlich, so bemerkte Cushing, fehle es im Common Law an einem Werk über dieses auch praktisch so wichtige Thema.[27]

5. *Von Savigny's Treatise on Possession (London 1848)*

Eben dieses praktische Bedürfnis nach einem grundlegenden englischsprachigen Werk über das Besitzrecht lag der Vollübersetzung von Savignys Monographie (in der 6. Auflage von 1837) zugrunde, die unter dem Titel *Von Savigny's Treatise on Possession* 1848 in London erschien. »It is singular enough«, heißt es im Vorwort des Übersetzers, »that an English library does not contain a single treatise on Possession.« Nach damals weitverbreiteter Ansicht konnte das Werk eines deutschen Autors über das römische Recht diesem Missstand durchaus abhelfen. Denn es ging beim Besitz um ein »term of universal jurisprudence«, konnte also auch für die praktischen Fragen im Common Law Lösungen anbieten.[28] Ähnlich wie die englische Fassung des »Berufs« sollte deshalb auch diejenige des »Besitzes« in den folgenden Jahrzehnten in der Welt des Common Law viel gelesen und diskutiert werden.[29]

Die Übersetzung des »Besitzes« (der 40 Jahre später eine zweite folgen sollte[30]) hatte allerdings auch etwas Exotisches: sie war nämlich in Indien entstanden. Ihr Autor, Sir Erskine Perry (1806–1882), der u.a. in München studiert hatte, war als vorsitzender Richter (*chief justice*) am obersten Gericht in Bombay sowie als Mitglied des *Council of India* ein hoher Repräsentant der Kolonialregierung.[31] Es bestand darüber hinaus auch ein durchaus inhaltlicher Bezug zu Indien: Perry widmete die Übersetzung denjenigen, die im Dienste der East India Company in der Justiz vor Ort tätig waren[32] und die er mit den Provinzstatthaltern im römischen Reich verglich. Wie einst diese, so müssten heute auch die Richter und Justizbeamten in Indien oft in schwierigen Situationen die öffentliche Ruhe und Ordnung bewahren, und dabei würde ihnen ein gründliches Verständnis von Besitz und Besitzschutz höchst nützlich

26 A. a. O.

27 A. a. O.

28 Translator's Preface, x.

29 S. u. Text bei Anm. 124–125 (Besitzstreit) und 159–167 (Posner).

30 S. u. A.10, S. 62.

31 Vgl. den Eintrag zu Perry, Sir Erskine, Oxford Dictionary of National Biography, http://www.oxforddnb.com. Perry bemühte sich u. a. um die juristische Ausbildung in Indien und wurde 1855 dort sogar durch Einrichtung einer Professur für *jurisprudence* in seinem Namen geehrt, a. a. O.

32 Die East India Company verwaltete Indien im Auftrag der britischen Krone bis 1858.

sein.[33] Perry sah seine Übersetzung also auch als Beitrag zur Befriedigung des zunehmend unruhigen Subkontinents – mit den Mitteln des klassischen römischen Rechts!

6. *System of the Modern Roman Law (Madras/Indien 1867)*

Ebenfalls in Indien erschien rund 20 Jahre später (und nun nach Savignys Tod 1861) die Übersetzung des ersten Bandes des »Systems«[34] unter dem Titel *System of the Modern Roman Law*. Der Übersetzer William Holloway (1828–1893) war, wie schon Perry, ebenfalls Richter in Indien (am *High Court* in Madras), nun allerdings bereits zu Zeiten der direkten britischen Kolonialherrschaft. Holloway hatte in England *comparative jurisprudence* studiert und griff auf die dort erworbenen Kenntnisse auch des römischen und kontinentaleuropäischen Rechts vielfach in seinen Entscheidungen als Kolonialrichter zurück.[35]

Über den Anlass bzw. die der Arbeit zugrundeliegende Absicht ist wenig bekannt, denn sie enthält keine Vorrede oder sonstige Erklärungen des Übersetzers. Da Holloway auch Vize-Kanzler der Universität in Madras war, darf man vermuten, dass die Übersetzung zumindest auch zu Unterrichtszwecken gedacht war. Im übrigen lag es in den 1860er Jahren keineswegs fern, Savignys romanistisches Hauptwerk zu übersetzen. Gerade um diese Zeit setzten sich die englischen (und zum Teil auch amerikanischen) Juristen nämlich intensiv mit der Frage nach dem Stellenwert des römischen Rechts für Ursprung und Entwicklung des Common Law auseinander.[36] Und auf dem Gebiet der Romanistik war Savigny jedenfalls aus anglo-amerikanischer Sicht das Maß aller Dinge.

7. *A Treatise on the Conflict of Laws (Edinburgh und London 1869)*

Eine ganz andere Sache war die Übersetzung des achten Bandes des »Systems«,[37] die in Edinburgh und London 1869 als *A Treatise on the Conflict of Laws* erschien. Wie Savigny selbst gleich zu Beginn seiner Vorrede deutlich gemacht hatte, hatte der achte Band »durch seinen Inhalt eine eigenthümliche Beschaf-

33 Dedication, iii–iv.

34 Friedrich Carl von Savigny, System des heutigen römischen Rechts, Erster Band, Berlin 1840.

35 Zu Holloway und seiner Tätigkeit in Indien, J. Duncan M. Derrett, The Role of Roman Law and Continental Laws in India, in: RabelsZ 24 (1959) 670–682.

36 S. u. II.A.2, S. 69 ff.

37 Friedrich Carl von Savigny, System des heutigen römischen Rechts, Achter Band, Berlin 1849.

fenheit, sehr verschieden von allen früheren Bänden«.[38] Er beschäftigte sich nämlich nicht eigentlich mit dem römischen Recht, sondern mit den räumlichen und zeitlichen Dimensionen der »Herrschaft der Rechtsregeln über die Rechtsverhältnisse«.[39] Mit anderen Worten, der Band behandelte internationales (und intertemporales) Privatrecht – in der englischen Terminologie: *conflict of laws*. Vor allem durch die Überwindung der bis dahin herrschenden Statutentheorie wurde der achte Band des »Systems« zur Grundlage des modernen IPR schlechthin und dadurch Savignys weltweit wohl einflussreichstes Werk.

Es ging deshalb dem Übersetzer, William Guthrie (1835–1908), schlichtweg darum, dem englischsprachigen Publikum das seinerzeit maßgebliche Werk des internationalen Privatrechts zugänglich zu machen. Er wollte zum einen das Verständnis und die Lehre des IPR fördern; die zweite Auflage enthielt deshalb im Anhang Auszüge aus den Schriften früherer Klassiker, nämlich von Bartolus, Dumoulin, Voet und Huber. Zum anderen hatte Guthrie aber auch die Praxis im Auge, weshalb er schottische und englische Entscheidungen einarbeitete.

Guthrie war schottischer Advokat, jurstischer Autor und vor allem Bearbeiter eines Standardwerks zum schottischen Recht über mehrere Auflagen hinweg.[40] Seine Savigny-Übersetzung war offenbar ein Erfolg, denn 1880 erschien sie – soweit ersichtlich als einzige englische – in zweiter Auflage.

Guthries Buch bot aber nicht nur eine Darstellung des IPR nach Savigny. Man konnte aus zwei besonderen Teilen vielmehr auch sonst eine ganze Menge über Savigny und dessen Rechtsdenken lernen. Zum Ersten war dem eigentlichen Text eine gut 30-seitige *Introduction* vorangestellt, die den Leser in das »System« einführte.[41] Sie enthält zunächst eine Übersetzung der Vorrede zum ersten Band und damit einen der Schlüsseltexte Savignys.[42] Zudem bemüht sie sich um eine Erläuterung der Schlüsselbegriffe des Rechtsverhältnisses und des Rechtsinstituts[43] (vor allem ersteres war von zentraler Bedeutung für Savignys IPR-Ansatz). Schließlich fasst diese Einleitung Savignys Rechtsentstehungs- und Rechtsquellenlehre kurz zusammen.[44] Zum Zweiten enthält der Anhang ein Memoir of Friedrich Carl von Savigny. Darin findet sich eine ebenfalls rund 30-seitige

38 A. a. O. iii.

39 A. a. O. 1 (Kapitelüberschrift).

40 Darunter vor allem George Joseph Bell, Principles of the Law of Scotland, Edinburgh 1829. Guthrie war Bearbeiter der 6. bis 10. Auflagen, die zwischen 1872 und 1899 erschienen.

41 Friedrich Carl von Savigny, A Treatise on the Conflict of Laws, translated, with notes, by William Guthrie, 2. Aufl. Edinburgh und London 1880, 9–41.

42 A. a. O. 11–32.

43 A. a. O. 32–35.

44 A. a. O. 35–37.

Darstellung seines Lebens auf Grundlage der Biographie Rudorffs.[45] Das *Memoir* ist derselbe Text, den Guthrie bereits 1863 (also zwei Jahre nach Savignys Tod) anonym im *Law Magazine and Review* veröffentlicht hatte.[46]

8. *An Epitome and Analysis of Savigny's Treatise on Obligations in Roman Law (London 1872)*

Wie schon bei den Übersetzungen des »Besitzes« und des »Systems«,[47] so zeigte sich das Ansehen Savignys als Romanist in England auch in einem schmalen Band, der unter dem Titel *An Epitome and Analysis of Savigny's Treatise on Obligations in Roman Law* 1872 in London erschien. Es handelt sich dabei allerdings nicht um eine Übersetzung, sondern – ähnlich wie im Falle der *Analysis* des »Besitzes«[48] – um eine Zusammenfassung und Erläuterung, hier nun des Spätwerks zum Obligationenrecht,[49] auf rund 140 Seiten.

Der Autor, Archibald Brown (1841–1916), war nicht nur Anwalt (*Queens Counsel* am *Inner Temple*) in London, sondern auch im römischen Recht ausgebildeter[50] Betreuer des *Civil Law* Studiums an der University of Oxford. In dieser Eigenschaft stellte Brown Savignys Obligationenrecht nun in stichwortartiger Gliederung dar, um damit eine Art Arbeitsanleitung (oder Repetitorium) zur Vorbereitung auf das Examen für den *Bachelor of Civil Law* (B. C. L.), d. h. des römischen Rechts, zu schaffen. Im Vorwort drückte er die Hoffnung aus, der Band könne auch allgemein zum Studium des »Roman Civil Law« nützlich sein.[51] Diese Hoffnung hat sich – wohl weit über Browns Vorstellungen hinaus – erfüllt, denn der Band wird bis heute immer wieder neu gedruckt.[52] Browns weitere Hoffnung, das Büchlein möge vielleicht für die »legal profession more generally« brauchbar sein, erfüllte sich allerdings nicht, denn der schon damals eher geringe Einfluss des römischen Rechts auf die anglo-amerikanische Praxis nahm bald weiter ab und versiegte schließlich weitgehend.

45 Guthrie gibt auch hier keinen Nachweis, weist allerdings in den Fußnoten auf Rudorff hin.

46 Siehe oben Anm. 1.

47 Oben A.5 und 6, S. 57 f.

48 Oben A.4, S. 56.

49 Friedrich Carl von Savnigy, Das Obligationenrecht als Theil des heutigen römischen Rechts, 2 Bde., Berlin 1851–53.

50 Er war Inhaber eines von der University of Oxford verliehenen Grades eines D. C. L. (Doctors of Civil Law – also des römischen Rechts).

51 Preface vii.

52 General Books 2009 (ohne Ort, siehe www.generalbooks.net); Kessinger Publishing, Whitefish/Montana 2010; Nabu Press, Charleston, South Carolina 2011.

9. *Jural Relations (London 1884)*

Das im späteren 19. Jahrhundert erhebliche englische Interesse am römischen Recht lag auch der Übersetzung des zweiten Bandes des »Systems« zugrunde, die als *Jural Relations* 1884 in London erschien. Im Vorwort erklärte William Rattigan (1842–1904) die Absicht, einen Beitrag zu einer vollständigeren Übersetzung des »Systems« leisten zu wollen. Zwar hätten Holloway den ersten und dann Guthrie den achten Band auf Englisch vorgelegt, doch sei das Fehlen der übrigen sechs Bände zu bedauern – insbesondere angesichts des Aufschwungs, den das Studium des römischen Rechts in England nun erfahren habe. Alle sechs Bände zu übersetzen gehe wohl über die Kraft eines Einzelnen, so Rattigan, aber wenigstens einen Band wolle er beisteuern.

Eine Übersetzung des zweiten Bandes des »Systems« passte für Rattigan ganz ins Bild. Er hatte bereits 1873 in London *De Jure Personarum; or A Treatise on the Roman Law of Persons* veröffentlicht, ein Buch, das u. a. an Savigny angelehnt[53] (und schon ausweislich der Titelseite vor allem an Studenten gerichtet) war. Auch war Rattigan Autor einer rechtstheoretischen Abhandlung mit dem Titel *The Science of Jurisprudence*, die 1888 in London erschien und bereits in der Bibliographie eine Vielzahl deutscher Autoren zitierte.[54] Und schließlich war Rattigan als Kenner des internationalen Privatrechts mit Savignys achtem Band und Guthries Übersetzung wohlvertraut.[55]

Der Titel, *Jural Relations*, war eine beinahe wörtliche Übersetzung des Savigny'schen Terminus »Rechtsverhältnisse«.[56] Er klang (und klingt) auf Englisch allerdings sehr merkwürdig, und die Übersetzung des Untertitels als *The Roman Law of Persons as Subjects of Jural Relations*[57] machte die Sache kaum besser. Rattigan gab auch gleich zu, dass es sich bei diesem zweiten Band um die »driest and most technical« Materie des ganzen »Systems« handele.[58] Ihm musste bewusst sein, dass derlei (im deutschen Sinne) Dogmatik den Common Lawyers im Allgemeinen sehr fern lag. Er wusste aber auch, dass im England seiner Zeit ein erhebliches Interesse an einem solchen (im englischen Sinne) analytischen Ansatz bestand,[59] den Savigny in hochentwickelter Form vorgeführt hatte.

53 Preface vi.

54 Ahrens, Arndt, Bluntschli, Holtzendorff, Kant, Mackeldey, Mommsen, Puchta, Savigny, Stahl, Trendelenburg, von Bar, von Jhering und Windscheid.

55 Er veröffentlichte später sein eigenes Buch zum internationalen Privatrecht, William Rattigan, Private International Law, London 1985.

56 Friedrich Carl von Savigny, System des heutigen römischen Rechts, Bd. 2, Berlin 1840, »Zweytes Buch: Die Rechtsverhältnisse«.

57 »Die Personen als Träger der Rechtsverhältnisse«, Savigny, System, Zweiter Band (Anm. 56).

58 Preface iv.

59 Unten II.A.3, S. 74 (analytical jurisprudence).

Interessanterweise war auch diese Übersetzung in Indien entstanden. Rattigan war nämlich nicht nur Anwalt in London (*barrister* am *Lincoln's Inn*), sondern auch *Fellow* an der *University of the Punjab* in Lahore. Deshalb war seine eben erwähnte *Science of Jurisprudence* vor allem an dortige Studenten gerichtet, wie auch *Jural Relations* vor allem für Unterrichtszwecke gedacht war.[60] Im Übrigen hatte Rattigan Savigny in seiner Freizeit übersetzt, und zwar »in the farthest province of India« und ohne Zugang zu brauchbaren Bibliotheken oder Hilfsmitteln[61] – wahrscheinlich also in der Sommerfrische in den Bergen.

10. *Possession in the Civil Law (Calcutta 1888)*

Indischen Ursprungs war auch der letzte in der Reihe der englischen Savigny-Texte. 1888 erschien in Calcutta eine Zusammenfassung des »Besitzes« unter dem Titel *Possession in the Civil Law, Abridged from the Treatise of Von Savigny.* Das Buch enthält auf rund 160 Seiten eine vereinfachte Darstellung der wesentlichen Elemente der Savigny'schen Monographie, deren Gliederung eingehalten wird.

Der Übersetzer, James Kelleher, war 1878–1891 Mitglied des *Bengal Civil Service* und, wie Perry und Holloway, Richter in Indien. Außer der englischen Zusammenfassung des »Besitzes« veröffentlichte er u. a. ein stark romanistisch geprägtes Buch über *Mortage in the Civil Law* sowie ein Buch über *Principles of Specific Performance and Mistake*, also zum Vertragsrecht.[62] Ansonsten ist wenig über ihn bekannt.

Bekannt ist allerdings der Grund für das Unternehmen. Kelleher betont in seinem Vorwort die große praktische Bedeutung des Besitzrechts inbesondere in Indien und deshalb das Bedürfnis nach einem Verständnis seiner Prinzipien und nach einer klaren Terminologie. In dieser Hinsicht sei Savigny nach wie vor unschlagbar.[63] Kelleher erklärt auch sogleich, warum die vor 40 Jahren veröffentlichte Übersetzung Perrys[64] weitgehend nutzlos sei. Der dort übersetzte Originaltext Savignys sei überladen mit technischen Details des römischen Rechts, die dem gegenwärtigen Praktiker nur im Weg stünden; zudem habe Perry zu sehr am schwierigen deutschen Stil geklebt; seine Übersetzung sei

60 »Translating … as I was with the main object of making the volume accessible to students«, Preface iv.

61 A. a. O. v.

62 James Kelleher, Mortgage in the Civil Law, being an Outline of the Principles of the Law of Security, followed by the Text of the Digest of Justinian with Translations and Notes, and a Translation of the Corresponding Title from the Italian Civil Code, Calcutta 1893; s. auch James Kelleher, Principles of Specific Performance and Mistake, Calcutta 1888.

63 Preface iii.

64 Oben A.5, S. 57.

deshalb in Indien nie wirklich angenommen worden.[65] Kurz: Perry war ein Reinfall, und es war Zeit für eine benutzerfreundlichere und praktisch brauchbare Version der Savigny'schen Besitzlehren, da es Entsprechendes in der Common Law Literatur nicht gab. Dass sich das noch im selben Jahr ändern sollte, konnte Kelleher wohl nicht wissen.[66]

B. Der zeitliche und örtliche Rahmen: Klare Grenzen

Es fällt auf, dass die englischen Savigny-Übersetzungen (bzw. Zusammenfassungen) innerhalb eines deutlich begrenzten zeitlichen und örtlichen Rahmens erschienen. Sie stammten alle aus dem 19. Jahrhundert und fast alle aus dem Vereinigten Königreich (einschließlich der Kolonie in Indien). Es lohnt sich, zumindest für einen Moment über die Gründe dafür nachzudenken, auch wenn dabei manche Erklärung unweigerlich spekulative Elemente enthält.

1. *Zeitlicher Rahmen: Ein kurzes 19. Jahrhundert*

In der Geschichtswissenschaft spricht man heute oft vom »langen 19. Jahrhundert« – beginnend mit der französischen Revolution 1789 und endend mit Ausbruch des ersten Weltkrieges 1914.[67] Im Gegensatz dazu kann man die Periode der englischen Savigny-Übersetzungen als ein »kurzes 19. Jahrhundert« verstehen – beginnend mit dem Aufsatz über die deutschen Universitäten 1803 und endend mit der englischen Zusammenfassung des »Besitzes« 1888.

Die eigentliche Auseinandersetzung mit Savigny in der Welt des Common Law begann allerdings noch nicht 1803, denn die frühe Schrift über die deutschen Universitäten und ihre Übersetzung durch Robinson waren Gelegenheitsarbeiten ohne nachweisbare Wirkung. Ernsthaftes Interesse an Savigny erwachte vielmehr erst um 1830. Nun erschienen Übersetzungen des ersten Bandes der »Geschichte« (1829), des »Beruf« (1831), bald eine erste Zusammenfassung des »Besitzes« (1838) und einige Jahre später die volle Übersetzung der Monographie (1848). All das war kein Zufall. Es war dies die Zeit, als in England – und zögerlicher auch in den USA – allmählich das Interesse an einer wissenschaftlichen Behandlung des bis dahin fast nur praktisch orientierten Common

65 A. a. O. iv.

66 1888 erschien in Oxford Frederick Pollock und Robert Samuel Wright, Possession in the Common Law. Wahrscheinlich dauerte es zumindest einige Monate, bis das Buch in Indien bekannt wurde.

67 Die Vorstellung beruht großenteils auf Eric Hobsbawms Trilogie, i. e., The Age of Revolution in Europe 1789–1848 (London 1962); The Age of Capital 1848–1875 (London 1975); und The Age of Empire 1875–1914 (London 1987).

Law erwachte; das drückte sich auch in einer allmählichen Hinwendung zum akademischen Rechtsunterricht aus. Es war auch die Zeit, in der sich die Common Lawyers zunehmend am römischen Recht (und seiner Entwicklung in Kontinentaleuropa) zu orientieren suchten. Und es war vor allem in England die Periode, in der große Reformvorhaben einschließlich der Kodifikationsfrage vehement diskutiert wurden.[68]

Das Ende der Serie kam in den 1880er Jahren mit der Übersetzung des zweiten Bandes des »Systems« (1884) und einer neuerlichen Zusammenfassung des »Besitzes« (1888). Dieses Ende war zum Teil einfach dadurch bedingt, dass die wesentliche Übersetzungsarbeit getan war, denn die aus anglo-amerikanischer Perspektive besonders interessanten Schriften lagen nun auf Englisch vor. Es erklärt sich aber auch dadurch, dass das Interesse der Common Lawyers an Savigny gegen Ende des Jahrhunderts rasch nachließ. Das hatte seinerseits eine Reihe von Gründen. Zunächst einmal hatte die deutsche Rechtswissenschaft im späten 19. Jahrhundert selbst begonnen, Savigny hinter sich zu lassen, zumal er nun seit Jahrzehnten tot war; mit Jhering, der Hinwendung zur Rechtsethnologie und vor allem mit Beginn der Arbeiten am BGB waren gleich mehrere Paradigmenwechsel eingetreten. Zudem waren die Common Lawyers nun weniger auf Savignys Ideen angewiesen, denn es hatte sich mit Henry Sumner Maine, Frederick Pollock und der *analytical jurisprudence* in England sowie mit Christoph Columbus Langdell und Oliver Wendell Holmes in den USA eine eigene Rechtstheorie entwickelt. Auch verlor das römische Recht im Common Law an Gewicht; es wurde zunehmend historisiert und für die englische Entwicklung bald durch Maitland in seine Schranken gewiesen. Und schließlich war die Kodifikationsbewegung sowohl in England als auch in den USA am Ende des 19. Jahrhunderts im Wesentlichen gescheitert und deshalb kein aktuelles Thema mehr.

Die hohe Zeit der Savigny-Übersetzungen und der Beschäftigung mit seinen Ideen in der anglo-amerikanischen Welt waren also die zwei Generationen zwischen 1830 und 1890. Davor wussten die Common Lawyers kaum von ihm; danach konnten sie mit ihm kaum noch etwas anfangen.

2. *Örtliche Grenzen: Das Vereinigte Königreich*

Die englischen Savigny-Übersetzungen stammen fast ausschließlich aus dem Vereinigten Königreich, d. h. aus England und Schottland, sowie aus Indien, das man jedoch hier mitrechnen kann, weil die dortigen Übersetzer allesamt britische Kolonialjuristen waren. Eine Ausnahme bildete nur die 1838 in Boston

68 Zu diesen Punkten im einzelnen unten II.A, S. 67 ff.

erschienene englische Zusammenfassung des »Besitzes«; sie ist aber geringfügig, denn sie bot keine direkte Übersetzung Savignys und blieb ein Einzelfall.[69] Der Befund ist also auf den ersten Blick ein wenig merkwürdig: Dass viele Übersetzungen aus England kamen, versteht sich von selbst, aber warum aus Schottland, warum aus Indien und vor allem, warum *nicht* aus den USA?

Das schottische Interesse an Savigny ist noch leicht zu verstehen. Schottland stand seit Jahrhunderten unter starkem Einfluss des *civil law* im Sinne des gelehrten (römischen) Rechts Kontinentaleuropas, inbesondere Hollands.[70] Schottland war zwar seit 1707 Teil des Vereinigten Königreichs und zunehmend eine Mischrechtsordnung, doch lebte die romanistische Tradition vor allem im Privatrecht auch im 19. Jahrhundert (wenn auch in abgeschwächter Form) fort; römisches Sachen- und Obligationenrecht waren Pflichtfach für die Zulassung zur Anwaltschaft.[71] Es lag für die schottischen Übersetzer insbesondere an der Universität Edinburgh also durchaus nahe, ihren Zeitgenossen die Geschichte des römischen Rechts[72] bzw. die IPR-Lehren eines kontinentaleuropäischen Romanisten[73] zugänglich zu machen. Übrigens hatte auch der Autor der englischen Zusammenfassung des Obligationenrechts, Archibald Brown,[74] seinen Magistergrad in Edinburgh erworben. Für manche Schotten war Savigny eine Art Bruder im römischen Recht, von dem sie Schützenhilfe bei der Selbstbehauptung gegenüber dem englischen Common Law bezogen.

Plausible Erklärungen gibt es auch für die Entstehung von gleich vier englischen Savigny-Ausgaben in Indien. Wenn dortige Briten Savigny übersetzten (oder auf Englisch zusammenfassten), so war das zum Teil für die Ausbildung an den dortigen Universitäten gedacht;[75] zudem wurde es hinsichtlich der Besitzlehre durch die Bedürfnisse der richterlichen Praxis vor Ort gerechtfertigt.[76] Die Situation in Indien bot aber auch ganz allgemein Anlass für eine Beschäftigung mit Savigny. Das lag zum einen an der erheblichen Rolle, die das römische Recht dort in der englischen Kolonialzeit spielte. Viele namhafte Juristen, darunter auch Savignys Übersetzer Perry und Holloway, fanden die Anwendung des englischen Common Law in Indien nämlich keineswegs immer selbstverständlich. Vielmehr bezogen sie sich – auch als

69 Siehe oben A.4, S. 56.

70 Kenneth Reid und Reinhard Zimmermann (eds.), A History of Private Law in Scotland, 2 Bde., Oxford 2000.

71 John W. Cairns, Historical Introduction, in: Reid und Zimmermann, A History of Private Law in Scotland (Anm. 70) 14–184, inbesondere 183.

72 Oben A.2, S. 53 f.

73 Oben A, S. 52 ff.

74 Oben A.8, S. 60.

75 So bei Holloway und Rattigan, oben A.6, S. 58 und 9, S. 61 f.

76 So bei Perry und Kelleher, oben A.5, S. 57 f. und 10, S. 62.

Richter – oft auf römischrechtliche Grundsätze und -regeln, um ihren Entscheidungen in einem von England weit entfernten Umfeld größere Legitimität zu verleihen.[77] Zum anderen gab es in Indien selbst jenseits des römischen Rechts seinerzeit guten Grund, auf die deutsche (und kontinentaleuropäische) Rechtswissenschaft zu sehen. Auf dem Subkontinent hatte man es nämlich ständig mit Widersprüchen zwischen mehreren (einheimischen und importierten) Rechtsordnungen zu tun. Man suchte deshalb immer wieder nach einer allgemeineren Rechtstheorie und vor allem nach übergreifenden Prinzipien. Im Common Law gab es diese selten in klar herausgearbeiteter Form. Die deutsche Romanistik hingegen bot einen reichen Fundus an Ideen und Begriffen, die Allgemeingültigkeit beanspruchten und versprachen, und auf die man deshalb bei der Überwindung der Konflikte vor Ort zurückgreifen konnte. Hinzu kam schließlich wohl, dass man als Kolonialbeamter in Indien Zeit hatte. Die Uhren gingen langsamer als im hektischen London, soziale Verpflichtungen waren geringer und an Personal war kein Mangel. Es ist bezeichnend, wenn Rattigan bekundet, Savigny sozusagen im Urlaub übersetzt zu haben.[78]

Am schwierigsten ist es, Erklärungen dafür zu finden, dass fast gar keine Savigny-Übersetzungen in den USA entstanden. Das lag jedenfalls nicht am mangelnden Interesse an seinen Schriften. Doch war dieses Interesse erst im letzten Drittel des 19. Jahrhunderts stark, als ein Großteil der Übersetzungsarbeit bereits anderswo geleistet worden war. Drei weitere Gründe lassen sich zumindest zur Diskussion stellen. Erstens gab es in den USA bis zum späten 19. Jahrhundert keine Universitäten, die Oxford, Cambridge oder Edinburgh ebenbürtig gewesen wären; deshalb gab es auch kaum Juristen, die sich vor allem als Gelehrte verstanden und die es als ihre Aufgabe empfanden, ihren Landsleuten ausländische Juristenschriften zu vermitteln.[79] Zweitens war in den USA die Lehre des römischen Rechts weniger verbreitet sowie die Auseinandersetzung mit seiner historischen Bedeutung für das Common Law schwächer als in England; zumindest Savignys »Geschichte« und »System« waren deshalb weniger relevant. Und drittens kann man sich vorstellen, dass im hektischen Getriebe der sich rasend industrialisierenden und rapide nach Westen ausbreitenden Neuen Welt überhaupt weniger Zeit und Muße für derlei Unternehmungen zu finden war.[80]

77 Dazu ausführlich Duncan M. Derrett, The Role of Roman Law and Continental Laws in India (Anm. 35).

78 Oben Text bei Anm. 61.

79 Eine der wenigen Ausnahmen war eben Luther Stearns Cushing, der Übersetzer der französischen Zusammenfassung des Besitzes, oben A.4, S. 56 f.

80 Hinzu kam vielleicht noch, dass deutsche Sprachkenntnisse im späten 19. Jahrhundert in den USA weiter verbreitet waren als in England, so dass mehr Interessierte Savigny im Original lesen konnten. Das lag nicht nur an der starken

II. Bilder: Acht Savignys

Beinahe so vielgestaltig wie Art und Autoren der Savigny-Übersetzungen sind die Savigny-Bilder, die sich in den Arbeiten widerspiegeln. Man kann sich darüber streiten, wie viele man im Einzelnen unterscheiden will, aber um ein halbes Dutzend kommt man nicht herum. Wir zeigen im Folgenden sieben Einzelaufnahmen (A.) und danach ein mögliches Gesamtbild (unten B.).

A. Sieben Einzelaufnahmen: Savigny aus anglo-amerikanischer Sicht

Savigny zeigte sich in den englischen Übersetzungen in so vielfältiger Gestalt, dass er die unterschiedlichsten Lesergruppen unter den Common Lawyers ansprach. Dadurch konnte er ihnen helfen, eine große Bandbreite von rechtstheoretischen, -politischen, und -praktischen Bedürfnissen zu erfüllen, die im 19. Jahrhundert vielfach als dringend empfunden wurden.

1. Der Rechtstheoretiker: Recht als geschichtliches Phänomen

Am bekanntesten war Savigny auch in der Welt des Common Law als Gründer und Haupt der historischen Schule und damit als Vertreter einer Rechtstheorie. Sie zeigte sich für anglo-amerikanische Leser am deutlichsten in Haywards Übersetzung des »Berufs«, die deshalb auch die meistgelesene Savigny-Schrift auf Englisch wurde.[81]

Das anglo-amerikanische Interesse an Savigny hatte seinen Grund zunächst darin, dass er *überhaupt* eine Theorie des Rechts – seiner Entwicklung, seines Charakters, seiner Quellen – bot.[82] Denn dem Common Law fehlte jedenfalls im frühen 19. Jahrhundert so etwas wie eine auch nur einigermaßen geschlossene Rechtstheorie fast gänzlich. Abgesehen von einigen naturrechtlich beein-

deutschen Einwanderung seit der Jahrhundertmitte, sondern auch am Rang des Deutschen als der wichtigsten Bildungs(fremd)sprache der Zeit. Eine große Zahl amerikanischer Jurastudenten überquerte den Atlantik, um an den deutschen Universitäten ihr Studium zu absolvieren oder zu vertiefen, vgl. Reimann, Historische Schule (Anm. 4) 44–49.

81 Wichtige rechtstheoretische Ausführungen enthält auch die Vorrede zum ersten Band des »Systems«, die in Guthries Übersetzung des achten Bandes mitenthalten war (s. o. I.A.7, S. 58 ff.), dort aber bestenfalls den auf das IPR spezialisierten Leserkreis erreichte. Der dritte rechtstheoretische Schlüsseltext, der Einleitungsaufsatz »Über den Zweck dieser Zeitschrift«, in: Zeitschrift für geschichtliche Rechtswissenschaft 1 (1815) 1–17, ist nicht übersetzt worden. Die Zeitschrift wird im anglo-amerikanischen Ausland nur wenig zugänglich gewesen sein.

82 Das zeigt sich u. a. in Haywards Einleitung (*Preface*), s. o. Text bei Anm. 17–18.

flussten Seiten in Blackstones *Commentaries*[83] hatten sich die praktisch veranlagten Common Lawyers bis dahin kaum allgemeine Gedanken über Herkunft, Natur und Quellen des Rechts gemacht. Im 19. Jahrhundert erwachte danach nun ein zunehmendes Bedürfnis. Denn die überkommenen Strukturen, insbesondere das mittelalterliche System der *writs* und *forms of action*, begannen sich allmählich aufzulösen, und das forderte zu grundsätzlicherem Nachdenken über das Recht heraus. Auf eigenem Boden fand man kaum rechtstheoretische Nahrung. Die große Ausnahme war Jeremy Bentham, doch waren dessen Schriften für die Common Lawyers hochproblematisch, denn Bentham polemisierte offen und gezielt *gegen* das Common Law – sowohl mit seiner beißenden Kritik an Blackstone als auch mit seiner Kodifikationsbegeisterung.[84]

Bei Savigny hingegen fand sich eine Kombination von Ideen, die fast allesamt bestens zur anglo-amerikanischen Rechtstradition passten.[85] Vor allem die englischen Juristen konnten sich leicht mit diesen Ideen identifizieren: mit der Vorstellung vom Recht als ein Produkt geschichtlicher Entwicklung (die einem Präzedenzfallsystem bereits innewohnt); mit der Idee seiner Entstehung aus (Volks-)Gewohnheit (Common Law als *custom*); mit der Ansicht seiner ursprünglichen Prägung durch die Gesamtkultur einer Nation (das Common Law als Ausdruck des englischen Volkscharakters); mit der These der Verwaltung des Rechts durch eine sich herausbildende Elite (*bench and bar*); und später (durch den Aufstieg der Biologie) auch mit der Vorstellung seiner organischen Entwicklung. Man kann sogar sagen, dass all diese Ideen Savignys besser zum Common Law passten, das sich traditionsbewusst und oft geradezu geschichtshörig gab, als zur kontinentaleuropäischen Rechtswelt, die von vielfachen Umbrüchen gekennzeichnet war. Darüber hinaus entsprach Savignys konservative Haltung den Grundeinstellungen der Common Lawyers, denn sie teilten ganz überwiegend seine Abneigung gegen das Vernunftrecht sowie gegen radikale Veränderungen; kurz: sie vertrauten wie er auf Evolution statt Revolution.[86] Und schließlich passte Savignys Rechtstheorie in die Stimmung der Zeit, die auch in England stark von der Romantik (Blake, Byron, Coleridge, Keats, Wordsworth, usw.) geprägt wurde.

So gab Savigny vor allem in Haywards *Vocation of Our Age* den Common Lawyers, was ihnen eigentlich ein Engländer hätte geben sollen: eine anspre-

83 William Blackstone, Commentaries on the Laws of England, Bd. I, Oxford 1765, 38–61.

84 Vgl. vor allem Jeremy Bentham, A Fragment on Government, Cambridge/UK 1988, orig. 1776. Zu seinen Kodifikationsschriften, s. u. Anm. 128.

85 Zum folgenden Reimann, Historische Schule (Anm. 4) 53–86.

86 Klassischen Ausdruck hat diese Einstellung gefunden in Edmund Burke, Reflections on the Revolution in France, London 1790.

chende Theorie auch des Common Law. Insbesondere öffnete er seinen anglo-amerikanischen Lesern die Augen für eine geschichtliche Erforschung des Rechts. Er regte dadurch Entwicklungen an, die sich mit Maine, Pollock, Holmes, Maitland und anderen bis ins späte 19. und frühe 20. Jahrhundert fortsetzen sollten.

2. *Der Historiker: Funktion und Methode der Rechtsgeschichte*

Vom Gründer der rechts*historischen* Schule durfte man natürlich Geschichtsforschung erwarten. Savigny erfüllte diese Erwartung für die zeitgenössischen Common Lawyers vor allem durch Cathcarts Übersetzung des ersten Bandes der »Geschichte«, die ihn in der Welt des Common Law auf eindrucksvolle Weise als Historiker zeigte. Im einzelnen hatte Savigny für die rechtsgeschichtliche Forschung im anglo-amerikanischen Umfeld vier Bedeutungen, die sich überschnitten.

Erstens gab Savigny der »geschichtlichen Rechtswissenschaft« ihr methodisches Grundverständnis. Es beruhte auf der Überzeugung, dass das Recht nur als historisch gewachsenes verstanden werden kann. Daraus ergab sich »die strenge historische Methode«, »jeden gegebenen Stoff bis zu seiner Wurzel zu verfolgen, und so sein organisches Princip zu entdecken«.[87] Diese Überzeugung und Methode wurden im Wesentlichen von den anglo-amerikanischen Hauptvertretern der historisch orientierten »classical legal science« des späten 19. Jahrhunderts rezipiert.[88] Auch bei ihnen wurde es *de rigueur*, die Ursprünge des geltenden Rechts aufzuspüren, um sodann die Entwicklung bis zur Gegenwart nachzuvollziehen. Allerdings diente das nicht unbedingt demselben Zweck. Savigny wollte durch dieses Vorgehen »das, was noch Leben hat, von demjenigen absondern [...], was schon abgestorben ist«,[89] um so den zu Recht fortgeltenden Bestand herauszukristallisieren; die Geschichte gab damit der Gegenwart das Recht, jedenfalls hinsichtlich der Grundprinzipien, vor. Die Common Lawyers hingegen wollten sich zwei Generationen später durch Erkenntnis der Rechtsentwicklung eher von der Geschichte befreien, um dann um so unbefangener

87 Friedrich Carl von Savigny, Vom Beruf unserer Zeit für Gesetzgebung und Rechtswissenschaft, 2. Auflage, Heidelberg 1828, 117. Hayward übersetzt diese Passage als »to trace every established system to its root and thus to discover an organic principle«, Hayward, Vocation (Anm. 15) 137.

88 Dabei spielten allerdings auch andere Einflüsse eine Rolle; dazu ausführlicher Reimann, Historische Schule (Anm. 4) 97–103.

89 Savigny, Vom Beruf (Anm. 87) 117.

und bewußter die Gegenwart gestalten zu können: »History sets us free and enables us to make up our own minds.«[90]

In beiden Fällen stand die geschichtliche Forschung insoweit noch im Dienste der Gegenwart; sie war damit Mittel zum Zweck. Sie konnte sich von dieser Funktion aber auch befreien und die Erforschung der Vergangenheit zum Selbstzweck machen; damit wurde sie zur eigentlichen Rechtsgeschichte. Auch für diese war Savigny in der anglo-amerikanischen Welt eine wichtige Figur.

Zweitens war Savigny nämlich die maßgebliche Autorität im Bereich speziell der Geschichte des römischen Rechts. Sein Ruhm auf diesem Gebiet beruhte nicht nur auf seiner Monographie, sondern auch auf der Entdeckung des Originaltextes der Gaius-Institutionen, den Niebuhr 1816 in Verona gefunden und Savigny rasch identifiziert hatte. Diese Entdeckung machte die beiden auch in der anglo-amerikanischen Welt fast umgehend berühmt.[91] Der Fund verlieh zudem Savignys »Geschichte« besonderes Ansehen, denn in ihr sprach der Gaius-Entdecker. Die Geschichte des römischen Rechts spielte in der anglo-amerikanischen Welt des 19. Jahrhunderts eine wichtige Rolle.[92] Zum einen interessierte man sich ganz allgemein vielfach für das römische Recht, sowohl als Grundlage einer juristischen Ausbildung als auch als praktisch nützlichen Vorrat an Lösungsmöglichkeiten.[93] Zum anderen setzten sich die Common Lawyers zunehmend intensiv mit der Frage auseinander, ob ihr eigenes Recht im Kern

90 Oliver Wendell Holmes, Law in Science and Science in Law, in: ders., Collected Legal Papers, New York 1920 (orig. 1889) 210–243, hier 225. Weitere Nachweise bei Reimann, Historische Schule (Anm. 4) 119 f. Man darf diesen Unterschied nicht überschätzen. Auch Savigny forderte Befreiung von den Fesseln der Vergangenheit, um sodann den (gereinigten) »historischen Stoff frey als unser Werkzeug zu gebrauchen«, Savigny, Beruf (Anm. 87) 113, und auch den Common Lawyers des späten 19. Jahrhunderts war klar, dass man der Geschichte nicht ganz entkommen konnte, vgl. die Nachweise bei Reimann, Historische Schule (Anm. 4) 119 Anm. 430 ff. Trotzdem maß Savigny der Vergangenheit mehr normative Kraft zu, als dies seine anglo-amerikanischen Nachfolger zu tun bereit waren.

91 Vgl. Anon., The Civil Law, in: The American Jurist 2 (1829) 39–65; Edward Everett, (Besprechung von) Gaii Institutiones Comentarii IV, in: North American Review 21 (1821) 385–395; Luther Cushing, Introduction to the Study of the Roman Law, Boston 1854, 142 f.; Hugh Swinton Legaré, Writings, Charleston und New York 1846, 503.

92 Vgl. etwa John Reddie, Historical Notices of the Roman Law and of the Recent Progress of Its Study in Germany, Edinburgh 1826.

93 Michael Hoeflich, Roman and Civil Law and the Development of Anglo-American Jurisprudence in the Nineteenth Century, Athens/Georgia 1997. Noch zu Ende des 19. Jahrhunderts wurde Sohm übersetzt, vgl. Rudolf Sohm, Institutes of Roman Law, Oxford 1892; die Übersetzung erlebte bis 1904 vier Auflagen.

germanischen oder römischen Ursprungs sei.[94] Für letztere Sichtweise konnte man sich, wie es Cathcart und andere vor allem in England taten,[95] u. a. auf die Kontinuitätsthese Savignys im ersten Band der »Geschichte« berufen. Die oft sehr ideologisch gefärbte Diskussion um Herkunft und Wesen des Common Law zog sich bis ins späte 19. Jahrhundert hin, erreichte ihren deutlichsten Ausdruck bei Holmes[96] und wurde erst durch Maitland erledigt.[97]

Drittens war Savigny in der Welt des Common Law der wohl bekannteste Repräsentant der deutschen rechtsgeschichtlichen Forschung allgemein. Diese Forschung wurde zwar im Wesentlichen von anderen betrieben, doch sah man Savigny als Haupt der historischen Schule vielfach – zu Recht oder Unrecht – als maßgeblichen Initiator. Und auf dem Gebiet der Rechtsgeschichte war die deutsche Forschung im 19. Jahrhundert in der anglo-amerikanischen Welt das Maß aller Dinge.[98] Das lag – ähnlich wie im Bereich der Rechtstheorie – zum Teil wiederum daran, dass es auf einheimischem Boden zunächst keine konkurrenzfähige Forschung gab; das änderte sich erst seit den 1880er Jahren.[99] Vor allem aber bewunderten die Historiker des Common Law die Gründlichkeit der deutschen Quellenarbeit sowie die Detailgenauigkeit der Darstellungen. Insofern war Savigny mit seiner »Geschichte« ein wichtiges Vorbild für »indefatigable industry« und »extraordinary research«.[100] Allerdings interessierten sich die anglo-amerikanischen Rechtshistoriker des späten 19. Jahrhunderts überwie-

94 Dazu Reimann, Historische Schule (Anm. 4) 63–68.

95 Zu Cathcart, oben I.A.2.; siehe auch Thomas Scrutton, The Influence of the Roman Law in England, Cambridge 1885.

96 Oliver Wendell Holmes, The Common Law, Boston 1881.

97 Dazu Michele Graziadei, Changing Images of the Law in XIX Century English Legal Thought, in: Mathias Reimann (Hg.), The Reception of Continental Ideas in the Common Law World 1820–1920, Berlin 1993, 115–163. Zur politischen Seite der Auseinandersetzung, Mathias Reimann, »In such forests liberty was nurtured«. Von den germanischen Wurzeln der anglo-amerikanischen Freiheit, in: Festschrift für Karl Kroeschell, München 1997, 933–951.

98 Im Einzelnen Reimann, Historische Schule (Anm. 4) 103–114.

99 Noch 1888 konnte Maitland fragen »Why the history of English Law is not written«; so der Titel seiner Antrittsvorlesung, abgedruckt in: Frederick William Maitland, Collected Legal Papers (hg. von Fisher) Bd. 1, Cambridge 1911, 480–495. Erst 1895 setzten er und Pollock durch ihre große Geschichte des mittelalterlichen englischen Rechts einen wirklichen Meilenstein, Frederick Pollock und Frederick William Maitland, The History of English Law Before the Time of Edward I, Cambridge 1895 (2. Aufl. 1898). Das Buch gilt bis heute zu Recht als Meisterwerk. In den USA legten inzwischen Holmes, Ames, Thayer und andere gründliche rechtsgeschichtliche Forschungen vor.

100 So die Bewertung von Savignys »Geschichte« durch Reddie, Historical Notices (Anm. 92) 112.

gend für die Arbeiten der deutschen Germanisten,[101] mit deren Hilfe sie auch – gegen Cathcart und andere – die germanische Verwurzelung des Common Law nachzuweisen suchten.[102]

Schließlich muss man Savignys Bedeutung als Historiker im noch größeren Zusammenhang mit dem Aufstieg der gesamten deutschen Geschichtswissenschaft sehen, die ihrerseits in der anglo-amerikanischen Welt als führend galt.[103] Savigny war schon durch seine Verbindung mit Niebuhr, dessen Werke ebenfalls ins Englische übersetzt wurden,[104] ein weithin bekannter Repräsentant der deutschen Forschung zur römischen Geschichte, die dann ein halbes Jahrhundert später mit Mommsen noch einmal Maßstäbe setzte. Savigny gehörte aus englischer und amerikanischer Sicht aber auch ganz allgemein zu den Mitbegründern der kritischen Geschichtsforschung als »regina scientiarum«. Er trug dadurch einerseits zum Ruf der deutschen Geschichtswissenschaft bei, andererseits wurde sein eigener Ruhm durch sie verstärkt und das Jahrhundert hindurch miterhalten.

3. *Der Systematiker: Recht als logische Ordnung*

Ein ganz anderer Savigny begegnete den Common Lawyers rund ein halbes Jahrhundert später in den Übersetzungen der ersten beiden Bände des »Systems« (1867 und 1884)[105] sowie (wenngleich abrissartig) in der englischen Zusammenfassung des »Obligationenrechts« (1872).[106] Aus diesen Arbeiten sprach der Verfechter der »systematischen Methode«. Ihr Wesen bestand in der »Erkenntniß und Darstellung des inneren Zusammenhangs oder der Verwandtschaft, wodurch die einzelnen Rechtsbegriffe und Rechtsregeln zu einer großen Einheit verbunden werden«.[107] Die Idee, den Rechtsstoff in eine begrifflich-logische

101 Das sieht man deutlich etwa bei Henry Sumner Maine, Village Communities in the East and West (7. Aufl. London 1913, zuerst 1871); der Anhang (Appendix II) enthält eine Bibliographie deutscher germanistischer Arbeiten.

102 Das ist am deutlichsten bei Holmes, The Common Law (Anm. 96).

103 Dazu Jürgen Herbst, The German Historical School in American Scholarship, Ithaca/NY 1965.

104 Barthold Georg Niebuhr, The Roman History, London 1827 (übersetzt von F. Walter); Barthold Georg Niebuhr, An Epitome of Niebuhr's History of Rome, Oxford 1836–37 (übersetzt von T. Twiss); Barthold Georg Niebuhr, Lectures on the History of Rome, London 1873 (übersetzt von L. Schmitz).

105 Oben I.A.6 und 9, S. 58 u. 61.

106 Oben I.A.8, S. 60.

107 Savigny, System, Erster Band (Anm. 34), Vorrede, XXXVI. Holloway, oben I.A.6, S. 58, übersetzte die entsprechende Passage so: »I place the essence of the systematic method in the knowledge and exhibition of the innate connextion or of the relationship, by which the single ideas and rules of law are attached to a great unity.« id., Preface xix.

Ordnung zu bringen, übte auf das anglo-amerikanische Rechtsdenken vor allem des späteren 19. Jahrhunderts einen enormen Einfluss aus.[108]

Dieser Einfluss hatte seinen wesentlichen Grund in dem starken Bedürfnis nach Ordnung, das die Common Lawyers im 19. Jahrhundert erfasste. Bis dahin hatten sich die anglo-amerikanischen Juristen im Gegensatz zu ihren kontinentaleuropäischen Kollegen in aller Regel wenig um eine Systematisierung des Rechts gekümmert.[109] Im 19. Jahrhundert aber sahen sie sich zunehmend von einem Chaos bedroht, das selbst die an Unordnung gewohnten Common Lawyers erschreckte. Die alten Strukturen (insbesondere das mittelalterliche System der *forms of action* und der *writs* sowie die Trennung zwischen *law* und *equity*) zerfielen zusehends; die Masse des Fallrechts nahm (insbesondere im föderalistischen System der Vereinigten Staaten) explosionsartig zu; und die gewohnten Prinzipien wurden immer mehr durch die Einmischung politisch motivierter (Reform-)Gesetzgebung relativiert. Abhilfe versprach nur eine Systematisierung des Rechts. Dabei gab es zwei große Vorbilder: die Naturwissenschaften (insbesondere die Klassifizierungen der Biologie und das Periodensystem der Elemente in der Chemie) und die deutsche Pandektenwissenschaft. Für letztere war Savigny in der anglo-amerikanischen Welt der bekannteste und meistbewunderte Vertreter.

Savignys Ruf beruhte dabei auf drei miteinander verbundenen Faktoren. Erstens sahen viele anglo-amerikanische Juristen bereits das römische Recht als eine Welt, in der beneidenswerte Ordnung und Klarheit herrschten,[110] und dieses römische Recht repräsentierte Savigny wie kein anderer Gelehrter jener Zeit. Zweitens stand Savigny in der jahrhundertealten Tradition der kontinentaleuropäischen Suche nach Ordnung im Recht, als deren höchste Verkörperung er gelten konnte. Und drittens legte Savigny im »System« eine Darstellung vor, deren klare Ordnung und begriffliche Schärfe eindrucksvoll bewies, welche Stoffbeherrschung die »systematische Methode« ermöglichte. Zwar hat erst die Pandektenwissenschaft der zweiten Jahrhunderthälfte viele der Früchte einer

108 Zum folgenden ausführlicher Reimann, Historische Schule (Anm. 4) 121–155.

109 Es gab Ausnahmen; Blackstone war die wichtigste. William Blackstone, Commentaries on the Laws of England, 4 Bde., Oxford 1765–69, waren weitgehend nach naturrechtlichem Vorbild aufgebaut, blieben aber *insofern* eine Randerscheinung ohne wichtige Folgen.

110 Bekannt sind die Worte John Austins: »Turning from the study of the English to the study of the Roman law, you escape from the empire of chaos and darkness, to a world that seems by comparison the region of order and light«, John Austin, Lectures on Jurisprudence, Bd. I, London 1861, xciv. Wie seine Zeitgenossen hatte Austin dabei allerdings bereits das römische Recht in seiner wissenschaftlichen Bearbeitung seit dem Spätmittelalter im Sinn; über die Digesten in Rohform hätte er diese Bemerkung wohl nicht gemacht.

systematischen Bearbeitung des römischen Rechts getragen, und zwar rekurrierten die Common Lawyers deshalb auch vielfach auf die späteren Pandektisten; trotzdem war und blieb Savigny in der anglo-amerikanischen Welt der prominenteste (und deshalb auch am häufigsten übersetzte) Vertreter dieser Richtung.

Besonders groß waren Einfluss und Ansehen Savignys und im weiteren der deutschen Pandektistik in England, vor allem im Zusammenhang mit der stark begriffsjuristisch und systematisch ausgerichteten *analytical jurisprudence*. Diese basierte auf dem Rationalismus Benthams und wurde maßgeblich durch seinen Freund John Austin (1790–1859) begründet. Austin unternahm mehrere Reisen nach Deutschland (1827/28, 1840), machte dort auch die Bekanntschaft Savignys und stand mit der Pandektistik in engster Verbindung.[111] Sein Versuch, nach deutschem Vorbild auch dem Common Law eine rationale Struktur zu geben, fand in seinen posthum veröffentlichten Hauptwerk greifbaren Ausdruck.[112] Der deutsche Einfluss und insbesondere das Vorbild Savignys sind auch bei den Vertretern der *analytical jurisprudence* in ihrer Blütezeit im späten 19. Jahrhundert unübersehbar;[113] das gilt vor allem für William Markby (1829–1914),[114] Sir Thomas Erskine Holland (1835–1926), Sheldon Amos (1836–1886), John Salmond (1862–1924) und Frederick Pollock (1845–1937), der allerdings nur bedingt zur *analytical jurisprudence* zu rechnen ist. Wenn also Holloway und Rattigan in den 1860er bzw. 1880er Jahren (in Teilen) Savignys »System« übersetzten, so passte das jedenfalls in England ganz in die Zeit: Sie machten damit *das* Modell einer systematischen Stoffbehandlung – »the greatest and most systematic work which has ever been written on the subject«[115] – einem breiteren englischen Publikum zugänglich.

Auch in den Vereinigten Staaten war man im späteren 19. Jahrhundert auf der Suche nach einer Ordnung des Common Law, doch war hier der Einfluss Savignys und der deutschen Pandektistik insgesamt schwächer. Er wirkte großenteils nur mittelbar über die englische *analytical jurisprudence*. Dieser

111 Zu Austin inbesondere ANDREAS SCHWARTZ, John Austin and the German Jurisprudence of His Time, in: Politica 1 (1934) 178–199.

112 JOHN AUSTIN, The Province of Jurisprudence Determined, 3 Bde., London 1861–63.

113 Man darf die deutsche Begriffsjurisprudenz und Pandektistik trotzdem nicht ohne Weiteres mit der englischen *analytical jurisprudence* gleichsetzen, zu den Unterschieden REIMANN, Historische Schule (Anm. 4) 141 f.

114 Vgl. insbesondere WILLIAM MARKBY, Elements of Law, Oxford 1871; ähnlich wie die Savigny-Übersetzungen Holloways und Rattigans (oben I.A.5, S. 57 f. und 9, S. 61 f.) war auch dieses Buch aus der Lehrtätigkeit des Autors in Indien hervorgegangen.

115 RATTIGAN, oben I.A.9, S. 61 f., Preface iii. Auch Holland sah Savignys »System« als das überragende Werk der Pandektistik, THOMAS ERSKINE HOLLAND, The Elements of Jurisprudence, Oxford 1880, Preface vii.

Einfluss war auch deshalb weniger deutlich, weil er sich mit anderen Elementen wie dem hier besonders starken Modell der Naturwissenschaften vermischte. Zudem war der Glaube an die Idee vom Recht als logischem System jenseits des Atlantik weniger ausgeprägt und stärker umstritten. Zum Teil stieß sie sogar auf offene Ablehnung und massive Gegenwehr. Das zeigte sich vor allem bei Holmes, dessen 1881 veröffentlichtes Hauptwerk »The Common Law«[116] geradezu eine Kampfschrift gegen den Einfluss der deutschen Pandektistik war. Für Holmes war Savigny (gemeinsam mit sonstigen Vertretern der deutschen Romanistik sowie mit Kant und Hegel) Symbol einer idealistischen Jurisprudenz, die sich in abstrakten Kategorien und übertriebenem Systemglauben erging, und die dadurch ihre Bezüge zur Wirklichkeit verlor. Auch hier war Savigny Repräsentant der »systematischen Methode« – allerdings als abschreckendes Beispiel.[117]

4. *Der Dogmatiker: Römisches Recht als praktisches Werkzeug*

Ein dem Systematiker verwandtes, mit ihm aber nicht identisches Bild zeigte Savigny den Common Laywers als Dogmatiker des römischen und im weiteren auch des geltenden Zivilrechts. Savigny betonte nicht nur im »Beruf«, es müsse darum gehen, »die leitenden Grundsätze« herauszuarbeiten;[118] vielmehr zeigte er auch im »Besitz« und später im »System«, wie sich mittels dieser Grundsätze Probleme des modernen bürgerlichen Rechts lösen ließen. Und die führenden anglo-amerikanischen Juristen folgten ihm nicht nur in der Überzeugung, es gehe in ihrer »science« um das Meistern der leitenden Grundsätze; vielmehr sahen sie in Savignys Arbeiten auch einen reichen Schatz an dogmatischen Figuren, die das römische Recht in ein praktisches Werkzeug zur Bewältigung juristischer Fragen verwandelte. Das zeigte sich vor allem in drei Zusammenhängen.

Zunächst konnte man mit Savigny'scher (römischer) Zivilrechtsdogmatik junge Juristen zur scharfsinnigen Analyse von Problemen, zu klarem Denken in Begriffen und zum Auffinden logisch-stimmiger Lösungen erziehen.[119] Das römische Recht hatte in der juristischen Ausbildung im Vereinigten Königreich des 19. Jahrhunderts einen beträchtlichen Stellenwert. Archibald Browns *Epi-*

116 Holmes, The Common Law (Anm. 96).

117 Dazu Mathias Reimann, Holmes' *Common Law* and German Legal Science, in: Robert Gordon, The Legacy of Oliver Wendell Holmes, Stanford 1992, 72–114.

118 Savigny, Beruf (Anm. 87) 28 f.

119 Vgl. Frederick Pollock, On the Academical Study of the Civil Law, in: ders., Studies in History and Jurisprudence, Bd. 2, Oxford 1901, 860–886.

tome des »Obligationenrechts«[120] zeigte deutlich, dass man sich dabei immer wieder an Savigny orientierte. In den Vereinigten Staaten spielte das römische Recht in der Ausbildung hingegen eine schwächere und seit dem späten 19. Jahrhundert eher exotische Rolle,[121] so dass man an den dort aufkommenden *law schools* für Savignys Schriften seltener Vewendung fand.

Die wohl größte Wirkung hatte Savigny als Dogmatiker auf dem Feld des Besitzrechts. Herkunft, Definition und juristische Wirkung der *possession* waren im späteren 19. Jahrhundert ein Lieblingsthema der anglo-amerikanischen Jurisprudenz. Das lag zum Teil am praktischen Bedürfnis nach brauchbaren Prinzipien und Regeln. Im Common Law selbst gab es zunächst eigentlich kein materielles Recht des Besitzes, sondern nur ein jahrhundertealtes Gemenge von Besitzklagen. Savignys Schrift füllte deshalb eine wichtige Lücke. Das erklärt einen großen Teil des anglo-amerikanischen Interesses, wie es sich in gleich drei englischsprachigen Darstellungen im Verlauf von 50 Jahren zeigte, d. h. in der frühen *Analysis* von 1838, der späteren Vollübersetzung des »Besitzes« durch Perry 1848 und schließlich im vereinfachenden *Abridgement* Kellehers 1888.[122] Erstaunlich ist dabei, jedenfalls aus heutiger Sicht, die offenbar weitverbreitete Überzeugung von der Allgemeingültigkeit besitzrechtlicher Grundprinzipien. So gingen zumindest Perry und Kelleher davon aus, dass sich Besitzrechte an Grundstücken in *Indien* durch Anwendung *römisch-rechtlicher* Prinzipien bestimmen ließen, die ein *deutscher* Autor entwickelt hatte. Zum großen Teil lag das Interesse der Common Lawyers an Savignys Besitzlehren aber auch an der Schlüsselstellung, die der *possession* im wissenschaftlich-politischen Streit um Herkunft und Charakter des Common Law als im wesentlichen römisch oder germanisch zukam.[123] Die Diskussion um den Besitz erreichte ihren Höhepunkt in Holmes' polemischen Angriffen gegen Savigny und dessen deutsche Kollegen im Jahre 1881. Holmes war insbesondere Savignys Lehre, Besitz setze in der Regel *animus domini* voraus, ein Dorn im Auge. Dieses Erfordernis schien

120 Oben I.A.8, S. 60.

121 Stärker war seine Bedeutung als Element der Rechtskultur in den Südstaaten vor dem Bürgerkrieg; dazu Hoeflich, Roman and Civil Law (Anm. 93) 1–73.

122 Oben I.A.2., 5. und 10. Eine Darstellung des einheimischen Besitzrechts erschien erst mit Frederick Pollock und Robert Samuel Wright, Possession in the Common Law, Oxford 1888. Pollock bekannte im Vorwort, dass er sowohl vom römischen Recht sowie von dessen »modern expounders in Germany« (also vor allem Savigny) viel gelernt habe. Er betonte aber auch, »[that] there is a native doctrine of Possession in our law, [and] that the only way to make it manifest is to state it on its own independent footing and verify it in its own right«, a. a. O., Preface 6.

123 Ausführlich dazu Mathias Link, Possession, Possessio und das Schicksal des Common Law. Der Besitzstreit im Common Law in der zweiten Hälfte des 19. Jahrhunderts, Frankfurt etc. 2003.

Holmes nicht nur unvereinbar mit dem Konzept der *possession* nach Common Law, sondern war ihm auch Ausgeburt eines idealistisch-abstrakten Rechtsverständnisses, das den Bedürfnissen der Praxis nicht gerecht werden konnte.[124]

Als Dogmatiker hatte Savigny schließlich zudem auf dem Gebiet des Vertragsrechts erheblichen Einfluss. Im prozessual orientierten Common Law fehlte es bis zur Mitte des 19. Jahrhunderts weitgehend auch an einem materiellen *law of contract*. Um dem abzuhelfen, rezipierte man zunächst naturrechtliche und französische Lehren des 18. Jahrhunderts (insbesondere Pothier).[125] Aber als man vor allem in England ab ca. 1870 daran ging, eine moderne Dogmatik des Vertrages zu entwickeln, sah man meist auf Savignys »System« und »Obligationenrecht« sowie auf die nachfolgenden Arbeiten der Pandektistik. Das galt vor allem für die Vertreter der *analytical jurisprudence* und insbesondere für Frederick Pollock.[126] Über sie fanden zentrale Figuren wie »declaration of will«, »juristic act«, »agreement«, »mistake« und sogar »obligation« Eingang ins englische – sowie mittelbar und schwächer auch ins amerikanische – Vertragsrecht.[127] Allerdings spielten dabei die *Übersetzungen* Savignys nur eine geringe Rolle, denn die meisten anglo-amerikanischen Autoren benutzten (und zitierten) die deutschen Originale.

5. *Der Kodifikationsgegner: Recht als Gewohnheit*

Im Gegensatz zu Deutschland, wo das Bild des Kodifikationsgegners seit jeher dominiert, war dieser Aspekt im England bzw. Amerika des 19. Jahrhunderts von eher begrenztem Interesse. Das hatte seinen Grund vor allem darin, dass die Kodifikationsfrage dort nicht so durchgängig im Vordergrund stand wie hier. Trotzdem war Savigny auch auf diesem Feld in der Welt des Common Law wohlbekannt und mitunter von Einfluss. Dabei ging es in England und den USA um verschiedene Entwicklungen.

In England setzte man sich mit der Kodifikationsfrage vor allem in der ersten Hälfte des 19. Jahrhunderts auseinander. Das Erscheinen des *Code civil* im Jahre 1804 musste auch dort zum Nachdenken über die Möglichkeit einer (Privatrechts-)Kodifikation führen. Hinzu kamen Jeremy Benthams (1748–1832) vernichtende Kritik des Common Law Blackstone'scher Prägung sowie seine

124 Holmes, The Common Law (Anm. 96), insbesondere 162–170. Dazu auch unten Text bei Anm. 161–169.

125 Vgl. A.W. Brian Simpson, Innovation in Nineteenth Century Contract Law, in: Law Quarterly Review 91 (1975) 247–278.

126 Vgl. vor allem Frederick Pollock, Principles of Contract, London 1876; Pollock wies schon im Vorwort auf Savignys großen Einfluss hin, Preface vii.

127 Ausführlicher Reimann, Historische Schule (Anm. 4) 137–140 (mit weiteren Nachweisen).

Forderung nach rationaler, am utilitaristischen Ideal orientierter Gesetzgebung und Kodifikation.[128] Zudem waren die 1820er und 30er Jahre in England von großem Reformeifer und starker Gesetzgebungstätigkeit geprägt. Die wiederholten Vorschläge einer Privatrechtskodifikation trugen zwar in England selbst letztendlich keine Früchte, doch wurden große Teile des Rechts für Indien ab 1830 kodifiziert. Haywards Übersetzung des »Berufs« (1831)[129] fiel also in eine Zeit, in der die Kodifikationsfrage in England aktuell war. Es ging Hayward zwar nicht hauptsächlich darum, einen Betrag zur zeitgenössischen Kodifikationsdiskussion zu leisten, denn in der *Translator's Preface* betont er vor allem die rechtstheoretische Bedeutung der Schrift.[130] Doch dürfte die Übersetzung *auch* durch die Aktualität des Kodifikationsthemas motiviert gewesen sein. Jedenfalls war sie für Hayward's Leser nicht zuletzt dadurch von Interesse. Ein direkter Einfluss der Übersetzung auf den Ausgang der Diskussion ist allerdings nicht ersichtlich. Im England jener Zeit kam Savigny zudem in John Reddies (1805–1851) umfassender Diskussion der Kodifikationsfrage von 1828 zur Sprache.[131] Reddies Traktat beruhte im Wesentlichen auf Savignys Theorie vom Wesen und der Entstehung des Rechts. Doch lag dem nicht Haywards Übersetzung zugrunde (sie war noch gar nicht erschienen), sondern Reddies Vertrautheit mit dem »Beruf« im deutschen Original.[132]

In den Vereinigten Staaten lagen die Dinge anders. Jenseits des Atlantik wurde nämlich seit Mitte des 19. Jahrhunderts mit dem Kodifikationsgedanken einiger Ernst gemacht. Ein Meilenstein war die Kodifikation des Zivilprozessrechts im Staate New York 1848–49, die schnell zum führenden Modell für das ganze Land wurde.[133] Eine erkennbare Rolle spielte Savigny allerdings erst im

128 Der Begriff *codification* geht auf Bentham zurück; vgl. Bentham, A Fragment on Government (Anm. 84). Seine Kodifikationsschriften sind gesammelt in Jeremy Bentham, »Legislator of the World«: Writings on Codification, Law and Education, hrsg. von P. Schofield und J. Harris, Oxford 1998. Einen guten Überblick gibt Juan Pablo Couyoumdjian, An Expert at Work: Revisiting Jeremy Bentham's Proposals on Codification, in: Kyklos 61 (2008) 503–519.

129 Oben I.A.3, S. 54 f.

130 Auf Gesetzbücher geht er nur kurz ein, um dem Leser den Hintergrund der Abhandlung zu erklären, Translator's Preface iv–v.

131 John Reddie, A Letter to the Lord High Chancellor of Great Britain on the Expediency of the Proposal to Form a New Civil Code for England, London 1828.

132 Reddie war schottischer Advokat und Göttinger Doktor der Rechte. Es ist deshalb nicht verwunderlich, dass er neben Savigny vor allem auch Hugo zitierte. Unklar sind die genauen Ursprünge der stark an Savigny angelehnten Ideen in einem weiteren Beitrag zur Kodifikationsdiskussion der Zeit, J. James Park, A Contre-Project to the Humphreysian Code, London 1828.

133 Dazu Lawrence Friedman, A History of American Law, 3. Aufl. New York, London, Toronto, Sydney 2005, 293–298.

Kampf um ein Zivilgesetzbuch für den Staat New York. David Dudley Field (1805–1894) legte im Auftrag einer Gesetzgebungskommission 1865 einen kompletten *Civil Code* vor.[134] Diesem Projekt trat sein anwaltlicher Kollege James Coolidge Carter (1827–1905) entschieden entgegen. Das führte zu einem Austausch von Streitschriften in den 1880er Jahren und letztendlich zum (äußerst knappen) Scheitern des Gesetzbuches. Die Auseinandersetzung zwischen Field und Carter wies nicht nur viele Ähnlichkeiten mit dem Streit zwischen Thibaut und Savigny auf, was den Protagonisten durchaus bewusst war; Carter rekurrierte auch vielfach und offen auf Savignys Argumente, die er aus Haywards Übersetzung des »Berufs« bezog.[135] Sofern Savigny mittels (Hayward und) Carter damit zur Niederlage der Privatrechtskodifikation in New York beitrug, beeinflusste er eine Weichenstellung in der amerikanischen Rechtsgeschichte: Die Ablehnung des Gesetzbuches in New York als des wirtschaftlich wichtigsten und juristisch führenden Einzelstaates hatte eine Signalwirkung für den Rest des Landes; eine Annahme des *Civil Code* in New York hätte leicht zu einer Kodifikationswelle führen können, die die Landschaft des amerikanischen Privatrechts nachhaltig verändert hätte.[136]

Wie für Savigny, so ging es auch für die Common Lawyers des 19. Jahrhunderts bei der Kodifikationsfrage letztendlich um das Problem der richtigen Rechtsentstehung. Entwickelte sich das Recht (mehr oder minder spontan) aus den Gewohnheiten des Volkes oder wurde es dem Volk (mehr oder minder willkürlich) vom Gesetzgeber verordnet? Modern gesprochen: Entstand das Recht im wesentlichen bottom-up oder top-down? Erstere Sicht verkörperte sich in der Fallrechtstradition des Common Law, nach der die Richter das Recht in Reaktion auf konkrete Streitfälle schufen, sowie in der Gelehrtentradition des Civil Law, derzufolge die Juristen das Recht als Wissenschaft hervorbrachten; letztere Sicht verkörperte sich in der modernen Gesetzgebung, die das Recht durch Willensentschluss eines Parlaments oder Fürsten erzeugte. Als Kodifikationsgegner stand Savigny sozusagen auf der Seite der Common Lawyers, die sich gegen den aufkommenden Gesetzesstaat wehrten. Und er teilte ihr Schicksal, den Kampf gegen die Vorherrschaft des gesetzgeberischen Willens schließlich zu verlieren.

134 David Dudley Field, The Civil Code of the State of New York, New York 1865.

135 Ausführlicher dazu Mathias Reimann, The Historical School against Codification: Savigny, Carter, and the Defeat of the New York Civil Code, in: American Journal of Comparative Law 37 (1989) 95–119.

136 Nach der Ablehnung in New York nahmen immerhin noch fünf andere Einzelstaaten im amerikanischen Westen ein Zivilgesetzbuch nach Fields Modell an, darunter auch Kalifornien (1872). Doch blieben diese Staaten in einer kleinen Minderheit und ihre *Codes* erreichten nie die Bedeutung, die Privatrechtskodifikationen im Rechtskreis des *Civil Law* zukommt.

Der – weitgehend eigenständige – achte Band des »Systems«, der sich mit den örtlichen und zeitlichen »Gränzen der Herrschaft der Rechtsregeln« beschäftigte,[137] begründete Savignys Ruhm als einer der Väter des modernen internationalen Privatrechts (IPR).[138] Dieser Ruhm war und ist weltweit. Savigny ist deshalb auch im Umkreis des Common Law unter »Conflict of Laws«-Spezialisten bis heute zumindest bekannt. Nur auf diesem Gebiet hat er das *geltende* anglo-amerikanische Recht entscheidend mitgeprägt.

Savignys wesentlicher Beitrag zur Entwicklung des internationalen Privatrechts war, dass er den (durchaus von anderen vorbereiteten) Bruch mit der althergebrachten Statutentheorie des Mittelalters und der frühen Neuzeit vollendete. Er stellte die Frage nach dem anwendbaren Recht nicht mehr vom Rechtssatz her, um dessen Reichweite zu bestimmen; vielmehr ging er vom zu beurteilenden »Rechtsverhältnis« aus: Dessen »Sitz« entscheidet, welchem Recht es unterliegt. Sinn seines Ansatzes war vor allem, das anwendbare Recht allgemeingültig, d. h. unabhängig vom jeweiligen Rechtssystem, zu bestimmen; dabei waren alle Rechte (inländische wie ausländische) im Prinzip gleichrangige Kandidaten. Wichtigstes Ziel war der im IPR sogenannte internationale Entscheidungseinklang – alle Gerichte (oder Gesetzgeber) sollten denselben Sachverhalt denselben Regeln unterstellen und deshalb gleich entscheiden. Diese Prämissen gelten im Wesentlichen bis heute, wenn sie auch vielfach modifiziert und von Ausnahmen durchlöchert sind.

Savignys Einfluss in England war direkt und deutlich. Das lag großenteils daran, dass es dort bis zur Mitte des 19. Jahrhunderts im Grunde gar kein internationales Privatrecht gab; vielmehr hatte man die Anwendung ausländischen Rechts regelmäßig zugunsten des einheimischen Common Law durch allerlei Fiktionen (vor allem fiktive Wohnsitze in England) umgangen. Das wurde mit zunehmender internationaler Verflechtung allmählich untragbar. Savignys Ansatz füllte die sich nun ergebende Lücke. Dabei spielte Guthries Übersetzung eine wichtige Rolle, denn im Gegensatz zu den englischen Romanisten sowie den Vertretern der *analytical jurisprudence* konnten die mit internationalen Fällen befassten Praktiker Savignys Werke in der Regel nicht im deutschen Original lesen. Erst Guthrie machte deshalb »the author intelligible to the student and useful to the practical lawyer«.[139] Seine Übersetzung wurde ein

137 Friedrich Carl von Savigny, System des heutigen Römischen Rechts VIII (Berlin 1849).

138 Max Gutzwiller, Der Einfluß Savignys auf das Internationale Privatrecht, Freiburg (CH) 1923.

139 William Guthrie, Private International Law. A Treatise on the Conflicts of Laws by von Savigny, 2. Aufl., Edinburgh 1880, Introduction, 40.

Standardwerk in England und vor allem Schottland.[140] Auf diesem Wege hatte Savigny erheblichen Einfluss auf die Begründer eines englischen IPR, insbesondere Robert Phillimore (1810–1885), John Westlake (1828–1930) und Albert Venn Dicey (1835–1922).[141] Dabei halfen zwei Umstände. Zum einen knüpfte Savigny anders als viele kontinentaleuropäische Autoren des späteren 19. Jahrhunderts nicht an die Staatsangehörigkeit (*nationality*) der Parteien an; vielmehr stellte er vor allem auf den Wohnsitz (*domicile*) ab. Das entsprach dem Denken der Common Lawyers. Savigny bot ihnen also ein zeitgemäßes IPR-Modell auf vertrauter Grundlage. Zum anderen war seine »Sitztheorie« flexibel genug, um das Bedürfnis der Common Lawyers nach richterlichem Entscheidungsspielraum zu befriedigen.

Savignys Einfluss auf das IPR in den Vereinigten Staaten war deutlich geringer als in England und Schottland. Das lag vor allem daran, dass in den USA kein vergleichbares Bedürfnis nach seiner Schrift bestand. Bereits 1834 hatte nämlich Joseph Story mit seinen *Commentaries on the Conflict of Laws* ein grundlegendes Werk veröffentlicht, auf dem das US-amerikanische Recht sofort aufzubauen begann.[142] Savignys achter Band des »Systems« kam dadurch 15, Guthries Übersetzung sogar 35 Jahre zu spät. Savigny kannte Storys Buch übrigens und zitierte es vielfach zustimmend.[143] Sofern Savigny trotz Story in den USA wirkte, geschah das meist auf dem Umweg über die englischen Autoren, die ihn rezipiert hatten. Immerhin zitierte der United States Supreme Court 1882 Savigny in Guthries Übersetzung an maßgeblicher Stelle in einer Grundsatzentscheidung zum interlokalen Vertragsrecht.[144] Vermischt mit anderen Einflüssen wirken seine Ideen zudem bis heute in dem Prinzip nach, dass ein Sachverhalt dem Recht unterliegt, zu dem »the most significant relationship« besteht.[145]

140 Guthrie schreibt im Vorwort zur zweiten Auflage, die erste sei »with great favour« in England und Amerika aufgenommen worden; Preface VIII.

141 Dazu Mathias Reimann, Savigny's Triumph? Choice of Law in Contracts Cases at the Close of the Twentieth Century, in: Virginia Journal of International Law 39 (1999) 571, 597 f. (m. w. N.).

142 Joseph Story, Commentaries on the Conflict of Laws, Boston 1834 (Neudruck Arno Press New York 1972).

143 So vor allem in Bezug auf den grundlegenden Gedanken der »freundlichen Zulassung« (im Wege der *comitas*) ausländischen Rechts, Savigny, System, VIII (Anm. 37) 28 Anm. (f); siehe auch 95 Anm. (a), 120 Anm. (b), 166 (Anm. (l), usw.

144 Pritchard v. Norton, 106 U.S. 124, 130–131 (1882).

145 Restatement of the Law, Conflict of Laws 2d, St. Paul/Minn. 1971, § 145 (Torts), § 188 (Contracts). Dazu Reimann, Savigny's Triumph (Anm. 141) 597–600.

7. *Der »Fürst der Wissenschaft«: Savignys »Learning and Genius«*

Jenseits der Bewunderung, die Savigny speziell als Rechtstheoretiker, Historiker, Systematiker, Dogmatiker, Kodifikationsgegner und Internationalprivatrechtler genoss, spürt man auch in der Welt des Common Law eine allgemeinere und breitere Ehrfurcht gegenüber Savigny als einem ganz großen Rechtsgelehrten – vielleicht dem größten des frühen und mittleren 19. Jahrhunderts. Savigny galt auch im anglo-amerikanischen Rechtskreis als ein »Fürst der Wissenschaft«,[146] dessen »learning and genius«[147] man bewunderte. Für viele Common Lawyers war er schlichtweg »the great German jurist«,[148] der nicht nur als Gelehrter, sondern auch als »a profound statesman« gewaltigen Respekt hervorrief.[149] Er wurde dadurch zu einer Art Mustergelehrtem, der das menschliche Bedürfnis erfüllte, zu einem Vorbild aufschauen zu können – auch dann, wenn man sich für seine Lehren im Einzelnen gar nicht weiter interessierte bzw. sie gar nicht wirklich verstand.

B. Ein Gesamtbild: Recht als *legal science*

Lassen sich diese sieben Einzelporträts zu einem Gesamtbild zusammenfügen? Man kann das mit gutem Grund verneinen. Savigny war für seine anglo-amerikanischen Zeitgenossen eine schillernde Figur, die »vieles« Verschiedene und deshalb »manchem etwas« brachte.[150] Dabei konnte sein Ruf in jedem Einzelbereich sein Renomée auf anderen Gebieten bestärken oder es konnte gar alles zum vageren Bild eines großen Rechtsgelehrten verschmelzen, den man von fern bewunderte. Ein übergreifendes Thema liegt darin aber nicht.

Und doch gab es in der Summe der Savigny-Bilder durchaus etwas, was diese »Welt im innersten zusammenhält«[151] (wie es sich Savigny in seiner Überzeugung von einer organischen Ordnung wohl auch gewünscht hätte). Dieses

146 Franz Wieacker, Privatrechtsgeschichte der Neuzeit, 2. Aufl., Göttingen 1967, 383.

147 Guthrie, Private International Law (Anm. 139) 9.

148 Maine, Ancient Law (Anm. 2) 150; vgl. Auch Phineas Sherman, Roman Law in the Modern World, Bd. 1, Boston 1917, 328 (»the great Savigny«).

149 Reddie, Historical Notices (Anm. 92) 111. Dementsprechend wurde er auch in die »Great Jurists of the World« eingereiht, James de Montmorency, Friedrich Carl von Savigny, in: John Mcdowell und Edward Manson (Hrsg.), Great Jurists of the World, Boston 1914, 561–589. Montmorency betrachtet Savigny als »the Newton or Darwin of the science of law« und »at the forefront of European thinkers«, 586, sowie als »one of the very greatest legal thinkers«, 589.

150 Oben Titel und Anmerkung *.

151 (Nochmals) Goethe, Faust I (Studierzimmerszene).

Etwas bestand im Gesamtbild eines Juristen, der wie kein anderer zu jener Zeit das Recht als Wissenschaft zeigte.

Die Common Lawyers des 19. Jahrhunderts waren intensiv mit der Frage beschäftigt, ob ihr Metier eigentlich eine Wissenschaft sei, eine *science*. In der anglo-amerikanischen Kultur hatte man das Recht in aller Regel als praktisches Handwerk verstanden, allenfalls als *art*, was vielleicht am besten mit Kunstfertigkeit zu übersetzen ist. Durch den Aufstieg der modernen Natur- und Geisteswissenschaften ließ eine solche Sicht das Recht leicht in einem minderwertigen Licht erscheinen. War denn nicht auch das Recht eine Wissenschaft – eine *legal science*? Diese Idee wurde von vielen prominenten anglo-amerikanischen Juristen im 19. (und frühen 20.) Jahrhundert mit großem Nachdruck verfochten, wobei allerdings sehr unterschiedliche Vorstellungen davon herrschten, worin denn das Wesen einer solchen *legal science* bestand. Wollte man nun Recht als Wissenschaft verstehen, so fand sich das dafür entscheidende Vorbild seinerzeit in der kontinentaleuropäischen Welt und insbesondere in Deutschland.[152] Und dort stand im Zentrum der Rechtswissenschaft ihr Begründer Friedrich Carl von Savigny. Jedenfalls in der Welt des Common Law personifizierte Savigny deshalb die Wissenschaftlichkeit des Rechts – sei es als Geschichte, System, Dogmatik oder Gegenpol zur Gesetzgebung.

Der Drang nach einer *legal science* hatte eine wichtige institutionelle Seite: War Recht eine Wissenschaft, so gehörte es in die Universität. Es ging deshalb auch um die Frage, ob *law* eine akademische Disziplin war. Nur in diesem Falle konnte es am Aufstieg der Universitäten teilhaben, der sich vor allem im späteren 19. Jahrhundert in England und den Vereinigten Staaten vollzog. Bislang hatte man das Common Law in Gericht und Anwaltspraxis erlernt; war Recht aber eine (*legal*) *science*, so musste es an der Hochschule gelehrt, studiert und erforscht werden. Damit waren *law faculties* oder *law schools* legitimer, ja notwendiger Bestandteil der modernen Universität.[153] Das zeigte wiederum das deutsche Vorbild am besten. Dabei stand Savigny erneut im Mittelpunkt, nun als Repräsentant des Humboldt'schen Universitätsideals auf juristischem Gebiet. Diese Stellung wurde verstärkt duch seinen Aufstieg in hohe Staatsämter und seinen Einfluss auf die Hochschulpolitik.

Zudem lagen der Überzeugung vom Recht als einer Wissenschaft handfeste berufliche und persönliche Interessen zugrunde. Denn wenn *law* (zumindest auch) eine *science* war, so gehörte es (zumindest auch) in die Hände von *scientists*,

152 Dazu ausführlich Reimann, Historische Schule (Anm. 4) 90–176.

153 Vgl. Robert Stevens, Law School, Chapel Hill and London 1983. Insbesondere zur Rolle des Konzepts der *legal science* für das Aufkommen der akademischen Juristenausbildung in den USA, William Lapiana, Logic and Experience. The Origin of Modern American Legal Education, New York, Oxford 1994.

d. h. von Rechtsgelehrten. Es war damit nicht mehr allein, und vielleicht nicht einmal mehr vorrangig, die Domäne der Praktiker – und schon gar nicht der Politiker –, sondern der studierten Juristen: »The Jurist is greater than the legislator.«[154] Auch deshalb bildete sich seit dem späteren 19. Jahrhundert erstmals in der Geschichte des Common Law eine Kaste hauptamtlicher Hochschullehrer und damit eine eigentlich akademische Laufbahn heraus. Für diese Kaste war der kontinentaleuropäische, insbesondere deutsche Rechtslehrer das maßgebliche Modell.[155] Savigny repräsentierte dieses Modell wie kein anderer.[156]

Das vor allem in Savigny verkörperte Vorbild eines wissenschaftlichen Rechts hat sich im Laufe des 20. Jahrhunderts auch in der Welt des Common Law weitgehend etabliert. Zwar wird Recht dort bis heute weniger durchgängig als in Kontinentaleuropa als Wissenschaft verstanden; auch ist die seinerzeitige Idee einer *legal science* nicht mehr in Mode. Doch ist Recht selbst im anglo-amerikanischen Umfeld inzwischen längst als legitimer Gegenstand akademischer Lehre und Forschung akzeptiert. Vor zweihundert Jahren hatte das Common Law mit der Universität kaum etwas zu tun; heute ist es ohne sie kaum noch denkbar. Das Vorbild Savignys hat auch durch die Übersetzungen seiner Werke zu dieser Entwicklung beigetragen.

Zum Schluss: Vergessen und Wiederentdeckung Savignys in der Welt des Common Law

Im 20. Jahrhundert spielte Savigny in der Welt des Common Law zunächst keine wesentliche Rolle mehr und die Übersetzungen seiner Arbeiten wurden kaum noch gelesen. Die Themen, die Savigny im 19. Jahrhundert interessant gemacht hatten, waren nicht mehr aktuell: Die anglo-amerikanische Rechtstheorie ging seit Maine, Holmes und Pound schließlich eigene Wege und konnte mit Volksgeist und stillwirkenden Kräften wenig anfangen; das Interesse an einer geschichtlichen Verortung des Rechts flaute angesichts der drängenden Tagesaufgaben ab; der Glaube an Recht als logisches System wurde (inbesondere in den USA seit dem *legal realism*) als *formalism* verschrien; mit einer romanisti-

154 De Montmorency, Friedrich Carl von Savigny (Anm. 149) 589.

155 Mathias Reimann, A Career in Itself – The German Professoriate as a Model for American Legal Academia, in: Reimann, The Reception of Continental Ideas (Anm. 97) 165–202.

156 Freilich war Savigny nicht der einzige Repräsentant wissenschaftlichen Rechts; vielmehr muss man ihn hier im Zusammenspiel mit anderen prominenten Rechtsgelehrten in Deutschland und Kontinentaleuropa sehen. Doch war er insofern *primus inter pares*, wie die ungewöhnliche Vielzahl seiner Übersetzungen zeigt.

schen Dogmatik konnte man nichts mehr anfangen; und Kodifikation fand zwar in Einzelbereichen statt, war aber kein zentrales rechtspolitisches Thema mehr. Und die Etablierung des Rechts als akademische Disziplin, die Savigny repräsentiert hatte, war, wie erwähnt, auch im Common Law bald ein *fait accompli*. Zu den großen Themen des 20. Jahrhunderts – richterliche Rechtsfindung und Verfassungskontrolle (*judicial review*), moderner Verwaltungsstaat und Daseinsvorsorge, Grund- und Menschenrechte, Rassen- und Geschlechterdiskriminierung, Internationalisierung des Rechts, etc. – hatte Savigny jedenfalls unmittelbar nichts zu sagen. So gab es zwar auch im englischen Sprachraum immer wieder gelegentliche Arbeiten über ihn und die historische Schule und dieses oder jenes Buch zur Rechtsgeschichte, -theorie oder -soziologie widmete ihm einige Seiten.[157] Doch blieben dies Einzelfälle ohne größeren Zusammenhang oder Einfluss.

Neues Interesse an Savigny kam erst gegen Ende des 20. Jahrhunderts wieder auf. Wie in Deutschland, so wandte man sich auch in England und vor allem in den USA seit etwa 1980 wieder mehr der vergleichenden Rechtsgeschichte zu, inbesondere im Verhältnis zwischen Common Law und Civil Law. Dabei beschäftigte man sich u. a. mit der deutschen Rechtswissenschaft des 19. Jahrhunderts und insbesondere mit der historischen Schule, so dass einige neue Literatur zu und über Savigny entstand.[158] Allerdings blieb auch diese Beschäftigung mit ihm auf einen winzigen Kreis von Spezialisten beschränkt. Savigny-Übersetzungen spielten dabei keine wichtige Rolle, weil die Beteiligten in aller Regel mit den deutschen Orginalen arbeiten konnten.

Einem breiteren anglo-amerikanischen Leserkreis wurde Savigny allerdings in den letzten Jahren durch zwei prominente amerikanische Rechtswissenschaftler wieder ins Bewusstsein gerückt, die sich mit Savigny inhaltlich einge-

157 Vgl. etwa Hermann Kantorowicz, Savigny and the Historical School of Law, in: Law Quarterly Review 53 (1937) 326–343; John P. Dawson, The Oracles of the Law, Ann Arbor 1968, 451–456; Wolfgang Friedman, Legal Theory, 5. Aufl., New York 1967, 209–213; James Herget, American Jurisprudence 1870–1970. A History, Houston 1990, passim; Roscoe Pound, Jurisprudence, 5 Bde., St. Paul/Minn. 1959, passim. Aus jüngerer Zeit Roger Cotterell, The Politics of Jurisprudence, 2. Aufl. London, Austin/Texas 2006, 36–39.

158 Vgl. u. a. das Symposium »Savigny in Modern Comparative Perspective«, in: American Journal of Comparative Law 37 (1989) 1–137 (mit Beiträgen von Coing, Hoeflich, Kegel, Klenner, Mollnau, Reimann, Riesenfeld und Rückert); Peter Stein, Legal Evolution. The Story of an Idea, Cambridge 1980, 57–65; Susan Gale, A Very German Legal Science: Savigny and the Historical School of Law, in: Stanford Journal of International Law 18 (1982) 123–146; M. Dockray, Savigny and the Squatter, in: Journal of Legal History 6 (1985) 109–111; Mathias Reimann, Nineteenth Century German Legal Science, in: Boston College Law Review 31 (1990) 837–897.

hend auseindergesetzt haben. Diese Rechtswissenschaftler sind in den USA (und oft darüber hinaus) nicht nur allgemein bekannt, sie stehen interessanterweise auch an entgegengesetzten Enden des dortigen politischen und rechtstheoretischen Spektrums. Beide mussten mangels deutscher Sprachkenntnisse auf englische Übersetzungen zurückgreifen.

Zum einen handelt es sich um Richard Posner, der als Professor an der renommierten University of Chicago Law School in den 1970er Jahren die ökonomische Analyse des Rechts (*law and economics*) maßgeblich mitbegründete[159] und bis heute mit dieser indentifiziert wird.[160] Posner gilt als politisch rechts stehend, beweist aber als Autor von fast 40 Büchern und einer Unzahl von Aufsätzen zu einer enorm breiten Palette von Themen immer wieder eine unorthodoxe, originelle und oft exzentrische Denkweise, die weit über feststehende politische Richtungen hinausgreift. Posner ist berühmt dafür, sich einerseits immer wieder unerschrocken in ganz neue Themenbereiche zu wagen, andererseits aber doch zuverlässig zur ökonomischen Analyse des Rechts zurückzukehren. Beide Tendenzen zeigt bereits im Titel auch sein im Jahre 2000 veröffentlichter Aufsatz über »Savigny, Holmes, and the Law and Economics of Possession«.[161]

Posner stellt darin Savigny zunächst als »one of the most important figures in the history of legal thought« vor, um dann ausdrücklich zu bedauern, dass dieser heute jedenfalls in the USA weitgehend vergessen ist: »It seems to me that we lose something when we forget our intellectual ancestors so thoroughly.«[162] Außerdem betont Posner, dass Savignys Prestige im 19. Jahrhundert auch in der anglo-amerikanischen Welt »international and immense« war.[163] Im Weiteren hat der Aufsatz drei Teile. Zunächst stellt Posner Savignys allgemeine Rechtsauffassung dar; dann wendet er sich seiner Besitztheorie und vor allem der von Holmes daran geübten Kritik zu; schließlich bietet Posner in Reaktion auf beide eine eigene, ökonomische Analyse des Besitzrechts. Seine Kenntnis Savignys beruht vor allem auf den Übersetzungen des »Berufs« durch Hayward, des ersten Bandes des »Systems« durch Holloway sowie insbesondere des »Besitzes« durch Perry.[164]

159 Vgl. vor allem Richard Posner, Economic Analysis of Law, Boston 1972.

160 Posner ist seit 1981 Richter am *United States Court of Appeal for the Seventh Circuit* in Chicago.

161 Virginia Law Review 60 (2000) 535–567. Es handelt sich um die überarbeitete Fassung einer Savigny-Gedächtnis Vorlesung, die Posner im Vorjahr an der Universität Marburg gehalten hatte.

162 A. a. O. 535.

163 A. a. O. 536.

164 Zudem entstammt sie der einschlägigen englisch-sprachigen Sekundärliteratur, siehe a. a. O. 536, Anm. 2.

Einerseits kann es Posner nicht lassen, Savigny und Holmes als (etwas unbeholfene) Vorstufen seiner eigenen Besitztheorie darzustellen. Der Weg führt also von Savignys Idealismus über Holmes' Realismus zu Posners ökonomischer Analyse, die das Werk sozusagen vollendet.[165] Andererseits rechtfertigt Posner Savignys Besitztheorie aus dem Zusammenhang ihrer Zeit heraus. Vor allem weist er die Ansicht zurück, Savigny habe die Sache wohl nicht richtig verstanden.[166] Vielmehr, so erklärt Posner, sei es zu jener Zeit enormer Rechtszersplitterung in Deutschland vor allem darum gegangen, klare und einheitliche Begriffe zu schaffen, und das habe Savigny geleistet. Damit verteidigt Posner ihn auch gegen Holmes' Kritik, Savigny sei der sozialen Wirklichkeit gegenüber blind gewesen: »Savigny provided a clear definition of possession and used it to deduce a host of specific rules. The structure is to some extent arbitrary, but its clarity is an enormous plus. To devise such a structure may have been more important than trying to derive rules or standards from considerations of social policy.«[167]

Ganz am anderen Ende des politischen und rechtstheoretischen Spektrums in den USA steht Duncan Kennedy. Als Professor an der Harvard Law School zählt Kennedy zu den Gründern der vor allem in den 1970er bis 1990er Jahren einflussreichen, politisch links gerichteten *critical legal studies* Bewegung,[168] als deren führender Kopf er bis heute gilt. Duncan Kennedys – zunehmend intensive – Auseinandersetzung mit Savigny ist ein Schauspiel in drei Akten.

Der erste Akt spielt im Jahre 1975, als Kennedy eine umfangreiche Studie über das Rechtsdenken der Zeit zwischen 1870 und 1920 unter dem Titel »The Rise and Fall of Classical Legal Thought« verfasste. Die Schrift blieb zwar für über 30 Jahre unveröffentlicht, war aber als Manuskript im Umlauf und wurde weithin gelesen. Sie war nicht nur ein wichtiger Beitrag zur *critical legal studies* Bewegung; vielmehr hatte sie auch großen Einfluss auf die Forschung zum amerikanischen Rechtsdenken zwischen dem Bürgerkrieg und dem ersten Weltkrieg – einer Periode, in der wichtige Grundlagen des heutigen Rechtssystems geschaffen wurden. Kennedy sah ein entscheidendes Merkmal des »Classical Legal Thought« in einem ganz bestimmten Rechtsverständnis: Das

165 Holmes, so Posner, konnte mit seiner Theorie keinen wirklichen Durchbruch erzielen, weil ihm eben das moderne Handwerkszeug fehlte, das erst die ökonomische Analyse (also Posner) zur Verfügung gestellt hat, deutlich a. a. O. 551.

166 »that Savigny missed the boat«, a. a. O., 564.

167 A. a. O. 565. Holmes, erklärt Posner, habe unter ganz anderen Rahmenbedingungen geschrieben und für seine Zeit ebenfalls den Nagel auf den Kopf getroffen, a. a. O., 566 f.

168 Eine gute Einführung bietet Mark Kelman, A Guide to Critical Legal Studies, Cambridge/Mass., London 1987.

(subjektive) Recht verleiht dem einzelnen eine Macht, die innerhalb einer abgegrenzten Sphäre nach dem Willen des Inhabers unbeschränkt walten kann. Das erinnert natürlich jeden mit Savigny Vertrauten sofort an eine Schlüsselstelle im ersten Band des »Systems«: »Die Bestimmung durch eine Rechtsregel besteht aber darin, dass dem individuellen Willen ein Gebiet angewiesen ist, in welchem er unabhängig von jedem fremden Willen zu herrschen hat.«[169] Dahinter steht nicht nur Kants Rechtsbegriff,[170] sondern vor allem auch Savignys Vorstellung vom Recht als einer »unsichtbaren Gränze, innerhalb welcher das Daseyn, und die Wirksamkeit jedes Einzelnen einen sichern, freyen Raum gewinne«.[171] In Kennedys Studie fehlt allerdings jegliche Bezugnahme auf diese Stellen, denn er wusste seinerzeit von Savigny nichts (und von Kant sehr wenig).[172]

Der zweite Akt spielt zwischen 2003 und 2006. Inzwischen waren durch die Wiederbelebung der (vor allem transatlantisch) vergleichenden Rechtsgeschichte[173] Savigny und die deutsche Pandektistik (sowie auch Kant) wieder deutlicher ins amerikanische Bewusstsein gerückt. Als Kennedy das Manuskript von 1975 im Jahre 2006 schließlich doch als Buch veröffentlichte,[174] gab er in einem neuen Vorwort mit der ihm eigenen Offenheit zu, dass er und seine Kollegen die deutsche Rechtsphilosophie und -wissenschaft vor Jhering seinerzeit schlichtweg übersehen hatten. Die Parallelen zwischen Kant und Savigny einerseits und dem Grundverständnis des amerikanischen »Classical Legal Thought« andererseits waren ihm nun offensichtlich.[175] Kennedy beließ es allerdings nicht bei einem wissenschaftlichen Schuldbekenntnis. Vielmehr baute er auf der neugewonnen Einsicht ein Modell auf, in dem er drei Globalisierungen des Rechtsdenkens darstellte, d. h. drei Perioden, in der bestimmte Formen des Rechtsverständnis-

169 Savigny, System, Erster Band (Anm. 34) 333.

170 Immanuel Kant, Metaphysik der Sitten. Rechtslehre, Einleitung C (1797), Akademie Textausgabe Bd. VI, Berlin 1968, 230–231.

171 Savigny, System, Erster Band (Anm. 34) 331–332.

172 Von den deutschen Autoren des 19. Jahrhunderts hatte Kennedy ausweislich der Bibliographie offensichtlich nur Jherings »Geist des römischen Rechts« (in französischer Übersetzung) benutzt.

173 Oben Text bei Anm. 160.

174 Duncan Kennedy, The Rise and Fall of Classical Legal Thought, Washington D. C., 2006.

175 »In retrospect it is striking that all of us took it for granted that there was no European legal theory worthy of the name. The *Rise and Fall* is blind to the extent to which the United States of CLT and sociological jurisprudence was tightly linked to Western Europe, not as an influence but as an influencee. The phrase »powers absolute within their spheres«, for example, is a strange translation to public laws of a Kantian and Savignian slogan about private law.« Kennedy, Rise and Fall (Anm. 174), Preface xxix.

ses mehr oder weniger weltweite Bedeutung gewonnen hatten. »Classical Legal Thought« war die erste dieser »globalizations« (1850–1914).[176] Definiert war diese Phase nach Kennedy durch »a way of thinking about law as a system of spheres of autonomy for private and public actors, with the boundaries of spheres defined by legal reasoning understood as a scientific practice.«[177] In diesem Zusammenhang betont Kennedy nun nicht nur die große Bedeutung des »prestige of German legal science«,[178] sondern vor allem auch Savignys als einer zentralen Figur: »The hero figure of the first globalization was the law professor (author of codes and statutory modification of codes as well as of treatises), and the great and inspiring precursor initiator was the founder of the historical school, Friedrich Carl von Savigny (1779–1861).«[179] Kennedy, der Haywards und Holloways Übersetzungen des »Berufs« und des ersten Bandes des »Systems« zitiert,[180] sieht die (weltweite) Bedeutung Savignys vor allem in dessen Begriff der Rechtswissenschaft: »The paradox of Savigny, and the probable source of his seminal importance, was the combination, in the single idea of legal science as the elaboration of ›the system‹, of a universalizing legal formalist will theory with the idea that particular regimes of state law reflect diverse underlying non-legal societal normative orders.«[181] Der eigentliche Ursprung des *classical legal thought* liegt danach nicht mehr im anglo-amerikanischen Rechtsdenken, also bei Austin, Pollock oder Holmes, sondern Jahrzehnte früher und jenseits des Atlantiks bei Savigny.

Der dritte Akt spielt in den Jahren um 2010. Nun geht es Kennedy zwar immer noch um Savigny als (Mit-)Begründer des »Classical Legal Thought«, doch konzentriert er sich jetzt auf einen neuen Aspekt in Savignys »System«, nämlich auf die grundlegende Unterscheidung zwischen Familienrecht und Vermögensrecht.[182] Kennedy arbeitete wieder mit Holloways Übersetzung des ersten Bandes des »Systems«; er folgt dieser auch darin, »Vermögensrecht« als

176 Duncan Kennedy, Two Globalizations of Law & Legal Thought: 1850–1968, in: Suffolk University Law Review 36 (2003) 631–679. Trotz des Titels umfasst das Modell *drei* Globalisierungen: »Classical Legal Thought« (1850–1914), »The Social« (1900–1968) und »Policy analysis, neo-formalism and adjudication« (1945–2000), a. a. O. 632 f. Nur ist die dritte Phase in diesem Aufsatz noch nicht voll abgehandelt.

177 A. a. O. 633.

178 A. a. O.

179 A. a. O. 638.

180 A. a. O. Anm. 11.

181 A. a. O.

182 Duncan Kennedy, Savigny's Family/Patrimony Distinction and Its Place in the Global Genealogy of Classical Legal Thought, in: American Journal of Comparative Law 58 (2010) 811–841. Kennedy analysiert vor allem die entsprechenden Kapitel im »System«, Savigny, System, Erster Band (Anm. 34) 334–393.

»potentialities law« zu übersetzen.[183] In einer eingehenden Textanalyse erläutert Kennedy zunächst die Vielschichtigkeit der Savigny'schen Unterscheidung.[184] Er sieht in ihr eine systematische Leistung, die das Rechtsdenken, wie es im späteren 19. und frühen 20. Jahrhundert in vielen Teilen der Welt vorherrschte, maßgeblich geprägt habe. Kennedy erörtert vor allem zwei Auswirkungen. Erstens lag Savignys Unterscheidung auch dem »Classical Legal Thought« in den USA zugrunde; dort konzentrierte man sich vor allem auf das Vermögensrecht (*property, contract, tort*), während man das Familienrecht als Sondergebiet betrachtete; diese Sichtweise (*family law exceptionalism*) wirkt bis heute nach.[185] Zweitens spiegelt sich Savignys Unterscheidung nach Kennedy in der englischen Kolonialpraxis des 19. Jahrhunderts wider; dort gestaltete man zwar das Vermögensrecht in den Besitzungen nach westlichen Vorstellungen um (um es zu modernisieren), ließ aber das Familienrecht weitgehend unangetastet (um es der einheimischen Tradition zu überlassen).[186] Kennedy behauptet hier wohlgemerkt keinen unmittelbaren *Einfluss* Savignys; er stellt lediglich fest, Savignys Unterscheidung exemplifiziere in deutlicher und hochentwickelter Form ein weitverbreitetes Strukturmerkmal des Rechtsdenkens jener Zeit.[187] Kennedys Aufsatz ist ein wichtiger Beitrag zur Savigny-Literatur, auch wenn man den darin gezogenen Schlussfolgerungen und Verbindungen nicht in allen Punkten folgen will. Zudem hat er erheblichen Einfluss auf die neuere kritische Diskussion des Familienrechts in den USA.[188]

Freilich rechtfertigen es weder die oben erwähnten Arbeiten zur vergleichenden Rechtsgeschichte vom Ende des letzten, noch die Veröffentlichungen seit Beginn des neuen Jahrhunderts, von einer Savigny-Renaissance in den Vereinigten Staaten zu sprechen. Aber wenn sich amerikanische Juristen vom Kaliber eines Richard Posner auf Savigny als intellektuellen Vorfahren berufen und

183 Er fügt allerdings den Hinweis hinzu, dass »patrimonial law« eine heute gängigere englische Übersetzung wäre, a. a. O. 813. Im übrigen liegt dem Aufsatz auch Haywards »Beruf« Übersetzung zugrunde, die ebenfalls vielfach zitiert wird. Kennedy weist auch hin auf Wolfram Müller-Freienfels, The Emergence of *Droit de Famille* and *Familienrecht* in Continental Europe and the Introduction of Family Law in England, in: Journal of Family History 28 (2003) 31–51.

184 Kennedy, Savigny's Family/Patrimony Distinction (Anm. 182) 813–830.

185 Kennedy stellt klar, dass dies nicht unbedingt im Sinne Savignys war. Trotzdem habe seine Unterscheidung die Marginalisierung des Familienrechts gefördert: »We could therefore say that although Savigny is the opposite of an ›exceptionalizer‹ of family law, his celebratory analysis of it opposes it to the ›purely legal‹ in a way that invited exceptionalization«, a. a. O. 836.

186 A. a. O. 836–841.

187 A. a. O. 839.

188 Vgl. das Symposium »Critical Directions in Comparative Family Law«, in: American Journal of Comparative Law 58 (2010) 753–1055.

wenn Denker vom Format eines Duncan Kennedy in Savigny einen Mitbegründer auch des amerikanischen »Classical Legal Thought« sehen, dann hat Savigny in den USA heute wieder einen beträchtlichen Stellenwert. Dieser aber beruht maßgeblich auf den im 19. Jahrhundert entstandenen Übersetzungen, denn ohne sie wäre Savigny Lesern wie Posner und Kennedy nicht zugänglich.

Mathias Reimann[189]

189 Ich danke Stefan Vogenauer für wertvolle Hinweise und Anregungen sowie den Bibliothekaren der University of Michigan Law School, insbesondere Seth Quidachay-Swan, für ihre effektive Hilfe bei der Materialbeschaffung.

Das ferne Vorbild – Savigny in der nordischen Rechtswissenschaft

1 Einleitung

Matthias Calonius (1738–1817), Professor für Rechtsgelahrtheit an der alten Universität Turku, hielt seine umfassenden, in den 1780er Jahren auf Latein geschriebenen Zivilrechtsvorlesungen zum letzten Mal im Frühjahr 1810. In seinem hinterlassenen Vorlesungsmanuskript findet man im Abschnitt über den Besitz eine Zufügung: »De natura et jure possessionis consulendi in primis … Das Recht des Besitzes. Eine civilistische Abhandlung von Dr. Friedrich Carl von Savigny …«.[1] Dies zeigt, dass der greise Calonius noch versuchte, die neueste Literatur anzuschaffen, und dieser Vermerk von Calonius ist höchstwahrscheinlich der erste über Savigny im Norden.

Im Jahre 2004 verteidigte Sverre Blandhol in Oslo seine Doktordissertation »Nordisk rettspragmatisme. Savigny, Ørsted og Schweigaard om vitenskap og metode« (Nordischer Rechtspragmatismus. Savigny, Ørsted und Schweigaard über Wissenschaft und Methode). Blandhol behauptete in seiner Arbeit, dass Savigny einerseits, seine Zeitgenossen, der Däne Anders Sandøe Ørsted (1778–1860) und der Norweger Anton Martin Schweigaard (1808–1870), andererseits wissenschaftliche Antipoden seien. Savigny sei ein Formalist und ein wissenschaftlicher Idealist gewesen, Ørsted und Schweigaard hätten aber einen rechtswissenschaftlichen Realismus und eine pragmatische Methode mit rhetorischen Zügen vertreten. Obwohl die Dissertation Blandhols eine rechtshistorische Arbeit ist, betont der Autor, dass sie auch gegenwartsbezogen sei, und man darf wohl sagen, dass auch Savigny damit eine gewisse Aktualität genießt. Nach Blandhol ist dieser Realismus seit der Zeit Ørsteds und Schweigaards und auch noch heute eine wichtige und außerdem empfehlenswerte Hauptrichtung in der nordischen Rechtswissenschaft, und der Autor sympathi-

1 Calonius, Matthias, Praelectiones in Jurisprudentiam Civilem, ed. Wilhelm Chydenius et Väinö Nordström, Helsingforsiae 1908, S. 283.

siert selbst offen mit dieser Richtung.[2] Der aktuelle Savigny ist deshalb in Blandhols Darstellung nicht ein Vorbild, sondern eher ein Feindbild.

Es gibt keine Schwierigkeiten, die immerwährende Präsenz Savignys in der nordischen rechtswissenschaftlichen Literatur aufzuweisen. Es ist aber eine erstaunliche Tatsache, dass es überhaupt keine Übersetzungen von Savignys Werken in die nordischen Sprachen (auch nicht ins Finnische) gibt. Dies ist ein eindeutiger Beweis für die starke Stellung der deutschen Sprache unter den nordischen Gelehrten. Man brauchte keine Übersetzungen, weil alle Rechtswissenschaftler gute Deutschkenntnisse hatten. Bis zum Verlust der beiden Herzogtümer Schleswig und Holstein im Jahre 1864 war Dänemark ein zweisprachiger Staat, aber auch in den anderen nordischen Ländern war Deutsch bis zum Zweiten Weltkrieg die wichtigste Fremdsprache. Schon in der zweiten Hälfte des 19. Jahrhunderts wurde mit den verbesserten Kommunikationen ein Studien- oder Forschungsaufenthalt in Deutschland ein Muss für einen künftigen Professor in einer juristischen Fakultät, aber auch früher hatten manche nordischen Juristen ein Studium an einer deutschen Universität absolviert.

2 Die nordischen Savigny-Bilder

2.1 Savigny der Lehrer und Vorleser

Orla Lehmann (1810–1870) war ein dänischer Jurist, der später ein nationalliberaler Politiker und Minister wurde. Obwohl er weder ein Rechtswissenschaftler war noch werden wollte, studierte er nach seinem dänischen Staatsexamen 1833–1834 ein paar Semester in Berlin. In seinen Erinnerungen schilderte er u. a. Savigny als Vorleser; dieser Teil der Erinnerungen wurde vom dänischen Rechtshistoriker Frantz Dahl 1916 in einem Aufsatz »Nordische Stimmen über Savigny und Gans« in der Savigny-Zeitschrift in deutscher Übersetzung veröffentlicht. Ich zitiere:

> »Wenn man dieses sonderbare Gemisch eines schwerfälligen Marschbauers und eines heiligen Apostels in den überfüllten Hörsaal geschritten kommen sah, sollte man glauben es sei einer der Olympier, der unter den Sterblichen umherwandelte, und wenn er auf dem Katheder stand und seine Augen langsam über die lautlose Schar schweifen ließ, während er mit einem feinen weißen Tuch seine goldene Lorgnette putzte, erhielt man Zeit seine Seele mit Stolz zu erfüllen, einem Zeitalter anzugehören, das einen solchen Mann erzeugt hatte. Aber wenn er dann seine klangvolle Stimme erhob und mit einer unvergleichlichen Bewältigung des Stoffes und einer plastischen Anschaulichkeit der Darstellung die alten Römer ihre Gesellschaftsverhältnisse und ihre bis in alle Konsequenzen fein

2 Blandhol, Sverre, Nordisk rettspragmatisme. Savigny, Ørsted og Schweigaard om vitenskap og metode, København 2005, S. 9 und 19.

ausgearbeiteten Rechtsbegriffe entfalten ließ, versöhnte man sich beinahe mit der Überlegenheit, womit er zunächst in wenigen bündigen und zutreffenden Worten all den Irrtum und Unverstand gleichsam fortblies, womit ›die neueren Juristen‹ die edlen Züge der römischen Antike getrübt und entstellt hätten, und darauf die Welt wissen ließ: ›Damit verhält es sich folgendermaßen‹. Aber unter ›den neueren Juristen‹ verstand er im Grunde genommen alle diejenigen, die jünger als die Pandekten waren, und unter den jetztlebenden erhielt nur einer das Glück, mit Namen genannt zu werden, und das war sein alter Gegner Thibaut in Heidelberg. Das geschah nur einmal in jedem Semester und nur um mit einem mitleidigen Lächeln und einem kleinen Scherz ihm den Garaus zu machen, aber dessenungeachtet wurde der im voraus bekannte Tag, an dem Savigny über Thibaut lächelte, für den Ehrentag des selben angesehen und füllte alle Gänge zwischen den bezahlten Plätzen mit Hospitanten. So pomphaft trat diese togagekleidete Gestalt auf, daß man in der Tat glauben könnte, man habe einen ebenbürtigen Freund Gaii oder Triboniani vor sich.«[3]

Auch der Romanist und spätere Professor an der Universität Kopenhagen Peter *Georg Bang* (1797–1861) studierte in den 1830er Jahren unter Savigny in Berlin. Er schrieb keine Erinnerungen, bezeichnete sich aber öffentlich als einen Schüler Savignys in einer Polemik gegen den schon erwähnten Schweigaard, der während seines Aufenthaltes in Berlin von Savigny wenig begeistert worden war.[4]

2.2 Savigny der Romanist und Rechtshistoriker

Orla Lehmann erörtete auch den Inhalt von Savignys Vorlesungen und dabei war seine Einstellung schon eher ambivalent:

»Wäre nur die Aufgabe die gewesen, mittels großer Gelehrsamkeit, scharfsinniger Kritik und vor allen Dingen durch eine wunderbare Vertrautheit mit dem ganzen Gedankengang der alten römischen Juristen Ordnung und Zusammenhang in dem bunten Mosaik zu finden, worin ihr Nachlaß auf uns gekommen ist, so müßte man sagen, daß sie zur Vollkommenheit erledigt wäre. Allein der Sinn vom Studium des römischen Rechts war Savignys Meinung nach nicht, zu einer richtigen Auffassung von der Geistestätigkeit eines einzelnen Volkes nach einer einzelnen Richtung hin zu verhelfen; er ging von der Voraussetzung aus, das Corpus juris sei ratio scripta, so daß in dem Gebiete des Rechtes die menschliche Vernunft keinen höheren Zweck haben könne, als zum Verständnis seiner Gebote zu gelangen. Die mystische Absolutheit wurde nicht nur für die gesunden

3 Dahl, Frantz, Nordische Stimmen über Savigny und Gans, in: Zeitschrift der Savigny-Stiftung für Rechtsgeschichte, Germanistische Abteilung 37 (1916), S. 511–518; hier: S. 514 f. Siehe auch den Originaltext: Orla Lehmanns Efterladte Skrifter, Udg. af Hother Hage, I, Kjøbenhavn 1872, S. 113 f. Die Übersetzung ist ungekürzt.

4 Bang, [Erwiderung ohne Titel], in: Juridisk Tidsskrift 23 (1834), S. 333–340; hier: S. 335 f.

Regeln und verständigen Einrichtungen gefordert, denen der praktische Sinn der Römer und ihre strenge Logik einen hohen Grad von Entwicklung verliehen hatten, sondern auch für die rein willkürlichen Gesetze, welche in den Anschauungen und Verhältnissen längst entschwundener Zeiten wurzelten, aber dessenungeachtet für unfehlbare und gemeingültige Göttersprüche galten, – und für die halsbrechenden Spitzfindigkeiten, mit welchen schon die römischen Prätoren und Rechtslehrer ihren archäologischen Aberglauben mit dem vorwärtsschreitenden Bedarf der Wirklichkeit zu versöhnen suchten.«[5]

Wenn es um die Bedeutung des savignyschen römischen Rechts im Norden ging, war Lehmann in Erinnerung an 1833/34 schon eindeutig negativ:

»Diese Mumienverehrung ist den neueren Völkern, die sich dem römischen Recht befohlen, ein Unglück gewesen und hat in ihre Rechtswissenschaft einen versteinerten Formalismus und eine scholastische Sophisterei hineingebracht, die einer gesunden und wahren Entwicklung ein großes Hindernis gewesen ist. Was mich persönlich betrifft, war deshalb die Ausbeute meines römischrechtlichen Studiums, bei aller Bewunderung des Beispiels von strikter Methode und von scharfem Denken, das Savigny gegeben hat, eine aufrichtige Freude, daß fremde Invasion nicht mehr als geschehen unsere dänische Rechtsverfassung und Rechtslehre unterbrochen und gestört hat.«[6]

Es muss hervorgehoben werden, dass schon Lehmann, der persönlich mit Schweigaard in Berlin befreundet wurde, den Terminus »Formalismus« im Zusammenhang mit Savigny verwendete. Es gab fast keine romanistische Forschungstätigkeit im Norden, wo die Voraussetzungen fehlten. Römisches Recht wurde zwar an den nordischen Universitäten unterrichtet, man verwendete jedoch am liebsten das Lehrbuch Ferdinand Mackeldeys (Schweigaard; Carl Evert Ekelund in Helsinki). Es gab aber ein paar Ausnahmen. Der Rechtshistoriker, Kantianer und Staatsrechtler Johan Frederik Vilhelm Schlegel (1765–1836), Professor an der Universität Kopenhagen, behandelte in seiner juristischen Enzyklopädie, »Juridisk Encyclopædie« (1825), ausführlich die europäische Rechtsgeschichte und Geschichtsforschung, und er verwendete dabei durchgehend Savignys »Geschichte des Römischen Rechts im Mittelalter«. Das Werk Schlegels enthält um dreißig Hinweise auf Savigny, der gerade als romanistischer Rechtshistoriker von Schlegel hochgeschätzt wurde.[7] Die andere Ausnahme war die unvollendete Darstellung des schon erwähnten Bang »Lærebog i de til den Romerske private Ret henhørende Discipliner, I–II« (Lehrbuch der zum Römischen Privatrecht gehörenden Disziplinen; 1833–1835). Der erste

5 Dahl, Nordische Stimmen (Anm. 3), S. 515; Lehmann, Efterladte Skrifter (Anm. 3), S. 114 f.

6 Dahl, Nordische Stimmen (Anm. 3), S. 515; Lehmann, Efterladte Skrifter (Anm. 3), S. 115.

7 Siehe z. B. Schlegel, Johan Frederik Vilhelm, Juridisk Encycloædie, København 1825, S. 37, 237, 260 f., 264 ff., 270 f., 274 f. und 305 ff.

Teil war eine römische ›äußere‹ Rechtsgeschichte, der zweite Teil eine Darstellung des römischen Privatrechts ›in seiner neuesten Erscheinung‹ d. h. wohl ›das heutige Römische Recht‹; Bang entschuldigte sich 1837 damit, er habe die Ausarbeitung des zweiten Teils abgebrochen um auf Savignys »System« zu warten, so dass »er im Stande sei etwas Besseres vorzulegen als wozu er selbst fähig wäre«.[8]

Für die Rechtshistoriker war natürlich die historische Schule wichtig, man muss sich jedoch fragen, ob nicht die Germanisten, vor allem Karl Eichhorn und auch C. J. A. Mittermaier, später vor allem Konrad Maurer und Karl von Amira, wichtigere Vorbilder als Savigny waren. Der tatsächliche Aufschwung der rechtshistorischen Forschung im Norden im 19. Jahrhundert kann auf den allgemeinen Einfluss der historischen Schule zurückgeführt werden; es ist aber schwierig die persönliche Bedeutung Savignys für diese Forschung zu beurteilen. Die Geschichtsmetaphysik wurde jedenfalls allgemein abgelehnt, und man weigerte sich auch, alle rechtswissenschaftliche Forschung als ›geschichtlich‹ anzusehen. Dagegen war Gustav Hugo ein wichtiges, aber anonymes Vorbild, und seine Dreiteilung Rechtsgeschichte, Rechtsdogmatik und Rechtsphilosophie wurde in den nordischen Lehrbüchern oft erwähnt. Die nordischen Rechtsdogmatiker brauchten keine andere historische Methode als die Auslegung der noch geltenden alten Gesetzbücher. Die Stellungnahme Ørsteds, der sich zur historischen Schule im Allgemeinen positiv verhielt, ist insoweit typisch: eine historische Untersuchung möge immer wichtig sein; er selbst habe als Beamter wenig Zeit für eine solche Forschungstätigkeit.[9]

2.3 Savigny der Zivilist

Der dänische Romanist Bang bezeichnete schon in seiner Erwiderung gegen Schweigaard 1834 Savigny als »den größten Zivilisten unserer Zeit«. Weil Ørsted fast alle seine juristischen Schriften in den drei ersten Jahrzehnten des 19. Jahrhunderts veröffentlichte, konnte er die wichtigsten Werke Savignys nicht verwenden; er kannte natürlich die früheren Schriften des von ihm hochgeschätzten Savigny und er soll als erster die Schriften Savignys im Jahre 1816 in die dänische rechtswissenschaftliche Literatur eingeführt haben.[10] Außerdem

8 Bang, P.G., Larsen, J.E., Systematisk Fremstilling af den danske Procesmaade, I, Kjøbenhavn 1837, S. VII f.

9 Ørsted, A.S., Fortsættelse af den … afbrudte Recension over Juridiske Samlinger, in: Juridisk Tidsskrift 16,1 (1829), S. 184–277; hier: S. 251. Siehe auch Björne, Lars, Brytningstiden, Den nordiska rättsvetenskapens historia, Del II, 1815–1870, Lund 1998, S. 241 f.

10 Tamm, Ditlev, Anders Sandøe Ørsted og den historiske Skole i Danmark, in: Den historiska skolan och Lund, Lund 1982, S. 25–51; hier: S. 29.

war Ørsted in seinem Verhältnis zur deutschen Rechtswissenschaft ein Eklektiker, der gerne Savigny, aber auch andere Autoren wie z. B. Feuerbach, Thibaut und ältere Rechtswissenschaftler verwendete.[11] Savigny erhielt erst nach dem Erscheinen seines Großwerkes »System des heutigen Römischen Rechts« eine Vorrangstellung in der nordischen Rechtswissenschaft, und dann gerade als Zivilist; seine Bedeutung war am größten in den Jahrzehnten um die Mitte des 19. Jahrhunderts. Sowohl in Schweden als auch in Dänemark erschienen Lehrbücher im Zivilrecht, die fast Paraphrasen vom »System« waren. *Fredrik Schrevelius* (1799–1865), Professor an der Universität Lund, schrieb 1844 im Vorwort zum ersten Teil seines Lehrbuchs »Lärobok i Sveriges allmänna nu gällande Civil-Rätt« (Lehrbuch des in Schweden nun geltenden Zivilrechts; meine Übersetzung): »Der aufmerksame Leser wird finden, dass ich bei der Ausarbeitung dieses Lehrbuchs nicht nur Schriften einheimischer Autoren, sondern auch ausländischer … verwendet habe …, ich muss unter denen vorzugsweise den berühmten Savigny erwähnen und muss mit Dankbarkeit anerkennen, dass ich von seinen Schriften recht vieles gelernt habe. Auch die Schriften des ausgezeichneten dänischen Juristen Ørsted habe ich viel benutzt.« *Anton Wilhelm Scheel* (1799–1879), Professor an der Universität Kopenhagen, schrieb ein paar Jahrzehnte später ebenfalls im Vorwort zum ersten Teil seines Lehrbuchs »Privatrettens almindelige Deel, fremstillet efter den danske Lovgivning« (Der allgemeine Teil des Privatrechts, nach der dänischen Gesetzgebung dargestellt; 1865; meine Übersetzung): »Welche Bedeutung ich den Schriften unseres verstorbenen großen Rechtskundigen Anders Sandøe Ørsted zugemessen habe, wird dadurch deutlich, dass ich durch die ganze Ausarbeitung fortwährend auf sie hingewiesen habe. Unter den fremden Schriften hat insbesondere F. C. v. Savignys berühmtes ›System des heutigen Römischen Rechts‹ einen Einfluss auf die Ausarbeitung gehabt.«

Die Werke Schrevelius' und Scheels sind nur der Gipfel des Eisberges: Fast alle nordischen Zivilisten bis ins frühe 20. Jahrhundert (z. B. *Johannes Ephraim Larsen* in Dänemark, *Fredrik Brandt* in Norwegen, *Fritz Walter Ekström* in Finnland) haben vor allem in Gesamtdarstellungen und Lehrbüchern die Gedanken und Theorien Savignys verwendet, jedoch ohne solche pauschale Anerkennungen wie Schrevelius und Scheel. In welcher Beziehung war denn Savigny ein wichtiges Vorbild als Zivilist? Sein »System« war eine Darstellung der allgemeinen Lehren, und gerade dieses Werk war im Norden sehr wichtig, während seine späte Arbeit »Obligationenrecht« kaum beachtet wurde. Seine allgemeinen Lehren des römischen Rechts/Zivilrechts/bürgerlichen Rechts/

11 Siehe Björne, Brytningstiden (Anm. 9), zusammenfassend S. 429.

Privatrechts waren auch im Norden trotz der unterschiedlichen Gesetzgebung verwendbar.

2.4 Savigny der Idealist und Metaphysiker

Die zentralen Gedanken Savignys und der historischen Schule, die Geschichtsmetaphysik und der Idealismus, fanden kaum Zustimmung bei den nordischen Rechtswissenschaftlern. Wie schon erwähnt, war die sog. realistische oder pragmatische rechtswissenschaftliche Methode *Ørsteds* nicht die Methode der historischen Schule, sondern sie war eher gegenwartsbezogen.[12] Eine ausführliche, sogar ausschweifende Argumentation war ein typischer Zug in seinen Arbeiten, und Ørsted war damit ein Vorgänger bei der Verwendung der noch heute in der nordischen Zivilrechtswissenschaft so beliebten ›realen Argumente‹. Ørsted vermied im Allgemeinen philosophische Spekulationen, obwohl er in seiner Jugend zuerst Kantianer, später Anhänger Fichtes gewesen war.[13]

Während Ørsted die Errungenschaften der deutschen Rechtswissenschaft oft verwendete – es gibt auch Belege dafür, dass er gerne die Gedanken deutscher Autoren ohne Quellenangaben benutzte[14] –, war *Schweigaard* ein überzeugter Gegner der deutschen Rechtswissenschaft und insbesondere der idealistischen Philosophie. Schweigaards Bedeutung basiert vor allem auf einem Aufsatz in der dänischen Juridisk Tidsskrift 1834, in dem er die deutsche Rechtswissenschaft persiflierte. Er schrieb auch einen Aufsatz gegen die deutsche Philosophie, der zuerst 1835 in Frankreich erschien, in Norwegen aber bis in die 80er Jahre des 19. Jahrhunderts ziemlich unbekannt blieb und die Entwicklung nur wenig beeinflussen konnte. Eine Kostprobe deutet die Art der Argumente in diesem Aufsatz an (meine Übersetzung):

> » – die deutsche Philosophie, die das Universum durchdringt, die Gott durchschaut, die keine Grenzen, keinen Zweifel und keine Finsternis kennt, die von Nichts ausgeht, Nichts voraussetzt, Nichts produziert, diese Philosophie mit den großen Versprechen und den ewigen Einleitungen, diese Philosophie, die die Sprache verdirbt und das Denken verheert, und die ihrem Wesen nach scholastisch ist, eine bloße Wortphilosophie – was ist sie denn eigentlich?«

12 Siehe auch Tamm, Ditlev, Fra »Lovkyndighed« til »Retsvidenskab«. Studier over betydningen af fremmed ret for Anders Sandøe Ørsteds privatretlige forfatterskab, København 1976, S. 379 ff.

13 Tamm, Ditlev, Anders Sandøe Ørsted og dansk retsudvikling og retsvidenskab, in: Anders Sandøe Ørsted 1778–1978. Foredrag i anledning af 200-året for Anders Sandøe Ørsteds fødsel, udg. af Ditlev Tamm, København 1980, S. 11–32; hier: S. 24 ff.

14 Gagnér, Sten, Ørsteds vetenskap, de tyska kriminalisterna och naturrättsläran, in: Tidsskrift for rettsvitenskap 1980, S. 367–444; hier: S. 400 f.

Auch das Urteil ist vernichtend: Die deutsche Philosophie hat viel Schlimmes gemacht, sie hat manchen guten Denker verführt; es ist höchste Zeit sie auszumerzen.[15]

Der Aufsatz wurde nach einem Gespräch mit *Heinrich Heine* geschrieben; das philosophische Rüstzeug erhielt der Autor vom deutschen Antihegelianer und Empiristen *Friedrich Eduard Beneke*, dessen Vorlesungen *Schweigaard* in Berlin gehört hatte. Es ist damit natürlich, dass Schweigaard in seinem rechtswissenschaftlichen Aufsatz auch die deutsche Rechtswissenschaft ganz negativ beurteilte. Nur Haubold, Hugo, Feuerbach und insbesondere Thibaut wurden in einigermaßen positiven Redewendungen erwähnt, während alle anderen Richtungen, u. a. die historische Schule, mehr oder weniger schroff verdammt wurden. Thibaut hatte nach Schweigaard den Vortritt vor allen anderen Juristen in Deutschland wegen seiner lebendigen Anschauung der wirklichen Verhältnisse im Gegensatz zur Allgemeinheit der Rechtssätze, während Savigny eher negativ und fast nur in Zusammenhang mit dem Besitzstreit erwähnt wurde; dieser Streit wurde als ein auf einem Begriffsrealismus und willkürlichen Begriffsbildungen basiertes Scheingefecht abgetan. Schweigaard beanstandete im Allgemeinen an der deutschen Rechtswissenschaft willkürliche Klassifikationen, unklare Vorstellungen von apriorischen Kausalzusammenhängen, falsche und willkürliche Begriffsbildungen und Systemzwang.[16] Es gibt einen bemerkenswerten Unterschied zwischen Lehmanns und Schweigaards Darstellungen. *Lehmann* war ruhiger, und er schwächte oft seine Kritik mit gutmütiger Ironie oder einem Scherz ab, er bedauerte selbst, dass sein Stil zu viel von Heinrich Heine beeinflusst worden war.[17] Schweigaards Kritik war viel schärfer, fast aggressiv, und sein Feindbild war völlig ohne Nuancen. Trotz dieser Unterschiede im Stil der Autoren lehnte auch Lehmann die idealistische Philosophie völlig ab. Lehmann erzählt, dass er in Berlin auch die Vorlesungen bei dem dänisch-norwegischen Philosophen *Henrik Steffens* (1773–1845) über die schellingsche Naturphilosophie hörte. Er habe überhaupt nichts verstanden, habe sich jedoch darüber gefreut, dass ein Sprachfehler von Steffens («die schwellende Tiefe« dänisch: »det svælgende Dyb«, eigentlich etwa »die bodenlose Tiefe«) von einem anbetenden deutschen Studenten in eine nie vorher gehörte Tiefsinnigkeit umgedeutet wurde.[18]

15 Schweigaard, A.M., Om den tyske Filosofi, in: ders., Ungdomsarbejder, udg. af Oscar Jaeger og Fredrik Stang, Kristiania 1904, S. 237–300; hier: S. 240. Siehe auch Björne, Lars, Nordische Rechtssysteme, Ebelsbach am Main 1987, S. 75 f.

16 Schweigaard, A.M., Betragtninger over Retsvidenskabens nærværende Tilstand i Tydskland, in: Juridisk Tidsskrift 23 (1834), S. 292–333; hier: S. 320 und passim. Siehe auch Björne, Nordische Rechtssysteme (Anm. 15), S. 75 f.

17 Lehmann, Efterladte Skrifter (Anm. 3), S. 26.

18 Lehmann, Efterladte Skrifter (Anm. 3), S. 120.

Schweigaard wurde später in Norwegen, besonders nach seinem Tode, wegen seiner schroffen Kritik gerügt; er habe die norwegische Rechtswissenschaft von Deutschland völlig isoliert. Man kann jedoch sagen, dass Schweigaards Kritik gegen die deutsche Rechtswissenschaft in dieser Hinsicht nur teilweise erfolgreich war. Er hat zwar dem Naturrecht und dessen Nachfolger, der Rechtsphilosophie, jedoch nicht der historischen Schule Widerstand leisten können, und die norwegischen Rechtshistoriker kannten die historische Schule gut.[19] Schweigaard behandelte in seinen Schriften nie das norwegische Privatrecht, und seine Abwehr der deutschen Rechtswissenschaft hatte kaum Einwirkung auf dieses Rechtsgebiet.

2.5 Savigny der Politiker

Savignys Vorstellungen in »Vom Beruf« (1814) von der Schädlichkeit einer Kodifikation und letzten Endes aller Gesetzgebung überhaupt wurden in der nordischen rechtswissenschaftlichen Literatur fast totgeschwiegen, schon weil die rechtliche Wirklichkeit im Norden von derjenigen in Deutschland so verschieden war. Es gab in allen nordischen Staaten alte Gesetzbücher: in Dänemark Danske Lov (1683), in Norwegen Norske Lov (1687), in Island Jónsbók (1281), teilweise auch Norske Lov, und in Schweden und Finnland Sveriges Rikes Lag, das Reichsgesetzbuch von 1734. Diese Kodifikationen waren im 19. Jahrhundert noch geltendes Recht, obwohl sie oft inhaltlich obsolet und dringend revisionsbedürftig waren. Es war eine der wichtigsten Aufgaben der nordischen Juristen, neue Gesetze vorzubereiten und man konnte sich nicht darum kümmern, ob die Zeit oder die Rechtswissenschaft wirklich für Gesetzgebung geeignet waren, ›den Beruf hatte‹. Die »Gesetzgebungswissenschaft« erlebte ihre nordische Blütezeit erst im frühen 19. Jahrhundert. Um wieder Orla Lehmann zu zitieren: Er habe während seiner Studienzeit in Kopenhagen die ausführlichen Schriften Ørsteds über die alten dänischen Gesetze gelesen, ohne jedoch begeistert zu werden. Es habe keinen Sinn, mit vielem Scharfsinn einen vernünftigen Gedanken aus der Menge von Gesetzen verschiedenen Alters herauszufinden; es sei viel leichter, neue Gesetze zu schaffen, statt eine brauchbare Regel aus einem zeitweise ziemlich sinnlosen Stoff zu interpretieren.[20]

»Vom Beruf« wurde im Norden als ein politisches Pamphlet gelesen, und es wurde in Schweden und in Finnland auch als ein politisches Argument verwendet. In Schweden wiesen konservative Politiker in ihrem Widerstand gegen

19 Siehe insbesondere Michalsen, Dag, Romerettsideologi, Oslo 2008, S. 202–247.

20 Lehmann, Efterladte Skrifter (Anm. 3), S. 39.

den Entwurf zum neuen Zivilgesetzbuch von 1826 auf die Lehre Savignys hin.[21] Die Rechtswissenschaftler im autonomen Großfürstentum Finnland, das nach 1809 ein Teil Russlands war, mussten das schwedische Reichsgesetzbuch von 1734 gegen russische Kodifikationspläne verteidigen. Der Zar Nikolaus I. ernannte 1835 eine Kommission mit dem Auftrag, eine systematische Zusammenstellung aller in Finnland geltenden Gesetze zu erstellen. Das Vorbild für die Systematik war die römischrechtlich beeinflusste russische Kodifikation von 1832; der Zar hatte die Absicht, die Zusammenstellung der finnischen Gesetze ohne die Zustimmung des Landtags zu bestätigen. Diese Kodifikationspläne scheiterten u. a. an dem Widerstand der führenden finnischen Rechtsgelehrten, die behaupteten, dass ein neues System die Rechtssätze auch inhaltlich verändern würde und dass eine neue Systematisierung der Normen ohne Mitwirkung der Stände gesetzlich nicht möglich sei. Außerdem benutzten sie die Argumente der historischen Schule über die Verderblichkeit aller Kodifikationen. Es ist kaum wahrscheinlich, dass die russischen Behörden sich von dieser Lehre Savignys beeindrucken ließen. Weit wichtiger war wohl, dass der Generalgouverneur Finnlands, Fürst A. S. Menschikoff, von den Plänen abriet, weil er befürchtete, dass die Kodifikation Unruhe unter den finnischen Loyalisten erregen würde. Schließlich gab der Zar die Kodifikationspläne auf.[22]

In der rechtswissenschaftlichen Literatur wurde, wie erwähnt, der Kodifikationsstreit kaum beachtet. Schlegel z. B. erwähnte den Streit ohne eigene Bemerkungen, er behauptete jedoch später im Text, der Vorschlag Thibauts habe viele wichtige Schriften über die nötigen Eigenschaften eines guten Zivilgesetzbuches hervorgebracht.[23] Trotz der Ablehnung der Kodifikationfeindseligkeit Savignys, die im Norden wegen der unterschiedlichen politischen Lage meistens nicht verteidigt werden konnte, standen die nordischen Rechtswissenschaftler jedoch der historischen Schule politisch viel näher als wissenschaftlich. Wie im 18. Jahrhundert war die überwältigende Mehrheit der nordischen Rechtswissenschaftler ›gemäßigt konservativ‹, und sie befürwortete höchstens vorsichtige Reformen. Es ist bedeutungslos, dass einige dieser Juristen sich als ›liberal‹ oder ›nationalliberal‹ bezeichneten.

21 Peterson, Claes, Der Kampf um ein schwedisches Zivilgesetzbuch im 19. Jh. Ein schwedischer Kodifikationsstreit? in: Die Kodifikation und die Juristen, Red. Claes Peterson, Stockholm 2008, S. 209–235; hier: S. 225 ff.

22 Jussila, Osmo, Suomen suuriruhtinaskunta – 1809–1917 [Das Großfürstentum Finnland – 1809–1917], Juva 2004, S. 205 ff.; Klami, Hannu Tapani, The Legalists. Finnish Legal Science in the Period of Autonomy, Helsinki 1981, S. 35 ff.

23 Schlegel, Juridisk Encyclopædie (Anm. 7), S. 51 Anm. * und S. 106.

3 Zum Schluss: das ferne Vorbild – was war uns Savigny im Norden?

Die Periode um die Mitte des 19. Jahrhunderts könnte in der nordischen Rechtswissenschaft als ›Die Zeit Ørsteds und Savignys‹ bezeichnet werden, und ich wiederhole hier meine frühere Charakteristik der Doktrin dieser Zeit: »Ohne diese unbestrittenen Autoritäten wäre die nordische Rechtswissenschaft des 19. Jahrhunderts undenkbar. Die Reihenfolge deutet auch auf den Einfluss dieser Rechtswissenschaftler hin. Ørsted war die Autorität sowohl im Zivil- als auch im Straf- und Prozessrecht, während Savigny vor allem Zivilrechtler war und die allgemeinen Lehren behandelte. Es gab auch eine Art der Arbeitsteilung: Ørsted war der äußerst produktive Praktiker, den man, insbesondere in Dänemark und Norwegen, bei fast allen konkreten Problemen zu Rate zog, Savigny war dagegen in erster Hand der elegante Theoretiker, das vergötterte Vorbild in den Einleitungen und den theoretischen Erörterungen, der jedoch in der Rechtsdogmatik schnell vergessen wurde. Die Bedeutung Savignys wurde größer erst nach dem Erscheinen seines Hauptwerks ›System des heutigen Römischen Rechts‹. Bei einigen Problemen wie z. B. der Rechtssystematik, der Rechtsquellenlehre und der Gesetzesauslegung, die schon früher von Ørsted erörtert worden waren, versuchte man eine Synthese der Ansichten Savignys und Ørsteds zu schaffen.«[24]

Ich habe hier über Savigny als ›Lehrer und Vorleser‹, als ›Romanisten und Rechtshistoriker‹, als ›Zivilisten‹, als ›Idealisten und Metaphysiker‹ und als ›Politiker‹ geredet. Die Bedeutung dieser Vorbilder war unterschiedlich, das wichtigste Vorbild war jedoch m. E. ganz einfach – ›Savigny der Rechtswissenschaftler‹. Im 18. Jahrhundert war wie z. B. auch in Deutschland die nordische Rechtswissenschaft des positiven Rechts in mancher Hinsicht oberflächlich und wenig genügend: eher deskriptiv als argumentativ, eher klassifizierend und systematisierend als interpretierend. Das frühe 19. Jahrhundert war auch in der nordischen Rechtswissenschaft eine Übergangszeit, und es ist kein Zufall, dass diese Veränderung im Norden wie in Deutschland auch terminologisch bemerkbar wurde; »Gesetzesgelahrtheit« (dänisch: Lovkyndighed; schwedisch: lagfarenhet) wurde durch »Rechtswissenschaft« (dänisch: Retsvidenskab; schwedisch: rättsvetenskap) erzetzt. Gerade bei diesem Übergang zur Wissenschaftlichkeit wurde Savigny nicht nur terminologisch das wichtigste Vorbild. Der sonst so wichtige Ørsted war dabei wenig vorbildlich, indem er wie erwähnt eher der kasuistische Praktiker war und auch gerne und ziemlich wahllos ältere

24 Björne, Lars, Die nordische Rechtswissenschaft – Vielfalt und Einheit, in: Zeitschrift der Savigny-Stiftung für Rechtsgeschichte, Germanistische Abteilung 127 (2010), S. 262–292; hier: S. 273 f.

deutsche Literatur verwendete. »Savigny der Rechtswissenschaftler« als Vorbild wurde damit auch für das Selbstbewusstsein der nordischen Rechtswissenschaftler äußerst wichtig.

Lars Björne

Friedrich Carl von Savigny im Spiegel der russischen Jurisprudenz

1. Methodologische und epistemologische Vorbedingungen der Forschung

Eine der wichtigsten Bestimmungen der gegenwärtigen Epistemologie ist das Kontextualismusprinzip. Das bedeutet, dass irgendein soziales Phänomen oder ein Prozess (auch bedeutende Rechtsdenker der Vergangenheit einschließend) in dem historischen und sozialkulturellen Kontext der konkreten Epoche zu erforschen ist. Die Änderungen, die in Russland am Ende des 20. Jahrhunderts stattgefunden haben und noch fortdauern, und die Eigentümlichkeiten der russischen Rechtskultur verursachen ein besonderes Bild von Savigny. Die Bildung der nachklassischen Weltanschauung und der entsprechenden Epistemologie werden zum Schwerpunkt dieser Periode. Dann folgen die Änderungen vieler klassischer Konzeptionen, Ideen, Theorien, die sowohl die Ontologie als auch die Gnoseologie betreffen. Das alles wirkt auf die Rechtswissenschaft und auch auf die Geschichtswissenschaft. Infolgedessen ist es notwendig zu erforschen, welche Änderungen in den Bewertungen der Nachwirkung Savignys daraus folgten.

Das Kontextualismusprinzip als eine Erkenntnisgrundlage fordert auch die Explikation der Besonderheiten der Vergangenheitsauffassung in der Kultur der jeweiligen (hier der russischen) Gesellschaft mit ihrer Geschichtskultur. Die Fragen, ob die Forschungen zur Savignywirkung irgendeine nationale Eigenart zeigen und ob es irgendeine Besonderheit der Auffassung von Savignys Ideen gibt, werden in der Wissenssoziologie (oder sozialen Epistemologie) generell bejaht, da die Wissenschaft eine Tätigkeit der Menschen ist, die in einer besonderen Kultur sozialisiert sind.[1] Die Bilder von der Vergangenheit und Geschichtskulturen unterscheiden sich durch die jeweilige Selektion und Bewertung der Ereignisse, die durch das gesellschaftliche Bewusstsein wiedergegeben werden.

1 Darüber siehe: Western Intellectual Debates, N.Y., Oxford 2002.

Die moderne multikulturelle, komplex strukturierte Welt hat ein Problem mit der Einheit dieser geschichtlichen Auffassungen. Denn diese Einheit existiert heute nur bezüglich einiger weniger Ereignisse und Personen; im gegenwärtigen Russland sind das der *Tag des Sieges* (9. Mai 1945) und der *Erste bemannte Raumflug von Juri Gagarin* (1961).[2] Dabei gibt es auch Einflüsse von anderen Kulturen, und vor allem von Bezugskulturen. Außerdem lassen sich auch innerhalb einer Kultur verschiedene Bewertungen der Denker der Vergangenheit entdecken. Denn sie sind an die ideologischen und theoretischen Intentionen gebunden, die für dieses konkrete Mitglied der Wissenschaftsgemeinde dieser Kultur bezeichnend sind. So können die Vertreter von verschiedenen Arten der Rechtsverständnisse unterschiedliche Anerkennungen für das Erbe eines Denkers der Vergangenheit aussprechen, die mit ihren eigenen theoretischen Vorverständnissen zusammenhängen.[3] In diesem Sinne gibt es spezifisch russische Besonderheiten des Savignybildes, die zu erforschen sind. Und demgemäß ist es unsere Aufgabe, die Eigenart der Verständnisse von Savignys Erbe im Kontext der postklassischen russischen Jurisprudenz zu entdecken. Das macht es auch notwendig, die Aktualität von Savignys Ideen für die gegenwärtige russische Rechtsphilosophie und Rechtstheorie, Zivilrechtswissenschaft und die Forschungen zum römischen Recht zu betrachten.

Für die Forschungen zum Savignybild spielt die postklassische Methodologie eine wichtige Rolle. Die moderne Epistemologie verwandelt sich allmählich aus der klassischen in die postklassische über die Stufe der unklassischen. Das Kernstück der klassischen Erkenntnistheorie bilden naiver Realismus und auch ebensolcher Repräsentationismus. Es gibt eine Zuversicht, dass die Außenwelt objektiv existiert, dass es in dieser Außenwelt eine natürliche Ordnung (eine prästabilisierte Harmonie) gibt und dass es möglich ist, diese Außenwelt vollständig oder teilweise im Bewusstsein zu reproduzieren. Ein solches Verhältnis zwischen Subjekt und Objekt wurde zu einer der wichtigsten Universalien der

2 Irina I. Glebova, Političeskaâ kultura Rossii: obrazcy prošlogo i sovremennost' (Глебова И.И. Политическая культура России: образы прошлого и современность), Moskau 2006, S. 62–63; Nikolaj E. Koposov, Pamât' starogo režima. Istoriâ i politika v Rossii (Копосов Н.Е. Память старого режима: История и политика в России), Moskau 2011.

3 Doch gibt es auch einige gemeinsame Besonderheiten des russischen Rechtssystems und auch der russischen Rechtskultur, die das Vorhandensein von gemeinsamen Auffassungen bestimmen. Diese gemeinsamen Auffassungen sind ebenso für die Vertreter von verschiedenen Arten der Rechtsverständnisse typisch. Dabei gibt es auch einige Besonderheiten, die den russischen Typ von Rechtsverständnis von den europäischen Doktrinen mit demselben Namen unterscheiden. So ist z. B. die russische Naturrechtstheorie (Vladimir Solovjev, Paul Novgorodzev u. a.) auf die Sittlichkeit des Kollektivismus und nicht auf die individuellen Menschenrechte gerichtet.

europäischen Kultur – zum aktivistischen Anthropozentrismus – transformiert. Das Kernstück dieses Phänomens sind die Möglichkeit und die Notwendigkeit der Kontrolle und der Lenkung der Natur, der Umwelt und der irrationalen Aspekte der psychischen Tätigkeit der Menschen.[4] Dabei erwächst eine Zuversicht, dass es ewige und unwandelbare universelle Naturgesetze gebe, die sich im Bewusstsein spiegeln und die in der praktischen Tätigkeit der Menschen benutzt werden. Heute wird dieses Axiom jedoch angezweifelt.

Die Kennzeichen der gegenwärtigen epistemologischen Situation sind folgende:[5] Zum einen hat die Wissenschaft ihre Dominanz, die sie in der »Szientismusepoche« hatte, verloren. Zum anderen hat die »anthropologische Wende«[6] in der zweiten Hälfte des 20. Jahrhunderts die wichtigste (und in der Wissenschaftswissenschaft nicht gänzlich bewusste) Änderung des epistemologischen Grundverhältnisses verursacht: Es wurde zu einem Verhältnis nicht zwischen Subjekt und Objekt, sondern zwischen Subjekt und Subjekt. Das bedeutet, dass auch die wissenschaftliche Erkenntnis als ein sozialkulturell und historisch bedingtes Phänomen erscheint. Das betrifft nicht nur die Verfahren der Wissensgewinnung, sondern auch die der Wissensbenutzung. Daraus folgt, dass der Schwerpunkt des Interesses der gegenwärtigen Forscher von dem Wissen als solchem zu dem Verfahren der Wissensgewinnung, der Wissenschaftsgemeinde und zur Erforschung der Kontexte übergeht.

Für die nachklassische Epistemologie ist es auch charakteristisch, die Frage der Erkennbarkeit der Welt und die Frage der Referentialität (d. h. der Bezie-

4 Vladislav A. Lektorskij, Naučnoe i vnenaučnoe myšlenie: skol'zâŝaâ granica, in: Nauka: vozmožnosti i granicy (Лекторский В. А. Научное и вненаучное мышление: скользящая граница // Наука: возможности и границы), Moskau 2003, S. 26.

5 Über die postklassische Epistemologie siehe: Postneklassika: filosofiâ, nauka, kul'tura, hrsg. v. Larisa P. Kiâŝenko, Vâčeslav S. Stëpin (Постнеклассика: философия, наука, культура / Отв. ред. Л. П. Киященко, В. С. Степин), St. Petersburg 2009; Vladislav A. Lektorskij, Èpistemologiâ klassičeskaâ i neklassičeskaâ (Лекторский В. А., Эпистемология классическая и неклассическая), Moskau 2001; Lûdmila A. Mikešina, Filosofiâ poznaniâ. Polemičeskie glavy (Микешина Л. А. Философия познания. Полемические главы), Moskau 2002; Vâčeslav S. Stëpin, Naučnoe poznanie i cennosti tehnogennoj civilizacii, in: Voprosy filosofii (Степин В. С. Научное познание и ценности техногенной цивилизации // Вопросы философии) 10 (1989); ders., Ot klassičeskoj k postklassičeskoj nauke (izmenenie osnovanij i cennostnyh orientacij), in: Cennostnye aspekty razvitiâ nauki (От классической к постклассической науке (изменение оснований и ценностных ориентаций) // Ценностные аспекты развития науки), Moskau 1990; ders., Teoretičeskoe znanie (Теоретическое знание), Moskau 2000.

6 Über die anthropologisch-existenziale Epistemologie siehe Mikešina, Filosofiâ poznaniâ (Anm. 5), S. 52 ff.

hungen von Zeichen und Gegenstand) zu stellen.[7] Die Frage, ob eine objektive Welt, eine »Natur der Dinge«, mit denen die wissenschaftlichen Kenntnisse korrespondieren, in Wirklichkeit existiert, wird in der nachklassischen Epistemologie verneint. Das Weltbild erscheint als konstituiert durch Konventionen, Vereinbarungen und Einverständnisse der Wissenschaftsgemeinde, die eine große kognitive Effizienz haben.

Die nachklassische Epistemologie hat in der Geschichtswissenschaft (und nicht nur hier)[8] den Zweck, den Radikalismus der Postmoderne als einen Kulturstand der postindustriellen Gesellschaft am Ende des 20. Jahrhunderts zu bewältigen. In der Wissenschaft stellt die Postmoderne einen radikalen Relati-

7 Für den Poststrukturalismus, der dem Postmodernismus voranging, fehlt ein eindeutiges Verhältnis zwischen dem Zeichen und dem Gegenstand, siehe ROLAN BART, Iz knigi »O Rasine«, in: ROLAN BART, Izbrannye raboty. Semiotika. Poètika (Барт Р. Из книги »О Расине« // Барт Р. Избранные работы. Семиотика. Поэтика), Moskau 1989; ŽAK DERRIDA, Golos i fenomen i drugie raboty po teorii znaka Gusserlâ (Деррида Ж. Голос и феномен и другие работы по теории знака Гуссерля) St. Petersburg 1999. Deshalb wird das soziale Dasein zum »Spiel der Bezeichnenden«, zum Dasein der Simulacren, die die Kopien ohne Vorlagen sind. Eine »leere Form« bekommt die Aufgaben der Ideologie, infolgedessen sieht der Mensch z. B. Recht und Staat als wirklich bestehende Objekte (Dinge), obwohl ihre Realität nur eine magisch-rituale Sprache des Systems ist (JEAN BAUDRILLARD, Simulations, New York 1983).

8 Die Änderung der Grundlagen der Geschichtswissenschaft bildet ihre gegenwärtige Eigenart, die für die Rechtswissenschaft auch bezeichnend ist. Koposov bemerkt, die Geschichtswissenschaft könne unmöglich existieren, ohne die Kategorien der Soziologie zu benutzen, siehe NIKOLAJ E. KOPOSOV, Hvatit ubivat' košek! Kritika social'nyh nauk (Копосов Н. Е. Хватит убивать кошек! Критика социальных наук), Moskau 2005. Dabei hängen die Rechtswissenschaft und die Rechtsgeschichte von der Konzeptualisierung der Begriffe »Recht«, »Staat« und deren Ableitungen ab. Auf den Zustand der Rechtswissenschaft und der Rechtsgeschichte hat auch das Problem des Rechtsverständnisses Einfluss, eines der wichtigsten Probleme der Postmoderne. Daraus folgt die unbedingte Forderung, eine neue, den gegenwärtigen Voraussetzungen entsprechende Art des Rechtsverständnisses zu erzeugen. Unserer Meinung nach ist das ein Problem der »Dereifikation« (Denaturalisation) dieses Begriffes. Dafür ist es notwendig, das metamethodologische Problem des Nominalismus und des Realismus oder das des methodologischen Holismus (Essentialismus) und des Individualismus (Konstruktivismus) zu lösen. Die Grundlage der gegenseitigen Bedingtheit (als eine Konkretisierung der dialogischen Methodologie) bedeutet die Wechselbeziehung von Recht (das als ein historisches Phänomen gilt) und den nichtrechtlichen Erscheinungen (Kultur, Psyche, Politik, Ökonomik u. a.). Das ist keine Idee von Totalität der Geschichte, die für die Schule der »Annales« bezeichnend war, sondern eine Idee der Wechselbeziehung und der gegenseitigen Bedingtheit oder eine Idee der Komplementarität der Rechtsgeschichte und der Geschichte der Ideen vom Recht, die in einem Kontext der Kulturgeschichte stehen.

vismus dar, der – so die Anhänger dieser Richtung – auf dem Fehlen von objektiven Wissenschaftlichkeitskriterien und auf der Unmöglichkeit der Existenz nur einer Sicht und nur einer Konzeption beruht. Seit der Mitte der 1970er Jahre kamen diese Ideen auch in der Geschichtswissenschaft an. Die Ankunft der Postmoderne in der Geschichtswissenschaft ist an das Erscheinen des Werkes »*Metahistory*« von *Hayden White*, 1973, gebunden.[9] Durch dieses Werk wurde die sogenannte »linguistische Umwälzung«[10] in der Historiographie angebahnt.

Es ist gewiss möglich, diese Ideen unterschiedlich zu bewerten. Doch ist die Geschichte auf jeden Fall eine Narrativität, das heißt eine Erzählung. Die Analyse irgendeines historischen Dokuments zeigt, dass sein beschreibender Teil einen Bestandteil seiner Struktur bildet oder dass seine Struktur zur Deskription werden kann.[11] Daraus folgt, wie Dominick LaCapra gezeigt hat, dass die Geschichte eine rein dokumentarische oder rein beschreibende sein kann.[12]

Dieser in Erstaunen versetzende Satz (vergl. mit der Aufgabe der Geschichtswissenschaft, die laut *Leopold von Ranke* darin besteht, die Vergangenheit so zu beschreiben, wie sie wirklich gewesen ist) entspringt aus dem Standpunkt der

9 Hayden White, Metahistory: The Historical Imagination in Nineteenth-Century Europe, Baltimore 1973 (russische Ausgabe: Hajden Uajt, Istoričeskoe voobraženie v Evrope XIX veka (Уайт X. Метаистория: Историческое воображение в Европе XIX века), Jekaterinburg 2001); siehe auch: Galina I. Zvereva, Real'nost' i istoričeskij narrativ: problemy samorefleksii novoj intellektual'noj istorii, in: Odissej (Зверева Г.И. Реальность и исторический нарратив: проблемы саморефлексии новой интеллектуальной истории // Одиссей), 1996, S. 11–24; Lorina P. Repina, Vyzov postmodernizma i perspektivy novoj kul'turnoj i intellektual'noj istorii, in: Odissej (Репина Л.П. Вызов постмодернизма и перспективы новой культурной и интеллектуальной истории // Одиссей), 1996, S. 25–38.

10 Siehe zur »linguistischen Umwälzung« Geoff Eley, Is all the World a Text? From Social History of Society Two Decades Later // Terrence J. McDonald (ed.), The Historic Turn in the Human Sciences. Michigan 1993, S. 193–244; Franklin Ankersmit, Historiography and Postmodernism, Wesley 1989; Dominick LaCapra, Rethinking intellectual history and rereading texts, in: History and Theory, 1980, Vol. 19; Franklin Ankersmit, Istoriâ i tropologiâ: vzlet i padenie metafory (Анкерсмит Ф. История и тропология: взлет и падение метафоры), Moskau 2003, S. 179 ff.; Nikolaj E. Koposov, Kak dumaût istoriki (Копосов Н.Е. Как думают историки), Moskau 2001, S. 284–295.

11 Nach Paul Ricoeur ist die vergangene Wirklichkeit ein in einer Fremdsprache geschriebener Text, der dieselben lexikalen, grammatischen, syntaktischen und semantischen Parameter hat wie jeder andere Text. Siehe Paul Ricoeur, The Model of the Text: Meaningful Action Considered as a Text, in: Paul Rabinow, William M. Sullivan (ed.), Interpretative Social Science. A Reader, London 1979, S. 73.

12 LaCapra, Rethinking (Anm. 10), S. 41.

historischen Hermeneutik, dass das Bild der Vergangenheit nicht in den historischen Quellen unmittelbar befestigt wird. Diese sind immer unvollständig und fragmentarisch, ihr Inhalt hängt ab von der Wahrnehmung des Historikers, die durch den intellektuellen Konsens der Epoche (durch die Episteme oder das Weltbild) bestimmt wird, und von den persönlichen idiosynkratischen Faktoren.[13] Diese Idee hat zur Folge, dass die Geschichtswissenschaft zweimal die Wirklichkeit der Vergangenheit verdreht: Der Zeitgenosse irgendeines Ereignisses gibt eine selektive Beschreibung der Geschichte und der Historiker, der die Vergangenheit aus der gegenwärtigen kulturellen Perspektive erfasst, verzerrt die Tatsachen noch einmal. Dieser Schluss hat eine unmittelbare Beziehung zu den geschichtlichen Auslegungen von politisch-rechtlichen Texten. Es ist offensichtlich, dass Platon, Aristoteles oder andere Vertreter der Antike ihre politisch-rechtliche Wirklichkeit willkürlich beschreiben und in ihre Beschreibungen ihre Projekte der Umgestaltungen eingeschlossen haben. Hieraus folgt der »Konflikt der Interpretationen«, die die verschiedenen Bewertungen, Stellungnahmen und Perspektiven zu den Lehren der politischen und Rechtsdenker umfassen, die nie als universelle, allein richtige gelten können.

13 Robin George Collingwood bemerkt dazu, der geschichtliche Befund entspringe nicht aus den Quellen, sondern aus dem historischen Gedanken bzw. aus den Fragen, die an die Quellen gestellt werden, siehe Robin Kollingvud, Ideâ istorii. Avtobiografiâ (Коллингвуд Р. Дж. Идея истории. Автобиография), Moskau 1980, S. 232. Benedetto Croce meinte, die geschichtlichen Befunde, die von außen »als Dinge«, laut David Émile Durkheim, empfunden würden, hätten keinen Sinn, er komme ihnen nur von der Vernunft her zu: Benedetto Kroče, Teoriâ i istoriâ istoriografii (Кроче Б. Теория и история историографии), Moskau 1998, S. 82–84. Hans-Georg Gadamer ist der Meinung, das echte geschichtliche Objekt sei kein Objekt; das sei eine Einheit von Subjekt und Objekt, in der die Wirklichkeit der Geschichte und die Wirklichkeit des geschichtlichen Verständnisses koexistieren: Hans-Georg Gadamer, Istina i metod: Osnovy filosofskoj germenevtiki (Гадамер Г.-Г. Истина и метод: Основы философской герменевтики), Moskau 1988, S. 247–267. Die Verschiedenheit (Inkongruenz) der Sprache der geschichtlichen Beschreibung einerseits und der »tatsächlichen Geschichte« wird von Reinhart Koselleck betont: Die Sprache, schreibt er, habe keine Möglichkeit, um zu begreifen, was geschehe oder tatsächlich stattgefunden habe. Die sozialen Beziehungen und auch ihre umgestaltenden Voraussetzungen entsprächen nicht den sprachlichen Artikulationen, durch die die Gesellschaft gelte, sich bezeichne, interpretiere, wechsele und wiederum gelte. Deshalb hätten die Sozialgeschichte und die Geschichte der Sprache keine Möglichkeit, einander voll widerzuspiegeln; es gebe einen unüberwindlichen Unterschied zwischen der Sozialgeschichte und der Geschichte des Verständnisses derselben. Reinhart Koselleck, Sozialgeschichte und Begriffsgeschichte, in: Wolfgang Schieder, Volker Sellin (Hg.), Sozialgeschichte in Deutschland. Entwicklungen und Perspektiven im internationalen Zusammenhang, Bd. 1, Göttingen 1986, S. 93.

Daraus entspringt der zweite Schluss, der für die Historiografie der Postmoderne gilt – die Unmöglichkeit voller Übersetzung der Vergangenheit in die Sprache der Gegenwart.

Diese Argumente führen in der Geschichtswissenschaft der Postmoderne zu radikalen Folgerungen: Die geschichtliche Wirklichkeit als solche fehlt, es gibt nur die ihr gewidmeten Verständnisse. Diese Verständnisse werden ihrerseits zum normativen Programm für den Aufbau nicht nur der Vergangenheit, d. h. deren Verständnis, sondern auch der Gegenwart.[14] So betont *LaCapra*, jeder bedeutende Text spiegele nicht eine empirische Realität nur einfach ab, sondern lenke sie auch. Die Einwirkung des Textes geschehe durch seine Lektüre und Benutzung. Deshalb sei jeder Text durch die auf uns einwirkenden Interpretationen belastet. So ergänze er die bestehende Wirklichkeit und diene als eine Grundlage für Normen, Bewertungen und Werte.[15] Infolgedessen ist zu konstatieren, dass das Programm von *Leopold von Ranke* (die Realität so zu beschreiben, wie sie wirklich gewesen ist) als eine modernistische (positivistische) Konstruktion gilt, die ein bestimmtes Wertesystem rechtfertigt.

Dabei formt die heute herrschende Ideologie ein vorrangiges Verständnis der Vergangenheit, das durch das System der Staatsinstitute als offizielle Geschichte gilt. Das Bild der Vergangenheit ist damit ein von einer bestimmten sozialen Gruppe geformtes Verständnis, das für diese Gruppe ihre soziale und vor allem politische Identität stützt.[16] Hier wirkt nicht nur eine Manipulierung der gesellschaftlichen Meinung seitens herrschender Volksgruppen (der Gruppen, die laut *Pierre Bourdieu* ein Monopol für die Benennung der Sachen und der Ereignisse haben), sondern auch ein für jedes soziale Gebilde kennzeichnende

14 Die Realität ist in der Postmoderne »nicht mehr und nicht minder als eine Tat des Schaffens, die der Autor vollzieht. In diesem Fall ist das erkennende Subjekt mit dem Objekt, dem kulturellen Kontext, zusammengelegt, der Autor ist dort eingeschlossen, und löst sich sogar auf … Die Wirklichkeit, die vom Autor als eine Kulturrealität geschaffen und wiedergegeben wird, ist von dem Verständnis- und Interpretationsprozess unabtrennbar. Sie wird in dem Text für die abgestimmte (in dem Rahmen der Regelungen von der Kultur, dem Paradigma und der Episteme) intersubjektive Wahrheitstreue festgestellt«, schreibt Galina Zvereva mit Berufung auf Jacques Derrida und Frank Rudolf Ankersmit. – Zvereva, Real'nost' (Anm. 9), S. 13.

15 LaCapra, Rethinking (Anm. 10), S. 48.

16 Einer der maßgeblichen Ägyptologen wie Jan Assmann ist der Meinung, dass die Identität ein Produkt der Sozialkonstruktion ist. Dabei bilde den Grund der Einheit einer sozialen Gruppe vor allem ein Verständnis der geschichtlichen Einheit. – Ân Assman, Kulturnaâ pamât': Pis'mo, pamât' o prošlom i političeskaâ identičnost' v vysokih kul'turah drevnosti (Ассман Я. Культурная память: Письмо, память о прошлом и политическая идентичность в высоких культурах древности), Moskau 2004, S. 141–142.

Bestreben sich durch Einigungsbefestigung selbst zu erhalten. Daraus folgt ein »natürliches« Bestreben, nur jene historischen Ereignisse einzubeziehen, die diese soziale Integration fördern und die anderen zu vergessen, oder jene historischen Ereignisse, die nicht zu »vergessen« sind, so zu interpretieren, dass auch sie zur Legitimation der Gegenwart dienen. Dabei sind die normativen Kriterien, die jene Ereignisse, die im Gedächtnis gehalten werden, von denen, die zu vergessen sind, unterscheiden, nicht daran gebunden, was in Wirklichkeit passiert ist, sondern daran, in welcher Weise es möglich ist, das Gedächtnis dieser Ereignisse heute zu benutzen.[17]

Auch wenn man viele kritische Ideen der Postmoderne bejaht, ist es doch notwendig zu bemerken, dass sie kein positives Forschungsprogramm für die Rechtswissenschaft, Geschichtswissenschaft oder Rechtsgeschichte enthalten. Dies hat den Anstoß gegeben, neue methodologische Konzeptionen für die Beschreibung der Vergangenheit zu erzeugen, die heute eine Methodologie der »postklassischen Geschichtswissenschaft« bilden, die die Methodologie der Rechtsgeschichte und teilweise der Rechtswissenschaft vorausbestimmen. Diese methodologischen Konzeptionen wurden ihrerseits durch die linguistische, pragmatische und anthropologische »Wende«, die den Zustand der Geisteswissenschaften in der zweiten Hälfte des 20. Jahrhunderts bestimmt haben, vorbereitet. Daraus folgt, dass den Gehalt der gegenwärtigen nachklassischen Geschichtswissenschaft und der Rechtsgeschichte ein kulturologischer Bestand bildet, in dessen Mittelpunkt nicht wichtige Ereignisse und Gesetzgebungen stehen, sondern der Mensch, der in dieser Kultur sozialisiert ist, der die Rechtsinstitute konstruiert und diese in seiner praktischen Tätigkeit und in seinem Rechtsverständnis benutzt. Die Erforschung der Menschen, die die Rechtswirklichkeit schaffen und wiedergeben, und ihrer Geisteshaltung sind mit Hilfe solcher Forschungsprogramme möglich, als Geschichte der Geisteshaltungen, Mikrogeschichte, geschichtliche Diskurs-Analyse, Fallstudien, linguistische

17 Haral'd Vel'cer, Istoriâ, pamât' i sovremennost' prošlogo. Pamât' kak arena političeskoj bor'by, in: Neprikosnovennyj zapas. Debaty o politike i kul'ture (Вельцер Х. История, память и современность прошлого: Память как арена политической борьбы // Неприкосновенный запас: Дебаты о политике и культуре) 2–3 (2005), S. 34. Zum historischen Gedächtnis siehe Irina M. Savel'eva, Andrej V. Poletaev, Social'nye predstavleniâ o prošlom, ili Znaût li amerikancy istoriû (Савельева И. М., Полетаев А. В. Социальные представления о прошлом, или Знают ли американцы историю), Moskau 2008, 454 S.; Patrik H. Hatton, Istoriâ kak iskusstvo pamâti (Хаттон П. Х. История как искусство памяти), Moskau 2003, 422 S.; Allan Megill, Istoričeskaâ metodologiâ (Мегилл А. Историческая эпистемология), Moskau 2007, S. 91–170; Pol' Rikër, Pamât', istoriâ, zabvenie (Рикер П. Память, история, забвение), Moskau 2004, 725 S.

Geschichte, Begriffsgeschichte, hermeneutische Geschichte, historische Anthropologie und dialogische Methode. Diese sich überschneidenden Forschungsprogramme werden aktiv ausgearbeitet und für die Erörterungen der Vergangenheit nicht nur in europäischen Ländern, sondern auch in Russland benutzt. In der russischen Rechtsgeschichte sind sie aber sehr schwach vertreten.[18] Doch sind wir der Meinung, dass gerade diese Forschungsprogramme die Richtung der Rechtswissenschaft und der Rechtsgeschichte des 21. Jahrhunderts bestimmen werden.

Am erfolgsträchtigsten scheint das dialogische Forschungsprogramm (oder – mit dem russischen Philosophen *Vladimir Bibler – die Dialogik*) zu sein. Dialog bedeutet hier die Untersuchung der Wechselbeziehung des korrespektiven Überganges der Gegenseiten der erörterten Ereignisse und auch die Notwendigkeit der Untersuchung ebensolcher Beziehungen zwischen dem erörterten und ähnlichen Ereignissen (z. B. zwischen Recht und Politik) im Zusammenhang mit dem Metasystem der Gesellschaft.[19] In der Geschichtswissenschaft wird die dialogische Methode für die Analyse des »Menschen der Vergangenheit« von *Leonid Batkin* konsequent formuliert und benutzt.[20]

18 Nur einige russische Rechtshistoriker orientieren sich an der nachklassischen Methodologie. Es sind folgende Werke zu nennen: Viktor V. Momotov, Formirovanie russkogo srednevekovogo prava v IX–XIV vekax (Момотов В. В. Формирование русского средневекового права в IX–XIV вв.), Moskau 2003, 415 S.; Vladimir A. Rogov, Vladimir V. Rogov, Drevnerusskaâ pravovaâ terminologiâ v otnošenii k teorii prava (očerki IX – serediny XVII vekov), (Рогов В. А., Рогов В. В. Древнерусская правовая терминология в отношении к теории права (очерки IX – сер. XVII вв.), Moskau 2008, 268 S.; Aleksandr L. Rogačevskij, Meč Rolanda. Pravovye vzglâdy nemeckih gorožan XIII–XVII vekov (Рогачевский А. Л. Меч Роланда. Правовые взгляды немецких горожан XIII–XVII вв.), St. Petersburg 1996, 153 S.; ders., Kul'mskaâ gramota – pamâtnik prava Prussii XIII veka (Кульмская грамота — памятник права Пруссии XIII в.), St. Petersburg 2002, 366 S.; ders., Očerki po istorii prava Prussii XIII–XVII vekov. Po materialam rukopisnyh sobranij Berlina i Sankt-Peterburga (Очерки по истории права Пруссии XIII–XVII вв.: По материалам рукописных собраний Берлина и Санкт-Петербурга), St. Petersburg 2004, 495 S. u. a.

19 Diese Methode, die auf den heuristisch wertvollen Ideen von Michail Bachtin, Martin Buber, Eugen Rosenstock-Huessy u. a. aufgebaut ist, wird noch gebildet. Zu ihrer Benutzung in der Rechtswissenschaft siehe Il'â L. Čestnov, Pravo kak dialog: k formirovaniû novoj ontologii pravovoj real'nosti (Честнов И. Л. Право как диалог: к формированию новой онтологии правовой реальности), St. Petersburg 2000, 103 S.

20 Leonid M. Batkin, Evropejskij čelovek naedine s soboj. Očerki o kul'turno-istoričeskih osnovaniâh i predelah ličnogo samosoznaniâ (Баткин Л. М. Европейский человек наедине с собой. Очерки о культурно-исторических основаниях и пределах личного самосознания), Moskau 2000, 1004 S.

Sein Paradigma fordert, die Welt des Bewusstseins einer konkreten Kultur im Rahmen der Geschichtsepoche dreiseitig zu erörtern. »Die Ko-Aufstellung und das Ko-Eindringen der subjektiven Definitionen, gleichzeitig sowohl in ›geringer‹ als auch in ›großer‹ Zeit, bilden eine notwendige paradoxe Forschungsfülle. Das ist eine ununterbrochene Bewegung von sich selbst zu einem anderen und umgekehrt. Das bedeutet keine abweichenden Entscheidungen dieser Aufgaben, sondern ihre Synthese … Der Historiker, der einen fremden Sinn scharf aufnimmt und festsetzt, bleibt dabei ein Mensch seiner Kultur. Er kann die eigenen Begriffe und Bewertungen nicht vergessen. In der Begegnung mit einer fremden Kultur versteht er vielmehr genauer ihre Geschichtlichkeit. Und umgekehrt: Er kann die Eigenheit des Andern nur darum verstehen, weil für diesen Anderen er selbst als ein Anderer gilt.«[21] In einem anderen Werk betont *Batkin*: »Es ist zwischen dem vergangenen Sinn für sich und meinem gegenwärtigen Sinn exakt zu unterscheiden, was nur im Rahmen einer konsequenten, engsten Dialogisierung, der ewigen sinnlichen Gegenüberstellung und Berührung, möglich ist. Die höchste Aufgabe ist es, beide Sinne zusammenzuführen, einen durch den anderen, ohne dass sie sich vermischen.«[22]

Dieser Dialog ist immer eine Gegenüberstellung der individuellen Intention und ihrer Individualität mit der Individualität des Anderen. Daraus folgt die Anerkennung des Standpunktes des Anderen und der Partikularität der eigenen Position. Der Andere ist dabei zweiseitig zu verstehen – als ein Träger unpersönlicher Eigenschaften und als ein Träger der abstrakten Idee der »unpersönlichen Eigenschaften«.[23] Dabei überschneiden sich meistens die einmalige Individualität und die abstrakte Idee, wenn die Idee personifiziert wird. Das Wesen individueller Sozialisierung ist noch mehr eine Gegenüberstellung der Eigenart und der abstrakten Ideen, die in der Gesellschaft herrschen. Es ist nur analytisch möglich, den einen Aspekt vom anderen zu trennen.

Der Dialog ist damit ein Programm der doppelten Kritik (Reflexion). Erstens schafft er eine Kritik des geschichtlichen Textes. Es sind die Absicht des Autors und die Bewertung des Textes seitens der Zeitgenossen aufzuklären, d. h. der

21 Batkin, Evropejskij čelovek (Anm. 20), S. 25–26.

22 Leonid M. Batkin, Pristrastiâ. Izbrannye èsse i stat'i o kul'ture (Баткин Л. М. Пристрастия. Избранные эссе и статьи о культуре), Moskau 1994, S. 53.

23 Die Explikation der kollektiven Ideen ist ein wichtiges Problem: Existieren sie selbstständig, ohne Träger, oder nicht? Offenbar kann ohne Träger keine Idee bestehen. Die kollektive Idee (Norm, Bild, Wert) existiert in der sozialen Welt nur dann, wenn sie durch die Handlungen und Mentalbilder der konkreten Menschen wiedergegeben wird. Das bedeutet, dass das Gedächtnis ohne Individuen nicht besteht und dass das kollektive Gedächtnis die gemeinsame Erinnerung der sozialen Gruppe bildet. – Megill, Istoričeskaâ metodologiâ (Anm. 17), S. 113.

Dialog zwischen dem Autor und dem Epochenkontext zu zeigen. Zum Beispiel ist zu zeigen, warum von den Zeitgenossen von *Montesquieu* nur einige Seiten aus dem großen Werk »Vom Geist der Gesetze«, die der Frage der englischen Gewaltenteilung gewidmet waren und die für den Autor selbst von geringer Bedeutung waren, »*gelesen*« wurden. Zweitens bedarf es einer Selbstkritik (oder Metareflexion), d. h. einer Kritik des Autors selbst, des Historikers der Gegenwart, und seiner persönlichen und biografischen Eigentümlichkeiten, ideologischen und wissenschaftlichen Vorlieben und der heute in dieser Kultur herrschenden Begriffe, die für die Beschreibung der Vergangenheit benutzt werden. Das bedeutet, den Dialog des Autors und des sozial-kulturellen Kontextes der Gegenwart zu erörtern. Drittens müssen die Eigenarten des ersten und des zweiten Dialoges, d. h. der Besonderheiten der Texte, die in der historischen Retrospektive erforscht werden, und der Gegenwart, geklärt werden.

Daraus folgt, dass die Geschichte als eine in der Gegenwart aktualisierte Kenntnis der Vergangenheit einen Dialog bilden muss. Dieser Dialog ist laut *Aron Gurevič* eine Befragung der Vergangenheit im Namen der Gegenwart.[24] Er ist intentional in die Zukunft gerichtet. Die Vergangenheit wird permanent von dem Standpunkt der variablen Gegenwart aus uminterpretiert. *Boris Uspenskij* schreibt, dass die geschichtliche Erfahrung, die ein Erfassen der Vergangenheit ist, den künftigen Weg der Geschichte natürlicherweise beeinflusst, da aufgrund dieses Erfassens das Sozium seine Zukunft konstruiert und sein Verhalten plant.[25]

Dieses Forschungsprogramm ist natürlich zu abstrakt und an und für sich wenig inhaltsreich. Doch kann es durch konkretes empirisches Material ausgefüllt werden. Dafür sind spezielle Forschungen notwendig, doch kann dieses Programm die adäquateste Antwort auf die Einladung der Postmoderne anbieten.

Da wir uns nicht die Aufgabe stellen, eine umfassende Analyse des historischen und soziokulturellen Kontextes Deutschlands im 19. Jahrhundert und des

24 Aron Â. Gurevič, »Territoriâ istorika«, in: Odissej (Гуревич А. Я. »Территория историка« // Одиссей) 1996, S. 83.

25 Boris A. Uspenskij, Istoriâ i semiotika, in: Boris A. Uspenskij, Izbrannye trudy. Bd. 1. Semiotika istorii. Semiotika kul'tury. 2. Aufl. (Успенский Б. А. История и семиотика // Успенский Б. А. Избранные труды. Т. 1. Семиотика истории. Семиотика культуры.2-е изд.), Moskau 1996, S. 19. Diese Idee ist auch für Hans Kellner betreffs der Erforschung der »verletzenden Vergangenheit« – der Geschichte des Holocausts – bezeichnend: Die Funktion der Betrachtung der Vergangenheit ist die Bildung und Stützung der gegenwärtigen Welt. – Hans Kellner, »Never Again« is Now, in: History and Theory 33 (1994), S. 127–144. Zu den Funktionen der Geschichtskenntnisse siehe Savel'eva, Poletaev, Social'nye predstavleniâ o prošlom (Anm. 17), S. 19–33.

Dialogs der Werke Savignys mit seinen Zeitgenossen vorzunehmen,[26] konzentrieren wir unsere Aufmerksamkeit auf das Problem der Aktualisierung von Savignys Ideen im Kontext der russischen Gegenwart – also auf den zweiten Teil des Forschungsprogramms. Dafür zeigen wir seine Bedeutung für die Rechtswissenschaft des gegenwärtigen Russlands, und zwar für die Rechtsphilosophie und die Rechtssoziologie, ihre historischen Bestandteile eingeschlossen, und auch für die Rechtsdogmatik, vor allem die Zivilrechtsdogmatik.

2. Die Widerspiegelung von Savigny Erbe in der russischen juristischen Literatur: quellenkundliche Aspekte

Bevor wir eine Untersuchung dieses Erbes in der gegenwärtigen russischen Rechtswissenschaft und Rechtsphilosophie beginnen, ist es notwendig, die Quellen zu zeigen, aus denen russische Juristen ihre unmittelbare Vorstellung vom Wesen der allgemeinen Theorien Savignys und der Historischen Rechtsschule *en bloc* bezogen. Wir müssen auch konstatieren, dass die meisten der wissenschaftlichen Arbeiten, deren Gegenstand die theoretischen Aspekte der savignyschen Lehren umfasst, im 19. Jahrhundert erschienen, während das 20. und das 21. Jahrhundert nur Neuauflagen zustande brachten.

Die inhaltsreichste Analyse befindet sich in der Magisterdissertation von *Pavel Novgorodzev* »Die historische Schule der Juristen, ihre Herkunft und ihr Schicksal. Ein Versuch der Charakterisierung der Grundlagen der savignyschen Schule in ihrer konsequenten Entwicklung« aus dem Jahre 1896,[27] die im Jahre 1999 neugedruckt worden ist.[28] In diesem Werk werden die philosophischen Voraussetzungen der Entstehung der historischen Rechtsschule und das Geschick ihrer Vorgänger (vor allem der Göttinger Schule) erörtert. Auch die Zusammenhänge der Konzeptionen der historischen Rechtsschule, der philosophischen Studien und der Ideen der deutschen Romantik werden erforscht. Dieser Einleitung

26 Obwohl heute alle wesentlichen Stufen der Biografie des Denkers, seine philosophischen Grundlagen, die mit den Ideen von Friedrich Wilhelm Joseph von Schelling und Georg Wilhelm Friedrich Hegel eng verbunden sind, und seine eigene Grundideen gut bekannt sind, braucht das alles eine besondere Untersuchung. Dabei ist darauf zu achten, dass die Beurteilung der wichtigen Fakten vom Standpunkt des intellektuellen Kontextes der Gegenwartsepoche und der wissenschaftlichen Vorverständnisse des Forschers vollzogen wird.

27 Pavel I. Novgorodcev, Istoričeskaâ škola ûristov, ee proishoždenie i sud'ba. Opyt harakteristiki osnov školy Savin'i v ih posledovatel'nom razvitii (Новгородцев П.И. Историческая школа юристов, ее происхождение и судьба. Опыт характеристики основ школы Савиньи в их последовательном развитии), Moskau 1896, [6], 226, [1] S.

28 Pavel I. Novgorodcev, Istoričeskaâ škola ûristov (Новгородцев П.И. Историческая школа юристов), St. Petersburg 1999, 192 S.

folgt die Beschreibung der Ideen der Gründer der historischen Rechtsschule, hier F.C. von Savignys und G.F. Puchtas. Danach geht der Autor zu den »neueren Theorien« über, d.h. zu Jherings Lehren und der Konzeption des Positivismus.

Weniger umfangreich war die Untersuchung der theoretischen Ideen Savignys von *Sergei Muromzev.* Sein Werk »Die Bildung des Rechts nach den Lehren der deutschen Jurisprudenz«[29] verbindet die Entstehung der neuen rechtsphilosophischen Richtung mit dem Einfluss der Geschichtsphilosophie auf die Lehre der Rechtswissenschaft, konkret mit dem Verfahren der Rechtsbildung nach den allgemeinphilosophischen Konzeptionen zur historischen Entwicklung der Menschheit. Hier werden auch die Anregungen und die Voraussetzungen, die die deutsche Jurisprudenz des 19. Jahrhunderts zur Erarbeitung der Theorien des Rechtsursprungs veranlasst haben, besprochen. Das Werk analysiert die theoretischen Ideen von wesentlichen Vertretern der historischen Rechtsschule und ihrer Kritiker, von Jhering bis zu den Vertretern der Naturrechtstheorie. Außerdem ist der zweite Abschnitt des ebenfalls von *Muromzev* geschriebenen »Grundriss der allgemeinen Theorie des bürgerlichen Rechts«[30] mit dem Titel »Zur Lehre von der Bildung des bürgerlichen Rechts« den deutschen Lehren zum Rechtsursprung gewidmet. Die Besprechung der Rechtslehre der Historischen Schule ist hier demselben Schema untergeordnet.

Diese Werke sind von großem Interesse nicht nur für russische, sondern auch für ausländische Leser. Denn sie bieten ein volles Spektrum der Leitsätze, die der Stellung jedes dieser Wissenschaftler eigen sind. Außerdem – und das ist noch viel wichtiger – werden die Konzeptionen der deutschen Rechtsdenker in den soziokulturellen und philosophischen Kontext ihrer Epoche eingeschrieben. Und zudem, da diese Arbeiten keine verkürzten Übersetzungen oder Darlegungen, sondern wissenschaftliche Forschungen von hervorragenden Vertretern der russischen vorrevolutionären Rechtswissenschaft sind, werden dieselben Ideen und Sätze in den soziokulturellen Kontext des Russischen Reiches des letzten Drittels des 19. Jahrhunderts eingebettet, aus dem sie ihre Bewertung beziehen.

Es ist auch wichtig zu betonen, dass es trotz der Bekanntheit der Angaben über diese wissenschaftlichen Werke häufig schwierig ist, diese Bücher wirklich zur Kenntnis zu nehmen. So gibt es z.B. in der ganzen Reihe der moskauischen und petersburgischen Bibliotheken nur in der *Bibliothek der Russischen Akademie der Wissenschaften zu St. Petersburg* ein einziges Exemplar der »Bildung des

29 Sergej A. Muromcev, Obrazovanie prava po učeniâm nemeckoj ûrisprudencii (Муромцев С.А. Образование права по учениям немецкой юриспруденции), 2. Aufl., Moskau 1886, 99 S.

30 Sergej A. Muromcev, Očerki obŝej teorii graždanskogo prava (Муромцев С.А. Очерки общей теории гражданского права), Teil 1, Moskau 1877, [4], 317 S. Zur Historischen Rechtsschule siehe S. 205–229.

Rechts« von Muromzev. Diese Bibliothek ist zudem eine Sonderanstalt mit beschränktem Zutritt, in der in der Regel nur die Mitarbeiter des Systems der Russischen Akademie der Wissenschaften arbeiten dürfen. Die Auflage des Neudruckes der »Historischen Schule der Juristen« von Pavel Novgorodzev aus dem Jahre 1999 war leider zu knapp, um dem Mangel abzuhelfen.[31] Infolgedessen haben die meisten russischen Juristen nur die Möglichkeit, dieses Buch in den Lesesälen der Bibliotheken durchzulesen. Freilich werden auch viele vorrevolutionäre Ausgaben in jüngerer Zeit in dem Abschnitt »Die Klassik des russischen rechtlichen Erbes« (»Классика российского правового наследия«) des Rechtsinformationssystems »Garant« (Информационнопоисковая система »Гарант«) publiziert. Doch dürfen nur jene diesen Abschnitt benutzen, die die erweiterte kommerzielle Version dieses Systems gebrauchen, wofür der Zugang etwa 1500 Euro monatlich für jeden Rechner kostet. Das bedeutet, dass diese elektronische Datenbank nur für Juristen-Praktiker, die in großen Wirtschaftsgesellschaften arbeiten, verfügbar ist. Diese benutzen aber diesen Datenbankabschnitt fast nicht. Es ist unnötig zu erklären, dass im Ergebnis fast keine Wissenschaftler und Studenten diesen Abschnitt gebrauchen dürfen.

Daraus folgen nun einige Eigenarten des Savigny-Bildes, das in der gegenwärtigen russischen wissenschaftlichen Literatur und in den Lehrbüchern entstanden ist. Das ist das von einem mittelmäßigen russischen Studenten einst geschaffene Bild von Savigny, das sozusagen unter der Bedingung des »gnoseologischen Hungers« entstand. Wenn dieses Bild aufgrund von bloßen Skizzen und punktuellen Linien gemalt wird, kann es zu geradlinig, verschnörkelt und gar grotesk sein. Diese Frage wird im Folgenden mehrfach behandelt.

Eines der Gemeingüter der vorrevolutionären Wissenschaft ist ein Konversationslexikon, das in den Jahren 1890–1907 von *Ivan Andreevskij* (И.Е. Андреевский), *Konstantin Arsenjev* (К.К. Арсеньев) und *Feodor Petruschevskij* (Ф.Ф. Петрушевский) herausgegeben wurde. Dieses Lexikon ist als *»Das Universallexikon von Brokgaus und Efron«* («Энциклопедический словарь Ф.А. Брокгауза и И.А. Ефрона«) bekannt geworden.[32] Jeder seiner Artikel ist mehr

31 Expertenaussagen zufolge wurde die angegebene Auflage in 5000 Exemplaren mindestens um das Siebenfache überzeichnet.

32 Ènciklopedičeskij slovar': in 82 Bänden und 4 Halbbänden. Hrsg. v. Ivan E. Andreevskij, Konstantin K. Arsen'ev und Fëdor F. Petruševskij, St. Petersburg 1890–1907. Neudr.: Ènciklopedičeskij slovar': in 86 Bänden. Hrsg. v. Ivan E. Andreevskij, Konstantin K. Arsen'ev und Fëdor F. Petruševskij (Энциклопедический словарь: в 86 т. // Под ред. И.Е. Андреевского, К.К. Арсеньева и Ф.Ф. Петрушевского – Репринт. воспроизведение изд.: Энциклопедический словарь Ф.А. Брокгуаза и И.А. Ефрона в 82 полутомах и 4 доп. томах, СПб.: 1890–1907 г.), Moskau 1990.

als ein einfacher Wörterbuchartikel, nämlich ein wissenschaftlicher Essay zum jeweiligen Thema. Dieses Lexikon wurde von den bedeutendsten Gelehrten der entsprechenden Wissenschaftszweige verfasst. Der Artikel über Savigny ist nicht nur biographisch, sondern macht die Leser auch mit Savignys Wirkung näher bekannt. Ebenso wie der umfassende Essay über die Historische Rechtsschule wurde er von dem außerordentlichen Professor der Universität zu Jurjev (Dorpat) *Vasilij Nechaev* vorbereitet, der einer der bekanntesten Vertreter der Rechtswissenschaft des Russischen Reichs war.

Ein umfassender Artikel über Savigny, der die Elemente einer wissenschaftlichen Untersuchung seiner Werke umfasste, wurde in einem Buch mit der russischen Übersetzung des savignyschen Werkes »Das Obligationenrecht als Theil des heutigen römischen Rechts« veröffentlicht.[33] Bemerkenswert sind auch die Artikel von *Osip Kenig*[34] und *Nikolai Kareev*,[35] zwei kleine Abhandlungen des 19. Jahrhunderts, die dem Problem der Rechtsbildung nach der Lehre der Historischen Rechtsschule gewidmet sind.

Selbstverständlich entspricht diesem Zeitraum auch eine aufschlussreiche Besprechung der savignyschen Ideen zum Zivilrecht. Das ist damit zu erklären, dass die russische Wissenschaft des bürgerlichen Rechts eine dogmatische Neigung zum deutschen Pandektenrecht und zur deutschen Zivilrechtslehre gehabt hat. Doch fehlen in der russischen Wissenschaft des Zivilrechts damals wie später Werke, die einer Analyse der zivilrechtlichen Theorien von Savigny gewidmet wären.

Während der sowjetischen Periode wurde die Einwirkung der savignyschen Ideen ausschließlich auf das Gebiet der allgemeinen Rechtstheorie und der Rechtsphilosophie konzentriert, da die Herausbildung der neuen Konzeption des *sozialistischen Zivilrechts* die dogmatische Berücksichtigung sowohl der vorrevolutionären russischen als auch der europäischen sogenannten »bürgerlichen« Rechtsdoktrin überflüssig machte. Die im sozialistischen System der Wirtschaftsführung gebildeten Rechtsinstitute waren häufig dem europäischen Analogon wenig ähnlich. Aus der Reihe der im sowjetischen Zeitraum ver-

33 Siehe: Viktor Â. Fuks, N. Mandro, Ot perevodčikov, in: Fridrih Karl Savin'i, Obâzatel'stvennoe pravo. Perevod s nemeckogo: Viktor Â. Fuks, N. Mandro (Фукс В.Я., Мандро Н. От переводчиков // Савиньи Ф.К. Обязательственное право. Пер. с нем. [и снабдил предисл.] Фукс В.Я., Мандро Н.), Moskau 1876 (XXXVI, 580, II S.), S. IX–XXXI.

34 Iosif (Osip) Kenig, Savin'i i ego otnošenie k sovremennoj ûrisprudencii, in: Russkij vestnik (Кениг И.О. Савиньи и его отношение к современной юриспруденции // Русский вестник) 4 (1863), S. 571–598.

35 Nikolaj I. Kareev, Dva vzglâda na process pravoobrazovaniâ, in: Ûridičeskij vestnik. Izdanie Moskovskogo Ûridičeskogo Obŝestva (Кареев Н.И. Два взгляда на процесс правообразования // Юридический вестник. Издание Московского Юридического Общества) 11 (1889), S. 335–368.

öffentlichten Schriften ist ein Essay von *Alexander Dobrov* »Die Bildung des Rechtes ohne Gesetzgeber« (»Формирование права без законодателя«) bemerkenswert. Diese Arbeit erschien 1926 in Kiew auf Ukrainisch (eine Neuausgabe wurde 2010 auf Russisch publiziert) und schlug eine umfängliche Erforschung der Lehren der Historischen Rechtsschule und der Reaktionen darauf vor.[36] Zu nennen ist noch die »*Große Sowjetische Enzyklopädie*« (Большая Советская Энциклопедия),[37] die – ungeachtet entsprechender ideologischer Belastung – ihre Autorität und ihre Bedeutung in der gegenwärtigen russischen Gesellschaft bewahrt. Diese Enzyklopädie enthält Artikel sowohl über die Historische Rechtsschule[38] als auch über ihre berühmten Vertreter.[39] Bemerkenswert sind der Lakonismus des Artikels über Savigny und seine Konzentration ausschließlich auf allgemeine theoretische und philosophische Aspekte des von Savigny entdeckten Verfahrens der Rechtsbildung.

Letzten Endes kann jeder gegenwärtige russische Jurist im Laufe seiner Berufsausbildung etwas über Savigny und seine Ideen erfahren, da der staatliche Bildungsstandard auf dem Gebiet der Jurisprudenz das Studienfach »Geschichte der Lehren von Recht und Staat« enthält.[40] Diese Lehrdisziplin kann ein Phänomen wie die historische Rechtsschule nicht verschweigen. Doch umfasst diese Disziplin einen zu breiten Gegenstand, d. h. die Ideen über Recht und Staat seit dem Altertum, das alte Indien und China einschließend, bis zur Gegenwart, und verwandelt sich daher öfters in ein Kaleidoskop von Namen

36 Siehe: Aleksandr S. Dobrov, Formirovanie prava bez zakonodatelâ (Očerki po teorii istočnikov prava). Čast' pervaâ. Obyčnoe pravo, in: Vestnik graždanskogo prava (Добров А. С. Формирование права без законодателя (Очерки по теории источников права). Часть первая. Обычное право // Вестник гражданского права) 2 (2010), S. 182–245; 3 (2010), S. 198–273.

37 Bol'šaâ Sovetskaâ Ènciklopediâ. Hrsg. v. Aleksandr M. Prohorov, 3. Aufl. 30 Bde. (Большая Советская Энциклопедия. Гл. ред. А. М. Прохоров. 3-е изд. Т. 1–30), Moskau 1970–1978.

38 Bol'šaâ Sovetskaâ Ènciklopediâ (Anm. 37), Bd. 10, Moskau 1972, S. 558–559, Sp. 1662–1663.

39 Bol'šaâ Sovetskaâ Ènciklopediâ (Anm. 37), Bd. 22, Moskau 1975, S. 482, Sp. 1434.

40 Diese Disziplin wird im Rahmen des Masterstudiums obligatorisch gelehrt, siehe: Federal'nyj gosudarstvennyj obrazovatel'nyj standart vysšego professional'nogo obrazovaniâ po napravleniû podgotovki 030900 Ûrisprudenciâ (Федеральный государственный образовательный стандарт высшего профессионального образования по направлению подготовки 030900 Юриспруденция (квалификация (степень) »магистр«)), der laut dem Befehl des Ministeriums für Bildung und Wissenschaft der Russischen Föderation vom 14. Dezember 2010 Nr. 1763 (BNA FOIV (БНА ФОИВ), 04.04.2011, Nr. 14, neugefasst durch den Befehl von 31. Mai 2011 Nr. 1975, in: BNA FOIV, 18.07.2011, Nr. 29) in Kraft gesetzt worden ist.

und Nennungen. Die Ideen der Historischen Rechtsschule werden in diesem Rahmen nur in einem sehr engen Umfang erklärt, so dass sich die Studenten nur einen Gesamtüberblick über diese Konzeption verschaffen können. Wenn wir die Besonderheiten dieses Lehrfaches in Betracht ziehen, ist es selbstverständlich unmöglich, nähere Ausführungen zu den Ideen der Historischen Rechtsschule und eine Darstellung der im Rahmen dieser Lehre bestehenden Widersprüche in den Lehrbüchern zu fordern.[41]

Abgesehen von den erwähnten Arbeiten mit Analysen der savignyschen Lehren, gibt es auch einige Übersetzungen der Werke Savignys ins Russische. Die Liste der Übersetzungen ist höchst kurz. Zur Zeit ist nur eine seiner Arbeiten vollständig und ohne Kürzungen ins Russische übersetzt. Das ist das zweibändige Werk »Das Obligationenrecht als Teil des heutigen römischen Rechts«.[42] Dessen Übersetzung erschien zuerst 1876[43] und wurde im Jahre 2004 neu gedruckt.[44] Im kaiserlichen Russland wurde auch die »Geschichte des römischen Rechts im Mittelalter«[45] übersetzt, aber mit vielen Kürzungen, im Ganzen mehr eine beschreibende Rezension der echten dreibändigen deutschen Ausgabe.[46] Erst im 21. Jahrhundert wurde die Übersetzung des »Systems des heutigen römischen Rechts«[47] begonnen, im Jahre 2011 ist der erste Band dieser grandiosen Ausgabe erschienen.[48] In diesem Band wurden auch die savigny-

41 Siehe z. B.: Istoriâ političeskih i pravovyh učenij: Učebnik dlâ vuzov. Hrsg. v. Vladik S. Nersesânc (История политических и правовых учений: Учебник для вузов// Под общ. ред. акад. РАН, д. ю. н., проф. В. С. Нерсесянца), 4. Aufl., Moskau 2004 (944 S.), S. 518–522.

42 Friedrich Carl von Savigny, Das Obligationenrecht als Theil des heutigen römischen Rechts, Berlin: Bd. 1, 1851, VII, 520 S.; Bd. 2, 1853. IV, 331 S.

43 Savin'i, Obâzatel'stvennoe pravo (Anm. 33).

44 Fridrih Karl Savin'i, Obâzatel'stvennoe pravo = Law of obligations. Perevod s nemeckogo: Viktor Â. Fuks, N. Mandro (Савиньи Ф. К. Обязательственное право = Law of obligations. Пер. с нем. Фукс В., Мандро Н.), St. Petersburg 2004, 574 S.

45 Friedrich Carl von Savigny, Geschichte des römischen Rechts im Mittelalter, Heidelberg: Mohr: (Bd. 1 im Verl. Mohr u. Zimmer, Heidelberg, Bd. 2, 3 im Verl. Mohr u. Winter, Heidelberg, erschienen). Erschienen: 1 (1815)–6 (1831).

46 Fridrih Karl Savin'i, O rimskom prave v srednie veka. Iz soč. [Geschichte des Römischen Rechts im Mittelalter] Savin'i. Per. E. F. Butoviča-Butovskogo. (Савиньи Ф. К. О римском праве в средние века. Из соч. [Geschichte des Römischen Rechts im Mittelalter] Савиньи. Пер. Е. Ф. Бутовича-Бутовского), St. Petersburg 1838, [2], 71 S.

47 Friedrich Carl von Savigny, System des heutigen römischen Rechts, Bd. 1–8, Bd. 1: Berlin 1840, L, 429 S.

48 Fridrih Karl Savin'i, Sistema sovremennogo rimskogo prava: in 8 Bänden. Bd. 1. Übersetzt v. G. Žigulin, Hrsg. v. O. Kutateladze, V. Zubar' (Савиньи Ф. К. Система современного римского права: В 8 т. Том I // Пер. с нем. Г. Жигулина; Под ред. О. Кутателадзе, В. Зубаря), Moskau 2011, 510 S.

schen Abhandlungen »Vom Beruf unsrer Zeit«[49] und »Über den Zweck« der Zeitschrift für geschichtliche Rechtswissenschaft,[50] seine Rezension des Buches von Nikolaus Thaddäus von Gönner »Ueber Gesetzgebung und Rechtswissenschaft in unserer Zeit«,[51] die Übersetzungen der Werke von Gierke »Naturrecht und deutsches Recht«[52] und »Die historische Rechtsschule und die Germanisten«[53] und die Abhandlungen von Jhering »Die historische Schule der Juristen«[54] und Thibaut »Über die Notwendigkeit eines allgemeinen bürgerlichen Rechts in Deutschland« einbezogen.[55] Es ist zu betonen, dass diese Auflage eine Besonderheit hat. Zwar ist sie eine Übersetzung des »Systems« ins Russische und erscheint im Moskauer Verlag »Statut«, doch wird diese Übersetzung von der ukrainischen Stiftung *Zentrum für Untersuchungen des Rechts namens Savigny* (Центр исследования права им. Савиньи, Odessa, Ukraine) gemacht.

Wie es schon aus der Beschreibung der vorrevolutionären Literatur, die den allgemein theoretischen Ideen Savignys gewidmet war, klar geworden ist, bedeutete das Fehlen russischer Übersetzungen savignyscher Werke keine besonderen Schwierigkeiten dafür, seine Lehre kennenzulernen. Das ist damit zu erklären, dass die deutsche Rechtswissenschaft die russische Jurisprudenz dogmatisch beeinflusst hat und dass das gesamte Niveau der Kultur und der Bildungsstufe der vorrevolutionären Juristen ausreichte, um jedem Absolventen der Universitäten ohne Schwierigkeiten die Fachliteratur und die schöne Literatur in den führenden europäischen Sprachen zugänglich zu machen. Dies ist in gleichem Maße für die rechtsphilosophischen Konstruktionen Savignys wie für seine zivilrechtlichen Ideen richtig. Diese Feststellung trifft leider für die gegenwärtigen Juristen und Rechtswissenschaftler nicht mehr zu.

49 Friedrich Carl von Savigny, Vom Beruf unsrer Zeit für Gesetzgebung und Rechtswissenschaft, Heidelberg 1814, 162 S.

50 Friedrich Carl von Savigny, Ueber den Zweck dieser Zeitschrift, in: Zeitschrift für geschichtliche Rechtswissenschaft 1 (1815), S. 1–17.

51 Friedrich Carl von Savigny, N.Th. v. Gönner, Ueber Gesetzgebung und Rechtswissenschaft in unserer Zeit. Erlangen, bey Palm 1815: Recension, in: Zeitschrift für geschichtliche Rechtswissenschaft 1 (1815), S. 373–423.

52 Siehe: Otto von Gierke, Naturrecht und deutsches Recht, in: Otto von Gierke, Aufsätze und kleinere Monographien, Bd. 1, Hildesheim 2001 (604 S.), S. 371–402.

53 Siehe: Otto von Gierke, Die historische Rechtsschule und die Germanisten: Rede zur Gedächtnisfeier des Stifters der Berliner Universität König Friedrich Wilhelm III in der Aula derselben am 3. August 1903, Berlin 1903, 61 S.

54 Rudolf Jhering, Die historische Schule der Juristen, in: Literarische Zeitung (Berlin), 11 Jg., 14. Februar 1844. Nr. 13, Sp. 197–201.

55 Anton Friedrich Justus Thibaut, Über die Notwendigkeit eines allgemeinen bürgerlichen Rechts in Deutschland, Nachdr. der Ausg.: Heidelberg 1814, Goldbach 1997, 67 S.

3. Die Ideen Savignys in Rechtsphilosophie und Rechtssoziologie des gegenwärtigen Russland

Es sei hier noch einmal betont, dass Savignys Ideen im kaiserlichen Russland von den erwähnten bedeutenden Rechtsgelehrten wie z. B. *Pavel Novgorodzev* und *Sergei Muromzev*, aber auch von *Juri Gambarov*, *Iosif Pokrovskij* und vielen anderen, die die Untersuchungen Savignys für ihre Erörterungen einzelner Probleme – größtenteils des zivilistischen Spektrums – herangezogen haben, ausführlich erörtert worden sind. In der heutigen Rechtswissenschaft Russlands fehlen freilich Forschungen zu rechtstheoretischen oder rechtsphilosophischen Aspekten der Lehren Savignys. Es fehlen auch Dissertationen, die diesem Gelehrten gewidmet wären. In den Lehrbüchern zur Geschichte der Lehren von Recht und Staat finden sich nur kurze Abrisse der Grundideen der historischen Rechtsschule ohne fundierte Erörterung.

Was die inhaltliche, »operationelle« Benutzung der Lehren Savignys in den gegenwärtigen wissenschaftlichen Ermittlungen betrifft, so ist zu schließen, dass das Erbe Savignys in der russischen Rechtssoziologie und Rechtsphilosophie[56] für die Vertreter der *dialektischen Rechtssoziologie*,[57] die keine bloße Variation der europäischen soziologischen Richtung der Rechtswissenschaft darstellt, von größter Bedeutung ist. Denn diese entwickelt solche Ideen von Savigny, die die Sätze über den natürlichen Entwicklungsprozess des Rechtes, die kulturelle Determiniertheit des Rechtes und die Analogie zwischen der Sprach- und Rechtsentwicklung betreffen. Freilich bedürfen diese Ideen einer Reinterpretation im Lichte der nachklassischen Wendung in der Wissenschaftswissenschaft.[58]

Savigny war von einer organischen Theorie des historischen Vorganges ausgegangen. »Das Leben der Völker«, so kommentiert *Pavel Novgorodzev*, »wie das Leben der einzelnen Menschen besteht nie in absoluter Stagnation, es bleibt in ewiger Bewegung. Doch hat diese Bewegung den Charakter einer organischen

56 Das gilt auch für die ausländische Rechtsphilosophie und Rechtssoziologie; doch fordert die kulturelle Eigenart Russlands die Selektion und die Aktualisierung von jenen Aspekten der savignyschen Lehre, die für sie näher sind.

57 Der wichtigste Vertreter der dialektischen Rechtssoziologie der Gegenwart war Lev Spiridonov. Seine Werke (Lev I. Spiridonov, Social'noe razvitie i pravo (Спиридонов Л.И. Социальное развитие и право), Leningrad 1973, 205 S.; ders., Sociologiâ ugolovnogo prava (Социология уголовного права), Moskau 1986, 240 S.; ders., Teoriâ gosudarstva i prava (Теория государства и права), St. Petersburg 1995, 304 S.) entwickeln die Methodologie der Historischen Rechtsschule in vieler Hinsicht.

58 Il'â L. Čestnov, Nasledie L'va Ivanoviča Spiridonova v kontekste postklassičeskogo naukovedeniâ, in: Istoriâ gosudarstva i prava (Честнов И. Л. Наследие Льва Ивановича Спиридонова в контексте постклассического науковедения // История государства и права) 24 (2009), S. 13–15.

und gesetzmäßigen Entwicklung, die keinen Raum lässt für den Gedanken einer Willkür.«[59] Die Quelle aller geschichtlichen Äußerungen ist das Volksleben, der »Geist des Volkes«. Das gilt auch für die Rechtsevolution. Vom Anfang der Geschichte an hat das Recht, wie auch die Sprache, die Sitte und die Institutionen, einen besonderen Charakter, der jedem Volk eigen ist. Alle diese Äußerungen des Volkslebens sind untrennbar miteinander verbunden und erscheinen nur als abgesondert. Verbunden sind sie in dem Bewusstsein des Volkes und dem Gefühl innerer Notwendigkeit, was jeden Gedanken an zufällige und willkürliche Herkunft ausschließt.[60] Dies hat auch *Lev Spiridonov* umgesetzt. Nach ihm entstehen der Staat und das Recht natürlicherweise – als Momente und Seiten der Gesellschaft – gleichzeitig mit der Entstehung und Änderung der sozialen Gesamtheit. Das bedeutet, dass Recht und Staat nicht planmäßig, aufgrund eines von oben ausgegangenen Befehls, geschaffen werden. Sie entstehen und evolutionieren spontan, als ein Ergebnis der selektiven Funktion der Kultur, die aus irgendwelchen Gründen die besonderen (in diesem Fall – rechtserheblichen) Verhaltensmuster aussucht. Daraus schließt die dialektische Rechtssoziologie, dass der Gesetzgeber keine absolute Freiheit bei der Bildung des Rechtssystems hat.[61]

Die organische Rechtstheorie von Savigny geht von der soziokulturellen Determiniertheit des Rechts aus. Das Recht hat kein »Dasein an sich und für sich«, das von dem Menschen nicht abhängt und das als ein logisch geschlossenes Normativsystem – das durch das System der Naturrechtsprinzipien ergänzt würde – funktioniert. Das Wesen des Rechts besteht vielmehr im Leben der Menschen, das von einem besonderen Standpunkt betrachtet wird.[62] Dieselbe Idee, dass der Staat und das Recht durch die Gesellschaft als Ganzes determiniert sind, wird von Spiridonov entwickelt. Gerade in der Gesellschaft äußern sich danach ihre Bestimmung (oder ihre »Hauptfunktion«) und gleichzeitig ihr Wesen, das in der Gewährleistung (Vermittlung) der sozialen Ganzheit besteht. Diese Hauptfunktion ist das wichtigste Kriterium dafür, um das Recht von den anderen Erscheinungen, die rechtlichen Gesetze von den nichtrechtlichen, den Staat von seinem Anschein zu trennen.

59 Novgorodcev, Istoričeskaâ škola ûristov (Anm. 28), S. 74.

60 Savigny, Beruf (Anm. 49), S. 8–14.

61 Pavel N. Lebedev, Lev I. Spiridonov, O vozmožnosti sistemnogo analiza gosudarstvenno-pravovyh âvlenij, in: Vestnik LGU. Seriâ Pravo (Лебедев П.Н., Спиридонов Л.И. О возможности системного анализа государственно-правовых явлений // Вестник ЛГУ. Сер. Право) 23 (1968). Neudruck: Lev I. Spiridonov, Izbrannye proizvedeniâ. Filosofiâ i teoriâ prava. Sociologiâ ugolovnogo prava. Kriminologiâ (Спиридонов Л.И. Избранные произведения. Философия и теория права. Социология уголовного права. Криминология), St. Petersburg 2002, S. 137–145.

62 Savigny, Beruf (Anm. 49), S. 30.

Die Natürlichkeit der Rechtsentstehung und der Rechtsentwicklung ist in der savignyschen Doktrin mit dem Volksgeist, der die sozial-kulturelle Eigenart dieses Volkes ausdrückt, verbunden.[63] Die wichtigste Rolle in der späteren Rechtsentwicklung spielen, laut Savigny, die Juristen, die aufgrund der allgemeinen Volksüberzeugung eine gelehrte Bearbeitung des Rechtes durchführen, die als eine Selektion des Rechts gilt.[64] Die kulturelle Determiniertheit des Rechts äußert sich laut Savigny durch die Sprache, die die Eigenart des Volkes ausdrückt.[65] Dieser Leitsatz der Historischen Rechtsschule wurde in den Werken *Spiridonovs* originell entwickelt. Seiner Meinung nach ist die Rechtsquelle eine Kultur, die im Laufe der selektiven Evolution die soziale Erfahrung in sich speichert und sich in den allgemeinverbindlichen Verhaltensregeln äußert.[66] Das ist, mit anderen Worten, ein Verfahren der Rechtsbildung, das zwei Schlüsselkomponenten in sich enthält. »Erstens ist es ein Augenblick, wenn das von den selbstständigen Individuen benutzte Verhaltensmodell zur kulturellen Norm wird, die den künftigen Generationen tradiert wird. Zweitens ist es ein Moment, wenn diese kulturelle Norm ihre Allgemeinverbindlichkeit bekommt, d. h. zur Rechtsregel wird.«[67]

Die dialektische Rechtssoziologie konstruiert den Mechanismus der Rechtsbildung aufgrund der Dialektik des individuellen und des gesellschaftlichen Rechtsbewusstseins. Diese Dialektik geht davon aus, dass die Gesellschaft nicht aus den Individuen, sondern aus den sozialen Beziehungen besteht, die den einzelnen Menschen vorangehen. Die Menschen treffen auf ein vollendetes System der sozialen Verhältnisse. Sie haben keine Möglichkeit, die sozialen Gegebenheiten zu wählen.[68] Es ist aber unrichtig, das gesellschaftliche Bewusstsein der vollen Gesamtheit dem individuellen Bewusstsein entgegenzusetzen oder es darauf zu reduzieren, da die Quelle des gesellschaftlichen Bewusstseins eine Tätigkeit der Menschen ist. So gibt es nur zwei Arten der Beziehungen zwischen dem gesellschaftlichen und dem individuellen Bewusstsein: Wenn das Kollektiv schon als eine Einheit geformt ist, so wirkt das gesellschaftliche Bewusstsein als ein Eichmaß für das individuelle. Falls der Mensch die gesellschaftlichen Normen, Sitten und Ziele anerkennt, so vereinigt sich sein individuelles Bewusstsein mit dem gesellschaftlichen. Im anderen Fall, wenn der

63 Savigny, Beruf (Anm. 49), S. 8, »gemeinsame Überzeugung des Volkes«.
64 Savigny, Beruf (Anm. 49), S. 12–14.
65 Zur organischen Beziehung des Rechts und der Sprache mit dem Charakter des Volkes siehe: Savigny, System I (Anm. 47), S. 14, 17.
66 Spiridonov, Teoriâ gosudarstva i prava (Anm. 57), S. 138.
67 Spiridonov, Teoriâ gosudarstva i prava (Anm. 57), S. 139.
68 Mihail S. Ošerov, Lev I. Spiridonov, Obŝestvennoe mnenie i pravo (Ошеров М. С., Спиридонов Л. И. Общественное мнение и право), Leningrad 1985, S. 17.

soziale Organismus erst geformt wird, erzeugen die Menschen, die gleiche Tätigkeiten ausüben, die gleichen Ansichten, Meinungen, Gesichtspunkte, und infolgedessen entsteht ein einheitliches geistiges Produkt.[69] So besteht das gesellschaftliche Bewusstsein (oder der Volksgeist) in den dialektischen Beziehungen mit dem individuellen.

Wie schon gezeigt, wurden die Dogmen der klassischen Jurisprudenz und der klassischen Geschichtswissenschaft am Ende des 20. Jahrhunderts entschieden umgedacht und infolgedessen die nachklassische Epistemologie produziert. Daraus folgt die Notwendigkeit der Reinterpretation der schon besprochenen Konzeptionen der Rechtssoziologie. So muss der Grundsatz der sozialen Determiniertheit des Rechts berichtigt werden. Seine Determinierung durch den Sozius, der auf irgendeiner Stufe seiner Evolution steht und einen besonderen Typ der Kultur besitzt, ist unbestritten. Doch ist dies eine indirekte, durch viele »Filter« (*Spiridonov*) vermittelte Determinierung, zu denen die herrschende Ideologie, die Gegenkultur (mit dem Problem der Wechselbeziehungen der offiziellen Gesetzgebung und der unschriftlichen Normen), die Sprache[70] und die diskursiven Strategien vieler sozialer Gruppen, die die sozialen Normen konstruieren, gehören. Es ist auch der Widerstand der Formen, der geltenden Rechtstraditionen, nicht zu übersehen. Aus dem Problem der soziokulturellen Determiniertheit des Rechts[71] entspringt das für die gegenwärtige Gesellschaft prinzipielle Problem des Multikulturalismus, das eine Vielfalt der Rechtsrealitäten (der Subkulturen) und die Notwendigkeit von Kompromissbereitschaft erzeugt.[72] Die von der dialektischen Rechtssoziologie produzierte Theorie der

69 Oŝerov, Spiridonov, Obŝestvennoe mnenie (Anm. 68), S. 18–19.

70 Die »linguistische Wendung« des 20. Jahrhunderts, nach der die nachklassische Wissenschaftswissenschaft entsteht, hat der Sprache sozial-konstruierende Eigenschaften zugesprochen. Die gegenständliche Zergliederung der Welt wird nach Edward Sapir, Benjamin Lee Whorf, Ludwig Wittgenstein und Martin Heidegger von der Sprachstruktur produziert. Siehe Nataliâ M. Smirnova, Social'naâ fenomenologiâ v izučenii sovremennogo obŝestva (Смирнова Н. М. Социальная феноменология в изучении современного общества), Moskau 2009 (400 S.), S. 272–274.

71 Osip Kenig hat die Perspektiven der historischen Rechtsschule von der »metaphysischen Phantasie des Volksgeistes« bis zu den Erörterungen des gesellschaftlichen Lebens aufgrund der Volkswirtschaftslehre, wie es Ferdinand Lassalle gemacht hatte, noch in der Mitte des 19. Jahrhunderts beschrieben: Kenig, Savin'i i ego otnošenie (Anm. 34), S. 571–598. Neudruck: Nemeckaâ istoričeskaâ škola prava (Немецкая историческая школа права), Tscheljabinsk 2010, S. 351–378.

72 Charles Taylor, Multikulturalismus und die Politik der Anerkennung, 2. Aufl., Frankfurt am Main 1993, 198 S.; ders., Quellen des Selbst: Die Entstehung der neuzeitlichen Identität, 2. Aufl., Frankfurt am Main 1994, 911 S.; Alasdeir C. MacIntyre, Der Verlust der Tugend: Zur moralischen Krise der Gegenwart, 1. Aufl., Frankfurt am Main 1995, 381 S.

Rechtsbildung, die den evolutionären Weg der Rechtsentwicklung dem der Sprachentwicklung gleichsetzt, kann jedoch die Gründe und die Bedingungen der revolutionären Änderungen des Rechtssystems nicht erklären und den Mechanismus solcher Änderungen nicht zeigen.

Das dialektische Verständnis der Rechtsquellen fordert die Analyse der Dialektik von Neuerungen und Überlegungen. Die herrschsüchtige Elite bringt Rechtsinnovationen in die Gesellschaft ein. Wenn diese vom Volk legitimiert werden, so wird eine Innovation zum geltenden Recht. Deshalb ist es notwendig, die soziokulturellen Determinanten, die die Innovationstätigkeit und ihre Legitimation bedingen, zu erörtern.

4. Die Ideen Savignys in den zivilistischen Schriften des gegenwärtigen Russland

Ein flüchtiger Blick auf die Werke der gegenwärtigen russischen Zivilisten könnte den festen Glauben erregen, dass die in der russischen Zivilrechtswissenschaft erörterten Probleme aufgrund des wissenschaftlichen Erbes, das jeder Jurist aus jedem anderen europäischen Land zur Verfügung hat, erforscht werden. In der Mehrheit der wissenschaftlichen Abhandlungen, deren Umfang weit über diese Vortragsthesen hinausgeht, werden die Wege und die Standpunkte, die der Rechtsordnung des alten Rom und den Lehren der mittelalterlichen Scholastik eigen waren, kurzgefasst beschrieben. Hier werden jeweils auch die Konzeptionen genannt, die von der zivilistischen Doktrin und der Gesetzgebung der europäischen Länder und von der russischen – kaiserlichen und sowjetischen – Zivilrechtswissenschaft erzeugt wurden. Aufschlussreiche Einleitungen, die einen rechtsvergleichenden Charakter haben und die entweder überladen oder umfassend geschrieben sind, gehen der Analyse der Anschauungen der Vertreter der gegenwärtigen russischen Zivilistik voraus. Man sollte glauben, man müsse schließen, dass das gegenwärtige russische Modell der Organisation der zivilrechtlichen Forschungen sich nicht vom allgemeinen Kanon der Rechtsuntersuchungen in der europäischen Rechtswissenschaft und in der russischen vorrevolutionären Jurisprudenz unterscheide.

Dieser Schluss, wenn er richtig wäre, würde die Schärfe der weiteren Forschungen zum Savigny-Bild in der russischen Jurisprudenz eliminieren, da dieses Bild fast keine wesentlichen Unterschiede zu demjenigen hätte, das in den Rechtswissenschaften der gegenwärtigen Länder wie Deutschland, Schweiz oder z. B. Estland existiert. Doch wäre dies nur dann korrekt, wenn – erstens – eine solche Einleitung, die einen kurzen Exkurs zur Geschichte der Frage enthält, irgendeinen Einfluss auf die weitere Analyse der Lehren heutiger russischer Jurisprudenz und auf die Bildung der Autors hätte, und wenn – zweitens – die Quellen, die bei der Schaffung dieser Abteilung des Werkes benutzt werden, den Kriterien der akademischen Glaubwürdigkeit, der Fülle und der Objektivität entsprächen. Die Sache ist leider vielfach nicht so, wenn auch – dem Wesen der erörterten Probleme oder dem Charakter des wissenschaftlichen Werkes gemäß – es möglich und notwendig ist, entweder den Rahmen des rechtsvergleichenden Teils der Abhandlung zu erweitern oder die Forschung selbst vorzugsweise aufgrund der rechtsvergleichenden Methode zu machen. Selbstverständlich ist eine solche Qualität nicht allen juristischen Erörterungen im gegenwärtigen Russland eigen. Im Gegenteil, es gibt auch einige zivilistische Abhandlungen, die eine erfreuliche Alternative schaffen; wir nennen noch die Namen ihrer Autoren, die – vom Kontext abgesehen – dem Ideal der Wissenschaft dienen. Jetzt müssen wir aber die Gründe für solche traurigen Gesetzmäßigkeiten feststellen und auch die Quellen dieser Art wissenschaftlicher Tätigkeit bestimmen. Dazu sind einige starke und kennzeichnende Beispiele solch wissenschaftlicher Tätigkeit anzuführen. Dann bekommen wir ein bemerkenswertes Bild von Savigny, wie es ausschließlich in der gegenwärtigen russischen zivilistischen Literatur existiert.

Die Ursachen dieser Lage sind in zwei Gruppen zu trennen. Die erste enthält die allgemeinen Gründe, die die Qualität der wissenschaftlichen Forschungen im nachsowjetischen Russland verschlechterten. Dazu gehören das durch das Abfallen des Lebensstandards provozierte Fallen des allgemeinen Kulturniveaus, die Verschlechterung der Hochschulausbildung, einschließlich der juristischen Hochschulausbildung, die Reduktion der die wissenschaftliche Tätigkeit fördernden Zuwendungen im Zusammenhang mit der nachfolgenden Einführung der sogenannten »Grant-Unterstützung der Wissenschaft« in den 1990er Jahren. In der Folge wanderten zuerst die Vertreter der »alten Schule« und ihre Schüler ab und die Wissenschaft wurde von Personen bestimmt, die ungenügende Sachkenntnisse und ein großes materielles Interesse hatten. Die zweite Gruppe bilden die spezifischen Faktoren, die in der Tat eine Schließung der russischen Zivilistik (und Rechtswissenschaft überhaupt) für die Einwirkungen ausländischer Wissenschaft bei äußerlich deklarierter Offenheit bewirkten. In der Folge entstanden wissenschaftliche Schriften, die die Leistungen der europäischen Zivilrechtswissenschaft der Vergangenheit und der Gegenwart einfach ignorieren.

Der erste solche spezifische Faktor ist ein *methodologischer Kollaps der russischen Geisteswissenschaften*. Zustande kam dieser einerseits durch die notwendige Absage an die *wissenschaftliche Methodologie* des Marxismus-Leninismus als Folge des Scheiterns der kommunistischen Ordnung und des Verbots der Kommunistischen Partei der Sowjetunion, für die die wissenschaftliche Methodologie der marxistisch-leninistischen dialektischen Philosophie als einziges Mittel der *wissenschaftlichen Erkenntnis* gedient hatte. Dies geschah im Gegensatz etwa zu den baltischen Ländern, die bei dem Austritt aus der Sowjetunion das strikte

Ziel hatten, ihre Eigenstaatlichkeit wiederherzustellen, in den europäischen soziokulturellen Kontext zurückzukehren und so die Möglichkeit der Benutzung europäischer Methodologie und europäischer wissenschaftlicher Betrachtungsweisen zu bekommen. Dagegen blieb die Russische Föderation lange Zeit ohne klare Vorstellungen über ihre geschichtliche Aufgabe und Kräfte. Daraus entstand eine Menge von Schwierigkeiten, die mit der Erarbeitung einer neuen Wissenschaftsmethodologie verbunden sind.

Da ein herrschendes wissenschaftliches Paradigma fehlte, wuchs der Eklektizismus der Wissenschaftskenntnisse an. Daraus entsteht die Situation, dass nicht nur von verschiedenen Gelehrten oder Wissenschaftsschulen, sondern auch von demselben Autor bei der Erarbeitung derselben Wissenschaftsprobleme verschiedene, sogar inkompatible wissenschaftliche Richtungen und Methoden benutzt werden. Die Wahl der Methodologie und der Orientierungspunkte hängt dann ausschließlich von den subjektiven Neigungen des Autors ab. Auf dem Gebiet der Rechtswissenschaft, der zivilrechtlichen Forschungen *in concreto*, führt diese Situation mindestens zum Fehlen der Doktrineinheit, so dass die Schlussfolgerungen irgendeines russischen Zivilisten über das Wesen und die Stellung irgendeines Rechtsinstitutes und – was viel gefährlicher ist – seine Vorschläge für Rechtsänderungen durch inkompatible Argumente begründet werden. Diese inkompatiblen Argumente sind folgende: 1) die Folgerungen aus geschichtlicher Erfahrung (aber welcher konkret – sowjetischer? vorrevolutionärer? der Moskowitischen Rus? der Kiewer Rus?) bei gleichzeitiger Berücksichtigung, 2) die europäischen zivilistischen Doktrinen (was gilt als Vorbild – der romanische oder germanische Rechtskreis? das römische Recht – nachklassisches oder klassisches? das kanonische Recht?), 3) die Präzedenzfälle des englisch-amerikanischen Common Law und 4) die unifizierten Regeln und Institute des internationalen Privatrechts.

Eine echte zivilistische Forschung, die nicht nur auf die durchschnittliche Kommentierung der positiven Rechtsordnung hinausläuft, muss sowieso eine Beschreibung verschiedener Behandlungen von den genannten Standpunkten aus geben. Aber die Wahl der Prioritäten und Orientierungen und die Feststellung der Hauptlinie der Rechtsordnungsentwicklung sind hier Fragen der Forschungsmethodologie, die nur mit Berücksichtigung der Grundlagen von jeder Behandlung zu beantworten sind.

Die in den zivilistischen Werken vorgeschlagenen Entscheidungen sollen gute Gründe haben, die nicht aus einem Streben nach Originalität und Sensation kommen. Es sollen auch nicht Versuche der unkritischen Aktualisierung der Geschichte oder der ataxischen Vermischung der Bestandteile von ganz verschiedenen Rechtsordnungen sein. Was unser Savigny-Thema betrifft, so bedeutet dies: Einige Autoren, die z. B. den Besitzschutz und die Ersitzung erörtern, halten sich frei von der Pflicht, die Besitzlehren von Savigny oder

Jhering gründlich zu beachten und begnügen sich bestenfalls mit der Nennung ihrer Namen. Dabei treten sie an sich für die Rezeption der kontinentaleuropäischen Konstruktion des Besitzschutzes ein und schlagen gleichzeitig eine Rückkehr zum vorrevolutionären Recht der Ersitzung vor, wonach kein *iustus titulus possidendi* und keine Gutgläubigkeit des Besitzes notwendig gewesen waren, da es genügte, über 10 Jahre eine Sache in seinem Besitz zu haben.[73]

Der zweite, aber auch wichtige spezielle Faktor, der eine Art Immunität der russischen Rechtswissenschaft der Gegenwart gegenüber den Einflüssen der ausländischen Wissenschaftsschulen oder vielmehr ihre Unfähigkeit, die von dorther stammenden Informationen adäquat aufzunehmen, produzierte, ist eine Entfernung der Mehrheit der russischen Rechtsforscher von den Erfolgen der Wissenschaftstätigkeit ausländischer Gelehrter der Vergangenheit und der Gegenwart, die durch fast völlige Unzugänglichkeit der europäischen zivilrechtlichen Literatur und der Abhandlungen über europäische Zivilrechtswissenschaft im gegenwärtigem Russland entstanden ist. Man trifft die gegenwärtigen europäischen wissenschaftlichen Zeitschriften und Monographien auch in den besten russischen Bibliotheken fast nicht an. Der Bestand ausländischer Rechtsliteratur in den Universitätsbibliotheken ist in der Regel mit Besuchen ausländischer Delegationen verbunden. Die russischen Buchhandlungen, auch die juristischen, verkaufen ausländische Rechtsliteratur wegen ihres hohen Preises und der niedrigen Nachfrage fast gar nicht. Die im Ausland gedruckte Rechtsliteratur, die in kaiserlichen und sowjetischen Zeiten von den Bibliotheken erworben worden war, steht jetzt unter beschränktem Zugang wegen ihres Alters und Zustandes. Die Benutzung dieser Literatur ist mit großen bürokratischen Schwierigkeiten verbunden.

Der Mangel an Übersetzungen und ihre schlechte Zugänglichkeit sind ebenfalls von Bedeutung. Angesichts der durchschnittlichen Sprachfertigkeit der russischen Juristen und Rechtsgelehrten, also wenn Lesen auf Englisch mit Wörterbuch als ein Vorzug gilt und wenn die Fähigkeit, zwei oder mehrere europäische Sprachen frei zu benutzen, eine Seltenheit ist, wird das Lesen ausländischer Zivilrechtsliteratur, einschließlich der savignyschen Werke, für die meisten Juristen fast gänzlich paralysiert. Folglich werden Savignys Ideen in den meisten zivilistischen Schriften des heutigen Russland aus den Nacherzählungen und Interpretationen der vorrevolutionären Zivilisten und der greifbaren Übersetzungen der Abhandlungen von Savignygegnern entnommen – vor allem von Rudolf Jhering.

73 Zur Ersitzung im Recht des vorrevolutionären Russland siehe Ivan E. Èngelman, O davnosti po russkomu graždanskomu pravu: Istoriko-dogmatičeskoe issledovanie [Neudr. der Aufl. 1901] (Энгельман И.Е. О давности по русскому гражданскому праву: Историко-догматическое исследование [По изд. 1901 г.]), Moskau 2003, 511 S.

Wir sind der Meinung, dass es notwendig ist, unser Verhältnis zu dieser Sachlage darzulegen. Diese Faktoren, die die Erörterung europäischer Literatur erschweren, schaffen kein unüberwindliches Hindernis. Russische Juristen können immerhin diese Literatur in ausländischen Bibliotheken und europäischen Universitäten benutzen. Die Sprachfertigkeit gilt, so glauben wir, als ein Index des individuellen Kulturniveaus. Die Nennung dieser Faktoren bedeutet nicht, dass sie als entschuldigender Umstand wirken. Sie wurden genannt, um die wirkliche Sachlage zu zeigen.

So ist F. C. von Savigny in der russischen Zivilistik bekannt für seine Fiktionstheorie der juristischen Person, die Lehre vom Besitz und die Theorie der Sachübergabe als dinglicher Vertrag. Hinsichtlich der Fiktionstheorie findet man eine elementare ultrakurze Beschreibung dieser Lehre in den maßgeblichen Lehrbüchern des Zivilrechts.[74] Es ist bemerkenswert, dass es in den beiden Lehrbüchern, die an den Hauptuniversitäten des Landes geschrieben sind, keinen korrekten Hinweis auf die deutsche Ausgabe des »System des heutigen Römischen Rechts« gibt, da die Seitenzahlen fehlen. Dafür gibt es keine vernünftige Rechtfertigung, da der zweite Band des »System« mehr als 560 Seiten hat, während der Problematik der juristischen Personen nur insgesamt 150 Seiten gewidmet sind.[75] Das Lehrbuch der Universität zu St. Petersburg (vom Akademiemitglied *Juri K. Tolstoj* herausgegeben) nennt dem Leser auch keine Bandnummer in der Anmerkung – als ob das »System« ein einbändiges Werk wäre. Dieses Lehrbuch wiederholt außerdem fast Wort für Wort die Beschreibung savignyscher Ideen, die das früher erschienene Lehrbuch der Staatlichen Universität zu Moskau (von Prof. *Evgenij A. Sukhanov* herausgegeben) gegeben hatte. Diese Eigenschaften lassen vermuten, dass es sich bei der Schaffung des Petersburger Lehrbuches um eine Kompilation handelt. Die die beiden Miturhebergemeinschaften kennzeichnende Fahrlässigkeit, die sich bei der Zitierung der Werke von *Friedrich Carl von Savigny, Alois von Brinz, Bernhard Windscheid* und *Marcel Planiol* äußert und im allgemeinen »Vergessen« von Seitennummern und anderen bibliographischen Angaben (hier und da sind

74 Siehe: Vsevolod V. Bajbak, Nikolaj D. Egorov, Il'â V. Eliseev u. a., Graždanskoe pravo: Učebnik: 3 Bde. 7. Aufl., Hrsg. v. Ûrij K. Tolstoj. Bd. 1 (Гражданское право: Учеб.: в 3 т. Т. 1.–7-е изд., перераб. и доп. / В. В. Байбак, Н. Д. Егоров, И. В. Елисеев [и др.]; под ред. Ю. К. Толстого), Moskau 2009 (784 S.), S. 142, 147 (inkl. Anm. 2; Autor des Abschnitts: Il'â V. Eliseev); Graždanskoe pravo: Učebnik: 4 Bde. Hrsg. v. Evgenij A. Suhanov (Гражданское право: Учеб.: в 4 т. / Отв. ред. Е. А. Суханов), 3. Aufl. Bd. 1: Obŝaâ čast' (Общая часть), Moskau 2006 (720 S.), S. 216–217 (Autor des Abschnitts: Evgenij A. Suhanov).

75 Friedrich Carl von Savigny, System des heutigen Römischen Rechts, Bd. 2, Berlin: 1840, VI, 559 S. Zu den juristischen Personen siehe ebd. S. 235–384. Die Fiktionstheorie Savignys wird auf S. 235–241 ausgeführt.

unter Umständen auch Erscheinungsorte, Verlage, Auflagen, Erscheinungsjahre versäumt) besteht, wirft die Frage auf, ob wenigstens beim Schreiben dieser Lehrbücher die Werke der europäischen Gelehrten benutzt wurden.

Die Erwähnungen der savignyschen Fiktionstheorie in anderen Wissenschafts- und Lehrschriften, die die Fragen der juristischen Personen und ihrer Rechtsfähigkeit gelegentlich besprechen, sind nicht inhaltsreicher.[76] Die Hin-

76 Siehe z. B.: Ûrij N. Andreev, Mehanizm graždansko-pravovoj zaŝity (Андреев Ю. Н. Механизм гражданско-правовой защиты), Moskau 2010, 464 S.; Lûdmila G. Efimova, Bankovskoe pravo. Bd. 1: Bankovskaâ sistema Rossijskoj Federacii (Ефимова Л. Г. Банковское право. Т. 1: Банковская система Российской Федерации) Moskau 2010, 404 S.; Andrej A. Kirillovyh, Korporativnoe pravo: kurs lekcij (Кирилловых А. А. Корпоративное право: курс лекций.), Moskau 2009, 192 S.; Dmitrij V. Lomakin, Korporativnye otnošeniâ: obŝaâ teoriâ i praktika ee primeneniâ v hozâjstvennyh obŝestvah (Ломакин Д. В. Корпоративные правоотношения: общая теория и практика ее применения в хозяйственных обществах), Moskau 2008, 511 S.; Viktor P. Mozolin, Sovremennaâ doktrina i graždanskoe zakonodatel'stvo (Мозолин В. П. Современная доктрина и гражданское законодательство), Moskau 2008, 176 S.; Dmitrij I. Dedov, Ûridičeskij metod: naučnoe èsse (Дедов Д. И. Юридический метод: Научное эссе), Moskau 2008, 160 S.; Georgij L. Rubeko, Pravovoj status organov upravleniâ akcionernyh obŝestv (Рубеко Г. Л. Правовой статус органов управления акционерных обществ), Moskau 2007, 190 S.; Ekaterina G. Afanas'eva, Vitautas Û. Bakšinskas, Evgenij P. Gubin u. a., Korporativnoe pravo: Učebnik dlâ studentov vuzov, obučaûŝihsâ po napravleniû »Ûrisprudenciâ«. Hrsg. v. Irina S. Šitkina (Корпоративное право: Учебник для студентов вузов, обучающихся по направлению »Юриспруденция« / Е. Г. Афанасьева, В. Ю. Бакшинскас, Е. П. Губин и др.; отв. ред. И. С. Шиткина), Moskau 2007, 648 S.; Veniamin E. Čirkin, Ûridičeskoe lico publičnogo prava (Чиркин В. Е. Юридическое лицо публичного права), Moskau 2007, 352 S.; Aleksandr S. Gorâčev, Pravovoe položenie rukovoditelâ kommerčeskoj organizacii (Горячев А. С. Правовое положение руководителя коммерческой организации), Moskau 2006, 224 S.; Vladimira V. Dolinskaâ, Akcionernoe pravo: osnovnye položeniâ i tendencii (Долинская В. В. Акционерное право: основные положения и тенденции), Moskau 2006, 736 S.; Dmitrij A. Sumskoj, Status ûridičeskih lic. Učebnoe posobie dlâ vuzov (Сумской Д. А. Статус юридических лиц. Учеб. пособие для вузов), Moskau 2006, 328 S.; Natal'â N. Pahomova, Civilističeskaâ teoriâ korporativnyh otnošenij (Пахомова Н. Н. Цивилистическая теория корпоративных отношений), Jekaterinburg 2005, 336 S.; Dmitrij Û. Lâlin, Pravo sobstvennosti gosudarstvennyh korporacij. Hrsg. v. Elena V. Blinkova (Лялин Д. Ю. Право собственности государственных корпораций: Монография / под ред. Е. В. Блинковой), Moskau 2005, 220 S.; Nataliâ V. Kozlova, Pravosub'ektnost' ûridičeskogo lica (Козлова Н. В. Правосубъектность юридического лица), Moskau 2005, 476 S.; Evgenij A. Suhanov, O ûridičeskih licah publičnogo prava, in: Vestnik graždanskogo prava (Суханов Е. А. О юридических лицах публичного права // Вестник гражданского права) 2 (2011), S. 4–24; Vitalij V. Eremin, Osobennosti pravopreemstva pri reorganizacii hozâjstvennyh obŝestv, in: Nalogi (Еремин В. В.

weise auf Savigny sind entweder versäumt oder aus den genannten Lehrbüchern (mit entsprechenden Lücken) und auch aus vorrevolutionären Werken über-

Особенности правопреемства при реорганизации хозяйственных обществ // Налоги) 15 (2011), S. 17–21; Denis N. Nikoličev, Ob istoričeskih predposylkah formirovaniâ otnošenij upravlenčeskogo predstavitel'stva, in: Graždanskoe pravo (Николичев Д.Н. Об исторических предпосылках формирования отношений управленческого представительства // Гражданское право) 3 (2010), S. 24–27; Anzor Â. Ganižev, Problema pravovogo statusa organa ûridičeskogo lica i puti ee razrešeniâ v rossijskom graždanskom zakonodatel'stve, in: Žurnal rossijskogo prava (Ганижев А.Я. Проблема правового статуса органа юридического лица и пути ее разрешения в российском гражданском законодательстве // Журнал российского права) 7 (2010), S. 110–117; Veniamin E. Čirkin, O ponâtii i klassifikacii ûridičeskih lic publičnogo prava, in: Žurnal rossijskogo prava (Чиркин В.Е. О понятии и классификации юридических лиц публичного права// Журнал российского права) 6 (2010), S. 87–101; Oleg A. Âstrebov, Konceptual'nye podhody k ponimaniû ûsidičeskogo lica v pravovoj nauke, in: Rossijskaâ ûsticiâ (Ястребов О.А. Концептуальные подходы к пониманию юридического лица в правовой науке // Российская юстиция) 4 (2010), S. 15–18; E.A. Voronova, Nekotorye osobennosti pravovoj prirody unitarnyh predpriâtij, in: Ûrist (Воронова Е.А. Некоторые особенности правовой природы унитарных предприятий // Юрист) 7 (2009), S. 24–31; D.S. Lamskov, Voleiz'âvlenie učreditelâ – ûsidičeskogo lica kak osnova sozdaniâ akcionernogo obŝestva: mif ili real'nost'?, in: Ûrist (Ламсков Д.С. Волеизъявление учредителя – юридического лица как основа создания акционерного общества: миф или реальность? // Юрист) 7 (2009), S. 20–23; N.K. Hlopotin, Korporacii v Rossii i za rubežom: stanovlenie, razvitie i zakonodatel'noe obespečenie, in: Rossijskij sud'â (Хлопотин Н.К. Корпорации в России и за рубежом: становление, развитие и законодательное обеспечение // Российский судья) 7 (2009), S. 3–7; Sergej A. Panûtin, K voprosu o vozniknovenii i gosudarstvennoj registracii ûridičeskih lic v istoričeskoj retrospektive, in: Advokat (Панютин С.А. К вопросу о возникновении и государственной регистрации юридических лиц в исторической ретроспективе // Адвокат) 2 (2009). S. 115–130; Oleg L. Rasskazov, Učeniâ o ûridičeskih licah v zarubežnoj i otečestvennoj teorii prava v XIX – načale XX veka, in: Advokatskaâ praktika (Рассказов О.Л. Учения о юридических лицах в зарубежной и отечественной теории права в XIX – начале XX века // Адвокатская практика) 5 (2008), S. 40–42; A.A. Kulik, Korporacii v graždanskom prave Rossijskoj Federacii, in: Pravo i politika (Кулик А.А. Корпорации в гражданском праве Российской Федерации // Право и политика) 7 (2007), S. 52–62; V. Sidorova, Graždanskaâ pravosub'ektnost' organizacij kul'tury, in: Kul'tura: upravlenie, èkonomika, pravo (Сидорова В. Гражданская правосубъектность организаций культуры // Культура: управление, экономика, право) 2 (2007), S. 6–9; A.A. Zubarân, Pravovaâ priroda organa korporacii, in: Ûridičeskij mir (Зубарян А.А. Правовая природа органа корпорации // Юридический мир) 11 (2006); N.K. Hlopotin, D.V. Čuhvičëv, Korporativnoe pravo v Rossii i za rubežom, in: Rossijskij sud'â (Хлопотин Н.К., Чухвичев Д.В. Корпоративное право в России и за рубежом// Российский судья) 6 (2006), S. 44–48.

nommen. Die Benutzung der vorrevolutionären Literatur zeigt die Erfüllung der ausreichend spezifischen Zitierregeln, die im kaiserlichen Russland angewandt wurden, zugleich die Verletzung der modernen Regeln einerseits und in sprechender Nähe zu den zitierten Stellen auch den Hinweis auf vorrevolutionäre Werke. Es ist interessant, dass die Unkenntnis einiger gegenwärtiger russischer Autoren über die Errungenschaften der deutschen Rechtswissenschaft des 19. Jahrhunderts und über die Bedeutung ihrer Vertreter sich nicht nur durch die offenbaren Mystifikationen bei den Hinweisen ziehen, sondern auch durch die Fehler in den Namen der deutschen Gelehrten.[77] Heute gibt es keine russischen Forschungen, die die theoretischen Fragen der Bildung und der Tätigkeit der juristischen Personen gründlich erörtern.

Ein bisschen ausführlicher werden die savignyschen Ideen über den Besitz und den Besitzschutz dargelegt.[78] Die Nacherzählung der Besitzlehre Savignys

77 So z.B. schreibt Dmitrij Sumskoj mit Hinweis auf den im Jahre 2000 erschienenen Neudruck der Arbeit von Nikolaj Suvorov – Nikolaj S. Suvorov, O ûridičeskih licah po rimskomu pravu [Neudr. der Aufl. 1892] (Суворов Н.С. О юридических лицах по римскому праву [по изд. 1892 г.]), Moskau 2000, 299 S., dass der berühmteste Vertreter der Fiktionstheorie »Савиньи и Виндштейн« (statt »Виндшейд« [Windstein statt Windscheid]) gewesen sei, siehe Sumskoj, Status ûridičeskih lic (Anm. 76), S. 6. Dieser unglückliche Spätpandektist bekommt bei Aleksander Germanov den Nachnamen »Виндшейдт« («Windscheidt«), siehe Aleksandr V. Germanov, Ot pol'zovaniâ k vladeniû i veŝnomu pravu (Германов А.В. От пользования к владению и вещному праву), Moskau 2009 (700 S.), S. 124.

78 Ungeachtet der Quantität der Forschungen zur Besitzproblematik, die in letzten 20 Jahren erschienen, ist zu konstatieren, dass dieses Thema in der russischen Rechtswissenschaft in gewissem Sinne marginal ist und nur de lege ferenda besprochen werden kann. Das geltende russische Zivilgesetzbuch enthält weder eine Besitzregelung noch Besitzschutz. Gemäß Art. 12 ZGB, der die Rechtsschutzmittel nennt, ist es unmöglich, einen bloß faktischen Zustand wie den Besitz gerichtlich schützen zu lassen. In den maßgeblichen Lehrbüchern wird der Besitz nur als Element der »Trias von Eigentümerbefugnissen« oder als Sammelbegriff der dinglichen Rechte von Titelbesitzern genannt. Die Fragen des Besitzes sind außer Betracht, das Problem des Besitzschutzes wird bezüglich petitorischer Mittel des Rechtsschutzes diskutiert, siehe: Graždanskoe pravo, Hrsg. v. Tolstoj (Anm. 74), Bd. 1, S. 391–567 (Autoren der Kapitel: Jurij K. Tolstoj, Anton D. Rudokvas); Graždanskoe pravo, Hrsg. v. Suhanov (Anm. 74), Bd. 2; Veŝnoe pravo. Nasledstvennoe pravo (Вещное право. Наследственное право), Moskau 2006 (496 S.), S. 22–192. (Autor der Kapitel: Evgenij A. Sukhanov); Graždanskoe pravo. Učebnik: 2 Bde., Hrsg. v. Oleg N. Sadikov (Гражданское право Российской Федерации: Учебник [в 2 т.] / Под ред. О.Н. Садикова), Bd. 1, Moskau 2006 (493 S.), S. 236–337 (Autoren der Kapitel: Oleg N. Sadikov, Oleg V. Gutnikov, Anna S. Gutnikova).

geben viele Arbeiten, die diese Fragen erörtern.[79] Allgemein wird die Wichtigkeit der savignyschen Besitztheorie anerkannt;[80] gleichzeitig werden seine von Jhering entdeckten »Fehler« genannt.[81] Die meisten Forschungen zur Besitzproblematik, die die rechtsvergleichende Methodologie benutzen, haben auch eine interessante Eigenschaft: Die Werke der deutschen Gelehrten (F. C. Savigny, G. F. Puchta, R. Jhering u. a.) werden nicht als die Quelle für die Beschreibung der römischen Rechtsordnung benutzt, obwohl das *Corpus Iuris Civilis* im Deutschen Reich bis zum Inkrafttreten des BGB am 01.01.1900 ein Teil des positiven Recht gewesen ist, so dass deswegen das römische Recht einen unmittelbaren Forschungsgegenstand der Pandektenlehre bildete. Dagegen wird russische Rechtsliteratur zum römischen Recht, darunter die vorrevolutionären Lehrbücher, reichlich zitiert.[82] Die deutschen Juristen findet man in solchen Schriften nur betreffs theoretischer Probleme erwähnt, so dass der Leser den verkehrten Eindruck bekommen kann, als ob die Pandektenliteratur eine Sammlung von scholastischen Theoretisierungen ohne Erörterung des konkreten normativen Kontextes sei, in deren Rahmen die Ergebnisse rein logisch »aus der Natur der Sachen« deduziert würden.[83] Dies zeigt, dass die europäische

79 Siehe z. B.: Dmitrij V. Doždev, Osnovanie zaŝity vladeniâ v rimskom prave (Дождев Д. В. Основание защиты владения в римском праве), Moskau 1996, 238 S.; Aleksandr V. Konovalov, Vladenie i vladel'českaâ zaŝita v graždanskom prave (Коновалов А. В. Владение и владельческая защита в гражданском праве), St. Petersburg 2001, 299 S.; Germanov, Ot pol'zovaniâ k vladeniû (Anm. 77), u. a.

80 So schreibt Dmitrij Dozhdev, dass »Das Recht des Besitzes« von Savigny ein »juristischer Bestseller seiner Zeit« gewesen sei. Doch vergisst auch er bei der Zitierung die Seitenzahlen anzugeben. Der Name von Savigny wird in diesem Werk – nicht nur im Haupttext, sondern auch in den deutschen bibliographischen Angaben in den Anmerkungen – verwandelt in den Namen seines Sohnes, nämlich »Карл Фридрих фон Савиньи« (»Karl Friedrich von Savigny«), siehe Doždev, Osnovanie zaŝity vladeniâ (Anm. 79), S. 6 (inkl. Anm. 7). Derselbe Fehler ist auch für Alexander Germanov bezeichnend, siehe Germanov, Ot pol'zovaniâ k vladeniû (Anm. 77), S. 5, u. a.

81 Doždev, Osnovanie zaŝity vladeniâ (Anm. 79), S. 6; Konovalov, Vladenie (Anm. 79), S. 11, 12, 27, 69, 88.

82 Doždev, Osnovanie zaŝity vladeniâ (Anm. 79); Konovalov, Vladenie (Anm. 79), S. 7–26, 85–92.

83 Zwar ist eine solche Besonderheit in Wirklichkeit den meisten gegenwärtigen russischen Rechtsforschungen eigen, da praktische Ergebnisse aufgrund der logischen Beziehungen zwischen den Begriffen konstruiert werden. Beispielsweise benutzt der Autor der Monografie zum Besitz und dinglichen Recht Alexander Germanov das Definitionswörterbuch der russischen Sprache von Sergej I. Ozhegov (siehe: Sergej I. Ožegov, Slovar' russkogo âzyka (Ожегов С. И. Словарь русского языка), Moskau 1977, 848 S.) als eine unmittelbare Quelle bei der Feststellung der rechtlichen Eigenschaften des Besitzes. Siehe Germanov, Ot pol'zovaniâ k vladeniû (Anm. 77), S. 163–164.

Rechtsliteratur die Rolle einer subsidiären oder sogar fakultativen Quelle in russischen zivilrechtlichen Forschungen spielt, während die Hauptverständnisse der erörterten Fragen nur aufgrund russischer Fachliteratur gebildet werden. Diese kann aber eine adäquate, vollständige und objektive Information nicht immer zur Verfügung stellen. Die Aktualität dieser Information ist leider ein neuralgischer Punkt der russischen Zivilrechtswissenschaft.

Die Ursache solcher Bevorzugung bei der Quellenwahl ist alltäglich. Beim Fehlen von Übersetzungen der savignyschen Besitzlehre wird das Wesen seiner Ideen durch die greifbaren Übersetzungen von Jherings Arbeiten festgestellt, die aber eine Kritik von Savignys Besitztheorie und keine positive Darlegung derselben enthalten.[84] Zusätzlich werden z. B. von *Alexander Konovalov* auch die Übersetzungen der Lehrbücher von Puchta und Windscheid benutzt, die ebenfalls eine kritische Analyse der savignyschen Doktrin geben.[85] Die Nichtbenutzung der originalen Werke von Savigny wird durch die Fehler, Irrtümer und Ungenauigkeiten offenbar, die von den russischen Autoren bei der Zitierung systematisch gemacht werden.[86] Dies bestätigt auch die verkürzte Zahl der Hinweise auf deutsche Literatur im Vergleich zu dem Umfang der Zitierung von russischen Abhandlungen, die häufig für die Feststellung des Wesens der savignyschen Lehre, nicht aber für die kritische Analyse benutzt werden.

Bei der Untersuchung der russischen zivilrechtlichen Literatur über die Besitztheorie ist es notwendig, eine Abhandlung von *Alexander Germanov* näher

84 Rudolf Iering, Ob osnovanii zaŝity vladeniâ. Peresmotr učeniâ o vladenii. (Иеринг Р. Об основании защиты владения. Пересмотр учения о владении): Übersetzung der 2. deutschen Aufl., Moskau 1883, IV, 179 S.; Rudolf Iering, Teoriâ vladeniâ (Иеринг Р. Теория владения): Verkürzte Übersetzung von Evgenij V. Vas'kovskij (Е. В. Васьковский). St. Petersburg 1895, [2], IV, 48 S. Vgl. die Originalwerke Rudolf von Jhering, Ueber den Grund des Besitzesschutzes. Eine Revision der Lehre vom Besitz, 2. verb. und verm. Aufl., Jena 1869, VIII, 224 S.; ders., Der Besitzwille. Zugleich eine Kritik der herrschenden juristischen Methode, Jena 1889, XVI, 540 S.

85 Georg Fridrih Puhta, Kurs rimskogo graždanskogo prava (Пухта Г. Ф. Курс римского гражданского права), Bd. 1, Moskau 1874, [6], VIII, 550 S.; Bernard Vindšeid, Učebnik pandektnogo prava (Виндшейд Б. Учебник пандектного права), Bd. 1: Obŝaâ čast' (Общая часть), Die Übersetzung ist herausgegeben von Semën V. Pahman (С. В. Пахман), St. Petersburg 1874, XIV, 358 S. Siehe: Konovalov, Vladenie (Anm. 79), S. 69–70 (Anm. 92). Vgl. die Originalwerke: Georg Friedrich Puchta, Vorlesungen über das heutige römische Recht. Hrsg. v. Adolf August Friedrich Rudorff, Bd. 1, Leipzig 1847, VIII, 456 S.; Bernhard Windscheid, Lehrbuch des Pandektenrechts, Bd. 1, Düsseldorf 1862, XV, 663 S.

86 Dies zeigt die Häufigkeit der Praxis der Entlehnungen von »archaischen« Hinweisen auf deutsche Literatur aus russischen vorrevolutionären Schriften, als diese Hinweisgestaltung noch die einzig mögliche gewesen war.

zu betrachten. Diese Abhandlung, die keine wissenschaftliche Tiefe der Ermittlung von zivilistischen Fragen demonstriert,[87] kann uns als ein glänzendes Anschauungsbeispiel des typischen Verhaltens russischer Autoren zum savignyschen Erbe und überhaupt zur ausländischen unübersetzten Rechtsliteratur dienen. Dieser Autor nennt Savignys Werk schon in der Einleitung, in der der deutsche Gelehrte als »Begründer der modernen Besitztheorie« bezeichnet wird. Dabei brüstet sich Germanov damit, dass er die originale Auflage von Savignys »Besitztheorie« benutzt habe. Dieses Buch hat – nach Germanov – zwei negative Eigenschaften: Es ist schwierig in den Bibliotheken zu finden, und es ist nicht ins Russische übersetzt worden. Er bemerkt dazu: »Die Arbeit von *Karl Friedrich Savigny* ›Das Recht des Besitzes‹ wurde im 19. Jahrhundert dutzende Male gedruckt. In den Bibliotheken zu St. Petersburg gelang es dem Autor dieses Werkes nicht, ein Exemplar zu finden. Es ist wahr, dass ein einziges Exemplar sich nur in Moskau befindet und auf Deutsch gedruckt ist. Darum war es notwendig, die Hilfe eines Übersetzers zu benutzen.«[88]

Die Früchte der Mühen des unbekannten Übersetzers bleiben aber nach dem Durchlesen von Germanovs Schrift unauffällig. Wieder sind die schon genannten Besonderheiten der Erarbeitung von ausländischen Quellen bemerkenswert. Das Wesen der savignyschen Ideen wird aufgrund russischer Literatur und der Übersetzungen der kritischen deutschen Werke festgestellt. Als solche Quellen dienen die am Ende des 19. Jahrhunderts veröffentlichten Übersetzungen von Jherings Abhandlungen »Über den Grund des Besitzschutzes« (»Об основании защиты владения«) und »Der Besitzwille« (»Теория владения«),[89] die Arbeiten der vorrevolutionären russischen Zivilisten[90] und die wenigen heutigen russi-

87 Siehe näher Vladimir M. Budilov, Metodologičeskie trudnosti v issledovanii vladeniâ i veŝnyh prav: Recenziâ na monografiû A.V. Germanova »Ot pol'zovaniâ k vladeniû i veŝnomu pravu«, in: Vestnik graždanskogo prava (Будилов В.М. Методологические трудности в исследовании владения и вещных прав: Рецензия на монографию А.В. Германова »От пользования к владению и вещному праву« // Вестник гражданского права) 6 (2010), S. 279–288.

88 Germanov, Ot pol'zovaniâ k vladeniû (Anm. 77), S. 23. (deutsche Orthographie und Druckfehler sind gewahrt; betont von mir – K. G.). Nebenbei gesagt, war die Reise von Germanov aus Petersburg nach Moskau unnötig, da eine graphische Kopie dieses Werkes sich z. B. in dem virtuellen Lesesaal der Bibliothek des Max-Planck-Instituts für europäische Rechtsgeschichte befindet, mit freiem Zugang. Siehe Friedrich Carl von Savigny, Das Recht des Besitzes: Eine civilistische Abhandlung, Gießen 1803, XXXII, 495 S. Der Text ist auf folgender URL zugänglich: http://dlibpr.mpier.mpg.de/mfer-cgi/kleioc/0010MFER/exec/books/%22235083%22.

89 Germanov, Ot pol'zovaniâ k vladeniû (Anm. 77), S. 112–144 u. a.

90 So werden die Schriften von Igor' M. Tütrümov (И.М. Тютрюмов), Konstantin P. Pobedonoszev (К.П. Победоносцев), Dmitrij I. Meyer (Д.И. Мейер), Gabriel F. Shershenevich (Г.Ф. Шершеневич), Nikolaj L. Düvernua (Н.Л. Дювернуа) u. a. benutzt.

schen Rechtsforschungen, die den Fragen des dinglichen Rechtes gewidmet sind und die – im Gegensatz zu den Werken der meisten heutigen Zivilisten – echte Erörterungen der europäischen Zivilrechtsdoktrin mit der Benutzung der originalen Quellen[91] enthalten. Dies kommt aufgrund der schon erwähnten Fahrlässigkeiten und Ungenauigkeiten in den Hinweisen bei der Zitierung der Werke von Savigny selbstverständlich zum Ausdruck. Die wirklichen Quellen lassen sich leicht feststellen, da die unkorrekten und unvollständigen Hinweise auf unübersetzte Schriften von Savigny nur Einsprengsel bilden in den Massen von umfangreichen Darlegungen der entsprechenden russischsprachigen Quellen, die korrekt gestaltete Hinweise bekommen. In diesem Werk trifft man sogar auf Zitate aus Savigny, die häufig ausführlich und in Anführungszeichen gesetzt sind, die aber keinen Hinweis auf die Zitatsquelle haben, so dass es sogar unklar bleibt, was für eine Abhandlung von Savigny überhaupt zitiert wird.[92]

Die zitierten Aussprüche von Savigny ergeben keine Möglichkeit, den wirklichen Standpunkt des Gelehrten in den Fragen der Besitztheorie aufzuhellen. Es werden nur jene Phrasen angeführt, die die eigenen Gedanken von Germanov illustrieren oder seine Schlussfolgerungen bejahen. Einige Zitate bezeugen den hohen Grad des literarischen Talentes von Savigny. Aber kein Zitat und keine Darlegung savignyscher Ideen geben dem Leser eine Vorstellung vom Wesen seiner Besitzlehre und von den Fragen, die in der Pandektenliteratur dazu diskutiert werden. So besteht das wahre Ziel der Zitierung ausländischer Literatur in der Verschönerung des eigenen Werkes einerseits und andererseits darin, den Anschein von Wissenschaftlichkeit zu erzeugen.[93]

91 Als solche Quellen werden in der Schrift von Germanov folgende Werke benutzt: Lûdmila Û. Vasilevskaâ, Priobretenie prava sobstvennosti ot neupravomočennogo lica: germanskij i rossijskij opyt, in: Zakonodatel'stvo (Василевская Л. Ю. Приобретение права собственности от неправомочного лица: германский и российский опыт // Законодательство) 7 (2004), 8 (2004); DIES., Konstrukciâ »pravo na pravo« v graždanskom prave: istoki i normativnoe regulirovanie, in: Vestnik Federal'nogo arbitražnogo suda Zapadno-Sibirskogo okruga (Конструкция »право на право« в гражданском праве: истоки и нормативное регулирование // Вестник Федерального арбитражного суда Западно-Сибирского округа) 1 (2003), u. a.

92 GERMANOV, Ot pol'zovaniâ k vladeniû (Anm. 77), S. 88 (das Motto), 107, 135 ff.

93 In dieser Beziehung ist zu sagen, dass in dieser Arbeit die russische Übersetzung des savignyschen Obligationenrechts – SAVIN'I, Obâzatel'stvennoe pravo (Anm. 44) – ohne genügenden Grund in Fülle zitiert wird. Eine andere Besonderheit dieses Werkes besteht darin, dass dort eine Vielzahl der Zitate aus dem ersten Band der russischen Übersetzung der Pandekten von Dernburg (GENRIH DERNBURG, Pandekty (Дернбург Г. Пандекты), Bd. 1: Obŝaâ čast' (Общая часть), übers. v. G. VON REHENBERG (Г. фон Рехенберг), Hrsg. v. PAVEL E. SOKOLOVSKIJ (П. Е. Соколовский), Moskau 1906, XVI, 465 S. Vgl. mit dem Original: HEINRICH DERNBURG, Pandekten, 6., verb. Aufl. Bd. 1, Abth. 1:

Die Erwähnungen der Ideen der ausländischen Gelehrten und der Werke der russischen vorrevolutionären Zivilisten sind für die Konzeptionen und die Schlussfolgerungen, die Germanov ausführt, ohne Bedeutung. Das wirkliche Interesse dieses Autors richtet sich auf die Bataillen, die er mit seinen russischen Zeitgenossen führt. Diese Polemik, die den Charakter einer *Begriffsjurisprudenz* hat, bildet den wirklichen Kern dieser Schrift. Darlegung, Zitate, Hinweise und Erwähnungen der Ideen und Konzeptionen der europäischen Rechtswissenschaft kann man aus diesem Werk völlig hinwegdenken, ohne dass sein Inhalt irgendwie beschädigt würde. Ein solches Verhältnis zum Erbe der russischen vorrevolutionären Rechtswissenschaft und zu der europäischen zivilistischen Doktrin ist keine Seltenheit in der Zivilrechtswissenschaft des gegenwärtigen Russland.[94]

Allgemeiner Theil, Berlin 1900, XIV, 388 S.) eingeführt wird, obwohl dieser Band nur die Fragen des Allgemeinen Teils des Bürgerlichen Rechts diskutiert. Dabei gibt es in Germanovs Schrift keine Erwähnung des zweiten Bandes der Übersetzung (im Original: zweiter Teil erster Band, siehe: Genrih Dernburg, Pandekty (Дернбург Г. Пандекты), Bd. 1, Teil 2: Veŝnoe pravo (Вещное право). 6. verb. Aufl. Übersetzt v. A. Û. Bloh, A. Â. Gal'perin, D. I. Utnelov, K. A. Šnejder (А. Ю. Блох, А. Я. Гальперин, Д. И. Утнелов, К. А. Шнейдер), Hrsg. v. Aleksandr F. Mejendorf (А. Ф. Мейендорф), St. Petersburg 1905, [2], X, 364 S. Vgl. mit dem Original: Heinrich Dernburg, Pandekten, 6., verb. Aufl. Bd. 1, Abth. 2: Sachenrecht, Berlin 1900, X, 340 S.), der ausschließlich den Fragen des Sachenrechtes gewidmet wird. Siehe Germanov, Ot pol'zovaniâ k vladeniû (Anm. 77), S. 16, 17, 32, 54–55, 78, 325–26, 341, 389 ff.

94 Siehe z. B.: Dedov, Ûridičeskij metod (Anm. 76); Aleksandr V. Volkov, Teoriâ koncepcii »Zloupotreblenie graždanskimi pravami (Волков А. В. Теория концепции »Злоупотребление гражданскими правами«), Wolgograd 2007, 352 S.; Sergej V. Krohalëv, Kategoriâ publičnogo porâdka v meždunarodnom graždanskom processe (Крохалев С. В. Категория публичного порядка в международном гражданском процессе), St. Petersburg 2006, 472 S.; Rasskazov, Učeniâ o ûridičeskih licah (Anm. 76); Konstantin I. Sklovskij, Sobstvennost' v graždanskom prave (Скловский К. И. Собственность в гражданском праве), 5. Aufl., Moskau 2010, 893 S.; Elena A. Ostanina, Zavisimost' pravovyh posledstvij sdelki ot otlagatel'nogo i otmenitel'nogo uslovij (Останина Е. А. Зависимость правовых последствий сделки от отлагательного и отменительного условий), Moskau 2010, 248 S.; Vladimir V. Kulakov, Obâzatel'stvo i osložneniâ ego struktury v graždanskom prave Rossii (Кулаков В. В. Обязательство и осложнения его структуры в гражданском праве России), 2. Aufl., Moskau 2010, 256 S.; Marina F. Luk'ânenko, Ocenočnye ponâtiâ graždanskogo prava: razumnost', dobrosovestnost', suŝestvennost' (Лукьяненко М. Ф. Оценочные понятия гражданского права: разумность, добросовестность, существенность), Moskau 2010, 423 S.; Sergej D. Radčenko, Zloupotreblenie pravom v graždanskom prave Rossii (Радченко С. Д. Злоупотребление правом в гражданском праве России), Moskau 2010, 224 S.; Pëtr M. Filippov, Andrej Û. Belonožkin, Novoe opredelenie sub'ektiv-

Das Bild von Savigny, das in solcher zivilistischer Literatur entsteht, hat also einen hohen Grad der Unbestimmtheit und der Ungewissheit. Der unerfahrene Leser – nach einem Durchlesen solcher Arbeiten – bekommt einerseits eine Empfindung der Großartigkeit der Person Savigny, ihrer Ideen, die vor anderthalb Jahrhunderten geäußert wurden, ihres Echos in der gegenwärtigen Wissenschaft. Die Feststellung des Inhalts seiner Lehren ist andererseits im höchsten Grade schwierig, so dass das Bild Savignys eine gewisse Geheimnishaftigkeit und besondere Transzendenz bekommt. Deshalb betrachtet man eine Kenntnis seines Namens und eine Geschicklichkeit, gegebenenfalls zu bemerken, dass irgendein Problem *schon von Savigny* erforscht worden sei, als die Erfüllung einer Art Anstandsregel. Das Fehlen solcher Bemerkungen bedeutet indessen noch nicht, dass diese wissenschaftliche Abhandlung von schlechter Qualität wäre. Und es kommt nur als ein Hindernis für eine Wissenschaftstätigkeit in Betracht, die vor allem als eine Polemik mit gegenwärtigen russischen Autoren mit der pflichtgemäßen Erwähnung einiger Namen der Rechtsgelehrten aus sowjetischen und vorrevolutionären Zeiten verstanden wird.

Die Verbreitung solcher Einstellungen ist in der heutigen russischen Zivilistik sehr hoch. Doch kann man sagen, dass auch eine Gegenansicht existiert, die die akribische Untersuchung der erforschten Fragen aufgrund sowohl der russischen als auch der ausländischen Rechtswissenschaftsliteratur der Gegenwart und der Vergangenheit fordert. Diese Auffassung der wissenschaftlichen Tätig-

nogo graždanskogo prava i zloupotreblenie im (Филиппов П.М., Белоножкин А.Ю. Новое определение субъективного гражданского права и злоупотребление им), Wolgograd 2009, 248 S.; Denis V. Dobračev, Vzyskanie osnovnogo denežnogo dolga i ubytkov v graždanskom prave Rossii (Добрачев Д.В. Взыскание основного денежного долга и убытков в гражданском праве России), Rechtsinformationssystem »Konsul'tant Plûs« (СПС КонсультантПлюс; elektronische Publikation) 2009; Marina A. Rožkova, Nikolaj G. Eliseev, Oleg Û. Skvorcov, Dogovornoe pravo: soglašeniâ o podsudnosti, meždunarodnoj podsudnosti, primiritel'noj procedure, arbitražnoe (tretejskoe) i mirovoe soglašeniâ (Рожкова М.А., Елисеев Н.Г., Скворцов О.Ю. Договорное право: соглашения о подсудности, международной подсудности, примирительной процедуре, арбитражное (третейское) и мировое соглашения), Hrsg. v. Marina A. Rožkova (Рожкова М.А.), Moskau 2008, 525 S.; Viktor P. Zvekov, Obâzatel'stva vsledstvie pričineniâ vreda v kollizionnom prave (Звеков В.П. Обязательства вследствие причинения вреда в коллизионном праве), Moskau 2007, 128 S.; Viktor A. Tarhov, Vâčeslav A. Rybakov, Sobstvennost' i pravo sobstvennosti (Тархов В.А., Рыбаков В.А. Собственность и право собственности), 3. Aufl., Moskau 2007, 276 S.; Sergej G. Pevnickij, Elena A. Čefranova, Mnogokvartirnye doma: problemy i rešeniâ (Певницкий С.Г., Чефранова Е.А. Многоквартирные дома: проблемы и решения), Moskau 2006, 541 S.; Sergej V. Morgunov, Vindikaciâ v graždanskom prave. Teoriâ. Problemy. Praktika (Моргунов С.В. Виндикация в гражданском праве. Теория. Проблемы. Практика), Moskau 2006, 301 S., u.a.

keit in der Rechtswissenschaft wird in der Regel von den mittelalten Gelehrten geteilt, die sich an europäischen Werten orientieren und die die vorhandenen Unterschiede in der Regelung zivilistischer Institute nicht immer mit angeblich existierenden kulturologischen Besonderheiten der russischen Gesellschaft rechtfertigen.

Das zivilistische Erbe von Savigny wird vollständig zum Gegenstand der wissenschaftlichen Untersuchung in den Werken solcher gegenwärtiger russischer Zivilrechtsgelehrten wie *Denis V. Novak*,[95] der die Problematik der ungerechtfertigten Bereicherung erforscht, *A. A. Panov*, der die Fragen der Willensbildung und Willenserklärung untersucht,[96] *Ljudmila Ju. Vasilevskaja*, die das Thema des dinglichen Vertrages bearbeitet,[97] *Alexander Ju. Zezekalo*, der die Fragen des Irrtums im Obligationsrecht ermittelt,[98] *Daniil O. Tusov*, der über die unwirksamen Rechtsgeschäfte schreibt,[99] und *Konstantin V. Gnitsevich*, der die Schule des Pandektenrechts und ihre Einwirkungen auf die russische

95 Denis V. Novak, Neosnovatel'noe obogaŝenie v graždanskom prave (Новак Д.В. Неосновательное обогащение в гражданском праве), Moskau 2010, 416 S.

96 A.A. Panov, K voprosu o kategoriâh voli, voleiz'âvleniâ i poroka voli v teorii ûridičeskoj sdelki, in: Vestnik graždanskogo prava (Панов А.А. К вопросу о категориях воли, волеизъявления и порока воли в теории юридической сделки// Вестник гражданского права) 1 (2011), S. 52–81.

97 Lûdmila Û. Vasilevskaâ, Vladenie i vladel'českaâ zaŝita: problemy teorii i pravoprimeneniâ, in: Civilist (Василевская Л.Ю. Владение и владельческая защита: проблемы теории и правоприменения // Цивилист) 1 (2011), S. 48–54; dies., Učenie o veŝnyh sdelkah po germanskomu pravu (Учение о вещных сделках по германскому праву), Moskau 2004, 538 S.

98 Aleksandr Û. Zezekalo, Sdelki, soveršennye pod vliâniem zabluždeniâ, v proekte Koncepcii soveršenstvovaniâ obŝih položenij Graždanskogo kodeksa Rossijskoj Federacii, in: Vestnik graždanskogo prava (Зезекало А.Ю. Сделки, совершенные под влиянием заблуждения, в проекте Концепции совершенствования общих положений Гражданского кодекса Российской Федерации // Вестник гражданского права) 3 (2009), S. 207–220; ders., Zabluždenie v suŝestvennyh svojstvah predmeta sdelki, in: Vestnik Vysšego Arbitražnogo Suda Rossijskoj Federacii (Зезекало А.Ю. Заблуждение в существенных свойствах предмета сделки // Вестник Высшего Арбитражного Суда Российской Федерации) 3 (2008), S. 28–43.

99 Daniil O. Tuzov, Teoriâ nedejstvitel'nosti sdelok: opyt rossijskogo prava v kontekste evropejskoj pravovoj tradicii (Тузов Д.О. Теория недействительности сделок: опыт российского права в контексте европейской правовой традиции), Moskau 2007, 602 S.; ders., Restituciâ pri nedejstvitel'nosti sdelok i zaŝita dobrosovestnogo priobretatelâ v rossijskom graždanskom prave (Реституция при недействительности сделок и защита добросовестного приобретателя в российском гражданском праве), Moskau 2007, 206 S.; ders., Ničtožnost' i osporimost' ûridičeskoj sdelki: pandektnoe učenie i sovremennoe pravo (Ничтожность и оспоримость юридической сделки: пандектное учение и современное право), Moskau 2006, 204 S.

Rechtswissenschaft analysiert und der auch zivilistische Fragen der *culpa in contrahendo* und des Eigentumsüberganges erforscht.[100] Es ist auch die *Jaroslawsche Zivilistische Schule* von *Eugenij A. Krascheninnikov* zu nennen, dessen Schüler die Untersuchungen der bürgerlichrechtlichen Probleme in Richtung der Neopandektistik durchführen.[101]

Die genannten Autoren und ihre Nachfolger sind sich natürlich nicht immer einig, auch was die Fragen der Interpretation von Ideen ihrer Vorgänger betrifft; und es ist auch nicht immer möglich, ihre Schlussfolgerungen bedingungslos zu bejahen. Doch geben ihre Werke vollwertigen wissenschaftlichen Diskussionen Raum, deren unerlässliches Attribut die inhaltlichen Bezugnahmen auf die Texte der originalen Schriften bilden. Von diesen Autoren werden die Werke von europäischen Zivilisten der Gegenwart und der Vergangenheit ebenso wie die Konzeptionen der führenden Theoretiker des russischen Zivilrechts aktiv benutzt. Der Unterschied dieser Werke zu den europäischen rechtswissenschaftlichen Abhandlungen besteht nur darin, dass sie auf Russisch geschrieben sind. Die methodologische Grundlage und die Qualität dieser Forschungen sind die gleiche. Daraus folgt, dass das Bild von Savigny, das in diesen Abhandlungen geschaffen wird, sich nicht wesentlich von dem unterscheiden muss, das in der europäischen Zivilistik der Gegenwart geformt wird.

Solche Arbeiten sind in der gegenwärtigen russischen Rechtswissenschaft noch nicht tonangebend. Doch haben wir den dringenden Wunsch, dass diese

100 Zivilistische Aspekte der Theorie Savignys werden in folgenden Arbeiten erforscht: KONSTANTIN V. GNICEVIČ, Ideâ abstraktnosti tradicii: istoriâ i sovremennost', in: Vestnik Vysšego Arbitražnogo Suda Rossijskoj Federacii (Гницевич К. В. Идея абстрактности традиции: история и современность // Вестник Высшего Арбитражного Суда Российской Федерации) 10 (2007), S. 24–41; DERS., O ûridičeskoj prirode tradicii, in: Zakon (О юридической природе традиции// Законv) 10 (2008), S. 189–198; KONSTANTIN V. GNITSEVICH, Tradition and Passing of Property (with Regard to Sale) in Russian Civil Law, in: Kehittyvä Venäjän Oikeus. Developing Russian Law. Направления развития российского права. Lappeenranta 2007, S. 28–36; DERS., Tradition and Passing of Property (with Regard to Sale) in Russian Civil Law, in: Diritto@Storia 6 (2007), [elektronische Publikation] URL: http://www.dirittoestoria.it/6/Contributi/Gnitsevich-Tradition-passing-property-russian-civil-law.htm (mit Übersetzung ins Russische: Tradiciâ veŝi i perehod prava sobstvennosti v rossijskom graždanskom prave (Традиция вещи и переход права собственности в российском гражданском праве), in: Diritto@Storia 6 (2007), [elektronische Publikation] URL: http://www.dirittoestoria.it/6/Contributi/Gnitsevich-Tradition-passing-property-russian-civil-law-rus.htm).

101 Siehe z. B.: VADIM V. GRAČËV, Pravovaâ priroda tradicii, in: Sbornik statej k 55-letiû E. A. Krašeninnikova. Hrsg. v. PAUL A. VARUL (Грачев В. В. Правовая природа традиции // Сборник статей к 55-летию Е. А. Крашенинникова: сб. науч. тр. / Отв. ред. П. А. Варул), Jaroslawl 2006, S. 16–36.

Art der wissenschaftlichen Forschung zu der führenden wird und dass die Entstehung der andersartigen Arbeiten als wissenschaftliche Perversion gekennzeichnet werden wird.

Konstantin V. Gnitsevich,[102] Ilya L. Chestnov[103]
(sprachlich überarbeitet von Joachim Rückert)

102 *Dr. Konstantin V. Gnitsevich* – Wissenschaftlicher Mitarbeiter des Instituts für Staat und Recht der Russischen Akademie der Wissenschaften (Außenstelle St. Petersburg), Mitarbeiter des Zentrums für Forschungen zum römischen Recht (Außenstelle St. Petersburg).

103 *Dr. habil. Ilya L. Chestnov* – Professor des Lehrstuhls für Theorie und Geschichte des Staats und des Rechts des Juristischen Instituts zu St. Petersburg – Außenstelle der Akademie der Generalstaatsanwaltschaft der Russischen Föderation.

Die Savigny-Rezeptionen in Japan und die Savigny-»Bilder« dabei

1 Vorwort

Japan ist sicher eines der am meisten an Savigny interessierten Länder. Deshalb fehlt es auch nicht an japanischen Übersetzungen der Werke Savignys; seit kurzem gibt es sogar eine vollständige Übersetzung des *System des heutigen römischen Rechts (1840–1849)*.[1]

1.1 Savigny-Übersetzungen und ihre Rolle bei der Savigny-Rezeption

Allerdings haben die Übersetzungen der Werke Savignys in Japan eher eine begrenzte Rolle gespielt. Seit der Meiji-Restauration 1867, als Japan die europäischen Rechtssysteme zu rezipieren begann, sollten die juristischen Wissenschaftler in Japan Deutsch, Französisch und/oder Englisch zumindest lesen können. Die Juristen, die an Savigny interessiert waren, lasen eher die Originalwerke Savignys. Deshalb sind die Übersetzungen eher später gekommen. Schon lange zuvor hatte Japan jedoch Savigny rezipieren können. Die japanischen Juristen interessierten sich so sehr für Savigny, dass sie sogar ohne Übersetzungen direkt auf die Originale zugreifen wollten.

1.2 Das breite Spektrum der Übersetzer und der Interessen an Savigny

Es ist auch darauf hinzuweisen, dass in Japan bei den Savigny-Übersetzungen und Savigny-Rezeptionen nicht nur Zivilrechtler, Rechtshistoriker, Romanisten und Rechtsphilosophen, sondern auch Internationalrechtler, Strafrechtler oder sogar Handelsrechtler eine große Rolle gespielt haben. Beispielsweise wurden Bd. 5 des *System* von dem Zivilprozeßrechtler Oka und Bd. 8 von dem Inter-

1 Siehe unten Anm. 4.

nationalprivatrechtler Yamada übersetzt, zwar nur teilweise, aber immerhin von Spezialisten auf dem jeweiligen Gebiet.[2]

Hier sollen insbesondere zwei Handelsrechtler erwähnt werden: Eizo Hattori (1920–2008) übersetzte 1958 die *Juristische Methodologie* ins Japanische,[3] und Ichiro Kobashi (1923–) übertrug nach seiner Emeritierung zwischen 1993 und 2009 alle Bände des *System des heutigen römischen Rechts,* inklusive Fußnoten und römischrechtlichen Zitierungen, vollständig ins Japanische.[4] Beide, Hattori und Kobashi, waren auch für ihre gründlich fundierten dogmatischen Arbeiten bekannt. Hattori schreibt im Nachwort seiner Übersetzung etwas zurückhaltend, dass er aber auch zur rechtsgeschichtlichen Forschung beitragen wolle.[5] Hattori hat außerdem mit seinem Kollegen, dem Internationalrechtler Yuu Takahashi (1925–), *System* Bd. I schon früher teilweise übersetzt.[6]

Kobashi beschäftigte sich mit Wechselrecht und wollte die Rechtverhältnisse der Wechsel auf der Willenstheorie basieren. Aus dieser grundsätzlichen Einstellung heraus hatte er sich schon seit langem für Savigny interessiert. Kobashi wollte Savignys *System*, das er für den Anfangspunkt der privatrechtlichen Dogmatik hält, allen japanischen Juristen leicht zugänglich machen, wie er im Nachwort schreibt.[7]

2 Savigny-Rezeption in der Meiji-Ära im 19. Jahrhundert: der patriotische Savigny?

Zu allererst zu erwähnen ist die frühere Savigny-Rezeption im 19. Jahrhundert in Japan. Deren Hintergrund war die ursprünglich geplante Rezeption der französischen Gesetzgebung in Japan.

2 Toru Oka, *System* Band 5, § 231, in: The Law Review of Kansai University, Bd. 31, Heft 5 (1982), S. 141 ff.; Ryoichi Yamada, *System* Band 8, § 350–§ 359, in: Nagoya University, Journal of Law and Politics, Nr. 24 (1963), S. 109 ff.

3 Eizo Hattori, *Savigny Hougakuhouhouron (Savigny Juristische Methodenlehre)*, Tokio 1958, übersetzt aus F.K. v. Savigny, *Juristische Methodenlehre*, hrsg. von Gerhard Wesenberg, Stuttgart 1951.

4 *Savigny Gendai romahou taikei (System des heutigen römischen Rechts)*, Tokio: Seibundo-Verlag, Band 1: 1993, Band 2: 1996, Band 3: 1998, Band 4: 2001, Band 5: 2003, Band 6: 2005, Band 7: 2007 und Band 8: 2009.

5 Hattori, *Savigny Hougakuhouhouron* (Anm. 3), S. 121.

6 Eizo Hattori und Yu Takahashi, *System* Band 1, § 1–§ 15, in: Doshisha Law Review (Doshisha University) von Bd. 7, Heft 3 (1955), S. 121 ff. bis Bd. 8, Heft 4 (1956), S. 155 ff.

7 Kobashi (Anm. 4), Bd. 1, S. 379.

2.1 Der erste Versuch der Gesetzgebung

Die moderne zivilrechtliche Gesetzgebung in Japan wurde zuerst von einem Franzosen entworfen, der als Rechtsberater von der japanischen Regierung extra dazu bestellt wurde: Gustave Emil Boutry Boissonade (1825–1910). Er hielt sich von 1873 bis 1895 in Japan auf und hatte in dieser Zeit *Kyuminpouten*, d. h. das alte japanische Zivilgesetzbuch, den Code civil pour l'Empire du Japon 1879–1888 entworfen, und zwar auch mit Kommentaren.[8] Allerdings wurde der Code, gleich nachdem er 1890 erlassen wurde, heftig kritisiert. Die Kritiker sagten, der Code von Boissonade sei zu europäisch, individualistisch und auch christlich und passe nicht zur japanischen herkömmlichen Sitte; sie werde damit sogar zerstört: Das ist der »Kodifikationsstreit« in Japan.[9]

2.2 »Kodifikationsstreit«

Japan hat seit der Meiji-Restauration europäische Rechtssysteme eingeführt, die japanischen Juristen wurden an der Universität, im Ministerium oder in verschiedenen privaten Schulen teils im französischen Recht, teils im englischen Recht ausgebildet. Die Kritiker gehörten meistens zur englischen Schule. Man nennt diesen Streit im Vergleich mit der Thibaut/Savigny Diskussion auch »Kodifikationsstreit«. Die Kritiker, d. h. die englische Schule, setzten sich schließlich durch, so dass das Inkrafttreten des Code civil pour l'Empire du Japon zuerst aufgeschoben und zu guter Letzt komplett abgesagt wurde.

Die Kritiker hatten mit dem Spruch, »wenn der (europäisch-christliche) Code erlassen würde, dann würde der traditionelle Gehorsam gegenüber den Eltern und Ahnen verloren gehen«, argumentiert.[10] Allerdings stimmt diese Formulierung nicht ganz, weil auch in Europa von den Zehn Geboten eines »Ehre deinen Vater und deine Mutter« lautet. Deshalb ist jener Spruch, dass der christliche Code das Eltern-Ehren zerstören werde, nicht richtig. Trotzdem

8 *Projet de Code civil pour l'Empire du Japon, accompagné d'un Commentaire, nouvelle édition, corrigée et augmentée*, Tokio 1890–1891.

9 Dazu Yasuo Okubo, *Nihon kindaihou no Chichi, Boissonade* (Boissonade. Der Vater des modernen japanischen Rechts), Tokio 1977, S. 42 ff. Zu dem »Kodifikationsstreit« jüngst Cristoph Sokolowski, *Der so genannte Kodifikationenstreit in Japan*, München 2010.

10 Yatsuka Hozumi (Nobushiges jüngerer Bruder), *Minpou idete Chukou horobu* (Wenn der Code erlassen würde, dann würde der traditionale Gehorsam gegenüber den Eltern untergehen) in: Hougaku shinpou (Neue juristische Zeitschrift), Heft 5 (1891), ebenfalls in: *Hozumi Yatsuka ronbunsyu* (Gesammelte Schriften Hozumi Yatsukas), Tokio 1943, S. 223 ff. Siehe auch Sokolowski, *Kodifikationenstreit* (Anm. 9), S. 429 ff.

war jener Spruch, den man heute als Polemik deuten sollte, sehr populär, obwohl Boissonade selbst auch dagegen gestritten hatte.[11]

2.3 Nobushige Hozumi und sein *Houtenron*, die Einführung Savignys in Japan

Während dieses Kodifikationsstreites hatte Nobushige Hozumi (1856–1926) *Houtenron*, d. h. die Lehre der Kodifikation, geschrieben und darin Savigny erwähnt. Hozumi stammte aus einer Samurai-Familie in der Provinz der kleinsten südlichen Hauptinsel, *Shikoku*. Er hatte an der 1870 neu gegründeten europäisierten Universität zu Tokio studiert, sich dann 1876 zunächst in England aufgehalten, wo er zum Anhänger der Evolutionstheorie wurde und ab 1880 in Berlin weiterstudiert; 1882 schließlich wurde er zum Professor und Dekan an der Universität Tokio ernannt.[12]

Hozumi stellte in seinem *Houtenron* Savignys *Vom Beruf unsrer Zeit für Gesetzgebung und Rechtswissenschaft* (1814) vor und sagte, das Recht entwickele sich eigentlich vom Volke aus und sei keine Sache, die der Gesetzgeber erzeuge.[13] Bei anderer Gelegenheit schrieb er, in Deutschland habe sich die Rechtswissenschaft hoch entwickelt, [so dass für die Quellen des Rechts nur die Rechtswissenschaft ausreiche,] weshalb die Juristen nicht ans Gesetzbuch zu binden seien.[14] Hozumis Argumente, die auf der deutschen historischen Rechtsschule basierten, haben im Kodifikationsstreit die Kritiker gegen den Code Boissonades ermutigt. 1890 wurde beschlossen, die Inkraftsetzung des Code zunächst bis 1894 aufzuschieben. 1893 wurde dann die Gesetzeskommission neu errichtet und mit einer gründlichen, neuen Reform des Code civil pour l'Empire du Japon begonnen.

2.4 Nationalisierung der Gesetzgebung

Im japanischen Kodifikationsstreit polemisierte die englische Schule zunächst gegen den Code Boissonades. Danach mobilisierte Hozumi die Kritiker, gestärkt durch Savignys Ansichten. Diese Allianz der englischen und deutschen Schulen nationalisierte erfolgreich die japanische Gesetzgebung. Nach der Errichtung der Gesetzeskommission 1893 sollte das Japanische Zivilgesetzbuch (JZGB) nur

11 Sokolowski, *Kodifikationenstreit* (Anm. 9), S. 461.

12 Zu Nobushige Hozumi siehe Shigeyuki Hozumi (Enkel), *Meiji ichihougakusha no syuppatsu* (Der Ausgang eines japanischen Juristen in der Meiji-Ära), Tokio 1988.

13 Nobushige Hozumi, *Houtenron*, Tokio 1890, S. 11. Siehe auch Sokolowski, *Kodifikationenstreit* (Anm. 9), S. 393 ff.

14 Shigeyuki Hozumi, *Meiji ichihougakusha* (Anm. 12), S. 333.

mehr von Japanern verfasst werden. Hozumi selbst wurde zu einem der wichtigsten Verfasser des Zivilgesetzbuchs, das noch jetzt gültig ist. Das neue Zivilgesetzbuch folgt im Aufbau dem deutschen Pandektensystem.

Savignys Gedanke, der von Hozumi in Japan eingeführt wurde, germanisierte die Kodifikation und nationalisierte sie auch. Hozumi verglich sich gern mit Savigny und Boissonade mit Thibaut. Es ist auch bekannt, dass Hozumi etwa um 1900, bei einem Familienfest halb zum Spaß ein kleines Gedicht vorgetragen hat, welches wie folgt lautet: »Im 19. Jahrhundert war es Savigny gewesen, im 20. Jahrhundert war es aber Hozumi; ich hoffe, dass die Leute es einmal so sagen werden, das ist, was ich hoffe.«[15]

2.5 Was war der Kodifikationsstreit? Die heutige Perspektive

Was war der Kodifikationsstreit eigentlich aus heutiger Sicht? Wie ist der Streit zu interpretieren?

Die patriotische Allianz der englischen Schule mit den Ideen Savignys gegen den Code Boissonades und für die nationale Gesetzgebung in Japan scheint möglicherweise nicht ganz zufällig gewesen zu sein. Die Idee Savignys zu seinem Werk *Beruf* etwa ist auch im Zusammenhang mit englischen Philosophen wie z. B. Blackstone, Bacon, Hume, Smith usw. zu sehen, wie es auch die neuere Savigny-Forschung deutet.[16]

Es scheint aber, dass die Fronten des Streits nicht ganz klar gezogen werden können. Boissonade, der eineinhalb Generationen jünger als Savigny war, gehörte auch zur *école d'histoire*. Boissonade hatte 1852 Savigny seine Dissertation, welche sich mit der Geschichte der ehelichen Schenkung beschäftigte,[17] überreicht, zusammen mit einem Brief. In diesem schrieb Boissonade: »Si donc vous pensiez, Monsieur, que mon travail fut de quelqu'utilité pour l'Allemagne ou *les Études historiques* sont si bien accueillies, je vous serais très reconnaissant si vous lui procuriez l'honneur d'un compte rendu par l'un des rédacteurs de quelques unes de ce Revues dont votre pays est si riche.«[18]

15 Oben, Shigeyuki Hozumi, *Meiji ichi hougakusha* (Anm. 12), S. 335 f. Siehe auch Sokolowski, *Kodifikationenstreit* (Anm. 9), S. 521 ff.

16 H. Akamatsu, J. Rückert (Hrsg.), *Friedrich Carl von Savigny, Politik und Neuere Legislationen. Materialien zum Geist der Gesetzgebung*, Frankfurt am Main 2000, S. 99 ff., »Notanda-Liste« Savignys, Bl. 71, ca. 1810.

17 Boissonade, *Essai sur l'histoire de donations entre époux et leur état d'après le Code Napoléon*, Paris 1852.

18 O. Motte, *Lettres inédites de juristes français du XIXe siècle conservées dans les archives et bibliothèques allemandes*, Tome 1, Bonn 1989, S. 458. Im selben Jahr hatte Boissonade seine Dissertation auch an Mittermaier und Warnkönig mit Brief geschickt.

In der Tat war Boissonade auch nicht so weit entfernt von der Richtung der französischen Zeitschrift »Themis«, die von der deutschen historischen Rechtsschule, die der Kodifikation gegenüber so negativ eingestellt war, beeinflusst war.[19] Dieser Boissonade hat ausgerechnet zuerst den *Code civil pour Japon* geschrieben und gegen die japanischen Gegner verteidigt, die sich auch mit der Savigny'schen Historischen Rechtsschule rechtfertigen wollten.[20] Die Zusammenhänge des Kodifikationsstreits in Japan scheinen nicht ganz einfach gewesen zu sein. Das JZGB wurde durch Savigny auch nur scheinbar germanisiert und nationalisiert. Viele Vorschriften oder Institutionen, welche zuerst von Boissonade entworfen worden waren, sind im JZGB weiter erhalten geblieben.

Auch in Deutschland bereitete die Pandektenwissenschaft die Kodifikation des BGB dadurch vor, dass sie aus dem gemeinen Recht verschiedene moderne Rechtsregeln klar wie Vorschriften herausgebildet hatte. Dieselbe Pandektenwissenschaft gestand sich zu, der Erbe der historischen Rechtsschule zu sein, die zur Zeit Savignys gegen die Kodifikation gewesen war. Der anschaulichste Fall war Bernhard Windscheid; derselbe Windscheid, der einerseits offen erklärte, selbst zur historischen Rechtsschule zu gehören,[21] war andererseits jedoch auch von 1874 bis 1883 Mitglied der ersten BGB-Kommission gewesen und hatte zur Kodifikation beigetragen.

Seit dem deutschen Kodifikationsstreit zwischen Thibaut und Savigny 1814 waren inzwischen fast 80 Jahre vergangen. Gegen Ende des 19. Jahrhunderts hatten sich Rechtswissenschaft und Gesetzgebung sowie auch Staat und Gesellschaft in Europa verändert, und eben dieser deutschen Rechtswissenschaft war Japan erst begegnet.

Wenn man den japanischen »Kodifikationsstreit« aus dieser Perspektive betrachtet, dann kann man ihn weniger als wissenschaftliches Argumentieren um die Gesetzgebungspolitik deuten, und er ist auch nur schwierig mit der Savigny/Thibaut Debatte zu vergleichen. Bei ihm treten eher die polemischen Elemente, d. h. die nationalistische Richtung gegen den Code Boissonades, in den Vordergrund.[22]

19 Zur absichtlichen Einflussnahme Savignys und seiner Schule auf Frankreich und französische juristische Zeitschriften wie Themis, siehe A. Bürge, *Das französische Privatrecht im 19. Jahrhundert. Zwischen Tradition und Pandektenwissenschaft, Liberalismus und Etatismus*, Frankfurt am Main, 1995, S. 152 ff.

20 Christophe Jamin, *Boissonade et son temps*, in: Knütel/Nishimura (Hrsg.), *Hundert Jahre Japanisches Zivilgesetzbuch*, Köln usw. 2004, S. 92 f.

21 B. Windscheid, *Recht und Rechtswissenschaft*, Greifswald 1854, in: *OPUSCULA JURIDICA. Sammelausgaben seltener und bisher nicht selbständig erschienener rechtswissenschaftlicher Arbeiten, Band II, Bernhard Windscheid. Kleine Schriften, Reden und Rezensionen (1838–1892), Teil I*, Leipzig 1984, S. 371 f.

22 Siehe auch Jamin, *Boissonade et son temps* (Anm. 20), S. 93; Sokolowski, Kodifikationenstreit (Anm. 9), S. 527.

2.6 Der patriotische Savigny: das Savigny-Bild, das bis zum 20. Jahrhundert weiter erhalten blieb

Auch wenn man es in der Tat eher als Polemik deuten möchte: Savignys Lehre der Entstehung des Rechts hat während des Kodifikationsstreites in Japan aber auch dazu beigetragen, die Gesetzgebung, wenn auch nur scheinbar, zu nationalisieren.[23] Dieses nationalistische oder patriotische Savigny-Bild ist auch danach erhalten geblieben.

Savignys *Beruf* wurde auch nachher mehrmals ins Japanische übersetzt. Beispielsweise wurde 1930 in der Zeit des japanischen Militärregimes eine Übersetzung von Masatoshi Nagaba (1901?–1944)[24] veröffentlicht. Nach dem zweiten Weltkrieg wurde der *Beruf* nochmals von Toyoo Ogushi (1903–1967)[25] 1949 übersetzt;[26] damals stand Japan noch unter der Besatzung der Amerikaner. Ogushi schrieb in seinem Vorwort zur Übersetzung: der »*Beruf* wurde im Jahr 1814 geschrieben, das war das Jahr des europäischen Schicksals, da im selben Jahr Napoleon den Völkerkrieg verlor. Die zweite Ausgabe des *Beruf* fängt mit der Erinnerung an dieses Jahr an.«[27]

Für die beiden japanischen Übersetzungen waren die Quellentexte aus Sterns *Thibaut und Savigny*, 1914,[28] deshalb wurde dabei nicht nur Savignys *Beruf*,

23 Auch Nobushige Hozumi übersieht nicht die Rolle der Rechtswissenschaft bei Savigny. Er schreibt, für die Kodifikation sollte zuerst die Rechtswissenschaft sich dazu reif genug entwickeln, deshalb sollte auch in Japan die rechtswissenschaftliche Forschung gefördert werden. Vgl. sein *Houtenron* (Anm. 13), S. 11 f.

24 Nagaba, *Savigny-Thibaut Houtenrongi* (Savigny-Thibaut Kodifikationsdebatte), in: Waseda Law Review, Extra Issue No. 1, Tokio 1930. Nagaba war Handels- und Wirtschaftsrechtler an der Waseda Universität zu Tokio und beschäftigte sich mit dem Rechtssystem des militärischen Regimes wie dem Koloniesiedlungsrecht in der Mandschurei. Nach der Absolvierung 1923 hielte er sich 1924–1928 in Deutschland auf. Er gehörte auch zum Forschungsinstitut zum Asien-Aufschwung der Universität.

25 Ogushi, *Savigny Houtenronsou* (Savignys Kodifikationsstreit), Kioto 1949. Ogushi war Nationalist und Denker des Rechtsflügels, der vor dem 2. Weltkrieg sogar bei Koellreuter studierte. 1942 veröffentlichte er Übersetzungen Koellreuters, und zwar unter dem Titel: *Shinkokkaron* (Neue Staatslehre), Tokio. Er gehörte zum *Kokuminseishinbunkakenkyusho* (dem Reichs-Forschungsinstitut der Nationalkultur zu Tokio). Nach dem zweiten Weltkrieg wurde er aus dem öffentlichen Amt ausgeschlossen.

26 Auch kürzlich berücksichtigt bei Shozo Kawakami, »*Houtenronsou*« *ni manabu – minpou (saikenhou) kaisei no ugoki no nakade* – (Eine Unterrichtung zum deutschen Kodifikationsstreit – zum Trend der Reform des Zivilrechts (Schuldrechts)), in: Houritsujihou (Juristische Periodische Nachricht) 9. Heft (2010), S. 18 ff.

27 Ogushi, *Houtenronsou* (Anm. 25), Vorwort des Übersetzers, a. E.

28 Jacques Stern, *Thibaut und Savigny. Zum 100jährigen Gedächtnis des Kampfes um ein einheitliches bürgerliches Recht für Deutschland. Die Originalschriften in ursprüng-*

sondern auch Thibauts *Ueber die Notwendigkeit eines allgemeinen bürgerlichen Rechts für Deutschland* (1814), bei Ogushi auch noch *Stimmen für und wider neue Gesetzbücher* (1815), mit übersetzt. Der Herausgeber des Originals, d. h. Stern selbst, meinte in seinem Vorwort etwas patriotisch: »Erklingt doch zudem durch diese Schriften [d. h. nicht nur Savignys *Beruf*, sondern auch Thibauts *Über die Notwendigkeit*] der Ton der echten Vaterlandsliebe, wie sie mit fortreißender Gewalt in jener großen Zeit zum Durchbruch kam, da Deutschland sich aus seiner tiefen Erniedrigung erhob.«[29]

Also das Fazit: der patriotische Savigny. Dieses Bild wirkte bis ins 20. Jahrhundert hinein.

3 Savigny-Rezeptionen im 20. Jahrhundert, insbesondere nach dem 2. Weltkrieg

Kommen wir nun zu den Savigny-Rezeptionen im 20. Jahrhundert. Seit dem Ende des zweiten Weltkriegs darf man Savigny-Bilder offen präsentieren, auch von einer »linken«, kritischen Perspektive aus.

3.1 Michitaka Kaino: Savigny als konservativer Reformator

Kaino (1908–1975) war ein bekannter Zivilrechtler und Vertreter der kritischen Jurisprudenz in Japan. Er war auch als Anwalt tätig und beschäftigte sich mit dem Schutz des Gemeindegutes.[30] Eine Basis seines Denkens war der Marxismus, was ihn mit dem weiter unten erwähnten Shigeyoshi Harashima verbindet.

Kaino war kein wirklicher Übersetzer der Werke Savignys, und vielleicht kann man ihn auch nicht als Savigny-Rezipienten im positiven Sinne nennen. Allerdings schrieb er 1949 einen interessanten Beitrag, in dem die Begriffe »Volk« und »Nation« in Zusammenhang mit Savigny erwähnt wurden und ein eigenartiges Savigny-Bild entworfen wurde.[31]

licher Fassung mit Nachträgen, Urteilen der Zeitgenossen und einer Einleitung, Berlin 1914.

29 Stern, *Thibaut und Savigny* (Anm. 28), S. 5.

30 Siehe Kaino, *Kotsunagijiken* (Der Fall des Gemeindegutes im Dorf namens »Kotsunagi«), Tokio 1964.

31 Kaino, *Savigny*, in: Toshiyoshi Miyazasa (Hrsg.), *Houritsushisokahyoden* (Die kritischen Biographien der [westlichen] Rechtsdenker), Tokio 1950, S. 69 ff.

3.1.1 Kontinuität und nur Reform

Nach Kaino bildeten die Bürger in Deutschland zur Zeit Savignys, anders als in Frankreich zur Zeit der französischen Revolution, noch keine politisch «eigenständige« Klasse, die auch die ganze »Nation« vertrete und selbst als Ursprung des Rechts anzusehen sei. Nach Kaino wurden in Deutschland vielmehr Idealismus und Historismus verbunden, wie bei Leibniz oder Goethe, weshalb die Kontinuität hoch geschätzt wurde. Nach Kaino hatte Savigny im herkömmlichen römischen Recht das geltende Recht gefunden, weshalb auch für ihn Kontinuität wesentlich gewesen sei.

3.1.2 Möser/Savigny

Es ist insbesondere festzustellen, dass Kaino im Vergleich zu Savigny Justus Möser näher behandelt. Kaino ist der Meinung, dass Möser, der nicht so sehr die Rolle des Herrschers, sondern vielmehr die des Volkes beschreiben wollte, nicht gegen die Bauernbefreiung gewesen sei.[32] Möser gehe davon aus, dass das Recht von der »Nation« ausgehe, allerdings habe es noch keine wirkliche »Nation« gegeben, die selbst Gesetze geben könne. Die »Nation« sei in Deutschland noch nicht selbständig und reif gewesen, weshalb Möser nur darauf warten konnte, dass irgendwann sich eine Landesregierung für die Befreiung der Bauern entscheiden würde. Möser betrachte das Volk nicht als aktives Subjekt des gesetzgebenden Akts, sondern nur als ein passives Objekt der Landesgesetzgebung. Kaino sah darin das Reformdenken der Verwaltungsbürokratie, was auch z. B. Wilhelm von Humboldt oder Freiherr von Stein vertreten hätten.

3.1.3 nation/peuple und Nation/Volk

In Frankreich wurden dagegen, so Kaino, »nation« und »peuple« klar unterschieden. »Nation« ist das selbstbewusste, selbständige Subjekt, das das Recht erzeugt, dagegen »peuple« nur das Objekt des Herrschens. In Deutschland allerdings seien »Nation« und »Volk« nicht so klar unterschieden worden. Die »Nation« bildeten vielmehr die, welche die deutsche Staatsangehörigkeit besaßen, und wenn die deutsche politische Einheit verwirklicht würde, dann würde naturgemäß auch die deutsche Nation entstehen. In Kainos Deutung war ein solches Denken wie Mösers nicht gegen Kant oder Rousseau gerichtet, aber es anerkannte nicht wie die französischen politischen Philosophen die Nation als politisches Subjekt an. Nach Kaino wollte Möser nur aus dieser Einstellung, wie

32 Zu Möser und Savigny siehe jetzt AKAMATSU/RÜCKERT, *Politik* (Anm. 16), S. XXVIII.

die Beamten, Rechtslehrer, Richter oder praktischen Juristen, die auch von der Regierung dazu berufen waren, amtlich zur Befreiung des Volks beitragen.[33]

Kaino erwähnt in diesem Zusammenhang Zeilen in Savignys *System*:

> Im Widerspruch mit dieser Ansicht [d. h. Staatsvertrag] also müssen wir wiederholt behaupten, daß der Staat ursprünglich und naturgemäß in einem Volk, durch das Volk, und für das Volk entsteht. (*System* I, § 10, S. 29.)

Kaino meint, diese Stelle sei nicht so bekannt geworden wie dieselbe des Präsidenten von Amerika, Abraham Lincoln, weil Savignys »Volk« nicht als ein politisches Subjekt anzusehen gewesen sei.

Kaino schreibt auch von Savigny im Vergleich mit den französischen Gesetzesverfassern:

> Savigny kritisierte im *Beruf* aus dem allgemeinen Denken die französischen Gesetzesverfasser, dass sie technisch keine trefflichen Rechtssätze abgeleitet hätten. Allerdings wurden Napoleon, Desquiron oder Portalis zwar konservativ oder sogar reaktionär genannt, waren aber im Wesentlichen die Erben und Testamentsvollstrecker der französischen Revolution, die dieser Gesetzgebung des code voranging. Savigny hat dies aber übersehen.[34]

3.1.4 Eher zu korrigieren heute?

Allerdings ist dieses Savigny-Bild Kainos heute eher zu korrigieren. Schon Walter Willhelm hat auf die Gemeinsamkeit des Denkens bei Portalis und Savigny hingewiesen.[35] Ich selbst habe diese Deutung unterstützt, und zwar mit der neueren Erforschung von Savignys Manuskripten. Zum Beispiel gibt es in den Materialien seines Werkes *Beruf* Notizen von Savigny selbst, in denen aus dem *discours preliminaire* von Portalis abgeschrieben und mit Savignys Hand »sehr gut« angemerkt ist:

> Kein Gesetzbuch kann ganz à la portée des Volks seyn, am wenigsten ein detaillirtes, wie es in einem etwas entwickelten Zustand der Nation nöthig ist. … Les Codes des peuples se font avec le tems; mais, à proprement parler, on ne les fais pas.[36]

33 Kaino, *Savigny* (Anm. 31), S. 75–83.

34 Kaino, *Savigny* (Anm. 31), S. 104.

35 Walter Wilhelm, *Portalis et Savigny, in: Aspekte europäischer Rechtsgeschichte, Festgabe für Helmut Coing zum 70. Geburtstag*, Frankfurt am Main 1982, S. 445 ff.

36 Akamatsu/Rückert, *Politik* (Anm. 16), S. 7 f.

Man findet hier die gemeinsame Konzeption der Gesetzgebung und Rechtswissenschaft ähnlich wie bei Savigny. Auch Joachim Rückert unterstützt diese Deutung.[37]

Fazit: Es ist die Auffassung Kainos, Savigny sei höchstens ein konservativer Reformator gewesen, der den Sinn der Revolution nur wenig verstanden habe. Diese Deutung erklärt sicher eine Seite Savignys richtig, ist aber anderseits etwas einseitig und sollte nach dem heutigen Stand der Savigny-Forschung eher korrigiert werden.

3.2 Tetsu Isomura: Savigny als Vorläufer der Rechtsoziologie

Tetsu Isomura (1914–1997) war Zivilrechtler in Kioto und hat nicht nur zur Savigny-Rezeption, sondern auch zu der Eugen Ehrlichs in Japan viel beigetragen.

3.2.1 Ehrlich/Savigny

1956 argumentierte Isomura, die Geschichtsauffassung des Naturrechts sei rational-historisch und subjektiv-kritisch gewesen. Im Gegensatz dazu sei die Betrachtungsweise der historischen Rechtsschule genetisch-objektiv. Deshalb sei das Recht für die historische Rechtsschule nicht vom Gesetzgeber zu erlassen, sondern existiere eigentlich bereits als Gewohnheit. Diese Lehre der Rechtsentstehung sei aber nach und nach in den Hintergrund getreten. Stattdessen habe der Gesetzespositivismus an Bedeutung gewonnen, der sogar vom nationalsozialistischen Rechtssystem als Rechtfertigung verwendet worden sei. Aber schon gegen Ende des 19. Jahrhunderts habe man verschiedene soziale Probleme gehabt, die mit dieser Methode nicht hätten gelöst werden können. Man müsse die Gesellschaft, die derartige soziale Probleme geschaffen habe, historisch-empirisch erforschen. Der Begriff des Volks, der in der historischen Rechtsschule noch geistig-kulturell verstanden worden sei, sei nunmehr eher empirisch zu verstehen. Dies sei der Weg für Ehrlich gewesen, und dazu habe Savigny den wichtigsten Anstoß gegeben.[38]

37 Rückert, *Code civil, Code Napoléon und Savigny* (2001), jetzt in: *Savigny-Studien*, Frankfurt am Main 2011, S. 415.

38 Danach in: Isomura, *Shakaihougaku no tenkai to kozou* (Entwicklung und Struktur der sozialen Rechtswissenschaft), Tokio 1975, S. 121 ff. Dazu Akamatsu, *Eugen-Ehrlich-Rezeption, Rechtssoziologie und Zivilistik in Japan*, in: W. Brauneder, K. Takii (Hrsg.), *Die österreichischen Einflüsse auf die Modernisierung des japanischen Rechts*, Frankfurt am Main usw. 2007, S. 124 f.

3.2.2 Der Stellenwert der Juristischen Methodologie

Zur selben Zeit, als Isomura wie eben erwähnt argumentierte, wurde die *juristische Methodologie* von Savigny entdeckt und 1951 von Wesenberg herausgegeben. Sie wurde 1958 von Eizo Hattori ins Japanische übersetzt.[39] 1955 hat F. Wieacker hauptsächlich mit der *Methodologie* ein gesetzespositivistisches Savigny-Bild entworfen, und den *Beruf* allein für eine gelegentliche politische Kampfschrift gehalten, die theoretisch nicht gründlich fundiert werden könne.[40] Wieacker nannte sogar das romantische idealistische Element wie die *Volksgeistlehre* in Savignys *Beruf* und *System I* nur ein »Lippenbekenntnis«.[41]

Isomura dagegen argumentierte, dass Savignys *System Beruf* und *Zweck* viel näher stünde als seiner *Methodologie*, die romantische idealistische Geschichtsphilosophie von *Beruf* und *System* sei bei Savigny wesentlicher gewesen, weshalb die vielmehr unphilosophische gesetzespositivistische *Methodologie* nur als vorübergehende Entwicklungsphase seines Gedankens zu deuten sei.[42]

Es ist insbesondere hervorzuheben, dass Isomura in seinem 1975 veröffentlichten Buch,[43] das nur in Japanisch vorliegt, Argumente angeführt hat, deren Richtigkeit mit der neuen Handschriftenforschung seit den 1980er Jahren nachzuweisen ist.[44]

3.3 Shigeyoshi Harashima: Savigny als Liberalist, der moderne Savigny

Shigeyoshi Harashima (1925–2013) hat bis dato die noch immer voranschreitende Savigny-Rezeption in Japan geleitet.

3.3.1 Savigny und die Moderne

Laut Harashima hat Savigny mit seiner Methode und Dogmatik immer noch Bedeutung für die Gegenwart, weil Savigny modern sei. Harashima sagt:

»Die Klassik, wie man sie in Deutschland in der Philosophie bei Kant und Hegel, in der Literatur bei Goethe und Schiller und der Musik bei Beethoven und Schumann findet, entstand in derselben Zeit Savignys. Man sagt, dass

39 Siehe oben Anm. 3.

40 F. Wieacker, *Friedrich Carl von Savigny*, in: Zeitschrift der Savigny-Stiftung für Rechtsgeschichte, Romanistische Abteilung 72 (1955), S. 1–38.

41 *Privatrechtsgeschichte der Neuzeit*, Göttingen 1952, S. 236.

42 Isomura, Syakaihogaku (Anm. 38), S. 155 ff.

43 D.h. *Syakaihougaku* (Anm. 38).

44 Rückert, *Idealismus, Jurisprudenz und Politik bei Friedrich Carl von Savigny*, Ebelsbach 1984, besonders seit der Entdeckung der Hölderlin-Abschrift von Savigny selbst.

Savigny eher konservativ gewesen sei. Andererseits hat Savigny aber sein ganzes Leben durchaus versucht, das Recht seiner Zeit zu reformieren, und zwar in eine bürgerliche Richtung, deshalb war er bürgerlich-liberal und repräsentierte ein deutsches Privatrecht, welches ein bürgerlich-ökonomisches Interesse vertrat. Savigny lebte an der ›Wende der Zeit‹, wo insbesondere nach der französischen Revolution Gesellschaft und Recht total verändert werden sollten, und wollte die Veränderung der Zeit ins Recht übernehmen. Man sagt, die Deutschen hatten im Gedanken das vollzogen, was andere Nationen politisch verwirklicht hatten, und die Deutschen hätten den anderen Nationen dafür die Theorie gegeben. Savignys Werke haben sich von Deutschland aus weit in die Welt verbreitet. In diesem Sinne war Savigny klassisch und in der Grundlage auch weltbürgerlich.«[45]

Harashima ist auch ein Vertreter der kritischen Jurisprudenz in Japan, *Shiminhouron*, d. h. der bürgerlichen Rechtslehre; dazu gehören meistens Rechtswissenschaftler des linken Flügels. Das bürgerlich-moderne Bild Savignys liefert ihm die Grundlage für seine kritische zivilrechtliche Dogmatik.

3.3.2 *In der zivilrechtlichen Dogmatik*

Dogmatisch wurde diese Savigny-Interpretation Harashimas durch die Idee der Privatautonomie und die Konzeption des subjektiven Rechts angeregt.

3.3.2.1 *Allgemeine Geschäftsbedingung*

Harashima behandelt in seiner Dogmatik des Rechtsgeschäfts des Öfteren die Allgemeinen Geschäftsbedingungen (AGB). In Japan gibt es noch kein allgemeines Gesetz zur Regulierung der AGB. Die Gültigkeit von AGB wird seit langem damit begründet, dass es ein handelsrechtliches Gewohnheitsrecht gebe, dass die Vertragsparteien den AGB folgen sollten.

Entgegen dieser Ansicht hat Harashima zuerst das explizite Einbeziehen der AGB durch die Vertragsparteien für notwendig gehalten, was erst die Gültigkeit der AGB für diesen Vertrag begründe, ähnlich wie nach § 305 BGB.[46] Die Grundlage dieses Arguments gegen die herrschende Meinung ist das Denken des klassischen Savigny, dem die Idee der Privatautonomie eigen gewesen ist. Savigny ist für Harashima der Anhaltspunkt, auf den man immer zurückkehren

45 Harashima, *Naze ima Savigny ka?* (Warum Savigny, und zwar noch heute?), in: Harashima (Hrsg.), *Kindai Shihougakuno keisei to gendaihouriron* (Die Entstehung der modernen Privatrechtswissenschaft und die Rechtstheorie der Gegenwart), Fukuoka 1988, S. 10.

46 Vgl. Harashima, *Naze ima Savigny ka?* (Anm. 45), S. 30.

sollte, wenn man einer neuen dogmatischen Frage begegnet. Dagegen scheint ihm die herrschende Meinung im Ergebnis nur die tatsächliche Macht des Unternehmens zu fixieren.

3.3.2.2 Verletzung des Rechts

Harashima steht auch der »Verwässerung des subjektiven Rechts« kritisch gegenüber. In Japan wurde seit den 30er Jahren des 20. Jahrhunderts im Recht der unerlaubten Handlung »von der Rechtsverletzung zur Rechtswidrigkeit« schlagwortartig proklamiert, um den engen Tatbestand des § 709 a. F. JZGB, der für Schadensersatz streng allein die Verletzung des subjektiven Rechts voraussetzte, zu erweitern und dadurch zu modernisieren. Allerdings sollte das nach Harashima nicht bedeuten, dass die Rechtsverletzung an Bedeutung verloren hätte. Rechtswidrigkeit sollte je nach Fall mit einer Verletzung eines subjektiven Rechts oder einer objektiven Pflichtverletzung begründet werden. Nach Harashima sollte nun auch der »gesunde« Kern des subjektiven Rechts erhalten werden, dessen Verletzung ohne weiteres Rechtswidrigkeit begründe.[47] Dieses Denken ist z. B. noch im Umweltschutzrecht von Bedeutung.

3.3.3 Savigny als Kantianer oder philosophischer Savigny

Nicht nur die Dogmatik Savignys, sondern auch seine Methode interessiert Harashima wesentlich. Dieter Nörr hat in Japan 1981 einen Vortrag zum Thema *Kants Urteilskraft und Savignys Anschauung*[48] gehalten. Dieser Vortrag hat auch Harashimas Interesse am juristischen Urteil verstärkt.

Nach Harashima wollte Savigny die Kunst des juristischen Urteils zu einer Wissenschaft erheben. Das ist ein Versuch, der ursprünglich von Kant ausging. Trotzdem konnte die Urteilskraft bei Kant als Anwendung der theoretischen Vernunft nicht rein wissenschaftlich verstanden werden. Nach Harashima handelt es sich bei Urteilen im Sinne Savignys immer um das Besondere, das sich das Allgemeine konkretisiert, wie es seine Lehre der juristischen Analogie oder sein Lob der Methode der römischen Juristen zeige. Das bedeutet, dass er von Kant ausgeht, aber Kant zugleich auch zu überwinden versucht. In diesem Sinne sagt Harashima, »es sei Savigny in die Richtung des objektiven Idealismus

47 Vgl. Harashima, *Naze ima Savigny ka?* (Anm. 45), S. 46.

48 D. Nörr, *Savignys Anschauung und Kants Urteilskraft*, in: N. Horn (Hrsg.), *Europäisches Rechtsdenken in Geschichte und Gegenwart. Festschrift für Helmut Coing zum 70. Geburtstag*, Bd. 1, Frankfurt am Main 1982, S. 615 ff.

von Rückert zu deuten«,[49] wie es Rückert 1991 in Fukuoka Harashima auch selbst vorgetragen hat.

3.3.4 Savigny-Rezeption durch Forschungsgruppen

Harashima organisiert seit November 1978 eine Savigny-Forschungsgruppe, in der im Prinzip einmal pro Monat ein Gruppenmitglied die ihm zugeteilten Seiten (normalerweise ca. 10 Seiten) des *System des heutigen römischen Rechts* ins Japanische übersetzt und darüber berichtet. Dabei muss das Mitglied nicht nur den Text, sondern auch die Fußnoten möglichst korrekt übersetzen und auch die Quellen des römischen Rechts, die Savigny zitiert, nachschlagen sowie deren Übersetzung vorlegen. Das ist des Öfteren eine sehr mühsame Arbeit.

Teilnehmer dieser Forschungsgruppe waren junge Zivilrechtler, Rechtshistoriker und Romanisten, die mittlerweile zwischen 50 und 60 Jahre alt sind. Auch ich selbst bin seit 1992 Mitglied der Gruppe. Jedes Mitglied beschäftigt sich auch bei seiner eigenen Forschung mit Savigny und hat auf der Basis der Rechtstheorie Savignys mehr oder weniger eine eigene Lehre aufgebaut. Diese Forschungsgruppe spielt bei der Savigny-Rezeption in Japan eine große Rolle.

Wir sind jetzt fast am Anfang des fünften Bandes des *System* angekommen, dies jedoch nach etwa 36 Jahren! Alle Texte mit Fußnoten, und die von Savigny zitierten römischen Rechtsquellen, sind ins Japanische übersetzt und gespeichert worden. Das könnte möglicherweise eine Basis für eine Neuübersetzung des *System* werden, aber es ist leider nicht sicher, ob es irgendwann soweit kommen wird. Allerdings arbeitet Harashimas Gruppe bereits sehr lange und regelmäßig. Das ist ihre Besonderheit.

In Japan gab es noch andere Savigny-Forschungsgruppen, die sich mit der Übersetzung des *System* beschäftigt haben, so etwa an der Kansei-Gakuin Universität zu Hyogo in der Nähe von Osaka.[50] Dort waren die Teilnehmer nicht nur Juristen, sondern kamen auch aus der literarischen Fakultät, waren z. B. Germanisten, Philosophen, usw.

Das Fazit: Der moderne Savigny liefert Harashima Anhaltspunkte für seine kritische zivilrechtliche Dogmatik. Dieses Savigny-Bild leitet die noch unvollendete Savigny-Rezeption in Japan.

49 Harashima, *Houtekihandan toha nanika* (Was ist ein juristisches Urteil?), Tokio 2002, S. 165.

50 Savigny-Forschungsgruppe der Kanseigakuin University, *System* Band 1, Vorrede – § 22, in: The journal of law and politics (Kanseigakuin-University) Bd. 15, Nr. 1 (1964), S. 109 ff. – Bd. 30, Nr. 1 (1979), S. 135 ff.

4 Zusammenfassung

In Japan wurde seit ca. 1890 bis dato mehrmals und von verschiedenen Seiten Savigny rezipiert, teilweise mit, teilweise aber auch ohne Übersetzungen. Dabei entstanden verschiedene Savigny-»Bilder«, z. B. der patriotisch-nationale Savigny, der konservative Savigny, Savigny als Reformator, der moderne Savigny, der philosophische Savigny, der soziologische Savigny und andere mehr. Vom Standpunkt der neueren Savigny-Forschung aus kann man nicht sagen, dass all diese Bilder den »wirklichen« Savigny widerspiegeln. Allerdings hat jedes Bild in seinen politischen, gesellschaftlichen oder sozialen Zusammenhängen eine eigene wichtige Rolle gespielt.

Die Savigny-Rezeption ist in Japan noch nicht vollendet. Von Harashima geleitet, dauert sie noch weiter an. Dabei wird ein modernes Savigny-Bild vorausgesetzt.

Die Savigny-Rezeption in Japan wird, wie es auch bei Harashima der Fall ist, eher von der kritischen Jurisprudenz vorangetrieben. Savignys Gründlichkeit der Methode, die uns immer zu den Grundsätzen zurückführt, und diese »klassischen« Züge seiner Methode sind für die kritische Jurisprudenz von großem Interesse. Wenn ich es anschaulicher formulieren dürfte, so kann man sagen, dass solch ein Savigny die juristische Opposition in Japan rechtfertigt. In dieser Dimension treffen Savigny und die linke, teils marxistische Rechtstheorie in Japan aufeinander.

Die Savigny-Rezeption ist, wie gesagt, noch nicht abgeschlossen. Seit 2009 redet man bei uns in Japan über eine Schuldrechtsreform. Dabei wird argumentiert, dass aus Asien, welches einmal europäisches Recht rezipierte, diesmal neues Recht in die Welt geschickt werden soll. Gegen diese weltpolitische Richtung der Schuldrechtsreform, die immer etwas Neues schaffen will, wird kritisch unter Bezugnahme auf Savigny argumentiert, dass »die Gesetzgebung nicht alles neu entwerfen kann. Sie kann die bis jetzt entwickelte Praxis und Rechtslehre unmöglich außer Acht lassen« [Shozo Kawakami], oder »Die Reform der Rechtswissenschaft ist noch wichtiger als die Reform der Gesetzgebung, weil Japan 2004 mit der Law School eine neue Juristenausbildung eingeführt hat« [Kozo Ogawa].[51]

Hidetake Akamatsu
(sprachlich überarbeitet von Joachim Rückert)

51 Shozo Kawakami, *»Houtenronsou« ni manabu* (Anm. 26), S. 15 ff.; Kozo Ogawa, *Ikudomo Savigny no nawo – hougaku to bouten* – (Mehrmals den Namen Savignys – Rechtswissenschaft und Gesetzbuch), in: Houritsujihou (Juristische Periodische Nachricht) 9. Heft (2010), S. 23.

Der spanische Savigny: Zwischen Historismus, Nationalismus und Traditionalismus

> »Gedeihen eines Volkes ist wie das des Individuums unausgesetztes Aufnehmen von außen. Seine Sprache, seine Kunst, seine Sitte, seine ganze Kultur, kurz seine Individualität oder Nationalität ist wie der leibliche und geistige Organismus des Individuums das Produkt von unzähligen Einwirkungen und Entlehnungen von der Außenwelt«.
>
> (Rudolf von Jhering, *Geist des römischen Rechts*)[1]

1 Methodologische Probleme der Geschichte der Ideenverbreitung

Die Verbreitung von Ideen ist ein komplexes Phänomen. Sie entstehen in konkreten geschichtlichen Kontexten, werden von spezifischen politischen, sozialen und kulturellen Faktoren vorangetrieben und erfahren häufig Wandlungen, wenn sie in verschiedene Realitäten eingepasst werden. Zum Teil rufen die dadurch erlangten Veränderungen das Erstaunen des Wissbegierigen hervor, denn die aus diesem Prozess resultierenden Interpretationen münden nicht selten in unnachvollziehbare Anpassungen. So geschah es beispielsweise mit der Einführung Rudolf von Jherings in Spanien. Er wurde zunächst aus der Perspektive des Krausistischen Naturrechts gelesen und wurde aufgrund dessen in ein Raster gepresst, das ihm nicht gerecht wurde.[2] Und so geschah es ebenfalls, um ein anderes Beispiel anzuführen, mit der Anwendung der Katholischen Theologie in Lateinamerika. Sie wurde zumeist als Strategie verwendet, um sich von den etablierten Mächten zu emanzipieren und nicht als

1 Rudolf von Jhering, Geist des römischen Rechts auf den verschiedenen Stufen seiner Entwicklung, I [1852], Darmstadt 1953, S. 7 f.

2 Vid. Adolfo G. Posada, Estudio preliminar sobre las ideas jurídicas y el método realista de Ihering, in: Rudolf von Jhering, Prehistoria de los indoeuropeos, Madrid 1896, S. VII–XXXI.

Ideologie, um den Status Quo aufrecht zu erhalten.[3] Jegliches synkretistische Phänomen, sowohl in der Religion als auch in der Philosophie oder in anderen kulturellen Bereichen, mündet in einem solchen Mischprodukt, das sich einer Kategorisierung im Rahmen der vorherrschenden Muster entziehen möchte.

Also kann es, trotz des anfänglichen Zögerns, das uns diese Metamorphose bereiten mag, auch nicht anders sein. Denn Ideen beziehen sich nicht auf ein abstraktes theoretisches Universum, sondern auf das, wozu sie in der Praxis benötigt werden. In diesem Sinne ist es fast immer notwendig, eine Schule oder eine Theorie zunächst in ihrer Vollständigkeit zu übernehmen, um dann die für den neuen Kontext relevanten Charakteristika zu extrahieren, Unwichtiges zu verwerfen und sie unter aktuellen Vorzeichen zu lesen, bzw., sie auf die neuen Situationen, in denen sie angewendet wird, zu projizieren. Dies ist der typische Verlauf der Geschichte des Denkens. Oder, wie es der spanische Philosoph Emilio Lledó bildlich ausdrückt, Texte haben die teuflische Eigenheit, »in der Geschichte umherzuwandeln«.[4]

Aus diesem Blickwinkel heraus wird die Aufgabe des Ideenhistorikers zu einem schwierigen Unterfangen, ähnlich einer Verfolgung in einem Spiegelkabinett, in dem die Bilder sich gegenseitig überlagern und in dem es schwierig wird herauszufinden, wo das Original und wo das Abbild ist: Was ist das authentische Werk des Autors, und was sind die Zusätze, die sich mit der Zeit wie eine Kruste darum gelegt haben? Darum sagte auch Nietzsche: »alle Begriffe, in denen sich ein ganzer Prozeß semiotisch zusammenfaßt, entziehn sich der Definition; definierbar ist nur das, was keine Geschichte hat.«[5] Ideen oder Begriffe erfahren im Laufe der Geschichte Eingrenzungen oder Erweiterungen. Wenn wir uns mit ihnen auseinandersetzen, können wir also nur versuchen, ihre konzeptuelle Herkunft zu finden, indem wir ergründen, wodurch die Veränderungen motiviert waren, und indem wir uns der diachronischen Entwicklung bewusst werden.[6]

Und so kommt dem Historiker des Denkens die delikate Aufgabe zu, die Gründe für die Anpassung und Umstrukturierung der Theorien zu analysieren, die sich mit der Umsetzung in das neue Terrain eingestellt haben. Häufig wird er in Versuchung geraten, diese Umsetzungsprozesse als unecht, unsinnig oder

3 Vid. Mario G. Losano, La ley y la azada. Orígenes y desarrollo del derecho alternativo en Europa y en Sudamérica, in: Derechos y Libertades 8 (2000), S. 275–324.

4 Emilio Lledó, La memoria del logos. Estudios sobre el diálogo platónico, Madrid 1996, S. 34.

5 Friedrich Nietzsche, Zur Genealogie der Moral [1887], Stuttgart 2007, S. 71 (II, § 13).

6 Reinhart Koselleck, Begriffsgeschichten. Studien zur Semantik und Pragmatik der politischen und sozialen Sprache, München 2006.

unscharf zu empfinden. Jedoch ist es ratsam, mit dieser Einstellung vorsichtig und aufmerksam umzugehen. Worum es eigentlich geht, ist den Rezeptionskontext mit seinen Eigenheiten zu analysieren, indem man die politischen, soziokulturellen und intellektuellen Debatten identifiziert, in die sich die neuen Ideen einpassen werden. Diese Methodologie beruht auf der Vorstellung, dass Ideen niemals unabhängig existieren, sondern dass sie eine Einheit mit der Realität bilden, die sie umgibt. Darum denke ich, dass die Geschichte der Ideenverbreitung sich mit einer sozialen und teilweise materialistischen Vision der Geschichte auseinandersetzen muss. Nur so ist es möglich, die Schattierungen einzufangen, die die Ideen erfahren, während sie in Gegebenheiten existieren, die so gänzlich anders sind, als die, in denen sie entstanden sind. Nur so kann sich Geschichte in etwas verwandeln, das mehr ist als eine gelehrte Chronik der Vergangenheit.

In dem vorliegenden Aufsatz wird diese Methodologie verwendet, um die Besonderheiten zu analysieren, die das Denken Friedrich Carl von Savignys erfahren hat, als es in die spanische Rechtskultur übertragen wurde. Wir werden sehen, wie das Profil Savignys nicht mit dem im germanischen Paradigma dominierenden übereinstimmt bzw. wie es dies nur partiell tut. Um zu verstehen, warum und wie die Lektüre seines Werkes in Spanien vollzogen wurde, wird ein Blick notwendig auf die Situation, in der sich das Land zur Mitte des 19. Jahrhunderts befand. Nach dem Vervollständigen dieses Bildes werden wir analysieren können, welche verschiedenen Ausdrucksformen das Vermächtnis Savignys in Spanien fand.

2 Skizze Spaniens im 19. Jahrhundert

2.1 Das Problem der Sonderwege

Seit einigen Jahrzehnten herrscht in Deutschland die Rhetorik des Sonderweges vor, die besagt, dass die germanischen Gebiete im Vergleich zu den anderen Nationen Europas einen eigenen geschichtlichen Weg beschritten hätten. Folgt man dieser historiographischen Strömung, unterscheidet dieser Sonderweg Deutschland von den potenziell demokratischen Bestrebungen, die im Rest Europas nach den Befreiungsrevolutionen des 19. Jahrhunderts ihren Platz fanden. In der letzten Instanz wird dieser Sonderweg ebenso für die tragischen Ausmaße des Nationalsozialismus verantwortlich gemacht.[7] Meiner Meinung

7 Hans-Ulrich Wehler, Deutsche Gesellschaftsgeschichte (IV). Vom Beginn des ersten Weltkriegs bis zur Gründung der beiden deutschen Staaten: 1914–1949, München 2003.

nach handelt es sich hierbei um eine Idee, die tiefer gehend untersucht werden müsste, denn alle europäischen Staaten haben auf dem Weg zur Demokratie, zu den Menschenrechten und der Etablierung der Institutionen, die den heutigen Okzident kennzeichnen, krumme Wege beschritten.[8] Jedes einzelne, mit seinen Eigenheiten, seinen Fehltritten und seinen Errungenschaften, hat sich seine eigene Form geschaffen, die Prinzipien der aufgeklärten Moderne für sich zu internalisieren; einer Moderne, die außerdem nicht nur das Prinzip der Freiheit in theoretischen Formulierungen beansprucht, sondern die weiterhin dem Autoritarismus, dem Kolonialismus und der Ausbeutung der Natur mit ihrer Verfassung Tür und Tor öffnete.[9] Letztendlich ist das Abendland weder eine fassbare und effektive Realität, noch existiert ein eindeutiger und »normaler« Weg hin zur Demokratie.[10] Vielmehr könnte man sagen, dass der Okzident ein politisches Ideal ist, das man erreichen will und zu dem hin zahlreiche Wege existieren.

Und da dem so ist, erscheint es mir vernünftiger, eine historische Perspektive einzunehmen, die sich mit den verschiedenen Sonderwegen auseinandersetzt, die an der Entstehung des heutigen Europas beteiligt waren. Eigentlich muss man nur einen kurzen Blick auf die verschiedenen Heimatgeschichten werfen um zu bemerken, dass es in allen Ländern Diskurse gibt, die die »Einzigartigkeit« oder die »Besonderheit« der jeweiligen eigenen Geschichte herausstellen wollen.[11] Die Engländer zum Beispiel, die immer auf ihre Insellage verweisen, beanspruchen spezielle Eigenheiten ihrer Kultur: Empirismus gegenüber Rationalismus, *common law* gegenüber dem *civil law*, Konstitutionelle Monarchie gegenüber der Republik, etc. Die Spanier wiederum sind von dem Verfall seit dem Niedergang des Imperiums besessen und haben dementsprechend ihrerseits immer auf der Idee der Einzigartigkeit beharrt. Einerseits wird sich auf den differenzierenden Einfluss des Arabischen berufen, andererseits auf den kulturellen und industriellen Rückstand im Vergleich zum Rest Europas;[12] die spanische Historiographie neigte ebenfalls dazu, ihr Land als eine besondere

8 Heinrich August Winkler, Geschichte des Westens. Von den Anfängen bis zum 20. Jahrhundert, München 2009, S. 13–14 und 17–24.

9 Boaventura de Sousa Santos, Sociología jurídica crítica. Para un nuevo sentido común en el derecho, Madrid 2009, S. 29–51.

10 David Blackbourn und Geoff Eley, The Peculiarities of German History. Bourgeois Society and Politics in Nineteenth-Century Germany, Oxford 1984, S. 39 ff.

11 Luis M. Lloredo Alix, Rudolf von Jhering en el paradigma positivista. Fundamentos ideológicos y filosóficos de su pensamiento jurídico, Madrid 2012, S. 195 ff.

12 Ángel Ganivet, Idearium español [1896], Madrid 1949, S. 142 f.; El porvenir de España [1896], Madrid 1949, S. 154 und 160 ff.

Nation darzustellen.[13] Über Russland gar nicht zu sprechen: immer vor dem Dilemma seiner zweiteiligen asiatischen und europäischen Identität, gekennzeichnet durch die Dominanz der Mongolen, durch die byzantinische Vergangenheit, die kulturelle Französisierung des 19. Jahrhunderts und seine panslawistischen Bestrebungen. Auch Russland hat sich also im Kontrast zu Europa entwickelt, damit beschäftigt, einen alternativen Weg zu den politisch-kulturellen Modellen des Kontinents zu wählen.[14] Wenn wir aufhören wollen, diese und andere Beispiele, die man hinzufügen könnte, zu analysieren, wäre es vielleicht angebrachter, zu der Schlussfolgerung zu kommen, dass alle diese Nationen ein Mosaik aus Kulturen und Identitäten sind, auf der einen Seite denen ihrer Nachbarn ähnlich auf der anderen wiederum sehr verschieden, und dass alle ihren Sonderweg in die Moderne gegangen sind.

Mit dieser Perspektive im Kopf möchte ich nun versuchen, den spanischen Sonderweg zu identifizieren und ihn mit dem Werk Savignys in Verbindung setzen. Wir werden sehen, welche Eigenschaften in Betracht zu ziehen sind, um die Vereinnahmung des deutschen Juristen zu verstehen.

2.2 Der spanische Sonderweg

Wenngleich es ein viel wiederholtes Schlagwort ist: Das 19. Jahrhundert in Spanien ist nicht zu verstehen, ohne sich auf den Verlust der Kolonien in Übersee zu beziehen. Der Prozess der Unabhängigkeit begann in der zweiten Dekade des Jahrhunderts und wurde durch die kritische Situation, in der sich die Metropole befand, begünstigt. Seit 1808 war diese von französischen Truppen besetzt und praktisch alleingelassen von einem zu schwachen Königshaus, das sich dem Bruder Napoleons, Joseph Bonaparte ergeben hatte. Durch das sich dadurch ergebende Machtvakuum, aber insbesondere als Folge des Befreiungskrieges gegen Frankreich, erklärten sich verschiedene Kolonien Lateinamerikas unabhängig und wurden zu Republiken. Auf Grund der schwankenden politischen Situation und der aufrüttelnden Umwandlungsprozesse auf der Iberischen Halbinsel begannen die vorherigen Vizekönigreiche einen Abnabelungsprozess, der sich über ein ganzes Jahrhundert hinzog und in den Verlust Kubas, der Philippinen und Puerto Ricos mündete. Der Schock war immens, den diese letzten Niederlagen im nationalen Bewusstsein auslösten.

13 Juan Marichal, El secreto de España. Ensayos de historia intelectual y política, 2. Aufl., Madrid 1995, S. 345 ff.

14 Mario G. Losano, I grandi sistemi giuridici. Introduzione ai diritti europei ed extraeuropei, Roma, Bari 2000, S. 128–135.

Bis heute redet man in Spanien vom Desaster von '98, wenn man sich auf diesen historischen Moment bezieht.

Von da an überflutete die Krise die sozialen Vorstellungen und nahm Einfluss auf alle kulturellen Sphären. Wenn es vorher möglich war, woanders hinzusehen und sich an einer ruhmreichen und legendären Vergangenheit wieder aufzurichten, so wurde ab 1898 die harte, rohe Realität ein unwiderruflicher Teil der politischen, sozialen und intellektuellen Agenda.[15] Rufe nach einer nationalen Regeneration wurden laut. Man versuchte, die Gründe des Niedergangs zu analysieren. In der Geschichtsschreibung, der Literatur, der Philosophie und in den Sozialwissenschaften beschäftigten sich zahlreiche Autoren mit der Frage nach Spanien, nach seinem Leiden und was es brauchte, um dieses zu heilen. So entstand eine neue Denkrichtung, der so genannte »Regenerationismus«, zu dem all jene Autoren gehörten, die sich für eine komplette Reform des Systems aussprachen. Sie insistierten insbesondere auf die Restauration der Moral, die unbedingt durchgeführt werden müsse. Viele dieser Tendenzen, beeinflusst durch Strömungen wie die *Völkerpsychologie* – die damals in Deutschland erfolgreich war – folgten dem Weg der sozialen Psychologie und suchten die Motive für das Desaster in den psychologischen Zügen des spanischen Volkes.[16] Viele andere wiederum, beeinflusst durch den Positivismus *à la Comte*, widmeten sich der Erarbeitung sorgfältiger pragmatischer Memoranden, in denen sie die Notwendigkeit einer Agrarreform, die Erneuerung der Verkehrsinfrastruktur und die Umstrukturierung der Wasserversorgung herausstellten.[17] Die Mehrheit der Autoren versuchte aber beide Perspektiven miteinander zu verknüpfen.

Der gemeinsame Nenner aller dieser Tendenzen war das Gefühl des Verfalls und der Beklemmung bei der Frage nach Spanien. Tatsächlich erschienen ab 1898 zahlreiche Schriften, die die nationale Frage im literarischen und im philosophischen Sinne thematisierten. Sie hinterfragten die Bedeutung und die Möglichkeiten der »españolidad« – des Spanischen – in einem Kontext in

15 Vid. José Álvarez Junco, Mater dolorosa. La idea de España en el siglo XIX, Madrid 2001, S. 584 ff.

16 Vid. Joaquín Costa, El porvenir de la raza española, in: Estudios jurídicos y políticos, Madrid 1884, S. 257–301; Rafael Altamira, Psicología del pueblo español [1902], Madrid 1997; George J.G. Chayne, El renacimiento ideal: epistolario de Joaquín Costa y Rafael Altamira (1888–1911), Alicante 1992; Miguel de Unamuno, En torno al casticismo [1895], Madrid 2005; Manuel Tuñón de Lara, España, la crisis de 1898 (Costa y Unamuno en la crisis de fin de siglo), Madrid 1986.

17 Vid. Manuel Tuñón de Lara, Medio siglo de cultura española (1885–1936), Madrid 1971, S. 57–75.

dem alle traditionellen Attribute untergegangen zu sein schienen. Aus philosophischer Sicht kam eine brodelnde Debatte über die Identität Spaniens auf, die auf die aufkommenden Peripherie-Nationalismen (den katalanischen, den galizischen und den baskischen) trifft und die sich ihren Weg bahnt, durch die Diktatur Francos bis in die heutige Zeit. In diesem Sinne ist es auch kein Zufall, dass der gefeierte Philosoph José Ortega y Gasset in einem »Prolog für Deutsche« zu *El tema de nuestro tiempo* (Das Thema unserer Zeit) zugibt, dass sein gesamtes Werk unter der Obsession mit »Spanien als Problem« leide.[18] Genauso verdanken wir Ortega einen der ernüchterndsten Beiträge zu der Frage nach einer möglichen Rekonstruktion der nationalen Identität: *España invertebrada* (Wirbelloses Spanien), ein Werk in dem er analysierte, wie das Land sich spaltete durch den Druck der Nationalismen und durch das Fehlen eines Projektes des Zusammenlebens.[19] Im selben Sinne sind *España como problema* (Spanien als Problem) von Pedro Laín Entralgo[20] – der in seinem Titel den Satz Ortegas aufnimmt – und *Defensa de la hispanidad* (Verteidigung der Hispanität) von Ramiro de Maeztu[21] zu verstehen. Das Motto, das vielleicht am besten die Sorgen zum Ende des 19. und Beginn des 20. Jahrhunderts beschreibt, ist das von Miguel de Unamuno: »¡Me duele España!« (Spanien tut mir weh!).[22]

Diese philosophisch-politische Debatte reflektierte den Gemütszustand, der die Mentalität tief durchdrungen hatte und der folglich auch Eingang in das literarische Bewusstsein der Epoche gefunden hatte. Man spricht hier von der Generation 98 oder den 98ern, wenn man sich auf eine Anzahl von Autoren bezieht, die vom Ende des 19. bis zur Mitte des 20. Jahrhunderts publizierten und die ein gemeinsames Thema und einen Stil teilten. Es ist schwierig, in wenigen Worten die Charakteristika einer großen Anzahl an Literaten zusammenzufassen, unter denen sich Dichter wie Antonio Machado, Dramaturgen wie Ramón del Valle Inclán, Romanautoren wie Pío Baroja oder Unamuno oder Essayisten wie Ángel Ganivet oder Ramiro de Maeztu befanden. Trotzdem ist anzuerkennen, dass in allen ihren Werken eine Welle des Unbehagens über die

18 José Ortega y Gasset, Prólogo para alemanes, in: Obras Completas, Madrid 1983, S. 58.

19 José Ortega y Gasset, España invertebrada. Bosquejos de algunos pensamientos históricos [1921], in: Obras completas, Bd. III, Madrid 2004–2009.

20 Pedro Laín Entralgo, España como problema, Madrid 1949.

21 Ramiro de Maeztu, Defensa de la hispanidad, Madrid 1934.

22 Miguel de Unamuno, A un profesor español residente en Buenos Aires [1923], in: Laureano Robles (Hg.), Epistolario americano (1890–1936), Salamanca 1996, S. 484.

Identität und die Zukunft Spaniens zu spüren ist. Literarisch ausgedrückt wurde dies durch den pessimistischen, melancholischen Ton, der häufig etwas Existentialistisches beinhaltete. Besonders bedeutend sind hier beispielsweise die Verse Machados: »Ya hay un español que quiere/vivir y a vivir empieza,/entre una España que muere/y otra España que bosteza./ Españolito que vienes/al mundo, te guarde Dios./Una de las dos Españas/ha de helarte el corazón« (Es gibt einen Spanier der möchte/leben und beginnt zu leben/zwischen einem Spanien, das stirbt/und einem anderen Spanien, das gähnt/Kleiner Spanier, der du kommst/ auf die Welt, beschütze Dich Gott!/Eines der beiden Spanien/wird dein Herz erfrieren lassen).[23] Es handelt sich hierbei um sehr eindeutige Verse, denn sie identifizieren nicht nur das Klima der Willensschwäche, das das Land derzeit erlebte, sondern lassen ebenfalls das Schisma der zwei Spanien erahnen, das mit dem Bürgerkrieg und der Diktatur näher rückte.[24]

Als Antwort auf die beschriebene Apathie gegen die eigene Nation wählten die meisten dieser Autoren Themen, die mit der Geschichte, der Landschaft oder den Bräuchen Spaniens zu tun hatten und versuchten so darzustellen, was die Essenz sei, die den Spaniern erlauben würde, sich wieder auf den Weg des Fortschritts zu begeben. So erklären sich auch einige wichtige Werke, wie *Campos de Castilla* (Felder Spaniens) von Machado, in dem der Dichter versucht, das Krude der öden, verarmten Felder des kastilischen Tafellandes widerzuspiegeln; *Idearium español* (Spanisches Idearium) von Ganivet, indem dieser plädiert für eine Umorientierung der Geopolitik Spaniens, hin zum totalen Isolationismus, der jedem Einfluss des Auslands abschwört, um zu erkennen, was der Schlüssel der eigenen Regeneration ist; oder *En torno al casticismo* (Über das Rasseechte) von Unamuno, ein philosophischer Essay, in dem der Autor zu ergründen versucht, worin eigentlich »lo castizo« – das Authentische, das Traditionelle – liegt, das man in der tiefen Eigenheit des spanischen Volkes findet. Um es mit Unamunos Worten zu sagen: »das wahrhaft Reine, ohne irgendwelche fremden Elemente«.[25] Auf diese Weise kam es zu einer Neubewertung des Spanischen in einem Prozess der nationalen Konstruktion, der parallel zur Stärkung anderer Identitäten, beispielsweise der baskischen oder der katalanischen ablief und den man in verschiedene Bahnen lenken wollte: die kostumbristische Literatur, die Rettung der Landessprache, die Volksmusik und, was uns weiterhin betrifft, das Gewohnheitsrecht. Wie wir in den nächsten Abschnitten dieses Aufsatzes sehen werden, vollzog sich die Übernahme der

23 Antonio Machado, Proverbios y cantares (LIII), in: Poesías completas, Madrid 1988, S. 246.

24 Vid. Santos Juliá, Historias de las dos Españas, Madrid 2004.

25 Miguel de Unamuno, En torno al casticismo (Anm. 16), S. 127.

Ideen Savignys vor diesem traditionalistischen und nationalistischen Hintergrund.

Wir haben gerade aufgezeigt, dass die Debatte über Spanien sich intensivierte mit dem Aufkommen der anderen nationalen Identitäten, die nach und nach Oberwasser bekamen. Es handelt sich hierbei um einen eher normalen Prozess für das 19. Jahrhundert, das durch den Geist der Romantik und den aufkommenden Nationalismus geprägt war.[26] In einem Krisenkontext wie dem spanischen führte dies dazu, dass die Peripherie-Nationalismen zutage traten; gewissermaßen ging es hierbei darum, dem Scheitern des Projektes eines einheitlichen Spaniens zu entkommen. Dieser Prozess löste zahlreiche politische Konflikte aus: diverse kantonale Erhebungen in der Region Levante, erbitterte Debatten über mehr regionale Kompetenzen oder über den Erhalt des Heimatrechts, und insbesondere drei Bürgerkriege, in denen speziell der baskische Nationalismus eine große Rolle spielte. Der baskische Nationalismus war tatsachlich eng verknüpft mit dem Karlismus, also mit dem Sektor, der Karl in dem Kampf um die Erbfolge unterstützte, die nach dem Tode Ferdinands VII. begann. Während die Liberalen die Weitergabe des Throns an die Tochter Ferdinands – die spätere Isabella II. – unterstützten, sprachen sich die Verteidiger des Absolutismus für seinen Bruder Karl Maria Isidro aus. Das Motiv für diese Positionierung beruht darauf, dass Karl sich bereit erklärt hatte, die traditionellen Sonderrechte (*Ius patrium*) der Basken anzuerkennen, im Einklang mit seinen Bestrebungen, die feudalen Strukturen aufrechtzuerhalten. Isabella versuchte im Gegensatz dazu die verschiedenen Partikularismen abzuschaffen und an der Verfassung eines modernen liberalen Staates zu arbeiten. Zu guter Letzt, und wenn auch nicht mit der Wucht des baskischen Modells, erhielt das »katalanische Problem« eine größere Bedeutung. Ab dem 19. Jahrhundert werden die Beziehungen zu Katalonien zunehmend angespannter.[27]

Des Weiteren gewann die Debatte über die institutionelle Konfiguration der kulturellen Unterschiede und der politischen Empfindlichkeiten, die auf der iberischen Halbinsel koexistierten, immer mehr an Wichtigkeit. Es kam die Frage nach dem Föderalismus und nach der territorialen Verteilung der Macht auf, ein Prozess, der immer noch nicht beendet ist, und der der spanischen Politik bis heute Kopfzerbrechen bereitet. Von dem Föderalismus Francisco Pi i Margalls – namhafter Intellektueller und Übersetzer von Proudhon und einer

26 Benedetto Croce, Storia d'Europa nel secolo decimonono [1932], Milano 1991, S. 57 ff.

27 Ignacio Sotelo, Cataluña: observaciones a unas relaciones delicadas, in: A vueltas con España, Madrid 2006, S. 165–188.

der vier Präsidenten der Ersten Spanischen Republik 1874[28] – bis zum Independentismus und dem Autonomismus öffnete sich ein komplexer Fächer an Möglichkeiten, der bis heute noch nicht abgearbeitet ist. *España invertebrada* von Ortega y Gasset war in der Tat ein Versuch, Ordnung in ein Chaos an Interpretationen, Haltungen und Meinungen zu bringen, die zum Thema der Nation und der territorialen Machtverteilung eingenommen wurden. Trotzdem sollte angemerkt werden, dass Ortega eine beachtliche Entwicklung erfuhr: von einer fast föderalen Position aus, nahe den Thesen der katalanischen Nationalisten wie Francesc Cambó, bis zum moderaten Autonomismus der Konservativen wie Antonio Maura.[29] In jedem dieser Fälle sind die Begriffe der von Ortega aufgeworfenen Debatte sinnvoll, um den zuvor beschriebenen Prozess zu verstehen. Seiner Meinung nach war die Zentrifugaldynamik, die Spanien erlebte, nicht der Verbohrtheit der Peripherie-Nationalismen geschuldet, sondern dem Scheitern des Einheitsprojektes, das Kastilien einst angeführt hatte.[30]

Nun aber hatte die institutionelle Krise nicht nur mit den Nationalismen und der territorialen Organisation zu tun. Tatsächlich befinden wir uns in einem generellen Chaos auf allen Ebenen des Staates. Eines der Hauptmotive für den Verlust der Kolonien waren die veralteten und nicht mehr funktionsfähigen staatlichen Strukturen. Und trotzdem, weit davon entfernt, dieses Problem mit einem nachhaltig angelegten Sanierungs- und Modernisierungsplan zu beheben, war das 19. Jahrhundert ein Kontinuum aufeinanderfolgender Verfassungen, die fast immer als Konsequenz eines vom Militär durchgeführten Staatsstreiches erlassen wurden. Resultat dieses Prozesses war eine permanente Instabilität gezeichnet durch ständige Regierungswechsel: die Liberalen folgten den Konservativen, die einige Jahre später wieder von den vorhergehenden entmachtet wurden und so fort. Auf diese Weise erlebte das Land, abgesehen von der Entstehung einer Brudermordspolitik,[31] einen Zustand unhaltbarer Inaktivität. Ab 1875 ging man das Problem an. Alfons XII. wurde gekrönt und die politische Richtung wurde von Cánovas del Castillo vorgegeben, der ein Regime der alternierenden Macht einführte zwischen der Konservativen Partei – deren Kopf er war – und der Liberalen Partei, geführt von Práxedes Mateo Sagasta. Dieses System, Restauration genannt, da es nach dem Scheitern der Ersten Republik eingeführt wurde, basierte auf der Mitwisserschaft der zwei großen Parteien. Zuerst einigten sich beide Führer, welche Partei die Regierende sein sollte. Danach richtete man Wahlen aus und zuletzt widmete man sich der

28 Francisco Pi y Margall, Las nacionalidades [1876], Madrid 1986.
29 Fernando H. Llano, El Estado en Ortega y Gasset, Madrid 2010, S. 177 ff.
30 José Ortega y Gasset, España invertebrada (Anm. 19), S. 442.
31 Ignacio Sotelo, La cultura política de Alemania y España, in: A vueltas con España (Anm. 27), S. 65–75.

Manipulation der Wahlergebnisse um zu erreichen, dass der vorher abgestimmte Kandidat das Ziel erreichte.

Das Ziel dieser Kompromisslösung war es, eine institutionelle Stabilität zu garantieren, die während des ganzen Jahrhunderts nicht existiert hatte. Da diese Balance durch ein parlamentarisches Wahlsystem nicht möglich gewesen war, aber ebenso wenig durch die Restauration des reinen und strengen Absolutismus, war es besser – dachte Cánovas – einen Konsens zu finden. Auf der einen Seite wurde so die Monarchie gerettet und auf der anderen Seite wurden die beiden wichtigen politischen Fraktionen durch ein Wechselspiel bei der Ausübung der politischen Macht befriedigt. Das System glich also einer Demokratie, in Wirklichkeit jedoch bestand es darin, die traditionellen Eliten des Landes beizubehalten. Tatsächlich wurde das Wahlergebnis manipuliert durch die »caciques«, d. h. die Machthaber, die die Kontrolle über die Bevölkerung im jeweiligen Wahlkreis hatten: traditionell aristokratische Familien, Mitglieder der hohen Geistlichkeit, Repräsentanten des Großbürgertums. Dieses Regime oligarchischen Charakters nannte sich »caciquismo« und gab bald Anlass zu harten Kritiken, wie dem klassischen *Oligarquía y caciquismo* (Oligarchie und Kazikentum) von Joaquín Costa, einem der bedeutendsten Werke dieser Epoche. In diesem kritisiert der aragonesische Autor die Scheinheiligkeit des Systems und die unterirdische Apathie, in der die Nation versunken war.

Es sei mir erlaubt, hier einige Phrasen des erwähnten Werkes anzuführen: »Monarchie, Parteien, Verfassung, Administration, Parlamente sind reines Papier, auf dem die Landschaft des parlamentarischen Systems aufgemalt ist, sagt Macías Picavea; einem regulären und perfekten Rechtsstaat, fügt Silvela hinzu, steht Spanien mit einem illusorischen Staat gegenüber, was bedeutet, dass wir lediglich die Bilder und nicht die Realität eines Volkes mit Gesetzen und Rechtsordnung haben: Was ist denn ansonsten die wirkliche Verfassung unseres Landes? [...] Es ist wie die Überlagerung zweier Staaten, eines rechtlichen und eines gewohnheitsrechtlichen: eine perfekte Maschine der erste, regiert mit bewundernswerten Gesetzen, der jedoch nicht funktioniert; anarchischer Dynamismus der zweite, in dem Freiheit und Gerechtigkeit die Privilegien der Bösen sind, in dem der aufrechte Mann, der nicht nachgibt und sich schmutzig macht, dafür unterliegt.«[32] Diese Abweichung zwischen dem wirklichen und dem offiziellen Spanien, dem sozialen und dem rechtlichen Spanien wurde zu einem literaturpolitischen Thema der Epoche. Das Manifest Costas ist ein klares Beispiel dafür, aber wir finden noch ähnliche Kritiken in anderen Schriften zu ungefähr derselben Zeit. Wie in *El régimen parlamentario en la práctica*, (Das

32 Joaquín Costa, Oligarquía y caciquismo [1901], in: Oligarquía y caciquismo, Colectivismo agrario y otros escritos (Antología), Madrid 1967, S. 18–19 und 21.

parlamentarische Regime in der Praxis) von Gumersindo de Azcárate,[33] oder *El problema nacional* (Das nationale Problem) von Ricardo Macías Picavea,[34] zwei Werke in denen die schadensträchtige Distanz zwischen Theorie und Praxis kritisiert wird. Gewissermaßen hatte sich der Staat in ein Ensemble von Institutionen verwandelt, abgeschlossen vom Rest des Landes, geführt von einer politischen Klasse, die abgeschnitten war von den wirklichen Problemen und frei von jeglicher Zukunftsvision, kurzum in einem Stadium der Abwesenheit und Gleichgültigkeit gegenüber dem Rest der Nation.[35] Die damit korrelierende Verteidigung der Zivilgesellschaft und der Bräuche wird so zur Standarte der Progressisten und des Nationalismus. Vor genau diesem Hintergrund ist auch die Einführung Savignys zu verstehen.

Der letzte zu beleuchtende Aspekt, um das Panorama des spanischen Sonderweges zu vervollständigen, ist die katholische Kirche, ein allzeit präsenter politischer Akteur des Landes der letzten zwei Jahrhunderte. Wenn es etwas gibt, was den Weg Spaniens von dem der anderen Staaten im Umkreis unterscheidet, ist es die fortdauernde Präsenz des Katholizismus. Man bedenke, dass die demokratische Vorstellung Cánovas sich nicht stark unterschied von dem doktrinären Liberalismus, der damals in Frankreich bereits vorherrschte und in anderen Nationen des Kontinents schon spürbar war.[36] Der doktrinäre Liberalismus war Ausdruck eines Paktes zwischen den traditionellen Monarchien und einer Bourgeoisie, die erschreckt war von den Exzessen in der Periode der großen Revolutionen. Gegenüber der Gefahr der Radikalisierung, die losgetreten worden war, nachdem die liberalen Prinzipien eingeführt worden waren, entschieden die Großbourgeoisie und die Monarchie, ihre alten Streitigkeiten beizulegen und ihre Interessen in Einklang zu bringen, indem man ein institutionelles Gleichgewicht anstrebte. So sollte sich das Projekt der Emanzipation, das durch die Ideale der Aufklärung angestrebt wurde, niemals in letzter Konsequenz durchsetzen.[37] In Spanien musste sich die Restauration der Dynamik des Kompromisses der anderen Länder anpassen, jedoch ebenso im Einklang mit der Kirche sein.[38] Nun endete der spanische Doktrinarismus in einem müh-

33 Gumersindo de Azcárate, El régimen parlamentario en la práctica [1885], Madrid 1978.

34 Ricardo Macías Picavea, El problema nacional [1899], Madrid 1996.

35 José Álvarez Junco, Mater dolorosa (Anm. 15), S. 533 ff.

36 Luis Díez del Corral, El liberalismo doctrinario, Madrid 1984, S. 1–21 und 549 ff.

37 Gerardo Pisarello, Un largo Termidor. La ofensiva del constitucionalismo antidemocrático, Madrid 2011, S. 91–105.

38 Enrique Álvarez Conde, El pensamiento político canovista, in: Revista de estudios políticos 213–214 (1977), S. 233–295, hier 283 ff.

samen Gleichgewicht dreier Gruppen: die Bourgeoisie, die Monarchie und der Klerus.

Kurzum: Während in den übrigen europäischen Ländern die Säkularisierung des Staates mehr oder weniger gleichzeitig stattgefunden hatte, wurde sie in Spanien niemals effektiv vollzogen. Seit der progressistischen Verfassung von Cádiz vom Jahre 1812 bis zu der eher konservativen Verfassung von 1876 wurde der konfessionelle Staat dekretiert.[39] In den wenigen Fällen, in denen eine religiöse Neutralität angestrebt wurde, kam diese nicht zum Tragen; entweder auf Grund der kurzen Dauer der Phasen der liberal-progressiven Regierungen oder durch den Druck der reaktionären Kräfte, die immer noch die sozialen und kulturellen Institutionen dominierten. Das Anhalten dieser »internen Konstitution«, wie sie Cánovas nannte,[40] ist in der politischen Kultur Spaniens spürbar. Trotz einiger Unterbrechungen wie in der Zeit der Zweiten Republik (1931–1936) gelangte diese bis zum Franquismus, der seine Ideologie nicht umsonst als Nationalkatholizismus definierte.[41] Tatsächlich existiert bis heute eine ambivalente Gesetzgebung hinsichtlich der Beziehungen zwischen Staat und Kirche, denn letztere erhält immer noch große Bezüge seit 1979, als ein Abkommen mit dem Heiligen Stuhl geschlossen wurde, das klar die der Franco-Zeit fortsetzte. Es ist aufschlussreich, die Gesetzgebung Spaniens und Portugals diesbezüglich zu vergleichen, denn beide Länder haben sich bis zum letzten Drittel des 20. Jahrhunderts mehr oder weniger parallel entwickelt. Seit der Nelkenrevolution jedoch hat Portugal seinen Weg der Einigung mit der Kirche abgebrochen und marschierte festen Schrittes in Richtung einer definitiven Säkularisierung, während Spanien an seiner Politik der Übereinkunft bis heute festhält.[42] Jenseits des rein rechtlichen Terrains ist die Macht der Kirche in der alltäglichen Politik so spürbar, dass man zu Recht gesagt hat, die

39 Cayetano Núñez Rivero, Estado laico. La Iglesia católica y el Estado constitucional. El caso español, Madrid 2012.

40 Antonio Cánovas del Castillo, Diario de Sesiones de las Cortes (Congreso de los Diputados), 11. Mai 1876, S. 1347. Vid. Joaquín Varela Suanzes-Carpegna, La doctrina de la Constitución histórica de España, in: Ignacio Fernández Sarasola und Joaquín Varela Suanzes-Carpegna (Hg.), Conceptos de Constitución en la historia (Cuadernos monográficos de teoría del Estado, Derecho público e historia constitucional), Oviedo 2010, S. 307–364.

41 José Manuel Cuenca Toribio, Nacionalismo, franquismo y nacionalcatolicismo, Madrid 2008.

42 Alejandro Torres Gutiérrez, Derecho común versus Derecho especial: el individuo como sujeto del derecho de libertad de conciencia y religiosa en España y Portugal, in: María del Carmen Barranco, Oscar Celador und Félix Vacas (Hg.), Perspectivas actuales de los sujetos de derecho, Madrid 2012, S. 72 ff.

Kirche sei eines der Haupthindernisse der Entwicklung eines wirklich bürgerlichen Spaniens.[43]

Es ist fundamental, das Gewicht der Kirche mit einzubeziehen, um die Zwistigkeiten zu verstehen, die in den intellektuellen Kreisen und in den Rechtswissenschaften aufkamen. Besonders bedeutend sind hier zwei Ereignisse, die im wissenschaftlichen und im edukativen Bereich stattfanden. Das erste bezieht sich auf einige harte Polemiken im Jahr 1875 im Ateneo in Madrid, wo man heiße Debatten über die Einführung der positivistischen Ideen sowie über deren Auswirkungen auf die Religion und die Moral führte. Die konservativsten Sektoren lehnten solche Ideen von Grund auf ab, insbesondere diejenigen, die sich auf den Darwinismus bezogen, denn dieser wurde als Strömung verstanden, die vollkommen konträr zum katholischen Dogma stand, das die spanische Nation schon immer begleitet hatte.[44] Aber sogar die Intellektuellen, die auf wissenschaftlicher Ebene offener, eher politisch liberal waren und der krausistischen Philosophie folgten, zeigten sich gegenüber einer Einführung der Gesamtheit der positivistischen Ideen abgeneigt. Diese müssten immer kompatibel mit der Religion und einem gewissen ethischen Idealismus sein. Nur dann könnten sie sich an das Land anpassen. Wenn sie jedoch mit diesen Prinzipien unvereinbar seien, dann müsse man eine vorsichtige Anpassung vornehmen und dürfe dabei die Wichtigkeit der Moral in den wissenschaftlichen Fragen nicht außer Acht lassen. Das ist die Schlussfolgerung, die man beispielsweise aus zwei gefeierten Prologen des politisch-liberalen und intellektuellen Krausisten Nicolás Salmerón lesen kann, der später einer der vier Präsidenten der Ersten Spanischen Republik (1873–1874) werden sollte.[45]

Das zweite Ereignis ist eng mit den intellektuellen Neuerungen verbunden, die manche Philosophen und Wissenschaftler dieser Zeit dem spanischen Leben zu vermitteln versuchten. Im gleichen Jahr 1875 tat sich die sogenannte »zweite universitäre Frage« auf; eine Säuberung von all jenen Lehrern, die die Regierung als subversiv oder gefährlich empfand, da sie in den Vorlesungen nicht das katholische Dogma vertraten. Das Dekret, das von Marqués de Orovio – dem damaligen Minister für Erziehung – aufgesetzt worden war, besagte folgendes: »wenn die Mehrheit und fast ganz Spanien katholisch ist, und auch der Staat katholisch ist, dann muss auch die offizielle Lehre diesem Prinzip folgen, gleich

43 Gregorio Peces-Barba, La España civil, Madrid 2006, S. 62–79.

44 Diego Núñez, El Darwinismo en España, Madrid 1977; Eusebio Fernández, Marxismo y positivismo en el socialismo español, Madrid 1981, S. 50–71.

45 Nicolás Salmerón, »Prólogo«, in: Juan Guillermo Draper, Historia de los conflictos entre la religión y la ciencia, Madrid 1876; Nicolás Salmerón, »Prólogo«, in: Hermenegildo Giner de los Ríos, Filosofía y arte, Madrid 1878.

welche Konsequenzen dies nach sich zieht [...]. Die Regierung kann nicht zustimmen, dass sich in den staatlichen Schulen jemand gegen ein Dogma richtet, das die soziale Realität unseres Heimatlandes ausmacht.«[46] Die Konsequenz war zunächst, dass Spanien sich von dem Weg der Säkularisierung der Bildung entfernte, der sich bereits in vielen Nachbarländern abzeichnete. Das englische Gladstone-Gesetz von 1870, das italienische Lopino-Gesetz von 1871 oder das französische Ferry-Gesetz von 1882 beschlossen bereits die Weltlichkeit der öffentlichen Bildung auf allen Ebenen.[47] Außerdem führte die universitäre Frage zu einem zentralen Ereignis für die intellektuelle Geschichte Spaniens. Auf Grund der ungewohnten Tatsache, dass viele Lehrer von ihren Lehrstühlen verbannt worden und viele andere aus Solidarität ihren Kollegen gegenüber freiwillig zurückgetreten waren, entschied der Rechtsphilosoph Francisco Giner de los Ríos, ein ehrgeiziges Bildungsprojekt in Angriff zu nehmen, das sich außerhalb des Dunstkreises der offiziellen Institutionen verwirklichen sollte: die *Institución Libre de Enseñanza* (Freie Institution der Bildung).

Ziel dieser Institution war es, ein Zentrum der höheren Bildung aufzubauen, in dem man tatsächlich die akademische Freiheit respektierte und in dem man im Einklang mit den neuen pädagogischen Anschauungen und den Fortschritten der modernen Wissenschaften unterrichtete. Und das Projekt erreichte sogar noch mehr. Sehr bald gesellte sich zu ihm die Mehrheit der liberalen und progressiven Intellektuellen, die sich der kulturellen Einengung entzogen, der man Spanien unterordnen wollte. In ihren Mauern studierte ein großer Teil der *intelligentsia*, der mit den Jahren teilhaben sollte an dem politischen Milieu der Zweiten Republik (1931–1936). Zudem übertrug sich der Geist der *Institución Libre de Enseñanza* auf andere ähnliche Institutionen, die unter ihr entstanden: El Instituto-Escuela, 1918 (Das Schulinstitut), mit Hilfe dessen man vorhatte, die pädagogischen Prinzipien der *Institución* auf die Sekundarstufe zu übertragen; Die Junta para la Ampliación de Estudios, 1907 (Der Rat zur Ausweitung des Studiums), der die wissenschaftliche Forschung im Ausland durch Studienstipendien vorantreiben sollte; oder das Instituto de Reformas Sociales, 1903 (Institut für soziale Reformen) gegründet mit dem Ziel, die Arbeitsbedingungen der Arbeiterklasse zu studieren und über Rechtsreformen nachzudenken, die die Probleme der sozialen Frage lösen könnten.[48] In Hinblick auf die Rechtswelt ist

46 Manuel Orovio Echagüe, Real Orden de 26 de febrero de 1875, in: Gaceta de Madrid N. 58, Madrid 1875, S. 531–532.

47 Gregorio Peces Barba (et. al.), Educación para la ciudadanía y derechos humanos, Madrid 2007, S. 105–112.

48 Antonio Jiménez-Landi, La Institución Libre de Enseñanza, Madrid 1973, S. 175–205; Manuel Tuñón de Lara, Medio siglo de cultura española (Anm. 18), S. 37 ff.; Luis Enrique Otero Carvajal und José María López

die Entstehung der *Intitución Libre de Enseñanza* die Hauptsache, denn in ihr arbeiteten und studierten zahlreiche namhafte Juristen: von ihrem Gründer Francisco Giner de los Ríos angefangen bis zu Adolfo Posada – Übersetzer vieler wichtiger Autoren wie Rudolf von Jhering oder Anton Menger. Ebenso der schon zitierte Joaquín Costa. Die intellektuelle Strömung, der viele dieser Autoren angehörten war der Krausismus, allerdings ein Krausismus, der wenig von Krausc und dafür viel von Giner hatte, der wenig philosophisch, sondern vielmehr sozial ausgerichtet war.[49] Man kann sagen, dass die *Institución* zu einem Treffpunkt für all diejenigen wurde, die eine liberale Haltung im politischen, eine reformistische im sozialen und eine offene im intellektuellen Bereich hatten.

Bevor ich diesen Punkt beende, ist eine letzte Reflexion erforderlich. Das Problem des Katholizismus ist den anderen Erscheinungen der Krise, die auf den letzten Seiten angeführt wurden, nicht fremd. Man könnte sogar sagen, dass eine starke Verknüpfung zwischen dem Nationalismus und dem Katholizismus besteht. Im Allgemeinen durchdrang der Katholizismus das gesamte politische Leben des 19. Jahrhunderts. Bis vor kurzem war es üblich, ihn mit dem *españolismo* zu assoziieren, zu weiten Teilen auch auf Grund des Nationalkatholizismus, der während der Franco-Epoche gepflegt wurde. Trotzdem sind die Verbindungen zwischen dem Baskismus und dem Katholizismus bekannt und wenngleich die Bande zwischen ihm und dem Katalanismus durch die offizielle Geschichtsschreibung vernachlässigt wurden, ist es jetzt offenbar, dass sie existierten.[50] Je mehr wir uns vom Franquismus entfernen, um so deutlicher zeigt uns ein aufmerksamer Blick, dass sowohl der baskische als auch der katalanische Nationalismus im 19. Jahrhundert ein starkes katholisches Gepräge besaßen. So erklärt es sich, dass der Gründer der Nationalistischen Baskischen Partei Sabino Arana ein großer Bewunderer des Katalanen Félix Sardá y Salvany[51] war, einer der großen Referenten des fundamentalistischen Katholizismus des 19. Jahrhunderts, der ebenfalls der Autor des Buches *El liberalismo es*

Sánchez, La lucha por la modernidad. Las ciencias naturales y la Junta para la Ampliación de Estudios, Madrid 2012, S. 127 ff.

49 Elías Díaz, De la Institución a la Constitución. Política y cultura en la España del siglo XX, Madrid 2009, S. 15–48.

50 Antonio Francisco Canales Serrano, El robo de la memoria. Sobre el lugar del franquismo en la historiografía católico-catalanista, in: Ayer 59 (2005), S. 259–280.

51 José Luis de la Granja Saiz, El *antimaketismo*: la visión de Sabino Arana sobre España y los españoles, in: Norba. Revista de Historia 19 (2006), S. 191–203, hier 194.

pecado (Liberalismus ist Sünde)[52] war. Und so erklärt sich weiterhin, dass derselbe Sardá y Salvany ein guter Freund Manuel Durán y Bas' war, von jenem Politiker, der die meiste Präsenz in der Verteidigung des katalanischen Zivilrechts zeigte und der wichtigste Importeur Savignys war. Jenseits seiner Freundschaft mit Sardá y Salvany zeigte Durán y Bas starke Züge des Katholizismus in vielen seiner Schriften.[53]

Zu guter Letzt ist es natürlich unerlässlich, den spanischen Nationalismus mit dem Katholizismus zu verknüpfen. Zu einem guten Teil versuchte man, die verlorene Ehre auf Grund der kolonialen Niederlage mit Hilfe des Festhaltens an der katholischen Religion wiederzuerlangen. Wenngleich das imperiale Spanien aufgegeben hatte, so war doch das katholische Spanien geblieben; das Spanien, das, um mit den Worten des reaktionären Historikers Menéndez Pelayo zu sprechen, »die Hälfte der Erdkugel evangelisiert hatte«; das Spanien, das »Hammer der Ketzer, Licht von Trient, Schwert Roms und Wiege des Heiligen Ignatius« gewesen war.[54] Sodass, obgleich es der Wahrheit entspricht, dass linguistische und kulturelle Unterschiede auf der Halbinsel existierten, es trotzdem einen gemeinsamen Hintergrund gab, den alle Territorien teilten und der die Nation hätte stützen müssen: der Katholizismus.[55] Nicht umsonst endet der Satz Menéndez Pelayos so: »dies ist unsere Größe und unsere Einheit; eine andere haben wir nicht. An dem Tag, an dem wir sie verlieren, wird Spanien zum Kantonismus der keltiberischen Völker zurückkehren.«[56] Genau dieselbe Argumentation wurde im rechtspolitischen Denken verwendet, um das Dogma des Katholizismus in die Verfassungen zu übernehmen: jenseits der Rechtsdokumente, besitze die spanische Nation eine interne Verfassung, die auf den spanischen Bräuchen und der Geschichte basiere und die innerliche Eigenschaften seines Volkes beachte. Diese Rhetorik, die das historische und das katholische Element kombinierte, ist identisch mit der, die wir bei der Analyse der Einführung Savignys in die spanische Rechtswissenschaft sehen werden: Die Einführung seines Denkens geschah über den Nationalismus, jedoch unter Hinzufügung des katholischen Elements.

52 Félix Sardá y Salvany, El liberalismo es pecado [1884], Lleida 2009.

53 Vid. Manuel Durán y Bas, La filosofía de las Leyes bajo el punto de vista Cristiano, in: Estudios jurídicos, Barcelona 1888, S. 71–98; Manuel Durán y Bas, Necesaria influencia de la Filosofía Cristiana en los Códigos penales y en las instituciones penitenciarias de nuestros días, in: Estudios morales, sociales y económicos, Barcelona 1895, S. 75–120.

54 Marcelino Menéndez Pelayo, Historia de los heterodoxos españoles, Madrid 1956, Bd. 2, S. 1192.

55 José Álvarez Junco, Mater dolorosa (Anm. 15), S. 305 ff. und 383 ff.

56 Marcelino Menéndez Pelayo, Historia de los heterodoxos (Anm. 54), S. 1194.

3 Die Einführung Savignys

3.1 Die spanische Rechtswissenschaft im 19. Jahrhundert

Trotz der Gefahren, die in Verallgemeinerungen stecken, lässt sich sagen, dass die spanische Rechtswissenschaft des 19. Jahrhunderts von drei großen Strömungen geprägt war: dem Neuthomistischen Traditionalismus, dem Krausismus und der Historischen Schule, drei Strömungen, die insgesamt mit den politischen Tendenzen übereinstimmen, die im vorigen Abschnitt skizziert wurden.[57] Auf der einen Seite haben wir also den Monolithen des katholischen traditionellen Denkens, das sich an den Doktrinen des Heiligen Thomas und an der spanischen Schule des Naturrechts orientiert. Die Neigungen dieser Gruppe zur Restauration der katholischen Monarchie in ihrer ultramontansten Form sind fast einhellig. Auf der anderen Seite haben wir den Krausismus, eine rechtsphilosophische Strömung, die in Spanien und Lateinamerika von großer Relevanz war (auch weitaus mehr als in Deutschland selbst). Diese übertrug sich auf die sozialpolitische Ebene und in alle liberalen und reformistischen Strömungen, die für die Säkularisierung des Staates, die Liberalisierung der Ökonomie (abgeschwächt durch den Drang, die sozialen Grundrechte zu schützen) und für eine tendenzielle Europäisierung der Kultur kämpften. Zuletzt haben wir die historische Schule, deren politisches Korrelat der Nationalismus war, insbesondere in seiner katalanischen Ausführung. Es war nämlich in Katalonien, wo die Ideen der deutschen historischen Schule am stärksten rezipiert wurden.[58]

Wie eingangs erläutert, muss man bei Generalisierungen dieser Art Vorsicht walten lassen, nicht nur weil sie eventuell die wirklichen Profile der Autoren und Schulen entstellen, sondern auch und vor allem, weil sie die Möglichkeit der synkretistischen Orientierungen außer Acht lassen. In dem uns betreffenden Fall ist diese Beobachtung wesentlich, denn es gab Kreuzungen von großer Bedeutung zwischen den aufgeführten Strömungen. So finden wir zum Beispiel im Historismus von Manuel Durán y Bas eine starke Neigung zum Neuthomismus, trotz der Tatsache, dass manche seiner Mitstreiter eine Versöhnung dieser beiden Strömungen stark kritisierten.[59] Auch sollte der Fall Joaquín Costas

57 Juan José Gil Cremades, Krausistas, catalanistas y católicos, in: Krausistas y liberales, Madrid 1975, S. 11–19.

58 Montserrat Figueras, Notas sobre la introducción de la Escuela Histórica de Savigny en España, in: Anales de la Cátedra Francisco Suárez 18–19 (1978–1979), S. 371–393.

59 Antonio-Enrique Pérez Luño, Experiencia histórica y experiencia jurídica en Durán y Bas, in: La filosofía del derecho en perspectiva histórica, Sevilla 2009, S. 281–298, hier 291. Der kritische Aufsatz, auf den sich der Autor bezieht, ist

erwähnt werden, dessen Denken sehr weit davon entfernt war, sich einer bestimmten Schule zuordnen zu lassen. Er stammte aus einer streng katholischen Familie, studierte jedoch unter den Krausisten und empfing auf der anderen Seite großen Einfluss vom Rechtshistorismus, der sich in seiner Vorliebe für die Institutionen des Gewohnheitsrechts äußert.[60] Zuletzt und trotz des katholischen Fundamentalismus, der in Autoren wie Sardá y Salvany, Juan Donoso Cortés oder Manuel Vázquez de Mella vorherrschte, sind viele andere Fälle eines moderaten Katholizismus zu registrieren, der auf die eine oder andere Weise versuchte, die Prinzipien des traditionellen Katholizismus mit den Forderungen einer liberalen Ökonomie zu verbinden und sich besonders ab dem letzten Drittel des 19. Jahrhunderts unwiderruflich durchsetzte.[61] Es muss also klar sein, dass die obige Charakterisierung der Rechtswissenschaft dieser Zeit lediglich eine Richtschnur bieten kann, um den generellen Geist der intellektuellen Polemik und die großen Themen des Diskurses fassen zu können. Sie ist jedoch nicht immer geeignet, um die Eigenheiten der Autoren und Schulen zu verstehen.

Es lässt sich jedoch schon eine generelle Schlussfolgerung über das Bild der erwähnten Strömungen ziehen: die fast komplette Abwesenheit zweier für den Rest Europas wichtiger Tendenzen, des Positivismus und des Hegelianismus. Die Abwesenheit des Positivismus lässt sich durch das Klima des katholischen Ultramontanismus erklären. Die soziologischen Strömungen, die in Europa immer mehr an Präsenz gewannen, wurden im Gegenteil von Spanien aus mit großem Argwohn betrachtet, als Gefolgsmann des Atheismus oder im besten Fall als Gefahr für den gesunden Idealismus, der die Moral führen sollte. Sogar die offensten Autoren im wissenschaftlichen Bereich, die Krausisten, widersetzten sich der vollen Übernahme der positivistischen Ideen. Und so war es eine Generation junger Juristen, die ab den 1880er Jahren die Aufnahme des Positivismus zaghaft betrieben. Sie versuchten nämlich die Prinzipien des klassischen Krausismus zu aktualisieren, jedoch ohne das naturrechtliche Gerüst abzulehnen. Ergebnis dieser Hybridisierung war das, was Adolfo Posada Krausopositivismus[62] nannte, ein scheinbares Oxymoron, ein Sammelsurium verschie-

von Enrique Plá y Deniel, Crítica de la Escuela Histórica, según los principios de Santo Tomás, sobre la mutabilidad de las leyes, in: Revista jurídica de Cataluña (1900), S. 225–280.

60 Rafael Pérez de la Dehesa, El pensamiento de Costa y su influencia en el 98, Madrid 1966, S. 171 ff.

61 Vid. Sebastián Martín, Funciones del jurista y transformaciones del pensamiento jurídico-político español, in: Historia Constitucional 11 (2010), S. 89–125, hier S. 99.

62 José Luis Abellán, Filosofía de la Institución Libre de Enseñanza: El Krausopositivismo, in: José Antonio Ferrer Benimeli (Hg.), Masonería, política y sociedad, Madrid 1989, S. 405–418.

denster Ideen, ähnlich dem, was Posada mit dem Versuch erreichte, das Denken Jherings mit dem Krauses[63] zu vereinigen. Im Großen und Ganzen war es das, was man versuchte, nämlich die Ideen des Darwinismus, der modernen Soziologie und der Psychologie einzuführen, ohne jedoch das Naturrecht beiseite zu legen und die ethische Annäherung an das juristische Phänomen aufzugeben.[64]

Bezüglich des Hegelianismus lässt sich seine fehlende Durchschlagskraft aus der politischen und sozialen Sicht erklären. Wie schon Elías Díaz festhielt, die Tatsache, dass die Doktrin Krauses in Spanien so viel Erfolg gehabt hatte, war deren ambivalentem und formbarem Charakter geschuldet, im Kontrast zu dem soliden philosophischen Gerüst Hegels.[65] Während die Philosophie des Schwaben eines starken Staates bedurfte und sich an einem potenten dialektischen Apparat aufrichtete, strahlten Krauses Ideen Eklektizismus aus und schlossen mit einer Verteidigung der individuellen Ethik. Nebenbei stützten sie sich auf ein harmonistisches Konzept der Gesellschaft.[66] Deshalb war die Einführung Krauses nach Elías Díaz viel wahrscheinlicher als die des grandiosen Hegel. In einem Land, das von inneren Konflikten wie den beschriebenen gekennzeichnet war, unstrukturiert durch die Krise der staatlichen Institutionen und versunken im historischen Verfall, schien es nicht vernünftig, die Ideen eines Autors wie Hegel anzunehmen, der vielmehr für eine Nation in der Entfaltung geschrieben hatte, optimistisch der Zukunft entgegen blickte und auf eine solide staatliche Tradition zurückgreifen konnte. In der Synthese ließen sich die Ideen Krauses besser mit dem Glauben der liberal-reformistischen Bourgeoisie vereinen, die sich von Beginn der 1850er Jahre an mit der moralischen Regeneration Spaniens beschäftigte: »wenn eine Gesellschaft so verwirrt ist und so bewegt, dann braucht sie keine Philosophie, die eine wundervoll konstruierte und systematisierte Konzeption einer Welt und des Lebens in sich birgt. Vielmehr ist eine ethische Rekonstruktion auf der Basis eines emotionalen Bildes der Welt not-

63 Adolfo G. Posada, Estudio preliminar sobre las ideas jurídicas y el método realista de Ihering, in: Rodolfo von Ihering, Prehistoria de los indoeuropeos, Madrid 1896, S. VII–XXXI.

64 Francisco Laporta, Adolfo Posada: política y sociología en la crisis del liberalismo español, Madrid 1974, S. 261–265; Antonio Jiménez García, El krausopositivismo psicológico y sociológico en la obra de Urbano González Serrano, in: Anales del Seminario de Historia de la Filosofía 10 (1993), S. 73–92; Yvan Lissorgues, Krausopositivismo, vulgar denominación para un gran pensamiento (o el espíritu sobre todas las cosas), in: Yvan Lissorgues und Gonzalo Sobejano (Hg.), Pensamiento y literatura en España en el siglo XIX: idealismo, positivismo, espíritu moderno, Toulouse 1998, S. 321–333.

65 Elías Díaz, La filosofía social del krausismo español, Valencia 1983, S. 15–37.

66 Wolfgang Forster, K. Ch. Friedrich Krauses frühe Rechtsphilosophie und ihr geistesgeschichtlicher Hintergrund, Ebelsbach 2000, S. 133–178.

wendig, die die Gefühle organisiert und dem Menschen Werte an die Hand gibt, die in der Lage sind, sein Verhalten von innen heraus zu bestimmen, wenn die Unzulänglichkeit der Administration die Erfüllung der Gesetze unmöglich macht.«[67]

Auch hier ist es notwendig, zwei Abstufungen vorzunehmen. Die erste betrifft den Hegelianismus und die zweite den Positivismus. Bezüglich des ersten ist es nützlich anzumerken, dass es, trotz der oben ausgeführten Tendenz, doch eine kleine Feldschanze des Rechtshegelianismus an der Universität von Sevilla gab, besonders zu sehen in den Figuren Antonio María Fabié und Antonio Benítez de Lugo.[68] Mit weniger Intensität als bei diesen beiden, kann man auch in Francisco Pi i Margall einen Einfluss Hegels finden. Das könnte wiederum erklären, warum dieser sich nicht des Historismus *à la Savigny* annahm, um seine nationalistisch-föderalistischen Vorschläge zu rechtfertigen.[69] Auf jeden Fall denke ich, dass das, was es bei Pi i Margall gibt, eher ein diffuser linksgerichteter Hegelianismus ist, der paradoxerweise in eine Annäherung an Proudhon mündet. Die zweite Abstufung, die vorzunehmen ist und die sich auf den Positivismus bezieht, ist für uns vielleicht noch relevanter als diese. Jenseits der Annäherung an den wissenschaftlichen Positivismus, den einige Krausisten in der zweiten Hälfte des Jahrhunderts vorantrieben, lässt sich in der ersten Hälfte eine wichtige Rezeption des Rechtspositivismus von Bentham wahrnehmen. Wie Élie Halévy gesagt hat, war Bentham in Spanien »so etwas wie ein Halbgott«.[70] Die Rezeption seines Werkes wurde durch die Universität Salamancas vollzogen und bezog sich auf einige Aspekte im Bereich der Kodifizierung.[71] Nicht nur zufällig schrieb der englische Jurist drei *Ensayos sobre la política de España* (Essays zur spanischen Politik) und sieben *Cartas sobre el código penal* (Briefe über das Strafgesetzbuch), die an den Herzog von Toreno gerichtet waren. In diesem Sinne lässt sich sagen, dass der Einfluss Benthams ein aufgeklärtes und französisiertes Gepräge hatte; man muss jedoch der Tatsache Rechnung tragen, dass die Ideen Benthams in Wirklichkeit kaum Widerhall in seiner

67 Eloy Terrón, Sociedad e ideología en los orígenes de la España contemporánea, Barcelona 1969, S. 9–10.

68 Vid. José Ignacio Lacasta Zabalza, Hegel en España. Un estudio sobre la mentalidad social del hegelismo hispánico, Madrid 1984; Juan Ramón García Cue, El hegelismo en la Universidad de Sevilla, Sevilla 1983.

69 Jorge Cagiao y Conde, A vueltas con el federalismo español: Pi y Margall, Proudhon y Hegel. Reseña crítica de un viejo texto sin eco, in: Cahiers de civilisation espagnole contemporaine. De 1808 au présent 2 (2008).

70 Élie Halévy, The Growth of Philosophic Radicalism, London 1928, S. 296.

71 Antonio-Enrique Pérez Luño, Jeremy Bentham: su influjo en la Universidad de Salamanca y en la cultura jurídica española del siglo XIX, in: La filosofía del derecho en perspectiva (Anm. 59), S. 217–242.

Heimat fanden und er eher in Frankreich zu Ruhm gelangte. Sein großes Prädikament in Spanien entspricht der kulturellen Französisierung, die das Land seit der Einführung der bourbonischen Monarchie erfahren hatte.

Die Bedeutung Benthams in der ersten Hälfte des Jahrhunderts sticht besonders im legislativen Bereich hervor. Auf der einen Seite als Referent vieler Ideen, die die Ausarbeitung der Verfassung von Cádiz (1812) nährten und auf der anderen Seite als Inspiration und aktiver Teilnehmer an der Erarbeitung des Zivil- und Strafgesetzbuches.[72] Man hat viel darüber diskutiert, inwiefern die Verfassung von Cádiz ein Plagiat der französischen von 1791 war. Dies ist zwar nicht der Ort, sich damit aufzuhalten, aber es ist schon nahezu einhellige Meinung, dass der Einfluss in Wirklichkeit eher moderat war. Vergessen wir nicht, dass Spanien gerade aus einem Krieg gegen Frankreich herausgekommen war und dass auf Grund dessen Affinitäten für das Nachbarland nicht gern gesehen waren.[73] Gerade deshalb kommt Bentham die Position des Mediators zwischen den französischen Kodifizierungstendenzen und der spanischen Rechtskultur zu.

Der Hinweis auf die Verfassung von Cádiz ist insofern wichtig, als dass sie der Ausgangspunkt des Kodifizierungsprozesses ist, den das Jahrhundert erleben sollte.[74] Ihr Artikel 258 legte fest, dass »das Zivil- und das Strafrecht sowie das für den Handel einheitlich für die ganze Monarchie gelten sollen, unbeschadet der Änderungen, die das Parlament unter besonderen Umständen vornehmen kann«, eine Formulierung, die wir in allen Verfassungen des Jahrhunderts wiederfinden können, sowohl in den liberalen als auch in den konservativen. Mit dieser Regelung versuchte man, den normativen Pluralismus zu vereinheitlichen, der im Land existierte und der bis zu dieser Zeit verschiedene gesetzliche Regelungen im Bereich des Zivilrechts vorsah. In diesem Entschluss zeigt sich auf der einen Seite der liberale Wille, eine Nation mit identischen Gesetzen zu schaffen, die einen einheitlichen Markt erlaubten, und auf der anderen Seite der absolutistische Versuch, jedes Relikt der alten Territorialmächte abzuschaffen. Im einen wie im anderen Fall ist der zentralistische Einfluss der französischen rechtspolitischen Tradition spürbar. Aus diesem Grund fand in der ersten Hälfte

72 Luis Silvela, Bentham: sus trabajos sobre asuntos españoles: expositor de su sistema en España, Madrid 1894; Antonio-Enrique Pérez Luño, Los derechos fundamentales en la Constitución de Cádiz de 1812, in: La filosofía del derecho en perspectiva (Anm. 59), S. 243–256, hier 246–249.

73 Diego Sevilla Andrés, La Constitución española de 1812 y la francesa de 1791, in: Saitabi VII, 33/34 (1949), S. 212–234.

74 Felipe Sánchez Román, La codificación civil en España en sus dos periodos de preparación y consumación. Estado del derecho civil de España, común y foral antes y después de la promulgación del código civil, Madrid 1890, S. 21 ff.

des Jahrhunderts ein reger Austausch mit dem französischen Modell statt. Das Resultat war, dass das erste große Projekt des Zivilgesetzbuches von 1851 eine starke Präsenz des französischen Geistes spüren ließ, jedoch gleichzeitig ein offenkundiges Vorherrschen der kastilischen Tradition.[75]

Als Konsequenz dieses Exklusivismus und der politischen Instabilität, die das Land erlebte, löste das Projekt viel Kritik auf der Seite der nationalistischen und regionalistischen Strömungen aus, die eine größere Einbeziehung der Institutionen des »derecho foral« – *Ius patrium* – an der Kodifizierung forderten. Wichtig für unser Studienobjekt ist, dass sich der Spiegel verändert, in dem sich die spanischen Juristen in der zweiten Hälfte des 19. Jahrhunderts betrachten. Vom französischen Einfluss wechselt man allmählich zum deutschen. Trotzdem, da es ja in Deutschland noch keine einheitliche Gesetzgebung gab, ist das Modell, an dem sie sich orientieren, die Pandektistik Savignys und seiner Schüler. Die Faktoren, die diesen Kurswechsel auslösten, sind zahlreich. Auf der einen Seite sind es die Vorreiterrolle, die Deutschland im Bereich der Philosophie und Wissenschaft immer mehr einnahm, und die Stärke Preußens im politischen Leben des Kontinents. Auf der anderen Seite, bezüglich der Welt des Rechts, hat der germanisierende Dreh mit den Diskussionen zu tun, die sich in der Zivilrechtskodifizierung ergaben. Während das französische Modell eher die Homogenisierung des Rechts vorsah, sahen die spanischen Rechtsgelehrten in der Deutschen Historischen Schule eher eine exzellente Plattform, um den Erhalt ihrer Heimatrechte zu verteidigen.[76]

Natürlich zeigte sich der Perspektivenwechsel im juristischen Bereich nicht nur in der Gesetzgebung oder der Rechtssprechung, sondern auch in der Dogmatik, in der Rechtsphilosophie und in anderen kulturellen Gebieten. In diesem Sinne ist es kein Zufall, dass die Einführung Krauses gerade 1854 begann, zu der Zeit als Julián Sanz del Río von seiner Reise aus Deutschland zurückkam und begann, die Ideen des deutschen Denkers zu verbreiten.[77] Genau ein Jahr vorher, 1853 wurde die Zeitschrift *Revista General de Legislación y Jurisprudencia* (Allgemeine Zeitschrift für Gesetzgebung und Rechtswissenschaft) gegründet, die schnell der wichtigste Ort der juristischen Diskussion des Jahrhunderts wurde und das Sprachrohr wissenschaftlicher Neuerungen, die

75 Felipe Sánchez Román, La codificación civil en España (Anm. 74), S. 35–36.

76 Abraham Sanz Encinar, La influencia de la escuela histórica del derecho en la cuestión foral española, in: Sistema: Revista de ciencias sociales 159 (2000), S. 53–74.

77 Manuel Tuñón de Lara, Medio siglo de cultura española (Anm. 17), S. 37–46. Elías Díaz, La filosofía social del krausismo español (Anm. 65), S. 46.

sich im germanischen Europa herausbildeten.[78] Hier sollen die Worte der Herausgeber zitiert werden: »die Ziele der Zeitschrift sind: die Leser mit den periodischen Veröffentlichungen ausländischer Gelehrter möglichst vertraut zu machen; ihnen die unablässigen und tiefgreifenden Werke des denkenden Deutschland zur Kenntnis zu bringen; hinzuweisen auf die fortschreitende Bahn dieser geistigen Bewegung, die von jenseits des Rheins nach und nach in die übrigen Nationen des Kontinents eindringt; und dadurch die große und spürbare Leere an juristischen Veröffentlichungen auf unserer Halbinsel zu füllen«.[79] Im Allgemeinen war die Verbindung zwischen den Gründern der Zeitschrift der Krausismus, aber bald bot man auch anderen ausländischen Orientierungen Raum, insbesondere den deutschen. Neben einem Artikel von Heinrich Ahrens, zwei von Karl Röder und einem von Friedrich Adolf Trendelenburg erschien in der ersten Ausgabe auch eine kurze Kritik an *Der Geist des römischen Rechts* von Jhering.

Meiner Meinung nach ist es kein Zufall, dass die Gründer der Zeitschrift Ignacio Miquel und José Reus aus Alicante stammten, also aus der Region Valencia, in der schon damals das eigene »derecho foral« existierte. Wenngleich die Tendenz der Zeitschrift krausistisch war und obwohl man nicht selten die Historische Rechtsschule kritisierte, ist offensichtlich, dass der germanisierende Geist den zentralistischen der ersten Hälfte des Jahrhunderts allmählich ablöste. Die Öffnung der Zeitschrift gegenüber ausländischen Einflüssen und die erklärte Absicht, der vergleichenden Gesetzgebung mehr Bedeutung einzuräumen, ermöglichten eine weniger homogenisierende Sicht des Rechts und eine gewisse Sensibilität gegenüber dem Rechtspluralismus. Außerdem publizierte hier Manuel Durán y Bas seit 1861, der der Hauptimpulsgeber Savignys in Spanien werden sollte. Die Mehrheit seiner Aufsätze beschäftigt sich mit dem Handelsrecht und in all diesen erschienen ausgiebige Verweise auf den Vater der Historischen Schule.[80] Zuletzt im Jahr 1895 sollte Durán die *Revista jurídica de*

78 Carlos Petit, Revistas españolas y legislación extranjera. El hueco del derecho comparado, in: Michael Stolleis und Thomas Simon (Hg.), Juristische Zeitschriften in Europa, Frankfurt am Main 2006, S. 417–489, hier 465 ff.

79 Ignacio Miquel und José Reus, »Introducción«, in: Revista general de legislación y jurisprudencia 1 (1853), S. 1.

80 Manuel Durán y Bas, La teoría del derecho en la »Ciencia Nueva« de Vico. Memoria leída en la Academia de Buenas Letras de Barcelona, in: Revista general de legislación y jurisprudencia 19 (1861), S. 5–21; Manuel Durán y Bas, Estudios sobre el derecho mercantil. Naturaleza del fenómeno del comercio con relación al derecho, in: Revista general de legislación y jurisprudencia 27 (1865), S. 228–240; Manuel Durán y Bas, Estudios sobre el derecho mercantil. Carácter del derecho mercantil, in: Revista general de legislación y jurisprudencia 27 (1865), S. 305–314; Manuel Durán y Bas, Fuentes del derecho mercantil

Cataluña (Rechtszeitschrift Kataloniens) gründen, in seiner letzten Amtszeit als Direktor der Academia de Jurisprudencia y Legislación de Cataluña (Akademie der Rechtswissenschaft und Gesetzgebung von Katalonien), die 1840 gegründet worden war. Sofort wurde diese Zeitschrift zum Organ der Verbreitung der Gedanken des Katalanismus auf dem Rechtsgebiet und zum Hauptverteidiger der katalanischen Rechtsautonomie in Spanien.[81]

3.2 Savigny in der Übersetzung: eine späte und unzureichende Rezeption

Die ersten Betrachtungen bezüglich der Einführung Savignys haben mit dem Datum seiner Übersetzung zu tun. Das erste Werk, das auf Spanisch bekannt wird ist *Das Recht des Besitzes*, übersetzt im Jahr 1845 unter dem Titel *Tratado de la posesión según los principios del derecho romano*. Es handelt sich um die spanische Version der französischen Ausgabe ohne Hinweis auf den Übersetzer und mit verschiedenen Kürzungen, insbesondere bei den Fußnoten.[82] Das nächste Werk war *System des heutigen römischen Rechts* übersetzt ins Spanische von Jacinto Mesía und Manuel Poley zwischen 1878 und 1879 und ebenfalls der französischen Ausgabe entnommen, mit einem langen substantiierten Prolog von Durán y Bas.[83] Die Rolle Frankreichs als Übertragungsfaktor deutscher Werke war nämlich fast bis zum Ende des Jahrhunderts konstant. Eigentlich musste man bis 1894 warten, um die erste aus dem Deutschen übersetzte Ausgabe zu erhalten. In diesem Jahr veröffentlichte Adolfo Posada seine Version von *Vom Beruf unsrer Zeit für Gesetzgebung und Rechtswissenschaft*, der er einen kritischen Prolog voranstellte, den wir später noch kommentieren werden. In der Ausgabe taucht zwar kein Erscheinungsdatum auf, aber man kann auf Grund des Katalogs des Verlages *La España Moderna* darauf schließen, dass sie im Jahr 1894 erschien.[84] Im 20. Jahrhundert finden wir dann zwei weitere Übersetzun-

español. Juicio crítico de nuestro código de comercio, in: Revista general de legislación y jurisprudencia 28 (1866), S. 292–304.

81 Laureà Pagarolas i Sabaté, Història de l'Acadèmia de Jurisprudència i Legislació de Catalunya, Barcelona 2000.

82 Friedrich Carl von Savigny, Tratado de la posesión según los principios del derecho romano, Madrid 1845. Die Veränderung des Originaltitels, *Das Recht des Besitzes. Eine civilistische Abhandlung*, stammt von der französischen Ausgabe, *Traité de la possession en droit romain*, Paris 1845. Die spanische Übersetzung übernimmt nicht nur unkritisch den Titel, sondern benutzt die Initialen M. F. C. de Savigny, die für das französische »Monsieur« Friedrich Carl Savigny stehen.

83 Friedrich Carl von Savigny, Sistema del derecho romano actual, Madrid 1878–1879.

84 Friedrich Carl von Savigny, De la vocación de nuestro siglo para la legislación y la jurisprudencia, Madrid 1894; Raquel Asún, La editorial »La España moderna«, in: Archivum: Revista de la Facultad de Filología, S. 133–199, hier 188.

gen: die des Programms *Über den Zweck dieser Zeitschrift*, das Savigny als Prolog zu der Zeitschrift, die er gemeinsam mit Karl Friedrich Eichhorn und J. Göschen veröffentlichte, übersetzt und veröffentlicht 1908 in einem Kompendium von Texten über die Historische Schule;[85] und zuletzt eine Version von *Juristische Methodenlehre*, nach der Edition von 1951, veröffentlicht 1979 in Buenos Aires, Argentinien.[86] Von *Geschichte des römischen Rechts im Mittelalter* existiert bis heute keine Übersetzung, sodass das wenige was man von diesem Werk weiß, aus der französischen Ausgabe entnommen wurde.

Aus dem zuvor Angeführten kann man zwei Schlussfolgerungen ziehen. Es lässt sich zunächst bestätigen, dass die Rezeption Savignys im Vergleich zu anderen europäischen Ländern spät stattfand. In Italien sind die ersten Übersetzungen der *Geschichte des römischen Rechts im Mittelalter* schon 1828 notiert, wenn auch nur fragmentarisch. Die erste direkte und komplette Übersetzung taucht zwischen 1854 und 1857 auf. Dasselbe kann gesagt werden über *System des heutigen Römischen Rechts* und seine erste italienische Version von 1845 oder von *Recht des Besitzes* von 1839, um nicht von *Beruf unsrer Zeit* zu sprechen, das bereits ungekürzt im Jahr 1840 übersetzt wurde.[87] Wenn wir England als Vergleich heranziehen sind die Resultate ähnlich. *Die Geschichte des römischen Rechts im Mittelalter* wurde in Edinburgh 1829 übersetzt, *Beruf unsrer Zeit* in London im Jahr 1831 und ebenfalls in London *Recht des Besitzes* 1848, neben einer Version von *System des heutigen Römischen Rechts* veröffentlicht in Madras (Indien) 1867.[88] Wenn wir uns zuletzt daran erinnern, dass die spanischen Übersetzungen fast immer anhand der französischen Ausgabe erstellt wurden, scheint es ebenfalls offensichtlich, dass die französische Rezeption des Werkes vor der spanischen stattgefunden hat. Daraus kann man schließen, dass die Einführung Savignys in Spanien sich eher langsam vollzog; alle zitierten Werke waren vorher bereits in anderen Ländern übersetzt worden.

Weiterhin sollte gesagt werden, dass die Rezeption eher unzureichend war. Das lässt sich nicht unbedingt aus dem eben Erklärten ableiten, denn allein die Tatsache, dass wenig übersetzt wurde, ist kein ausreichender Nachweis dafür. Der Austausch von Ideen kann auf vielen Ebenen stattfinden: Neben den

85 Friedrich Carl von Savigny, Sobre el fin de la revista de la escuela histórica, in: Rafael Atard (Hg.), La escuela histórica del derecho. Documentos para su estudio por Savigny, Eichhorn, Gierke, Stammler, Madrid 1908.

86 Friedrich Carl von Savigny, Metodología juridica, Buenos Aires 1979.

87 Filippo Ranieri, Savignys Einfluss auf die zeitgenössische italienische Rechtswissenschaft, in: Ius Commune VIII (1979), S. 192–219.

88 Carl von Savigny, The History of the Roman Law during The Middle Ages, Edinburgh 1829; Frederick Charles von Savigny, Of the Vocation of Our Age for Legislation and Jurisprudence, London 1831; Friedrich Karl von Savigny, Von Savigny's Treatise on Possession, London 1848; Friedrich Carl von Savigny, System of the Modern Roman Law, Madras 1867.

Übersetzungen kann es Studienreisen gegeben haben, direkte Kontakte oder die Exegese des Autors ohne eine vorliegende Übersetzung. In dieser Hinsicht war der Einfluss Savignys in Russland – trotz der geringen Anzahl an Übersetzungen – durchaus relevant, denn viele russische Studenten wurden nach Deutschland geschickt, um dort unter Savigny und im Umkreis seiner Schule zu studieren. Diese partizipierten aktiv an der Übertragung seines Denkens bei der Rückkehr in ihr Heimatland.[89] Ähnliches lässt sich über die Rezeption Savignys in den nordischen Ländern berichten, in denen keine direkten Übersetzungen existierten und wo seine Ideen trotzdem ziemlich bekannt und verbreitet waren.[90]

Im Fall Spaniens lassen sich die Verspätung und der Mangel an Übersetzungen mit einem gewissen Klima von Animosität den Ideen Savignys gegenüber erklären, das durch zwei Faktoren hervorgerufen wurde. Auf der einen Seite beschränkten die Krausisten, die mittlerweile einen starken Einfluss auf das soziale und kulturelle Leben ausübten, ihre Rezeption des deutschen Denkens auf die Werke von Krause, Ahrens oder Röder und – nach dem Umschwenken zum »Krausopositivismus« – auf die von Jhering, Otto von Gierke, Georg Jellinek oder Anton Menger. Dem Historiker Rafael Gibert zufolge verwehrte die Einführung Jherings den vorteilhaften Einfluss, den Savignys Ideen hätten haben können.[91] Ich denke, das entspricht der Wahrheit, mit der Einschränkung, dass auch Jherings Denken keinen großen Anklang fand. Trotz der relativen Fülle an Übersetzungen geschah die Rezeption verspätet und von einem besonderen Blickwinkel aus, was zu einer Koinzidenz mit den Ideen Krauses führte und was wiederum einem großen Teil seiner Originalität Abbruch tat.[92] Das zweite Hindernis für die Durchdringung Savignys in

89 Martin Avenarius, »Sie treiben gewissermaßen ein Missionsgeschäft ...« Religiöse Grundlagen von Savignys Rechtstheorie und das Privatrecht des Zarenreichs zwischen Kodifikation und wissenschaftlicher Kolonisation, in: Claes Peterson (Hg.), Rechtswissenschaft als juristische Doktrin, Stockholm 2011, S. 17–82; Martin Avenarius, Rezeption des römischen Rechts in Rußland. Dmitrij Mejer, Nikolaj Djuvernua und Iosif Pokrovskij, Göttingen 2004, S. 19–20 ff. [Siehe auch Gnitsevich und Chestnov in diesem Band, S. 105 ff.].

90 Claes Peterson, Der Kampf um ein schwedisches Zivilgesetzbuch im 19 Jh. Ein schwedischer Kodifikationsstreit?, in: Claes Peterson (Hg.), Die Kodifikation und die Juristen, Stockholm 2008, S. 209–235; Marie Sandström, Was wir thun sollen wo keine Gesetzbücher sind: Zur Bedeutung des Nichtvorhandenseins, in: Claes Peterson (Hg.), Die Kodifikation (Anm. 90), S. 237–265. [Siehe auch Björne in diesem Band, S. 93 ff.].

91 Rafael Gibert, Jhering en España, in: Franz Wieacker und Christian Wollschläger (Hg.), Jherings Erbe. Göttinger Symposion zur 150. Wiederkehr des Geburtstags von Rudolf von Jhering, Göttingen 1968, S. 41–67, hier 41–47.

92 Luis M. Lloredo Alix, Jhering en España. La primera recepción de su pensamiento, Madrid 2015 (im Erscheinen).

Spanien war der Neuthomismus, der immer noch unter den Juristen dominierte und der, trotz einiger Versuche der Versöhnung wie dem Duráns, eine gewisse Indifferenz den Ideen Savignys gegenüber begünstigte. Wenn wir außerdem einen Blick auf das Datum der Übersetzungen werfen, bemerken wir, dass ein so zentrales Werk wie *Vom Beruf unsrer Zeit* in einem Moment in Spanien publiziert wurde (1894), als das bürgerliche Gesetzbuch bereits drei Jahre in Kraft war. In diesem Sinne kam die Kritik an der Kodifizierung im denkbar schlechtesten Moment und man kann sagen, dass ihr Einfluss sekundär war.

Es bleibt noch eine Würdigung bezüglich der generellen Züge der Rezeption Savignys vorzunehmen. Wie bereits erläutert, war der Hintergrund, vor dem man ihn las, der Historismus. Seine Ideen wurden als Unterstützung gesehen, um das Überleben der historischen Rechte zu verteidigen. Jedoch war der Historismus tatsächlich schon von anderen Strömungen eingeführt worden und so diente Savigny in Spanien vielmehr dazu, vorherige Überzeugungen zu bestärken und nicht dazu, ein neues Denkmuster anzuführen. Meiner Meinung nach kann man die Vorzeitigkeit des Historismus an zwei Faktoren festmachen:

Auf der einen Seite auf der rechtlichen Ebene, denn in der Ausarbeitung der Verfassung von 1812 finden sich bereits diese Ideen. Im Prinzip lässt sich im Diskurs von Agustín de Argüelles bei seiner Approbation eine ziemlich solide historistische Argumentation erkennen. Argüelles versuchte im Großen und Ganzen alle Neuerungen, die die Verfassung mit sich brachte, als reine Aktualisierungen der bereits existierenden Gesetze in Gesetzbüchern Aragons, Kastiliens und Navarra, also der Königreiche, die die spanische Nation gegründet hatten, darzustellen.[93] Diese Strategie war zwar betrügerisch aber intelligent, denn die Radikalität der Prinzipien wie die nationale Souveränität, die Gewaltenteilung oder die Pressefreiheit wären von der Aristokratie und der Monarchie nicht anders akzeptiert worden: »wenn die Kommission sagt, dass es in ihrem Projekt keine Neuerungen gibt, dann stimmt das, denn im Grunde genommen ist nichts neu. In der Epoche der Goten waren die Spanier eine freie und unabhängige Nation.«[94] Und mit einem klaren Augenzwinkern bezüglich des Konzeptes des »esprit général de la nation« von Montesquieu[95] fuhr er fort: »überzeugt vom Zweck ihrer ernsten Aufgabe, von der generellen Meinung der

93 Agustín de Argüelles, Discurso preliminar leído en las Cortes al presentar la Comisión de Constitución el proyecto de ella, in: La Constitución de 1812, Madrid 2012, S. 37–111.

94 Agustín de Argüelles, Discurso preliminar (Anm. 93), S. 48.

95 Montesquieu (Baron de), Del espíritu de las leyes [1748], Madrid 1998, S. 205. Vid. Jan Schröder, Zur Vorgeschichte der Volksgeistlehre, in: Thomas Finkenauer, Claes Peterson und Michael Stolleis (Hg.), Rechtswissenschaft in der Neuzeit. Geschichte, Theorie, Methode. Ausgewählte Aufsätze 1976–2009, Tübingen 2010, S. 221–258.

Nation, vom allgemeinen Interesse des Volkes, versuchte die Kommission sich nicht von dem Tenor der zitierten Gesetze leiten zu lassen, sondern von deren Wesen [*índole*] und deren Geist«.[96] Dies war eine Rhetorik, weit entfernt davon von Savigny zu stammen, getränkt mit Schlagwörtern wie *indoles populi*, *ingenium populi* oder *animus populi*, die schon während der Zeit der rationalistischen Naturrechtslehre geprägt worden waren.[97]

Und so kommen wir zum zweiten Punkt, der untermauert, dass der Historismus sich bereits vor der Rezeption Savignys in Spanien ausgebreitet hatte. Durch das Erbe bestimmter Anteile des aufgeklärten Denkens ließ sich die historistische Konzeption in einigen repräsentativen Intellektuellen des 18. Jahrhunderts bereits spüren. So bei dem Graf de Campomanes – Schatzkanzler während der Regierungszeit Karls III., Gaspar de Jovellanos, ohne Zweifel der brillanteste Einführer der aufgeklärten Ideen in Spanien, oder Francisco Martínez Marina, der sich schon mit den Sorgen des 19. Jahrhunderts auseinandersetzte.[98] Wenngleich man in all diesen Autoren das Gefühl der Historizität noch nicht so stark spürt wie im Verlaufe des 19. Jahrhunderts, ist es doch eindeutig, dass der Schriftzug, der später die Einführung der Ideen Savignys in das spanische Rechtswesen ermöglichte, bereits vorhanden war, insbesondere die Idee, dass das Recht nur ein Niederschlag der Geschichte eines jeden Volkes sei und dass der Gesetzgeber sich den Bedingungen dieser anpassen müsse. Im Folgenden werden wir sehen, wie dies sich bei einigen speziellen Autoren niederschlägt.

3.3 Ansätze zur Interpretation Savignys: Nationalismus, *Foralismus* und Regionalismus

Wie bereits des Öfteren erwähnt wurde, kam das Interesse an Savignys Ideen mit dem katalanischen Nationalismus auf. Dieser durchlief verschiedene Etappen und besteht aus verschiedenen Varianten, was eine vollständige Analyse desselben schwierig macht. Man müsste hier beginnen mit dem Provinzialismus, der durch die Bourbonen und die Dekrete der *Nueva Planta* eingeführt worden war. Mit dessen Hilfe schaffte König Philipp V. das öffentliche Recht der aragonesischen Krone ab, das zu der Zeit ebenfalls das katalanische Gebiet betraf. Weiterhin wären zu erwähnen die mäßige regionalistische Verteidigung der größtmöglichen politischen Autonomie und zuletzt die radikale These der

96 Agustín de Argüelles, Discurso preliminar (Anm. 93), S. 49.
97 Jan Schröder, Zur Vorgeschichte der Volksgeistlehre (Anm. 95), S. 222–232.
98 Rodrigo Fernández-Carvajal González, El historicismo jurídico en España (1700–1850), Diss., Madrid 1955, S. 59 ff., 99 ff. und 143 ff.

Unabhängigkeitsbewegungen.[99] In jedem Fall ist in dieser komplexen Problematik zu unterstreichen, dass das Recht in allen diesen Phasen eine grundsätzliche Rolle gespielt hat. Zu einem guten Teil lässt sich dies daraus erklären, dass die erwähnten Dekrete der *Nueva Planta* (1707–1715) lediglich das öffentliche Recht der verschiedenen Königreiche, die in der Zeit der Habsburger Monarchie unter der Spanischen Krone zusammengeschlossen waren, betrafen, nicht aber das Zivilrecht. Dasselbe lässt sich für die Jurisdiktion des *Consulado del Mar* sagen. Diese war eine der ersten Institutionen in der Geschichte des Handelsrechts, die während der Periode der aragonesischen Hegemonie im Mittelmeerraum entstanden war.[100] Ihre Autorität wurde auch durch die Dekrete der *Nueva Planta* gewahrt. Aus diesen zwei Umständen lässt sich ableiten, dass die Peripherie-Nationalismen sich immer auf das Privatrecht als distinguierenden Faktor verlassen konnten, der ihre Autonomiebestrebungen begünstigte. Diese Betrachtung mag auch erklären, warum der katalanische Nationalismus im 19. Jahrhundert florierte, der so eng mit den rechtlichen Erwägungen verbunden war. Des Weiteren ermöglicht sie die Kontextualisierung der Sorgen Duráns um das Handelsrecht, die an früherer Stelle erwähnt worden waren.

Trotz der Komplexität und Länge der Entstehung der historistischen Mentalität Kataloniens[101] lässt sich sagen, dass die erste herausragende Figur der katalanischen Schule Ramón Martí de Eixalá war, Spezialist auf dem Gebiet des Handelsrechts und Lehrer Duráns.[102] Aber der Vorzug des Rechts im Konstruktionsprozess der nationalen Identität lässt sich genauer wahrnehmen, wenn wir das Werk eines Autoren betrachten, der im Bereich der Rechtswissenschaft bekannt wurde und sich sogleich auf die politische Geschichte Spaniens stürzte: Enric Prat de la Riba (1807–1917).[103] Wenn wir uns das Hauptwerk Prat de la Ribas *La nacionalitat catalana* (Die katalanische Nationalität) betrachten, finden wir auf dessen Seiten zahlreiche Anspielungen auf das Recht als fundamentales Element der nationalen Identität: »der Weg der Liebe zur katalanischen Sprache, zum Studium der eigenen Geschichte und zum Festhalten am Zivilrecht öffnete sich«. Und weiterhin, nach der Verkündung der politisch-kulturellen Verschie-

99 Enric Prat de la Riba, La nacionalidad catalana/La nacionalitat catalana, Madrid 1998, S. 43–53.

100 Aquilino Iglesia Ferreirós, El libro del Consulado del Mar, in: Carlos Petit (Hg.), Del Ius mercatorum al derecho mercantil: III Seminario de historia del derecho privado. Sitges, 28–30 de mayo de 1992, Madrid 1997, S. 109–142.

101 Montserrat Figueras, Notas sobre la introducción de la Escuela histórica (Anm. 59), S. 377–384.

102 Ramón Martí de Eixalá, Instituciones de derecho mercantil de España, Barcelona 1848.

103 Enric Ucelay-Da Cal, El imperialismo catalán. Prat de la Riba, Cambó, D'Ors y la conquista moral de España, Barcelona 2003, S. 174 ff.

denheit Kataloniens und des Rests Spaniens, kritisiert Prat die Idee der »Harmonie der Einheit in der Vielfältigkeit«. Seiner Meinung nach reichte dieses Argument nicht aus, um die katalanische Nation von den Grenzen des spanischen Staates einschränken zu lassen. »Das Prinzip der Einheit in der Vielfältigkeit sagt uns nicht, ob es beispielsweise ein übergreifendes Zivilrecht für den ganzen Staat geben sollte. Weder zeigt es uns, außer in Ausnahmefällen, welche Sachgebiete dem Allgemein- und dem *Foralrecht* vorbehalten werden sollen, noch auf welche Territorien sich dies bezieht.« Und zuletzt, nachdem er dieses Argument, das die politische Unterwerfung Kataloniens unterstütze, verworfen hat, behauptet Prat, dass das neue organizistische Fundament der Wissenschaft des 19. Jahrhunderts dem katalanischen Volk gute Gründe bot, sich dem Joch der Unterdrückung zu entziehen. Hier finden wir den ersten Hinweis auf die Historische Schule, aber immer noch gemeinsam mit denen auf den Krausismus und den Positivismus, denen man genauso die Metaphern des Staates als Organismus zuschreiben konnte.[104]

Nach Prat war der Gefrierpunkt des katalanischen nationalen Bewusstseins die Romantik, als die grauen politisch-konstitutionellen Betrachtungen begannen, sich mit den Reflexionen über die Seele der Katalanen zu verflechten, also mit dem sentimentalen Fundament der Katalanität. In dieser Dualität zwischen dem juristischen und dem kulturellen, zwischen dem Recht und der Lebenswelt findet man, so Prat, die Erklärung, warum die katalanischen Juristen sich mit der deutschen Historischen Schule identifizierten. »Um das katalanische Recht zu verteidigen, müsste man das romanische Recht studieren und verteidigen, das ihm innewohnt. Und die Betrachtung und Untersuchung des juristischen Werkes dieses großen Volkes würden unsere Rechtsgelehrten eindeutig, natürlich und sanft zur historischen Schule der deutschen Romanisten, zur berühmten Historischen Schule führen [...]. Mit Hilfe dieser, in der charakteristischen katalanischen Weise, die von Permanyer y Tuyets und Durán y Bas geprägt worden ist, formte sich unsere juristische Ausbildung. Sie sprachen zu uns vom Recht als einem lebenden Wesen, das das nationale Bewusstsein bildet, spontan durch eine konstante Weiterentwicklung; sie sagten uns, dass das Recht wie die Sprache Ausdruck desselben nationalen Geistes ist [...]. Katalonien hatte diesen mysteriösen nationalen Geist, der sich im Lauf der Jahrhunderte generierte und Sprache und Recht erneuerte.«[105] Und zuletzt, Savigny ausdrücklich zitierend, bezog er sich in dieser Form auf die Wichtigkeit der deutschen Lehre: »die Historische Schule, vorausgeahnt durch Cujas und Vico und gegründet von Hugo, Niebuhr und Savigny war die Reaktion des lebenden Rechts der

104 Enric Prat de la Riba, La nacionalidad catalana (Anm. 99), S. 48–49.
105 Enric Prat de la Riba, La nacionalidad catalana (Anm. 99), S. 59–60.

Germanen auf die Invasion einer ausländischen Gesetzgebung, der französischen […]. Das Recht ist Frucht des Bewusstseins des Volkes, das dieses ihm anpasst und nach seinen Bedürfnissen entwirft […]. Nationalität ist also ebenfalls ein *echtes juristisches Kriterium oder Gefühl.*«[106]

Nachdem wir nun eindeutig nachgewiesen haben, welchen Einfluss Savigny als Symbol hatte, um den Willen nach Unabhängigkeit Kataloniens zu rechtfertigen, muss man sich fragen, inwiefern sich eine treue oder angemessene Auslegung seines Gedankengutes vollzog. Hier habe ich den Eindruck, dass genau wie im Fall des Krausismus, die Werke Savignys und seiner Schüler nur sehr oberflächlich bekannt waren, eher durch Hörensagen als durch eine tatsächliche Lektüre. Aus diesem Blickwinkel war der Dienst, den Savigny leistete, die wissenschaftliche Untermauerung von Ideen, die bereits früher in der Mentalität der katalanischen Juristen existiert hatten. Diese Untermauerung hatte offensichtlich einen unbezahlbaren propagandistischen Wert. So hat es unter anderen Joaquín de Camps y Arboix ausgedrückt: »Durán y Bas rettete diese Situation der Niederlage mit einem wahren Wunder, indem er sich auf eine Lehre stützte, die Historische Schule, die zugleich *en vogue* war und universelles Prestige besaß. So erreichte er, das katalanische Recht mit einem wissenschaftlichen Mantel und einem historistischen Blitzableiter auszustatten«. Und so fuhr Camps fort: »Dank des Werkes Duráns kann sich das katalanische Recht von dem Minderwertigkeitskomplex befreien, den Pessimismus einiger berühmter katalanischer Juristen lindern und der Anmaßung und der Verachtung einiger unbeugsamer Uniformisten die Stirn bieten«.[107]

Kurzum, das was die katalanische juristische Schule aus Savigny zog, war die historistische Mentalität. Eine Mentalität, die wenig mit seinem eigentlichen Erbe zu tun hatte, sondern die eher ein Attribut war, das wir in den verschiedensten Formen der Wissenschaft und Kultur des 19. Jahrhunderts finden. Von dem Aspekt Savignys als Dogmatiker des Rechts, als Vater der Begriffsjurisprudenz oder als Historiker[108] finden wir kaum Einfluss in Katalonien. Des Weiteren ist anzumerken, dass nicht einmal der Historismus, den die katalanischen Juristen auswählten, im strengsten Sinne Savigny entsprach.[109] Durch die Verknüpfung mit dem katalanischen Nationalismus und dem katholischen Traditionalismus, der weiterhin auf der Iberischen Halbinsel vorherrschte, tauchte sofort Kritik an

106 Enric Prat de la Riba, La nacionalidad catalana (Anm. 99), S. 84–85.

107 Joaquín de Camps y Arboix, Durán y Bas, Barcelona 1961, S. 111 und 115.

108 Hermann Kantorowicz, Was ist uns Savigny? [1911], in: Helmut Coing und Gerhard Immel (Hg.), Rechtshistorische Schriften, Karlsruhe 1970, S. 397–417.

109 Juan Vallet de Goytisolo, Cotejo con la escuela histórica de Savigny, in: Revista jurídica de Cataluña 78 (1979), S. 591–639; 79 (1980), S. 7–48.

der Konzeption auf, dass das Recht reiner Zufall sei, bestimmt durch die Wandlungen in der Geschichte. So erklärt sich auch der Vorwurf, den der katalanische Philosoph Francesc Pujols an Enric Prat de la Riba für seine Bewunderung Savignys machte: »Trotz der Diskrepanzen, die Prat de la Riba konstatierte, gehört er insgesamt der Schule Savignys an, die eine Schule frisch wie eine Rose ist, die diejenigen, die sie zu oft hören, mit ihrer Schönheit und ihrem Duft einschläfert und ihre Verallgemeinerungsfähigkeit betäubt«.[110]

Diese »Verallgemeinerungsfähigkeit« bezog sich in Wirklichkeit auf den Verlust der Idee der Universalität und Generalität, den die Strömungen des Naturrechts ihrerseits ermöglichten. In diesem Sinne ist es kein Zufall, dass die bitterste Kritik am Historismus von einem katholischen Priester kam, Enrique Plá y Deniel. Als Befürworter der Aufrechterhaltung des regionalen Sonderrechts – jedoch eher aus traditionalistischen Gründen als aus nationalistischen[111] – schätzte er den Beitrag der Historischen Schule in der Sache des *Foralismus*, aber gleichzeitig prangerte er das Vergessen des Naturrechts an: »Was hat die Historische Schule getan? Sie hat das Volk dazu angehalten, sich seiner Traditionen zu erinnern und diese zu studieren und seine Bräuche zu respektieren, ein hehres Ziel. Auf der anderen Seite hat sie jedoch den Bräuchen bezüglich der sozialen Autorität, die auf der Natur selbst basiert, zuviel Unabhängigkeit eingeräumt. So hat sie dem Recht an sich jegliche Basis genommen, sogar dem traditionellen Recht und dem Gewohnheitsrecht, indem sie das Naturrecht verneint und darauf verzichtet und einräumt, dass es ein wirkliches Recht geben könnte, das der ewigen Norm der Moral gegenüber steht. Der giftige Virus dieser Prinzipien muss deshalb abgelehnt werden.«[112]

Trotzdem rettete Plá einige große Repräsentanten der Katalanischen Schule, die seiner Meinung nach nicht die natürliche Ordnung für eine resignierte Unterwerfung gegenüber der Geschichte geopfert hatten, wie Manuel Durán y Bas. Damit kommen wir an einen zentralen Punkt um die Rezeption Savignys in Katalonien zu verstehen: die Versöhnung von Historismus und Traditionalismus auf der einen und Historismus und Katholizismus auf der anderen. Bei Durán y Bas liefen alle diese Strömungen in perfekter Harmonie zusammen. Erstens war die traditionalistische Ideologie geneigt, die lokalen Bräuche zu wahren aus reiner Liebe zur Vergangenheit, aus ähnlichen Gründen, aus denen Edmund

110 Francesc Pujols, Concepte general de la ciencia catalana [1918], Barcelona 1982, S. 285–286.

111 Jesús Pavón, Cambó, Bd. 1, Barcelona 1952, S. 98 ff.

112 Enrique Plá y Deniel, Crítica de la Escuela histórica según los principios de Santo Tomás sobre la mutabilidad de las leyes, in: Revista jurídica de Cataluña VI (1900), S. 225 ff.

Burke sich einmischte, um sich der Reform des *common law* in England zu widersetzen: es sei besser, den Status quo zu erhalten als sich in die Arme einer unbekannten Zukunft zu werfen, von der wir nicht wissen, wie sie sein wird. Dabei halten wir uns an den Regeln und Traditionen fest, deren Effizienz bereits historisch erprobt ist und vermeiden aufgeklärte Gesetzgeber, die versuchen, die Zukunft mit dem Zeichendreieck zu messen. Daher der redegewandte Ausspruch Francesc Permanyers, den Durán zum Emblem seines historistischen Credos machte: »Die Historische Schule in unserem Spanien ist nicht ausschließlich durch die Tendenz gekennzeichnet, das Provinzialrecht zu erhalten, sondern sie dient in Spanien wie auch in anderen gebildeten und zivilisierten Ländern dazu, das vorherrschende und traditionelle Recht zu erhalten, es nur dann zu reformieren, wenn eine dringende und unumgängliche Notwendigkeit darin besteht, es zu revidieren und rekonstituieren, aber wenn möglich mit älteren Elementen, mit Elementen, die durch die Tradition bereits bestätigt und durch die Erfahrung verankert sind und Teil des Bewusstseins und des Gefühls des Landes sind, das, wie wir wissen, die einzige wirkliche Quelle des konstituierten Rechts ist.«[113]

Die Harmonisierung von Traditionalismus und Historismus ist jedoch nicht gleichzusetzen mit der von Historismus und Katholizismus. Es ist hier, wo die Figur Durán y Bas in Erscheinung tritt, der es schaffte, die Idee des organischen Werdegangs des Rechts mit dem Respekt der klassischen Doktrin des Naturrechts in Einklang zu bringen. In Worten von Gil Cremades führte Durán bis zu diesem Zeitpunkt eine christliche »Spiritualisierung« der Historischen Schule durch.[114] Dies ist ein Aspekt, in dem die drei großen spanischen Rechtstraditionen des 19. Jahrhunderts zusammentrafen – Krausismus, Historismus und Neuthomismus. Jede von diesen, wenngleich aus verschiedenen Gründen, neigte dazu, in Savigny eine Gefahr der moralischen Entleerung zu sehen. Deshalb kritisierten die Krausisten ihn aus der idealistischen Richtung – so wie sie es auch mit dem Positivismus getan hatten – und aus diesem Grund lehnte Durán es ab, Savignys Lehre mechanisch zu übernehmen. Er tat es nicht ohne sie vorher mit dem katholisch-thomistischen Glauben in Einklang zu bringen, der seine Gedanken auf das Tiefste beseelte.[115] In diesem Sinne muss auch sein Prolog zu der Übersetzung von *System des heutigen römischen Rechts* interpretiert

113 Francesc Permanyer, Discurso pronunciado en el Congreso [1861], zitiert in: Manuel Durán y Bas, La escuela jurídica catalana, in: Escritos jurídicos (Anm. 53), S. 367.

114 Juan José Gil Cremades, El reformismo español (Anm. 57), S. 126.

115 Antonio-Enrique Pérez Luño, Experiencia histórica y experiencia jurídica (Anm. 59), S. 291 ff.

werden: »Savigny erkennt also zuerst, dass es im positiven Recht ein Element des absoluten Charakters gibt, ein Prinzip der natürlichen Ethik, das deshalb unabhängig von Zeiten und Orten ist, das das Bindeglied aller zivilen Gesetzgebungen ist, denn es ist das generelle Ziel, das alle erreichen müssen; und zweitens, das wichtigste Element in den modernen Gesetzgebungen ist das christliche Prinzip, das moralische Recht des Menschen wie das Christentum es vorsieht [...]. Dieses Element, das natürliche Recht, das jede Epoche für sich definiert, tendiert dazu sich in allen Gesetzgebungen niederzuschlagen; im Verlauf seiner Konzeption bricht es teilweise mit den alten juristischen Mustern und teilweise gleicht es diese sich an und behält einige seiner einfacheren Formen bei. Und es repräsentiert in dem positiven Recht das Prinzip der Universalität.«[116]

Die Interpretation ist erzwungen, denn die Passage bei Savigny, auf die sich Durán bezieht (§15 von *System des heutigen römischen Rechts*), passt nicht genau zu dem Gesagten. Savigny bezieht sich zwar dort auf das Christentum, aber nicht in der Form, wie es Durán tut. Zuerst einmal spricht der Autor nicht von einem »absoluten« Element im Recht, sondern vielmehr von einem »allgemeinen«: »[im Volksrecht] finden wir ein zwiefaches Element: ein individuelles, jedem Volke besonders angehörendes, und ein allgemeines, gegründet auf das Gemeinsame der menschlichen Natur«.[117] Der Unterschied ist substanziell, denn der Hinweis auf die Generalität setzt Savignys Vorsatz mit den allgemeinen Rechtstheorien gleich, die nach der Krise des Naturrechts auftauchten,[118] während die Idee des Absoluten entscheidend mit der naturrechtlichen Tradition verbandelt ist. Darum ist der Verweis auf das Christentum bei Savigny viel mehr sekundär, als es Durán gefällt: »Jene allgemeine Aufgabe alles Rechts nun lässt sich einfach auf die sittliche Bestimmung der menschlichen Natur zurück führen, so wie sich dieselbe in der christlichen Lebensansicht darstellt; denn das Christentum ist nicht nur von uns als Regel des Lebens anzuerkennen, sondern es hat auch in der That die Welt umgewandelt, so daß alle unsre Gedanken, so fremd, ja feindlich sie demselben scheinen mögen, dennoch von ihm beherrscht und durchdrungen sind.«[119] Ich glaube, dass unabhängig vom Glauben Savig-

116 Manuel Durán y Bas, Prólogo, in: Monsieur Friedrich Carl de Savigny, Sistema del derecho romano actual, Madrid 2005, S. LXI und LXIII.

117 Friedrich Carl von Savigny, System des heutigen römischen Rechts, Bd. I, Berlin 1840, S. 52.

118 Felipe González Vicén, El positivismo en la filosofía del derecho contemporánea, in: Estudios de filosofía del derecho, Santa Cruz de Tenerife 1979, S. 61–83; Angelo Falzea, Introduzione alle scienze giuridiche (I). Il concetto del diritto, 4. Aufl., Milano 1992, S. 66 ff.

119 Friedrich Carl von Savigny, System des heutigen römischen Rechts (Anm. 117), S. 53–54.

nys der Verweis auf das Christentum eher aus historistischer Sichtweise geschieht, was ihn von Durán entfernt: Die Bedeutung dieser Religion fußte auf der Tatsache, dass es sich um eine Weltanschauung handelt, die unsere Welt bestimmt hat und nicht auf ihrer zeitlosen Gültigkeit. Und obwohl häufig auf die zahllosen Verknüpfungen zwischen der Theorie des Naturrechts und der Historischen Schule verwiesen wird,[120] scheint es mir, diese befinden sich an Horizonten grundlegend verschiedener Ideen. Wenngleich sie viele Züge teilen, sind die Zäsuren definitiver als die Verbindungen.

Bis jetzt haben wir die Hauptcharakteristika der Einführung Savignys in Katalonien ausgeführt. Dennoch existieren einige weitere nennenswerte Faktoren seiner Rezeption. Wenngleich weniger bedeutend, sollte man sich ihrer bewusst sein, um ein komplettes Bild seiner Übernahme in Spanien zu erhalten. Zuerst möchte ich mich auf seinen möglichen Einfluss auf den *baskischen Foralismus* beziehen. Es handelt sich hierbei um eine sehr geringfügige Einführung im Vergleich zu der katalanischen, die im juristischen Bereich kaum spürbar ist, denn die baskischen Verfechter des »derecho foral« besaßen zu dieser Zeit keine so weit entwickelte theoretische Grundlage wie die katalanischen. Trotzdem sollte sie erwähnt werden, denn der aus Bilbao stammende Philosoph Miguel de Unamuno nahm die Idee des *Volksgeist* auf, einen Begriff den paradoxerweise nicht einmal Savigny selbst verwendet hatte. Beispiele dafür finden wir schon 1887, als Unamuno 23 Jahre alt war, in dem Buch *La raza vasca y el vascuence* (Die baskische Rasse und das Baskische): »Alle hier haben zwar ein Rechtsgefühl für das *Foralrecht*, aber nur wenige ein Rechtsverständnis desselben. Viele sprechen vom *Fuero*, doch trifft man sehr häufig Menschen, die dieses nie nachgelesen haben. Der Geist des *Fuero* ist der Geist des Volkes, das nicht durch spekulative Verwirrungen kontaminiert ist. Es ist die Inspiration der Natur.«[121] Mit den Jahren sollte Unamuno den Baskismus aufgeben, sich dem Internationalismus zuwenden und weiterhin eher die spanische Nation als Referenzpunkt seiner Identität wählen. Trotzdem behielt er seine vorherigen philosophischen Grundlagen bei und griff die Idee des Volksgeistes auf, um über Spanien in *En torno al casticismo* folgendes anzumerken: »Wenn man sagt, dass im kollektiven Geist eines Volkes, im *Volksgeist* etwas mehr existiert als die bloße Summe der allgemeinen Charaktere des jeweils individuellen Geistes aus denen es besteht [...], dann räumt man damit die Existenz eines kollektiven Nimbus ein, einer Tiefe der Seele, in der alle Gefühle am Werk sind, und Wünsche und Bestrebungen die nicht in definitiver Form übereinstimmen, denn es gibt kein individuelles Denken, das sich nicht in den anderen widerspiegelt, sogar in

120 Paul Koschaker, Europa und das römische Recht, München-Berlin 1966, S. 275 ff.

121 Miguel de Unamuno, La raza vasca y el vascuence [1887], Madrid 1974, S. 77.

seinen Gegenspielern, denn es existiert ein wahrhaftes Volksunterbewusstsein.«[122]

Auf eine gewisse Weise dient der Volksgeist Unamuno als Bestätigung seines Begriffs der »Intrahistoria« (innere Geschichte), der Idee, die sein ganzes Werk durchzieht und die zum Flaggschiff seiner philosophischen Theorie wird. Viel wurde darüber diskutiert, was wohl die Quelle seiner Auffassung des Volksgeistes sein könnte.[123] Es ist richtig, dass der Begriff an sich aus einem postum veröffentlichten Werk Hegels stammt, und dass wir ihn in Savignys Schriften selbst als solchen niemals vorfinden.[124] Trotzdem ist es sehr wahrscheinlich, dass der Spanier sein Werk kannte und ihm dieses Konzept intuitiv zuordnete, besonders wenn man bedenkt, dass er in jedem Fall mit Jhering vertraut war, den er an einigen Stellen zitierte.[125] Auf der anderen Seite ist es sicher, dass die Idee des Volksgeistes großen Erfolg unter den Autoren der 1898er Generation genoss, insbesondere bezüglich des spanischen Nationalismus, der aus der Krise zum Ende des Jahrhunderts resultierte: Wenn man das Land wieder zum Leben erwecken wollte, musste man dies auf der psychologisch-kulturellen Grundlage der Nation tun, mittels eines Eintauchens in die Essenz, die diese definierte, und nicht mittels eines abstrakten formal-rechtlichen Abrisses. So muss man den folgenden Satz Gavinets interpretieren, zu dem Unamuno ein gutes Verhältnis hatte: »So geradlinig die Richter und so klar die Gesetze auch sein mögen, es gibt keinen Weg, dass ein Richter sich komplett der Gesellschaft, in der er lebt, entziehen kann. Noch ist es möglich zu verhindern, dass sich in die Maximen des Rechts der Geist des Volkes einmischt, auf das es angewendet wird. Und dieser Geist zerstört, auf unwiderrufliche, unsichtbare und dadurch unvermeidbare Weise zu guter Letzt den Sinn, den die Gesetze ursprünglich hatten.«[126]

Ebenfalls im nationalistisch-regionalistischen Sinne wird der Einfluss Savignys bei einem anderen Intellektuellen sichtbar, der im ersten Teil dieses Aufsatzes bereits zitiert wurde, *Joaquín Costa*. Bei Costa strömt die Doppeldimension lokal-national zusammen, die wir auch in Unamuno finden: auf der einen Seite war Costa ein aktiver Verteidiger des aragonesischen *Foralrechts*,[127] das er als

122 Miguel de Unamuno, En torno al casticismo (Anm. 16), S. 264.

123 Vid. Stephen G. H. Roberts, Miguel de Unamuno o la creación del intelectual español moderno, Salamanca 2007, S. 56.

124 Hermann Kantorowicz, Volksgeist und historische Rechtsschule, in: Historische Zeitschrift 108 (1912), S. 295–325, hier 300.

125 Juan José Gil Cremades, Unamuno y la negación religiosa de la política, in: Krausistas y liberales (Anm. 57), S. 265–302, hier 276 ff.

126 Ángel Ganivet, Idearium español (Anm. 12), S. 58–59.

127 Joaquín Costa, La libertad civil y el congreso de jurisconsultos aragoneses, Madrid 1883.

Garant für die Freiheit gegenüber den Auflagen der Zentralmacht empfand und das schon seit der Ausarbeitung der Verfassung von Cádiz als eines der liberalsten der Geschichte Spaniens betrachtet wurde.[128] Auf der anderen Seite jedoch war Costa einer der fruchtbarsten Autoren des spanischen Regenerationismus. Außerdem, wie bereits vorher erwähnt, wurde Costa zum Symbol der Kritik an der Restauration durch seine Schrift *Oligarquía y caciquismo*, in der er die Scheinheiligkeit des demokratischen Systems und die dadurch andauernde Aufrechterhaltung des oligarchischen Regimes anprangerte. In jeder dieser Facetten ist bei ihm die Anwesenheit eines gewissen Historismus spürbar: in der des *Foralisten*, in seiner Apologie des aragonesischen Rechts gegenüber der Uniformität, die man versuchte auf dem Wege der Gesetzgebung aufzuerlegen; in der des spanischen Nationalisten, in seinem Lob auf die traditionellen Bräuche, in seiner Verteidigung der legendären Figuren wie dem Cid Campeador,[129] genauso wie in seinem Buch über die Politik und die Volkspoesie,[130] einem Essay, der in seinem Vorsatz der juristisch-literarischen Orientierung Jakob Grimms in Deutschland folgt. Da er Kritik an der Restauration übt, wird der Historismus letztlich in seiner rechtssoziologischen Neigung wahrgenommen. Bezüglich all dieser Strömungen ist bei Costa eine hohe Wertschätzung des Gewohnheitsrechts ersichtlich, eine Tatsache, der er sich auch ausdrücklich widmete.[131] Dass Costas Historismus von Savigny beeinflusst wurde, wird deutlich, da dieser häufig und positiv erwähnt wird. Es bleibt jedoch der Zweifel, bis zu welchem Punkt Costa ihn wirklich gelesen hatte. In diesem Sinne glaube ich, so wie im Beispiel Kataloniens, dass Savignys Präsenz oberflächlich war.

Der letzte Betrachtungspunkt der Rezeption Savignys bezieht sich auf den geehrten Rechtshistoriker *Eduardo de Hinojosa*, der wahrscheinlich die wichtigste Triebfeder besagter Disziplin im Spanien zum Ende des 19. und zu Beginn des 20. Jahrhunderts war. Weiterhin war er ein Erneuerer der historisch-juristischen Studien seiner Epoche. Hinojosa wurde 1852 geboren und realisierte einen Forschungsaufenthalt in Deutschland im Jahr 1878, der essenziell für seine berufliche Laufbahn war. Resultat dieses Aufenthaltes war die Veröffentlichung von *Historia del derecho romano según las más recientes investigaciones* (Geschichte

128 Agustín de Argüelles, Discurso preliminar (Anm. 96), S. 40.

129 Joaquín Costa, El programa político del Cid Campeador [1885], in: Oligarquía y caciquismo (Anm. 33), S. 172–174.

130 Joaquín Costa, Introducción a un tratado de política sacado textualmente de los refraneros, romanceros y gestas de la península, Madrid 1888.

131 Joaquín Costa, La vida del derecho. Ensayo sobre el derecho consuetudinario, Madrid 1873.

des römischen Rechts aus der Sicht der heutigen Forschung),[132] in der er mit ziemlicher Klarheit den Einfluss Savignys und den seiner Schule reflektierte. Das Werk jedoch, das ihn in die Annalen eingehen ließ und das von einem Historismus zeugt, der weit über die reine Exegese ausländischer Werke hinausgeht, ist *El elemento germánico en el derecho español* (Das germanische Element im spanischen Recht).[133] Es handelt sich um einen programmatischen Text, mit dem er einen Studienweg markierte, auf dem versucht wurde, die germanischen Quellen des spanischen Rechts zu erforschen; Quellen, die auf Grund der fast ausschließlich romanistischen Tendenzen des spanischen Rechts bis dahin komplett hintangestellt worden waren. Außerdem wurden das Werk und sein allgemeiner Geist gestärkt dank der Gründung des Centro de Estudios Históricos (Zentrum für Historische Studien), eröffnet 1910 in Madrid im Dunstkreis der Institución Libre de Enseñanza.

Die Gründung des Centro de Estudios Históricos war wichtig, denn es sollte sich bald in eine Referenzinstitution für das Studium der Rechtsgeschichte Spaniens entwickeln, was sogar dazu führte, dass man von der *Escuela Histórica Madrileña*, der Madrider Historischen Schule sprach, die von Hijonosa und seinem herausragendsten Schüler, Claudio Sánchez Albornoz, begründet wurde.[134] Im Rahmen des Zentrums wurde ebenfalls eine der bis heute wichtigsten Zeitschriften für die Rechtsgeschichte Spaniens gegründet, das *Anuario de Historia del Derecho Español* (Jahrbuch der spanischen Rechtsgeschichte). Weiterhin begann das Zentrum an einer Rekopilation der *Monumenta Hispaniae Historica* zu arbeiten, dem Modell der deutschen *Monumenta Germaniae* folgend. In jedem Fall, jenseits dieser Beiträge der Schule ist das, was wir am meisten an diesem Projekt unterstreichen möchten, dass es von der Idee angetrieben war, eine Nation zu schaffen. Nur indem man das historische Bewusstsein des spanischen Volkes stärkte – dachten ihre Begründer – konnte man eine Regeneration des Landes erreichen. Nur so konnte man den Nährboden finden, mit dem man Spanien wiedererfinden konnte.[135] Unglücklicherweise setzte sich der Vorsatz nicht durch, der von dem Geist der Institución Libre de Enseñanza und den liberal-demokratischen Prinzipien der Zweiten Republik geprägt war –

132 Eduardo de Hinojosa, Historia del derecho romano según las más recientes investigaciones, Madrid 1880.

133 Eduardo de Hinojosa, El elemento germánico en el derecho español, Madrid 1915.

134 José María López Sánchez, La escuela histórica del derecho madrileña. Eduardo de Hinojosa y Claudio Sánchez Albornoz, in: Cuadernos de historia de España 81 (2007), S. 165–180.

135 José María López Sánchez, La escuela histórica del derecho madrileña (Anm. 134), S. 178–180.

Sánchez Albornoz war 1933 in dieser Minister und später Präsident des Ministerrats der Republik im Exil. Er wurde vielmehr aufgehalten von der Ankunft des Bürgerkrieges und dem darauf folgenden National-Katholizismus, der während des Franquismus gefördert wurde: Auf eine gewisse Weise kehrte man hier zum traditionalistischen Historismus zurück, der im 19. Jahrhundert von den Repräsentanten des neuthomistischen Konservatismus kultiviert worden war.

4 Heutige Wahrnehmung Savignys: von der Kritik zur Rehabilitierung

Bis hierher wurden die Züge der Rezeption Savignys zum Ende des 19. und zum Anfang des 20. Jahrhunderts dargelegt. Die Frage, die man sich nun im Sinne einer Schlussfolgerung stellen muss ist: Was bleibt von alldem in der heutigen Zeit? Die erste Reflexion, die wir also machen müssen, hat mit der Kritik zu tun, der Savigny aus den Reihen des Krausismus ausgesetzt war. Wie vorher bereits erwähnt, betrachteten die Krausisten argwöhnisch die implizite Philosophie des großen deutschen Juristen, den sie für seinen konservativen Charakter kritisierten. In diesem Sinne lässt sich auch die Kritik Adolfo Posadas in seinem Prolog zur Übersetzung von *Vom Beruf unsrer Zeit* verstehen: »Unter den Prinzipien der Historischen Schule lassen sich alle vorstellbaren politischen *Quietismen*, alle beabsichtigten Paralysierungen des Fortschritts, alle Oppositionen gegen die notwendigsten Reformen und sogar absolutistische Autoritarismen finden. [...] Andererseits kann sich eine Konzeption der Menschheitsgeschichte nach den Prinzipien der Historischen Schule nicht als die eindeutigste Formel der realen und positiven Geschichte betrachten. Was hier Recht genannt wird, hat sich nicht nur organisch formiert und friedlich entwickelt. Der Kampf war (unglücklicherweise) immer eine der Formen, die die Menschheit verwendet hat, um das gewünschte Recht aufzuerlegen [...]. Wer mehr zu diesen und anderen Bedenken gegenüber der Historischen Schule erfahren möchte, sollte die herrliche Broschüre des Meisters Jhering *Der Kampf ums Recht* lesen.«[136]

Diese Kritik, liberal-reformistisch aus der politischen und krausopositivistisch aus der wissenschaftlichen Sicht, wird die sein, die wir bei der Mehrheit der liberalen krausistischen oder krausismusnahen Intellektuellen am Ende des 19. Jahrhunderts und bis zur Mitte des 20. Jahrhunderts finden. Während der Zeit der Diktatur, eingeengt durch die national-katholizistische Ideologie, wurde Savigny oder der Historischen Schule kaum Aufmerksamkeit gewidmet, mit der ehrenhaften Ausnahme der Schriften von Felipe González Vicén, der viele seiner brillanten Seiten der Historischen Schule, Rudolf von Jhering, Otto von Gierke

136 Adolfo G. Posada, Prólogo, in: Friedrich de Savigny, De la vocación de nuestro siglo para la legislación y para la ciencia del derecho, Madrid 2008, S. 7.

oder der Genese des Rechtspositivismus widmete. Etwas was in dem damaligen Spanien, das von dem erstickenden Dogma des katholischen Naturrechts geprägt war, einem wohltuenden Windhauch gleichkam.[137] Nach dem Ende der Diktatur 1975 konnte eine Rehabilitation des krausistischen Denkens vollzogen werden. Dieses war zwar das erste gewesen, das das Regime beerdigt hatte und das am meisten brauchte, um sich wieder zu regenerieren.[138] Mit ihm tauchte aber auch wieder die negative Wahrnehmung Savignys auf, die unter den Krausisten vorherrschend gewesen war. Erst seit Beginn des neuen Jahrtausends sind Werke, Schriften und Neuauflagen aufgetaucht, die es uns heute möglich machen, von einer Rehabilitation Savignys in Spanien zu sprechen. Einer dieser Beiträge, vielleicht der auffälligste im Hinblick auf den vorherigen Gedankengang ist der von *José Ignacio Lacasta Zabalza*, der 1998 einen interessanten Aufsatz über Savigny und Jhering auf baskisch veröffentlichte, in dem er versuchte, die Seriösität des ersteren und seine Relevanz hinsichtlich des Problems der Peripherie-Nationalismen im heutigen Spanien zu verteidigen. Der Aufsatz, der dazu auffordert, den Namen Savignys nicht ohne Grund zu nennen, macht darauf aufmerksam, wie notwendig es ist, Savignys Werk ohne Vorurteile zu lesen.[139] In diesem Sinne und aus einer Sicht auf Savigny heraus, die der des 19. Jahrhunderts sehr unähnlich ist, wurden weiterhin zwei hervorragende Monografien über das Denken Savignys geschrieben: *Savigny y el historicismo jurídico* (Savigny und der Rechtshistorismus) von Francisco Contreras Peláez,[140] und *La perspectiva del sistema en la obra y vida de Friedrich Carl von Savigny* (Die Perspektive des Systems im Werk und Leben von Friedrich Carl von

137 Felipe González Vicén, El positivismo en la filosofía del derecho contemporánea, Madrid 1950; Sobre los orígenes y supuestos del formalismo en el pensamiento jurídico contemporáneo, in: Anuario de Filosofía del Derecho VIII (1961), S. 47–75; Sobre el positivismo jurídico, Sevilla 1967; La filosofía del derecho como concepto histórico, in: Anuario de Filosofía del Derecho XIV (1969), S. 15–65; La teoría del derecho y el problema del método jurídico en Otto von Gierke, in: Anuario de Filosofía del Derecho XVI (1971), S. 1–76; La escuela histórica del derecho, in: Anales de la Cátedra Francisco Suárez XIX (1979), S. 1–48; Estudio preliminar, in: Johan Jakob Bachofen, El derecho natural y el derecho histórico, Madrid 1955.

138 Elías Díaz, Condiciones prejurídicas de la democracia en España: historia y crítica, in: El Derecho en red. Estudios en homenaje al profesor Mario G. Losano, Madrid 2008, S. 649–668.

139 José Ignacio Lacasta Zabalza, Savigny eta Iheringen artean (ez duzu Savignyren izena ahotan alferrik hartuko), in: Euskal Herriko legelarien aldizkaria 3 (1998), S. 94–98. Ich danke dem Autor für seine großzügige Bereitschaft, mir eine kastilische Ausgabe des Aufsatzes zukommen zu lassen.

140 Francisco Contreras Peláez, Savigny y el historicismo jurídico, Madrid 2005.

Savigny) von Federico Fernández-Crehuet.[141] Wenn wir die Neuauflagen mit ihren jeweiligen Einleitungen von José Luis Monereo[142] dazu zählen, die der Verlag Comares seit Beginn des 21. Jahrhunderts veröffentlicht hat, können wir feststellen, dass sich endlich eine Rehabilitation Savignys in Spanien eingestellt hat.

Luis M. Lloredo Alix
(Übersetzung Franziska Bauer und
Überarbeitung von Joachim Rückert)

141 Federico Fernández-Crehuet, La perspectiva del sistema en la obra y vida de Friedrich Carl von Savigny, Granada 2008.
142 Friedrich Carl von Savigny, Tratado de la posesión según los principios del derecho romano, Granada 2005; Sistema del derecho romano actual, Granada 2005; De la vocación de nuestro siglo para la legislación y la ciencia del derecho, Granada 2008.

Savigny in Italien: zwanzig Jahre später

Vorab möchte ich mich herzlichst bei meinem Kollegen, Herrn Prof. Joachim Rückert, für die Veranstaltung dieser Tagung bedanken. Gleichzeitig möchte ich mich bei einem weiteren Kollegen, nämlich Herrn Prof. Thomas Duve, dem Direktor des Max Plack Instituts Frankfurt für die Einladung bedanken, die mich sehr ehrt und mir gleichzeitig die Gelegenheit gibt, auf die Studien zurückzukommen, denen ich mich mit großer Hingabe gewidmet habe und deren Ergebnis in diesen Seiten zum Ausdruck kommt.

Fast zwanzig Jahre sind nun vergangen seit dem Deutschen Rechtshistorikertag in Bern, der der Historischen Schule gewidmet war und zu dem ich eingeladen wurde, um Italien zu vertreten.[1] Fast fünfzig Jahre sind seit dem XIV. Kongress vergangen, bei dem Francesco Calasso mit einer ebenso knappen wie effizienten Zusammenfassung[2] eine Studienrichtung ins Leben rief, die sich als außerordentlich fruchtbar und anregend hinsichtlich des Interesses Savignys an unserem Land im weiteren Rahmen der Rezeption dieses berühmten Juristen in Europa erwiesen hat, dessen 150. Todestag wir begehen.

Zu jenem Anlass in Bern durfte ich in einem Vortrag einen Überblick über einige Studien geben, die ich seit den 1980er Jahren über die Beziehung zwischen Savigny und der deutschen Historischen Schule und unserem Land durchgeführt hatte. Diese haben auch dank der Forschungen an zum Teil bis dato unbekannten Archivquellen in Italien und Deutschland ein neues und unerwartetes Licht auf die italienische Rechtswissenschaft der Restauration geworfen, besonders hinsichtlich des Königsreichs Sardinien, das bis dahin einer Art von historiografischem Vorurteil unterlag, das es ausschließlich mit Frankreich in Verbindung setzte.

Die Studien und Kontakte zu Deutschland im Bereich der Wiederentdeckung und Erforschung von Rechtsquellen konzentrierten sich vor allem im Piemont[3] bzw. über den Codex Theodosianus, dem Edoardo Volterra in jener Zeit mehrere

1 Laura Moscati, Savigny in Italien, in: Zeitschrift für Neuere Rechtsgeschichte 19 (1997), S. 17–30 (mit vorhergehender Bibliographie).

2 Francesco Calasso, Savigny e l'Italia, in: Annali di Storia del diritto 8 (1964), S. 1–8.

3 Laura Moscati, Da Savigny al Piemonte. Cultura storico-giuridica subalpina tra la Restaurazione e l'Unità, Roma 1984.

grundlegende Schriften gewidmet hatte, die heutzutage noch bedeutsam bleiben.[4] Amedeo Peyron in der Universitätsbibliothek Turin und Walter Friedrich Clossius an der Ambrosiana in Mailand gaben in den frühen 1820er Jahren auf Anregung Savignys diesen Forschungen den Anstoß, die schließlich zur Entdeckung und Veröffentlichung wichtiger bisher unveröffentlichter Teile des Codex Theodosianus führten. Diese Studien wurden von Carlo Baudi di Vesme und Gustav Hänel weitergeführt und gipfelten schließlich in den kritischen Ausgaben dieser grundlegenden Quellen, die es wiederum ermöglichten, die Beurteilung des legislativen und institutionellen Rahmen des spätrömischen Reichs auf eine breitere Grundlage zu stellen.[5]

Zu diesem Interesse kommt die Verbreitung des savignyschen Denkens über die Kodifikation, die im Piemont mit den berühmten *Discorsi sulla legislazione civile* von Sclopis große Bedeutung erlangte,[6] welcher mittlerweile als Hauptvertreter der Historischen Schule in Italien gilt. In diesem Rahmen bewegt sich auch Bollatis Übersetzung der zweiten deutschen Ausgabe der *Geschichte*,[7] die von Savigny persönlich betreut wurde und bis heute, trotz einiger Mängel, die einzige vollständige Ausgabe ist. Dabei handelt es sich im Grunde um eine Reihe von Kontakten und persönlichen Beziehungen, die ein weitaus größeres kulturelles Umfeld als erwartet enthüllen, das reich an den unterschiedlichsten Anregungen ist.

Vom Piemont bis nach Italien wurde die Arbeit unaufhörlich in Form der Wiederentdeckung und des Studiums unveröffentlichten oder unbekannten Materials fortgeführt, das in Bibliotheken, sowie italienischen und europäischen Archiven aufbewahrt wurde. Darunter sei besonders der *Nachlass Savigny* der Universitätsbibliothek Marburg erwähnt, dessen Neuordnung gerade begonnen

4 Hier wird auf die folgenden berühmten Aufsätze verwiesen: Intorno alla formazione del Codice Teodosiano (1980); Sul contenuto del Codice Teodosiano (1981); Sulla legge delle citazioni (1983); La costituzione introduttiva del Codice Teodosiano (1984), mittlerweile in Edoardo Volterra, Scritti giuridici. VI. Le fonti, Napoli 1994.

5 Laura Moscati, Il carteggio Hänel-Baudi di Vesme per l'edizione del Codice Teodosiano e del Breviario Alariciano, Roma 1987. Cfr. anche Ead., Nuovi studi sul Codice Teodosiano: tre scritti inediti di Carlo Baudi di Vesme (Memorie dell'Accademia Nazionale dei Lincei, Classe di scienze morali, storiche e filologiche, serie VIII, 27), Roma 1983; Ead., Sul Codice Teodosiano 1–3, in: Rivista di Storia del diritto italiano 62 (1989), S. 389–416; Ead., Sul Codice Teodosiano 4–6, ebd. 63 (1990), S. 437–458; Ead., Amedeo Peyron e gli studi giuridici, in: Giornata di studio in onore di Amedeo Peyron, a cura di S. Curto, Firenze 1998. S. 71–88.

6 Federigo Sclopis, Della legislazione civile. Discorsi, a cura di G. S. Pene Vidari, Torino 1996.

7 Laura Moscati, Un'inedita lettera di Savigny a Bollati, in: Quaderni fiorentini per la storia del pensiero giuridico moderno 26 (1997), S. 307–324. Es handelt

hatte.[8] Das Studium erfolgte in erster Linie durch die Analyse von Briefwechseln und Übersetzungen, die sich als wichtigstes Werkzeug zur Übermittlung des Gedankenguts der Autoren erwiesen. Somit konnten neue Informationen über die Werke dieser Juristen geliefert werden, die andernfalls nur teilweise verständlich gewesen wären. Auch die Übersetzungen spielen hier eine wesentliche Rolle,[9] denn obgleich sie das Thema der Rezeption nicht vollkommen auszuschöpfen vermögen, stellen sie doch für den recherchierten örtlichen und zeitlichen Rahmen ein bedeutendes Werkzeug zur Verbreitung von Ideen dar, die sich andernfalls nur den wenigen Kennern der Originalsprache erschlossen hätten.

Dank dieser verschiedenen Forschungsrichtungen konnte ich das Thema der Rezeption auf ganz Italien ausdehnen,[10] um nicht nur die Präsenz Savignys zu rekonstruieren, sondern auch ihr zeitliches Umfeld. Durch den Nachweis der Beziehungen zwischen Savigny und Angelo Ridolfi zur Vorbereitung der *Geschichte* können die ursprünglich von Tarello[11] auf die Zeit der Italienreisen datierten Kontakte Savignys zu unserem Land um 20 Jahre rückdatiert werden, nämlich auf den Beginn des 19. Jahrhunderts, als ein erst sporadisches doch dann zunehmend wachsendes Interesse der italienischen Rechtsgeschichtsschreibung an der deutschen Kultur erwachte.[12] In diesem Zusammenhang schien das Denken Savignys, das anfangs indirekt und oft leicht verfälscht über Frankreich vermittelt wurde, wie im Königreich Sardinien, mehr das Ergebnis vereinzelter Initiativen zu sein, als das weitgreifender Erfahrungen, mit methodischen Strömungen und schulischem Charakter. Trotz allem reifte in diesen begrenzten, wenngleich aktiven Kreisen eine neue Rechtswissenschaft heran, die sich auf einige rege Geister gründet, welche versuchten aus den engen Grenzen der Zeit

sich um die Antwort Savignys auf den Brief Bollatis, der in Moscati, Da Savigny al Piemonte (Anm. 3), S. 316–320 veröffentlicht worden ist.

8 Universitätsbibliothek Marburg, Savigny Nachlaß, darüber siehe Herbert Kadel, Die Savigny-Forschung und der Savigny Nachlaß der Universitätsbibliothek Marburg (Savigny redux; 1), in: Alma Mater Philippina, Wintersemester 1982/83, S. 587–597; Karin Bredehorn, Zur Erwerbung des Savigny-Nachlasses durch die Universitätsbibliothek Marburg (Savigny redux; 2), in: Alma Mater Philippina, Sommersemester 1983, S. 13–16; Uwe Bredehorn, Zur Erwerbungsgeschichte des Savigny-Nachlasses, in: »mein lieber theurer Freund ...«. Friedrich Carl von Savignys Briefe an Johann Friedrich Ludwig Göschen. Eine Neuerwerbung der Universitätsbibliothek Marburg, Marburg 2000, S. 21–26.

9 Über die Bedeutsamkeit der Übersetzungen in der jeweiligen Zeit siehe Maria Teresa Napoli, La cultura giuridica europea in Italia. Repertorio delle opere tradotte nel secolo XIX, 3 Bde, Napoli 1986–1987.

10 Laura Moscati, Savigny in Italia. Sulla fase iniziale della recezione, in: Panorami 2 (1990), S. 55–89.

11 Giovanni Tarello, La Scuola dell'esegesi e la sua diffusione in Italia (1969), in: Cultura giuridica e politica del diritto, Bologna 1988, S. 69–122.

12 Laura Moscati, Le prime relazioni di Savigny con l'Italia, in: Panorami 6 (1994), S. 111–147.

auszubrechen, in der man zweifelsohne die Rechtspraxis der Forschung vorzog, wie die Entdeckung der Institutionen von Gaius in Verona beweist.[13]

Einige dieser Juristen, mit den unterschiedlichsten Persönlichkeiten und die teilweise, wie es scheint, gar nicht miteinander in Beziehung standen, wiesen wesentlich mehr homogene Interessen und Absichten auf als erwartet und ermöglichten die Wiederentdeckung einer kulturell extrem breitgefächerten Welt mit bekannten Gelehrten wie Sclopis, Mai, Capei, Conticini, Nicolini, aber auch Einzelforschern, deren Leben und Werke man rekonstruieren konnte, wie Baudi di Vesme, Bevilacqua Lazise, Canonico und Fossati. Diese waren oft Autodidakten ohne einen genügend gefestigten theoretischen und spekulativen Hintergrund, die die unterschiedlichsten Interessen hatten, extrem vielseitig orientiert waren und weiten Teilen der Halbinsel ihren Stempel aufdrückten.

Somit hat sich ein weitaus komplexeres und vielfältigeres Bild einer Welt von Schulen und alternativen, oft innerhalb der Akademien entstandenen kulturellen Zentren ergeben, die aufgrund der Randposition des Universitätssystems in der vorunitarischen Zeit entstanden waren. Diese Randposition ist verschiedenen Faktoren zuzuschreiben, darunter auch der politischen Zersplitterung Italiens, was das Studium der einzelnen gut umschriebenen Bereiche Italiens so schwierig und gleichzeitig so faszinierend gestaltete.

Aus einer Vergleichsanalyse mit anderen Ländern geht hervor, dass die Rezeption Savignys in Italien vor der Einheit insgesamt recht umfassend war. Dies ist wohl auf seine Tätigkeit als Rechtshistoriker, als Initiator von Studien, Entdecker und Erforscher von Rechtsquellen zurückzuführen, der über Interessen und Wissen verfügte, wie man es damals nur in Holland und, wenn auch nur zum Teil, in Frankreich beobachten konnte. Die Ideen zur Kodifizierung hatten im Vergleich mit Großbritannien nur begrenzteren Einfluss,[14] was in erster Linie den sachbedingten Umständen zuzuschreiben war, und das ohne die Gründe zu verstehen, warum der deutsche Rechtsgelehrte seine Gedanken so zum Ausdruck gebracht hatte und die Gesamtansicht, in die Savigny den *Beruf* eingefügt hatte. Langfristig überwog der dogmatische Aspekt des savignyschen Denkens mit der Krise der exegetischen Methode schließlich und förderte somit das Band zwischen der italienischen Rechtswissenschaft und der deutschen Pandektistik.

13 Edoardo Volterra, La prima edizione italiana del Gaio veronese (1980), in Id., Scritti giuridici (Anm 4), S. 319–340.

14 Laura Moscati, Of the Vocation of our Age … Sulla recezione di Savigny in Gran Bretagna, in: Clio 18 (1982), S. 587–597. Es ist hier erwähnenswert, dass die erste französische Übersetzung des Aufsatzes Savignys über die Kodifikation erst kürzlich erschienen ist: Friedrich Carl von Savigny, De la vocation de notre temps pour la législation et la science du droit. Traduction, introduction et notes par A. Dufour, Paris 2006.

Meiner Ansicht nach stellt gerade das historiografische Werk und das Studium der Quellen, das sich auf die alte und wissensorientierte Tradition des 18. Jahrhunderts stützt, den wichtigsten Aspekt der ersten Rezeption Savignys in Italien dar. Vor diesem Hintergrund wurde nicht nur der Methodologie, sondern auch den Absichten, die den Kern der historischen Rechtsschule ausmachen und deren berühmten Vertretern besondere Aufmerksamkeit gewidmet. Dadurch zählt unser Land nun wieder zu den ersten europäischen Ländern, die Kontakte zu Savigny und der deutschen Rechtswissenschaft seiner Zeit aufgebaut haben.[15]

Zu einer entscheidenden Zäsur in den erwähnten Studien kommt es 1998. Während einer meiner Aufenthalte in Marburg gestattete mir der damalige Leiter des Handschriftenarchivs, Dr. Uwe Bredehorn, dem ich auch heute noch zu großem Dank verpflichtet bin, den Zugang zu den Räumen in denen sich die Manuskripte Savignys befanden. Bei einer meiner Recherchen dort, auf der Suche nach Belegen für die Beziehungen zu den italienischen Juristen, stieß ich auf ein Bündel Dokumente, die von Savigny persönlich zusammengestellt waren. Diese damals noch nicht geordneten Unterlagen schilderten die *Italienische Reise* und enthielten einige Manuskripte über Savignys Italienreisen zwischen 1825 und 1834,[16] die auch als Grundlage für die Verfassung des *Unterrichts* dienten.[17]

Bei der Analyse dieser Texte ging es mir nicht darum, einen einfachen Reisebericht Savignys nach Italien zu rekonstruieren, wie er in den Tagebüchern der großen Italienreisenden des 18. und 19. Jahrhunderts zu lesen ist. Sicherlich wäre auch das interessant gewesen, doch ich bezweifle, dass es dem wahren Wert des entdeckten Materials ausreichend Rechnung getragen hätte. So entschied ich mich dafür, die Beurteilungen des deutschen Meisters mit der konkreten Realität von Schulen und Wissensbeständen zu vergleichen und mit deren konkreter Fähigkeit, das Denken und die Methode Savignys zu rezipieren.[18]

Dank der glücklichen Entdeckung dieses wertvollen Materials war es mir möglich, das Wissen über den Stand des Rechtsunterrichts an einigen Univer-

15 Cfr. Moscati, Da Savigny al Piemonte (Anm. 3); Ead., Le fonti giuridiche dell'altomedioevo tra Italia e Germania: due esperienze a confronto, in: Reinhard Elze und Pierangelo Schiera (Hgg.), Das Mittelalter im 19. Jahrhundert in Italien und Deutschland, Berlin-Bologna 1988, S. 243–267; Ead., L'interpretazione della *Geschichte* di Savigny nella scienza giuridica preunitaria, in: Nozione formazione e interpretazione del diritto dall'età romana alle esperienze moderne. Ricerche dedicate al professor Filippo Gallo, III, Napoli 1997, S. 249–265.

16 Universitätsbibliothek Marburg, Savigny Nachlaß, Ms. 979/8–10.

17 Friedrich Carl von Savigny, Über den juristischen Unterricht in Italien, in: Zeitschrift für geschichtliche Rechtswissenschaft I–II, 1828, S. 201–228.

18 Laura Moscati, Italienische Reise. Savigny e la scienza giuridica della Restaurazione, Roma 2000.

sitäten zu vertiefen, aber auch Informationen über die wissenschaftlichen Absichten Savignys kennen zu lernen.

Die fast täglichen Briefe an seine Frau aus Neapel haben ergeben, dass der berühmte Jurist an einem Rahmen für ein höchst komplexes Werk arbeitete (das *System*), das seinem Land bei weitem hilfreicher gewesen wäre als jedes institutionelle Amt. Aus diesen Briefen geht hervor, wie einzigartig und spontan sich Savigny in Neapel eingelebt hatte.[19] Tatsächlich war er dort wesentlich stärker integriert als zuvor in Rom, wo er fast ausschließlich einen Kreis ausländischer Intellektueller unter der Leitung Christian Bunsens frequentierte, was ihm praktisch den Zugang zum städtischen Leben verwehrte. Ebenso war es auch in Florenz, wo aufgrund der früheren Beziehungen zu einigen Gelehrten das Interesse an der Verbreitung seiner Werke überwog.

Mittlerweile wurden diese Manuskripte vollständig digitalisiert und sind für jeden einsehbar.[20] Diese ebenso wichtige wie verdienstvolle Arbeit muss nun noch durch einen Kommentar und die aus den Studien hervorgegangenen Ergebnisse ergänzt werden. Ich beziehe mich hier auf einige Datierungen, wie die aus den Reiseberichten, oder auf einige von Savigny erst kryptisch angeführte und später identifizierte Namen und auf einige wichtige Verbindungen zwischen Briefen, Übersetzungen und Werken.

Abschließend möchte ich einige interessante Ansätze ansprechen, die aus den Studienergebnissen hervorgehen und die gerade in den Bereichen, in denen die Rezeption Savignys überwiegt, von vorrangiger Bedeutung sind. Ich beziehe mich hier insbesondere auf die Institutionen von Gaius und die zeitgenössischen Studien von Bevilacqua Lazise, der bereits über den schlechten Zustand des Manuskripts klagte, wie auch von Vano[21] in der geschichtlichen Rekonstruktion der Entdeckung hervorgehoben wird. Dank der Recherchen von Briguglio[22] und zweier bedeutender Projekte unter der Leitung von Corbino ist es heute möglich, das Manuskript modernsten Bildverarbeitungsverfahren zu unterziehen und somit den ursprünglichen Text wiederherzustellen[23] und eine neue

19 Was die Briefe an Gunda Brentano betrifft, siehe Universitätsbibliothek Münster, von Savigny Nachlaß, 17.133–17.149, darüber siehe Moscati, Italienische Reise (Anm. 16), S. 131–134.

20 Universitätsbibliothek Marburg, Savigny-Datenbank, hrsg. von B. Reifenberg.

21 Cfr. Cristina Vano, »Il nostro autentico Gaio«. Strategie della Scuola storica alle origini della romanistica moderna, Napoli 2000 (deutsche Fassung, Frankfurt am Main 2008); Mario Varvaro, e Istituzioni di Gaio e il Glücksstern di Niebuhr, Torino 2012.

22 Filippo Briguglio, Il Codice veronese in trasparenza. Genesi e formazione del testo delle Istituzioni di Gaio, Bologna 2013.

23 Gai Codex rescriptus in Bibliotheca Capitulari Ecclesiae Cathedralis Veronensis, curavit Philippus Briguglio, Firenze 2012; Id., La prima trascrizione delle Istituzioni di Gaio, Bologna 2013.

kritische Ausgabe zu liefern. Das Gleiche gilt für den Codex Theodosianus und die Studien über den entscheidenden und unbekannten Beitrag von Baudi di Vesme, die, wie von Atzeri erwiesen,[24] sowohl das Interesse an der Manuskripttradition, als auch an der Rekonstruktion der *Gesta Senatus* geweckt haben. Dies gilt sowohl für die Textgeschichte, als auch für eine neue Textkritik[25] und eine französische Übersetzung,[26] wie die Forschungen von Jaillette und nun die ausgezeichnete Arbeit von Coma Fort hervorheben.[27]

Die Untersuchung der Personen, denen Savigny auf seiner Italienreise begegnet war und zu denen er dauerhafte Beziehungen aufbaute, trugen dazu bei, das Bild der Rechtswissenschaft der damaligen Zeit zu verändern und das Interesse an einzelnen Juristen oder deren Beitrag zur Erneuerung der Institutionen zu schüren, wie die Studien von Mastroberti und Masciari über das Königreich beider Sizilien belegen.[28] Die Vertiefung der Studien über den Universitätsunterricht und über die verschiedenen Methoden des juristischen Wissens machte es weiterhin möglich, die Studien über die vorunitarische Zeit weiter zu entwickeln,[29] die, wie auch aus dem von Villata herausgegebenen Band über die Lombardei hervorgeht, bisher entschieden vernachlässigt wurden.[30]

Ziel dieses kurzen Referats war es, bereits bekannte Wege noch einmal zu begehen, Wege, die ein neues Licht auf eine Zeit geworfen haben, die viel zu lange in vorgefertigte Ansichten gepresst war. Gleichzeitig war es mir ein Anliegen, einen Überblick über die verschiedenen Perspektiven zu geben, die den Beitrag Savignys und der deutschen historischen Schule zu einem Dreh- und Angelpunkt der Erneuerung der Rechtsstudien in unserem Land gemacht haben und dies auch weiterhin tun.

Laura Moscati

24 Lorena Atzeri, Gesta Senatus de Theodosiano publicando. Il Codice Teodosiano e la sua diffusione in Occidente, Berlin 2008.

25 Le Code Théodosien. Diversité des approches et nouvelle perspectives. Etudes réunies par S. Crogiez-Pétrequin, P. Jaillette, Rom 2009.

26 Cfr. Codex Theodosianus. Le Code Théodosien. V. Text latin d'après l'édition de Mommsen (1904), Introduction par P. Jaillette. Traduction par S. Crogiez-Pétrequin, P. Jaillette, J.-M. Poinsotte, Turnout 2009.

27 José María Coma Fort, Codex Thedosianus. Historia de un texto, Madrid 2014.

28 Francesco Mastroberti, Tra scienza e arbitrio. Il problema giudiziario e penale nelle Sicilie dal 1821 al 1848, Bari 2005; Francesco Masciari, La codificazione civile napoletana. Elaborazione e revisione delle leggi civili borboniche (1815–1850), Napoli 2006.

29 Laura Moscati, Insegnamento e scienza giuridica nelle esperienze italiane preunitarie, in: Studi di storia del diritto medioevale e moderno, a cura di F. Liotta, Bologna 1999, S. 277–321.

30 Formare il giurista. Esperienze nell'area lombarda tra Sette e Ottocento, a cura e con un saggio introduttivo di M. G. Di Renzo Villata, Milano 2004.

Über die italienischen Übersetzungen zu Savigny

Im Laufe der Zeit wurde von den gedruckten Werken Savignys zwar nicht alles, aber fast alles ins Italienische übersetzt. Man kann geradezu sagen, dass, wenn man der Folge der Übersetzungen nachgeht, sich ein Ausblick eröffnet - sei er auch begrenzt und partiell - auf die verschiedenen Phasen der italienischen Kultur im Laufe von anderthalb Jahrhunderten oder sogar ein wenig mehr. Natürlich ist sofort zu sagen, dass zwar einige Übersetzungen aus dem 19. Jahrhundert bescheiden und unbefriedigend waren, doch andere aus der gleichen Periode von guter Qualität, besonders wenn man sie vergleicht mit den gleichzeitigen aus anderen Ländern.

Die italienischen Übersetzungen, jedenfalls zum größten Teil, widmen sich weder besonders der philosophischen Terminologie, die Savigny verwendet, noch dem Begriffsapparat, auf den er sich bezieht. So stand es bis in die 1970er Jahre, als nach einer langen Unterbrechung, neue Übersetzungen einiger Arbeiten zu Savigny erschienen. Die Gründe können in Kürze wie folgt angegeben werden:

1. In der 1. Hälfte des 19. Jahrhunderts hat die Debatte über Übersetzungen, die in Europa von Madame de Stael angestoßen wurde, in Italien fast ausschließlich Literaten interessiert, zum Beispiel Alfieri und andere. Man diskutierte über die Übersetzungen von Lyrik und von Theaterstücken. Unter den Juristen beschäftigte sich damit nur Giovanni Carmignani (1808), aber zu einer Zeit als er noch nicht ein bekannter Jurist war und als Literat mit literarischen Ambitionen schrieb.

2. Die italienischen Übersetzungen des 19. Jahrhunderts zu Savigny, in Monographien oder Zeitschriften, und in unterschiedlicher Dimension, wurden von Juristen realisiert und nicht von Philosophen. Es gab eine klare Arbeitsteilung und weder interessierten sich die Juristen für den philosophischen Hintergrund bei Savigny, noch die Philosophen für seine Schriften. Darüber hinaus waren Juristen nicht mit den philosophischen Sprachen vertraut, also den kantianischen, postkantianischen und idealistischen Wendungen der deutschen Gelehrten. Das Interesse für die Arbeiten Savignys entsprang von Anfang an vor allem einem historisch-gelehrten Interesse: Es gab Synthesen von Teilen seiner *Geschichte* durch Pietro Capei, veröffentlicht zwischen 1828 und 1846, zuerst in der Zeitschrift »Antologia« in Florenz, dann in den »Annali delle Università

Toscane«, und wieder verwendet für die Übersetzung »im Kompendium« von Capei und G. Porri, Siena 1849. Als Monographie oder Artikel in Zeitschriften erschienen auch: *Lex Voconia* von P. Conticini, Pisa 1834; *Imposte fiscali nell'Impero romano* von C. Baudi di Vesme, Turin 1837, *Ragionamenti storici* (aus den *Vermischten Schriften*) von A. Turchiarolo, Neapel 1852 (mit Neudruck); schließlich vier Abhandlungen aus den *Vermischten Schriften* von G. Tedeschi, Verona 1858. Die *Geschichte* wurde über das Kompendium von Capei hinaus übersetzt in einer reduzierten Ausgabe, auf französisch von Guenoux, Florenz 1844–45, später nach dem Original von E. Bollati, Turin 1854–57 (mehrfach nachgedruckt).

Es verdient Beachtung, dass zuvor kein Erfolg zu Stande gekommen war, weder 1827 bei dem Versuch, die *Geschichte* zu übersetzen, der in Neapel durch Niccola Nicolini vorangetrieben wurde während des Aufenthalts Savignys in der bourbonischen Hauptstadt; auch nicht 1828 bei Antonio Salvotti, dem Trentiner, dem Schüler Savignys in Landshut und dann tätig in der österreichischen Verwaltung (das hätte durchgeführt werden sollen von Paride Zajotti senior, ebenfalls österreichischer Beamter), auch nicht 1838 (mit dem Übersetzer Leone Fortis) und 1842 mit dem Übersetzer Paride Zajotti jr. (Privatarchiv der Familie Zajotti, Venedig). Die Bekanntheit Savignys entsprang hauptsächlich dem Bewusstsein, nicht immer vertieft und bisweilen indirekt, der allgemeinen Thesen im *Beruf* (übersetzt von L. Lo Gatto und V. Janni, Neapel 1847 und G. Tedeschi, Verona 1857). Kein Echo hatte die Schrift über *Wesen und Wert der Universitäten* (übersetzt von P. Conticini, Florenz 1838). Aber die Aufmerksamkeit für die technisch-dogmatischen Schriften nahm langsam zu, mit Übersetzungen, die meist angefertigt wurden von Anwälten und Verwaltungsmännern. Das stand im Zusammenhang mit der Tatsache, dass die italienische Universität bis zum Ende der Einheit kulturell dürftig blieb (etwa bis in die 1880er Jahre) und dass die bessere juristische Ausbildung lange stattfand in Privatschulen und berühmten forensischen Kanzleien. Übersetzt wurde vor allem der *Besitz* (von Conticini, Florenz 1839 und Neapel 1840, erneut von R. Andreoli, Neapel 1857), und dann einzelne Teile des *System*: *Sulla vitalità del neonato*, von P. Conticini, Florenz 1841; *Violenza ed errore*, von L. Viscardi, Neapel 1843; *Sistema* (Teile des Anfangs) von C. Guariglia, Neapel 1845; *Diritto internazionale privato*, von L. Bellavite, Padua 1850–52; *Sistema* (Teile des Anfangs) von P. Zajotti jr., Venedig 1856; *Diritto Romano* (im *System*) von C. Moschitti, Neapel 1861; *Sistema* (die ersten Seiten) von S. Adinolfi, Neapel 1884. Das *System* wurde schließlich im ganzen und ausgezeichnet übersetzt 1886–98 von Vittorio Scialoja (der sich natürlich verschiedener Mitarbeiter bediente). Zum ersten Mal war diese Übersetzung nicht nur für die juristische Terminologie aufmerksam, sondern auch für die philosophische.

3. Zum guten Teil war die idealistische Philosophie im 19 Jahrhundert in Italien eine Minderheitsströmung. Nur in Neapel, wo sie seit dem Ende der

1840er Jahre blühte (Augusto Vera und andere) und zwar mit besonderem Bezug auf Hegel, war sie dominant in der 2. Hälfte des Jahrhunderts (Bertrando Spaventa, Francesco Fiorentino und andere). Es überwogen im übrigen Italien sensualistische [realistische?] Strömungen, eklektische und positivistische. In Neapel wurde der Idealismus auch von Juristen gepflegt, freilich oft in unklarer Weise vermischt mit dem Erbe von Giambattista Vico. Ein neapolitanischer Anwalt, Antonio Turchiarolo, Autor einer der bemerkenswertesten Übersetzungen im 19. Jahrhundert (Neapel 1842), schuf auch eine Übersetzung (wenn auch ungenau und verwirrend) von Texten Hegels. Aber die Trennung zwischen Juristen und Philosophen blieb immer sehr deutlich.

4. Die italienischen Übersetzungen, die seit den 1970er Jahren erschienen sind vorsichtiger und subtiler. Aber weder die Texte, die A. Mazzacane 1976 übersetzte, noch die etwas reichhaltigere Anthologie von F. de Marini von 1980, noch endlich die des *Beruf*, durchgeführt von G. Marini 1982, hatten die Absicht, die Texte mit erklärenden Anmerkungen über die Terminologie Savignys zu versehen. Die Erklärung dieser seiner Ideen blieb eigenen Einführungstexten überlassen oder anderweit erschienenen Einzelstudien, auf die sich nun, von Mal zu Mal, die späteren Forscher bezogen.

Aldo Mazzacane – Cristina Vano
(übersetzt von Joachim Rückert und Thorsten Keiser)

Schwerpunkt II:

Savigny-Übersetzungen und Savigny-Schlüsselworte

Italienische Übersetzungen von Savignys Schriften im 19. Jahrhundert

Bestand, Charakteristika, Schlüsselworte

1 Bemerkungen zur Chronologie und zum Bestand der Savigny-Übersetzungen in Italien

Im Jahr 1987 erschien das dreibändige Werk von Maria Teresa Napoli, *La cultura giuridica europea in Italia. Repertorio delle opere tradotte nel secolo XIX*: ein außerordentlich reiches Verzeichnis der italienischen Übersetzungen fremdsprachlicher juristischer Schriften, die im Laufe des 19. Jahrhunderts veröffentlicht wurden. Die entscheidende Rolle der Übersetzungen für die Gestaltung der Rechtswissenschaft in Italien wird schon dadurch bezeugt, dass dieses Verzeichnis 2.500 Positionen aufzählt. Die meisten Übersetzungen kamen aus dem Französischen, die deutsche Sprache ist aber stets gut vertreten, mit zwei Höhepunkten: den zwei Jahrzehnten vor der Vereinigung (1840–1861) und dem letzten Viertel des Jahrhunderts. Zentrum dieser starken Übersetzungstätigkeit war zweifelsohne Neapel, vor allem zwischen 1815 und 1861; nach der Vereinigung wurde Florenz wichtiger, in den letzten 20 Jahren dann Turin und Mailand.[1]

Innerhalb dieser riesigen Literatur finden wir auch den Namen von Savigny. In Bezug auf ihn listet Napoli 29 Übersetzungen auf. Einige erweisen sich aber als Neuausgaben oder sind nur Zusammenfassungen. Wenn man diese Positionen streicht, aber die Übersetzungen des 20. Jahrhunderts sowie einen neuen Fund aus dem 19. Jahrhundert (vgl. die Bibliografie im Anhang, S. 459, Nr. 32) hinzufügt, verbleiben 26 Titel – sicher eine bemerkenswerte Zahl.

1 Vgl. Maria Teresa Napoli, La cultura giuridica europea in Italia. Repertorio delle opere tradotte nel secolo XIX, 3 Bde., Neapel 1987, Bd. 2, S. 130–33, 136, 148.

Noch auffallender erscheint jedoch eine weitere Tatsache. Schaut man die Zeitspanne an, von der ersten Übersetzung – dem Aufsatz zur *Lex Voconia* (1834) – bis zur letzten – dem letzten Band von Scialojas Übersetzung des *System(s) des heutigen römischen Rechts* (1898) –, so wird man bemerken, dass in 64 Jahren sogar 24 Savigny-Schriften ins Italienische übersetzt wurden: eine erhebliche Zahl, die 40 Prozent aller Veröffentlichungen Savignys[2] gleichkommt und die schon für sich den Erfolg Savignys in Italien gut bezeugt.

Eine zweite Bemerkung soll die Verwandlung in Betracht ziehen, die Savignys Werk erfuhr, als es die Alpen überstieg. Um den Unterschied zwischen dem ursprünglichen Aussehen und der italienischen Version zu ermessen, scheint es zweckmäßig, zu zwei Indizien zu greifen.

Das erste Indiz besteht in der *materiellen Auswahl*, die beim Übergang von der »Ausgangssprache« (*source language*) zur »Zielsprache« (*target language*) stattfand. Nicht alle Schriften Savignys kamen auch jenseits der Alpen zum Druck. Es ist nicht zu vergessen, dass die Zahl der guten Deutschkenner in Italien damals ziemlich begrenzt war, und die wenigen Übersetzer, die etwas von Jura verstanden, fühlten sich meistens dazu verpflichtet, sich möglichst um die Verbreitung mehrerer Autoren zu bemühen. So war z. B. der Herausgeber einer Auswahl aus Savignys *Vermischten Schriften* (Berlin 1850) derselbe Antonio Turchiarulo aus Monopoli (Apulien),[3] der auch Schriften von Anton Friedrich Justus Thibaut und Friedrich Georg Puchta sowie Hegels *Grundlinien* nach Italien brachte[4] und der zudem neben Eduardo Salvetti sich das größte Verdienst um die italienische Rezeption des Werks von Eduard Gans erwarb.[5] Es muss allerdings bemerkt werden, dass der – an sich normale – Schwund bei den Übersetzungen sich nicht gleichmäßig auf Savignys Werk verteilte. So wurde der Historiker des römischen Rechts im Mittelalter vollständig rezipiert, einerseits

2 Vgl. Giuliano Marini, Friedrich Carl von Savigny, Neapel 1978, S. 201–07: *Opere di Savigny.*

3 Vgl. Ragionamenti Storici di Dritto del Prof. F. C. Savigny, tradotti dall'originale tedesco e preceduti da un discorso da A. Turchiarulo, 4 Tle., Neapel 1852. Zu Turchiarulo (1825–1898) s. Angelo Menga (Hg.), Monopoli nel suo passato, Monopoli 1984, S. 85–97.

4 Vgl. G.W.F. Hegel, Filosofia del diritto, Neapel 1848; A.F.[J.] Thibaut, Dottrina del Codice civile francese conferita coi principii della legislazione romana, seguita dai Trattati di diritto civile. Tradotte, annotate e precedute da un discorso di A. Turchiarulo, Neapel 1853; G. F. Puchta, Corso delle istituzioni. Tradotto e preceduto da un discorso da A. Turchiarulo, 2 Bde., Neapel 1854.

5 Mit folgenden zwei Ausgaben: Edoardo Gans, Dello svolgimento del dritto di successione nella storia romana. Tradotto dall'originale tedesco ed annotato da A. Turchiarulo, Neapel 1851; ders., Il dritto di successione nella storia italiana. Notizie storiche tratte dall'opera di E. Gans »Sullo svolgimento del dritto di successione nella storia dell'umanità«, e tradotte da A. Turchiarulo, Neapel 1853.

wegen des regen Interesses vieler italienischer Gelehrter an diesem Thema, das mit der damals zentralen Frage des Ursprungs der »nationalen« Identität innig verknüpft war, andererseits aber dank der klaren, einfach zu erkennenden Konturen von Savignys Vorhaben, das die Gestalt eines organischen Werks annahm. Dasselbe kann für den Systematiker Savigny gesagt werden, d. h. für den Verfasser des *System des heutigen römischen Rechts*. Beide Vorgänge ähneln sich übrigens auch in Bezug auf die Schwierigkeiten, die sowohl die langjährige Durchführung als auch der Umfang dieser Übersetzungen verursachten. Mit Rücksicht darauf empfahl es sich, Savignys Ergebnisse vorab durch Auszüge oder Teilübersetzungen anzukündigen. Es ist auch kein Zufall, dass einige Verleger, um solche Probleme zu umgehen und der großen Erwartung der gelehrten Leserschaft entgegenzukommen, eine Abkürzung nahmen und die schon vorhandenen französischen Versionen beider Werke ins Italienische übertragen ließen.[6] Dagegen behinderten die Vielfalt und geringere Zugänglichkeit der ›kleinen‹ Schriften Savignys zum »historischen« römischen Recht (vor allem der früheren) ihre Verbreitung in Italien. Nur ein Teil derselben wurde dem italienischen Publikum bekannt. Was schließlich diejenigen Schriften angeht, die vorwiegend auf praktische Ziele gerichtet bzw. polemisch-politisch gefärbt waren, so blieb ihre Übertragung unvollendet oder kam verspätet. Neben dem *Beruf* (übersetzt erst 1847) wurden die Kritik gegen von Gönner (d. h. eine Ergänzung des *Beruf*, was übrigens die Tatsache der Übersetzung erklärt) und die Schriften über Wesen und Wert der deutschen Universitäten und über den Stand des Rechtsunterrichts in Italien übertragen.[7] Übergangen wurden dagegen die zustimmende Besprechung der *Gelegentlichen Gedanken über Universitäten* von Schleiermacher (1808), die Übersicht der ersten zwei Jahrgänge der »Thémis« (1820), der *Beitrag zur Rechtsgeschichte des Adels im neuern Europa* (1836) und schließlich einige Artikel zu Fragen des preußischen Privat- und öffentlichen Rechts: *Die Preußische Städteordnung* (1832) und die *Darstellung der in den Preußischen Gesetzen über die Ehescheidung unternommenen Reform* (1844).

6 Resp. 1. Storia del Diritto Romano nel Medio Evo scritta da Federico Carlo Savigny. Con una biografia dell'autore, una notizia delle di lui opere e note del traduttore, 3 Bde., Florenz 1844–45 (abgekürzte Fassung, aus der französischen von Charles Guenoux: Histoire du droit romain au Moyen Age, 4 Bde., Paris 1839, gewonnen); 2. Il Dritto Romano di F. C. Savigny, membro dell'Instituto di Francia ec. ec., 3 Bde., Neapel 1847, 1848 u. 1855 (aus der französischen Übersetzung von Charles Guenoux: Traité de droit romain, 8 Bde., Paris 1840–51, entnommen).

7 Die erste und die letzte dieser drei Übersetzungen erschienen im Jahr 1852, in Turchiarulos gekürzter Ausgabe der Vermischten Schriften (Anm. 3), Tl. 4, S. 46–66 und S. 67–84.

Die Originalgestalt von Savignys Werk unterscheidet sich von der italienischen »Projektion« desselben in einem weiteren Faktor, der *Zeitfolge*. Sowohl die Chronologie der italienischen Übersetzungen als auch die sehr unterschiedlichen ›Wartezeiten‹, die die Originalausgaben von ihren Pendants südlich der Alpen trennte, erweisen sich als sehr lehrreich. So erschienen die ersten fünf Übersetzungen mit relativ geringem Abstand von den Originalen: 12 Jahre für die Aufsätze zur *Lex Voconia* (deutsche Erstveröff. 1822, ital. Übers. 1834), zum römischen Kolonat (1825/1837) und zur römischen Steuerverfassung unter den Kaisern (auch 1825/1837),[8] nur fünf für *Über das altrömische Schuldrecht* (1833/1838) und sechs für den Beitrag über die deutsche Universität (1832/1838).[9] Erstaunlich ist hier vor allem *Das Recht des Besitzes*, dessen sechste, wesentlich veränderte Ausgabe von 1837 den italienischen Lesern schon 1839 präsentiert wurde.[10]

Diese Verläufe weichen von den Regeln des interkulturellen Transfers nicht ab, denn üblicherweise wird beim Import des Werks eines Schriftstellers zuerst die jüngste Produktion beachtet. Und Savigny wurde in Italien erst infolge seiner Reisen (im Herbst 1825 und 1826–1827) wirklich »berühmt«,[11] obwohl er einige Kontakte schon viel früher etabliert hatte, im Rahmen seiner Suche

8 Wie erst Laura Moscati feststellte (Laura Moscati, Da Savigny al Piemonte. Cultura storico-giuridica subalpina tra la Restaurazione e l'Unità, Rom 1984, S. 157), wurde die Übertragung von Baudi di Vesme eigentlich schon im Jahr 1832 vollendet.

9 Conticinis Übersetzung war schon im Oktober 1836 fertig, siehe das Datum am Ende des Artikels Wesen und Werth der deutschen Universitäten – von Savigny, in: Nuovo Giornale de' Letterati 36 (1838), S. 193–214, hier S. 214. Ebenda, S. 193, n. †, erklärt eine *Nota dell'Editore*, dass sich die Übermittlung von Conticinis Manuskripts von Berlin in die Toskana durch »varie ed impreviste circostanze« (verschiedene unvorhergesehene Umstände) verzögert hätte.

10 Federigo Carlo di Savigny, Il diritto del possesso. Trattato civile, Florenz 1839. Eine zweite, qualitativ schlechtere, mit einer neuen Paginierung versehene Auflage dieser Übersetzung wurde von der Neapolitanischen Druckerei von Francesco Masi 1840 gedruckt. Sie ist identisch mit der Florentinischen, allerdings wurden die Errata weggelassen und eine Werbeanzeige des Verlegers hinzugefügt, der das bevorstehende Erscheinen der ersten italienischen Ausgabe des »classichissimo *Manuale di diritto romano*« von Mackeldey ankündigt (S. 13, n. *).

11 Filippo Ranieri, Savignys Einfluß auf die zeitgenössische italienische Rechtswissenschaft, in: Ius commune 8 (1979), S. 192–219, hier S. 196f., merkt an, dass die ersten italienischen Korrespondenten Savignys keine Juristen waren, »sondern vielmehr Philologen, Historiker, Archäologen« wie Giuseppe Micali, Tommaso Tonelli und Pelagio Rossi, oder aber Juristen wie Pietro Capei in Toskana, Federico Sclopis in Turin und Niccola Nicolini in Neapel, die »wegen ihren historisch-philologischen Interessen angesprochen« wurden.

nach mittelalterlichen Rechtsquellen.[12] Außerdem müssen die wissenschaftlichen Interessen der ersten Übersetzer in Betracht gezogen werden. So wurde der Romanist Pietro Conticini von seinem Lehrer und Mentor, dem Kriminalisten Giovanni Carmignani, aufgefordert, seine Ausbildung mittels eines großherzoglichen Stipendiums direkt in Berlin fortzuführen, um mit Savigny und anderen deutschen Lehrern in persönlichen Kontakt zu kommen. Die Arbeit an der Übertragung von einigen Studien Savignys zum historischen römischen Recht (vor allem *Das Recht des Besitzes*) diente daher Conticini gleichzeitig als eigene juristische Weiterbildung. Das wissenschaftliche Interesse der Übersetzer erklärt auch die frühe Rezeption der Studien über den Kolonat und über die kaiserliche Steuerverfassung. Da sie mit dem Thema des Übergangs von der römischen zur feudalen Gesellschaft eng verknüpft waren, mussten sie die Aufmerksamkeit von zwei Gelehrten aus Piemont auf sich ziehen, die, auf der in ihrem Land (auch durch die Vermittlung von Ludovico Antonio Muratori) tief eingepflanzten Tradition der philologisch-antiquarischen Studien fußend, eine nähere Erforschung der älteren Geschichte Italiens betrieben: der Staatsmänner und Historiker Federico Sclopis und Cesare Balbo. Balbo, der schon eine *Storia d'Italia* (1830) verfasst und Werke von Heinrich Leo und Eichhorn übersetzt hatte,[13] beauftragte zwei junge Gelehrte, Carlo Baudi di Vesme und Gaspare Gorresio, damit, einige Schriften Savignys zu übertragen.[14] Schließlich sollte man im Fall von *Wesen und Werth der deutschen Universitäten* an Anlässe politischer Natur denken, um die Rechtzeitigkeit der Übersetzung im rechten Licht erscheinen zu lassen. Conticini war sich nämlich des Reformplans bewusst, den der toskanische Großherzog Pietro Leopoldo Mitte der 1830er Jahre aufgestellt hatte, um das Rechtsstudium an den zwei juristischen Fakultäten in der Toskana – Pisa und Siena – zu erneuern.[15] In einem solchen

12 Vgl dazu Laura Moscati, »Italienische Reise«. Savigny e la scienza giuridica della restaurazione, Rom 2000, S. 23–39 (insb. zu Savignys Kontakten mit Angelo Ridolfi, einem Professor aus Verona).

13 Enrico Leo, Vicende della costituzione delle citta lombarde fino alla discesa di Federico 1. imperatore in Italia, Turin 1836; Carl Friedrich Eichhorn, Dell'origine della costituzione delle città in Germania, Turin 1838.

14 Vgl. Anhang, S. 460 f., Nr. 43 u. 44. Zu Savignys Ansprechpartner und Übersetzer in Piemont vgl. Laura Moscati, Carlo Baudi di Vesme e la storiografia giuridica del suo tempo, Turin 1982; Dies., Da Savigny al Piemonte (Anm. 8), S. 26 f., 83–95, 137–69.

15 Bei der dadurch ausgelösten Debatte zeichnete sich Giovanni Carmignani aus, dessen anspruchsvolles *Programma di riforma degli studii legali*, das die Unterteilung der juristischen Fakultät in drei Hauptsektionen (philosophische, juristische und politische) und 15 Lehrstühle vorschlug, keine Anwendung fand. Vgl. Danilo Barsanti, L'Università di Pisa dal 1800 al 1860. Il quadro politico e istituzionale, gli ordinamenti didattici, i rapporti con l'Ordine di S. Stefano, Pisa 1993, S. 147–82; Moscati, »Italienische Reise« (Anm. 12), S. 74–75.

Zusammenhang konnten die Überlegungen Savignys über die deutsche Universität die Aufmerksamkeit vieler finden, auch infolge der harten Kritik, die er wenige Jahre zuvor am Stand der juristischen Ausbildung in der Toskana (und allgemeiner in ganz Italien) geübt hatte.[16]

Es lohnt sich nun, den vier Hauptwerken Savignys einen Exkurs zu widmen. Ihre ersten vollständigen italienischen Übersetzungen erschienen in folgender Reihenfolge: zuerst *Das Recht des Besitzes* (1839), dann *Vom Beruf* (1847),[17] das *System* (Originalausgabe 1840–51, erste vollständige ital. Ausgabe 1847–55),[18] und schließlich die *Geschichte des römischen Rechts im Mittelalter* (1854–57 nach der zweiten Auflage 1834–51).[19] Merkwürdig wirkt die Verzögerung des *Beruf*. Trotz seiner Kürze, seinem ziemlich »populären« Ton und den wenigen technischen Ausdrücken wurde dieses berühmt-berüchtigte Pamphlet Savignys in Italien erst im Jahr 1847 lesbar, d. h. fast zwanzig Jahre nach seiner zweiten und endgültigen deutschen Ausgabe (1828, mit Zugabe der *Stimmen für und wider neue Gesetzbücher*). Es gibt vor 1847 keine Spur auch nur von Auszügen

16 Vgl. Friedrich Carl von Savigny, Über den juristischen Unterricht in Italien, in: Zeitschrift für geschichtliche Rechtswissenschaft 6 (1828), S. 201–28, dann (leicht veränderte Fassung) in ders., Vermischte Schriften, 5 Bde., Berlin 1850, Bd. 4, S. 309–42. Savignys Kritik löste Missfallen und sogar Groll unter den italienischen Juristen aus. Eine Replik lieferte z. B. Giuseppe Ferrigni, Dello studio del dritto in Italia nel secolo XIX, in: Il Progresso 2 (1832), S. 92–139, 241–48, zit. in Napoli, La cultura giuridica europea in Italia (Anm. 1), Bd. 1, S. 23. Sie wirkte aber auch als Herausforderung. So begann Giovanni Carmignani seine Cenni per un nuovo programma di completo e sistematico insegnamento del Diritto, in: Memorie della R. Accademia delle Scienze di Torino, Turin 1841, mit folgenden Worten (S. 1): »Grave e indecoroso rimprovero fecero i dotti della Germania [...] allo stato dell'insegnamento del Diritto nella Penisola« (zit. aus Enrico Spagnesi, Il diritto, in Commissione rettorale per la storia dell'Universita di Pisa (Hg.), Storia dell'Università di Pisa, 5 Bde., Pisa 2000, Bd. 2**, S. 527–528).

17 F.C. de Savigny, Della vocazione del nostro secolo per la legislazione e la giurisprudenza, Neapel 1847 (aus der 4. deutschen Ausg., 1840).

18 Vgl. oben, Anm. 6. Weit einflussreicher war aber die spätere, akkuratere Version von Vittorio Scialoja, die zumal über den deutschen Originaltext geleistet wurde: Federico Carlo Savigny, Sistema del Diritto Romano Attuale, 8 Bde., Turin 1886–98.

19 Storia del diritto romano nel Medio Evo per F. Carlo de' Savigny. Prima versione dal tedesco dell'avv. Emmanuele Bollati con note e giunte inedite, 3 Bde., Turin 1854–57. Eine erste Übertragung der *Geschichte* war schon zehn Jahre früher erschienen (vgl. oben, Anm. 6). Darüber informierte Savigny, der über den Stand der Verbreitung seines Denkens im Ausland immer gut Bescheid wusste, seinen Freund Pietro Capei: vgl. Domenico Maffei und Knut Wolfgang Nörr, Lettere di Savigny a Capei e Conticini, in: Zeitschrift der Savigny-Stiftung für Rechtsgeschichte, Rom. Abt. 97 (1980), S. 181–212, hier S. 207 (Brief vom 14. Juni 1851).

oder Teilübersetzungen aus diesem Text. Das ergibt einen weiteren Unterschied zu den anderen Hauptwerken. In der Tat wurde z. B. der Inhalt der *Geschichte* schon zwischen Juli 1828 und Anfang 1833[20] sehr ausführlich und präzise dargestellt, und zwar in einer für die damalige Geistesgeschichte Italiens sehr einflussreichen – aber kurzlebigen – Zeitschrift, der Florentiner »Antologia« von Pietro Vieusseux.[21] Das starke Interesse an dieser Schrift wird ferner durch die vielen Initiativen zur ihrer Übersetzung bezeugt.[22] Dasselbe geschah mit dem *System*. Von 1841 bis 1852 wurden mehrere Teilübersetzungen bzw. Darstellungen von bestimmten Kapiteln oder Beilagen durchgeführt: von Conticini in der Toskana, von Luigi Bellavite im Veneto, von Ludovico Viscardi in Neapel.[23] Zwischen 1847 und 1855 erschien ferner die erste Vollausgabe, von einem neapolitanischen Richter, Ciro Moschitti, nach der französischen Ausgabe von Guenoux. Inzwischen war eine weitere, diesmal aus dem Deutschen gefertigte Übersetzung im Lombardo Veneto (d. h. im österreichischen Gebiet) auf Anregung des Trentiner Freiherrn Antonio Salvotti (der ein Hörer Savignys in Landshut gewesen war) geplant worden. Nach wiederholten Unterbrechungen, vor allem infolge des Todes des von Salvotti ausgewählten Übersetzers, des Schriftstellers und Richters Paride Zajotti, konnte nur der erste Band im Jahr 1856 in Druck gehen.[24]

20 Vgl. Antologia. Giornale di scienze, lettere e arti 31 (Juli 1828), S. 3–39; 33 (Januar 1829), S. 20–49; 34 (Mai 1829), S. 25–62; 36 (Oktober 1829), S. 3–29; 46 (April 1832), S. 143–171; 48 (November 1832), S. 1–36. Der Verfasser dieser Auszüge war Pietro Capei (1796–1868), ein Rechtsanwalt mit umfangreichen rechtshistorischen Kenntnissen, seit 1833 Professor der Institutionen in Siena, seit 1841 Professor der Pandekten daselbst. Capei war ein treuer Gefolgsmann Savignys. Sein letzter Artikel über die *Geschichte* war schon 1833 fertig, konnte aber wegen der Sperrung der »Antologia« durch die Zensur nicht rechtzeitig erscheinen und wurde erst im Jahr 1846 in den »Annali delle Università toscane« (Pisa) veröffentlicht.

21 Vgl. Paolo Prunas, L'Antologia di Gian Pietro Vieusseux. Storia di una rivista italiana, Mailand 1906; Umberto Carpi, Intellettuali e società nella Toscana del Risorgimento. Gli intellettuali e l'Antologia, Bari 1974.

22 Vgl. ausführlich Moscati, »Italienische Reise« (Anm. 12), S. 52 mit Anm. 66, S. 64 mit Anm. 138; Dies., L'interpretazione della »Geschichte« di Savigny nella scienza giuridica preunitaria, in: Nozione formazione e interpretazione del diritto. Dall'età romana alle esperienze moderne. Ricerche dedicate al professor Filippo Gallo, 4 Bde., Neapel 1997, Bd. 3, S. 249–265.

23 Vgl. Anhang, S. 458 f., Nr. 26, 27, 30, 31, 41. Als besonders bemerkenswert erweist sich das Datum der ersten beiden Teilübersetzungen (resp. von Conticini und Viscardi) 1841 und 1843. Das heißt, sie folgten unmittelbar dem Erscheinen der Originaltexte in Deutschland (*System*, Bde. 2 u. 3, Berlin 1840).

24 Vgl. Anhang, S. 459, Nr. 33. Zuständig für die Übersetzung war Paride Zajotti jr. (1824–1886), ein Sohn des gleichnamigen Freunds von Salvotti: vgl. Maria Garbari, Il Risorgimento come scontro generazionale: Antonio e Scipione Salvotti, in: Atti dell'Accademia Roveretana degli Agiati 263 (2013), S. 33–54 (40).

Zusammenfassend kann man von einer fast gleichzeitigen Verbreitung beider Werke, *Geschichte* und *System*, in mehreren italienischen Regionen und somit in sehr verschiedenen kulturellen und politischen Kontexten sprechen. Nichts Ähnliches ist dagegen zum *Beruf* bekannt. Ein piemontesischer Jurist, Pietro Luigi Albini, hatte wohl geplant, die Schrift zu übersetzen und ihre Thesen zu widerlegen, hatte dann aber, auf Forderung von Federico Sclopis, auf das Vorhaben verzichtet.[25] Dass diese Schrift damals unter den Gelehrten und auch öffentlich besprochen wurde (z. B. in dem intellektuell lebendigen Kreis der Zeitschrift »Antologia«), ist sehr wahrscheinlich. Am 3. Januar 1834 teilte z. B. der toskanische Jurist Pietro Capei Savigny mit, dass er seine erste Vorlesung als Professor der Institutionen des Zivilrechts mit der Frage angefangen habe, »welchen Ursprung jedes Recht habe«, und dann den Hörern als Antwort »ihre Meinung [d. h. Savignys], die ich anerkennend erwähnt ... (Beruf)«, gegeben habe.[26] Der Grund der verspäteten Übersetzung dieses Werks muss daher woanders liegen. Mutmaßlich musste die Ablehnung der Kodifikation, die Savigny dort als Erstarrung eines mittelmäßigen Stands der Rechtskultur kritisiert hatte, vielen italienischen Höfen missfallen. Sie traf in eine Zeit, in welche viele Regierungen sich bemühten, Gesetzbücher einzuführen oder zumindest ihre Abfassung zu planen, einerseits um ihre autokratischen Hoheits-

Aus einem Separatdruck der *Vorrede* (vgl. Biblioteca Marciana, Venedig, Sig. »Misc. 3821/23«; vgl. Anhang, S. 459, Nr. 32) erfährt man, dass diese nicht von Zajotti, wie bislang angenommen, sondern von dem Rechtsanwalt, Journalist und Schriftsteller Leone Fortis (1824–1896) übersetzt wurde. Vgl. Prefazione di Federico Carlo di Savigny alla sua opera: Sistema del diritto romano attuale, Venedig 1853, S. xxxi, Anm. 1: »Perché n'abbia il debito onore chi merita, avvertiamo, essere questa elegante e maestrevole traduzione dell'introduzione [sic], opera del distinto avv. Leone Fortis, che la lesse, anni fa, all'Ateneo di Venezia, allorché comunicò a quel consesso alcune notizie su Savigny, e sugli esimii suoi scritti«. In Venedig wurde Savignys Wirken insgesamt, und das *System* insbesondere, erst dank einem Vortrag bekannt, den Fortis am 15. Februar 1841 am dortigen »Ateneo« hielt: Sopra Federico Savigny, e sulla sua opera intitolata: »Sistema dell'odierno diritto romano«, zit. in: Elenco delle memorie lette negli anni accademici 1839–40, 1840–41, 1841–42, 1842–43, in: Esercitazioni scientifiche e letterarie dell'Ateneo Veneto, Venedig 1846, S. 323–331, hier S. 326. Über Fortis' »Memoria« berichtete der Vorsitzende der »Classe di Lettere« des »Ateneo«: Luigi Carrer, Relazione degli studii nelle scienze morali, nelle lettere e nelle arti dell'Ateneo di Venezia durante gli anni accademici 1839–40 e 1840–1841, ebenda, S. 29–40, hier S. 37–38. Fortis ist zudem als Herausgeber des »Giornale di giurisprudenza austriaca« (Venedig, 1839–46) nennenswert.

25 Das erfährt man aus einem Brief von Federico Sclopis aus dem Jahr 1839, zit. in Moscati, Da Savigny al Piemonte (Anm. 8), S. 170.

26 Zit. bei Domenico Maffei, Quattro lettere del Capei al Savigny e l'insegnamento del diritto romano a Siena nel 1834, in: Norbert Horn (Hg.), Europäisches Rechtsdenken in Geschichte und Gegenwart. Festschrift Hermann Coing zum 70. Geburtstag, München 1972, Bd. 1, S. 203–224, hier S. 207.

rechte erneut zu betonen, andererseits um den Reformerwartungen eines großen Teils der Bevölkerung entgegenzukommen und der Sehnsucht des Bürgertums nach der freieren napoleonischen Ära entgegenzuwirken. Eine Übertragung des *Beruf* musste daher als unangebracht erscheinen. Man kann daraus den Schluss ziehen, dass die Übersetzung später als die tatsächliche Kenntnisnahme kam. In diesem Fall gab es also eine Trennung zwischen den ideologischen und theoretischen Grundlagen des *Beruf* (Volkstümlichkeit des Rechts, Kritik an der Gleichsetzung von Recht und Gesetz), die angenommen und öffentlich diskutiert wurden, und ihren rechtspolitischen Folgerungen, die offiziell beschwiegen wurden.

Aus diesen Betrachtungen ergibt sich eine weitere Schlussfolgerung. Die Zeit der Rezeption von Savignys Werk in Italien war das 19. Jahrhundert – mit einem einzigen Supplement im 20. Jahrhundert. Genauer, es waren 90 Jahre, die Savignys erste italienische Reise von der Übersetzung seiner Abhandlung zum Obligationenrecht durch den Romanisten und Schüler Scialojas Giovanni Pacchioni[27] trennen. Während dieser Zeit leisteten Savignys Schriften einen sehr großen Beitrag zur Modernisierung der Rechtswissenschaft in Italien: zuerst vorwiegend im Gebiet der rechtshistorischen Studien, dann innerhalb des Reifeprozesses der einheimischen Pandektistik. Und obwohl dieser Rezeptionsvorgang nur durch gelehrte Juristen oder Historiker und Philologen getragen wurde, erfuhr Savignys Rechtsauffassung eine viel breitere Aufnahme. Geht man in das 20. Jahrhundert, so findet man eine ganz andere Lage. Savignys Leistung wurde allmählich zum rein historischen Thema. Sein Werk wurde eher als Rechtstheorie oder sogar als Rechtsideologie betrachtet, seine Werke – mit Ausnahme gerade des *Beruf* – erlebten gar keine Neuausgabe.[28]

2 Die Charakteristika der italienischen Übersetzungen

Eine Übersicht der italienischen Savigny-Übersetzungen des 19. Jahrhunderts lässt einige allgemeine Kennzeichen erkennen. Im Folgenden wird für jeden Punkt zumindest ein Beispiel angeführt.

2.1 Allgemeines

2.1.1 *Vollständigkeit.* Berücksichtigt man den Haupttext, so sind die meisten italienischen Übersetzungen vollständig. Das gilt auch für die Teilübertragungen

27 Federico Carlo Savigny, Le obbligazioni. Traduzione dall'originale Tedesco con appendici del prof. Giovanni Pacchioni, 2 Bde., Turin 1912–15.

28 Im Jahr 1972 wurde ein fotomechanischer Nachdruck von Bollatis Übersetzung der *Geschichte* veröffentlicht. Trotz ihrer Mängel ist diese Version noch die einzig vorliegende.

(z. B. die oben genannten von Conticini und Viscardi aus dem *System*) und für diejenigen Unternehmungen, die zu keinem Ende gelangten (z. B. die unvollendete Version des *System* der beiden Zajotti und diejenige von Celestino Guariglia).[29] Die Florentiner *Storia del Diritto Romano nel Medio Evo* (1844–45), infolge ihrer Abhängigkeit von der unvollständigen französischen Ausgabe von Guenoux, und die Veronesische Ausgabe des *Beruf* aus dem Jahr 1857, die die zwei Anhänge der deutschen Ausgabe von 1828 auslässt, stellen die einzigen Ausnahmen dar.

2.1.2 *Textaufbau, Kürzungen*. Das eben Gesagte gilt nicht für die Anmerkungen. Bis zu Giuliano Marinis Ausgabe des *Beruf* (1983, 2000[4]) verfügte man in Italien über keine auch formell vertrauenswürdige Version dieses Werks. Denn die erste, von Lo Gatto und Janni besorgte Ausgabe (1847) hatte den größeren Teil der Anmerkungen weggelassen, und zwar alle diejenigen, in denen Schriften von deutschen Juristen (Hugo, Thibaut, Schmid, Rehberg) erwähnt wurden, und viele derjenigen, die die Vorstufen des *Code Napoléon* und die französische juristische Literatur betrafen.[30] Bewahrt wurden nur die Anmerkungen mit lateinischen Zitaten oder mit Kommentaren Savignys. Dieselben Kürzungen findet man in Tedeschis Edition des *Beruf* (1857), die im Allgemeinen die Version von Lo Gatto und Janni stillschweigend (mit sehr wenigen Verbesserungen) wiedergibt. Neu bei Tedeschi sind drei Anmerkungen des Herausgebers, wobei eine (S. 167) die Hauptthese Savignys zum Lob des ABGB bestreitet: die Vorteile eines guten Gesetzbuchs sind unleugbar, ein guter Beweis dessen ist die Rechtslage der Länder, die kein solches haben; das gute Gesetzbuch wird allerdings nur die Grundsätze des Rechts enthalten. Alle Anmerkungen des Originals wurden von Gorresio in seiner im Übrigen allerdings sehr akkuraten Übersetzung des Kolonat-Aufsatzes gestrichen.[31] Ihrerseits liefert Moschittis Ausgabe des *System* ein gutes Beispiel für einen ganz neuen Textbau: Das mehrbändige deutsche Original wird in drei Bände im Quartformat gedrängt, überdies stehen hier die Anhänge nicht am Ende jedes Bandes,

29 F.C. Savigny, Sistema del Diritto romano odierno. Traduzione di Celestino Guariglia, Heft 1 (einziges) Neapel 1845 (=A, I, 7, 1845). Vierzig Jahre später erschien ein Sistema del Diritto Romano Odierno di M. F. C. di Savigny, Neapel 1884 (=A, I, 7, 1884), eine kurze (nur 80 S.) mit Anm. versehene Teilübers. durch den neapolitanischen Strafrechtler Salvatore Adinolfi (1863–1950). Die Vermutung liegt nahe, dass Adinolfi auf sein Vorhaben, das ganze Werk zu übersetzen, infolge der Initiative von Vittorio Scialoja verzichten musste.

30 Weggelassen wurde auch die sehr wichtige erste Anmerkung zu § 7, wo Savigny die von ihm beim Studium der Abfassung des *Code* benutzten Quellen auflistet.

31 Der Grund lag darin, dass Gorresio die Quellen nicht überprüfen konnte. Seine Übersetzung ist trotzdem dem Text treuer als diejenige von Turchiarulo (Ragionamenti Storici di Dritto (Anm. 3), Tl. 1, S. 1–36), die einige Zusätze der zweiten Ausg. (1828) weglässt. Vgl. Moscati, Da Savigny al Piemonte (Anm. 8), S. 151 f.

sondern jeder beim entsprechenden Kapitel, und zwar laufend im unteren Teil der jeweiligen Seite. Die Nachteile einer solchen Struktur blieben nicht unbemerkt: »Die Weise, wie sie [d. h. Moschittis Ausgabe] gedruckt ist«, und ihr Quartformat, so Vittorio Scialoja im Jahr 1886, »verhindern jeden möglichen Vergleich mit den Zitaten, den man nach der Originalpaginierung oder mit derjenigen der Ausgabe von Guenoux machen möchte.«[32] Nachvollziehbarer, ja vernünftig, scheint dagegen Ludovico Viscardis Entscheidung, aus dem dritten Band des *System* die §§ 114–115 (»Zwang und Irrthum«, S. 98–120 der Ausg. 1840) herauszuziehen und diese mit der langen Beilage zu § 115 (»Irrthum und Unwißenheit«, S. 326–473) zusammenzulegen, um daraus eine selbständige Monographie zu bilden.[33] Bei diesen Gestaltungen spielten manchmal auch rein redaktionelle Gründe eine wichtige Rolle. So hatte z. B. Emmanuele Bollati vor, die ersten beiden Bände der *Geschichte*, die inhaltlich den ersten Teil des Werks (die Geschichte des römischen Rechts bis zum 12. Jahrhundert) bildeten, in einem einzigen zu versammeln; seine Verleger in Turin beschlossen aber, diesen beiden auch den dritten Band beizufügen, um zu vermeiden, dass der erste Band »im Umfang zu unterschiedlich von den anderen hervorgeht«.[34]

2.1.3 *Anmerkungen und Kommentare*. Alle Übersetzungen enthalten Kommentare, Anmerkungen oder Zusätze verschiedener Art. Neben diesem gemeinsamen Kennzeichen lassen sich aber einige manchmal augenfällige Unterschiede herausfinden.

2.1.3.1 Variieren können erstens die Zahl und der Belang der Zusätze: In seiner Version von Savignys Aufsatz über die *Lex Voconia* ergänzt Conticini die 34 vorgegebenen Anmerkungen sogar um 25 neue; stattdessen beschränkt sich der anonyme Übersetzer – »D[oktor] A. D.« – von *Über das altrömische Schuldrecht* auf eine einzige Anmerkung.[35] Derselbe Unterschied lässt sich auch bei den Hauptwerken bemerken: Sowohl Conticinis als auch Andreolis Ausgabe des *Rechts des Besitzes* sind mit Anmerkungen übersät, während Moschitti hier höchst zurückhaltend zu Werke ging.

2.1.3.2 Die Häufigkeit der Zusätze erweist sich ferner als sehr bedeutungsvoll in Bezug auf den theoretisch-dogmatischen Einsatz des Übersetzers. Recht

32 Vittorio Scialoja, Prefazione generale del traduttore, in: Federico Carlo di Savigny, Sistema del diritto romano attuale (Anm. 18), Bd. 1, S. xvii.

33 Vgl. ders., Violenza ed Errore. Prima versione italiana tratta dal terzo volume dell'originale alemanno intitolato Sistema del Dritto Romano Odierno, Neapel 1843, S. 6 f., wo Viscardi seine Ausgabe rechtfertigt.

34 Vgl. das von »Gli Editori« (d. h. den Verlegern) unterschriebene *Avvertimento*, Bd. 1, S. 466.

35 Um zu erklären, dass die Summe von »756 Thaler«, die nach Savigny dem Wert von 15.000 römischen Sestertien gleichen, »Lire Toscane 3944 all'incirca« entspricht: Savigny, Dell'antico diritto romano sui debiti, in: Nuovo giornale de' Letterati 36 (1838), S. 23–40, 121–136, hier S. 121, Anm. *.

unterschiedlich kann auch die Haltung des Übersetzers/Kommentators gegenüber den von Savigny entfalteten Argumente sein. Das Spektrum reicht von nahezu totaler Zustimmung eines Conticini bis zu den artigen und doch entschlossenen Ausdrücken der Missbilligung bei Baudi di Vesme und bei dem ersten anonymen Übersetzer der *Geschichte*.[36]

2.2 Stil und Sprache; Qualität der Übersetzung

2.2.1 *Ausgangssprache*. Es überwiegen mit Abstand die Übersetzungen aus dem Deutschen. Doch kann der Einfluss französischer Intellektueller auf die Aufnahme von Savignys Werk in Italien kaum unterschätzt werden. Nicht nur wurden sowohl die *Geschichte* als auch das *System* erstmals durch die Vermittlung von französischen Versionen bekannt (beide von Guenoux); auch für *Das Recht des Besitzes* wurde zuerst eine Übertragung fertiggestellt, die (wie schon Scialoja geahnt hatte) von derjenigen abhängig war, die Jules Beving 1840 in Bruxelles veröffentlicht hatte.[37] Dieser Fall unterscheidet sich allerdings von den früheren darin, dass hier eine italienische Übersetzung schon vorhanden war – und zwar eine, die die Oberaufsicht von Savigny als »Qualitätsgarantie« vorlegen konnte.[38] Die Initiative zur Neuausgabe muss demzufolge andere Gründe gehabt haben. Eine Absicht kommerzieller Natur ist hier nicht auszuschließen, weil die Version von Conticini nach 1840 keine neue Auflage erfahren hatte, so dass Savignys *Besitz*, der inzwischen ein Klassiker geworden war, Ende der 1850er

36 S. unten, 2.3.4, S. 240.

37 F. C. de Savigny, Traité de la possession d'après les principes du droit romain, Bruxelles 1840; Federico Carlo di Savigny, Trattato del possesso secondo i principii del diritto romano. Tradotto e annotato da Raffaelle Andreoli, Neapel u. Salerno 1857. Vgl. Scialoja, Prefazione generale del traduttore (Anm. 32), S. xliv, Anm. 1; Ranieri, Savignys Einfluß (Anm. 11), S. 206, Anm. 81. Scialoja scheint die französische Version von Beving (die er als »cattiva«, d. h. schlecht, beurteilt) zu kennen, nicht aber diejenige von Andreoli. Die Abhängigkeit der Übersetzung Andreolis von derjenigen Bevings wird an mehreren Stellen offensichtlich, z. B. S. xix, Anm. (1); S. 7, Anm. (1), S. 28, Anm. (1) (stilistische bzw. lexikalische Ähnlichkeiten); und bei einigen Anmerkungen der *Introduzione*, die sowohl im Original als auch bei Conticini fehlen, bei Beving aber vorkommen: ebenda, S. ix, Anm. (3), S. x, Anm. (1) u. (2), S. xiii, Anm. (1).

38 Vgl. Pietro Conticini, Prefazione del traduttore, in: Savigny, Il diritto del possesso (Anm. 10), S. vii: »Volle fortuna che ritornando poco dopo a Berlino, io potessi dar compimento alla mia fatica sotto gli occhi del medesimo Autore, al quale comunicatala e interpellatolo in molto punti dei più difficili, ne ritrassi conforto alla pubblicazione della medesima« (»Glücklicherweise, als ich kurz danach nach Berlin zurückkam, war ich in der Lage, meine Bemühungen vor den Augen des Verfassers selbst zu Ende zu führen. Indem ich sie [d. h. die Übersetzung] ihm übermittelte und ihn über viele sehr schwierige Stellen befragte, war ich davon zur Veröffentlichung derselben ermuntert«).

Jahre vergriffen war. Merkwürdig ist allerdings der Umstand, dass Andreoli das Erscheinen seiner neuen Übersetzung ausschließlich durch Betrachtungen sprachlicher und stilistischer Natur rechtfertigt. Es ist hier auch der Ort, um die entscheidende Rolle zu unterstreichen, die die auf Französisch verfassten Zeitschriften und Bücher bei der Verbreitung von Informationen über Savignys intellektuelle Entwicklung spielten. Dass viele italienische Gelehrte über Erscheinen und Inhalt der *Geschichte* erst aus den Genfer »Annales de législation et de jurisprudence« von Pellegrino Rossi, aus der Pariser »Thémis« und aus Eugène Lerminiers *Introduction général à l'histoire du droit* Kenntnis erhielten, wurde schon von Laura Moscati ausführlich belegt.[39] Hinzunehmen kann man noch, dass Conticini ein ähnliches Zeugnis ablegt, wenn er erzählt, dass auch die Neugier auf Savignys *Recht des Besitzes* bei den italienischen Rechtsgelehrten durch die Artikel geweckt worden war, die Leopold August Warnkönig in der »Thémis« diesem Werk gewidmet hatte.[40] Nur allmählich wurde diese Abhängigkeit von den französischen Vermittlern schwächer; vor allem als im letzten Viertel des Jahrhunderts eine Generation von italienischen Pandektisten mit guter deutscher Sprachkompetenz zu Wort kam.[41]

2.2.2 *Stil, Wortauswahl.* Es ist sicher dieser Punkt, der am genauesten die Eigenart des Übersetzungsvorgangs im Italien des 19. Jahrhunderts bestimmt. Um die ganz spezifische Sprachsituation verstehen zu können, die die Tätigkeit

39 Vgl. Laura Moscati, Savigny in Italia. Sulla fase iniziale della recezione, in: Panorami 2 (1990), S. 55–89, hier S. 69; Dies., »Italienische Reise« (Anm. 12). Lerminiers *Introduction général*, erschienen 1829, wurde schon 1833 in Neapel übersetzt, dann 1854 in Mantua. Sie wurde sofort ein wesentliches Hilfsmittel für die Kenntnisnahme der neuesten Tendenzen in der damaligen deutschen Rechtswissenschaft.

40 Vgl. Conticini, Prefazione del traduttore (Anm. 40), S. v f., mit Hinweis auf: Leopold A. Warnkönig, De l'état actuel de la science du Droit en Allemagne, et de la révolution qu'elle y a éprouvée dans le cours des trente dernières années, in: Thémis, ou Bibliothèque du jurisconsulte 1 (1819), S. 7–24 (vgl. S. 18: »A la même époque, M. de Savigny se fit connaître par un ouvrage, sur la *Possession selon le droit romain*, qui mit bientôt son auteur au rang des premières jureconsultes«); ders., Das Recht des Besitzes […], dritte verbesserte und vermehrte Auflage […] 1818, in: Thémis 3 (1821), S. 224–35, 445–60; 4 (1822), S. 234–44; 5 (1823), S. 345–66 (dann auch als Bändchen). Conticini war auf Warnkönigs Artikel dank einer Empfehlung von Capei gestoßen: vgl. Brief vom 26. Februar 1836, in Maffei und Nörr, Lettere di Savigny a Capei e Conticini (Anm. 19), S. 191, Anm. 23.

41 Außer Scialoja und Pacchioni sind vor allem Luigi Bellavite (Übersetzer von Jherings *Geist des römischen Rechts*), dem wir oben als Darsteller einiger Stücke von Savignys *System* begegnet sind, Carlo Fadda, Filippo Serafini und Pietro Cogliolo (Herausgeber der italienischen Ausgabe von Friedrich Glücks Pandektenkommentar), Francesco Forlani (Übersetzer von Joseph Unger) und Paolo Emilio Bensa (Übersetzer von Windscheid) erwähnenswert.

und die Ergebnisse der italienischen Übersetzer bedingte, muss man bedenken, dass bis Ende des 19. und Anfang des 20. Jahrhunderts die italienische Sprache eine fast ausschließlich literarische Existenz führte. Außer in der Toskana wurde sie im Alltagsleben nur von einer Minderheit von Gebildeten benutzt. Das »Volk« sprach stattdessen, auch infolge des sehr verbreiteten Analphabetismus, die Mundart des jeweiligen Landes bzw. Bezirks.[42] Eine gelehrte Sprache war zwar vorhanden, sie galt jedoch vorwiegend im rein literarischen Bereich und war nicht als solche auf die einzelnen wissenschaftlichen Fächer anwendbar, wo man für Jahrhunderte Latein verwendet hatte (für die Rechtswissenschaft bis spät in das 17. Jahrhundert).[43] Unter den vielen Konsequenzen, die eine in dieser Weise historisch und politisch geprägte Lage mit sich brachte, scheint aus unserer Sicht die Tatsache vom besonderem Belang, dass die italienische Sprache, indem sie vorwiegend auf alten literarischen Vorbildern basiert war, keine Festigkeit und Gleichförmigkeit erreichen konnte. Für fast jede lexikalische und syntaktische Frage standen mehrere Lösungen zur Wahl. Das hatte u. a. die Folge, dass die Fachsprache sehr instabil war. Noch Mitte des 19. Jahrhunderts regierte in Italien z. B. Uneinigkeit selbst über das Wort für »Recht«: Man schrieb nicht nur *diritto* – das Wort, das sich inzwischen als die einzige Form durchgesetzt hat –, sondern auch *dritto*, *ragione*, *gius* und *giure*, sowie das lateinische *jus*.[44] Diese Polysyno-

42 Vgl. Tullio De Mauro, Storia linguistica dell'Italia unita, Rom, Bari 1983, S. 13 f., 23 f., 27–35. De Mauro fasst die Eigenart Italiens auf folgende Weise zusammen: »Für Jahrhunderte hat die italienische Sprache – als einzige unter den nationalen Sprachen im neuzeitlichen Europa und wie nur wenige andere indoeuropäische Kultursprachen – ausschließlich bzw. fast ausschließlich als Gelehrtensprache gelebt« (S. 27; meine Übers.).

43 Vgl. ebenda, S. 22 mit Anm. 14; und Piero Fiorelli, La lingua del diritto e dell'amministrazione, in: Luca Serianni und Pietro Trifone (Hgg.), Storia della lingua italiana, Bd. 2, Turin 1994, S. 553–97, dann in: ders., Intorno alle parole del diritto, Mailand 2008, S. 1–70, hier S. 41–44 (zu Giovan Battista de Luca, Dottor volgare, 15 Bde., Rom 1673, wohl die erste ausführliche in der Volkssprache verfasste Darstellung des geltenden Rechts). Erst in der zweiten Hälfte des 18. Jahrhunderts, mit den Debatten über Rechtsreform und Naturrecht, wuchs die Volkssprache zum »Codex« der Rechtsgelehrsamkeit. Vgl. dazu Gianfranco Folena, Le origini e il significato del rinnovamento linguistico nel Settecento italiano, in: W. Theodor Elwert (Hg.), Problemi di lingua e letteratura italiana nel Settecento, Wiesbaden 1965, S. 392–427. Dagegen war die italienische Sprache, in ihren zahlreichen lokalen Varianten, schon im Mittelalter für die Abfassung von Statuten, Verordnungen und Verwaltungsakten, wie auch für Handelsverträge und Testamente üblich geworden.

44 Die Formen *gius* und *giure* kommen aus dem klassisch-lateinischen *ius* (resp. Nominativ und Genitiv); *diritto* und *dritto* dagegen sind Derivationen des spätrömischen/altmittelalterlichen Wortes *directum*, das allen romanischen Sprachen als Grundlage diente (Fr. *droit*, Sp. *derecho*, Port. *direito*, Rum. *drept*, Katal. *dret*). Heutzutage lebt die Form *gius* nur in einigen Komposita fort, wie z. B. *giuslavorista*(»Arbeitsrechtler«), *giusnaturalismo* (»Naturrechtsphilosophie«), *gius-*

nymie sowie manche Faktoren syntaktischer Unentschiedenheit hemmten die Entwicklung der Jurisprudenz zu einer Wissenschaft, denn es fehlte dafür eine wesentliche Voraussetzung, nämlich das nötige, durch den Gebrauch bestärkte Einverständnis über die Termini, vor allem über die Haupt- und Nebenfachausdrücke. Andererseits war in Italien die literarische Sprache seit langem als Träger der nationalen Identität gepriesen, daher auch als Anregung zur politischen Einheit empfunden worden. Wenn die große Mehrheit der Einwohner, trotz der geopolitischen und staatlichen Zersplitterung, sich als eine Gemeinschaft hatte vorstellen können, so war das hauptsächlich dank der Anerkennung einer gemeinsamen sprachlichen-literarischen Tradition möglich gewesen. Vor einem solchen Hintergrund – einer Mischung von Unsicherheit und Nationalpathos – ist ein augenfälliges Charakteristikum auch von vielen Savigny-Übersetzungen zu erklären, dass nämlich die meisten Übersetzer dem Kommunikationsmittel (dem »Codex«) zumindest die gleiche Beachtung schenkten wie der Botschaft (der »Message«). Das heißt, es ging ihnen nicht nur darum, *was* Savigny gesagt hatte, sondern auch (und oft viel mehr) darum, *wie* das in ihrer Sprache am besten auszudrücken war. Weil eine italienische Fachsprache der Rechtswissenschaft noch in den Kinderschuhen steckte und die Juristen über kein zuverlässiges, geprüftes »Werkzeug« verfügten, war die Antwort auf diese Fragen keine rein individuelle Sache. Die Entscheidung, Savigny auf diese oder jene Weise zu übersetzen, hatte vielmehr weitreichende Implikationen, denn sie zog nach sich, die Entwicklung des nationalen Selbstverständnisses in eine eher konservative oder eine eher progressive Richtung zu lenken. Im ersten Fall bevorzugte man die Verwendung von Archaismen und gehobenen literarischen Ausdrücken, im letzteren versuchte man dagegen, aus der lebenden Sprache der Gebildeten einen gleichförmigen technischen Wortschatz zu bilden.

2.2.3 *Fehler.* Fehler kommen ziemlich häufig vor, vor allem was den Wortschatz angeht. So wird in der sehr unsoliden Version des *Beruf* von Lo Gatto und Janni *Annahme eines gemeinschaftlichen Gesetzbuches* (S. 4 der 3. dt. Ausg.) aus »compilazione [*Abfassung*] di un codice comune« (S. 3), *Stand-Stände* (S. 12) wird als »branca/-che [*Gebiet/e*]« banalisiert (S. 10), *öffentlicher Zustand* (S. 56) verwandelt sich in »deplorabile [*tadelnswert*] condizione« (S. 37), *eine geschichtliche Curiosität* (S. 64) in »l'interesse della verità storica« (S. 42), *Vermögensrecht* (S. 66) in »teoria della proprietà [*Vermögenslehre*]« (S. 44), *leere Declamation*

filosofico (»rechtsphilosophisch«) usw. *Diritto* und *dritto* waren anfänglich nur phonologische Varianten; sie wurden erst im 18. Jahrhundert die allgemein akzeptierten Formen für *Recht*. Früher wurde eher *ragione* (aus *ratio* = Ordnung, Maßstab) verwendet. Das Wort *dritto* heißt im heutigen Italienisch nur »gerade« oder »schlau«, »Schlaukopf« (Umgangspr.). Vgl. Fiorelli, La lingua del diritto e dell'amministrazione (Anm. 43), S. 49–53.

(S. 94) in »dotte [*gelehrte*] declamazioni« (S. 61), *vor fünf und zwanzig Jahren* (S. 120) sogar in »per [*für*] 55 [*fünf und fünfzig*] anni« (S. 79), *Handwerk* (S. 126 u. 129) in »professione [*Beruf*]« (S. 82 u. 84). Der Satz *Und darin ist der Nachtheil entschieden auf unsrer Seite, daß im Jahr 500 nichts zu verderben war* (S. 51) wird völlig missverstanden: »E in ciò sta il danno per noi che nell'anno 500 tutto era corruzione e languore [*alles war Verderben und Ermatten*]« (S. 35).[45] Auch Bollatis Leistung enthält einige Fehlübertragungen.[46]

In den meisten Fällen hängen die Fehler von einer ungenügenden Beherrschung der deutschen Sprache ab. Manchmal aber scheinen sie ihren Ursprung eher in einer Verlegenheit der Übersetzer gegenüber den Fachausdrücken zu haben. So (miss)verstehen Lo Gatto und Janni *Rechtsverhältnisse* (S. 7) als »princìpi del dritto« o »princìpi giuridici« (S. 10), das logische Wort *Gattungsbegriff* (S. 100) sogar als »idea di giustizia« (S. 65). Der merkwürdigste Fall betrifft das Begriffspaar *dingliche Rechte/Sachenrechte*. Bei seiner Kritik an den vernunftrechtlichen Grundlagen der Gesetzbücher bemerkt Savigny, dass das österreichische ABGB dem präzisen Begriff des *dinglichen Rechts* (lat. *ius in re*), der dem gemein-römischen Recht angehörte, den unbestimmten Begriff vom *Sachenrecht* zur Seite gestellt hatte (S. 98 f.). Lo Gatto und Janni wurden sich dieses Unterschieds nicht bewusst oder konnten – wahrscheinlicher – damit nicht zurecht kommen, so gaben sie beide Ausdrücke mit »dritto/i reale/i« wieder (S. 64), was natürlich Savignys Einsicht verschwinden lässt. Als Savigny einige Zeilen weiter, eine Stelle aus dem ABGB § 307 betrachtend, *bey der Eintheilung der Sachenrechte in dingliche und persönliche* schreibt (S. 100), sehen sich seine Übersetzer dazu genötigt, das Wort *Sachen* einfach zu tilgen und den Satz irrig als »divisione dei dritti in personali e reali« zu übertragen (S. 65), was eine völlige Verfälschung des Texts Savignys bedeutet.

Bei anderen – jedoch wenigen – Fällen ist es nicht auszuschließen, dass die Abweichung vom Originaltext aus Selbstzensur geschah. So wird z. B. beim Übersetzen des Satzes *Jede Regierung ist zu tadeln, welche … nicht kennt oder verschmäht* (S. 92) *Regierung* von Lo Gatto und Janni seltsamerweise mit

45 Weitere Beispiele von sinnverdrehenden Fehlern: *wo sie gänzlich fehlt* (S. 47) → »dove quella sia al tutto erronea [*gänzlich falsch sei*]« (S. 30); *dreyfachen Bedürfniß* (S. 130) → »semplice [*einfachen*] bisogno« (S. 86); *ist seine Erwartung sehr mäßig* (S. 156) → »si attende moltissimo [*man erwartet sehr viel*]« (S. 102).

46 So z. B. wird *bloße Entwicklung und Verwandlung* »semplice sviluppo e affinità« (Savigny, Storia del diritto romano nel Medio Evo [Anm. 19], Bd. 1, S. 2), wo *Verwandlung* als *Verwandtschaft* missverstanden wird. Einige Zeilen weiter unten liest man »gli eventi sincroni delle varie parti dell'impero occidentale [*westlichen*]« (ebenda), Savigny hatte aber *die gleichzeitigen Ereignisse im fortbestehenden östlichen Reiche* geschrieben. Verständlicher sind die syntaktischen Anpassungen, vor allem das Substantivieren des typisch deutschen Verbalsatzbaus und das Wegräumen oder Zusetzen einzelner Worte.

»metodo« (S. 60) übersetzt; wobei man den Eindruck hat, man habe jeden Hinweis auf eine auch nur mögliche Kritik an der absolutistischen Herrschaft vermeiden wollen. Ein weiteres Beispiel: In derselben Ausgabe liest man »quando nel VI secolo ogni vita informatrice del dritto fu spenta« (S. 23), wo im deutschen Text *als im sechsten Jahrhundert alles geistige Leben erstorben war* steht (S. 34). Hier wird das Adjektiv *geistig* durch die Redewendung »informatrice del dritto« (*rechtsgestaltend*) wiedergegeben, die mit ihrer viel engeren Bedeutung am Sinn des Originals vorbeigeht. Auf Italienisch hat *geistig* keinen semantischen Gegenwert, seine möglichen Bedeutungen werden jeweils durch die Worte *spirituale*, *intellettuale*, *mentale* ausgedrückt.[47] In diesem Zusammenhang wäre »spirituale« die beste Lösung gewesen (das Wort »culturale« war damals noch nicht in den allgemeinen Sprachgebrauch eingedrungen); aber dann wären die Übersetzer Gefahr gelaufen, Savigny die Verneinung jeder »spiritualità« (ein Wort, das auf Italienisch mit Religiosität verknüpft ist) des Zeitalters des Aufblühens des Christentums in den Mund zu legen.[48]

Einige Fehler kommen auch bei denjenigen Übersetzern vor, die vom Beistand Savignys profitieren konnten. In diesem Fall aber sind die Schwächen eher beim nicht technischen Wortschatz zu finden. So schreibt z. B. Conticini »il programma di Burchardi da lui desiderato è del tutto insignificante«, wo *desiderato* eine Fehlübertragung für *erwähnt* ist, vielleicht aufgrund einer irreführenden Wortassoziation mit *Wahn*.[49]

2.3 Zusätze und Kommentare

Man kann die Mitwirkung der Übersetzer an der Textabfassung auch nach der Funktion unterteilen, die ihr Zutun haben soll. Es kann folgende Formen annehmen:

47 Vgl. Savigny, Della vocazione del nostro secolo (Anm. 17), S. 6 (Orig., S. 9: *geistigen Functionen*→ »intellettuali funzioni«); S. 76 (Orig., S. 117: *den besten Theil seines geistigen Lebens*→ »vita intellettuale e morale«).

48 Eine solche Vermutung wird von einer Zusatzanmerkung im 5. Abschnitt bekräftigt. Savigny hatte geschrieben, dass die Völker der Neuzeit auch bei Religion und Literatur, wie beim Recht, nicht in der Lage sind, sich äußeren Einflüssen zu entziehen (S. 38). Die ital. Ausgabe 1847, S. 25, Anm. 1 fügt hier eine Präzisierung ein: »È inutile far rilevare l'immensa superiorità che appunto viene alla religione de' moderni dal non esser *un prodotto spontaneo delle loro condizioni*, poiché essa riconosce invece un'origine divina« (»Es ist überflüssig zu erwähnen, welch unermessliche Überlegenheit die Religion der neuzeitlichen Menschen dadurch erreicht hat, dass sie keine spontane Schöpfung aus ihren Umständen ist, weil sie stattdessen eine göttliche Herkunft anerkennt«).

49 Sopra la Legge Voconia. Dissertazione del Sig. di Savigny, in: Nuovo Giornale de' Letterati 29 (1834), S. 91–114, hier S. 92, Anm. 2.

- 1. *Einleitung*, wenn die Zusätze dazu dienen, den Autor (durch biographische Angaben) oder den Text (mit Informationen über Veranlassung, Kontext, Zwecke) einzuführen;
- 2. *Rechtfertigung*, wenn der Zusatz die Gründe anführt, weshalb die Übersetzung geleistet bzw. mit zusätzlichen Anmerkungen versehen wurde;
- 3. *Erklärung*, falls der Übersetzer darauf abzielt, einen Ausdruck, einen Satz oder ein Zitat zu erläutern;
- 4. *Ergänzung* bzw. *Korrektur*, wenn dem Text neue Zitate, Anmerkungen, bibliografische Hinweise oder philologische bzw. historische Betrachtungen beigefügt werden oder wenn ein Fehler im Original angezeigt wird. Die höchste Stufe dieser Art von Eingreifen ist die Widerlegung einer Behauptung des Autors;
- 5. *Exkurs*, falls der Übersetzer eigene Betrachtungen einführt, die nicht als Erläuterung des Originaltexts dienen, sondern unabhängig davon sind.

Die Zusätze der dritten Art kommen am häufigsten vor und bieten die größte Zahl von Untertypen. Man kann diese Untertypen nach dem Grad der Entfernung des übersetzten Texts vom Original anordnen. Der Übersetzer kann

- 3.1 die Kriterien und Konventionen erläutern, denen der Verfasser beim Zitieren von Stellen oder beim Verweisen auf die Quellen gefolgt ist;
- 3.2 einen Satz zur Erläuterung von Savignys Gedankengang bzw. zur Unterstreichung von Verweisen innerhalb des Texts hinzufügen;
- 3.3 einen Hinweis, eine Angabe bzw. eine Anspielung, die sich im Originaltext auf lokale (deutsche oder sogar preußische) Verhältnisse beziehen, in einen »einheimischen« Kontext übertragen (mit einem Ausdruck der Übersetzungstheorie: *domesticizing*);
- 3.4 ein Argument oder einen Hinweis im Originaltext durch Beispiele, Zitate, historische oder gelehrte Betrachtungen erklären;
- 3.5 die Übersetzung selbst (Wortauswahl usw.) rechtfertigen, auch anhand sprachhistorischer und sprachwissenschaftlicher Betrachtungen.

Im Folgenden werden Beispiele für jeden der eben benannten Typen (1 bis 5) und Untertypen (3.1 bis 3.5) angeführt:

2.3.1 *Einleitung*. Im Gegensatz zu einer heute für selbstverständlich gehaltenen Gewohnheit sind Einführungen zum Text eher die Ausnahme als die Regel. Erst 1844, in der Einleitung zur »florentinischen« *Storia del Diritto Romano nel Medio Evo*, wurden eine *Biografia dell'autore* und eine *Notizia delle di lui opere* verkündet. Sie waren aber keine Neuschöpfung, sondern eine Wiedergabe von Guenoux' Skizzen.[50] Diese Besonderheit ist damit verbunden,

50 Man kann dieselbe Bemerkung auf die von Celestino Guariglia in Angriff genommene und dann eingestellte Ausgabe des *Sistema del Diritto romano*

dass diese erste Phase der Rezeption von Savignys Werk in Italien von einer Haltung kennzeichnet war, die an Savigny nur als an einen respektablen, höchst angesehenen Kollegen denken ließ. Als beachtenswert galten seine Thesen und Ergebnisse, nicht die persönlichen und intellektuellen Hintergründe seiner Arbeit bzw. die damit verbundene Weltanschauung. Man brauchte Zeit, um Savigny nicht nur als prominenten Rechtshistoriker und Romanisten, sondern auch als Wortführer einer neuen Rechtsauffassung zu erkennen. Der Wendepunkt in diese Richtung kann in Savignys Todesjahr gesehen werden. Kurz danach erschienen Capeis Porträt und vor allem die Bilanzen von Turchiarulo und Tedeschi, die Savigny erstmals als Rechtsdenker darstellten und damit die Debatte über die Bedeutung und die Tragweite seines Werks eröffneten.[51]

2.3.2 *Rechtfertigung.* Viel häufiger sind die Stellen, die die Entscheidung für die Übersetzung einer bestimmten Schrift oder die Art und Weise, wie sie durchgeführt wurde, rechtfertigen sollten. In seiner ersten Probe bemerkt Conticini, er habe dem Text zahlreiche Anmerkungen »zur besseren Erklärung des Gegenstands« beifügen müssen, weil Savigny denselben »mit solcher Tiefe« behandelt habe, »dass man manchmal an Klarheit etwas vermisst«.[52] Tatsächlich aber erfüllen viele Anmerkungen noch weitere Funktionen, indem sie entweder Stellen aus klassischen Quellen wiedergeben oder Ergänzungen bzw. Kommentare enthalten, die ihrerseits bis zur kritischen Revision vordringen (s. unten, 2.3.4.). Interessant scheint uns auch, was Conticini in seiner Übertragung von Savignys Schrift über die deutschen Universitäten sagt. Eine Veröffentlichung war zunächst nicht geplant, Conticini hatte die Arbeit nur »zu eigenem Nutz« geleistet, als er »etliche Materialien in Hinblick auf einen Bericht historisch-statistischer Art über die Preußischen Universitäten« sammelte, »den wir unseren Landsleuten mitteilen wollten«.[53] Dann aber hatte er sich entschieden, den Artikel der Öffentlichkeit seines Landes vorzulegen, deren Zustimmung er sich sicher war, weil »diese Schrift, trotz ihrer Überschrift, die nur auf die Deutschen Universitäten Bezug zu nehmen scheint, in der Tat in ihrem didaktischen Teil auf

odierno (1845) anwenden. Sie liefert eine *Notizia sulla vita e sulle opere dell'illustre Autore*, die von Guenoux' Berichten herrührt.

51 Pietro Capei, Federigo Carlo dei Savigny, in: Archivio Storico Italiano n.F. 16 (1862), S. 3–24; Antonio Turchiarulo, Discorso preliminare del traduttore, in: Savigny, Ragionamenti storici di dritto (Anm. 3); Giuseppe Tedeschi, Della vita scientifica e delle opere di Savigny e della importanza della Scuola storica di diritto, in F.C. De Savigny, Trattati di giurisprudenza storica, Bd. 1, Verona 1857, S. 21–92.

52 Savigny, Sopra la Legge Voconia (Anm. 48), S. 91, Anm.* (»con tale profondità, che qualche volta lascia desiderare la chiarezza«).

53 Ders., Wesen und Werth (Anm. 9), S. 194 u. 193 (»materiali per certe Notizie storico-statistiche sulle Università Prussiane che ci eravamo proposti di comunicare ai nostri compatriotti«).

die Hochschulen aller Länder anwendbar ist«.[54] Dagegen hatte die zivilistische Abhandlung zum Recht des Besitzes keinen Zweifel erregt: »Das Werk ist ein Derartiges und von einem Derartigen, dass beim Unternehmen, es in unsere Sprache zu übertragen, keine lange Einleitungsrede erforderlich ist.«[55]

2.3.3 *Erklärungen*

2.3.3.1 *Erläuterung von Konventionen*. Hier stehen die didaktischen Ziele im Vordergrund. Ein gutes Beispiel ist die Entzifferung der von Savigny verwendeten Abkürzungen. So, wie man bei Conticinis *Diritto del possesso* lesen kann, stehen die Worte »Cod. de poss.« für das Buch *de adquirenda et retinenda possessione* im *Codex Iustinianii*.[56] Manchmal geben derartige Erläuterungen Anlass zu einem Exkurs zum eigenen Fach: so derjenige, in welchem Conticini darauf hinweist, dass Savignys Gewohnheit, beim Zitieren aus dem *Digestum* das Kurzwort *Dig.* wegzulassen, ihren Grund in einem Leitgedanken der »Historischen Schule« habe, und zwar in der Überzeugung, »das römische Recht sei eine Wissenschaft, und die Pandekten das Buch, in welchem diese Wissenschaft enthalten sei«.[57]

2.3.3.2 *Einfache Stellenerklärung*. Im Aufsatz zur *Lex Voconia*, dort wo Savigny die Mutmaßungen des Juristen Moritz Kind verwirft, fügt Conticini (in Kursivschrift und in Klammern) einige Sätze zum besseren Verständnis der Stelle hinzu: Kind »sostiene cioè, che la somma di danaro (*designata nella legge*) fosse appunto [...] il censo della prima classe; – inoltre che questo dopo la prima distribuzione (*fatta da Servio Tullio*) rimanesse invariata«.[58] Wie man sieht, verdeutlicht hier der Übersetzer einige Andeutungen, die bei Savigny zwischen den Zeilen geblieben waren. Damit wird es einfacher, dem ganzen Gedankengang zu folgen. Conticinis erklärte Absicht, den Text zum besseren Verständnis mit Anmerkungen zu versehen, kommt hier musterhaft zur Anwendung. Dieselbe Leitidee wird von Viscardi an mehreren Stellen umgesetzt. Weil er übrigens nur einen Auszug aus dem *System* übersetzt, muss er regelmäßig zur

54 Ebenda, S. 194.

55 Ders., Il diritto del possesso (Anm. 10), S. v.

56 Vgl. ebenda, S. 11, Anm. (†).

57 Ebenda, S. 8, Anm. (†) (»considerando la Scuola storica il diritto Romano più specialmente come una scienza, e sendo le Pandette il vero e proprio libro nel quale cotesta scienza si contiene«). Auch bei vielen Zusatzanmerkungen von Andreoli lässt sich ein didaktisches Vorhaben vermuten: vgl. z. B. Savigny, Trattato sul possesso (Anm. 37), S. xii, Anm. (1), S. xix, Anm. (a).

58 Ders., Sopra la Legge Voconia (Anm. 49), S. 96. Auf Deutsch würde der Text wie folgt aussehen: Kind »behauptet nämlich, die (*vom Gesetz bestimmte*) Geldsumme sey [...] gerade der Census der ersten Klasse gewesen; dieser Census sey ferner seit der ersten Einrichtung (*die von Servius Tullius*) unverändert geblieben«. Vgl. auch ebenda, S. 95 (zu Cassius Dio) u. S. 104.

Orientierung des Lesers auf die Kapitel und Paragraphen hinweisen, in welchen Savigny ein bestimmtes Thema wieder aufnimmt und näher betrachtet.[59]

2.3.3.3 *Domesticizing*. Verbleiben wir beim Artikel über die *Lex Voconia*. Entscheidend war hier, den Census genau zu bestimmen, für den ausschließlich jenes römische Gesetz gegolten hatte. Gegen Moritz Kind, der seine Schätzungen auf die alte Münze *aes grave* gestützt hatte, wendet Savigny ein, dass *aes grave* schon lange außer Kurs gewesen sei, als das Gesetz in Kraft trat, und es daher keinen Sinn gehabt hätte, es im Wortlaut desselben zu erwähnen. Dann, um sein Argument greifbarer zu machen, schreibt er weiter: ein solcher Umstand »ist eben so undenkbar, als daß ein gegenwärtiges preußisches oder sächsisches Gesetz eine Summe angeben und dabei den Achtzehn-Gulden-Fuß im Sinn haben sollte«.[60] Conticini übersetzt die Stelle und erklärt, es würde sich nicht lohnen, sich um die Erläuterung dieses Beispiels zu bemühen; stattdessen scheine es zweckmäßiger, es »in den Münzfuß unseres Landes« zu übertragen und zu sagen, dass »die Mutmaßung von Kind genauso unhaltbar sei wie zu vermuten, dass ein heutiges Gesetz des Großherzogtums Toskana eine neue Steuer durch den Münzfuß der alten Republik Florenz, den *Fiorino*, bestimmen würde«.[61]

2.3.3.4 *Komplexe Stellenerklärung*. Bei diesen Zusätzen handelt es sich darum, den Sinn einer Stelle durch Quellenhinweise bzw. rechtshistorische Erläuterungen zu verdeutlichen. Im Gegensatz zur einfachen Glosse (2.3.3.2) beschränkt sich hier der Übersetzer nicht auf die Erklärung eines Worts bzw. eines Satzes. Er beabsichtigt vielmehr, einen ausführlichen Kommentar zu liefern und dadurch mit dem Mangel an Erklärungen bei dem Originaltext zurechtzukommen.[62] So wird z. B. die Behauptung Savignys (noch einmal im Aufsatz zur *Lex Voconia*), eine Stelle aus Asconius' Kommentar zu Ciceros *In Verrem* sei besonders lehrreich, von Conticini dergestalt ergänzt, dass dem italienischen Leser die wichtigsten Informationen, die man aus Asconius' Stelle entnehmen könnte, verzeichnet werden.[63] An einer weiteren Stelle schreibt

59 Vgl. DERS., Violenza ed Errore (Anm. 33), S. 25, Anm. 1; S. 27, Anm. 1.

60 DERS., Vermischte Schriften (Anm. 16), Bd. 1, S. 416.

61 DERS., Sopra la Legge Voconia (Anm. 49), S. 97, Anm. *. Vgl. ebenda, S. 98, Anm. * (erste Anm.); S. 101, Anm. **. Noch eine Anmerkung aus dem Bereich der Münzkunde findet man ebenda, S. 98, Anm. * (zweite Anm.): »Il Reichstallero Prussiano corrisponde a Paoli 8, moneta fiorentina, dal che si vede come il piccolo asse dei Romani antichi corrispondeva al moderno bajocco Romano.«

62 Die meisten Anmerkungen bei Viscardis Auszug aus dem *System* sind dieser Art: vgl. DERS., Violenza ed Errore (Anm. 33), S. 18, Anm. 1; S. 31, Anm. 1; S. 157 f., Anm. 1; usw.

63 DERS., Sopra la Legge Voconia (Anm. 49), S. 102, Anm. *. Vgl. auch ebenda, S. 103, Anm. *.

Savigny, in Rom »würde [...] der Vater noch mancherlei Mittel gehabt haben, die Absicht des Gesetzes [*Voconia*] zu umgehen«;[64] bei Conticini sorgt eine Anmerkung dafür, diese Mittel aufzuzählen: »Z. B. das Fideikommiss, dann die Schenkung von Todes wegen, und unter Lebendigen die Freilassung«.[65] Dasselbe didaktische Vorhaben wird auch dort ersichtlich, wo Conticini bei der Bedeutung des Ausdrucks »wahrer Gajus« (*vero Gajo*) verweilt.[66] Conticinis Glossen zu Savigny erweisen sich als besonders bemerkenswert auch deswegen, weil sie über die üblichen kulturellen Anhaltspunkte eines Romanisten hinausgehen. Der Umfang seiner Kenntnisse sowie seine Vielseitigkeit als Lehrer sind durch einige Anmerkungen zum *Recht des Besitzes* gut bezeugt. Die erste wurde durch einen Hinweis Savignys auf Eduard Gans veranlasst. Sie betrifft die Unterscheidung zwischen allgemeinem und besonderem Willen »nach der Hegelianischen Philosophie«. Hier werden neben Hegels *Grundlinien* auch »die handschr. Vorlesungen des Prof. Gans. 1835–36, 1837–38« erwähnt.[67] Eine zweite Anmerkung erklärt die unterschiedlichen Bedingungen zur Erlangung und zum Verlust des Besitzes anhand eines »ganz einfachen Beispiels aus den ersten Grundsätzen der Arithmetik«.[68] Bei einer weiteren Stelle schließlich bedient sich Conticini eines literarischen Zitats – wohl aus dem einflussreichsten Roman der ganzen italienischen Literatur der Neuzeit – um zu erklären, auf welche Weise die Überlassung eines Grundstückes den Verlust des Besitzes bedeuten kann.[69]

64 Ders., Vermischte Schriften (Anm. 16), Bd. 1, S. 436.

65 Ders., Sopra la Legge Voconia (Anm. 49), S. 110, Anm. * (»Per es. il Fedecommesso, la Donazione a causa di morte, e fra i vivi ancora previa la emancipazione«).

66 Vgl. ders., Il diritto del possesso (Anm. 10), S. 69, Anm. (†). Vgl auch ebenda, S. 45 f., Anm. (†) (über Gajus' Institutionen, mit Hinweisen auf Teophilus, Brissonius, Gustav Hugo); ferner ebenda, S. 67, Anm. (*); S. 71, Anm. (†); S. 191, Anm. (†); S. 271, Anm. (†); S. 283, Anm. (*); S. 401, Anm. (†); S. 455, Anm. (†); S. 162, Anm. (†) (mit Hinweis auf die *Lehrlinge des Rechtsstudiums*).

67 Ebenda, S. 39, Anm. (*). Conticini spielt auf zwei Vorlesungen über »Naturrecht oder Rechtsphilosophie« an, die Eduard Gans an der Berliner Universität hielt. Conticini soll Handschriften von Hörern Gans' gesehen haben, was einen Kontakt mit Gans oder dessen Kreis vermuten lässt. Aus dem WS 1837/38 kennt man eine Nachschrift (von E. Joachimi), aus dem WS 1835/36 noch keine (vgl. Johann Braun, Judentum, Jurisprudenz und Philosophie. Bilder aus dem Leben des Juristen Eduard Gans (1797–1839), Baden-Baden 1997, S. 252). Aller Wahrscheinlichkeit nach handelt es sich hier um die erste Erwähnung von Gans' Vorlesungen in Italien.

68 Und zwar dadurch: Um die Zahl »2« zu erzeugen, braucht man beide Addenda »1«, nur eine derselben reicht dagegen, um jene Summe zu vernichten: ebenda, S. 317, Anm. (*).

69 Ebenda, S. 324, Anm. (*): »A tal proposito non può il lettore non ricordarsi il lepido esempio del povero Don Abbondio, che abbandona la cura per la paura

2.3.3.5 *Zum Übersetzungsanliegen.* In seiner Version des Aufsatzes zum römischen Kolonat erklärt Gaspare Gorresio, jede Sprache besitze eigentümliche Ausdrücke, »die man vergebens versuchen würde, in eine andere Sprache zu übersetzen«.[70] Ähnlich fühlt sich Viscardi dazu verpflichtet, der Erklärung des Ausdrucks »Rechtsinstitut« eine besondere Anmerkung zu widmen.[71] Conticinis italienische Version vom *Recht des Besitzes* ist besonders reich an lexikalischen Betrachtungen. Eine Anmerkung erklärt, dass das Wort *travi* das deutsche *Balken* wiedergebe, das seinerseits in seinem weiteren Sinn zu nehmen sei, genau wie *tignum* auf Lateinisch.[72] An einer anderen Stelle bestreitet er, dass *Sklaven* mit *schiavi* übersetzbar sei, denn das italienische Wort *servo* (mit *servitore* nicht zu verwechseln) sei gleichbedeutend mit dem lateinischen *servus*.[73] Conticinis Bemühung, in der eigenen Sprache den richtigen, dem deutschen entsprechenden Ausdruck zu finden, erstreckt sich dann bis in den Fachwortschatz. So verteidigt er z. B. seine Wahl, für *Besitzung* das Wort *possessione* vorzuziehen, weil dies vom Sprachgebrauch erlaubt sei.[74] Seine Übersetzung ist allerdings nicht nur wegen der zahlreichen Überlegungen semantischen Inhalts erwähnenswert. Entscheidend erscheint gleichfalls, dass Conticini sich die Aufgabe stellt, durch den Vergleich mit dem Deutschen neue Fachausdrücke für seine Muttersprache zu finden. So übersetzt er Savignys *Usucapionsbesitz* mit »possesso prescrittivo«, *Interdictenbesitz* mit »possesso interdittale«; wobei seine Absicht in die Augen springt, für beide Begriffe feste Termini einzuführen und damit zu vermeiden, sich einer Paraphrase (wie »possesso che serve all'usucapione«) bedienen zu müssen.[75] Dass eine solche Initiative für eine feste Fachsprache damals durchaus nicht selbstverständlich war, wird durch die harte Kritik bestätigt, die der zweite Übersetzer des *Besitzes*, der neapolitanische Advokat Raffaele Andreoli, gegen sie richtete. In seiner *Vorrede* aus dem Jahr 1857 meint Andreoli, sowohl Jules Beving als auch Conticini seien mit ihren Versionen gescheitert. Dem zweiten

dei sorvegnienti Lanzichenecchi, nel celebre Romanzo (*I promessi sposi*) del ns. esimio Manzoni (Cap. XXIX)«. Der Roman *I promessi sposi* erschien erstmals 1827 und wurde sofort auf Deutsch u. d. T. *Die Verlobten* übersetzt, erst von Daniel Leßmann (Berlin 1827), dann von Eduard von Bülow (Leipzig 1828). Eine zweite, stark veränderte Ausgabe wurde 1840 veröffentlicht. Zu den sprachtheoretischen Ansichten Manzonis vgl. LUCA SERIANNI, Storia dell'italiano nell'Ottocento, Bologna 2013, S. 109–138.

70 FEDERICO CARLO DI SAVIGNY, Sopra il colonato de' Romani, in: Il Subalpino 2 (1837), S. 122–145 (S. 123).

71 Vgl. DERS., Violenza ed Errore (Anm. 33), S. 57 f., Anm. 1.

72 Vgl. DERS., Il diritto del possesso (Anm. 10), S. LIX, Anm. (*).

73 Vgl. ebenda, S. 67, Anm. (**).

74 Vgl. ebenda, S. 87, Anm. (*). Ein weiteres Beispiel ebenda, S. 57, Anm. (†).

75 Vgl. ebenda, S. 12, Anm. (*). Der Vorschlag wird durch eine kurze Betrachtung rechtsgeschichtlichen Inhalts gerechtfertigt, was die Kombination von Sprach- und Fachkenntnissen beim Übersetzen belegt.

insbesondere wird zwar zugestanden, dem Sinn des Originals sehr treu gewesen zu sein, aber gleichzeitig wird ihm vorgeworfen, dieses nur auf Kosten der »Richtigkeit der Worte und Korrektheit des Stils« geleistet zu haben – mit anderen Worten, den Neologismen und »Barbarismen« zu viel Platz gelassen zu haben.[76] Andreoli lehnt zudem Conticinis technische Neologismen ab: statt »possesso interdittale« übersetzt er »possesso atto agli interdetti«.[77] Übrigens bevorzugt er sehr gewählte, meist aus der Florentiner Sprache des 14. Jahrhunderts entnommene und archaisch klingende Ausdrücke, wie *assimigliazione*, *guarentita*, *persone stranie*, *ristretto de' resultati*, *spezie*, *contuttochè*, *connessità*, *creditor* (statt *creditore*), usw.[78] Das Ergebnis ist eine Übersetzung, die (fast) eine »andere Sprache« als die von Conticini spricht. Hier tritt die Eigenart der Sprachlage Italiens, die oben (2.2.2) erläutert wurde, besonders klar hervor. Hinter der polemischen Stellungnahme Andreolis kann man den Streit erahnen, der im 19. Jahrhundert die Verfechter des sog. »Purismus« bzw. Traditionalismus und die Befürworter einer Modernisierung der Sprache trennte.[79]

2.3.4 *Ergänzungen, Zusätze, Korrekturen*. In diesem Fall werden Savignys Ausführungen nicht als unzureichend klar, sondern als formell bzw. materiell mangelhaft empfunden. Nach dem Grad der Entfernung vom Original kann man fünf Fälle unterscheiden: 1. Zitate von Rechtsquellen; 2. Ergänzungen der Bibliografie, vor allem in Bezug auf neue Ausgaben von Quellen des römischen und mittelalterlichen Rechts; 3. Korrektur eines Zitier- oder Druckfehlers; 4. Ergänzung historischer bzw. philologischer Art; 5. Widerlegung.

In seiner Ausgabe des *System* beschränkt sich Scialoja programmatisch[80] auf die ersten drei Arten, um sein »Eingreifen« in den Text auf das Nötige zu

76 Raffaele Andreoli, Prefazione del traduttore, in: Savigny, Trattato sul possesso (Anm. 37), S. vi: »la proprietà delle parole e la correzione dello stile«; »se si dovesse credere … che a bello studio avess'egli voluto barbareggiare, troppo maggiore sarebbe il suo torto«. Linguistische Bedenken (gegen Ausdrücke »fremder Herkunft«) auch bei Giuseppe Tedeschi, Einleitung zu F. C. de Savigny, *Trattati quattro di giurisprudenza storica*, Verona 1858, S. xxvi f., Anm. 1.

77 Ebenda, S. 39, Anm. (1).

78 Bezeichnend für Andreolis Purismus ist auch die Tatsache, dass er für *Recht* im objektiven Sinn, d. h. als Rechtsordnung, manchmal das damals schon veraltete Wort »ragione« verwendet: vgl. ebenda, S. 2, Sp. a (»la ragion romana« für *römisches Recht*); S. 5, Sp. b (»ragion criminale«, »ragion civile« resp. für *peinliches* und *Privatrecht*), S. 19, Sp. b (»ragion civile«). Andreolis puristischer Trieb wird allerdings durch seine Abhängigkeit von Bevings Übersetzung (s. oben, Anm. 40) beeinträchtigt.

79 Für einen Überblick über die Purismus-Modernismus-Debatte im 19. Jahrhundert vgl. Claudio Marazzini, Storia e coscienza della lingua in Italia. Dall'umanesimo al Romanticismo, Turin 1989, S. 183 ff.; ders., La lingua italiana. Profilo storico, Bologna 1994, S. 341–368.

80 Vgl. Scialoja, Prefazione generale del traduttore (Anm. 32), S. xxii–xxvi. Die Entscheidung, die Quellen wo möglich ungekürzt anzuführen, wird von Scialoja

begrenzen.[81] Auch Baudi di Vesme verwendet einige Anmerkungen dafür, die Stellenhinweise bei Savigny zu ergänzen bzw. auf den neuesten Stand der Forschung zu bringen.[82] Conticini dagegen kann nicht umhin, dem Original immer sein Urteil beizumischen. Ein Beispiel: In seinem Aufsatz über die *Lex Voconia* weist Savigny auf Ciceros Rede *Pro Murena* hin, um eine Hypothese zurückzuweisen, aber ohne die genaue Stelle zu zitieren. Conticini dagegen gibt den Text von Cicero wieder und fügt hinzu, er sei »unentbehrlich«, »um über die Richtigkeit dieser Interpretation des Verfassers urteilen zu können«.[83] Reich an Zusätzen dieser Art ist auch Conticinis Ausgabe von *Il diritto del possesso*,[84] die sich übrigens auch durch Aufmerksamkeit für neu erschiene Fachliteratur auszeichnet.[85] Derselbe Übersetzer geht freilich viel weiter. Einmal benutzt er ein Zitat Savignys aus Gajus (II, 274), um ein Argument von Perizonius' *Dissertationum trias* (1679) zu bekämpfen.[86] Er bespricht aber auch Quellen, die Savigny nicht erwähnt hatte[87] oder setzt sich sogar an die Stelle des Autors. Als Savigny z. B. versucht, den Zeitpunkt des Erlasses der *Lex Voconia* zu klären, erwähnt er als wichtigsten Beleg dazu eine Stelle aus Ciceros *De senectute*, »Kap. 5«. In einer neuen Anmerkung[88] dazu gibt Conticini den ganzen Text von Cicero wieder und fügt dann eine Reihe von Informationen und Bemerkungen

mit dem Ziel gerechtfertigt, das Werk Savignys auch den Praktikern zugänglich zu machen.

81 Zum 1. Punkt vgl. Savigny, Sistema del diritto romano attuale (Anm. 18), Bd. 1, S. 79–88, 243, Anm. (i), S. 244, Anm. (l), S. 246, Anm. (r), S. 274, Anm. (d), S. 356, Anm. (i) u. (k). Zum 2. Punkt vgl. ebenda, S. 243, Anm. (k) – zu Lenels Ausgabe vom *Edictum perpetuum* (1883) –, S. 258, Anm. (a) – zu Krügers Ausgabe des *Codex Iustinianeus*. Zum 3. Punkt vgl. ebenda, S. 163, Anm. (d).

82 Das hieß in diesem Fall vor allem, die theodosianische Herkunft von einigen Bestimmungen im *Codex Iustinianeus* zu betonen, auch infolge der Veröffentlichung des sog. Turiner Palimpsestes durch Amedeo Peyron: vgl. Carlo Federico di Savigny, Delle imposizioni dirette sotto gli imperatori romani. Dissertazione, Turin 1838, S. 4, Anm *2, S. 5, Anm. *8, S. 25, Anm. *60.

83 Ders., Sopra la Legge Voconia (Anm. 49), S. 106 f., Anm. *.

84 Vgl. ders., Il diritto del possesso (Anm. 10), S. 62 f., Anm. (†); S. 96, Anm. (†); S. 176, Anm. (†); S. 198 f., Anm. (†); S. 289, Anm. (†); S. 293, Anm. (†); S. 388, Anm. (†); S. 397, Anm. (†) u. (††); S. 398, Anm. (†).

85 Vgl. ebenda, S. 21, Anm. (†) (zum Corpus juris antejustiniani, fasc. 1, Bonnae 1835); S. 198 f., Anm. (†); S. 233, Anm. (†) (zu Blumes Aufsatz über die Disposition der Quellen im *Digestum*); und vor allem S. 367–69, Anm. (*) (Geschichte der Edition Endlichers von Ulpianus' Fragmenten, mit Wiedergabe des Texts und bibliografischen Hinweisen).

86 Vgl. ders., Sopra la Legge Voconia (Anm. 49), S. 95 u. Anm. *. Für weitere kritische Ergänzungen vgl. ebenda, S. 101, n. *; S. 103, Anm. **; S. 112, Anm. *.

87 Vgl. ders., Il diritto del possesso (Anm. 10), S. 507, Anm. (*), die eine Auslegung von zwei Fragmenten Iulianus' zusetzt.

88 Vgl. ders., Sopra la Legge Voconia (Anm. 48), S. 92, Anm. *.

hinzu, die zum Teil auf den italienischen Kontext Bezug nehmen: Erstens macht er darauf aufmerksam, dass die Datierung des Gesetzes (585 a. U. c.), die Savigny vermutet hatte, schon von Angelo Mai, dem Hauptbibliothekar an der Biblioteca Vaticana, anlässlich der Erstausgabe von Ciceros *De re publica*[89] angenommen worden war; zweitens beeilt er sich, wahrscheinlich aus »diplomatischen« Gründen, den Mangel jedes Hinweises auf Mai bei Savigny dadurch zu rechtfertigen, dass Mais Ausgabe zwei Jahre nach Erscheinen von Savignys Dissertation gedruckt worden war; drittens fügt er die Datierung hinzu, die Perizonius vorgeschlagen hatte; viertens verwirft er sie.[90] An diesem Beispiel wird besonders deutlich, wie sehr jede Übersetzung eine Anpassungsarbeit voraussetzt, damit ein Text in einen neuen kulturellen Kontext erfolgreich übertragen werden kann. Dass aber der Übersetzer sich so intensiv zu Wort meldet und seine Leistung so sehr als eine Ergänzung und Fortführung derjenigen des Autors versteht, scheint eher ein Charakteristikum von einigen bestimmten Übersetzern der ersten Hälfte des 19. Jahrhunderts zu sein, hier vor allem von den ersten Arbeiten Conticinis. Dieser toskanische Jurist sieht sich oft verpflichtet, den Sinn eines Quellenverweises zu erläutern.[91] Er bemüht sich sogar, sich als Savignys Wortführer und Vertreter darzustellen; wie z. B. dort, wo er erst eine Stelle aus Ciceros *De re publica* (III, 10) als höchst lehrreich im Hinblick auf die *Lex Voconia* beschreibt und dann für sicher erklärt, dass Savigny, wenn er den Text hätte lesen können, ihn benutzt hätte.[92] Einmal legt Conticini sogar zu einer Mutmaßung Savignys seine eigene Alternative vor, was einer impliziten Widerlegung gleichkommt.[93]

Damit wird die Grenze dessen, was man »solidarisches Kommentieren« nennen könnte, überschritten. Der Übersetzer lässt weder den Autor zu Wort kommen, noch spricht er in dessen Namen, sondern er teilt dem Leser gleichzeitig die Argumente des Verfassers und seine eigenen Zweifel bzw. Kritik mit.

89 Conticini zitiert die genaue Stelle aus Mais Ausgabe: M. Tulli Ciceronis De re publica quae supersunt, Romae 1822, III, § 10, S. 236, Anm. 1.

90 Darüber hinaus benutzt Conticini weiter im Text die Stelle aus Ciceros *De re publica* (III, 10) zur Bestätigung einer Hypothese Savignys über die Adressaten der *Lex Voconia* (vgl. ebenda, S. 99, Anm. *).

91 Vgl. z. B. ebenda, S. 104, Anm. * (über eine Stelle aus Ciceros *De finibus*, II, 17); S. 94, Anm. * (zur Kritik der *Voconia* bei Augustinus' *De civitate Dei*, III, 21).

92 Vgl. ebenda, S. 94, Anm. *.

93 Vgl. ebenda, S. 106, Anm. *, S. 113, Anm. * (versch. Auslegungen einer Stelle aus Quintilianus' *Declamationes*, Nr. 264). Eine ähnliche Mischung von Erläuterung, Zusätzen und Kritik wird bei Andreoli sichtbar, der viele neue Anmerkungen hinzufügt. Vgl. Savigny, Trattato sul possesso (Anm. 37), S. 1, Anm. (3), (4) u. (6), S. 2, Anm. (1), S. 6, Anm. (1), S. 8, Anm. (8), S. 10, Anm. (4), S. 14, Anm. (1) u. (2), S. 15, Anm. (8) u. (9), S. 17, Anm. (3) u. (4); S. 18, Anm. (1)–(4) (gegen Savignys Ausführungen über *Ramnenses* und *Tatienses*); usw.

Das ist an der Florentiner Ausgabe der *Geschichte* besonders augenfällig und könnte vielleicht dazu beitragen, die Identität des anonymen Übersetzers zu enthüllen.[94] Auch Baudi di Vesme versäumt es nicht, seinen Dissens zu unterstreichen.[95] Obwohl die Einwände in beiden Fällen in die Anmerkungen »verbannt« werden, ist die Dissonanz nicht zu leugnen. Bei Viscardi schließlich findet man einen einzigen Einwand gegenüber Savigny; und es ist bezeichnend, dass er nicht das römische Recht, sondern die Auslegung des französischen *Code Civil* betrifft.[96]

2.3.5 *Exkurse.* Seltener ist der Fall, dass die Zusätze in eine Ansprache des Übersetzers münden, die zu dem Originaltext wenig oder sogar kein Verhältnis hat. Conticinis Version von *Wesen und Werth der deutschen Universitäten* liefert dafür das beste Beispiel. Hier sind einige Überlegungen des Übersetzers in den Text eingeschoben, und man kann sie von Savignys eigenen Worten nur deswegen unterscheiden, weil sie kursiv bzw. in Klammern gedruckt sind. Conticini erzählt, er habe »manche kurze Federstriche« dem Original beigefügt, als es ihm noch nicht klar gewesen sei, ob er seine Version bekanntmachen wolle oder nicht. Dann, nachdem er sich dafür entschieden hatte, habe er Savigny um »Erlaubnis« für die Veröffentlichung gebeten, »um dem verehrten Autor das Unrecht nicht anzutun, entweder ihm das Unsre zuzuschreiben, oder die Formen zu fälschen, die ihm als passende Ausdrücke für seine Begriffe erschienen waren«.[97] Conticinis Exkurse sind von unterschiedlichem Inhalt. Einmal bietet er einen »philosophischen« Kommentar zu einer Stelle Savignys, die das

94 Die größte Zahl der Anmerkungen ist darauf gerichtet, Savignys Behauptungen entweder zu verdeutlichen (vgl. SAVIGNY, Storia del Diritto Romano nel Medio Evo [Anm. 6], Bd. 1, S. 34, Anm. a; S. 49, Anm.; S. 51, Anm. b; S. 60, Anm. l; S. 60 f., Anm. m) oder sie in Abrede zu stellen (vgl. ebenda, S. 54, Anm. f; S. 55, Anm. g; S. 56, Anm. h u. i; S. 58, Anm. k; S. 62, Anm. n; S. 66, Anm. o; S. 66 f., Anm. p; S. 73, Anm. s; S. 82, Anm. u). An diesen Textstücken wird deutlich, dass der Übersetzer der Florentiner Ausgabe ein sachkundiger Experte der altmittelalterlichen Geschichte Italiens war. Er zeigt sich dort mit den Erträgen der zeitgenössischen Inschriftenkunde gut vertraut und äußert sich mit Selbstvertrauen über den wahren Sinn von spätkaiserlichen Ausdrücken wie *prefectus*, *curator*, *notarius*, *tabelliones*, *imperium*. Einmal bespricht er die Frage des Einflusses der verschiedenen Regierungsformen auf den »Geist« (*carattere*) der Literatur einer Nation und entwirft dafür ein Modell der alten Geschichte in vier Stadien, das an Vico erinnert (S. 23 f., Anm. a).

95 Vgl. DERS., Delle imposizioni dirette sotto gli imperatori romani (Anm. 82), S. 37, Anm. *93, in Bezug auf die zentrale Frage der Existenz von Predial- bzw. Personalabgaben bei den Franken. Vgl. MOSCATI, Da Savigny al Piemonte (Anm. 8), S. 163–66.

96 Vgl. SAVIGNY, Violenza ed Errore (Anm. 33), S. 213 f., Anm. 1 (zur Auslegung des Art. 1110 des *Code Civil*).

97 DERS, Wesen und Werth (Anm. 9), S. 194.

Studentenleben beschreibt. Beim Universitätsstudium sind die Vorteile der mündlichen Unterhaltung, so Savigny, mit einem regen emotionellen intersubjektiven Austausch verbunden. Eine »geheimnisvolle Berührung, die man sich nicht erklären kann«, schreibt dazu Conticini, habe zur Folge, »dass die geistige Reizbarkeit der Einzelnen mit ihrer Größe proportional wächst«.[98] Zwei weitere Anmerkungen betreffen Niebuhr. Die eine gibt eine Stelle aus der *Römischen Geschichte* wieder. Die andere will im Text Savignys »eine Andeutung auf den großen Niebuhr« enthüllen, dessen Vorlesungen, »wie es wohl bekannt ist, und wie wir von Ohrenzeugen wissen«, mühsam und verworren waren – eine Information, die Savigny in so direkter Form kaum gegeben hätte.[99] Hier erstreckt sich die Freiheit des Übersetzers gegenüber dem Text am weitesten; er wird, in jeder Hinsicht, Mitverfasser.[100]

3 Savignys Schlüsselworte und die italienischen Übersetzungen: Eine Fallstudie

Die erste italienische Übersetzung der Schrift *Vom Beruf unsrer Zeit für Gesetzgebung und Rechtswissenschaft*, erschienen im Jahr 1847, zeigt unter dem lexikalischen Gesichtspunkt der Schlüsselworte einige sehr interessante Aspekte, die man in drei Punkten zusammenfassen kann: »Konkretisierung« von abstrakten

98 Ebenda, S. 197, Anm. *.

99 Vgl. ebenda, S. 202 f., Anm. *; S. 199, Anm. *.

100 Luigi Bellavites Leistung zum *System* (s. Anhang, S. 459, Nr. 30, 31 u. 41) ist ein Fall für sich. Denn hier werden die Texte nicht übersetzt (außer wenige Seiten), sondern eingeführt, zusammengefasst und – auch über den Vergleich mit anderen Autoren – erläutert. Im Gegensatz zu Capei, der den ganzen Inhalt der *Geschichte* zusammenfasst und sich darauf beschränkt, Savignys Ausführungen in gekürzter Weise wiederzugeben, wählt Bellavite nur einige Stücke aus Savignys Werk aus, und zwar nach eigenem Plan. Bei der Wahl der beiden Schwerpunkte: Internationales Privatrecht und Retroaktivität der Gesetze ist sein Interesse darauf gerichtet, das allgemeine Thema der »Konkurrenz« von verschiedenen Gesetzgebungen in der Zeit bzw. in einem einzigen »Raum« zu analysieren. Explizit dazu Luigi Bellavite, Savigny – Diritto internazionale privato, in: Giornale per le Scienze politico-legali teorico-pratico 1 (1850), S. 706–726, 2 (1851), S. 1–35, 490–509 und 665–679, hier 1, S. 706–08; ders., Non retroattività della legge. Dottrina di Savigny, in: Giornale per le Scienze politico-legali teorico-pratico 3 (1852), S. 5–16, hier S. 5 f. Bellavite will ja, wie er schreibt, »eine exakte, kurze und anschauliche Zusammenfassung« (Savigny – Diritto internazionale privato, 2, S. 679) von Savignys Gedankengangs liefern; seine durchdachte Darstellung ist aber keine bloße Wiedergabe; sie enthält sowohl Kommentare (z. B. zu Savignys Ablehnung der Kodifikationen: ebenda, 1, S. 723 f., Anm. 1) als auch Winke zur Kritik (z. B. ebenda 1, S. 719 f.). Bei Capei ist es Savigny, der redet; hier nicht.

Termini; Banalisierung bzw. Aufhebung der organischen Metaphern und Einfluss der lokalen Geistesgeschichte in Gestalt Vicos.

3.1 *»Konkretisierung« von abstrakten Termini.* Ein erster charakteristischer Aspekt besteht in dem Ersatz von Ausdrücken, die dem semantischen Feld der Logik und der Philosophie angehören und daher eine abstrakte Bedeutung haben, durch Ausdrücke, die stattdessen Objekte der Erfahrung bezeichnen. So wird *die gemeinsame Überzeugung des Volkes, das gleiche Gefühl innerer Nothwendigkeit* in »l'universale credenza del popolo, il sentimento uniforme d'intimi bisogni« verwandelt.[101] Während »intimi bisogni« (wörtlich: *innerste Bedürfnisse*) dieselbe psychologische Andeutung wie *Gefühl* »sentimento« hat und so mit dem Kontext kohärent scheint, geht die philosophische Konnotation von *innere Nothwendigkeit* aber völlig verloren.[102] Das Gleiche geschieht mit dem Satz *während wir, in unserm künstlich verwickelten Daseyn, von unserm eigenen Reichthum überwältigt sind*, der bei Lo Gatto und Janni wie folgt lautet: »laddove noi nelle nostre società, sì artifiziosamente complicate di tanti elementi, siamo oppressi dalla nostra stessa dovizia«.[103] Die Suche nach Gegenständlichkeit bewegt hier die Übersetzer dazu, *Daseyn* mit »società« (Plural, d. h. *Gesellschaften*) zu übersetzen. Wenige Seiten danach wird das Wort *Wesen*, das bei Savigny ebenfalls einen philosophischen Unterton hat, bloß soziologisch mit »costumi« (= *Sitten*) übersetzt: *dieser organische Zusammenhang des Rechts mit dem Wesen und Charakter des Volkes* verwandelt sich in »questa natural dipendenza del dritto dai costumi e dal carattere del popolo«.[104] Eine ähnliche Verschiebung von einer logisch-abstrakten zu einer soziologisch-konkreten Semantik ist ganz deutlich an folgender Stelle geschehen: Savignys Satz *ein Irrthum, zu glauben, das Allgemeine werde an Leben gewinnen*, wird mit »grave errore di credere, che la vita dell'associazione si vantaggi«; wo »associazione« (= *Vereinigung*) sogar *das Allgemeine* ersetzt.[105] Dadurch geht die Kombination der abstrakten und konkreten Schlüsselworte (*Gefühl-Nothwendigkeit*; *wir-Daseyn-Reichtum*; *Wesen-Volk*; *das Allgemeine-Leben*) verloren, die eine ganz spezifische Eigenart von Savignys Wortschatz ist, die aber dem neapolitanischen Übersetzer offenbar als zu dunkel erscheinen musste.

101 Savigny, Della vocazione del nostro secolo (Anm. 17), S. 6 (Orig. S. 8).

102 Vgl. auch ebenda, S. 8 (Orig. S. 11): *auch diese Entwicklung steht unter demselben Gesetz innerer Nothwendigkeit* (S. 11) wird »siffatto sviluppo sta sotto la medesima legge d'intrinseco bisogno«

103 Ebenda (Orig. S. 9).

104 Ebenda, S. 7 f. (Orig. S. 11). Man bemerke auch die Umwandlung von *organisch* in »natural« und die falsche Übersetzung »dipendenza« (eigentlich *Abhängigkeit*) für *Zusammenhang*.

105 Ebenda, S. 29 (Orig. S. 43).

Es handelt sich nicht um einen Übergang vom Unbestimmten zum Bestimmten, weil die eben genannten Ausdrücke für Savigny eine präzise Bedeutung hatten; vielmehr findet hier eine semantische Verschiebung statt, die Savignys Grundvorstellung von einem unsichtbaren inneren »Wesen« und seinen sichtbaren äußeren Erscheinungen (Recht, Sprache) nicht folgt. Demzufolge kann man in diesen Fällen nicht eigentlich von Übersetzung, sondern vielmehr von Interpretation und freier »Rekodifikation« sprechen.

3.2 *Banalisierung bzw. Aufhebung der organischen Metaphern*. Die Ausdrücke, die Savigny aus dem semantischen Feld des Organischen und des Lebendigen zur Charakterisierung der Rechtsentwicklung entnimmt, werden systematisch beseitigt. An deren Stelle benutzen Lo Gatto und Janni »neutralere« Termini, die semantisch wenig verbindlich und theoretisch wenig ausdruckvoll sind. So werden der *organische Zusammenhang des Rechts* als »questa natural dipendenza del dritto«, *diese innere Fortbildung* als »questo interiore progresso [*Fortschritt*]« und *in lebendiger Verbindung und Wechselwirkung* als »in intimo legame ed in azion reciproca« übertragen.[106] Oder mit einem anderen Beispiel: Der Satz *es ist nunmehr begreiflich, wie auch jenes ungeheure Detail ganz auf organische Weise … entstehen konnte* wird übersetzt: »e si comprende come anche quella gran massa di particolari può nascere tutta spontaneamente«.[107] Wie man sieht, jeder Hinweis auf Lebendigkeit, Bildung, Organismus ist verschwunden, obwohl es für den Übersetzer einfach gewesen wäre, die entsprechenden Ausdrücke in seiner Sprache aufzufinden – mit Ausnahme von *Bildung*, was auf Italienisch keine exakte Übersetzung hat.[108] Dieselbe Einschätzung gilt für den Satz »Il dritto progredisce col popolo, si perfeziona con lui«, der den Satz *Das Recht wächst also mit dem Volke fort, bildet sich aus mit diesem*, wiedergeben sollte.[109] Die Lebens-Metapher vom Wachsen wird so auch anderenorts systematisch aufgehoben. So steht anstatt von *verjüngern* »rinnovar« (d. h. *erneuern*, obwohl auf Italienisch »ringiovanire« üblich ist), anstatt *die lebendige Liebe zum Ganzen* »un verace [*wahrhafte*] amore per il tutto«, anstatt *ein lebendiger Geist in unsre Wissenschaft* »ei s'è desto nella nostra scienza un potente spirito«, anstatt *aus*

106 Ebenda, resp. S. 7 (Orig. S. 11), S. 8 (Orig. S. 11), S. 33 (Orig. S. 48).

107 Ebenda, S. 8 f. (Orig. S. 12). »Spontaneamente« heißt *spontan*, *selbsttätig*.

108 Es lohnt sich nachzuprüfen, wie Lo Gatto und Janni *Bildung* und *bildend* übersetzt haben. Fast immer mit einem ungewöhnlichen, gewählten Wort, »organamento«: vgl. S. VI, 3, 18, 21, 33, 104. *Rechtsbildende Kraft* (Orig. S. 48) wird »forza organatrice legislativa« (S. 32), *ein völlig unerleuchteter Bildungstrieb* (S. 2) »una cieca ardenza di organizzazione« (S. 3). Ausnahmen: *Bildung* → »istituzione/i« (S. 14, 98, 103); *juristische Bildung* → »forme giuridiche« (S. 18); *juristischer Bildung* → »cultura giuridica« (S. 36); *Bildung*, *Sitten* (S. 56) → »civiltà … costumi« (S. 37).

109 Ebenda, S. 8 (Orig. S. 11).

der lebendigen Theilnahme »da una effettiva [*wirkliche*] partecipazione«.[110] Auch dort, wo Savigny sogar von einer *Gesundheit* der Staaten spricht, wird seine Anspielung durch die Auswahl des viel vageren Wortes »benessere«, d. h. *Wohlstand*, gedämpft.[111] Und folgerichtig erweisen sich die Übersetzer auch dann, wenn es um die gegensätzlichen Begriffe geht. So wird so z. B. *flache, fabrikmäßige* bloß als »inane, gretta [*vergeblich, kleinlich*]« übertragen.[112]

Infolgedessen konnte der italienische Leser des *Beruf* Mitte des 19. Jahrhunderts durchaus nicht ahnen, dass das Volk nach Savigny als ein Organismus zu begreifen war und dass die Entwicklung desselben dem Wachsen einer individuellen Lebensform vergleichbar sein sollte. Das wurde durch die Sinnverwandlung verhindert, die den Übergang von der Ausgangs- zur Zielsprache begleitete.

3.3 *Einfluss der lokalen Geistesgeschichte: Vicos nachhaltiger Einfluss.* In einigen Fällen kann man ein gegensätzliches Phänomen bemerken: Die Übersetzung bringt dann auch eine Sinnverschiebung hervor, diese besteht aber nicht in einer Banalisierung, sondern vielmehr in einer »Verengung« des semantischen Felds des deutschen Texts. Und auch hier ist die neue Wortauswahl nicht durch eine sprachlich bedingte Notwendigkeit bedingt. In der Tat kann es kein Zufall sein, dass Lo Gatto und Janni, wenn es darauf ankommt, diejenigen Worte zu übertragen, die bei Savigny die Frühzeit bzw. die Anfangsphase der Volksgeschichte bezeichnen, sich einiger bestimmter, immer wiederkehrender Formeln bedienen: »popoli primigeni« (wörtl.: *Urvölker*), »età primitive« und »tempi primitivi« (= *Urzeitalter, Urzeiten*), die bei Savigny keine Stütze haben.[113] Ähn-

110 Ebenda, S. 21, 33, 29 (Orig. S. 32, 49, 42). Und noch dazu: *Jedes Erfrischungsmittel* (S. 24) → »ogni mezzo d'innovazione [*Erneuerung*]« (S. 16); *zu lebendiger Anschauung bringe* (S. 49) → »rendesse … attingibile per immediata [*unmittelbare*] intuizione« (S. 33); *ein lebendiges Quellenstudium* (S. 85) → »atteso studio di fonti« (S. 55); *durch den lebendigen Besitz des Rechtssystems* (S. 90) → »possedendo il sistema informatore« (S. 58).

111 Ebenda, S. 28 (Orig. S. 42). Hier wird allerdings die Metapher des Organismus am Anfang des Satzes bewahrt, denn *organisches Wesen* wird mit »ente organico« übersetzt.

112 Ebenda, S. 97 (Orig. S. 148).

113 Die Adjektivformen, die Savigny in diesem Zusammenhang am liebsten benutzt, sind *früh* und *früher*, die auf Italienisch resp. als »primo« und »passato« übersetzt werden. Das heißt, auch in diesem Fall wollte Savigny ganz generell reden und auf einen Zustand in der Vergangenheit ohne weiteres hinweisen. Lo Gatto und Janni dagegen legen ihm ein Interesse an der Urzeit in den Mund, wie aus folgenden Beispiel klar hervorgeht: *Betrachtungen früher Zeiten* (S. 11) → »maniera parziale di riguardare i tempi primitivi« (S. 7); *wie jene früheste Erscheinung* (S. 11) → »come qualunque (!) più primitiva manifestazione« (S. 8); *einzelne Überreste der früheren allgemeinen Rechtsbildung* (p. 13) → »e questo sono gli unici avanzi del dritto primitivo« (S. 9); *Welche früheren Zeitaltern eigen zu seyn pflegten*

liche Verweise auf eine uralte Vergangenheit kommen dort vor, wo Savigny einfach das Adjektiv *jugendlich* verwendet hatte.[114] Eine weitere Stelle heißt im Original: *daß alles zuerst in einem thierähnlichen Zustand gelebt habe*, wo die Zeitbestimmung ganz vage ist (*zuerst*); dagegen lautet die neapolitanische Übersetzung sogar »che l'infanzia delle società [= *die Kindheit der Gesellschaften*] si sia passata in una condizione al tutto animalesca«.[115]

Man kann daraus schließen, dass die italienische Fassung des *Beruf* in *Della vocazione del nostro secolo* einerseits »soziologisch« gefärbt ist und andererseits geprägt durch ein starkes Interesse an der Urgeschichte der Menschheit. Um beide Charakteristika, vor allem das zweite, zu erklären, muss man den entscheidenden Einfluss in Betracht ziehen, den das Denken und sogar der »Mythos« von Giambattista Vico (1688–1744) noch tief im 19. Jahrhundert auf die Kultur vieler Intellektueller in ganz Italien, vor allem in Neapel, ausübte.[116] Es muss zudem in Betracht gezogen werden, dass die Rezeption Savignys in Italien von der Annahme begünstigt wurde, sein Denken sei eine Fortbildung der Philosophie Vicos.[117] Ein Hauptmerkmal von Vicos Untersuchungen, besonders in seinen *Principj di scienza nuova* (1725, 1730², 1744³), liegt in der Erforschung der ersten Stadien der menschlichen Geschichte, d. h. derjenigen, die dem Erscheinen der schriftlichen Urkunden vorausgingen. Anhand etlicher Betrachtungen etymologischer, philologischer und antiquarischer Art sowie mehrerer literarischer und historischer Quellen versuchte Vico zu beweisen, dass die Erdbewohner vor der »menschlichen« Geschichte im engeren Sinn erst ein »göttliches«, dann ein »heroisches« Zeitalter durchlebt hätten, und dass jedes dieser Zeitalter ein Hauptvermögen des menschlichen Geistes – erst den Sinn, dann die Phantasie, dann schließlich den Verstand – zur

(S. 31) → »esser soglion proprie de' tempi primitivi« (S. 21); *in frühen Zeiten* (S. 116) → »tempi primitivi« (S. 76). Auf einem bloßen Missverständnis beruht dagegen die Verwandlung *bey Völkern edler Stämme* (S. 8) → »appo i popoli primigenii« (S. 5).

114 Beispiele: *ist darum in jener jugendlichen Zeit nicht möglich* (S. 10) → »al quale non possono elevarsi l'età primitive« (S. 7); *Bey jugendlichen Völkern findet sich zwar die bestimmteste Anschauung ihres Rechts* (S. 25) → »Nella prima età de' popoli si trova veramente la più spontanea intuizione del dritto« (S. 17).

115 Ebenda, S. 6 (Orig. S. 8 f.).

116 Dazu vgl. Napoli, La cultura giuridica europea in Italia (Anm. 1), Bd. 1, S. 72 f., 80–88, Bd. 2, S. 132 f.; und Giuseppe Cospito, Il »Gran Vico«. Presenza, immagini e suggestioni vichiane nei testi della cultura italiana pre-risorgimentale (1799–1839), Genua 2002. Es sei daran erinnert, dass die *Principj di Scienza nuova* im Jahr 1840, d. h. kurz vor dem Erscheinen von *Della vocazione del nostro secolo*, wieder veröffentlicht wurden, als Bd. 2 der von Giuseppe Ferrari in Neapel herausgegebenen Ausgabe der *Opere di Giambattista Vico*.

117 Vgl. Napoli, La cultura giuridica europea in Italia (Anm. 1), Bd. 1, S. 47–50, mit Hinweisen auf Turchiarulo, Bellavite und Luigi Capuano.

vollen Entwicklung gebracht habe. Diese drei Stadien zu untersuchen, hieß für Vico, die allgemeinen, ewigen Gesetze der Zivilisation in ihrem Kreislauf zu entdecken.

Im Gegensatz zu Savigny, der die Vorstellung der Frühzeit ebenso wie die Gleichstellung von Volksleben und individuellem Leben hauptsächlich dazu benutzt, um die Abstraktionen des Vernunftrechts zu bestreiten und somit von der Gegenwart zu reden, war die Kenntnis der uralten Vergangenheit ein grundsätzliches Anliegen für Vico.[118] Dadurch wird die Häufigkeit von Ausdrücken wie »primiero«, »primieramente« (= *erst*, *anfänglich*), »età fanciullesca« (= *kindliches Zeitalter*) und »fanciullezza del mondo« (= *Kindheit der Welt*) in der *Scienza nuova* verständlich.[119]

Die Vermutung liegt daher nahe, dass einige sprachliche Besonderheiten der ersten italienischen Übersetzung des *Beruf* ihre Ursachen in dem anhaltenden Ansehen der Philosophie von Giambattista Vico hatten, sowie in dem Umlauf vichianischer Motive (im weiten Sinn) innerhalb mancher intellektuellen Kreise jener Zeit.[120]

Corrado Bertani
(sprachlich überarbeitet von Joachim Rückert)

118 Vgl. vor allem Giambattista Vico, Principj di scienza nuova, Neapel 1744, Teil IV.

119 Vgl. ders., Principj di una scienza nuova intorno alla natura delle nazioni, Bd. 2: Concordanze e indici di frequenza, hrsg. von Aldo Duro, Rom 1981, Nr. 1548, 3136–37, S. 155 u. 334 (für die 1725er-Ausgabe); ders., Principj di scienza nuova d'intorno alla comune natura delle nazioni. Concordanze e indici di frequenza dell'edizione Napoli 1744, hrsg. von Marco Veneziani, Florenz 1997, Nr. 2130–32, 4311–12, S. 290, 611 f. (für die 1744er-Ausgabe).

120 In der *Scienza nuova* kommen Worte wie »primitivo« und »primigenio« kein einziges Mal vor; doch das Thema der Urzeit und der ersten Entwicklungen der Menschheit war für Vico grundlegend.

Schlüsselwörter in englischen Savigny-Übersetzungen*

I. Von den Schwierigkeiten, Savigny in die englische Sprache zu übertragen

1. Literarisches

Von Savignys Sprache geht ein eigentümlicher Zauber aus, dem sich die Leser auch nach zwei Jahrhunderten nur schwer entziehen können. Seine Wortwahl ist bildhaft und evokativ. Der Satzbau ist rhythmisch und dynamisch. Die Kombination verleiht seinen Texten eine schwebende Eleganz, die nur wenigen juristischen Texten eigen ist. Sie eröffnet aber auch Assoziations- und Interpretationsspielräume, die es Savignys Lesern immer wieder von neuem erlauben, ihr eigenes Verständnis an seine Schriften heranzutragen. Wie breit die Palette der möglichen Deutungen von Savignys Werk ist, zeigt die darüber in den vergangenen Jahrzehnten lebhaft geführte Debatte.[1] Zugleich erschwert die wohlklingende Ambiguität der Texte auch jeden Versuch der Übertragung in eine andere Sprache. Das gilt insbesondere für Übersetzungen ins Englische. Eines der herausragenden Merkmale der englischen Sprache ist gerade ihre kompromisslose Nüchternheit.[2] Doch ist dies nicht die einzige Schwierigkeit, der englische Savigny-Übersetzer ausgesetzt sind. Sie müssen ferner zwei

* Ich danke Mathias Reimann für hilfreiche Anregungen vor, während und nach der Frankfurter Tagung. Sofern nicht anders angegeben, entsprechen Kursivierungen und Sperrungen dem Original; Unterstreichungen und Übersetzungen aus dem Englischen ins Deutsche stammen dagegen von mir.

1 Überblick bei Joachim Rückert, Friedrich Carl von Savigny – ein Frankfurter in Berlin, in: Stefan Grundmann u. a. (Hg.), Festschrift 200 Jahre Juristische Fakultät der Humboldt-Universität zu Berlin: Geschichte, Gegenwart und Zukunft, Berlin usw.: de Gruyter 2010, S. 133–177.

2 Für eine neuere Gegenüberstellung, vgl. Winfried Thielmann, Deutsche und englische Wissenschaftssprache im Vergleich. Hinführen – Verknüpfen – Benennen, Heidelberg: Synchron 2009.

Probleme inhaltlicher Art bewältigen, die sich bei Übertragungen in andere europäische Sprachen nicht in gleicher Schärfe stellen.

2. Juristisches

Zum einen befassen sich Savignys Schriften mit rechtlichen Materien. Die Übersetzung juristischer Begriffe aber, so eine Grunderfahrung jeder rechtsvergleichenden Arbeit, ist besonders kompliziert. Die Regeln und Strukturen verschiedener Rechtsordnungen unterscheiden sich oft so stark voneinander, dass für einen bestimmten Rechtsbegriff der Ausgangssprache kein passender Ausdruck in der Zielsprache zur Verfügung steht. Dies gilt umso mehr, je größer die Unterschiede zwischen den betreffenden Rechtsordnungen sind. Das englische Recht nun beruht in wesentlich geringerem Umfang auf dem römischen Recht als andere kontinentale Rechte. Damit fallen auch die Unterschiede der Rechtssprachen stärker aus.

3. Philosophisches

Zum anderen bedient sich Savigny insbesondere in seinen programmatischen Schriften immer wieder genuin philosophischer Begriffe. Viele dieser Fachausdrücke wurden zu seinen Lebzeiten von der deutschen Philosophie der Aufklärung und der Nachaufklärung neu- und umgeprägt. Sie erschließen sich nur vor dem Hintergrund der entsprechenden zeitgenössischen Diskussionen. Dabei kommt es nur in zweiter Linie darauf an, welcher grundlegenden philosophischen Überzeugung Savigny selbst anhing.[3] Unstrittig ist, dass Savigny auch mit denjenigen philosophischen Hauptschriften eng vertraut war, deren Stoßrichtung er ablehnte.[4] Es ist also anzunehmen, dass er die einschlägigen philosophischen Wortbedeutungen kannte und die Begriffe in dieser Kenntnis einsetzte. Wer nun aber Savigny im 19. Jahrhundert ins Englische übersetzen wollte, konnte nicht auf einen konsentierten Fachwortschatz in der Zielsprache zurückgreifen. Erste Übersetzungen ausgewählter Texte von Kant und Herder erschienen zwar schon am Ende des 18. Jahrhunderts, Übertragungen von Fichte, Hegel und Schelling aber erst seit den vierziger Jahren des folgenden

3 Zur diesbezüglichen Debatte nur Joachim Rückert, Idealismus, Jurisprudenz und Politik bei Friedrich Carl von Savigny, Ebelsbach: Gremer 1984, S. 122–125, 140; Aldo Mazzacane, Jurisprudenz als Wissenschaft, in: Friedrich Carl von Savigny, Vorlesungen über juristische Methodologie 1802–1842, hrsg. von Aldo Mazzacane, 2. Aufl., Frankfurt: Klostermann, 2004, S. 1–56; zuletzt wieder Rückert, Ein Frankfurter in Berlin (Anm. 1), S. 167 f.

4 Frederick C. Beiser, The German Historicist Tradition, Oxford: OUP 2011, S. 218, 224–227.

Jahrhunderts. Eine umfassende Übersetzungstätigkeit mit einer gewissen Konsolidierung der englischen Terminologie setzte sogar erst im 20. Jahrhundert ein.[5]

Das lag nicht zuletzt daran, dass die Argumentationsweise der idealistischen deutschen Philosophie den in der Tradition der britischen empirischen Schule von Bacon, Locke, Hume, Berkeley und Mill stehenden Engländern des 19. Jahrhunderts kaum zugänglich war. Ein gutes Beispiel ist John Austin, der Utilitarist und Mitbegründer der später so genannten analytischen Rechtstheorie. Er nahm seine Vorlesungstätigkeit an der Universität London im November 1829, also zufällig im selben Jahr auf, in dem auch die erste englischsprachige Savigny-Übersetzung erschien.[6] Austin, grundsätzlich ein großer Verehrer deutschen Rechtsdenkens, spottete über die »metaphysisch-spekulativen Denker« in der deutschen Staatswissenschaft[7] und die »hohe idealistische Philosophie, die die Deutschen triumphierend der Philosophie von Bacon und Locke gegenüberstellen: der irdischen und niederen *empirischen* Philosophie, die sich zum genauen Studium der Tatsachen herablässt oder zu Beobachtung und Induktion erniedrigt«.[8] Bei aller »Bewunderung für das deutsche Schrifttum und trotz tiefen Respekts für die deutsche Gelehrsamkeit« bedauerte er doch »den Hang der deutschen Philosophie zu vagen und nebulösen Abstraktionen«.[9]

II. Untersuchungsmaßstäbe

Dieser Beitrag geht der Frage nach, wie britische Übersetzer des 19. Jahrhunderts die Herausforderung durch Savignys Texte gemeistert haben. Dazu analysiere ich vor allem einige ausgewählte Schlüsselwörter und -passagen aus Texten Savignys.

5 Einen neueren Überblick über den deutschen Idealismus in englischer Sprache mit Nachweisen der englischsprachigen Literatur gibt Paul Redding, German Idealism, in: George Klosko (Hg.), The Oxford Handbook of the History of Political Philosophy, Oxford: OUP 2011, S. 348–368.

6 Zur Datierung, vgl. Wilfried E. Rumble, Introduction, in: John Austin, The Province of Jurisprudence Determined, hrsg. von Wilfried E. Rumble, Cambridge: Cambridge University Press 1995, S. vii–xxiv, hier S. x. Zur ersten englischsprachigen Savigny-Übersetzung, vgl. unten Anm. 378.

7 John Austin, The Province of Jurisprudence Determined, London: John Murray 1832, S. 370 Fn.: »metaphysical speculators«.

8 Ebd., S. 369 »… the high ideal philosophy which the Germans oppose exultingly to the philosophy of Bacon and Locke: to the earthly, grovelling *empirical* philosophy, which deigns to scrutinise facts, or stoops to observation and induction«.

9 Ebd., S. 371 Fn.: »Warmly admiring German literature, and profoundly respecting German scholarship, I cannot but regret the proneness of German philosophy to vague and misty abstraction«.

Auf Wunsch der Herausgeber beschränke ich mich auf bestimmte Stellen in drei Hauptwerken, deren englische Übersetzungen zwischen 1829 und 1867 erschienen. Im Mittelpunkt steht diejenige Publikation Savignys, die die größte Wirkungsgeschichte im angloamerikanischen Raum hatte, also die zweite Auflage der Schrift »Vom Beruf unsrer Zeit für Gesetzgebung und Rechtswissenschaft«[10] (»Beruf«, unten Teil III.). Ferner untersuche ich diverse Schlüsselpassagen im jeweils ersten Band der »Geschichte des Römischen Rechts im Mittelalter«[11] (»Geschichte«, unten Teil IV.) und des »System des heutigen Römischen Rechts«[12] (»System«, unten Teil V.).

Dabei werden die Übersetzungen stets in einem ersten Schritt kontextualisiert (1.), ehe die eigentliche Analyse der Schlüsselworte und –passagen erfolgt (2.). Die bei dieser Untersuchung anzulegenden Maßstäbe ergeben sich aus den eingangs erörterten besonderen Eigenschaften der Schriften Savignys. Angesichts der geschilderten Schwierigkeiten ist kaum zu erwarten, dass die Übersetzungen allen drei Dimensionen der Ausgangstexte gerecht werden, also von ähnlich hoher literarischer Qualität sind wie die Originale, juristische Fachausdrücke stets präzise wiedergeben und die philosophischen Konnotationen hinreichend anklingen lassen. Annäherungen immerhin sind möglich. Im Folgenden untersuche ich die einschlägigen Schlüsselwörter und -passagen daher in dreierlei Hinsicht.

Erstens stelle ich fest, ob die Wortwahl im Hinblick auf die im zeitgenössischen Englisch allgemein zur Verfügung stehenden Bedeutungsvarianten plausibel ist. Dazu greife ich neben den im »Oxford English Dictionary« (»OED«) verzeichneten historischen Wortbedeutungen[13] auf zwei Lexika zurück, die zum Zeitpunkt der hier interessierenden Übersetzungen relativ aktuell und weit verbreitet waren, nämlich die elfte Auflage von »Bailey's Dictionary« von 1810 (»Bailey«)[14] und die zweite Auflage von Heinrich Ficks »Compleat Dictionary« von 1823 (»Fick«).[15] Zweitens prüfe ich, wo erforder-

10 Friedrich Carl von Savigny, Vom Beruf unsrer Zeit für Gesetzgebung und Rechtswissenschaft, 2. Aufl., Heidelberg: J. C. B. Mohr, 1828.

11 Friedrich Carl von Savigny, Geschichte des Römischen Rechts im Mittelalter, Bd. I, Heidelberg: Mohr und Zimmer 1815.

12 Friedrich Carl von Savigny, System des heutigen römischen Rechts, Bd. I, Berlin: Veit und Comp. 1840.

13 Verweise auf das »Oxford English Dictionary« beziehen sich auf die auf http://www.oed.com/ abrufbare Online-Version, die ich letztmals am 30. Juni 2013 überprüft habe.

14 Johann Anton Fahrenkrüger, Nathaniel Bailey's Dictionary English-German and German-English, Bd. II, 11. Aufl., Leipzig und Jena: Friedrich Frommann 1810.

15 Henry [Heinrich] Fick, A compleat Dictionary English-German and German-English, Bd. II, 2. Aufl., Erlangen: Palm'sche Verlagsbuchhandlung 1823. Für

lich, unter Rückgriff auf einschlägige juristische Quellen, inwieweit sich die von den Übersetzern verwendeten Begrifflichkeiten mit dem juristischen Sprachgebrauch im England des 19. Jahrhunderts vereinbaren lassen. Und drittens untersuche ich die verwendeten Ausdrücke darauf hin, ob sie zumindest eine gewisse Sensibilität für die philosophischen Konnotationen einiger Schlüsselwörter erkennen lassen. Da es insofern aus zeitgenössischer Perspektive keine »richtigen« oder »falschen« Übersetzungen gibt, kann es nur um eine gewisse Plausibilitätskontrolle gehen. Diese nehme ich anhand moderner Kant- und Hegel-Lexika vor, mit deren Hilfe sich ermitteln lässt, welche Übersetzungsvarianten philosophischer Fachbegriffe im Laufe der letzten zwei Jahrhunderte erwogen wurden.[16]

Eine solche sprachliche Analyse der englischen Savigny-Übersetzungen fehlt bisher.[17] Von Interesse ist sie in zweierlei Hinsicht: Zum einen liefert sie einen kleinen Baustein zur Wirkungsgeschichte Savignys; zum anderen beleuchtet sie, wie unter einem Mikroskop, einen wichtigen Teilaspekt der Rezeption deutschen Rechtsdenkens in England[18] und Schottland[19] sowie, noch allgemeiner, des Wissenstransfers durch deutsch-englische Gelehrtennetzwerke im 19. Jahrhundert.[20]

Hinweise auf die gebräuchlichen Lexika am Beginn des 19. Jahrhunderts danke ich Emeritus Professor William J. Jones und Dr. Nicola McLelland von der University of Nottingham.

16 Howard Caygill, A Kant Dictionary, Oxford: Blackwell 1995 (»Caygill«); Helmut Holzhey und Vilem Mudroch, Historical Dictionary of Kant and Kantianism, Lanham/Md. usw.: Scarecrow 2005 (»Holzhey und Mudroch«); Michael Inwood, A Hegel Dictionary, Oxford: Blackwell 1992 (»Inwood«); John W. Burbidge, Historical Dictionary of Hegelian Philosophy, Lanham/Md. usw.: Scarecrow 2005 (»Burbidge«).

17 Für einen Überblick über die englischsprachigen Savigny-Übersetzungen, vgl. Laura Moscati, Of the Vocation of Our Age … Sulla recezione di Savigny in Gran Bretagna, in: Clio – Rivista trimestrale di studi storici 18 (1982), S. 587–596; und jetzt vor allem Mathias Reimann, »Wer vieles bringt, wird manchem etwas bringen.« Savigny-Übersetzungen und Savigny Bilder in der Welt des Common Law, in diesem Band.

18 Dazu etwa Reinhard Zimmermann, Der europäische Charakter des englischen Rechts, in: Zeitschrift für Europäisches Privatrecht 1993, S. 4–51 und Oliver Radley-Gardner, Learning to Remember: Civil Law in the Common Law, in: RabelsZ 76 (2012), S. 1101–1121.

19 Dazu John W. Cairns, The Influence of the German Historical School in Early Nineteenth-Century Edinburgh, in: Syracuse Journal of International Law and Commerce 20 (1994), S. 191–203.

20 Dazu jetzt auch Heather Ellis und Ulrike Kirchberger (Hg.), Anglo-German Scholarly Networks in the Long Nineteenth Century, Leiden/Boston MA: Brill 2014.

III. »Beruf«

Die wohl einflussreichste englischsprachige Übersetzung von »Frederick Charles von Savigny« erschien im Jahre 1831 unter dem Titel »Of the Vocation of our Age for Legislation and Jurisprudence« (»Vocation«).[21] Angefertigt hatte sie der englische Jurist Abraham Hayward.

1. Die Übersetzung und ihr Kontext

a) Umfang von Originalfassung und Übersetzung

Der Übersetzung lag der Text der zweiten Auflage von Savignys Programmschrift »Vom Beruf« zugrunde, die im Jahre 1828 erschienen war.[22] Die Zweitauflage enthielt nicht nur einen »völlig unveränderten Abdruck« der Erstausgabe von 1814,[23] sondern auch ein Vorwort, in dem Savigny auf die Kritik an der Vorauflage einging und insbesondere sein vernichtendes Urteil über die französische Rechtswissenschaft teilweise revidierte.[24] Ferner waren der zweiten Auflage zwei »Beylagen« hinzugefügt. Bei der ersten handelte es sich um einen Nachdruck von Savignys 1817 erschienenem Aufsatz »Stimmen für und wider neue Gesetzbücher«[25] – dem Autor zufolge »eigentlich eine Fortsetzung [des ‚Berufs'] selbst«.[26] Die zweite Beilage bestand in einer kritischen Stellungnahme der Cour d'appel von Montpellier zum Gesamtplan des Entwurfs für einen Code civil,[27] auf die Savigny in der Erstauflage Bezug genommen hatte[28] und die er nun im französischsprachigen Original reproduzierte.[29]

21 Frederick Charles von Savigny, Of the Vocation of our Age for Legislation and Jurisprudence, London: ohne Verlagsangabe und ohne Jahr. Zur Datierung vgl. unten bei Anm. 44.
22 Savigny, Beruf (Anm. 10).
23 Ebd., S. iv.
24 Ebd., S. v–vii.
25 Friedrich Carl von Savigny, Stimmen für und wider neue Gesetzbücher, Zeitschrift für geschichtliche Rechtswissenschaft 3 (1817), S. 1–52; Beruf, S. 163–191.
26 Beruf, S. viii.
27 Der Text ist entnommen Martin Pierre Crussaire (Hg.), Analyse des observations des Tribunaux d'Appel et du Tribunal de Cassation sur le projet de Code Civil, rapprochées du texte, Paris: Veuve Hérault 1802, S. 5–9. Vgl. auch Friedrich Carl von Savigny, Politik und Neuere Legislationen. Materialien zum »Geist der Gesetzgebung«, aus dem Nachlass hrsg. von Hidetake Akamatsu und Joachim Rückert, Frankfurt: Klostermann 2000, S. 9–12.
28 Beruf, 1. Aufl., S. 58, 80; 2. Aufl., S. ix.
29 Beruf, 2. Aufl., S. 192–197.

Die englische Übersetzung umfasste Savignys Vorwort zur zweiten Auflage und den gesamten, aus der ersten Auflage übernommenen Haupttext. Die erste Beilage fasste Hayward auf anderthalb Seiten in englischer Sprache zusammen;[30] die zweite gab er vollständig in französischer Sprache wieder.[31] Schließlich stellte er Savignys Vorwort noch ein eigenes neunseitiges »Vorwort des Übersetzers« voran.[32]

b) Der Übersetzer: Abraham Hayward

Der 1801 geborene Hayward war eine schillernde Persönlichkeit. Wie kaum ein anderer verkörperte er die gesellschaftlichen Verhältnisse des viktorianischen London.[33] Aus einer relativ bescheidenen Landbesitzerfamilie im Westen Englands stammend, arbeitete er sich in die höchsten Kreise des Establishment hoch. Bei seiner Beerdigung am 6. Februar 1884 war der Premierminister anwesend. Die Times berichtete. Nachrufe erschienen in einflussreichen Zeitschriften. Unter seinen Zeitgenossen stand Hayward im Ruf, einer der zwei belesensten Männer Englands zu sein – einen Ruhm, den er sich mit niemand geringerem als dem berühmten Historiker und Verfasser des indischen Strafgesetzbuchs, Thomas Babington Macaulay, teilte.[34] Bis 1847 war er als Prozessanwalt

30 Vocation, Appendix I, S. 184 f.

31 Vocation, Appendix II, S. 185–192.

32 Abraham Hayward, Translator's Preface, in: Vocation, S. i–ix.

33 Zum folgenden Abschnitt vgl. Henry E. Carlisle, A Selection From the Correspondence of Abraham Hayward, Q.C. From 1834 to 1884 With an Account of His Early Life, Bd. I, London: John Murray 1886; Thomas Seccombe, Hayward, Abraham, in: Encyclopaedia Britannica, Bd. XIII, 11. Aufl., Cambridge: Cambridge University Press 1910, S. 115 f.; Philip Harling, Hayward, Abraham (1801–1884), in: Oxford Dictionary of National Biography (OUP online edn. 2004: http://www.oxforddnb.com/view/article/12793); Antony Chessell, The Life and Times of Abraham Hayward, Q.C., Victorian Essayist, ohne Ort: Lulu 2008. Zu Leben und Werk vgl. auch die Entwürfe der ersten drei Kapitel einer unvollendeten Hayward-Biographie von Brian Roberts in der Abraham Hayward Collection in der Beinecke Rare Books and Manuscript Library an der Yale University (GEN MSS 553) Box 4, Folders 90–93 sowie die zwischen 1943 und 1962 von Roberts angefertigten Exzerpte mit Bezug zu Hayward, ebd., Folder 94 und Box 5, Folders 103–116 (ohne besondere Informationen zur Übersetzung des »Berufs«). Soweit ersichtlich ergibt auch die in der New York Public Library aufbewahrte Korrespondenz (über 1000, meist an Hayward gerichtete Briefe) nichts im Hinblick auf die Übersetzung; vgl. Charles Cuykendall Carter, A Guide to the Abraham Hayward Correspondence Files in the Pforzheimer Collection, The New York Public Library 2009 (www.nypl.org/sites/default/files/archivalcollections/pdf/ms_guide_hayward_correspondence.pdf).

34 Carlisle, Correspondence (Anm. 33), S. 5.

(»Barrister«) tätig und brachte es dabei zur besonderen Auszeichnung einer Ernennung zum »Queen's Counsel«. Dann aber beendete er seine juristische Karriere und widmete sich ganz seiner Tätigkeit als Publizist und Einflüsterer der Macht.

Am ehesten lässt sich Hayward wohl als intellektueller Salonlöwe bezeichnen, der einflussreiche Persönlichkeiten, nicht zuletzt die Damen der höheren Gesellschaft, um sich scharte und in einer endlosen Abfolge von Abendessen, Ausflügen und anderen gesellschaftlichen Veranstaltungen miteinander vernetzte. Daneben schrieb er ausführliche Essays und Rezensionen über historische und politische Themen für vielgelesene nationale Zeitschriften wie das (liberale) »Edinburgh Review«, das (konservative) »Quarterly Review«, das (moderat konservative) »Foreign Quarterly Review« und das (»bösartig konservative«[35]) »New Monthly Magazine«. Doch er veröffentlichte auch Reiseberichte und gab Rat zu Fragen der Etikette, etwa bei der Fuchsjagd. Legendär waren seine mit Anekdoten gespickten Beiträge zu gastronomischen Fragen, die er 1852 unter Hinzufügung von Rezepten in seinem Bestseller »The Art of Dining« zusammenfasste.[36]

Haywards literarischer Ruhm ruhte auf einer Prosa-Übersetzung des ersten Teils von Goethes »Faust«. Sie erschien bereits 1833[37] und erfuhr schon im folgenden Jahr eine zweite Auflage.[38] Der Text galt als die beste von den 19 bis dahin erschienenen »Faust«-Übersetzungen, insbesondere weil er gegenüber diesen als besonders »geradlinig« erschien. Selbst in Deutschland wurde seine Übersetzung als »buchstaben- und sinngetreu« gerühmt.[39] Dem jungen Hayward eröffnete sie geradewegs den Zugang in die besseren Kreise der Gesellschaft.

Diese Karriere war umso erstaunlicher, als Hayward zwar eine hervorragende Schulausbildung genossen und dabei Latein, Deutsch und Französisch gelernt, jedoch nie ein Universitätsstudium absolviert hatte. Sein Vater hatte ihn im Alter

35 So die Bewertung von David Higgins, The New Monthly Magazine, in: The Literary Encyclopedia, 22 October 2006, http://www.litencyc.com/php/stopics.php?rec=true&UID=1682.

36 Abraham Hayward, The Art of Dining; or, Gastronomy and Gastronomers, London: John Murray 1852.

37 Abraham Hayward, Faust: a Dramatic Poem, by Goethe. Translated into English prose, with remarks on former translations, and notes, by the translator of Savigny's »Of the vocation of our age for legislation and jurisprudence«, London: E. Moxon 1833.

38 Abraham Hayward, Faust: a Dramatic Poem, by Goethe. Translated into English prose, with remarks on former translations, and notes, by A. Hayward, esq., London: E. Moxon 1834.

39 Carlisle, Correspondence (Anm. 33), S. 19. So auch noch das Urteil der Nachwelt, vgl. Lina Baumann, Die englischen Übersetzungen von Goethes Faust, Halle: Max Niemeyer 1907, S. 38, die aber ebd., S. 24–39, das Fehlen jeder Rhythmik und Sprachpoesie rügt.

von 17 Jahren zu einem beratenden Anwalt (»Solicitor«) in der Provinz in die Lehre geschickt. Dort hatte er fünf Jahre lang jede freie Minute in der Bibliothek seines Ausbilders verbracht und sich umfassend mit englischer Literatur befasst. 1824 begann er eine Ausbildung zum Barrister in London. Drei Jahre darauf wurde er Mitglied eines von John Stuart Mill und anderen Liberalen begründeten Londoner Debattierclubs. Hier machte er sich schnell einen Ruf als Gegner der französischen Revolution und konservativer Gegenpol der von Jeremy Bentham und den Utilitaristen beeinflussten Radikalliberalen.[40] Nach Abschluss seiner Ausbildung arbeitete er für einige Jahre als so genannter »special pleader« in prozessvorbereitender Funktion beim Abfassen von Schriftsätzen, ehe er 1832 als Barrister zugelassen wurde.

Schon 1828 hatte Hayward vorsichtig gegenüber der breiten Reformbewegung Position bezogen, die im Anschluss an Bentham und Mill eine grundlegende Erneuerung des englischen Rechts forderte. Ihre Initialzündung hatte sie im Februar des Jahres durch eine Unterhausrede von Henry Brougham, dem späteren Lordkanzler, erhalten. Diese bewog Hayward und einen Kollegen, nur vier Monate später eine der ersten juristischen Fachzeitschriften Englands, das »Law Magazine; or Quarterly Review of Jurisprudence«, ins Leben zu rufen. Ziel war die Unterstützung einer behutsamen konservativen Reformagenda gegen die Neuerungsvorschläge der Radikalerneuerer. Der Fokus der Zeitschrift lag dementsprechend auf englischen Reformvorhaben, wobei auch Entwicklungen auf dem Kontinent und in den USA in weitem Umfang berücksichtigt wurden. Hayward war nicht zuletzt für die Beschaffung der rechtsvergleichenden Materialien zuständig.[41] Im Gegensatz zu ähnlichen Neugründungen etablierte sich das »Law Magazine« dauerhaft auf dem Markt.[42] Allein bis April 1831 erschienen fünf Bände, die von den Londoner Buchhändlern Saunders und Benning verlegt und bei Littlewood & Co. gedruckt wurden.[43] Mit dem fünften Band übernahm Hayward auch die Alleinherausgeberschaft, die er bis 1844 beibehalten sollte.

40 John Stuart Mill, Autobiography, London: Longman, Green, Reader and Dyer 1873, S. 83.

41 Abraham Hayward, Prefatory Notice, in: Ders., Juridicial Tracts – Part I, London: G. W. Benning 1856, S. v f., hier S. vi.

42 Vgl. David Ibbetson, Legal Periodicals in England 1820 – 1870, in: ZNR 28 (2006), S. 175–194, hier S. 182–184; Stefan Vogenauer, »... to take up the ground hitherto unoccupied in the periodical literature« – Die ersten juristischen Fachzeitschriften Englands im 19. Jahrhundert, in: Michael Stolleis und Thomas Simon (Hg.), Juristische Zeitschriften in Europa, Frankfurt: Klostermann 2006, S. 533–564, hier S. 552–555.

43 The Law Magazine; or Quarterly Review of Jurisprudence 1 (1828–29), 184. Auch der sechste Band wurde noch von derselben Druckerei produziert, vgl. The Law Magazine; or Quarterly Review of Jurisprudence 6 (1831), 527.

Im Juni 1831 erschien dann die Übersetzung des »Beruf«.[44] Hayward, dessen 30. Geburtstag nur wenige Monate bevorstand, stand zwar noch am Beginn seiner Karriere. Doch er hatte sich bereits hervorragend positioniert, indem er seine Ausbildung abgeschlossen und Kontakt mit den führenden Intellektuellen seiner Zeit aufgenommen hatte. Er hatte sich als konservativer Gegner der Benthamisten und Utilitaristen und damit auch als Kodifikationsgegner, gleichzeitig aber auch als moderater Reformer hervorgetan. In Verbindung mit seinen hervorragenden Deutschkenntnissen prädestinierte ihn seine politische Einstellung geradezu als Übersetzer des »Berufs«.

c) *Intentionen des Übersetzers*

aa) Rechtspolitik

Entsprechend seiner politischen Agenda war es ein Hauptanliegen Haywards, den englischen Kodifikationsgegnern mit seiner Übersetzung dringend benötigte Munition zu liefern. Im Jahre 1826 hatte der Barrister und Bentham-Anhänger James Humphreys einen umfassenden Entwurf für eine Kodifikation des englischen Immobiliarsachenrechts vorgelegt.[45] Die Anwaltschaft leistete fast geschlossen Widerstand, der sich in drei fast zeitgleich erschienenen Schriften äußerte. Alle Autoren suchten und fanden rechtstheoretische Argumente bei Savigny.

Der schottische Advokat John Reddie, der sich 1823 in Göttingen immatrikuliert und dort zwei Jahre später den Doktor der Rechte erworben hatte, veröffentlichte 1828 ein umfangreiches Traktat gegen Humphreys Entwurf, in

44 Das Vorwort des Übersetzers weist als Datum den 16. Juni 1831 aus, vgl. Hayward, Vocation, Translator's Preface (Anm. 32), S. ix. Bereits am 20. Juni verschickte Hayward ein Exemplar an Alexander Johnston (s. u. Anm. 63 und 100). Juni 1831 ist auch als Datum genannt bei Carlisle, Correspondence (Anm. 33), S. 12. Im April 1831 hatte [Abraham] H[ayward], Lord Brougham's Local Court Bill, in: Law Magazine, or Quarterly Review of Jurisprudence 5 (1831), S. 1–50, hier S. 3 Fn. 1, noch angekündigt: »An English translation of this far-famed Tract is preparing«. Ich danke Prof. Helge Dedek, McGill University, für den freundlichen Hinweis.

45 James Humphreys, Observations on the Actual State of the English Laws of Real Property: with the Outlines of a Code, London: J. Murray 1826; 2. Aufl., mit dem Untertitel »with Outlines for a Systematic Reform«, London: J. Murray 1827. Zum Kontext, vgl. J.R. Dinwiddy, Early-Nineteenth-Century Reactions to Benthamism, in: Transactions of the Royal Historical Society, Fifth Series 34 (1984), S. 47–69, hier S. 53, 56–58; Bernard Rudden, A Code Too Soon: the 1826 Property Code of James Humphreys, in: Peter Wallington und Robert M. Merkin (Hg.), Essays in Memory of F. H. Lawson, London: Butterworths 1986, S. 101–116; Stuart Anderson, Property, in: William Cornish u. a., The Oxford History of the Laws of England, Bd. XII: 1820–1914 – Private Law, Oxford: OUP 2010, S. 1–294, hier S. 49–53; Keith Smith, Criminal Law, ebd., Bd. XIII: 1820–1914 – Fields of Development, Oxford: OUP 2010, S. 1–463, hier S. 190.

dessen erster Hälfte er eine ausführliche Theorie der Rechtsentstehung ausbreitete und einige kontinentale Kodifikationen detailliert kritisierte.[46] Dabei berief er sich nur einmal auf Savigny, stützte sich aber offenkundig in weiten Passagen auf den »Beruf«, den er wohl im deutschen Original gelesen hatte. Noch im selben Jahr publizierte der englische Barrister John James Park eine Schrift mit gleicher Stoßrichtung und ähnlicher Argumentation.[47] Unter Verweis auf Parks Doktorgrad von der Universität Göttingen wird gelegentlich angenommen, die Schrift rezipiere Savigny, mit dessen Gedanken er sich dort während des Promotionsstudiums vertraut gemacht habe.[48] Tatsächlich hatte Park nie in Göttingen promoviert, und der Titel wurde ihm erst im Oktober 1832 nach seiner Ernennung zum Professor an der Universität London und in Anerkennung seiner wissenschaftlichen Verdienste verliehen.[49] Park selbst bedauerte denn auch in seinem Buch ausdrücklich, dass ihm Savignys Schriften mangels Kenntnissen der deutschen Sprache nur mittels französischsprachiger Kurzzusammenfassungen zugänglich waren.[50]

Ebenfalls im Jahre 1828 ritt sogar Charles Purton Cooper, ein eigentlich im Reformlager stehender Barrister, eine offene Attacke gegen eine Kodifikation des englischen Rechts und berief sich dabei auf Savigny und den »Beruf«.[51] Allerdings war Coopers Schrift in französischer Sprache verfasst, und Hayward klagte

46 John Reddie, A Letter to the Lord High Chancellor of Great Britain, on the Expediency of the Proposal to Form a New Civil Code for England, London: J. & W. Clarke 1828, S. 1–44.

47 John James Park, A Contre-project to the Humphreysian Code; and to the Projects of Redaction of Messrs. Hammond, Uniacke, and Twiss, London: J. & W. Clarke 1828.

48 Peter Stein, Legal Evolution: the Story of an Idea, Cambridge: Cambridge University Press 1980, S. 72. Vgl. auch Smith, Criminal Law (Anm. 45), S. 190.

49 Tho[mas] Park, Further Memoir of the Late Professor Park, in: Legal Observer, or Journal of Jurisprudence 7 (1833–1834), S. 36–39, hier S. 38 f. mit Fn. j, als Replik auf Abraham Hayward, Events of the Quarter, in: Law Magazine, or Quarterly Review of Jurisprudence 10 (1833), S. 252–255, hier S. 255: »We must not forget to mention that about a year before his death he became a Doctor of Laws at Göttingen. This has been mentioned as a proof of his reputation abroad; the fact is, the degree is never refused to any foreign professors or writers of name who may apply for it and be willing to pay the fees, and in Mr. Park's case, as we happen to know, both these preliminaries were regularly gone through«.

50 Park, A contre-project (Anm. 47), S. xvi und S. 87 Fn. *.

51 Charles Purton Cooper, Lettres sur la Cour de la Chancellerie, et quelques points de la jurisprudence angloise, korrigierte 2. Aufl., London: ohne Verlag 1828, insb. S. vii–ix, 172–174. Die erste Auflage war 1827 anonym erschienen. In der dritten Auflage fügte Cooper weitere Hinweise auf Savigny hinzu, vgl. nur Charles Purton Cooper, Appendice F, in: ders., Lettres sur la Cour de la Chancellerie d'Angleterre, 3. Aufl., Paris: Treuttel et Würtz 1830, S. 341–391, hier S. 353–356 Fn. 2.

im »Law Magazine«, die besten antikodifikatorischen Schriftsteller schienen es darauf anzulegen, unleserliche Texte zu schreiben.[52] Kurz, Savigny war in aller Munde, und die Zeit war reif für eine Übersetzung des »Beruf«. Park hatte eine solche bereits in seinem Buch als »im Druck befindlich« angekündigt, dabei aber offenbar nicht an Hayward als Übersetzer gedacht.[53]

bb) Literarische und gesellschaftliche Karriere

Doch waren es offenkundig nicht nur rechtspolitische Interessen, die Hayward zu einer Übersetzung bewogen. Der junge Anwalt hatte es, wie einer seiner Biographen später trocken bemerkte, nie zugelassen, dass juristische Finessen ihn von seinen literarischen Interessen ablenkten.[54] In der Tat bekannte Hayward auch offen, er wolle das Buch weniger wegen der darin enthaltenen Tatsachen oder Argumente veröffentlichen, sondern eher weil es ein »literarisches Kuriosum« darstelle.[55] Dem ehrgeizigen Aufsteiger schien es vor allem darum zu gehen, sich über die juristischen Kreise im engeren Sinne hinaus einen Namen zu machen. Dafür spricht, dass er das Buch im Selbstverlag herstellen ließ und an wichtige Persönlichkeiten verschenkte.

Einen Verleger nennt keines der mir bekannten Exemplare. Stattdessen findet sich auf der Titelseite lediglich der gedruckte Vermerk »London: Printed by Littlewood & Co. Old Bailey«. Die Firma von George Littlewood und Thomas Green war 1826 aus einer Druckerei und Druckplatten-Manufaktur hervorgegangen, die in Green Arbour Court in der Nähe des Londoner Schwurgerichts Old Bailey angesiedelt war.[56] Sie blieb als Druckerei tätig,[57] bis sie Ende 1831 den Konkurs beantragte.[58] Littlewood & Co. spezialisierte sich

52 Abraham Hayward, Codification Controversy – Mis-statements and Mistakes of Mr. Humphreys, in: Law Magazine; or Quarterly of Jurisprudence 1 (1828), S. 613–637, hier S. 615.

53 Park, A contre-project (Anm. 47), S. 175 Fn. *. Park sprach von einem »Barrister of Lincoln's Inn«, seinem eigenen Inn of Court, als Übersetzer; Hayward war Mitglied eines anderen Inn of Court, des Inner Temple, und 1828 noch nicht als Barrister zugelassen. Auch der angekündigte Titel (»On the Aptitude of the Present Age for Legislation and Jurisprudence«) entspricht nicht exakt dem von Hayward gewählten.

54 Harling, Hayward (Anm. 33).

55 Vocation, S. vii: »… the case of a book printed more as a literary curiosity, than for the sake of the mere matters of fact, or even of the arguments, contained in it«.

56 The London Gazette, Issue 18263, 30 June 1826, S. 1625.

57 The Printer's Manual, Containing the Compositors' Scales of Prices … and … A List of Master Printers …, London: W. H. Tickle, Cowie and Strange, 1828 (?), S. 45.

58 *In the matter of George Littlewood and Thomas Green of Green Arbour Court, Old Bailey, London, printers (dealers and chapmen), bankrupts*, National Archives B 3/

auf die Produktion juristischer Titel,[59] unter anderem des von Hayward herausgegebenen »Law Magazine«.[60] In allen mir bekannten Exemplaren ist unter dem Namen der Druckerei entweder in gedruckter Form[61] oder in der Handschrift

3136 (31. Dezember 1831). Vgl. auch The New Monthly Magazine and Literary Journal 36 (1832), Part III, 88.

59 Vgl. etwa Thomas Platt, A Practical Treatise on the Law of Covenants, London: Saunders and Benning (Littlewood & Co. Printers) 1829.

60 Vgl. oben bei Anm. 42.

61 Amsterdam, Universitätsbibliothek, UBM: 763 D 26;
Australia, National University of Australia, RB 082 O98 vol. 40;
Berlin, Staatsbibliothek, Gl 10924;
Birmingham, University Library, K 120;
Bonn, Universitäts- und Landesbibliothek, Ka 179/15;
Bremen, Staats- und Universitätsbibliothek, XIII.1.c.100;
British Library, 501.b.22 und C.126.g.12;
California Davis, University of California Davis Mabie Law Library, KK883.S27 1831;
Cambridge University Library, Acton.c.48.929;
Cambridge, Trinity College, 164.c.83.28[3];
Columbia University, Arthur W. Diamond Law Library, Special Collection Ger 220 Sa94 H;
Cornell University Library, JA66 .D79;
Exeter, University of Exeter (Devon and Exeter Institution), Tracts 26/1 und Tracts 27/1;
Georgetown Law Library, SPEC COLL K284 .S38;
Glasgow University Main Library, Sp Coll Mu18-g.10;
Göttingen, Niedersächsische Staats- und Universitätsbibliothek, 8 J GERM V, 1122;
Harvard University, Law School, Special Collections U S267o 831;
Harvard University, Widener Library, Gov 6667.5.3;
Heidelberg, Universitätsbibliothek, Mittermaier 588/1;
John Hopkins University, George Peabody Library, Baltimore, Non-Circ 340.1 S267 c.1;
Leeds University, Brotherton Library Special Collections – Modern History P–9.1 LET;
Library of Congress, KK900 S.2813 1831 und KK900 S.2813 1831 FT MEADE;
London School of Economics and Political Sciences Library, JEVONS 112/3;
Los Angeles County Law Library, KK942 .S38 1831;
Maryland, University of Maryland Thurgood Marshall Law Library – Special Collections Brune, KK897 .S38;
Michigan, University of Michigan Law School Library, FL6 S267v 1831e Rare stor a1015 (der Band ist einsehbar über http://hdl.handle.net/2027/mdp.35112104432143);
Minnesota, University of Minnesota Law Library, KK900 .S2813 1831;
New York Public Library, *C p.v. 1169, no. 1;
New York State Library, Albany/NY, 349.41 S267 94–15757;
Sächsische Landesbibliothek – Staats- und Universitätsbibliothek Dresden, PI 2710;

Haywards[62] in Klammern der Vermerk »Not for Sale« hinzugefügt. In einem befindet sich noch das Anschreiben, in dem Hayward darauf hinweist, er habe das Buch nur für den privaten Gebrauch drucken lassen.[63] Dieselbe Aussage findet sich in einer Buchrezension Haywards aus dem folgenden Jahr.[64] Auch an Savigny schrieb er: »Ich habe es nach englischem Verständnis nicht im eigentlichen Sinne des Wortes *publiziert*, denn bei uns gilt es als größere Ehren-

Seattle University School of Law, KK942.S28;
Society of Antiquaries of London Library, B 25b;
Toin University of Yokohama (das Werk ist katalogisiert in Savignys Werke und Übersetzungen. Gesamtindex der Savigny-Bibliothek, http://savigny.toin.ac.jp/eu/pdf/savigny_katalog.pdf, Nr. 15);
Victoria, State Library of Victoria, Melbourne, S 340.1 S9;
Washington, University of Washington, Seattle, School of Law, Gallagher Library, KK883 .S27 1831 (zwei Exemplare mit identischer Signatur: accession numbers 18397 und 63941);
Yale Law Library, FLG Sa94vo 1831 (eine digitalisierte Fassung ist einsehbar in der Datenbank »The Making of the Modern Law«);
vgl. auch das aus der Connecticut State Library ausgesonderte Exemplar, das jetzt über die Website des Law Library Microform Consortium (LLMC) abrufbar ist (http://www.llmcdigital.org/docdisplay.aspx?textid=26230269);

Für die Übersendung von Fotografien der entsprechenden Seiten der Werke bzw. für weiterführende Hinweise danke ich herzlich Dr. Ross Anderson, University of Glasgow; Herrn Keita Asaoka vom Savigny-Desk des Instituts für Europäische Rechtsgeschichte an der Toin University; Frau Insa Buchmann, Universität Bremen; Dr. Matthew Dyson, Trinity College, Cambridge; Herrn Ben Konfitin, Institut für geschichtliche Rechtswissenschaft (Germanistische Abteilung) der Ruprecht-Karls-Universität Heidelberg; Herrn James Lee, University of Birmingham Law School; Frau Laetitia Lenel, Institut für Geschichtswissenschaften an der Humboldt-Universität zu Berlin; Frau Inga Witte, Universität Göttingen; sowie zahlreichen Law Librarians in der englischsprachigen Welt, insbesondere Frau Maxine Grosshans, Research Librarian in der Thurgood Marshall Law Library an der University of Maryland.

62 Oxford, Bodleian Library, 31.750. Der Band ist einsehbar über http://books.google.co.uk/books?id=JvukCY8Rbz0C&printsec=frontcover&source=gbs_ge_summary_r&cad=0#v=onepage&q&f=false.

63 Michigan (Anm. 61). Das vom 20. Juni 1831 datierte Anschreiben richtet sich an »A. Johnston, 19 Gt. Cumberland Pl.«: »My Dear Sir, Permit me to request your acceptance of one of these copies which I have just printed for private circulation only. If it is not taking too great a liberty, would you also have the goodness to present the other to Colonel Napier, as a humble token of respect merely, for I am well aware that it is altogether besides his pursuits alienum a Scaevolae studiis. Believe me to remain most respectfully and sincerely yours – A. Hayward« (Unterstreichung im Original).

64 Abraham Hayward, Park's Division of Law, in: Law Magazine, or Quarterly of Jurisprudence 7 (1832), 314–317 (316). Vgl. auch ders., Juridical Tracts (Anm. 41), S. ii.

bezeugung, ein nicht im Verkauf erhältliches Werk zu überreichen; aber ich habe es jedem Juristen von Rang zugesandt und auch vielen unserer hervorragendsten Literaten«.[65]

Und tatsächlich findet sich auf der Titel-[66] oder der Schmutztitelseite[67] der erhaltenen Exemplare regelmäßig ein handschriftlicher Vermerk, dem zufolge das Werk dem Leser vom Übersetzer zugedacht war.[68] Die Auflage war vermutlich nicht besonders hoch: Haywards Übersetzung vermochte den Konkurs der Druckerei nicht zu verhindern, bereits 1875 bezeichnete ein Bibliograph von internationalem Rang das Werk als »sehr rar«,[69] und nur wenige dutzend Exemplare haben bis heute überlebt.[70] Doch wählte Hayward seine Empfänger

65 Abraham Hayward, Brief an Friedrich Carl von Savigny, 22. August 1831, Marburg Ms. 925/1116: »I did not *publish* it in the literal sense of the word in England, because amongst us it is considered to be a greater compliment to present a work which is not purchasable, but I sent it to every lawyer of distinction and to many of our most eminent literary men«.

66 Oxford (Anm. 62): »From the Translator, A. H.«.

67 Toin University of Yokohama (s. u. Anm. 71); Bonn (s. u. Anm. 72); Cambridge University Library und Cambridge, Trinity College (Anm. 61): »Presented by the Translator« (in dem Exemplar des Trinity College wurde der Hinweis auf den Übersetzer offenbar ausgeschnitten und zwischen die Seiten eingebunden, als Haywards Übersetzung nach 1841 mit anderen Bänden zusammengebunden wurde, vgl. unten Fn. 86).

68 Ausnahmen: Birmingham (Anm. 61); California Davis (Anm. 61); Glasgow (Anm. 61); John Hopkins (Anm. 61); beide Exemplare der Library of Congress (Anm. 61); London School of Economics (Anm. 61); Los Angeles County (Anm. 61); Maryland (Anm. 61); Minnesota (Anm. 61); New York State (Anm. 61); Sächsische Landesbibliothek (Anm. 61); Seattle University (Anm. 61); Victoria (Anm. 61); Yale (Anm. 61). Vgl. auch Göttingen (Anm. 61), dort aber handschriftliche Initiale »H.« in Haywards Schrift auf S. 192; das aus der Connecticut State Library ausgesonderte Exemplar (Anm. 61), dessen Schmutztitelseite jedoch nicht digitalisiert ist (die Titelseite weist eine Widmung von »R. S.« aus). In fast allen dieser Exemplare ging die Titel- und/oder Schmutztitelseite des Originals im Zuge späterer Einbindungen verloren (Ausnahme: New York State).

69 Glasgow (Anm. 61), Vorsatzblatt: »very scarce«. Die Anmerkung stammt vom Glasgower Juristen, Antiquar und Bibliographen David Murray, der das Exemplar 1875 in seine umfassende Privatbibliothek aufnahm. Zur Murray Collection an der University of Glasgow, vgl. http://www.gla.ac.uk/services/specialcollections/collectionsa-z/murraycollection/.

70 Mit Hilfe der gängigen elektronischen Recherchetechniken (und nach Ausschluss zahlreicher Fehlanzeigen in WorldCat) ließen sich auffinden (s. o. Anm. 61): elf Exemplare in den Forschungsbibliotheken im Vereinigten Königreich und Irland, fünf in Deutschland, zwei in Australien und 20 in den Vereinigten Staaten. Jeweils ein Exemplar befindet sich in Japan und den Niederlanden.

mit Bedacht aus. Exemplare gingen umgehend an Savigny in Berlin,[71] an den älteren Schlegel in Bonn[72] und mit an Sicherheit grenzender Wahrscheinlichkeit an Mittermaier in Heidelberg.[73] Bedacht wurden insbesondere auch Professoren der Göttinger Reformuniversität, die während der Personalunion zwischen Großbritannien und Hannover gegründet und schnell zu einer der führenden Hochschulen des Reiches aufgestiegen war. Zu den dortigen Empfängern gehörten der europaweit berühmte Anatom und Zoologe Johann Friedrich Blumenbach[74] sowie die Gebrüder Grimm.[75] Ein Exemplar erhielt auch der weit über die Grenzen der Niederlande hinaus bekannte Amsterdamer Jurist Jonas Daniel Meijer,[76] der sich kurz zuvor in einer langen Streitschrift zur Kodifikationsfrage auf die Seite Benthams geschlagen und von Savignys Rechtsentstehungslehre distanziert hatte.[77]

71 Toin University of Yokohama (Anm. 61): »À Mons[ieur] Le Doct[eur] von Savigny[,] Professeur &c. &c.[,] Berlin[,] de la part du Traducteur«. Vgl. auch Hayward, Brief an Savigny, 22. August 1831 (Anm. 65).

72 Bonn (Anm. 61): »Professor Schlegel &c &c &c [,] (presented, as a humble token of profound respect and admiration, by the Translator)«. Das Buch wurde mit dem restlichen Büchernachlass Schlegels am 11. Dezember 1845 versteigert, vgl. den Katalog der Versteigerung, ULB Bonn Sign. 68/814. Offenbar hatten Hayward und Schlegel noch keine Bekanntschaft gemacht, denn Hayward fügte auf der Titelseite unter seinem Namen ein »(Editor of the Law Magazine and Quarterly Review of Jurisprudence)«.

73 Heidelberg (Anm. 61) stammt aus der Bibliotheca Mittermaieriana (dazu http://www.ub.uni-heidelberg.de/allg/benutzung/bereiche/handschriften/mittermaier.html). Hayward schickte Mittermaier jeweils ein Exemplar der beiden Auflagen seiner Faustübersetzung zu: Abraham Hayward, Briefe an Mittermaier vom 11. Januar 1833 und 3. Januar 1835, Heid. Hs. 3718, 17 H 5.

74 Bremen (Anm. 61): »Doct[or] J[ohann] F[riedrich] Blumenbach, Professor &c &c &c (presented as an humble token of profound respect by the Translator)«.

75 Berlin (Anm. 61) stammt aus der Bibliothek der Brüder Jacob und Wilhelm Grimm und hat folgende Widmung: »Professor Grimm &c &c &c (presented with profound respect by the Translator)«. Göttingen (Anm. 61) trägt den Stempel der Königlichen Universitätsbibliothek und der Königlichen Akademie der Wissenschaften zu Göttingen; die Gebrüder Grimm waren dort von 1830–1837 Bibliothekare – vielleicht handelt es sich auch um ein Gastgeschenk Haywards anlässlich seines Besuchs im August 1831 (vgl. unten bei Fn. 103).

76 Amsterdam (Anm. 61): »à Monsr. Monsr. [sic] Meyer &c. &c. &c., presented with the highest admiration by the Translator«.

77 J.D. Meijer, De la codification en général, et de celle en Angleterre en particulière, en une série de lettres addressées à Mr. C. P. Cooper, avocat anglais, Amsterdam und London: Diedrichs Frères und Longman 1830, S. ix, xii. Das Werk wurde kritisch angezeigt von Abraham Hayward, Events of the Quarter, in: Law Magazine; or Quarterly of Jurisprudence 4 (1830), S. 237–244, hier S. 244 (mit Schreibweise »Meyer«).

In England versandte Hayward seine Übersetzung nicht nur an Familienangehörige[78] und Bekannte, die ihm offenbar bei der Übersetzung geholfen hatten.[79] Er schickte sie auch an die wichtigsten Bibliotheken, etwa die Bodleian Library zu Oxford[80] sowie in London an die Sammlung des frisch gegründeten Oxford and Cambridge Club,[81] die Society of Antiquaries[82] und das British Museum, dessen Bibliothek später den Grundstock der British Library bilden sollte.[83] Der einflussreiche und Hayward politisch nahestehende romantische Dichter Samuel Taylor Coleridge erhielt ebenso ein Exemplar[84] wie der Militärhistoriker William Francis Patrick Napier[85] und wohl auch der Universalge-

78 Cornell (Anm. 61): »To [oder: T.] Hayward (from the Translator)«. Vermutlich ging dieses Exemplar an Abraham Haywards Bruder Thomas oder an seinen Vater.

79 University of Washington (Anm. 61) accession number 18397: »Adolph Bach Esq. (with the translator's best thanks for his very valuable assistance)«. Ein Adolph Bach, der früher für die Allgemeine Zeitung und den Freisinnigen geschrieben hatte, hielt sich zu Beginn der dreißiger Jahre in London auf, vgl. Österreichischer Beobachter Nr. 221, 8. August 1832, S. 1074.

80 Oxford (Anm. 62): »From the Translator A. H.«.

81 National Library of Australia (Anm. 61): »Oxford and Cambridge University Club. Presented by the Translator«.

82 Society of Antiquaries of London (Anm. 61): »Presented to the Honourable Society of Antiquaries by the Translator A. Hayward. Temple – Jan. 16 1835«. Dies ist eines von nur zwei erhaltenen Exemplaren, die Hayward offenkundig nicht direkt verschenkte. Bei dem anderen handelt es sich um Harvard Widener (Anm. 61): »Charles Sumner Esq. – from the Translator – A. H.«; Sumner, der spätere Bürgerrechtler und Senator für Massachusetts, und Hayward lernten sich erst 1838 kennen, vgl. Edward L. Pierce, Memoir and Letters of Charles Sumner, Bd. I: 1811–1833, 5. Aufl., Boston: Roberts Brothers 1881, S. 306.

83 British Library, 501.b.22 (Anm. 61): »Presented by the Translator«. Das Exemplar weist den ovalen »Museum Britannicum«-Stempel auf, der zwischen 1753 und 1836 in Gebrauch war.

84 British Library, C.126.g.12 (Anm. 61): »S.T. Coleridge Esq., Presented as an humble token of profound respect by the translator«; mit handschriftlicher Ergänzung des Übersetzers auf S. 48 (zum Konservativismus der römischen Juristen, vgl. Beruf, S. 32): »More than one of the friends to whom I presented the first copies of this translation, have been forcibly struck by the general likeness which Savigny's cast of mind bears to Mr. Coleridge's as exemplified in the work quoted above«, mit Hinweis auf Samuel Taylor Coleridge, On the Constitution of the Church and State, According to the Idea of Each, London: Hurst, Chance and Co. 1830.

85 Michigan (Anm. 61): »Col. Napier C. B. & c. – (respectfully presented by the Translator)«. Hayward hatte Alexander Johnston zwei Exemplare gesandt und ihn gebeten, das zweite an »Colonel Napier« weiterzugeben (vgl. Anschreiben an Johnston, Anm. 63). Mit großer Wahrscheinlichkeit handelte es dabei um William Napier, Johnstons Vetter, der 1830 zum Colonel befördert worden war; aus der Anspielung an Cicero, Epistulae ad Atticum 4.16.3 (»et erat primi

lehrte William Whewell, Fellow und später Master des reichsten und mächtigsten Hauses in Cambridge, Trinity College.[86]

Zu den juristischen Empfängern zählten verschiedene bekannte und befreundete Praktiker, von denen viele in literarischen und politischen Kreisen verkehrten und berufliche und familiäre Bezüge zu Haywards südwestenglischer Heimat aufwiesen. Darunter waren Samuel Coleridges Neffe, John Taylor Coleridge (vielleicht auch sein Großneffe, John Duke Coledrige),[87] sowie der aus Exeter stammende John Herman Merivale[88] und sein Sohn Herman.[89] Der ältere Merivale war nicht nur juristischer Fachautor und, als Mitglied der einflussreichen Chancery Commission, führender Rechtsreformer; er ging auch in einem der bedeutendsten literarischen Zirkel ein und aus.[90] Der Sohn hatte gerade das neugeschaffene Eldon Law Scholarship der Universität Oxford gewonnen und sollte sich später ebenfalls einen Namen als Literat machen.[91] Der Barrister und Unterhausabgeordnete George Spence,[92] Übersetzer des Code civil und Verfasser eines ausführlichen Traktats zur europäischen Rechtsge-

libri sermo non alienus a Scaevolae studiis«) in dem Anschreiben geht auch hervor, dass besagter Napier kein Jurist war.

86 Cambridge, Trinity College (Anm. 61) gelangte 1866 mit Whewells Nachlass in den Besitz der Bibliothek. Es ist mit der Zweitauflage von Savignys »Beruf« sowie anderen juristischen (u. a. von Thibaut und Mittermaier) und mathematischen Schriften in einem Band zusammengebunden. Die letzte dieser Schriften datiert von 1841. Es ist zumindest wahrscheinlich, dass dieses Exemplar nicht an einen Londoner Juristen adressiert war, denn Hayward setzte unter seinem Namen auf der Titelseite noch in Klammern seine Berufsbezeichnung (»Of the Inner Temple, Barrister«) hinzu.

87 New York Public Library (Anm. 61) enthält keine Widmung Haywards, sondern von einer anderen Hand den Eintrag »J. D. Coleridge, 1847«. John Duke Coleridge (seit 1846 Barrister und später Solicitor General, Advocate General, Chief Justice sowie Lord Chief Justice) war 1831 erst elf Jahre alt. Vielleicht schenkte ihm Hayward erst später ein Exemplar. Wahrscheinlicher ist jedoch, dass Hayward es John Dukes Vater, John Taylor, schenkte, der bereits seit 1819 als Barrister zugelassen war, wie Hayward starke familiäre und berufliche Bezüge in den Südwesten Englands hatte und 1835 zum Richter ernannt wurde.

88 Exeter, Tracts 27/1 (Anm. 61): »J. H. Merivale Esq. – (from the Translator)«.

89 Exeter, Tracts 26/1 (Anm. 61): »Herman Merivale – (from the Translator)«.

90 J.M. Rigg, Merivale, John Herman (1779–1844), bearbeitet von Ralph Lloyd-Jones, in: Oxford Dictionary of National Biography (OUP online edn. 2008: http://www.oxforddnb.com/view/article/18594).

91 Leslie Stephen, Merivale, Herman (1806–1874), bearbeitet von Donovan Williams, in: Oxford Dictionary of National Biography (OUP online edn. 2004: http://www.oxforddnb.com/view/article/18593). Merivale wurde 1832 als Barrister zugelassen und assistierte Hayward später in dessen bedeutendsten Fall.

92 Harvard Law School (Anm. 61) enthält keine Widmung Haywards, sondern von einer anderen Hand den Eintrag »G. Spence Esq.«.

schichte,[93] war Hayward im Jahr vor dem Erscheinen der Savigny-Übersetzung als eifriger Verfechter tiefgreifender Reformen des Court of Chancery aufgefallen.[94] Francis Palgrave[95] war neben dem Anwaltsberuf regelmäßiger Autor im Quarterly Review und im Edinburgh Review sowie einer der führenden zeitgenössischen Mediävisten.[96]

Doch Hayward versandte die Übersetzung auch an Kollegen, mit denen er noch keine Bekanntschaft geschlossen hatte, wie etwa an den jungen Barrister und Unterhausabgeordneten Edward Strutt, der sich im Umfeld der Reformer um Bentham, Mill und Austin bewegte.[97] Schließlich nutzte er das Buch, um sich bei höhergestellten Juristen bekannt zu machen. Darunter waren der Generalstaatsanwalt Ihrer Majestät,[98] der einflussreiche Richter am Court of King's Bench, James Parke,[99] und Alexander Johnston, der ehemalige Chief

93 George Spence, The Code Napoléon; or, The French Civil Code: Literally Translated from the Original and Official Edition, Published at Paris, in 1804, London: C. Hunter 1824; ders., An Inquiry into the Origin of the Laws and Political Institutions of Modern Europe, Particularly Those of England, London: John Murray 1826.

94 Abraham Hayward, Events of the Quarter, in: Law Magazine; or Quarterly of Jurisprudence 4 (1830), S. 520–526, hier S. 525. Vgl. George Spence, Chancery Reform: Substance of the Speech of G. Spence, Esq., M. P. on Sir C. Wetherell's Motion in the House of Commons, Thursday 17th June, 1830, London: Thomas Davison 1830; später dann ders., The Evils and Abuses of the Court of Chancery and Proposed Amendments, London: Saunders and Benning 1831. Dazu ausführlich David R. Fisher, Spence, George (1787–1850), in: ders., (Hg.), The History of Parliament: the House of Commons 1820–1832, Cambridge: Cambridge University Press 2009.

95 Leeds (Anm. 61): »To Palgrave Esq. From the Translator«.

96 G.H. Martin, Palgrave, Sir Francis (1788–1861), in: Oxford Dictionary of National Biography (OUP online edn. 2008: http://www.oxforddnb.com/view/article/21157).

97 University of Washington (Anm. 61) accession number 63941: »E. Strutt Esq. (from the Translator)«. Das Anschreiben Haywards ist in das Exemplar eingebunden: »Temple, Oct. 5 – Hearing from a mutual friend that Mr Strutt takes a warm [?] interest in the study of jurisprudence[,] the translator, though personally unknown, is emboldened to request his acceptance of the accompanying tract …«. Zu Strutt, vgl. E.I. Carlyle, Strutt, Edward, first Baron Belper (1801–1880), bearbeitet von Matthew Lee, in: Oxford Dictionary of National Biography (OUP online edn. 2006: http://www.oxforddnb.com/view/article/26681); Stephen Farrell und Simon Harratt, Strutt, Edward (1801–1880), in: David R. Fisher, (Hg.), The History of Parliament: the House of Commons 1820–1832, Cambridge: Cambridge University Press 2009.

98 Columbia (Anm. 61): »To The Attorney General (From the Translator)«. Das Amt hatte von November 1830 bis November 1832 Sir Thomas Denman inne.

99 Georgetown (Anm. 61): »The Hon: Mr. Just: Parke (respectfully presented by the Translator)«.

Justice von Ceylon und spätere Privy Councillor.[100] Ein weiterer Jurist war Joseph Wilson Croker, Unterhausabgeordneter, zeitweise Minister und, vielleicht besonders wichtig, Mitbegründer und einflussreichstes Mitglied des Athenaeum, also des exklusivsten Clubs der Hauptstadt,[101] für den Hayward 1830 erfolglos zur Aufnahme vorgeschlagen worden war.[102]

Sollte es Hayward mit seiner Übersetzung in erster Linie darum gegangen sein, Kontakte zu knüpfen, so ging sein Plan auf. Bereits im August 1831 stattete er Göttingen einen mehrtägigen Besuch ab, wo ihn Jacob und Wilhelm Grimm mit offenen Armen empfingen und ihn mit Bluhme, Eichhorn, Gans und Hugo in Kontakt brachten. Mit Blumenbach diskutierte er bei Rindfleisch, Birnen und konzertanter Begleitung die neuesten Erkenntnisse der Schädellehre.[103] Später erhielt er von Savigny, der offenbar auf eine frühere Zusendung einiger Ausgaben des »Law Magazine« gar nicht erst reagiert hatte[104] und mit dem auf seiner Deutschlandreise kein Treffen zustande gekommen war,[105] einen warmherzigen Dankesbrief, der die Eleganz der Übersetzung rühmte und Hayward zu weiterem Gedankenaustausch aufforderte.[106] 1832 wurde er korrespondierender Herausgeber der von Mittermaier gemeinsam mit Zachariä herausgegebenen »Kritischen Zeitschrift für Rechtswissenschaft und Gesetzgebung des Auslan-

100 Michigan (Anm. 61). Zu Johnston, vgl. H.G. Keene, Johnston, Sir Alexander (1775–1849), bearbeitet von Roger T. Stearn, in: Oxford Dictionary of National Biography (OUP online edn. 2006: http://www.oxforddnb.com/view/article/14927).

101 Cambridge University Library (Anm. 61): »The Right Hon[ourable] J[ohn] Wilson Croker M. P.« Zu Croker, vgl. William Thomas, Croker, John Wilson (1780–1857), in: Oxford Dictionary of National Biography, Oxford (OUP online edn. 2011: http://www.oxforddnb.com/view/article/6738).

102 Chessell, The Life and Times (Anm. 33), S. 40. Offenbar sandte Hayward aber kein Exemplar an die Bibliothek des Athenaeum; jedenfalls ist dort heute keines erhalten: Email der Archivarin des Athenaeum, Jennie De Protani, an Verf., 17. Juli 2013.

103 Vgl. die bei Carlisle, Correspondence (Anm. 33), S. 13–15, abgedruckten Einträge in Haywards Reisetagebuch.

104 Der Brief von Abraham Hayward an Friedrich Carl von Savigny vom 3. März 1831, Marburg Ms. 925/1115, war offenbar unbeantwortet geblieben: Hayward, Brief an Savigny, 22. August 1831 (Anm. 65).

105 Vgl. Hayward, Brief an Savigny, 22. August 1831 (Anm. 65), mit Ortsangabe Göttingen.

106 Ohne Datum abgedruckt bei Carlisle, Correspondence (Anm. 33), S. 15 f. (vermutlich eine Übersetzung aus dem Deutschen). Im März 1832 bedankte sich Hayward für Savignys »most obliging and flattering letter which it was to me the highest gratification to receive« und kündigte an, die englische Öffentlichkeit auch mit dem Inhalt der »Geschichte« vertraut zu machen: Abraham Hayward, Brief an Friedrich Carl von Savigny vom März 1832, Marburg Ms. 925/1117.

des«.[107] Mit Mittermaier entspann sich eine Korrespondenz, die von 1832 bis mindestens 1843 andauerte.[108] Unter anderem fragte Hayward Mittermaier um Rat hinsichtlich der Übersetzung der Begriffe »Blutbann« und »Blutschuld« für die Zweitauflage seiner Faust-Übersetzung.[109] Schon bei den Vorarbeiten zur ersten Auflage hatte er Rat von Jacob Grimm und dem älteren Schlegel eingeholt.[110]

In England fand die »Vocation« unter Juristen und darüber hinaus eine freundliche Aufnahme.[111] Es war so erfolgreich, dass die erste Auflage von Hayward's Faust-Übersetzung zwei Jahre später nicht unter seinem Namen, sondern als »vom Übersetzer von Savignys ‚Beruf'« veröffentlicht wurde.[112] Im Februar 1835 erhielt Hayward die »dringliche« Einladung, Whewell und andere bedeutende Gelehrte in Cambridge am Trinity College zu besuchen.[113] Und nicht zuletzt erfolgte im selben Monat die ersehnte Aufnahme in das Athenaeum.[114] Bald darauf wurde er auch zum Mitglied des zweiten bedeutenden Clubs, des Carlton, gewählt.[115] Zufrieden resümierte Hayward in der Korres-

107 Vgl. die Titelblätter von Kritische Zeitschrift für Rechtswissenschaft und Gesetzgebung des Auslandes 3 (1831) und 4 (1832).

108 Heid. Hs. 3718, 17 H 5 enthält 13 Briefe aus den Jahren 1832–1843. Die Abraham Hayward Correspondence Files in der Pforzheimer Collection der New York Public Library sowie die Abraham Hayward Collection in der Beinecke Rare Books and Manuscript Library an der Yale University (Gen MSS 553) enthalten keine Briefe Mittermaiers.

109 Abraham Hayward, Brief an Mittermaier vom 3. November 1833, Heid. Hs. 3718, 17 H 5.

110 Vgl. Erich Schmidt, Ein verschollener Aufsatz A. W. Schlegels über Goethes »Triumph der Empfindsamkeit« in: Julius Zupitza (Hg.), Festschrift zur Begrüssung des fünften Allgemeinen Deutschen Neuphilologentages, Berlin: Weidmann 1892, S. 77–92, hier S. 80–85, mit Abdruck je eines Briefes von Grimm und Schlegel.

111 Vgl. die ungezeichnete Rezension in The Metropolitan Magazine 2 (Heft 7, November 1831), S. 88: »a well translated work« und Carlisle, Correspondence (Anm. 33), S. 12 sowie auch Hayward, Brief an Savigny, 22. August 1831 (Anm. 65): »... before leaving England I received letters from the greater number expressing the highest possible opinion of the work. Indeed so very flattering is the reception that, so soon as our present political fever is abated, I think I may be induced to give another Edition, with a slight introductory sketch of German periodical literature at the present time«.

112 Faust (Anm. 37).

113 Abraham Hayward, Brief an seine Schwester vom 23. Februar 1835, in: Carlisle, Correspondence (Anm. 33), S. 52: »I have a pressing invitation from the fellows of Trinity, Cambridge, to spend a few days to meet Sedgwick, Whewell, Thirlwall and Peacock, &c., who are said to form one of the most intellectual societies in the kingdom«.

114 Ebd.

115 Abraham Hayward, Brief an seine Schwester vom 29. März 1836, in: Carlisle, Correspondence (Anm. 33), S. 53–54, hier S. 54.

pondenz mit seiner Schwester: »Bei mir läuft es hervorragend – juristisch, literarisch und gesellschaftlich. Heute diniere ich mit Baron James Parke, morgen mit Gurney …; und am vergangenen Donnerstag aß ich mit Lord Abinger zu Abend. Du siehst also, dass ich in jeder Beziehung einen guten Stand bei den Richtern habe«.[116] Und, einige Monate später: »Ich bin nun ein ständiges Mitglied der besten Londoner Gesellschaft. Darunter verstehe ich nicht diejenigen, die bloß den obersten Klassen angehören, sondern die angesehensten Politiker, Juristen, Dichter, Maler und Naturwissenschaftler, die Geistreichsten, usw., gemeinsam mit den aufgeklärtesten Adligen«.[117] Es war die Übersetzung des »Beruf«, die als Türöffner zu diesen Kreisen gedient hatte.

d) *Das übersetzerische Programm*

In seinem neunseitigen »Vorwort des Übersetzers« nahm Hayward auch kurz zu seinen übersetzerischen Leitlinien Stellung. Danach sollte es nicht ausreichen, den Autor bloß zu paraphrasieren. Ein Übersetzer dürfe zwar die Wortstellung umkehren, sich aber keinesfalls Freiheiten mit der Gedankenführung des Autors erlauben. Er, Hayward, habe daher sehr wohl alle rein deutschen Redewendungen sorgfältig entfernt, aber doch, von einigen Ausnahmen abgesehen, »durchgehend die Art und Weise der Entwicklung der Gedankenführung genau beibehalten«. Es sei nämlich die »Pflicht des Übersetzers, so eng wie möglich am Text zu haften« und den Autor »wörtlich wiederzugeben«.[118]

Wie ernst es Hayward mit seinem Programm der möglichst wortgetreuen Reproduktion war, zeigte sich zwei Jahre später bei seiner Übertragung des »Faust«. Hier setzte er sich in einem über achtzigseitigen Vorwort detailliert mit den Fehlern und Mehrdeutigkeiten vorhergehender englischer und französi-

116 Hayward, Brief an seine Schwester, 23. Februar 1835 (Anm. 113): »All goes well with me in law, literature and society. I dine to-day with Baron James Parke, to-morrow with Guerney …; and last Thursday I dined with Lord Abinger, so that you see I stand well with the Judges at all events«.

117 Abraham Hayward, Brief an seine Schwester vom 3. Juli 1835, in: Carlisle, Correspondence (Anm. 33), S. 52: »I am now a regular member of the best London society – by which I do not mean the highest in mere rank – but that which includes all the most distinguished politicians, lawyers, poets, painters, men of science, wits, &c., along with the most enlightened of the aristocracy«.

118 Hayward, Vocation, Translator's Preface (Anm. 32), S. vii f.: »Some learned friends … advised me to be content with a paraphrase; but … it is the translator's duty to stick close to his text; and … though he may deal as he likes with inversions of language, he has no right to meddle with inversions of thought. All purely German idioms, therefore, I have carefully removed; but (with very few exceptions) I have retained the precise mode of developing the arguments throughout. … to render literally an author«.

scher »Faust«-Übersetzungen auseinander und gab tiefere Einblicke in seine Vorgehensweise. Er übersetze stets »buchstabengetreu, unter offener Missachtung der scharfsinnigen Kritiker, die annehmen, sie könnten den Geist eines genialen Werks quasi im Vorbeilaufen erfassen«.[119] Für ein Werk in Versform warf dies offensichtlich besondere Probleme auf. Hayward entschied sich daher für eine Prosaübersetzung. Der »Faust« verdiene es, »so buchstabengetreu übersetzt zu werden, wie es die Eigenarten unserer Sprache zulassen, wobei fast ausschließlich auf die strikte Bedeutung der Worte Bezug genommen wird und die Schönheiten, die der Poesie gemeinhin als eigen gelten, vergleichsweise vernachlässigt werden, sofern sie sich mit dieser Bedeutung als unvereinbar erweisen.«[120] Zwar habe er auch eine gewisse sprachliche Rhythmik einzuführen versucht, doch habe er dieser nie die Bedeutung geopfert, getreu seiner »tiefsten Überzeugung, dass eine Übersetzung wie meine wertlos ist, wenn sie nicht buchstabengetreu ist. Unter buchstabengetreu ist jedoch nur zu verstehen, dass ich mich bemüht habe, die genaue Bedeutung Goethes zu vermitteln; dieses Ziel ist meist am besten zu erreichen, indem man die exakte Ausdrucksform beibehält, die er verwendet hat.«[121]

e) *Probleme des Übersetzers*

Doch auch ein Prosatext wie derjenige Savignys stellte den Übersetzer vor Herausforderungen. Insbesondere die Freiheiten, die sich deutsche Autoren mit Relationsbegriffen und Demonstrativpronomen erlaubten, machten Hayward zu schaffen. So müssten die Wörter »dieses« oder »jenes« nicht notwendig auf etwas Bezug nehmen, was der Autor tatsächlich gesagt oder angedeutet habe; sie könnten sich auch auf das beziehen, was dem Leser nach Ansicht des Autors

119 A[BRAHAM] H[AYWARD], Translator's Preface, in: Faust (Anm. 37), S. v–lxxxvii, hier S. lxxxii: »In all such cases I translate literally, in direct defiance of those sagacious critics, who expect to catch the spirit of a work of genius as dogs lap water from the Nile«. Zur Fabel von den Hunden, die das Nilwasser im Laufen trinken, um nicht von den Krokodilen gefressen zu werden, vgl. PHAEDRUS, Fabulae Aesopiae, 1, 25; PLINIUS, Naturalis Historia, 8, 149.

120 HAYWARD, Faust, Translator's Preface (Anm. 119), S. viii: »... a work ... which ... deserves to be translated as literally as the genius of our language will admit, with an almost exclusive reference to the strict meaning of the words, and a comparative disregard of the beauties which are commonly thought peculiar to poetry, should they prove irreconcilable with the sense«.

121 EBD., S. lxxxi: »... the rooted conviction, that, if a translation such as mine be not literal, it is valueless. By literal, however, must be understood only that I have endeavoured to convey the precise meaning of Goethe: an object often best attainable by preserving the exact form of expression employed by him«.

ein oder zwei Seiten zuvor durch den Kopf gegangen sein müsse.[122] Wie sich Hayward in derartigen Situationen behalf, lässt sich gut an folgender Stelle erkennen:

... das vorhandene, was nicht geändert, sondern beybehalten werden soll, muß gründlich erkannt und richtig ausgesprochen werden. Jenes betrifft den Stoff, dieses die Form. (Beruf, 21)	... the existing law, which is not to be changed, but retained, must be thoroughly understood and properly expressed. *That* (the understanding of it) concerns the substance, *this* (the expression) the form. (Vocation, 37)

Heute würden englische Autoren eine derartige Konstellation vermutlich mit Hilfe des allgegenwärtigen Begriffspaars »the former ..., the latter ...« bewältigen, das auch Hayward gelegentlich verwendete.[123] An dieser Stelle wirkt seine Übersetzung zwar etwas sperrig, doch er handelte ganz im Einklang mit seinem übersetzerischen Programm: Er war durchaus bereit, für einen Gewinn an Klarheit Einbußen an Eleganz hinzunehmen. Nicht immer aber ließ sich dies so einfach bewerkstelligen. Insgesamt hielt Hayward die deutsche Sprache für wesentlich unbestimmter als das Englische, das den Schreiber nachgerade zu Klarheit und Präzision zwinge. Deutsche Autoren erlaubten sich dagegen »eine gehörige Portion Mystizismus«.[124]

Nun wies gerade Savignys Stil zusätzliche Besonderheiten auf, die Hayward die Übersetzung erschwerten: Seine »Denkweise und Ausdrucksformen unterscheiden sich derart von denjenigen, die bei uns in Mode sind, dass ich starke Befürchtungen hinsichtlich der Änderungen hege, die ein englisches Gewand bei ihm bewirkt haben könnte«.[125] Auch die Fremdartigkeit der philosophi-

122 Hayward, Vocation, Translator's Preface (Anm. 32), S. vi: »... with regard to the use of relative terms, in particular – those unerring tests of accurate construction – a very wide license is allowed, nor is it at all unusual to find the *dieses*, *jenes*, or *es* (*this*, *that*, or *it*) of a German writer referring, not to anything he has actually said or alluded to, but to something which he supposes may have passed through the mind of the reader a page or two back«.

123 Beruf, S. 46 und Vocation, S. 62. Vgl. auch Beruf, S. 3 und Vocation, S. 19: »the first ...; the latter«.

124 Hayward, Vocation, Translator's Preface (Anm. 32), S. v f.: »A modern English writer is expected to be so pellucidly clear, as almost to save his readers the exertion of thought; he is required, not merely to use expressions from which his meaning may be caught, but expressions admitting of no meaning but one; and our language is now sufficiently formed to enable a thorough master of it to be thus rigidly precise. The Germans, however, have never yet submitted to any restraints of the kind; ... Then, again, their language, with all its richness and variety, is still confessedly unfixed ... and they still indulge themselves in a fair proportion of mysticism«.

125 Ebd., S. vii: »... his modes of thought and expression differ so very widely from those in fashion amongst us, as to make me, as already intimated, extremely fearful of the change an English dress may have wrought in him«.

schen Anschauungen Savignys[126] stellten Hayward mit seiner Tendenz zur Buchstabentreue vor ein fast unlösbares Problem: Wie war es möglich, einen Autor wörtlich wiederzugeben, der einer spekulativen Denkweise anhing? Gelingen konnte dies seiner Meinung nach nur durch eine peinlich genaue Analyse jedes Satzes, häufig sogar jeden einzelnen Wortes.[127]

Dabei unterliefen Hayward trotz aller Bemühungen, einschließlich Rücksprache mit Kennern der deutschen Sprache,[128] auch Fehler. Es findet sich ein gutes Dutzend Stellen, bei denen die Übersetzung auf den ersten Blick falsch oder zumindest schief erscheint. So ist es wohl ein Flüchtigkeitsfehler, wenn Savigny sich auf »die Verfasser« des ABGB bezieht und Hayward im Singular »the framer« übersetzt, so dass im Zusammenhang mit einem Fußnotenverweis auf Zeiller der Eindruck entsteht, dieser sei der alleinige Vater des Gesetzes.[129] An einer Stelle kapituliert Hayward offen. Im achten Kapitel des »Beruf« zählt Savigny die drängendsten Probleme des deutschen Zivilverfahrens auf und nennt an erster Stelle die »Anarchie der Advokaten«.[130] Hier übersetzt Hayward ganz richtig mit »anarchy of advocates«, beklagt aber in einer Fußnote, er habe nicht herausfinden können, was damit gemeint sei, wo doch der »Rang« oder der »Stand« der Advokaten genau festgelegt sei,[131] verwechselt also offenbar »Anarchie« mit »Hierarchie«. Das erstaunt, denn der Begriff »anarchy« findet sich in der englischen Sprache lange vor Hayward bei so bekannten und vielgelesenen Autoren wie Bacon, Milton, Burke und Byron und bezeichnet dort nicht nur die Abwesenheit staatlicher Ordnung, sondern auch das Fehlen jeglicher Ordnung in anderen gesellschaftlichen Zusammenhängen.[132]

126 Hayward gesteht offen ein, dass er mit dem philosophischen Kontext nicht besonders gut vertraut ist. In einem Fußnotenzusatz in Vocation, S. 12 zu Beruf, S. v, wo Savigny die auf Wolff folgenden »späteren Popularphilosophen« erwähnt, spekuliert er: »[Fichte, Schelling, and Hegel are, I believe, alluded to. ...]«. In einem erst 1835 an die Society of Antiquaries of London vermachten Exemplar (Anm. 61) stellt Hayward dies durch handschriftlichen Zusatz in Frage und verweist auf Kant. Tatsächlich meinte Savigny wohl Autoren wie Feder oder Garve, die von ihren Zeitgenossen häufig als »Popularphilosophen« betitelt wurden.

127 Hayward, Vocation, Translator's Preface (Anm. 32), S. vii: »... to render literally an author of a speculative turn, the nicest analysis of each particular sentence, and not unfrequently of each particular word, is required«.

128 Ebd., S. viii f.

129 Beruf, S. 97 und Vocation, S. 115. Zu dieser Stelle auch unten bei Anm. 138.

130 Beruf, S. 130.

131 Vocation, S. 151: »[... I have not been able to learn what is meant by *Anarchie der Advokaten*, the rank of the German advocate being accurately defined. – Transl.]«.

132 OED, v° anarchy, Nr. 1.a. und 2.a.

Gelegentlich lässt die Übersetzung auch zu wünschen übrig, weil die englische Juristensprache schlicht keinen dem deutschen Original entsprechenden Ausdruck zur Verfügung stellt oder ein naheliegender englischer Begriff bereits mit anderem Bedeutungsgehalt belegt ist. Hayward weist ausdrücklich darauf hin, dass der Ausdruck »bürgerliches Recht« sich nur durch »civil law« übersetzen lasse, englische Juristen damit aber gemeinhin das römische Recht zu bezeichnen pflegten. Er verwendet daher durchgehend ein schlichtes »law«, worunter er aber ausschließlich »the law relating to private transactions« verstanden wissen möchte.[133] Auch »Privatrecht« übersetzt er mit einem nicht weiter qualifizierten »law«.[134] Ein weiteres Beispiel ist der Begriff »gemeines Recht«, dessen umstandslose Übertragung als »the common law« grob irreführend ist.[135]

Geschickter verfährt er mit dem ähnlich schwierigen Ausdruck »Billigkeit«. Im allgemeinen englischen Sprachgebrauch ist das ein schillerndes Wort, für das die zeitgenössischen Lexika eine Vielzahl von Bedeutungen anbieten. Dazu gehören »equitableness«, »equity« »justice«, »justness«, »right«, »reason«, »legality«, »reasonableness« und »rectitude«.[136] Für einen Juristen läge es nun nahe auf den *terminus technicus* der »equity« zurückzugreifen. Dabei handelt es sich aber um einen klassischen »false friend« der neuzeitlichen kontinentalen *aequitas*, bei dem die gleichen etymologischen Wurzeln und der teilweise überlappende Gebrauch verdecken, dass die Begriffe zum Zeitpunkt der Übersetzung einen ganz verschiedenen Bedeutungsgehalt haben.[137] Ganz richtig vermeidet Hawyard dann auch den Ausdruck »equity«, wo Savigny die von den Verteidigern des römischen Rechts immer wieder angeführte »Billigkeit« desselben in Frage stellt:[138]

133 Hayward, Vocation, Translator's Preface (Anm. 32), S. ix. Vgl. nur Beruf, S. 8 und Vocation, S. 24; Beruf, S. 10 und Vocation, S. 26; Beruf, S. 114 und Vocation, S. 133.

134 Beruf, S. 9 (»Regeln des Privatrechts«) und Vocation, S. 25 (»rules of the law«).

135 Beruf, S. 40 und Vocation, S. 56; Beruf, S. 145 und Vocation, S. 166. Vgl. auch Beruf, S. 111 und Vocation, S. 130 (»common-law«) (2x). Wie Hayward aber auch Bailey, v° Gemein; Fick, v° Recht.

136 Bailey, v° Billigkeit; Fick, v° Billigkeit.

137 So deutlich der ebenfalls 1831 erstmals publizierte Text von John Austin, An Outline of a Course of Lectures on General Jurisprudence, or the Philosophy of Positive Law, nachgedruckt im Anhang zu Austin, Province (Anm. 7), S. i–lxx, hier S. xiv f. Vgl. auch bereits William Blackstone, Commentaries on the Laws of England, Bd. III, Oxford: Clarendon Press 1768, S. 44–55.

138 Das gesperrte bzw. kursivierte Zitat stammt aus den französischen Gesetzesmaterialien.

... so sey im übrigen die Billigkeit dieses Rechts über die Maaßen groß, ja es sey zu nennen *l'expression des sentimens mis par Dieu même dans le coeur des hommes*[Fn.]. Allein gerade dieses übrig bleibende materielle des Römischen Rechts, was man so für seine wahre Vortrefflichkeit ausgiebt, ist so allgemeiner Natur, daß es meist schon [28] durch gesunden Verstand ohne alle juristische Bildung gefunden werden könnte. (Beruf, 27 f.)	... and the excellence of the remainder [44] of this law, is, beyond measure, great; nay, it may well be termed, *l'expression des sentimens mis par Dieu même dans le cœur des hommes* [Fn.]. But this very remainder of the Roman law, so cited for its real excellence, is of so general a nature, that it might have been discovered by plain good sense, without any juridical cultivation. (Vocation, 43 f.)

Die Übersetzung mit »excellence« kann allerdings nicht überzeugen. Etwas »Vortreffliches« oder »Herausragendes« wird zwar gewöhnlich wie die Billigkeit als etwas »Wertvolles« und »Tugendhaftes« angesehen;[139] »gerecht«, »angemessen« oder »ausgeglichen« muss es aber gerade nicht zwingend sein. Die Schwäche der Übersetzung tritt nur wenige Zeilen später in dem gerade zitierten Fragment zu Tage, wenn Hayward den Begriff der »Vortrefflichkeit« ganz zutreffend und im Einklang mit den zeitgenössischen Lexika mit »excellence« überträgt.[140] Keine der lexikalischen Alternativen zu »equity« vermag zu überzeugen. An späterer Stelle, wo Savigny von »natürlicher Billigkeit« spricht, verwendet Hayward dann auch unbefangen den Begriff der »natural equity«.[141] Auch als Savigny Zeiller's Kritik der Urteilsfindung auf der Grundlage einer »eingebildeten Billigkeit (*aequitas cerebrina*)« zitiert,[142] ist nicht sicher, ob Hayward die Nuancen dieses Fachbegriffs[143] vollständig versteht, obwohl die Übersetzung als »fanciful equity (aequitas cerebrina)« durchaus Charme hat.[144]

Bei den juristischen Fachausdrücken ist Hayward nicht immer präzise, so etwa wenn es um den »Grundbesitz« einzelner Menschen geht und er dies mit »patrimonial property« übersetzt.[145] Dieser Begriff bezeichnet eher die Summe der (in der Regel: ererbten) Vermögensgegenstände oder aber das »Vermögensrecht« im weiteren Sinne, was Hayward wiederum mit dem Begriff für Sachenrecht, »property law«, wiedergibt.[146] Mit dem Begriff der »Rechtsanalogie«, für

139 Zu dieser bis in das 14. Jahrhundert zurückreichenden Bedeutungsnuance, vgl. OED, v° excellence, Nr. 1.a.

140 Vgl. nur Bailey und Fick, jeweils v° Vortrefflichkeit.

141 Beruf, S. 97; Vocation, S. 115.

142 Beruf, S. 108 Fn.

143 Dazu nur Christian Thomasius, De aequitate cerebrina, Halle 1717; Claus Schott, »Aequitas cerebrina«, in: Rechtshistorische Studien – Festschrift Hans Thieme, Köln und Wien: Böhlau 1977, 132–160.

144 Vocation, S. 127 Fn.

145 Beruf, S. 9 und Vocation, S. 25.

146 Beruf, S. 46 und Vocation, S. 62. Zum Begriff des Vermögensrechts auch unten bei Anm. 429.

den es bis heute im englischen Recht keine Entsprechung gibt, kann er augenscheinlich nichts anfangen und übersetzt etwas hilflos mit »analogical law«.[147] Ebenso unsicher verhält er sich gegenüber dem Ausdruck »Rechtsquelle«, für den die englische Rechtssprache die Bezeichnung »source of law« bereithält. Diese benutzt Hayward aber nur selten.[148] Stattdessen greift er mit Vorliebe auf den primär im Zusammenhang mit Richterrecht verwendeten Begriff der »authority«[149] oder »legal authority«[150] zurück oder verwendet gar das unästhetische und unenglisch klingende »law-authority«[151] bzw. »law authority«.[152] Alles in allem aber sind solche Fehlgriffe rar. Selbst ein sicherlich aufmerksamer Leser wie Hugo beschränkte sich mit seiner Kritik vor allem auf einige »Betisen« in den editorischen Anmerkungen Haywards.[153]

f) Werktreue und Originalität der Übersetzung

Insgesamt bleibt Hayward seinen übersetzerischen Leitlinien bemerkenswert treu. Sein Text folgt dem Original sehr eng. Zur Werktreue trägt bei, dass er bei Savigny verwendete lateinische und französische Begriffe und Passagen in der Originalsprache belässt.[154] Insbesondere bleibt die zweite »Beilage« mit ihrer langen Wiedergabe der Stellungnahme der Cour d'appel unübersetzt.[155] Vielleicht war eine Übertragung aus dem Lateinischen oder Französischen aber auch schlichtweg nicht erforderlich. Die Kenntnis dieser Sprachen konnte bei einem gebildeten Engländer des 19. Jahrhunderts wohl noch ohne weiteres vorausgesetzt werden.

147 Beruf, S. 23 und Vocation, S. 40.

148 Beruf, S. 23 und Vocation, S. 40 (im Zusammenhang mit der französischen Terminologie); Beruf, S. 40 und Vocation, S. 56 (im Zusammenhang mit dem »Zustand der Rechtsquellen in Deutschland«).

149 Beruf, S. 23 und Vocation, S. 39; Beruf, S. 111 und Vocation, S. 131 (2x).

150 Beruf, S. 17 und Vocation, S. 33; Beruf, S. 20 und Vocation, S. 37.

151 Beruf, S. 21 und Vocation, S. 38; Beruf, S. 23 und Vocation, S. 39.

152 Beruf, S. 25 und Vocation, S. 42.

153 Hayward, Brief an Savigny, 22. August 1831 (Anm. 65): »Professor Hugo has given me a list of bêtises that I have been led into in the few notes that I have made, and indeed it was the consciousness of my liability to such that induced me to make the notes so few & so short.«

154 So etwa »jurisprudence« im französischen Sinne (Beruf, S. 23 und Vocation, S. 40); das oben bei Anm. 138 abgedruckte Zitat aus den französischen Gesetzesmaterialien (Beruf, S. 27 und Vocation, S. 44); die subsidiär geltenden Rechtsquellen des französischen Rechts (Beruf, S. 74 und Vocation, S. 91).

155 Vocation, S. 185–192. Zur zweiten Beilage vgl. oben bei Anm. 27.

Die eigentliche Übersetzung des Haupttextes und des Savigny'schen Vorworts gibt den »Beruf« Satz für Satz, ja fast Wort für Wort und äußerst präzise in englischer Sprache wieder. Deutlich wird das im Vergleich mit anderen, freieren Übersetzungen. Ein Beispiel findet sich für den Beginn des Schlusskapitels, in dem Savigny Übereinstimmungen mit den Kodifikationsbefürwortern um Thibaut herausarbeitet. Diese Stelle zitiert auch Reinhard Zimmermann in einem englischsprachigen Artikel über »Savignys Vermächtnis« von 1996:[156]

In dem Zweck sind wir einig: wir wollen … Gemeinschaft der Nation und Concentration ihrer wissenschaftlichen Bestrebungen auf dasselbe Object. (Beruf, 161)	We are agreed as to the end in view: we desire … the unity of the nation, and the concentration of its scientific efforts upon the same object. (Vocation, 182)	As to what we aim at, we are in agreement, … [for] we want a national community whose scientific endeavours focus upon one and the same object. (Zimmermann, 579)

Zimmermann stellt hier zunächst den einleitenden Satzteil in einer Weise um, die jedenfalls der modernen englischen Phraseologie besser entspricht. Ferner verändert er vorsichtig die Satzstellung, indem er den schwerfälligen Genitiv (»Gemeinschaft der Nation«) in eine adjektivische Konstruktion umwandelt, das Nomen »Concentration« verbalisiert und die Gleichordnung der Satzbestandteile »Gemeinschaft der Nation« und »Concentration ihrer wissenschaftlichen Bestrebungen« zugunsten eines Relativsatzes aufgibt. Auf diese Weise gewinnt seine Übersetzung an Dynamik. Haywards Wortfolge dagegen bleibt ein wenig betulicher, zugleich aber reproduziert sie den Duktus Savignys perfekt und bleibt auf diese Weise enger am Original.

Insgesamt ist Haywards Übersetzung zwar etwas schwerfällig, aber doch sehr gut lesbar. Sie ist auch heutigen Lesern zugänglich und für ihre Zeit recht modern. Das zeigt der Vergleich mit einer anderen zeitgenössischen Übersetzung. Sie stammt aus der Einführungsvorlesung zu der Veranstaltung über die Grundlagen der Rechtswissenschaft, die Austin seit 1829 an der Universität London anbot. In der erst über drei Jahrzehnte später postum im Druck erschienenen Fassung der Einführungsvorlesung finden sich zwei Übersetzungen längerer Passagen aus dem »Beruf«. Die erste betrifft das juristische Studium in Preußen[157] und folgt wörtlich der Übersetzung Haywards, auf

156 Reinhard Zimmermann, Savigny's Legacy: Legal History, Comparative Law and the Emergence of a European Legal Science, Law Quarterly Review 112 (1996), S. 576–605.

157 Beruf, S. 144 f.

die auch eine Fußnote verweist.[158] Austin oder seine Witwe müssen diesen Text, der ja erst zwei Jahre nach der Einführungsveranstaltung erschienen war, nachträglich in das Vorlesungsmanuskript eingefügt haben.[159] Die zweite Passage umfasst zwei eng aufeinanderfolgende Fragmente aus dem »Beruf«.[160] Das eine ist die berühmte Schilderung der klassischen römischen Jurisprudenz, in der Savigny die Sentenz verwendet, die Klassiker hätten »mit den Begriffen gerechnet«. Das andere betrifft die Einheit von Theorie und Praxis bei den Klassikern. Bei der Wiedergabe dieser beiden Fragmente in englischer Sprache zitiert Austin das deutsche Original,[161] allerdings ähnelt sein Text auch hier in vielerlei Hinsicht demjenigen Haywards.[162] Fast scheint es, als hätten Austin oder seine Witwe die ursprüngliche Vortragsfassung noch einmal im Lichte der Hayward'schen Übersetzung überarbeitet. Dennoch verbleiben zahlreiche kleine Unterschiede, wie eine Gegenüberstellung der Texte zeigt. Zunächst das erste Fragment mit Unterstreichungen der Übersetzungsdifferenzen:

158 Vocation, S. 165–167; John Austin, On the Uses of the Study of Jurisprudence, in: ders., Lectures on Jurisprudence. Being the Sequel to »The Province of Jurisprudence Determined« to which are Added Notes and Fragments. Now first published from the Original Manuscripts, Bd. III, London: John Murray 1863, S. 345–387, hier S. 364 f. – die einzige Abweichung von Haywards Text besteht darin, dass bei Austin der Begriff »common law« durch den Klammerzusatz »(*Gemeines Recht*)« erklärt wird.

159 Die übrigen Vorlesungen wurden bereits 1832 veröffentlicht als Austin, Province (Anm. 7). Zur Editionsgeschichte, vgl. die Vorbemerkung von Sarah Austin, in: Austin, Lectures III (Anm. 158), S. 347. Sarah Austin war mit Haywards Übersetzung vertraut, vgl. ihre editorische Anmerkung, ebd., S. 297.

160 Beruf, S. 28–31.

161 Austin, On the Uses (Anm. 158), S. 360 f.

162 Vocation, S. 45–47.

Es ist oben (S. 22) gezeigt worden, daß in unserer Wissenschaft aller Erfolg auf dem Besitz der leitenden Grundsätze beruhe, und gerade dieser Besitz [29] ist es, der die Größe der Römischen Juristen begründet. Die Begriffe und Sätze ihrer Wissenschaft erscheinen ihnen nicht wie durch ihre Willkühr hervor gebracht, es sind wirkliche Wesen, deren Daseyn und deren Genealogie ihnen durch langen vertrauten Umgang bekannt geworden ist. Darum eben hat ihr ganzes Verfahren eine Sicherheit, wie sie sich sonst außer der Mathematik nicht findet, und man kann ohne Übertreibung sagen, daß sie mit ihren Begriffen rechnen. (Beruf, 28 f.)

It has been shown above (p. 38.) that, in our science, every thing depends upon the possession of the leading principles, and it is this very possession which constitutes the greatness of the Roman jurists. The notions and axioms of their science do not appear to have been arbitrarily produced; these are actual beings, whose existence and genealogy have become known to them by long and intimate acquaintance. For this reason their whole mode of proceeding has a certainty which is found no where else, except in mathematics; and it may be said, without exaggeration, that they calculate with their notions. (Vocation, 45)

And Savigny says, »It has been shown above, that, in our science, all results depend on the possession of leading principles; and it is exactly this possession upon which the greatness of the Roman Jurists rests. The notions and maxims of their science do not appear to them to be the creatures of their own will; they are actual beings, with whose existence and genealogy they have become familiar from long and intimate intercourse. Hence their whole method of proceeding has a certainty which is found nowhere else except in mathematics; and it may be said without exaggeration, that they calculate with their ideas. ...« (Austin, 360)

Austins Übersetzung des zweiten Fragments weicht noch stärker von derjenigen Haywards ab. Daher werden im Folgenden auch nicht alle Unterschiede unterstrichen:

Haben sie einen Rechtsfall zu beurtheilen, so gehen sie von der lebendigen Anschauung desselben aus, und wir sehen vor unseren Augen das ganze Verhältniß Schritt vor Schritt entstehen und sich verändern. Es ist nun, als ob dieser Fall der Anfangspunkt der ganzen Wissenschaft wäre, welche von hier aus erfunden werden sollte. So ist ihnen Theorie und Praxis eigentlich gar nicht verschieden, ihre Theorie ist bis zur unmittelbaren Anwendung durchgebildet, und ihre Praxis wird stets durch wissenschaftliche Behandlung geadelt. In jedem [31] Grundsatz sehen sie zugleich einen Fall der Anwendung, in jedem Rechtsfall zugleich die Regel, wodurch er bestimmt wird, und in der Leichtigkeit, womit sie so vom allgemeinen zum besondern und vom besondern zum allgemeinen übergehen, ist ihre Meisterschaft unverkennbar. (Beruf, 30 f.)

If they have a case to decide, they proceed upon the liveliest perception of it; and we see the whole relation, formed and modified, step by step before our eyes. It is as if this very case were the starting point from which the whole system was to spring. Thus, properly speaking, their theory and practice are the same; their theory is framed for immediate application, and their practice is uniformly ennobled by scientific treatment. They see in every principle a case of application, in every case the rule by which it is to be decided; and in the ease with which they pass from generals to particulars, and back again from particulars to generals, their mastery is undeniable. (Vocation, 47)

[And Savigny says,»] ... If they have a case to decide, they begin by acquiring the most [361] vivid and distinct perception of it, and we see before our eyes the rise and progress of the whole affair, and all the changes it undergoes. It is as if this particular case were the germ whence the whole science was to be developed. Hence, with them, theory and practice are not in fact distinct; their theory is so thoroughly worked out as to be fit for immediate application, and their practice is uniformly ennobled by scientific treatment. In every principle they see a case to which it may be applied; in every case, the rule by which it is determined; and, in the facility with which they pass from the general to the particular and the particular to the general, their mastery is indisputable.« (Austin, 360 f.)

Hier sollen nicht die Übereinstimmungen zwischen Austin und Hayward hinsichtlich zentraler und schwer übersetzbarer Begriffe wie »Wissenschaft« (»science«), »leitende Grundsätze« (»leading principles«) und »wirkliche Wesen« (»actual beings«) interessieren.[163] Einzugehen ist auf die Unterschiede. In mancherlei Hinsicht ist Austins Text überzeugender. So übersetzt er »Wissenschaft« einheitlich mit »science«, während Hayward zweimal dasselbe Wort, dann aber ohne ersichtlichen Grund »system« verwendet. Austin folgt auch an mindestens zwei Stellen enger dem Original, und zwar wenn er »aller Erfolg« mit »all results« statt mit »every thing« sowie die Aussage, Theorie und Praxis seien den Römern »eigentlich gar nicht verschieden« mit »are not in fact disctinct« statt etwas platt mit »are the same« übersetzt. Anderswo mag man streiten, ob Austins oder Haywards Text treffender ist, etwa bei der Wiedergabe von »Verhältniß« als »relation« oder »affair«.

Insgesamt aber ist Hayward in der Wortwahl geschickter.[164] Wenn sich Savigny auf die »Sätze der Wissenschaft« bezieht, evoziert der Begriff »axiom« die Idee einer nicht beweisbedürftigen und nicht anderswo abgeleiteten Grundaussage in der Logik und der Mathematik, von der wiederum andere Aussagen abgeleitet werden können.[165] Das passt im Zusammenhang des »Rechnens mit Begriffen« sicherlich besser als das Wort »maxims«.[166] Dieses wurde ursprünglich mit ähnlichem Bedeutungsgehalt wie »axioms« verwendet, dann aber gerade in juristischen Zusammenhängen zunehmend mit »legal maxims« gleichgesetzt,[167] also mit sentenzenhaften Rechtsregeln, denen eine ähnliche Funktion wie den *regulae iuris* des römischen Rechts zukam.[168] Ebenso passt für die Beschreibung der »wissenschaftlichen« römischen Juristen das nüchterne »starting point« besser als das biologistische »germ«. Für das Wort »Begriff« verwendet Hayward zweimal den Ausdruck »notion«. Austin übersetzt hier bei der zweiten Nennung mit »idea«. Daran stört zunächst die Uneinheitlichkeit. Vor allem aber ist »idea« zwar damals wie heute eine anerkannte Möglichkeit, das Wort »Begriff« ins Englische zu übersetzen,[169] wird aber gerade in der

163 Dazu unten bei Anm. 214 ff.

164 Zur Übersetzung von »arbitrarily« vgl. unten bei Anm. 279 ff.

165 Vgl. OED, v° axiom, Nr. 3.

166 Das gilt übrigens auch, wenn man mit Joachim Rückert, Savignys Einfluß auf die Jurisprudenz in Deutschland nach 1900, in: Heinz Mohnhaupt (Hg.), Rechtsgeschichte in den beiden deutschen Staaten (1988–1990). Beispiele, Parallelen, Positionen, Frankfurt/M.: Klostermann 1991, S. 34–71, hier S. 64 davon ausgehen will, Savigny gehe es in diesem Punkt allein um Sicherheit der juristischen Methode, nicht aber um klassisch-logische Schärfe.

167 OED, v° maxim, Nr. 1. und 2.a.

168 Stefan Vogenauer, Die Auslegung von Gesetzen in England und auf dem Kontinent, Bd. II, Tübingen: Mohr Siebeck 2001.

169 Bailey und Fick, jeweils v° Begriff.

eingangs erwähnten Tradition des britischen Empirismus eher im Sinne einer gedanklichen Vorstellung verstanden.[170] Die Idee eines scharf umrissenen, genau definierten Rechtsbegriffs, mit dem die Juristen »rechnen« können, scheint mit »notion« wesentlich besser getroffen. Ferner lässt sich das »Verfahren« der Rechtsfindung der römischen Juristen durch den Umgang mit Sätzen und Begriffen ohne weiteres mit den Worten »method of proceeding« umschreiben. Die Begrifflichkeit einer »legal method« ist dem englischen Recht allerdings bis weit ins 20. Jahrhundert nicht vertraut; »mode of proceeding« scheint daher wesentlich besser auf den Empfängerhorizont englischsprachiger Leser abgestimmt.[171]

Schließlich hat Haywards Übersetzung aus Sicht des heutigen Lesers die Zeiten besser überdauert. So wirkt »acquaintance« moderner als »intercourse«;[172] ebenso verhält es sich mit »for this reason« und »thus« anstelle des altertümlichen »hence« bzw. mit »from which« statt »whence«. Das gilt auch für die Verwendung von »which constitutes« anstelle des sperrigen »upon which … rests« sowie für den mit »whose« bzw. »with whose« beginnenden Relativsatz. Doch auch hier gibt es eine Ausnahme. Austins Verweis auf eine Argumentation »from the general to the particular and the particular to the general« klingt modernen Ohren wesentlich vertrauter als Haywards etwas gewundene Formulierung, die sich »from generals to particulars« bzw. »from particulars to generals« bezieht. Für die Zeitgenossen um 1830 mag dies jedoch anders gewesen sein. Immerhin verwendet John Stuart Mill noch 1843 in seiner wegweisenden Diskussion syllogistischer und induktiver Argumentationsformen in »A System of Logic« dieselbe Terminologie wie Hayward.[173] Die Sorge Haywards, seine Übersetzung lese sich nicht so glatt und vermittle keinen so vorteilhaften Eindruck vom Original, wie er es sich wünsche,[174] ist also größtenteils unbegründet.

Ein letzter Gesichtspunkt, der im Zusammenhang mit der Werktreue eine Rolle spielt, betrifft die Häufigkeit editorischer Auslassungen und Ergänzungen. Hayward verfährt in beiderlei Hinsicht sehr sparsam. Er lässt fast nichts aus[175]

170 OED, v° idea, Nr. 12.b.

171 Dazu ausführlich unten bei Anm. 345 ff.

172 Für die Zeitgenossen ist das wohl noch anders, vgl. Bailey, v° Umgang; Fick, v° Verkehr.

173 John Stuart Mill, A System of Logic, Ratiocinative and Inductive, Bd. I, London: John W. Parker 1843, S. 223 (Buch II, Kap. 1, § 3).

174 Hayward, Vocation, Translator's Preface (Anm. 32), S. v: »for the translation, I regret to say, does not read so smoothly, nor convey so favourably an impression of the original, as I could wish«.

175 Die einzige Ausnahme, die ich gefunden habe, ist ein Bacon-Zitat in Beruf, S. 24 Fn. 2, das in Vocation, S. 41 unterschlagen wird.

und fügt nur unwesentlich häufiger eigenständige Gedanken hinzu. Dies geschieht allenfalls in Klammerzusätzen, die als Fußnoten eingefügt und deutlich als solche des Übersetzers gekennzeichnet sind. Sie dienen sämtlich dazu, dem englischen Leser Besonderheiten der kontinentalen Rechte zu erklären. Bezieht sich Savigny etwa auf Pothier, den »Leitstern der neueren französischen Juristen«,[176] erläutert Hayward, drei Viertel des Code civil seien Wort für Wort aus dessen Werken übernommen worden.[177] Nennt das Original die an der Abfassung und Interpretation des Preußischen Allgemeinen Landrechts beteiligte Gesetzkommission,[178] erklärt Hayward die Funktionen dieses Organs.[179] An vielen Stellen unterbleiben derartige Hilfestellungen jedoch, obwohl sie sich dort mindestens ebenso angeboten hätten. In ihrer Gesamtheit sind diese raren Einschübe daher keinesfalls mit einem vollständigen Erläuterungsapparat gleichzusetzen.[180]

Übrigens finden sich Haywards Erläuterungen fast ausnahmslos in der zweiten Hälfte der Übersetzung.[181] Fast scheint es, als werde er im Verlauf seiner Arbeit zunehmend selbstbewusster. Das zeigt sich auch daran, dass er erst auf Seite 163 von 183 Druckseiten erstmals eine eigene Wertung einfließen lässt. In einer Passage, in der Savigny durchaus wohlwollend über den Stellenwert des römischen Rechts im Gefolge der österreichischen Studienordnung von 1810 spricht und die österreichische Studienkommission erwähnt,[182] erklärt Hay-

176 Beruf, S. 60.

177 Vocation, S. 77: »[Dupin, in his *Dissertation sur la vie et les ouvrages de Pothier*, says that three fourth of the Code Civil were literally extracted from his treatises. *Transl.*]«.

178 Beruf, S. 82.

179 Vocation, S. 100: »[A committee or board, composed of distinguished jurists, to whom all new laws are submitted before receiving the sanction of the royal authority. The decision of all cases of doubt relating to the interpretation of the Landrecht is also referred to them. The author is now a member of the Prussian law-committee.–Transl.]«.

180 Weitere Beispiele finden sich in Vocation, S. 138 (Nennung der Hauptvertreter der Germanistik), S. 147 (vollständiges lateinisches Zitat einer im Original auf S. 127 nur paraphrasierten Passage bei Leibniz), S. 149 (Ersetzung des Nachweises in der Fußnote auf S. 128 des Originals durch eine Erklärung des Instituts der Aktenversendung), S. 151 (Erläuterung des Rechtsbegriffs »Frist«), S. 159 (Erläuterungen zum Dekan der Pariser Rechtsfakultät, Blondeau), S. 168 (Übersetzung von »Kammergericht«).

181 Eine Ausnahme ist Beruf, S. 16, wo Savigny ohne nähere Erläuterung neuere Gesetzgebung zur Bestimmung gutsherrlicher Rechte erwähnt und Hayward in Vocation, S. 32 erklärt: »[The author, I believe, alludes to the law of 1810, enacting that all hereditary tenants of lands in Prussia might, by giving up a certain proportion of them to the landlord, become free proprietors of the rest.–Transl.]«.

182 Beruf, S. 142.

ward in einer Fußnote, die Kommission (im Haupttext mit dem Begriff »study-committee« übersetzt) übe seines Wissens nach »eine äußerst despotische und schädliche Kontrolle über jeden Ausbildungszweig aus«.[183] Gegen Ende des Haupttextes stellt sich Hayward gar in direkten Widerspruch zum Autor. Wo Savigny den mangelnden Gleichlauf der Juristenausbildung zwischen Österreich, Bayern und Württemberg einerseits und den übrigen Ländern des Reiches andererseits beklagt und die erstgenannte Gruppe als »diese trefflichen, gediegenen Deutschen Stämme« bezeichnet,[184] unterschlägt Hayward nicht nur die Gediegenheit der Genannten. Vielmehr kommentiert er im Hinblick auf »those excellent, purely German races«, Österreich werde im Allgemeinen nicht auf diese Weise betrachtet – wobei seine Wortwahl durchaus offen lässt, ob es den Österreichern am Deutschtum, der Trefflichkeit oder gar an beiden Eigenschaften fehle.[185]

Schließlich distanziert Hawyard sich auch in seiner Zusammenfassung der ersten Beilage der Zweitauflage[186] offen von Savigny. Eine vollständige Übersetzung des Aufsatzes über »Stimmen für und wider neuere Gesetzbücher« unterbleibe, weil die »dreißig engbedruckten Seiten« außer dem Schlussteil nichts besonders Beachtliches oder Neues enthielten.[187] Nur diesen Abschnitt fasst er zusammen: Savigny schlage darin vor, die deutschen Juristen bräuchten in erster Linie ein umfassendes »Handbuch« (»manual«). Zusammengestellt werden könne es nicht von einem Juristen allein, sondern nur in Zusammenarbeit aller, die dazu eine innere Berufung verspürten.[188] Mit feiner Ironie kommentiert Hayward zunächst, der Leser solle sich von der Bezeichnung als »Handbuch« nicht täuschen lassen. Jeder einzelne Mitarbeiter solle für das ihm anvertraute Thema »nicht nur die Regeln des geltenden Rechts, sondern die Rechtsgeschichte, Dogmatik und Literatur, ja sogar alle Theorien und Ansichten« behandeln.[189] Dann aber stellt er fest, es sei »überhaupt nicht möglich, die

183 Vocation, S. 163: »[The *Studien-commission* is a board of public instruction, exercising, I understand, a most despotic and baneful control over every branch of education.–Transl.]«.

184 Beruf, S. 153.

185 Vocation, S. 168: »[Austria is not generally regarded in this light.–Transl.]«.

186 Vgl. oben bei Anm. 25.

187 Vocation, Appendix 1, S. 184: »It is beside my purpose to translate this article, which is thirty closely printed pages in length; nor does it comprise anything very striking or new, if we except the proposition with which Savigny winds up.«

188 Vocation, Appendix 1, S. 184. Vgl. Savigny, Stimmen (Fn. 25), S. 50: »durch gemeinsame Arbeit aller, die inneren Beruf dazu haben«

189 Vocation, S. 184: »Lest the term *manual* should deceive the reader, I think it right to add that the contribution of each particular collaborator is to comprise, not merely the positive rules, but the history, science, and literature, nay, even all the theories and speculations connected with the subject entrusted to him.« Vgl. Savigny, Stimmen (Fn. 25), S. 50 f.

Zuversicht des Autors hinsichtlich der Ausführung seines Plans mit dem zu vereinbaren, was er in seinem [»Beruf«] zum niedrigen Niveau der deutschen Jurisprudenz und der Unfähigkeit zeitgenössischer Juristen zur Systematisierung des geltenden Rechts behauptet« habe.[190]

2. Schlüsselwörter und -passagen

a) Entstehung des positiven Rechts

Auf den acht Seiten des zweiten Kapitels entwirft Savigny seine Theorie zur »Entstehung des positiven Rechts«. Dabei behandelt er (vorgeblich deskriptiv) die »Geschichte, wie sich bey den Völkern edler Stämme das Recht wirklich entwickelt hat«.[191] Im Folgenden konzentriere ich mich auf die Übersetzungen von vier Schlüsselpassagen dieses Kapitels und untersuche einige der darin enthaltenen Schlüsselwörter.

In der ersten Schlüsselpassage aus dem »Beruf« (B 1) bezieht sich Savigny unter anderem erstmals auf die »gemeinsame Überzeugung des Volkes«, die in der späteren Diskussion unter dem Schlagwort »Volksgeist« die Debatte bestimmen soll. Doch die Stelle enthält noch eine Reihe weiterer Zentralbegriffe:

B 1:

Wo wir zuerst urkundliche Geschichte finden, hat das bürgerliche Recht schon einen bestimmten Character, dem Volk eigenthümlich, so wie seine Sprache, Sitte, Verfassung. Ja diese Erscheinungen haben kein abgesondertes Daseyn, es sind nur einzelne Kräfte und Thätigkeiten des einen Volkes, in der Natur untrennbar verbunden, und nur unsrer Betrachtung als besondere Eigenschaften erscheinend. Was sie zu einem Ganzen verknüpft, ist die gemeinsame Ueberzeugung des Volkes, das gleiche Gefühl innerer Nothwendigkeit, welches allen Gedanken an zufällige und willkührliche Entstehung ausschließt. (Beruf, 8)

In the earliest times to which authentic history extends, the law will be found to have already attained a fixed character, peculiar to the people, like their language, manners and constitution. Nay, these phenomena have no separate existence, they are but the particular faculties and tendencies of an individual people, inseparably united in nature, and only wearing the semblance of distinct attributes to our view. That which binds them into one whole is the common conviction of the people, the kindred consciousness of an inward necessity, excluding all notion of an accidental and arbitrary origin. (Vocation, 24)

Von der zweiten Schlüsselpassage des »Berufs« (B 2) sind insbesondere der Verweis auf den »organischen Zusammenhang des Rechts mit dem Wesen und

190 Vocation, S. 185: »I own myself totally unable to reconcile the confidence with which the author looks forward to the consummation of this plan, with what he says in the work (ante p. 179.) as to the low state of juridical learning in Germany, and the unfitness of contemporary jurists to systematize the existing law.« Die zitierte Stelle befindet sich auf S. 158 f. des Originals.

191 Beruf, S. 8.

Charakter des Volkes« und das »gemeinsame Bewußtseyn des Volkes« als »Sitz des Rechts« bekannt:

B 2:

Aber dieser organische Zusammenhang des Rechts mit dem Wesen und Charakter des Volkes bewährt sich auch im Fortgang der Zeiten, und auch hierin ist es der Sprache zu vergleichen. So wie für diese, giebt es auch für das Recht keinen Augenblick eines absoluten Stillstandes, es ist derselben Bewegung und Entwicklung unterworfen, wie jede andere Richtung des Volkes, und auch diese Entwicklung steht unter demselben Gesetz innerer Nothwendigkeit, wie jene früheste Erscheinung. Das Recht wächst also mit dem Volke fort, bildet sich aus mit diesem, und stirbt endlich ab, so wie das Volk seine Eigenthümlichkeit verliert. Allein diese innere Fortbildung auch in der Zeit der Cultur hat für die Betrachtung eine große Schwierigkeit. Es ist nämlich oben behauptet worden, daß der eigentliche Sitz des Rechts das gemeinsame Bewußtseyn des Volkes sey. (Beruf, 11)

But this organic connection of law with the being and character of the people, is also manifested in the progress of the times; and here, again, it may be compared with language. For law, as for language, there is no moment of absolute cessation; it is subject to the same movement and development as every other popular tendency; and this very development remains under the same law of inward necessity, as in its earliest stages. Law grows with the growth, and strengthens with the strength of the people, and finally dies away as the nation loses its nationality. But this inward pro- [28] gressive tendency, even in highly cultivated times, throws a great difficulty in the way of discussion. It has been maintained above, that the common consciousness of the people is the peculiar seat of law. (Vocation, 27 f.)

Die dritte Schlüsselpassage des »Beruf« (B 3) beschreibt das Hervortreten des Juristenstandes und die damit einhergehende Verwissenschaftlichung des Rechts:

B 3:

Diese Schwierigkeit führt uns auf eine neue Ansicht der Entwicklung des Rechts. Bey steigender Cultur nämlich sondern sich alle Thätigkeiten des Volkes immer mehr, und was sonst gemeinschaftlich betrieben wurde, fällt jetzt einzelnen Ständen anheim. Als ein solcher abgesonderter Stand erscheinen nunmehr auch die Juristen. Das Recht bildet sich nunmehr in der Sprache aus, es nimmt eine wissenschaftliche Richtung, und wie es vorher im Bewußtseyn des gesammten Volkes lebte, so fällt es jetzt dem Bewußtseyn der Juristen anheim, von welchen das Volk nunmehr in dieser Function repräsentirt wird. Das Daseyn des Rechts ist von nun an künstlicher und verwickelter, indem es ein doppeltes Leben hat, einmal als Theil des ganzen Volkslebens, was es zu seyn nicht aufhört, dann als besondere Wissenschaft in den Händen der Juristen. Aus dem Zusammenwirken dieses doppelten Lebensprincips erklären sich alle spätere Erscheinungen, und es ist nunmehr begreiflich, wie auch jenes ungeheure Detail ganz auf organische Weise, ohne eigentliche Willkühr und Absicht, entstehen konnte. Der Kürze wegen nennen wir künftig den Zu-

This difficulty leads us to a new view of the development of law. With the progress of civilization, national tendencies become more and more distinct, and what otherwise would have remained common, becomes appropriated to particular classes; the jurists now become more and more a distinct class of the kind; law perfects its language, takes a scientific direction, and, as formerly it existed in the consciousness of the community, it now devolves upon the jurists, who thus, in this department, represent the community. Law is henceforth more artificial and complex, since it has a twofold life; first as part of the aggregate existence of the community, which it does not cease to be; and, secondly, as a distinct branch of knowledge in the hands of the jurists. All the latter phenomena are explicable [29] by the co-operation of those two principles of existence; and it may now be understood, how even the whole of that immense detail might arise from organic causes, without any exertion of arbitrary will or intention. For the sake of brevity, we call, technically speaking, the connection of law with the general existence of the people – the political element;

sammenhang des Rechts mit dem allgemeinen Volksleben das politische Element, das abgesonderte wissenschaftliche Leben des Rechts aber das technische Element desselben. (Beruf, 12)

and the distinct scientific existence of law – the technical element. (Vocation, 28 f.)

In der vierten Schlüsselstelle gegen Ende des Kapitels (B 4) fasst Savigny seine Theorie der Rechtsentstehung nochmals prägnant zusammen:

B 4:

Die Summe dieser Ansicht also ist, daß alles Recht auf die Weise entsteht, welche der herrschende, [14] nicht ganz passende, Sprachgebrauch als G e w o h n h e i t s r e c h t bezeichnet, d. h. daß es erst durch Sitte und Volksglaube, dann durch Jurisprudenz erzeugt wird, überall also durch innere, stillwirkende Kräfte, nicht durch die Willkühr eines Gesetzgebers. (Beruf, 13 f.)

The sum, therefore, of this theory is, that all law is originally formed in the manner, in which, in ordinary but not quite correct language, customary law is said to have been formed: i. e. that it is first developed by custom and popular faith, next by jurisprudence, – everywhere, therefore, by internal silently-operating powers, not by the arbitrary will of a law-giver. (Vocation, 30)

aa) »Sitte«, »Volksglaube«, »Gewohnheitsrecht«

In den zitierten Schlüsselpassagen verwendet Savigny zweimal den Begriff der »Sitte« (B 1 und B 4), den er bei der zweiten Nennung unmittelbar in Beziehung zu »Volksglaube« und »Gewohnheitsrecht« setzt. Verhältnismäßig unproblematisch ist hier allein die Übersetzung von »Gewohnheitsrecht« mit »customary law«.[192] Dabei handelt es sich sowohl in Deutschland als auch in England um einen juristischen Fachbegriff. Gelegentlich bezeichnen englische Juristen das Gewohnheitsrecht auch als »custom(s)«. Auch Hayward verfährt an späterer Stelle auf diese Weise.[193]

Die Übertragung von »Volksglauben« mit »popular faith« in B 4 liegt ebenfalls nahe.[194] Der moderne Leser mag versucht sein, »Glauben« hier ohne jegliche metaphysische Assoziation im Sinne einer vorherrschenden öffentlichen »Meinung« oder »Anschauung« verstehen zu wollen.[195] Doch Savigny benutzt den Begriff bereits einige Seiten vorher, wo er auf die Möglichkeit hinweist, »daß die Regeln des Privatrechts selbst zu den Gegenständen des Volksglaubens gehö-

192 So auch sonst durchgehend, vgl. nur Beruf, S. 132 (2x), 133 und Vocation, S. 153 (2x), 154.

193 Beruf, S. 17 und Vocation, S. 33.

194 So jedenfalls umgangssprachlich, vgl. Bailey und Fick, jeweils v° faith. Der Begriff »Volksgeist« wird im »Beruf« noch nicht erwähnt. Ihn hat sicherlich der 1828 schreibende Reddie, Letter (Anm. 46), S. 6, 7, 12 vor Augen, wenn er vom »genius of the … nation«, »genius of the people« bzw. »national genius« spricht.

195 So übersetzt etwa Beiser, Historicist Tradition (Anm. 4), S. 238 mit »beliefs … of a people«; Andreas Rahmatian, Friedrich Carl von Savigny's *Beruf* and *Volksgeistlehre*, in: Journal of Legal History 28 (2007), S. 1–29, hier S. 5, 6 und 9 Fn. 55 mit »common belief of a people« bzw. »a people's beliefs«.

ren«.[196] Als Beispiel verweist er auf die Bedeutung symbolischer Rechtsförmlichkeiten im frühen römischen Recht und stellt so implizit eine Beziehung zu religiösen Anschauungen her.[197] Auch wenn Savigny »Glauben« hier im von Kant und Hegel entfalteten philosophischen Sinne verstehen wollte, der über bloßes »Vertrauen« und »Fürwahrhalten« hinausgeht, bliebe »faith« die beste Übersetzung.[198]

Bei der erstmaligen Übersetzung des Wortes »Sitte« vermeidet Hayward klug den dafür in den zeitgenössischen Wörterbüchern als erste Wortbedeutung angebotenen Begriff »custom«,[199] der, wie gerade gesehen, bei juristischen Lesern unweigerlich Anklänge an Gewohnheitsrecht (»customary law«) hervorruft und den er an anderer Stelle zwanglos zur Übersetzung des Worts »Gewohnheit« benutzt.[200] Stattdessen spricht er von »manners«. Dieser Ausdruck bezieht sich zwar damals wie heute in erster Linie auf individuelles Betragen im Sinne guter oder schlechter Manieren (»good manners«, »ill manners«),[201] wird aber zu Haywards Zeit noch häufig als Synonym für »gewöhnliche Verhaltensweisen« (»habitual practices«), »Praktiken« (»practices«), »Übungen« (»usages«) oder auch »Gewohnheiten« (»customs«) gebraucht und bezeichnet auch vorherrschende Verhaltensweisen, Lebensbedingungen und Verhaltensregeln in einer Gesellschaft.[202] Mit »manners« greift Hayward aus diesem Wortfeld zielsicher denjenigen Begriff heraus, der am eindeutigsten Verhaltensanweisungen außer- oder vorrechtlicher Natur bezeichnet. »Usages« und »practices« dagegen können im englischen Recht genauso wie »customs« rechtliche Bindungswirkung entfalten. Gerade »usages« grenzt das englische Recht nicht randscharf vom lokalem Gewohnheitsrecht (»local customs«) ab.[203]

196 Beruf, S. 9. Auch hier übersetzt Hayward mit »popular faith« (Vocation, S. 25: »... for the rules of law itself to be amongst the objects of popular faith«).

197 Beruf, S. 9 f.

198 Caygill, v° faith; Holzhey und Mudroch, v° belief; Inwood, v° belief, faith and opinion; Burbidge, v° faith.

199 Bailey, v° Sitte; Fick, v° Sitte. Mit »customs« übersetzt auch Rahmatian, Savigny's *Beruf* (Anm. 195), S. 6. In den Parallelstellen bei Reddie, Letter (Anm. 46), S. 6 f. und 12 geht es, ohne genauere Unterscheidung, um »custom«, »usage«, »consuetudinary jurisprudence« und »manners«.

200 Beruf, S. 17 und Vocation, S. 33.

201 Bailey, v° Sitte; Fick, v° Sitte.

202 OED, v° manner, Nr. II.3.a. und 4.a.-c. Vgl. auch Bailey, v° Sitte; Fick, v° Sitte – dort aber jeweils in der Kombination »good manners«.

203 Das ist noch heute so, vgl. Stefan Vogenauer, Quellen des Handels- und Wirtschaftsrechts, in: Volker Triebel, Martin Illmer, Georg Ringe, Stefan Vogenauer und Katja Ziegler, Englisches Handels- und Wirtschaftsrecht, 3. Aufl., Frankfurt/M.: Verlag Recht und Wirtschaft 2012, S. 9–34, hier S. 24. Hayward verwendet den Begriff »usage« nur einmal, und zwar in französischer Sprache (Vocation, S. 91).

»Practice« kann etwa im Sinne einer ständigen Rechtsprechung rechtliche Relevanz haben,[204] und folgerichtig übersetzt Hayward an anderer Stelle den Begriff des »Gerichtsgebrauchs« mit »practice of our courts of justice«.[205] Am Beginn des zweiten Kapitels dagegen will er die »Sitte« ganz klar dem »Recht« gegenüberstellen. Das zeigt auch eine spätere Passage. Dort erklärt Savigny, die Ehe gehöre »nur zur Hälfte dem Rechte an, zur Hälfte aber der Sitte«, und Hayward übersetzt: »Marriage belongs only half to law, half to manners«.[206]

Das Wort »Sitte(n)« als Gegenbegriff zu »Recht« würden englische Rechtstheoretiker heute wohl eher mit »morals« oder »morality« wiedergeben, ohne dass damit notwendig eine christliche oder irgendwie anders geartete religiöse Moral gemeint wäre.[207] Für Hayward liegen diese Begriffe aber wohl noch nicht auf der Hand. Die Gegenüberstellung von »positive law« einerseits und »morality« oder »morals« andererseits ist seinen Zeitgenossen zwar durchaus geläufig,[208] setzt sich aber im englischen philosophischen und rechtstheoretischen Schrifttum erst in der zweiten Hälfte des 19. Jahrhunderts bei John Stuart Mill durch.[209] Kants »Metaphysik der Sitten« etwa, die heute unter dem Titel »Metaphysics of Morals« bekannt ist, firmiert im 19. Jahrhundert noch als »Metaphysics of Ethics«.[210] Vielleicht meidet Hayward die Begriffe »morals« und »morality« auch deshalb, weil sie zu seiner Zeit im Englischen noch eine stärker religiöse Konnotation haben[211] oder weil »Moralität« bei Kant und Hegel

204 Zur ambivalenten Haltung des englischen Rechts zur Bindungswirkung von Präjudizien bis weit in das 19. Jahrhundert, vgl. Stefan Vogenauer, Zur Geschichte des Präjudizienrechts in England, ZNR 2006, S. 48–78, hier S. 55–64.

205 Beruf, S. 133 und Vocation, S. 154.

206 Beruf, S. 46 und Vocation, S. 63.

207 Vgl. insbesondere H. L. A. Hart, The Concept of Law, Oxford: Clarendon Press 1961, S. 7 f. Für eine moderne Übersetzung von »Sitte« im »Beruf« durch einen Historiker, vgl. Beiser, Historicist Tradition (Anm. 4), S. 238: »ways of life of a people«.

208 Grundlegend Austin, Province (Anm. 7), S. 1–4. Zur Verwendung von »morality« oder »morals« im Sinne von »Sitte«, vgl. OED, v° morals, Nr. 4.a. und v° morality, Nr. 5.c; Fick, v° Sitte.

209 John Stuart Mill, On Liberty, London: John W. Parker and Son 1859, S. 16–18; Ders., Utilitarianism (1861) London: Parker, Son, and Bourn 1863, S. 87–90.

210 Erstmals wohl Immanuel Kant, Metaphysic of Ethics, übers. von J. W. Semple, Edinburgh usw.: Thomas Clark 1836. Vgl. allerdings die erste und bis 1836 einzige englische Übersetzung von Immanuel Kant, Introduction to the Metaphysic of Morals, übers. von William Richardson, London/Hamburg 1799. Vgl. auch Inwood, v° morality zur Unterscheidung zwischen moralischen und sittlichen Pflichten (»moral« und »ethical duties«).

211 Vgl. noch Austin, Province (Anm. 7), S. 3 f., der zwischen »morality« (göttlichen Geboten) und »positive morality« (anderen Sittengeboten) unterscheidet.

regelmäßig individuelle Moralität bezeichnet.[212] Auch Kant-Übersetzungen greifen daher bis heute bei der Übersetzung von »Sitte« häufig auf »manners« zurück.[213]

Bei der zweiten Nennung von »Sitte« in B 4 übersetzt Hayward dann aber doch mit »custom«. Das erscheint zunächst inkonsequent, ist aber im Zusammenhang dieser Passage gut vertretbar. Hier nämlich setzt Savigny die »Sitte« eng in Beziehung zum »Gewohnheitsrecht«. Er betont nicht mehr ihren außer- oder vorrechtlichen Charakter, sondern ihre – wenn auch beschränkte – rechtserzeugende Kraft. »Manners« wäre in diesem Zusammenhang vielleicht zu schwach; eher noch als »custom« hätten sich aber wohl »practice« oder »usage« angeboten.

bb) »Juristen«, »Jurisprudenz«, »gelehrtes Recht«, »Wissenschaft« und »wissenschaftlich«

In der dritten und vierten Schlüsselpassage zeigt Savigny, wie in einem späteren Stadium der gesellschaftlichen Entwicklung die »Juristen« an der Rechtserzeugung mitwirken.[214] Diese abgrenzbare Personengruppe (»abgesonderter Stand«[215]) gibt dem Recht eine »wissenschaftliche Richtung« bzw. ein »wissenschaftliches Leben« (B 3). Das Recht wird auf diese Weise zum »gelehrten Recht«.[216] Savigny spricht in diesem Zusammenhang auch von »wissenschaftlicher Jurisprudenz«[217] oder schlicht »Jurisprudenz« (B 4). Damit bezieht er sich sowohl auf die rechtserzeugende Personengruppe der Juristen als auch das von diesen erzeugte »gelehrte« oder »wissenschaftliche« Recht, ganz so wie wir heute mit einer Kollektivbezeichnung von »der Lehre« oder »dem Schrifttum« sprechen und damit sowohl die betreffenden Akteure als auch die von ihnen vertretenen Rechtsauffassungen meinen.[218]

212 Inwood, v° morality; Burbidge, v° morality.

213 Holzhey und Mudroch, S. 363. Vgl. auch Mary Gregor, Translator's Introduction, in: Immanuel Kant, The Metaphysics of Morals, Cambridge: Cambridge University Press 1991, S. 1–28, hier S. 1–4, sowie Immanuel Kant, Die Metaphysik der Sitten (1797), Akademie-Ausgabe 6, 216: »obgleich das deutsche Wort Sitten … nur Manieren und Lebensart bedeutet«.

214 Zur Rolle der Juristen bei Savigny, vgl. Rückert, Idealismus (Anm. 3), S. 328–330.

215 Beruf, S. 12. Bei Hayward vielleicht etwas irreführend übersetzt als »a distinct class« (Vocation, S. 28) – »rank« wäre wohl treffender, vgl. Bailey, v° Stand und Fick, v° Stand.

216 Beruf, S. 13.

217 Beruf, S. 13.

218 Stefan Vogenauer, An Empire of Light? II: Learning and Lawmaking in Germany Today, Oxford Journal of Legal Studies 26 (2006), S. 627–663, hier, S. 630 f.

Für Hayward sind dies schwierige Begriffe, weil sie in der englischen Sprache keine genauen Entsprechungen haben. So werden »Juristen« gewöhnlich als »lawyers« bezeichnet, womit in erster Linie Praktiker gemeint sind.[219] Das englische »jurist« dagegen ist reserviert für kontinentale Juristen (»Roman jurists«, »civilian jurists«). Englische Juristen werden nur dann als »jurists« bezeichnet, wenn sie das Recht lehren oder sich in ihren Schriften mit dem Recht theoretisch auseinandersetzen,[220] und selbst für diese Personengruppen sind andere Bezeichnungen gebräuchlicher (»legal scholars«, »learned lawyers«, »law teachers«, »legal writers«).[221] Bezeichnenderweise findet sich der Begriff »jurist« in den 1765–1769 erschienenen vier Bänden von Blackstones einflussreichen »Commentaries« nur dreimal, davon einmal in Verbindung mit »Norman« und zweimal mit »foreign«, wie etwa hier: »Dower is called in Latin by the foreign jurists *doarium*, but by Bracton and our English writers dos«.[222] In Austins »Province of Jurisprudence« kommt der Begriff fast nur in Verbindung mit »Roman« oder »classical« vor; sofern er »modern jurists« bezeichnet, handelt es sich stets um theoretische Schriftsteller.[223] Es ist deshalb zumindest irreführend, wenn Hayward in diesen Schlüsselpassagen und auch sonst sowohl Savignys »Juristen«[224] als auch die im Original als »Gelehrte« und »Rechtsgelehrte« Bezeichneten[225] einheitlich mit dem Begriff »jurists« erfasst. Wie sehr er beim Begriff »Jurist« an die praktizierenden Berufsgruppen (»legal professions«) denkt, wird auch dadurch klar, dass er »Nichtjuristen« mit »unprofessional men« übersetzt.[226]

Anzunehmen ist allerdings, dass die durchgängige Verwendung von »jurists« bewusst erfolgt. So kann Hayward nämlich dem englischen Publikum klarer vor Augen führen, welche Art »Juristen« Savigny vor Augen hat. Diesem geht es ja gerade auch in den Fällen, in denen er dies nicht ausdrücklich sagt, um »gelehrte« und »wissenschaftlich« ausgebildete Juristen, selbst wenn diese in

219 Auch in der Parallelstelle bei Reddie, Letter (Anm. 46), S. 7 wird übersetzt »lawyers«.

220 OED, v° jurist, Nr. 2. Die ebd., Nr. 1 genannten Bedeutungsvarianten sind unüblich und gehen zumeist auf Übersetzungen aus anderen Sprachen zurück.

221 Vgl. auch noch Bailey, v° Rechtsgelehrte (»lawyer«) und v° Rechtslehrer (»doctor of the law«).

222 Blackstone, Commentaries (Anm. 137), Bd. II, Oxford: Clarendon Press 1766, S. 129. Die anderen Stellen befinden sich ebd., S. 243 und in Bd. I (1765), S. 247.

223 In Austin, Province (Anm. 7) findet sich der Begriff »jurist(s)« auf 35 Seiten; davon beziehen sich nur sechs Nennungen nicht auf das römische Recht.

224 Beruf, S. 37 und Vocation, S. 53; Beruf, S. 49 und Vocation, S. 65.

225 Beruf, S. 1 und Vocation, S. 17; Beruf, S. 2 und Vocation, S. 17; Beruf, S. 19 und Vocation, S. 35.

226 Beruf, S. 16 und Vocation, S. 32; Beruf, S. 46 und Vocation, S. 62.

der Praxis tätig sein sollten. Das zeigt sich insbesondere an einer späteren Stelle des »Berufs«, an der er sein Idealbild von der »Gemeinschaft unserer Wissenschaft« entwirft. Diese soll bestehen aus den »Juristen von gelehrtem Beruf, den Lehrern und Schriftstellern,« einerseits und den »praktischen Rechts*gelehrten*« andererseits.[227] An diesem Punkt unterscheidet Hayward dann auch erstmals zwischen den »jurists of the learned class, the teachers and writers« und »the practical lawyers«.[228]

Den Ausdruck »gelehrtes Recht« gibt Hayward ebenfalls routiniert mit dem entsprechenden *terminus technicus* »learned law« wieder.[229] Hochproblematisch ist dagegen ein damit in enger Verbindung stehendes Begriffsfeld, auf das weiter unten im Zusammenhang mit einer weiteren Gruppe von Schlüsselpassagen zur »Wissenschaft« vom Recht eingegangen werden soll.[230] An dieser Stelle sei nur darauf hingewiesen, dass Hayward in B 3 und B 4 »Jurisprudenz« mit »jurisprudence«, »Wissenschaft« mit »branch of knowledge« und »wissenschaftlich« zweimal mit »scientific« übersetzt.

cc) »Gemeinsame Überzeugung« bzw. »gemeinsames Bewußtseyn des Volkes«

Am Ende der ersten Schlüsselstelle kommt Savignys Hinweis auf »die gemeinsame Ueberzeugung des Volkes, das gleiche Gefühl innerer Nothwendigkeit«, zentrale Bedeutung zu. Hayward spricht hier von »the common conviction of the people, the kindred consciousness of an inward necessity«. Auch hier stellt er einen hervorragenden Gleichklang mit dem Original her. Mit »conviction« sucht er treffsicher die passendste Bedeutungsvariante für »Ueberzeugung« heraus.[231] Die Verwendung von »consciousness« für »Gefühl« scheint dagegen auf den ersten Blick wenig gelungen. Für Haywards Zeitgenossen lägen hier »sensation«, »sense« oder gar »sensibility«, zur Not sogar »feeling« auf der Hand.[232] »Consciousness« dagegen ist, wie heute, das »Bewusstsein« im medi-

227 Beruf, S. 126 (meine Hervorhebung).

228 Vocation, S. 147. Hier hätte »learned practitioners« das Original besser wiedergegeben.

229 Beruf, S. 13 und Vocation, S. 29.

230 Vgl. unten bei Anm. 297 ff.

231 Bailey und Fick schlagen v° Ueberzeugung alternativ u. a. die Begriffe »convincing«, »evicting«, »attainting« oder »opinion« vor.

232 Bailey und Fick, jeweils v° Gefühl. Die Parallelstelle bei Reddie, Letter (Anm. 46), S. 6 spricht von »nationally operating feeling«. »Feeling« ist auch die bevorzugte lexikalische Bedeutung bei Kant- und Hegel-Übersetzern, vgl. Holzhey und Mudroch, v° feeling; Caygill, v° feeling; Inwood, v° feeling and sensation.

zinischen, psychologischen und philosophischen Sinne.[233] Doch handelt es sich keinesfalls um eine Fehlübersetzung. Hayward erreicht vielmehr zweierlei.

Zum einen rettet er in gewisser Weise Savignys Ruf bei einer englischen Leserschaft, indem er den nüchternen Briten alles Gefühlige erspart. »Sense and Sensibility« mögen sich als Titel für Frauenliteratur eignen;[234] wer als ernstzunehmender juristischer Autor gelten will, sollte sich derartiger Vokabeln enthalten. Auch später im Text ist Hayward recht erfinderisch, wenn er das bei Savigny immer wieder aufscheinende »Gefühl« behandelt. Wird etwas »im Gefühl des Volkes« beurteilt, so geschieht dies laut englischem Text »in popular estimation«.[235] Breitet sich in Frankreich nach der Kodifikation ein »Gefühl dieses unseeligen Zustandes« aus, dann diagnostiziert Hayward bei den Franzosen »consciousness of this unhappy state«.[236] Und geht es darum, dass das Preußische ALR im Gegensatz zum überstürzt vollendeten Code civil mit Ernst und Ausdauer vorbereitet wurde, »blos mit dem Zweck und dem Gefühl, etwas treffliches zu leisten«, so stellt sich das preußische Handeln bei Hayward als »with no other end or desire than that of accomplishing something excellent« dar.[237] Von »feeling« mag er nur reden, wenn es sich schwer vermeiden lässt, weil Savigny »Gefühl und Bewußtseyn«[238] oder »Sinn und Gefühl«[239] in einem Atemzug nennt, oder wenn es um außerjuristische Emotionen wie religiöse Empfindungen geht.[240] Für das »Vaterlandsgefühl« geht Hayward sogar noch weiter und spricht von »love«.[241]

233 OED, v° consciousness, Nr. 1., 2. und 4. Vgl. auch Bailey, v° Bewusstsein und Fick, v° Bewußt; Caygill, v° consciousness; Burbidge, v° consciousness. Ähnlich auch Vocation, S. 136: »consciousness of nationality« für »Bewußtseyn der Volkseigenthümlichkeit« (Beruf, S. 116).

234 Jane Austen, Sense and Sensibility, London: T. Egerton 1811.

235 Beruf, S. 43 und Vocation, S. 60.

236 Beruf, S. 57 und Vocation, S. 73.

237 Beruf, S. 83 und Vocation, S. 110. Vgl. auch unten in B 5: »heraus zu fühlen«.

238 Beruf, S. 42 f. (»das bürgerliche Recht, insofern es das Gefühl und Bewußtseyn des Volkes berührt oder zu berühren fähig ist«) und Vocation, S. 59 (»the law …, in so far as it falls in, or is adapted to fall in, with the feelings and consciousness of the people«).

239 Beruf, S. 4 (»Sinn und Gefühl für die Größe und Eigenthümlichkeit anderer Zeiten … war verloren«) und Vocation, S. 20 f. (»All sense and feeling for the greatness by which other times were characterized … was lost [during the eighteenth century]«).

240 Beruf, S. 43 (»aller Glaube und alles Gefühl für das[,] was … höher als wir«) und Vocation, S. 60 (»all faith in, and feeling for, that which is … more exalted than we«). Auch bei ganz subjektiven Gefühlen, etwa wenn es darum geht, die Notwendigkeit der historischen Erforschung des Rechtsstoffs könne bei einigen das »Gefühl eines unvermeidlichen Übels erregen« (Beruf, S. 116): »the feeling of an inevitable evil« (Vocation, S. 135).

241 Beruf, S. 42 (»Einfluß des bürgerlichen Rechts auf das Vaterlandsgefühl«) und Vocation, S. 59 (»the influence of law on the love of country« [sic]).

Zum anderen bereitet die Übersetzung von »Gefühl« mit »consciousness« in der ersten Schlüsselstelle den Boden für die Übersetzung der kommenden Seiten. Gleich im nachfolgenden Absatz nämlich verweist Savigny für die »Jugendzeit der Völker« nochmals auf die Parallelen von Rechts- und Sprachentwicklung und beschwört eine »Periode ..., in welcher das Recht wie die Sprache im Bewußtsein des Volkes lebt«.[242] Hier übersetzt Hayward dann mit »consciousness of the people«[243] und kann damit nahtlos an seine Formulierung im Vorabsatz anschließen. Vor allem aber erleichtert er die Übersetzung eines Querverweises, den Savigny in der zweiten Schlüsselstelle vornimmt. Dort heißt es nämlich, es sei »oben behauptet worden, daß der eigentliche Sitz des Rechts das gemeinsame Bewußtseyn des Volkes sey«.[244] Dieser Verweis kann sich nur auf B 1 beziehen, wo Savigny noch von »gemeinsamer Überzeugung« gesprochen hat. Wenn Hayward dagegen formuliert, weiter oben sei behauptet worden, »that the common consciousness of the people is the seat of law«,[245] knüpft er bruchlos an B 1 an. Auch auf den folgenden Seiten bezieht Savigny sich noch zweimal auf »das Bewußtseyn des gesammten Volkes« (B 3) bzw. »ein gemeinsames Bewußtseyn des Volkes«,[246] und Hayward kann sich problemlos des Ausdrucks »consciousness« bedienen.[247] Nur am Rande sei hier übrigens bemerkt, dass Haywards Charakterisierung des »Gefühls innerer Nothwendigkeit« als »kindred«, also als »bluts-« oder »seelenverwandt« im vorliegenden Zusammenhang wesentlich treffender ist als das blasse Adjektiv »gleiche«, das Savigny seinem »Gefühl« voranstellt.

dd) »Innere Nothwendigkeit«

Auch für diese »innere Nothwendigkeit«,[248] die sowohl in B 1 als auch in B 2 beschworen wird, findet Hayward eine treffende Übersetzung. »Notwendigkeit« lässt sich kaum anders als mit »necessity« wiedergeben.[249] Auch die moderne

242 Beruf, S. 9.

243 Vocation, S. 25. In einer späteren Savigny-Paraphrase übersetzt Ernst Freund, Historical Jurisprudence in Germany, Political Science Quarterly 5 (1890), S. 468–486, hier S. 474 mit »collective national mind«.

244 Beruf, S. 11. Die Stelle ist unten vor Anm. 297 im Zusammenhang zitiert.

245 Vocation, S. 28.

246 Beruf, S. 13 und Vocation, S. 29. Zu diesem Begriff vgl. Joachim Rückert, Das »gesunde Volksempfinden« – eine Erbschaft Savignys?, ZSS (GA) 103 (1986), S. 199–247, hier S. 237–239.

247 Vocation, S. 28 (»the consciousness of the community«) und S. 29 (»a general consciousness of the people at large«).

248 Zur Rolle der »inneren Nothwendigkeit« bei Savigny, vgl. Rückert, Idealismus (Anm. 3), S. 304–308, 381–384.

249 Bailey, v° Nothwendigkeit; Fick, v° Nothwendigkeit.

Hegel- und Kantforschung sind darüber nicht hinausgegangen.[250] Problematischer ist dagegen die Übersetzung des Attributs »innere« mit »inward«. Savigny operiert im »Beruf« durchgehend mit der altbekannten und auch in der zeitgenössischen Philosophie aufbereiteten[251] Dichotomie von »Innerem« und »Äußerem«, von Essenz und Erscheinung, von Stoff und Form.[252] So ist ihm etwa eine nur oberflächliche Einführung in das römische Recht keine Wissenschaft, sondern bloß »die Erhaltung … der äußeren Form der Wissenschaft«.[253] Bereits auf der zweiten Seite des Buchs betont er, dass für die Entstehung von Recht »inner[e] Gründ[e]« oder aber ein »äußerer Zweck« maßgeblich sein können.[254] Dieser »äußere Zweck« ist einer, der »durch äußere Autorität fixiert wird«,[255] also durch einen Gesetzgeber, dessen Eingriff sich letztlich als »äußere Störung« des juristischen Denkens darstellt.[256] Mit »innerer« Notwendigkeit geht es Savigny also um das notwendig im Inneren (in der Natur der Sache?) liegende, das notwendig einer Sache Innewohnende, vielleicht sogar das notwendig von innen Herrührende.

Das Wort »inward« scheint dieser Bedeutung nicht gerecht zu werden. Im modernen Englisch wird es fast ausschließlich im Sinne von »nach innen gerichtet« gebraucht, etwa im Sinne von »inward-looking«.[257] Für Savignys »innere« Notwendigkeit würde stattdessen wohl eher »inner«, »internal« oder »intrinsic« verwendet. Genau auf diese Weise, also als Synonym zu den eben genannten Begriffen, wird »inward« aber noch bis weit in das 19. Jahrhundert gebraucht.[258] Die Bedeutung »nach innen gerichtet« tritt erst in der zweiten Hälfte des 19. Jahrhunderts vermehrt auf.[259] Hayward verwendet hier offenkundig noch die alte Bedeutung, die das von Savigny Gemeinte exakt wiedergibt. Im gleichen Sinne verwendet er »inward«, wenn das Original von »innerer Fortbildung« des Rechts spricht (B 2), und an späterer Stelle überträgt er Savignys »innere Nothwendigkeit« dann auch mit »internal necessity«,[260] ohne

250 Holzhey und Mudroch, v° necessity.
251 Caygill, v° inner/outer; Inwood, v° inner and outer, internal and external.
252 Zu »Stoff« und »Form« etwa Beruf, S. 21 und Vocation, S. 37; Beruf, S. 24 und Vocation, S. 41. Hayward übersetzt stets mit »substance« und »form«.
253 Beruf, S. 124.
254 Beruf, S. 2.
255 Beruf, S. 50. Vocation, S. 67, gibt das nur unvollständig wieder (»fixed by positive authority«).
256 Beruf, S. 32: »das juristische Denken … ganz stetig und ohne äußere Störung oder Unterbrechung fortschritt«. In Vocation, S. 49, geht dieser Akzent verloren: »their juridical notions advanced steadily and uninterruptedly«.
257 Vgl. etwa Oxford Dictionary of English, 2. Aufl., Oxford: OUP 2003, v° inward.
258 OED, v° inward, Nr. A.I.1.a., 2.a. und 2.b.
259 OED, v° inward, Nr. A.II.7.
260 Beruf, S. 37 und Vocation, S. 54.

dass damit eine Bedeutungsverschiebung verbunden zu sein scheint.[261] Für Savignys »Äußeres« verwendet er ebenfalls gleichbedeutend die Worte »outward«[262] und »extraneous«.[263]

ee) »Innere stillwirkende Kräfte«

In der Zusammenfassung seiner im zweiten Kapitel entfalteten Theorie (B 4) bezeichnet Savigny Sitte, Volksglaube und Jurisprudenz als »innere, stillwirkende Kräfte« bei der Rechtserzeugung. Hayward übersetzt, alles Recht werde durch »internal silently-operating powers« erzeugt.[264] »Power« scheint überhaupt nicht zu passen, denken die englischen Leser dabei doch zunächst an »Gewalt« oder »Macht«,[265] wie sie gerade der von Savigny so gering geschätzte Gesetzgeber verkörpert. Das gilt insbesondere für diejenigen, die mit der Begrifflichkeit der zeitgenössischen deutschen Philosophie vertraut sind: »power« ist noch heute in Kant- und Hegelübersetzungen der *terminus technicus* für politische Macht, »legislative power« derjenige für gesetzgebende Macht.[266] Auf diese Weise übersetzt auch Hayward den Begriff »gesetzgebende Gewalt«.[267]

Für »stillwirkende«, nicht von menschlicher Machtausübung getragene, sondern »organische« (B 2 und B 3),[268] gleichsam natürliche oder naturgesetzliche Kräfte verwenden die einschlägigen Übersetzungen in der Regel den Begriff »force«.[269] Gelegentlich findet sich dort auch der Ausdruck »energy«, um dieselbe Idee auszudrücken.[270] Ihn benutzt auch Hayward mehrfach, wenn

261 Vgl. auch Beruf, S. 58 (»innern Werth«) und Vocation, S. 73 (»intrinsic excellence«).

262 Beruf, S. 124 (»Erhaltung der äußeren Form der Wissenschaft«, s.o. bei Anm. 253) und Vocation, S. 144 (»preservation of the outward forms of our science«).

263 Beruf, S. 2 (»inneren Gründen ... äußerer Zweck«, s.o. bei Anm. 254) und Vocation, S. 18 (»intrinsic merits ... extraneous motives«).

264 Beruf, S. 14 und Vocation, S. 30.

265 Bailey, v° Kraft; Fick, v° Kraft.

266 Caygill v° power; Inwood, v° force and power.

267 Beruf, S. 88 und Vocation, S. 106. Vgl. auch Beruf, S. 5 (»Macht der Regierungen«) und Vocation, S. 21 (»power of the governments«); Beruf, S. 6 (»ausdrücklichen Vorschriften der höchsten Staatsgewalt«) und Vocation, S. 23 (»express enactments of the supreme power«); Beruf, S. 34 (»Macht«) und Vocation, S. 51 (»power«); Beruf, S. 41 (»Gewalt«) und Vocation, S. 57 (»power«). Vgl. aber auch Beruf, S. 19 (»Gewalt des Staates«) und Vocation, S. 35 (»authority of the state«).

268 Vgl. auch die Charakterisierung der Geschichte des römischen Rechts bis zur Klassik als »allmähliche, völlig organische Entwicklung« (Beruf, S. 32) bzw. als »a gradual, wholly-organic development« (Vocation, S. 49).

269 Caygill, v° force; Inwood, v° force and power; Burbidge, v° force. Hayward verwendet das Wort, soweit ersichtlich, in diesem Zusammenhang nie.

270 Inwood, v° force and power.

Savigny sich auf eine »lebendige Kraft«,[271] »eine lebendig bildende Kraft«[272] oder die »geistigen Kräfte der Nation«[273] bezieht. Für seine Zeitgenossen ist das eine plausible Übersetzung, denn bis weit in das 19. Jahrhundert hinein transportiert »energy« vor allem in philosophischen Schriften die Bedeutung von »actual working«, »operation« und »activity«.[274]

An zwei anderen Stellen wiederum verwendet Hayward für »Kraft« das Wort »faculty«.[275] Eine davon findet sich gleich in der ersten oben zitierten Passage (B 1). Dort bezeichnet Savigny bürgerliches Recht, Sprache, Sitte und Verfassung als »einzelne Kräfte und Thätigkeiten des einen Volkes, in der Natur untrennbar verbunden«. Bei Hayward mutiert dies zu »particular faculties and tendencies of an individual people, inseparably united in nature«.[276] »Faculties« sind nach zeitgenössischem Verständnis »Kräfte des Geistes«,[277] sind also vielleicht für Savignys »stillwirkende Kräfte« weniger treffend als »energies«. Doch ist Haywards Wortwahl in diesem Fall auch nicht fehlerhaft, denn die genannten »Kräfte« sind allesamt Menschenwerk und als solche Schöpfungen des menschlichen Geistes. An dieser Stelle stört vielmehr die Übersetzung von »Thätigkeiten« durch »tendencies«. Unter »tendency« wird (wie bei der »Tendenz« im Deutschen) eher ein Hang, eine Neigung oder aber eine eher unbewusst ablaufende Entwicklung, nicht aber etwas aktiv Tätiges verstanden.[278] Liest man B 1 aber im Zusammenhang mit B 4, in der die »inneren stillwirkenden Kräfte« im Mittelpunkt stehen, ist Hayward zuzugestehen, dass er auch hier eine auf den ersten Blick fernliegende, letzlich aber überzeugende Übersetzung findet. Fast scheint es, als treffe sie die Intentionen des Autors besser als das Original.

271 Beruf, S. 1 und Vocation, S. 17 (»living energy«).
272 Beruf, S. 113 und Vocation, S. 132 (»a vivid creative energy«).
273 Beruf, S. 23 und Vocation, S. 39 (»the moral energies of the nation«).
274 OED, v° energy, Nr. 2.a. Zum transzendental-metaphysischen Verständnis von »Kraft« in der deutschen Philosophie des 19. Jahrhunderts, vgl. auch Joachim Ritter und Karlfried Gründer (Hg.), Historisches Wörterbuch der Philosophie, Bd. 4, Basel: Schwabe 1976, v° Kraft (F. Kaulbach).
275 Beruf, S. 48 (»die rechtsbildende Kraft«) und Vocation, S. 64 (»the law-making faculty«). Ferner für »inner[e] Kraft« im Sinne von Lebenskraft oder Vitalität (Beruf, S. 5) richtigerweise »internal vigour« (Vocation, S. 22).
276 Ähnlich Beruf, S. 12 und Vocation, S. 28 (B 3). Wieder andere Verwendung von »tendency« für »Richtung« (des Volkes) und »Fortbildung« (des Rechts) in Vocation, S. 27 f. (Beruf, S. 11) (B 2). Vgl. auch die Übersetzung von »wissenschaftliche Thätigkeit« (Beruf, S. 30) als »scientific energy« (Vocation, S. 46).
277 Bailey, v° Kraft; Fick, v° Kraft. Zur Terminologie bei Kant, vgl. Holzhey und Mudroch, v° Faculty (Vermögen, Fähigkeit, Kraft); Caygill, v° faculty.
278 OED, v° tendency, Nr. 1.a.-c. Bailey und Fick schlagen v° Thätigkeit alternativ u. a. die Begriffe »activity«, »actuality«, »efficacy« und »force« vor.

ff) »Willkühr« und »Willkührliche Entstehung« des Rechts

Gegenstück zu den »inneren, stillwirkenden Kräften« und der »inneren Nothwendigkeit« ist bei Savigny stets die »willkührliche Entstehung« des Rechts (B 1), insbesondere die »Willkühr eines Gesetzgebers« (B 4). Die Begriffe »willkührlich« und »Willkühr« erfahren in den Jahrzehnten vor Abfassung des »Beruf« einen grundlegenden Bedeutungswandel. Bis spät in das 18. Jahrhundert wird darunter in der Regel die bloße willensgesteuerte Entscheidung zwischen verschiedenen Handlungsoptionen verstanden. Noch bei Kant und Schelling bedeutet »Willkür« Freiheit der Wahl. Doch bereits zu ihrer Zeit bekommt das Wort einen abwertenden Beiklang. Es wird gleichgesetzt mit Launenhaftigkeit, Eigenmächtigkeit, Selbstherrlichkeit, Anmaßung und arbiträrem Handeln.[279] Dementsprechend finden sich in den allgemeinen Lexika des frühen 19. Jahrhunderts ganz verschiedene Bedeutungsnuancen. Neben wertneutralen Worten und Redewendungen wie »will«, »free choice«, oder »I leave it to your pleasure, discretion« (für: »ich überlasse es deiner Willkühr«) finden sich negativ besetzte Begriffe wie »arbitrariness«, »arbitrary«, »absolute« und »despotic«.[280] Kopfzerbrechen bereiten »Willkühr« und »willkührlich« auch den Übersetzern philosophischer Texte. Sie setzen dem »Willen« (»will«) zumindest bei Kant Ausdrücke wie »elective will«, »willfulness«, oder auch »capacity«, »freedom«, »faculty« und »power of choice« für »Willkühr« entgegen, kennen aber auch die Worte »caprice«, »high-handedness« und vor allem »arbitrariness«.[281]

Hayward erkennt klar, dass der Begriff der »Willkühr« bei Savigny negativ besetzt ist. Die »permanente Willkürabwehr, sein immer intensiver Kampf gegen alles bloß Künstliche, Gewollte, Abstrakte, Zufällige«, ist bei Savigny, wie Joachim Rückert hervorgehoben hat, geradezu ein »Dauerthema«.[282] Folgerichtig verwendet Hayward daher auch die Begriffe »arbitrary« und »arbitrariness«.[283] Lässt sich also in der Rechtsgeschichte eine »zufällige und willkühr-

279 Joachim Ritter, Karlfried Gründer und Gottfried Gabriel (Hg.), Historisches Wörterbuch der Philosophie, Bd. 12, Basel: Schwabe 2004, v° Willkür; Inwood, v° will and wilfulness.

280 Bailey, v° Willkühr und v° willkührlich; Fick, v° Willkühr.

281 T.K. Abbott, Introduction, in: Immanuel Kant, Religion Within the Limits of Reason Alone, übersetzt von Theodore M. Greene and Hoyt H. Hudson, New York: Harper 1960, S. lxxxiv; Gayarti Charavorti Spivak, Translating into English, in: Sandra Bermann und Michael Wood (Hg.), Nation, Language, and the Ethics of Translation, Princeton: Princeton University Press 2005, 93–111, hier S. 93; Caygill, v° will; Inwood, v° will and wilfulness.

282 Rückert, Idealismus (Anm. 3), S. 388.

283 Vgl. etwa Beruf, S. 11 (»etwas willkührliches«) und Vocation, S. 27 (»something arbitrary«); Beruf, S. 30 (»ein … mehr unwillkührliches Mittel«) und Vocation, S. 46 (»a … less arbitrary means«); Beruf, S. 114 (»die verderbliche Verwechslung von Willkühr und Weisheit«) und Vocation, S. 134 (»the ruinous alternation of

liche Entstehung« des Rechts (B 1) ebenso wenig erkennen wie die »Willkühr eines Gesetzgebers« (B 4), so übersetzt Hayward mit »accidental and arbitrary origin«[284] sowie mit »arbitrary will of a law-giver«. Er bringt damit eine Schärfe in Savignys Text, die deutsche Leser am Beginn des 19. Jahrhunderts vielleicht noch gar nicht so deutlich wahrnehmen, insbesondere wenn sie noch mit dem älteren Sprachgebrauch vertraut sind.[285]

Das gilt insbesondere dann, wenn Savigny den Begriff der »Willkühr« in einer Weise verwendet, die eine wohlwollendere Lesart zuließe. In B 3 zum Beispiel preist Savigny eine Entstehung des Rechts »auf organische Weise, ohne eigentliche Willkühr und Absicht«. Durch die Beiordnung des neutralen Begriffs »Absicht« verliert das vorangestellte »Willkühr« deutlich an Wucht, und der Leser könnte versucht sein, es schlicht im Sinne von »Wille« oder »Wahlfreiheit« zu verstehen. Hayward trägt dem in gewisser Weise Rechnung und spricht hier nicht von »arbitrariness«, sondern von »will«. Um keinen Zweifel an Savignys Gesinnung aufkommen zu lassen, fügt er aber unmittelbar das Attribut »arbitrary« hinzu, so dass bei bei ihm das Recht »from organic causes, without any exertion of arbitrary will or intention«, entsteht. Haywards übersetzerische Entscheidung lässt damit die antikodifikatorische Stoßrichtung von Savignys Text noch deutlicher hervortreten als das Original.

Besonders beeindruckend ist, dass Hayward erkennt, wo Savigny den Begriff »Willkühr« eindeutig im ursprünglichen Sinne von »Entscheidungsfreiheit« benutzt, und seine Übersetzung danach ausrichtet. In seiner Kritik des Code civil weist Savigny auf zwei Fälle hin, für die das Gesetzbuch keine Entscheidung vorgibt. So könne man unter bestimmten Umständen auf Eheaufhebung klagen, »das Gesetz verwehrt die Klage nicht, aber was der Richter thun will, ist seine Sache, oder mit anderen Worten, die Aufhebung der Ehe hangt von der Willkühr des Richters ab. … Schwerlich giebt es einen Fall, in welchem richterliche Willkühr gefährlicher und unpassender ist als in diesem«.[286] Hayward übersetzt »the nullification of the marriage depends on the pleasure of the judge«;[287] dann »discretionary power in a judge«.[288] Savigny nennt auch

arbitrariness and wisdom«). So auch noch heute Beiser, Historicist Tradition (Anm. 4), S. 238 (»arbitrariness«).

284 So auch Beruf, S. 37 (»zufällig und willkührlich«) und Vocation, S. 53 (»accidental und arbitrary«).

285 Auch Reddie, Letter (Anm. 46), S. 12 formuliert in seiner Paraphrase von B 4 noch in gewisser Weise vermittelnd »the arbitrary, compulsory speculations, *or selections* of any legislator or set of legislators« (Hervorhebung von mir).

286 Beruf, S. 70 f.

287 Vocation, S. 87.

288 Vocation, S. 88.

noch eine andere Fallgestaltung, bei der »ist das ganze Schicksal einer Familie der völlig blinden Willkühr eines Gerichts überlassen, welchem bey keiner möglichen Entscheidung ein Vorwurf gemacht werden kann, da jede Entscheidung die angesehensten Autoritäten für sich hat«.[289] Hayward übersetzt hier mit »blind discretion of a judge«.[290]

gg) »Daseyn«

Das Wort »Daseyn« in der ersten und der dritten Schlüsselstelle ist eines derjenigen, das seit Kant und Hegel eine besonders starke philosophische Konnotation aufweist. Bis heute streitet sich die angloamerikanische Hegel-Forschung um die korrekte Übertragung. Die herrschende Meinung bevorzugt den Begriff »determinate being«, andere Vorschläge lauten »being there«, »this-being«, »reality« oder »embodiment«.[291] Wenn Hayward in B 1 und auch in späteren Kapiteln, in denen Savigny von »Daseyn« spricht,[292] stets das wesentlich schlichtere »existence« verwendet, wird er dem Begriff vielleicht nicht in allen philosophischen Nuancen gerecht. Er vermeidet aber andere lexikalische Bedeutungsvarianten, die noch weniger philosophische Feinfühligkeit aufweisen[293] und trägt immerhin der Tatsache Rechnung, dass die deutsche Aufklärungsliteratur »Daseyn« regelmäßig zur Übertragung des lateinischen »existentia« verwendet. Auch in englischen Kant-Übersetzungen hat sich heute die Verwendung von »existence« weitgehend durchgesetzt.[294] Hayward macht von seinem gewöhnlichen Gebrauch des Worts soweit ersichtlich nur eine Ausnahme, und zwar wenn er in B 3 »Das Daseyn des Rechts« sehr prosaisch mit »Law« überträgt.[295] In derselben Schlüsselstelle und öfter benutzt er »existence« auch zur Übersetzung von »Leben«, etwa in »Volksleben« (»existence of the community« bzw. »of the people«) und »Lebensprincip« (»principle of existence«).

289 Beruf, S. 72.

290 Vocation, S. 89.

291 Vgl. Inwood, v° existence, reality and determinate being; ders., Preface, in: G.W.F. Hegel, Philosophy of Mind, übersetzt von W. Wallace and A.V. Miller, in einer neuen Übersetzung von Michael Inwood, Oxford: OUP 2007, S. xii Fn. 9; Burbidge, v° Dasein und v° existence.

292 Vgl. nur Beruf, S. 9, 29, 30 und Vocation, S. 25, 45, 46; vgl. auch Beruf, S. 10 (»körperliches Daseyn«) und Vocation, S. 26 (»bodily existence«).

293 Bailey, v° Daseyn, bietet an »being there, presence, being, existence«; Fick, v° Daseyn, offeriert »presence, being, existence«.

294 Caygill, v° Existence. Vgl. aber auch Holzhey und Mudroch, v° Existence.

295 Beruf, S. 12 und Vocation, S. 28.

b) Rechtswissenschaft

»Rechtswissenschaft« ist ein Zentralbegriff in Savignys »Beruf«. Er taucht bereits im Titel auf. Wie gesehen, erwähnt Savigny »Jurisprudenz« und »die besondere Wissenschaft in den Händen der Juristen« bereits kurz und eher beiläufig im zweiten Kapitel (B 3 und B 4). Die darauffolgenden Kapitel gehen dann ausführlicher auf die Wissenschaft vom Recht ein. Die erste der einschlägigen Schlüsselpassagen (B 5) arbeitet mit einer Analogie zur Geometrie:

B 5:

Auch hat man gerade in den allerneuesten Gesetzbüchern allen Schein eines Bestrebens nach dieser materiellen Vollständigkeit völlig aufgegeben, ohne jedoch etwas anderes an die Stelle derselben zu setzen. Allein es giebt allerdings eine solche Vollständigkeit in anderer Art, wie sich durch einen Kunstausdruck der Geometrie klar machen läßt. In jedem Dreyeck nämlich giebt es gewisse Bestimmungen, aus deren Verbindung zugleich alle übrige mit Nothwendigkeit folgen: durch diese, z. B. durch zwey Seiten und den zwischenliegenden Winkel, ist das Dreyeck g e g e b e n. Auf ähnliche Weise hat jeder Theil unsres Rechts solche Stücke, wodurch die übrigen gegeben sind: wir können sie die leitenden Grundsätze nennen. Diese heraus zu fühlen, und von ihnen ausgehend den innern Zusammenhang und die Art der Verwandschaft [!] aller juristischen Begriffe und Sätze zu erkennen, gehört eben zu den schwersten Aufgaben unsrer Wissenschaft, ja es ist eigentlich dasjenige, was unsrer Arbeit den wissenschaftlichen Character giebt. (Beruf, 22)

In all the new codes, indeed, all appearance of an attempt to obtain this material perfection has been given up, without, however, establishing any thing in its stead. But there is certainly a perfection of a different kind, which may be illustrated by a technical expression of geometry. In every triangle, namely, there are certain data, from the relations of which all the rest are necessarily deducible: thus, given two sides and the included angle, the whole triangle is given. In like manner, every part of our law has points by which the [39] rest may be given: these may be termed the leading axioms. To distinguish these, and deduce from them the internal connection, and the precise degree of affinity which subsist between all juridical notions and rules, is amongst the most difficult of the problems of jurisprudence. Indeed, it is peculiarly this which gives our labours the scientific character. (Vocation, 38 f.)

Auf diese Passage verweist Savigny später in der sechsten Schlüsselpassage des »Berufs« (B 6), in der er die Idee des »Rechnens mit Begriffen« einführt:

B 6:

Es ist oben (S. 22) gezeigt worden, daß in unserer Wissenschaft aller Erfolg auf dem Besitz der leitenden Grundsätze beruhe, und gerade dieser Besitz [29] ist es, der die Größe der Römischen Juristen begründet. Die Begriffe und Sätze ihrer Wissenschaft erscheinen ihnen nicht wie durch ihre Willkühr hervorgebracht, es sind wirkliche Wesen, deren Daseyn und deren Genealogie ihnen durch langen vertrauten Umgang bekannt geworden ist. Darum eben hat ihr ganzes Verfahren eine Sicherheit, wie sie sich sonst außer der Mathematik nicht findet, und man kann ohne Übertreibung sagen, daß sie mit ihren Begriffen rechnen. (Beruf, 28 f.)

It has been shown above (p. 38.) that, in our science, every thing depends upon the possession of the leading principles, and it is this very possession which constitutes the greatness of the Roman jurists. The notions and axioms of their science do not appear to have been arbitrarily produced; these are actual beings, whose existence and genealogy have become known to them by long and intimate acquaintance. For this reason their whole mode of proceeding has a certainty which is found no where else, except in mathematics; and it may be said, without exaggeration, that they calculate with their notions. (Vocation, 45)

Schlüsselpassage B 6 ist bereits oben zitiert worden, um die Übersetzung Haywards mit derjenigen Austins zu vergleichen.[296] Das gilt auch für die folgende Stelle (B 7), in der Savigny die Einheit von Theorie und Praxis bei den römischen Juristen beschwört:

B 7:

Haben sie einen Rechtsfall zu beurtheilen, so gehen sie von der lebendigen Anschauung desselben aus, und wir sehen vor unserm Augen das ganze Verhältniß Schritt vor Schritt entstehen und sich verändern. Es ist nun, als ob dieser Fall der Anfangspunkt der ganzen Wissenschaft wäre, welche von hier aus erfunden werden sollte. So ist ihnen Theorie und Praxis eigentlich gar nicht verschieden, ihre Theorie ist bis zur unmittelbaren Anwendung durchgebildet, und ihre Praxis wird stets durch wissenschaftliche Behandlung geadelt. In jedem [31] Grundsatz sehen sie zugleich einen Fall der Anwendung, in jedem Rechtsfall zugleich die Regel, wodurch er bestimmt wird, und in der Leichtigkeit, womit sie so vom allgemeinen zum besondern und vom besondern zum allgemeinen übergehen, ist ihre Meisterschaft unverkennbar. (Beruf, 30 f.)

If they have a case to decide, they proceed upon the liveliest perception of it; and we see the whole relation, formed and modified, step by step before our eyes. It is as if this very case were the starting point from which the whole system was to spring. Thus, properly speaking, their theory and practice are the same; their theory is framed for immediate application, and their practice is uniformly ennobled by scientific treatment. They see in every principle a case of application, in every case the rule by which it is to be decided; and in the ease with which they pass from generals to particulars, and back again from particulars to generals, their mastery is undeniable. (Vocation, 47)

aa) »Rechtswissenschaft«, »Jurisprudenz«, »Wissenschaft« und »wissenschaftlich«

In den Schlüsselpassagen B 5, 6 und 7 finden sich insgesamt sechs Nennungen für »Wissenschaft« und »wissenschaftlich«. Das Wort »Rechtswissenschaft« wird zweimal im einleitenden ersten Kapitel verwendet.[297] Und auch im zweiten Kapitel bezieht sich Savigny, wie schon erwähnt, auf die »wissenschaftliche Richtung« und ein »wissenschaftliches Leben« des Rechts, wobei er von »wissenschaftlicher Jurisprudenz« oder bloß »Jurisprudenz« spricht und alle Begriffe synonym zu verwenden scheint (B 3 und 4).[298]

Haywards Übersetzung changiert hier in ähnlicher Weise. Zwar verwendet er in den genannten Schlüsselstellen und auch sonst regelmäßig die Begriffe »science« und »scientific«, wenn bei Savigny von »Wissenschaft« und »wissenschaftlich« die Rede ist.[299] An einer späteren Stelle, an der Savigny von »unserer

296 Vgl. oben nach Anm. 162.
297 Beruf, S. 6.
298 Vgl. oben vor Anm. 192.
299 Vgl. nur Beruf, S. 30 und Vocation, S. 46 (jeweils 2x); Beruf, S. 124 und Vocation, S. 144 (s. o. Anm. 262).

Wissenschaft« spricht, gebraucht er auch den Ausdruck »legal science«;[300] an einer anderen benutzt er für »Wissenschaft des Rechts« die wörtliche Entsprechung »science of law«.[301] Ausnahmsweise greift Hayward aber auch auf andere Begriffe zurück. Besonders deutlich ist dies in den letzten beiden Zeilen von B 5, in denen Savigny sich auf die »Aufgaben unsrer Wissenschaft« und das, »was unsrer Arbeit den wissenschaftlichen Character giebt«, bezieht. Hayward spricht im ersten Fall von den Aufgaben der »jurisprudence«, im zweiten vom »scientific character« der Arbeit. In B 3 übersetzt er »wissenschaftliche Richtung« mit »scientific direction« und kurz darauf »besondere Wissenschaft als »distinct branch of knowledge«;[302] in B 7 wird der »Anfangspunkt der ganzen Wissenschaft« zum »starting point from which the whole system was to spring«. Wo im Original dagegen, wie etwa im Titel, ausdrücklich von »Rechtswissenschaft« die Rede ist und deshalb der Begriff »legal science« zu erwarten wäre,[303] steht in der englischen Fassung meist »jurisprudence«.[304] Denselben Ausdruck verwendet Hayward aber auch, wenn Savigny von »Jurisprudenz« spricht;[305] aus »wissenschaftlicher Jurisprudenz« wird bei ihm »scientifc jurisprudence«.[306]

Hayward ist hier nicht um seine Aufgabe zu beneiden. Von den zeitgenössischen Lexika ist keine Hilfe zu erwarten. Weder Bailey noch Fick enthalten einen Eintrag zu »Jurisprudenz«. »Wissenschaft« ist bei ihnen primär »knowledge« und dann erst »science«. Unter dem Stichwort »Rechtswissenschaft« nennen beide die Begriffe »doctrine of the law« und »science of the law«. Allerdings schlagen sie für die Übertragung von »Rechtsgelehrsamkeit« neben »jurisprudence« und »law« ebenfalls »science of law« vor. Auf »jurisprudence« verweist Fick auch noch unter dem Stichwort »Rechtslehre«.[307]

Die terminologische Verwirrung ist kaum verwunderlich. Ist ein Begriff schon in der Ausgangssprache problematisch, lässt sich in der Zielsprache kaum eine befriedigende Lösung finden. Genau das ist aber im Hinblick auf das Wort »Rechtswissenschaft« der Fall. Dabei handelt es sich am Beginn des 19. Jahrhunderts noch um einen Neologismus. Die gelehrten Juristen Europas diskutierten zwar spätestens seit dem 16. Jahrhundert, ob ihre Tätigkeit »wissenschaftlichen« Charakter habe. Vorherrschend blieben aber zunächst die überlieferten

300 Beruf, S. 126 und Vocation, S. 147.
301 Beruf, S. 29 und Vocation, S. 46; Beruf, S. 30 und Vocation, S. 46.
302 Beruf, S. 12 und Vocation, S. 28.
303 So auch die Übersetzung von »Rechtswissenschaft« im Titel des »Berufs« bei Rahmatian, Savigny's *Beruf* (Anm. 195), S. 2.
304 Beruf, S. 6 (2x) und Vocation, S. 23 (2x); Beruf, S. 127 und Vocation, S. 147.
305 Beruf, S. 14 und Vocation, S. 30 (B 4); Beruf, S. 60 und Vocation, S. 76.
306 Beruf, S. 13 und Vocation, S. 30.
307 Bailey, v° Rechtswissenschaft, v° Rechtsgelehrsamkeit, v° Wissenschaft; Fick, v° Rechtsfall, v° Wissen.

Begriffe »Jurisprudenz« oder »Rechtsgelehrtheit«, die vom lateinischen *iuris prudentia* (»Rechtsklugheit«, »Wissen« vom Recht) abgeleitet waren. Erst in der Nachfolge Kants begann sich an der Wende zum 19. Jahrhundert in Deutschland die Vorstellung durchzusetzen, dass Rechtslehrer einer im engeren Sinne wissenschaftlichen Tätigkeit nachgehen statt bloß eine *ars* oder *techne* auszüben, dass sie Rechts-»wissenschaft« betreiben statt bloß »Klugheit« oder »Weisheit« hinsichtlich des Rechts zu besitzen.[308] Dem englischen Recht ist dieser Gedanke bis heute fremd. Wenn etwa Blackstone 1765 mehrfach von »science« sprach, verstand er darunter dezidiert nur die »Kenntnis« (»knowledge«) des Rechts.[309] Begriffe wie »legal science« oder »science of the law« fanden vor allem seit der ersten Hälfte des 19. Jahrhunderts Verwendung, um das spezifische Konzept der kontinentalen Rechtswissenschaft zu übersetzen.[310] Noch heute haben sie keinen Eingang in die allgemeine Juristensprache gefunden[311] und wirken wie Kunstwörter.[312] Jurastudenten werden nicht an »Faculties of legal science(s)«, sondern an »Faculties of law« unterrichtet; sie erwerben keinen Abschluss in »legal sciences«, sondern in »jurisprudence« (Oxford) oder »law« (anderswo). Für »Rechtswissenschaft« im Sinne der Summe von Fachpublikationen ist der Begriff »legal scholarship« gebräuchlich. Soll das Wort das Kollektiv der universitären Forscher und Lehrer bezeichnen, sprechen Engländer von »legal scholars« und »legal academics«.[313]

Für Hayward verschärft sich die Übersetzungsproblematik, weil sich um 1830 auch in der englischen Sprache im Hinblick auf »jurisprudence« eine fundamentale Bedeutungsverschiebung anbahnt. Bei Blackstone war das Wort noch

308 Jan Schröder, Wissenschaftstheorie und Lehre der »praktischen Jurisprudenz« auf deutschen Universitäten an der Wende zum 19. Jahrhundert, Frankfurt/M.: Klostermann 1979; ders., Recht als Wissenschaft. Theorie der juristischen Methodenlehre in der Neuzeit (1500–1933), 2. Aufl., München: C.H. Beck 2012, S. 95 f., 169 f., 247–249; Maximilian Herberger, Beziehungen zwischen Naturwissenschaft und Jurisprudenz in der ersten Hälfte des 19. Jahrhunderts, Berichte zur Wissenschaftsgeschichte 6 (1983), S. 79–88; Mathias Reimann, Nineteenth Century German Legal Scholarship, Boston College Law Review 31 (1990), S. 837–897, hier S. 846–894.

309 Blackstone, Commentaries, Bd. I (Anm. 222), S. i und 4.

310 Vgl. etwa James Bryce, The Methods of Legal Science, in: ders., (Hg.), Studies in History and Jurisprudence, Bd. II, Oxford: Clarendon Press 1901, S. 172–208.

311 Peter Cane und Joanne Conaghan (Hg.), The New Oxford Companion to Law, Oxford: OUP 2008, enthält keine gleichlautenden Einträge.

312 Stefan Vogenauer, v° Rechtswissenschaft, in: Jürgen Basedow, Klaus J. Hopt und Reinhard Zimmermann (Hg.), Handwörterbuch des Europäischen Privatrechts, Bd. 2, Tübingen: Mohr Siebeck 2009, S. 1274–1279, hier S. 1274.

313 Vgl. Cane und Conaghan, New Oxford Companion (Anm. 311), v° legal academics.

mit »knowledge of [the] laws« gleichbedeutend gewesen.[314] 1826 wurde dann Austin in London zum »Professor of Jurisprudence« ernannt und begann 1829 mit seinen Vorlesungen, die er 1832 unter dem Titel »The Province of Jurisprudence Determined« veröffentlichte. Es ging also darum, den Gegenstand der »jurisprudence« genauer zu bestimmen. Bereits 1831, also im Jahr des Erscheinens von Haywards Übersetzung, publizierte Austin einen kurzen Grundriss der Vorlesungen. Darin unterschied er strikt zwischen der »jurisprudence« im Allgemeinen, die er mit der »Philosophie vom positiven Recht« (»philosophy of positive law«) gleichsetzte, und der partikularen »jurisprudence«, die sich mit dem positiven Recht einer bestimmten Rechtsordnung beschäftige.[315] Erstere befasse sich mit den (positiven) allgemeinen Rechtsgrundsätzen und Grundstrukturen, die den bestehenden Rechtsordnungen gemein waren.[316] Nur für diese hatte Austin Interesse. »Jurisprudence« wurde auf diese Weise gleichbedeutend mit »Rechtsphilosophie« oder – wie man angesichts der strengen Trennung, die Austin und seine Nachfolger zwischen Sein und Sollen vornahmen, im deutschen juristischen Sprachgebrauch vielleicht eher sagen würde – mit »analytischer Rechtstheorie«. Heute wird das Wort fast ausschließlich in dieser Bedeutung verwendet.[317] Den Begriff »science of law« verwendet Austin in seinem Grundriss eingangs wohl noch synonym mit »jurisprudence«,[318] er tritt dann aber ganz hinter diesem zurück und wird in »The Province of Jurisprudence«, soweit ersichtlich, überhaupt nur dreimal gebraucht.[319]

314 Blackstone, Commentaries, Bd. I (Anm. 222), S. 27 (hier auch nur im Zusammenhang mit Aristoteles). Vgl. bereits oben bei Anm. 309.

315 Austin, Outline (Anm. 139), S. iii: »... I shall distinguish general jurisprudence, or the philosophy of positive law, from what may be styled particular jurisprudence, or the science of particular law: that is to say, the science of any such system of positive law as now actually obtains, or once actually obtained, in a specifically determined nation«.

316 Ebd., S. iii: »Now general jurisprudence, or the philosophy of positive law, ... is concerned directly with principles and distinctions which are common to various systems of particular and positive law; and which each of those various systems inevitably involves, let it be worthy of praise or blame«.

317 Vgl. etwa den lakonischen Eintrag bei Cane und Conaghan, New Oxford Companion (Anm. 311), v° jurisprudence: »*see* theory in legal research« sowie OED, v° jurisprudence. Insbesondere im rechtsvergleichenden, völker- und europarechtlichen Schrifttum findet sich darüber hinaus die mit »case law« gleichbedeutende, auf den französischen juristischen Sprachgebrauch zurückgehende Redewendung von der »jurisprudence of the courts«.

318 Austin, Outline (Anm. 137), S. iii und iv.

319 Vor allem Austin, Province (Anm. 7), S. 132; dort wird auch, soweit ersichtlich, das einzige Mal »science of jurisprudence« als Synonym für »jurisprudence« gebraucht.

Vielleicht liegt hier der Grund für Haywards auf den ersten Blick überraschende Entscheidung, »Rechtswissenschaft« in der Regel mit »jurisprudence« zu übersetzen. Er hatte Austins »Outline« vor Abschluss der Arbeiten an seiner Übersetzung gelesen[320] und mit an Sicherheit grenzender Wahrscheinlichkeit die dazugehörigen Vorlesungen besucht.[321] Er war also mit dem neuen Sprachgebrauch vertraut, und – so ist angesichts seiner überaus positiven Einstellung zu Austins Vorlesungen anzunehmen – begrüßte ihn.[322] Das englische »jurisprudence« war für ihn wie das deutsche »Rechtswissenschaft« der modernere, zukunftsweisendere Begriff, der eine tiefgehendere, theoretischere und analytischere Behandlung des Rechts signalisierte.

bb) »Leitende Grundsätze«, »Begriffe«, »Sätze«
Sowohl am Ende der fünften als auch am Beginn der sechsten Schlüsselpassage betont Savigny, das Charakteristikum der Rechtswissenschaft bestehe darin, aus den »leitenden Grundsätzen« die »(juristischen) Begriffe und Sätze« zu erkennen.

Den Ausdruck »leitende Grundsätze« übersetzt Hayward in B 6 und an fast allen anderen Stellen des Texts mit »leading principles«,[323] einer Formulierung, die sich bereits bei Blackstone[324] und noch in modernen Übersetzungen Savignys findet[325] und die auch im Hinblick auf den philosophischen Sprachgebrauch nicht weiter zu beanstanden ist.[326] In B 5 allerdings spricht er von »leading axioms«. »Axiom« ist der Ausdruck, den die allgemeinen Wörterbücher neben »principle« als Bedeutungsvariante für »Grundsatz« angeben, allerdings mit dem Zusatz, es handele sich um Grundsätze theoretischer Art. Im Zusammenhang mit der von Savigny gezogenen Analogie zur Geometrie ist er

320 Vgl. die vom Herausgeber verfassten und mit Datum vom 27. Januar 1831 versehenen »Events of the Quarter«, in: Law Magazine; or Quarterly of Jurisprudence 5 (1831), S. 252–260, hier S. 258, mit Hinweis auf Austin, Outline (Anm. 137).

321 Die jeweils am Ende jeder Ausgabe des »Law Magazine« enthaltenen »Events of the Quarter« weisen regelmäßig auf Austins Vorlesungen hin.

322 Vgl. die äußerst positive Rezension der »Province of Jurisprudence Determined« durch Abraham Hayward, in: Law Magazine, or Quarterly of Jurisprudence 7 (1832), S. 298–313.

323 Vgl. auch Beruf, S. 23 und Vocation, S. 40; Beruf, S. 66 und Vocation, S. 83; Beruf, S. 90 und Vocation, S. 108; Beruf, S. 90 und Vocation, S. 109. Vgl. auch Beruf, S. 88 (»allgemeine Grundsätze«) und Vocation, S. 107 (»general principles«).

324 Vgl. bereits Blackstone, Commentaries, Bd. I (Anm. 222), S. 7 (»leading principles« im Gegensatz zu den »minute distinctions« des Immobiliarsachenrechts).

325 Beiser, Historicist Tradition (Anm. 4), S. 245.

326 Caygill, v° principle; Holzhey und Mudroch, v° principle.

besonders treffend, evoziert er doch noch stärker die Idee einer nicht beweisbedürftigen und nicht anderswo abgeleiteten Grundaussage in der Logik und der Mathematik, von der wiederum andere Aussagen abgeleitet werden können.[327] Es ist daher auch nicht recht zu verstehen, warum Hayward ihn in B 6, wo Savigny mit dem »Rechnen mit Begriffen« eine weitere mathematische Metapher einführt, zugunsten der Formulierung »leading principles« aufgibt. Vermutlich unterläuft Hayward hier schlicht ein Fehler, denn er verwendet den Begriff »axiom« in dieser Passage für den Ausdruck »Sätze«.

»Sätze« aber übersetzt er in B 5 und anderswo durchgehend als »rules«, also im Sinne von »Rechtssätze« oder »Rechtsregeln«.[328] Das entspricht wohl auch der Intention Savignys, geht man davon aus, dass sich für ihn die »Sätze« erst durch den »Besitz der leitenden Grundsätze« erkennen lassen sollen und er sie fast stets in Kombination mit den »Begriffen« nennt.

Für »Begriffe« wiederum verwendet Hayward stets das Wort »notions«.[329] Da es Savigny gerade auf die »Schärfe und Sicherheit der Begriffe« ankommt,[330] würde die moderne englische Rechtssprache, insbesondere die Rechtstheorie, hier den Begriff »concept« bevorzugen. Sie unterscheidet zwischen »concept«, dem Begriff im engeren Sinne, und »conceptions«, den mit dem Begriff verbunden Vorstellungen, Anschauungen und »Ideen«.[331] »Notion« wird eher im letzteren Sinne verstanden, obwohl es in der Umgangssprache synonym für »concept« gebraucht wird.[332] Auch moderne Kant- und Hegelübersetzungen bevorzugen »concept«.[333] Zu Haywards Zeit ist dieser Sprachgebrauch aber noch nicht ausgeprägt. Die allgemeinen Lexika bieten lediglich die Wörter »notion«, »idea« und »conception« an.[334] Austin, von dem sich mit Fug und Recht behaupten ließe, sein ganzes Werk sei eine einzige Begriffsklärung, verwendet nirgends den Ausdruck »concept«, dafür aber häufig das Wort »notion«.[335] Vor diesem Hintergrund trifft Hayward die korrekte übersetzerische Entscheidung.

327 Vgl. OED, v° axiom, Nr. 3.
328 Vgl. etwa Beruf, S. 48 und Vocation, S. 65 (B 10); Beruf, S. 79 und Vocation, S. 97; Beruf, S. 124 (»die allgemeinsten Begriffe und Sätze«) und Vocation, S. 144 (»the most general notions and rules«).
329 Beruf, S. 23 und Vocation, S. 39; Beruf, S. 29 und Vocation, S. 46; Beruf, S. 124 und Vocation, S. 144.
330 Beruf, S. 29.
331 John Rawls, Political Liberalism, New York: Columbia University Press 1993, S. 14 Fn. 15; Ronald Dworkin, Law's Empire, Oxford: Hart 1998, S. 70 f.
332 OED, v° concept, Nr. 2. und v° notion, Nr. I.
333 Caygill, v° concept; Holzhey und Mudroch, v° concept; Burbidge, v° concept und v° notion; Inwood, v° concept.
334 Bailey, v° Begriff; Fick, v° Begriff.
335 Vgl. etwa Austin, Province (Anm. 7), S. 209 (»the notion of sovereignty«).

Nur am Rande sei bemerkt, dass Hayward auch im Hinblick auf die leitenden Grundsätze jede emotionale Sprache vermeidet.[336] Geht es Savigny in B 5 darum, diese »heraus zu fühlen«, also durch Einfühlungsvermögen zu erkennen, verwendet Hayward den kühl-rationalen Ausdruck »distinguish«, der den Vorgang des Erkennens mit Hilfe analytischer Unterscheidungen umschreibt.[337]

cc) »Innerer Zusammenhang«

Für Savigny geht es bei der Wissenschaft darum, den »innern Zusammenhang« der juristischen Begriffe und Sätze zu erkennen (B 5). Wie bei der »inneren Nothwendigkeit« geht es hier um das einer Sache Innewohnende, Intrinsische,[338] und Hayward übersetzt zutreffend mit »internal connection«.

dd) Mathematische und biologische Analogien

Unproblematisch ist die Übersetzung mathematischer und biologischer Begriffe, derer sich Savigny in B 5, B 6 und B 7 bedient. »Dreieck«, »Winkel«, »rechnen«, »Geneaologie«, »Verwandtschaft«, und »wirkliche Wesen« lassen sich unbefangen und ohne Rückgriff auf einen juristischen oder philosophischen Sprachgebrauch übertragen.

ee) »Materielle Vollständigkeit«

Schließlich fällt am Beginn der fünften Schlüsselpassage noch die Übersetzung von »materieller Vollständigkeit« durch »material perfection« auf. Hier wäre »completeness« oder »comprehensiveness« sicherlich treffender. Etwas, das zur »perfection«, also zur »Vollkommenheit« gebracht wird, ist in der Regel auch vollständig. Die primäre Wortbedeutung ist dies aber nicht.[339] Vielleicht ist Hayward in dieser Passage auch nur unachtsam. An anderer Stelle, wo es um die »materielle Vollständigkeit« des Allgemeinen Landrechts geht, übersetzt er nämlich mit »material completeness«,[340] und wo von der »absoluten Vollkommenheit« des Rechts die Rede ist, ebenso zutreffend mit »absolute perfection«.[341]

336 Vgl. bereits oben bei Anm. 235.

337 OED, v° distinguish, Nr. I. Der besondere juristische Sprachgebrauch im Hinblick auf das »distinguishing« eines Präjudizes setzte sich erst später im 19. Jahrhundert im Zuge der Entwicklung einer Fallrechtsmethode durch, vgl. Vogenauer, Geschichte des Präjudizienrechts (Anm. 204), S. 76 f.

338 Vgl. oben bei Anm. 248.

339 OED, v° perfection.

340 Beruf, S. 90 und Vocation, S. 109. Vgl. auch Beruf, S. 5 (»Vollständigkeit« der Gesetzbücher) und Vocation, S. 21 (»completeness«); Beruf, S. 7 (»vollständiges Gesetzbuch«) und Vocation, S. 23 (»complete code«).

341 Beruf, S. 5 und Vocation, S. 21. Vgl. auch die Verwendung von »perfection« bei Reddie, Letter (Anm. 46), S. 20.

Die Übersetzung von »materielle Vollständigkeit« soll hier aus einem anderen Grund hervorgehoben werden. Sie ist ein gutes Beispiel dafür, dass Hayward den Originaltext nicht anglisiert. Hier hätte es nämlich angesichts der Betonung der Verknüpfung »zu einem Ganzen« in B 1 und des wiederkehrenden Hinweises auf eine organische Rechtsentstehung in B 1, B 2 und B 3 auf der Hand gelegen, auf die Metapher vom common law als »seamless web« zurückzugreifen. Sie bringt die Idee einer organisch gewachsenen Einheit und allumfassenden Vollständigkeit des Fallrechts zum Ausdruck, das für jeden neu auftauchenden Sachverhalt eine Lösung bereithält, die der Richter ohne schöpferische Eigenleistung nur auffinden muss. Geprägt wird dieser Begriff zwar erst gegen Ende des 19. Jahrhunderts;[342] die Vorstellung ist jedoch wesentlich älter.[343] Vielleicht aber ist die Wortwahl »perfection« auch unbewusst von einer berühmten Sentenz des einflussreichen frühneuzeitlichen Richters Edward Coke beeinflusst, der das seit Menschengedenken gewachsene common law als »Vervollkommung der Vernunft« (»perfection of reason«) bezeichnet hatte.[344] Die Vorstellung berührt sich zwar in vielerlei Hinsicht mit Savignys Theorie einer organischen Rechtsentstehung, hat aber mehr mit der inhaltlichen Qualität und Rationalität als mit der Vollständigkeit des Rechts zu tun.

c) Historische Methode

Drei weitere Schlüsselpassagen betreffen Savignys wissenschaftliche Grundposition, die von ihm selbst so bezeichnete »historische Methode«. Sie finden sich im sechsten und im siebten Kapitel des »Beruf«. In B 8 charakterisiert Savigny die historische Methode wie folgt:

342 Frederic William Maitland, A Prologue to a History of English Law, in: Law Quarterly Review 14 (1898), 13–33, hier S. 13.

343 Vogenauer, Die Auslegung von Gesetzen (Fn. 168), S. 900, 907, 949.

344 Edward Coke, Institutes of the Lawes of England, Bd. I: Commentary upon Littleton, London: Societie of Stationers 1628, S. 79.b; *Harbert's Case* (1584) 3 Co. Rep. 11b., 13b. (Ex). Später auch Blackstone, Commentaries, Bd. I (Anm. 222), S. 70.

B 8:

... die strenge historische Methode der Rechtswissenschaft. Der Charakter derselben besteht nicht, ..., in ausschließender Anpreisung des Römischen Rechts: auch nicht darin, daß sie die unbedingte Beybehaltung irgend eines gegebenen Stoffes verlangte, was sie vielmehr gerade verhüten will, wie sich dieses oben bey der Beurtheilung des Oesterreichischen Gesetzbuchs gezeigt hat. Ihr Bestreben geht vielmehr dahin, jeden gegebenen Stoff bis zu seiner Wurzel zu verfolgen, und so sein organisches Princip zu entdecken, wodurch sich von selbst das, was noch Leben hat, von demjenigen absondern muß, was schon ab- [118] gestorben ist, und nur noch der Geschichte angehört. Der Stoff aber der Rechtswissenschaft, welcher auf diese Weise behandelt werden soll, ist für das gemeine Recht dreyfach, woraus sich drey Haupttheile unsrer Rechtswissenschaft ergeben: Römisches Recht, Germanisches Recht, und neuere Modifikationen beider Rechte. (Beruf, 117 f.)

... the strict historical method of jurisprudence. Its character does not consist, ..., in an exclusive admiration of the Roman law; nor in desiring the unqualified preservation of any one established system, to which, indeed, it is directly opposed, as has been shown by the above judgment on the Austrian Code. On the contrary, its object is to trace every established system to its root, and thus discover an organic principle, whereby that which still has life, may be separated from that which is lifeless and only belongs to history. But the subject matter of jurisprudence, which is to be treated in this manner, is, with regard to the common law, threefold, from which three principal divisions of our jurisprudence are derived: Roman law, German law, and new modifications of the two. (Vocation, 137)

In einer weiteren Schlüsselpassage (B 9) führt Savigny genauer aus, wie unverzichtbar die historische Ergründung des Stoffs für die Rechtswissenschaft ist:

B 9:

Dieser überwiegende Einfluß des bestehenden Stoffs also ist auf keine Weise vermeidlich: aber er wird uns verderblich seyn, solange wir ihm bewußtlos dienen, wohlthätig, wenn wir ihm eine lebendig bildende Kraft entgegen setzen, durch historische Ergründung ihn unterwerfen, und so den ganzen Reichthum der vergangenen Geschlechter uns aneignen. ... eine gründliche Rechtswissenschaft uns lehren soll, diesen historischen Stoff frey als unser Werkzeug zu gebrauchen; ... möchte die Wissenschaftlichkeit schon von selbst ... gewinnen: ... (Beruf, 113)

There is consequently no mode of avoiding this overruling influence of the existing matter; it will be injurious to us so long as we ignorantly submit to it; but beneficial, if we oppose to it a vivid creative energy, – obtain the mastery over it by a thorough grounding in history, and thus appropriate to ourselves the whole intellectual wealth [133] of preceding generations. ... to learn by the profound study of jurisprudence, how to use this historical matter freely as our instrument: ... the scientific principle ... might of itself gain on its own account: ... (Vocation, 132 f.)

Die letzte Schlüsselpassage aus dem »Beruf«, die hier vorgestellt werden soll, fordert die untrennbare Verbindung des historischen Elements mit dem systematischen Moment (B 10):

B 10:

Ein zweyfacher Sinn ist dem Juristen unentbehrlich: der historische, um das eigenthümliche jedes Zeitalters und jeder Rechtsform scharf aufzufassen, und der systematische, um jeden Begriff und jeden Satz in lebendiger Verbindung und Wechselwirkung mit dem Ganzen anzusehen, d. h. in dem Verhältniß, welches das allein wahre und natürliche ist. Dieser zweyfache wissenschaftliche Sinn findet sich ungemein wenig in in den Juristen des achtzehenten Jahrhunderts, und vorzüglich ein vielfältiges flaches Bestreben in der Philosophie wirkte sehr ungünstig. ... [49] ..., wenn nicht alle Zeichen trügen, ist ein lebendigerer Geist in unsre Wissenschaft gekommen, der sie künftig wieder zu einer eigenthümlichen Bildung erheben kann. (Beruf, 48 f.)

A twofold spirit is indispensable to the jurist; the historical, to seize with readiness the peculiarities of every age and every form of law; and the systematic, to [65] view every notion and every rule in lively connection and co-operation with the whole, that is, in the only true and natural relation. This twofold scientific spirit is very rarely found amongst the jurists of the eighteenth century; and, in particular, some superficial speculations in philosophy had an extremely unfavourable effect. ..., unless all signs deceive, a spirit has come upon our science, capable of elevating it for the future to the rank of a national system.' (Vocation, 64 f.)

aa) »Methode«

In der achten Schlüsselpassage bezeichnet Savigny die von ihm bevorzugte Herangehensweise an den Stoff ausdrücklich als »Methode«, also als geordnetes Verfahren auf dem Weg zum Erreichen eines bestimmten Ziels. In diesem Sinne wird auch im Englischen, zu Haywards Zeit wie heute, das verwandte Lehnwort »method« benutzt,[345] und zwar sowohl im allgemeinen[346] als auch im philosophischen Sprachgebrauch.[347] Komplizierter stellt sich die Fachsprache der Juristen dar.

Nach modernem deutschen Verständnis lässt sich die juristische Methodenlehre in zwei Bestandteile untergliedern.[348] Der erste umfasst die Argumentationstheorie und die Interpretationslehre. Diese Disziplinen halten Regeln und Prinzipien für die Anwendung der generellen Norm auf den Einzelfall bereit. Der zweite betrifft die Theorie der wissenschaftlichen Rechtsfindung, die sich mit der Rechtserkenntnis und Produktion neuen Rechts im Allgemeinen, vor allem durch Systembildung, befasst. Sie stellt Regeln über die Ermittlung der generellen Rechtsnorm selbst zur Verfügung. Im »Beruf« sind diese beiden Bestandteile nicht klar getrennt. Zwar enthält die Schrift keine Interpretationslehre, und es geht Savigny in der Regel um die allgemeine Theorie der Entstehung von Recht, wenn er das Wort »Methode« verwendet. Aber er benutzt den Begriff gelegentlich auch so, dass er sich ebenso gut auf die Normanwendung im Einzelfall beziehen kann. Im Zusammenhang mit der oben (B 7) zitierten Schilderung der »Meisterschaft« der Römer, vom Allge-

345 OED, v° method, Nr. I.3 und 4.

346 Bailey, v° method; Fick, v° method.

347 Caygill, v° method; Burbidge, v°method.

348 Grundlegend Schröder, Recht als Wissenschaft (Anm. 308), S. 1, 169 f.

meinen zum Besonderen und vom Besonderen zum Allgemeinen zu argumentieren, spricht er etwa von der »Methode der Römischen Juristen«, einer »Methode, das Recht zu finden und zu weisen«.[349]

Im englischen juristischen Sprachgebrauch findet Hayward für keinen der beiden Bestandteile der juristischen Methode einen Begriff vor. »Method« im Sinne einer Theorie der wissenschaftlichen Rechtsfindung wird erst Jahrzehnte später und meist unmittelbar unter Rückgriff auf Savigny im Sinne von »historical method« oder »comparative method« verwandt und dabei häufig mit »jurisprudence« und »philosophy of law« gleichgesetzt.[350] Im Laufe des 20. Jahrhunderts geht diese Redeweise wieder verloren. Wer heute etwa über die »historische Methode« Savignys und seiner Nachfolger schreibt, benutzt das Wort »theory«.[351] Auch im Hinblick auf die Argumentations- und Interpretationslehre können englische Juristen des 19. Jahrhunderts mit dem Begriff »method« nichts anfangen. Blackstone und Austin benutzen ihn noch im älteren Sinne von »Ordnung des Stoffs« zum Zwecke der Darstellung.[352] Der Ausdruck »legal method« findet erst in der zweiten Hälfte des 20. Jahrhunderts Eingang in die englische Rechtssprache,[353] und wird dort bis heute viel seltener gebraucht als »legal reasoning« oder das wesentlich weniger abstrakte »statutory interpretation«.

Mangels eines treffenden fachspezifischen Ausdrucks in der Zielsprache könnte Hayward eine Umschreibung wählen und »Methode« beispielsweise

349 Beruf, S. 30 und 31.

350 Vgl. etwa Bryce, Methods (Anm. 310), S. 174–190; Henry Sumner Maine, The East, and the Study of Jurisprudence (1871), in: ders., Village-Communities in the East and West, With Other Lectures, Addresses, and Essays, 3. Aufl., London: Murray 1876, S. 1–28, hier S. 3 f., 6 f.; Frederick Pollock, English Opportunities and Duties in the Historical and Comparative Study of Law, London: Macmillan 1883, S. 6–9.

351 Stein, Legal Evolution (Anm. 48), S. ix (»theory of legal evolution«), x (»a theory that explained legal change«), 51 (»evolutionary theories of law«), 116 (»stadial theory of development«); Roger Cotterrell, The Politics of Jurisprudence: A Critical Introduction to Legal Philosophy, 2. Aufl., Oxford: OUP 2004, S. 40 (»theory of cultural development ... a conception of legal development«).

352 Vgl. nur Blackstone, Commentaries, Bd. I (Anm. 222), S. 39 (die Passage, in der Blackstone im Zusammenhang mit der Gesetzesauslegung von »method of interpretation« spricht, ist eine Grotius-Paraphrase, vgl. Vogenauer, Die Auslegung von Gesetzen [Anm. 168], S. 772–774); Austin, Outline (Anm. 137), S. xxvi (»the method or order wherein I treat or consider the matter of the Law of Things«); bezeichnend auch die v° method vorgenommene Verweisung im Index zu Austin, Lectures III (Anm. 158), S. 400: »(See *Arrangement*«).

353 Erstmals als Buchtitel bei John H. Farrar, Introduction to legal method, London: Sweet & Maxwell 1977. Früher bereits in den USA.

mit »mode of proceeding« übertragen.[354] Er entscheidet sich allerdings, durchgehend »Methode« mit »method«[355] und »juristische Methode« mit »juridical method« zu übersetzen.[356] Die »Methode der Römischen Juristen«, im Sinne der »Methode, das Recht zu finden und zu weisen« wird zur »method of the Roman jurists« und ihrer Vollkommenheit »in finding and applying the law in this manner«.[357] Für seine Zeitgenossen ist dies sicherlich im Sinne eines nicht fachspezifischen Methodenbegriffs verständlich; nicht dagegen vor dem Hintergrund des deutschen Methodenbegriffs.

bb) »Stoff«, »Wurzel« und »organisches Prinzip«

Gegenstand der »historischen Methode« ist der »gegebene« oder »bestehende Stoff« (B 8 und B 9). Bereits oben ist darauf hingewiesen worden, dass Savigny den Ausdruck »Stoff« manchmal im Sinne von »Substanz« im Gegensatz zu »Form« verwendet und Hayward in diesen Fällen mit »substance« übersetzt.[358] Zutreffend vermeidet er diese Übersetzung im Kontext von B 8 und B 9, wo es Savigny mit »Stoff« um den »Rechtsstoff« oder schlicht um das positive Recht geht. Deutlich wird dies am Ende von B 8 sowie an einer kurz vor B 9 befindlichen Stelle des »Berufs«. Im ersten Fall setzt Savigny »Römisches Recht, Germanisches Recht, und neuere Modifikationen beider Rechte« mit dem Stoff der Rechtswissenschaft gleich. Im zweiten Fall bezeichnet er als »Stoff« die »Masse juristischer Begriffe und Ansichten, die sich von Geschlecht zu Geschlecht fortgeerbt und angehäuft haben«. An diesen beiden Stellen verwendet Hayward einmal »subject matter« und einmal »matter«,[359] einen Ausdruck, den er auch zweimal in B 9 heranzieht. Das ist zwar für die jeweiligen Rechtsmaterien sowohl im Hinblick auf den allgemeinen[360] als auch auf den philosophischen Sprachgebrauch[361] eine plausible Übersetzung und gibt gut die physikalische Konnotation von »Stoff« wieder.[362] Dennoch wirkt die englische Fassung hier etwas unbeholfen, und Hayward wäre vielleicht besser beraten gewesen, eine etwas freiere Übersetzung zu wählen. So verfährt er interessanterweise zweimal in B 8, wo »matter« schlicht nicht passt, weil Savigny hier

354 So wie in Vocation, S. 45 bei der Übersetzung des Wortes »Verfahren« in Beruf, S. 29 (vgl. oben B 6).

355 Vgl. etwa direkt im Anschluss an B 6 zum »Rechnen mit Begriffen«: Beruf, S. 29 (2x) und Vocation, S. 45.

356 Beruf, S. 35 und Vocation, S. 52; Beruf, S. 39 und Vocation, S. 55.

357 Beruf, S. 30 und 31 (s. o. Anm. 349) und Vocation, S. 47.

358 Vgl. oben bei Anm. 252.

359 Beruf, S. 112 und Vocation, S. 131.

360 Bailey, v° Stoff; Fick, v° Stoff.

361 Holzhey und Mudroch, S. 363; Inwood, v° form, matter and content.

362 Vgl. OED, v° matter, Nr. III.

physikalische und biologische Metaphern vermengt: Materie lässt sich schwerlich zur Wurzel zurückverfolgen. Wo Savigny in diesem Zusammenhang vom »gegebenen Stoff« spricht, verwendet Hayward den Ausdruck »established system«. Auch das klingt für englische Ohren angesichts des Fehlens ausgeprägter Systemvorstellungen im englischen Recht eher fremdartig, ist aber im Zusammenhang mit den in der Folge genannten Bestandteilen des gemeinen Rechts (»Römisches Recht, Germanisches Recht, und neuere Modifikationen der beiden Rechte«) immerhin vertretbar.[363]

Wesentlich verständlicher für die mit dem schrittweisen Wachstum des common law vertrauten englischen Juristen ist dagegen die Rede vom »organischen Princip« (»organic principle«)[364] und vom Bestreben, den Rechtsstoff »bis zu seiner Wurzel zu verfolgen« in B 8. Letzteres erfordert, wie Savigny an anderer Stelle erklärt, hinter ältere Erklärungsversuche zurückzugehen und auf die ältesten erhaltenen Quellen zurückzugreifen, und »trace to its root« ist in diesem Zusammenhang für das englische Recht unmittelbar einleuchtend.

cc) »Zweyfacher Sinn«

In der zehnten Schlüsselpassage nimmt Savigny das methodische Programm vorweg, das er später, insbesondere im »System«, ausführlicher entfalten wird. Danach muss der wissenschaftlich arbeitende Jurist einen »zweyfachen«, das heißt einen »historischen« und einen »systematischen«, »(wissenschaftlichen) Sinn« haben. Die für Savignys Gesamtwerk so zentrale Verbindung des histori-

363 Nicht nachvollziehbar dagegen die Verwendung von »system« zur Übersetzung von »Bildung« am Ende von B 10. Sonst verwendet Hayward für »Bildung« und »Ausbildung« stets »cultivation«, z.B. Beruf, S. 46 und Vocation, S. 61; Beruf, S. 48 und Vocation, S. 64. Für »juristische Bildung« benutzt er das sprachlich unschöne »juridical cultivation« (z.B. Beruf, S. 28 und Vocation, S. 44; Beruf, S. 54 und Vocation, S. 70), das aber dem englischen Leser immerhin hilft, die Savigny vorschwebende wissenschaftliche Juristenausbildung nicht mit der in England real existierenden, eher handwerklich-praktisch orientierten und zum Anwaltsberuf führenden »legal education« zu verwechseln.

364 Es darf bezweifelt werden, dass Hayward sich dabei der spezifischen Bedeutung des Begriffs »Organismus« in der idealistischen Philosophie bewusst ist; dazu Olivier Jouanjan, Philosophische Verwicklungen in der Rechtswissenschaft: zur Geschichte des deutschen juristischen Denkens im 19. Jahrhundert, ZSS (GA) 125 (2008), S. 367–398, hier S. 372–374. Zu Savignys häufiger Bezugnahme auf das »Organische« zuletzt Heinz Mohnhaupt, Naturwissenschaftliche Begriffe und Sprache in juristischen Texten des 19. Jahrhunderts, in: Andreas Deutsch (Hg.), Historische Rechtssprache des Deutschen, Heidelberg: Winter 2013, S. 425–454, hier S. 430, 439–441 m. w. N.

schen und des systematischen Moments zu einer Einheit[365] bringt Hayward tadellos zum Ausdruck. Wenn er aber »Sinn« jeweils mit »spirit« übersetzt, so vermag dies nicht zu überzeugen.

»Sinn« kann, je nach Zusammenhang, auf verschiedene Weise ins Englische übertragen werden: im Sinne von »Bedeutung« als »meaning« (»the meaning of life«); im Sinne von »Bewusstsein« als »mind« (»it never crossed his mind«); im Sinne von »Meinung« als »opinion«; im Sinne von »Vorliebe« als »liking« (»he has a liking for good food«); im Sinne von »bei Verstand sein« als »wits« (»to be out of one's wits«); im Sinne von »Zweck« als »purpose« (»the purpose of the rule«).[366] Die Grundbedeutung ist aber »sense« im Sinne einer Fähigkeit zur sinnlichen Wahrnehmung und Empfindung (»the five senses«)[367] oder von »Gefühl«, »Gespür« bzw. »Verständnis für etwas haben« (»to have a sense of humour«).[368] Genau solch ein sowohl intuitiver als auch erfahrungsgeleiteter »Sinn« ist doch wohl derjenige, der Savigny für seine Juristen vorschwebt.[369]

»Spirit« dagegen ist der »Geist« in all den Bedeutungsnuancen, die auch aus dem Deutschen vertraut sind (»holy spirit«; »the spirit of the provision«; »the spirit indeed is willing, but the flesh is weak«,[370] »fighting spirit«). In Savignys Text mag vielleicht noch die hoffnungsfrohe und gewissermaßen kämpferische Ankündigung im Einleitungskapitel (»Geschichtlicher Sinn ist überall erwacht«) die Verwendung des »spirit« rechtfertigen (»An historical spirit has been every where awakened«).[371] In ähnlicher Weise behauptet Savigny am Ende von B 10 auch, es sei »lebendigerer Geist« in die Rechtswissenschaft gekommen, und Hayward übersetzt mit »spirit«. Anonsten aber wäre in B 10 »sense« die angemessenere Lösung. Mindestens an einer anderen Stelle, an der Savigny vom »geschichtlichen Sinn« spricht, übersetzt Hayward auch mit »historical sense«.[372]

365 Darauf weist immer wieder hin Joachim Rückert, etwa in Rückert, Savignys Einfluß nach 1900 (Anm. 166), S. 60; ders., Savignys Konzeption von Jurisprudenz und Recht, ihre Folgen und ihre Bedeutung bis heute, in: TR 61 (1993), S. 65–95, hier S. 68–71; jetzt auch in ders., Savigny-Studien, 2011.

366 Bailey, v° Sinn; Fick, v° Sinn.

367 OED, v° sense, Nr. I.1.

368 OED, v° sense, Nr. II.9.

369 Vgl. Jouanjan, Philosophische Verwicklungen (Anm. 364), S. 373.

370 Mt 26, 41.

371 Beruf, S. 5 und Vocation, S. 22. Anders Hermann Kantorowicz, Savigny and the Historical School of Law, in: Law Quarterly Review 53 (1937), S. 326–343, hier S. 335: »historical sense is everywhere awakened«.

372 Beruf, S. 116 und Vocation, S. 135. Vgl. aber, nur wenige Zeilen zuvor, Vocation, S. 134: »the historical spirit«.

3. Würdigung

Trotz aller Kritik am Detail besticht Haywards Übersetzung insgesamt durch ihre Werktreue, ihre vortreffliche Lesbarkeit und ihre klugen Entscheidungen hinsichtlich der Übertragung besonders problematischer Begriffe. An literarischer Qualität steht sie dem Original nur wenig nach. Stellenweise gelingt es ihr sogar, das von Savigny hinter einer Wolke aus Assoziationen Verborgene klarer zutage treten zu lassen. Es überrascht daher auch nicht, dass die Schrift im 20. Jahrhundert immer wieder nachgedruckt wurde.[373] Ihr konkreter Einfluss auf das englische Recht mag gering gewesen sein.[374] Doch Autoren, die in englischer Sprache über den »Beruf« schreiben und ohne weiteres eine eigene Übersetzung des Originals anfertigen könnten, ziehen sie bis heute heran,[375] selbst wenn sie gelegentlich Passagen paraphrasieren[376] oder erläuternde und umschreibende Einschübe hinzufügen.[377]

IV. »Geschichte«

Der 1815 erschienene erste Band der »Geschichte des römischen Rechts im Mittelalter« war das erste Buch Savignys, das ins Englische übertragen wurde. Angefertigt hatte die Übersetzung der schottische Anwalt Elias Cathcart, und publiziert wurde sie 1829 unter dem Titel »The History of the Roman Law During the Middle Ages« im Zusammenwirken zweier Verlage in Edinburgh und London.[378]

373 Nachweise bei Reimann, Wer vieles bringt (Anm. 17), I.A.3. Fn. 16.

374 In dem kürzlich erschienenen dreibändigen und über 3000 Seiten umfassenden Standardwerk zur Geschichte des englischen Rechts im 19. Jahrhundert findet sich nur ein in einer Fußnote versteckter Hinweis, vgl. Smith, Criminal Law (Anm. 45), S. 190 Fn. 29.

375 Eigene Übersetzung, wenn auch teilweise mit gleichlaufenden Resultaten, dagegen bei Zimmermann, Savigny's Legacy (Anm. 156). Ganz eigenständig auch Beiser, Historicist Tradition (Anm. 4), S. 233–243.

376 Kantorowicz, Savigny and the Historical School (Anm. 371), S. 332 f., paraphrasiert einige Kernaussagen aus Haywards Übersetzung, teils unter direkter Übernahme der Wortwahl (so etwa B 1), teils etwas freier (so etwa das Ende von B 4: »The law… arises from silent, anonymous forces, which are not directed by arbitrary and conscious intention«).

377 Mathias Reimann, The Historical School against Codification: Savigny, Carter, and the Defeat of the New York Civil Code, in: American Journal of Comparative Law 37 (1989), S. 95–119, hier S. 98, 104, 110 f., 112 Fn. 88, 112.

378 Carl von Savigny (sic), The History of Roman Law During the Middle Ages, Bd. I, Edinburgh: Adam Black and London: Longman, Rees, Orme, Browne and Green 1829.

1. Die Übersetzung und ihr Kontext

a) *Umfang von Originalfassung und Übersetzung*

Die Übersetzung umfasst den gesamten ersten Band, einschließlich des von Savigny verfassten Vorworts. Im Anschluss daran schob Cathcart eine 18 Seiten lange »Anmerkung des Übersetzers« ein.[379] Ihre Funktion bestand in erster Linie darin, Savignys These zur Kontinuität des römischen Rechts auch für England zu beweisen.[380] Für Savigny erhielt die Übersetzung durch diese »Abhandlung von Cathcart über die Fortdauer römischer Stadtverfassungen in England« einen »besonderen Werth«.[381] Mittermaier hielt Cathcarts eigenen Text immerhin für so »vorzüglich«, dass er eine ausführliche Zusammenfassung in deutscher Sprache veröffentlichte.[382]

b) *Der Übersetzer: Elias Cathcart*

Elias Cathcart wurde 1794 als Sohn eines hohen schottischen Richters geboren.[383] Wie viele schottische Juristen seiner Zeit studierte er auf dem Kontinent und erwarb 1815 den Doktorgrad an der Universität Leiden. Zwei Jahre darauf wurde er in Edinburgh zum Anwalt zugelassen. Er praktizierte mit durchschnittlichem Erfolg, hatte aber wissenschaftliche Ambitionen und wurde am 6. März 1826 zum Fellow der Royal Society of Edinburgh gewählt.[384] Nach dem Tod seines Vaters zog sich Cathcart 1829 auf den Landsitz der Familie zurück. Dort widmete er sich bis zu seinem Tod im Jahre 1877 der Verwaltung seines Anwesens und der Lokalpolitik.

379 Elias Cathcart, Note by Translator, in: Savigny, History (Anm. 378), S. xlviii–lxv.

380 Vgl. insbesondere ebd., S. lxiv.

381 Friedrich Carl von Savigny, Geschichte des Römischen Rechts im Mittelalter, Bd. I, 2. Aufl., Heidelberg: J. C. B. Mohr 1834.

382 Carl Joseph Anton Mittermaier, Fortdauer römischer Municipal-Verfassung in England, Kritische Zeitschrift für Rechtswissenschaft und Gesetzgebung des Auslandes 3 (1831), S. 136–146, hier S. 138.

383 Zu den biographischen Angaben, vgl. Anon., Obituary: Elias Cathcart, Journal of Jurisprudence 21 (1877), S. 223. Vgl. auch Elias Cathcart, Brief an Friedrich Carl von Savigny, Hamburg, 19. August 1826, Marburg Ms. 925/6, Bl. 64 f.

384 Former Fellows of the Royal Society of Edinburgh 1783–2002: Biographical Index Part I, Edinburgh: Royal Society of Edinburgh 2006, S. 170.

c) *Intentionen des Übersetzers*

Was veranlasste den praktizierenden Anwalt Cathcart, sich an die Übersetzung der monumentalen »Geschichte« zu machen? Er war realistisch genug, sich keinen Profit davon zu versprechen.[385] Vordergründig hatte er ein klares rechtspolitisches Anliegen, nämlich den schon in der einleitenden Anmerkung betonten Nachweis von Savignys Kontinuitätsthese, deren Funktion im zeitgenössischen Kontext vor allem darin bestand, ein weiteres Vordringen des englischen common law in Schottland zu verhindern.[386] Doch ging es Cathcart, wie später auch Hayward, wohl weniger um die reine Wissenschaft als vielmehr darum, energisch seine Karriere voranzutreiben.

Den ersten Versuch einer Kontaktaufnahme mit Savigny unternahm Cathcart im August 1826. Er brach nach Berlin auf, um eine Übersetzung der bis dahin erschienenen drei Bände der »Geschichte« sowie des kurz vor der Veröffentlichung stehenden vierten Bandes vorzuschlagen und einige Verständnisfragen zum Original zu stellen. Doch er erfuhr bereits in Hamburg, dass Savigny im Begriff war, eine längere Italienreise anzutreten. Cathcart bat daher brieflich um Genehmigung der Übersetzung und Beantwortung seiner Fragen.[387] Anscheinend erhielt Cathcart keine Antwort. Am 24. Oktober schrieb er erneut. Er sei nach Edinburgh zurückgekehrt, »wo sich gerade eine Aussicht für die Erledigung der Professorenstelle für Römisches Recht zeigte«. Man habe ihn zur Bewerbung ermutigt, da die beiden Kandidaten, »welche sich einige Zeit zuvor dazu gemeldet« hatten, das römische Recht nur oberflächlich studiert hätten. Sollte Savigny glauben, »daß ich fähig sein möge, die Ehrenvolle Aufgabe zu erfüllen, das wahre Studium des Römischen Rechts von Deutschland aus bey uns einzuführen[,] so hoffe ich, Sie werden mir erlauben, einige gütige Zeilen zu meinen Gunsten von Ihnen zu erbitten, worin sie blos sagten, daß ich das Römische Recht regelmäßig auf dem Continente studirt, und daß meine gegenwärtige Beschäftigung mit der Uebersetzung Ihres Werkes zeige, daß meine Arbeiten, seit ich die Universität Leyden verließ, darauf gerichtet gewesen, meine Kenntnisse zu vermehren.« Er bitte daher um ein gedrucktes Zeugnis.[388]

385 Cathcart, Brief an Savigny, 19. August 1826 (Anm. 383).

386 Vgl. Reimann, Wer vieles bringt (Anm. 17), I.A.2.

387 Cathcart, Brief an Savigny, 19. August 1826 (Anm. 383). Zu Savignys krankheitsbedingter einjähriger Erholungsreise nach Italien ab Sommer 1826, vgl. Rückert, Ein Frankfurter in Berlin (Anm. 1), S. 147, 161.

388 Elias Cathcart, Brief an Friedrich Carl von Savigny, Edinburgh, 24. Oktober 1826, Marburg Ms. 925/6, Bl. 66 f.

Ob Savigny dieses Zeugnis je verfasste, ist nicht bekannt. Ein Dankesschreiben Cathcarts ist jedenfalls nicht erhalten. Letztlich wurde Cathcart gar nicht für die Wahl zum Professor of Civil Law nominiert, die am 15. Dezember 1826 erfolgte.[389] Man mutmaßte, dafür sei vor allem seine politische Ausrichtung ausschlaggebend gewesen.[390] Doch war auch seine bisherige wissenschaftliche Leistung nicht besonders beeindruckend. Bis dato hatte er nur seine 18seitige Leidener Dissertation publiziert.[391] Auch die Aufnahme in die Royal Society of Edinburgh war nicht unbedingt ein Nachweis wissenschaftlicher Exzellenz. Einzige formale Bedingung war die Versicherung eines Mitglieds, der Kandidat habe Kenntnisse in verschiedenen Wissenschaftszweigen oder der schöngeistigen Literatur.[392] Die Übersetzung eines anerkannten Meisterwerkes wäre unter diesen Umständen für Cathcart eine hervorragende Möglichkeit gewesen, seine wissenschaftliche Eignung auszuweisen, ein Empfehlungsschreiben des größten zeitgenössischen Romanisten zu erhalten und auf diese Weise seine Chancen auf eine Wahl zum Professor erheblich zu verbessern.

Dass dies Cathcarts Motivation zur Übersetzung der »Geschichte« war, lässt sich nicht mit Sicherheit nachweisen. Der amtierende Professor of Civil Law, Alexander Irving, erklärte seinen Rücktritt erst am 5. Dezember 1826. Allerdings waren zu diesem Zeitpunkt die Vorbereitungen zur Wahl seines Nachfolgers bereits in vollem Gang,[393] und bereits am 28. Oktober hatte die Presse gemutmaßt, Irving werde bald zum Richter ernannt und sein Professorenamt niederlegen.[394] Cathcart wusste schon bei Abfassung seines Briefs vom 24. Oktober von anderen Kandidaten, die bereits »einige Zeit zuvor« ihr Interesse an der Stelle bekundet hatten. Im sehr überschaubaren Mikrokosmos der Edinburgher Juristenzunft[395] wäre es nicht überraschend gewesen, wenn Irvings

389 Über die Wahl berichtet The Scotsman, 16. Dezember 1826, No. 798, 724, Sp. 2. Ich danke John W. Cairns, Professor of Civil Law an der University of Edinburgh, für Hinweise zu den Umständen der Wahl.

390 Anon., Obituary (Anm. 383) (mit falscher Jahresangabe 1827).

391 Elias Cathcart, Specimen juridicum inaugurale, exhibens theses quasdam varii argumenti, Leiden: Fratres Murray 1815; ders., Disputatio juridica, ad tit. V. lib. XXXIII. Digest. De Optione vel, etc., Edinburgh: A. Smellie 1817.

392 Art. 8 der Laws of the Royal Society of Edinburgh, in: Transactions of the Royal Society of Edinburgh 10 (1826), S. 449–455, hier S. 451.

393 Minutes of the Faculty of Advocates 1823 to 1829, Faculty Record 6 (F.R. 6), 227–229 (freundlicher Hinweis von John Cairns).

394 The Scotsman, 28. Oktober 1826, No. 710, 687, Sp. 1.

395 Noch in den 1850er Jahren gab es in ganz Schottland nur etwa zehn Richter und 120 praktizierende Advokaten, vgl. Reinhard Zimmermann, Juristische Zeitschriften und Rechtskultur in Schottland, in: Michael Stolleis und Thomas Simon (Hg.), Juristische Zeitschriften in Europa, Frankfurt: Klostermann 2006, S. 565–596, hier S. 585.

bevorstehender Rücktritt bereits im Juli bekannt gewesen wäre und Cathcart zur Reise nach Berlin ermutigt hätte.

Wie dem auch sei, Cathcart führte die Übersetzung bis zur Publikation des ersten Bandes im Jahre 1829 fort, obwohl schon seit Ende 1826 keinerlei Aussicht auf den Lehrstuhl bestand. Allerdings beließ er es auch dabei und sah entgegen seinem ursprünglichen Plan von einer Übersetzung der weiteren Bände ab. Nach Erscheinen des ersten Bandes schrieb er Savigny, er sei in den Anwaltsberuf zurückgekehrt und müsse nach dem Tod seines Vaters dessen Geschäfte weiterführen. Es sei daher auf einige Jahre hinaus unwahrscheinlich, dass er zu weiteren juristischen Forschungen Zeit habe. Er behauptete, die Übersetzung des zweiten Bandes sei zum Druck bereit, doch sei er nicht geneigt, das Projekt voranzutreiben, habe er doch mit dem ersten Band fast 100 Pfund – nach heutigem Geldwert ungefähr 10000 Pfund[396] – verloren. Eine französische Übersetzung sei angekündigt, und angesichts dessen habe eine englische Version nicht die geringste Erfolgsaussicht. Die britische Öffentlichkeit, einschließlich der Fachöffentlichkeit, sei gegenüber allem jenseits des juristischen Tagesgeschäfts gleichgültig.[397] Seine Entscheidung war endgültig: 1834 schrieb Savigny resigniert, von der Übersetzung sei eine »Fortsetzung kaum zu erwarten«.[398]

d) *Programm und Probleme des Übersetzers*

Nur ganz kurz ging Cathcart am Ende seiner einleitenden »Anmerkung« auf seine übersetzerischen Leitlinien und die mit einer Übertragung ins Englische verbundenen Probleme ein. Er habe sich zwar um eine originalgetreue Fassung bemüht. Doch wegen der Unterschiede zwischen den beiden Sprachen verbiete es sich, die Anzahl der englischen und deutschen Worte in jedem Satz im Wege

396 Vgl. http://www.measuringworth.com/ukcompare/. Ich danke Dr. Rui Pedro Esteves, Brasenose College, Oxford, für Hinweise zur Umrechnung.

397 Elias Cathcart, Brief an Friedrich Carl von Savigny, Edinburgh, ohne Datum [Vermerk Savignys: »Antw. 3. Oct.«], Marburg Ms. 925/6, Bl. 87 f.: »I have become again a practising Barrister, and am thus much more involved in the common business of life. For some years, therefore, it is not probable, that I shall have any time to devote to the study of jurisprudence, ...The second volume is all ready for the printer, but, having lost nearly £100 sterling by the first, I am not inclined at present to proceed with the undertaking. ... Our public in this country, & even the *Profession*, are indifferent about all things not immediately connected to the present preferences. The practice of the Law here is carried on more by reference to precedents and decided cases, than by general reasoning from principles.«

398 Savigny, Geschichte, 2. Aufl. (Anm. 381), S. 20.

einer peinlich genauen buchstabengetreuen Übersetzung gleichzustellen.[399] Ähnlich hatte er sich schon zuvor gegenüber Savigny geäußert, der einen Entwurf Cathcarts zu den ersten drei Kapiteln zwar »Im Allg. Gelobt«, gleichzeitig aber eine ganze Reihe von Verbesserungswünschen vorgebracht hatte.[400] Diese beruhten auf einer 22seitigen Analyse des Entwurfs durch Eduard Böcking, der auf zahlreiche Ungenauigkeiten hingewiesen hatte.[401] Cathcart rechtfertigte sich: »Der Genius der Deutschen und Englischen Sprache ist so verschieden, daß eine ganz wörtliche Uebersetzung von jener in diese, obgleich sie ohne Zweifel möglich ist, doch sicher sowohl dem Rufe des Originals nachtheilig seyn als Zweifel gegen die Fähigkeit des Uebersetzers erzeugen wird. Niebuhrs römische Geschichte ist zweimal ins Englische übersetzt worden; und beide male, haben die Uebersetzer sich aufs eifrigste bemüht die Bedeutung jeden Wortes zu geben, auch jeden Deutschen Satz durch einen vollkommen ähnlichen englischen auszudrücken. Der geringe Beifall den die Uebersetzung erhalten, ja die unmöchlichkeit (sic) irgend einen Sinn in manchen der Sätze zu finden, haben Niebuhrs Rufe sehr in unserem Lande geschadet; und ich habe sie, vielleicht irrigerweise, als eine Warnung betrachtet, mich vor einem ähnlichen verfahren zu hüten. Sehr leid thut es mir Sie diesem Plane einer freien, aber treuen Üeberstzung nicht günstig zu sehen. Wahrscheinlich bin ich, während ich mich bemühte einen Fehler zu vermeiden in den entgegengesetzten gefallen, und es hat gerade der Zweck, den ich mich zu erreichen bemüht, und der meine Arbeit vervierfacht hat, mich ihres Beifalls beraubt. Meine Absicht war die Uebersetzung frei von Germanismen zu erhalten, und sie in einem einfachen englischen historischen Styl zu schreiben.« Cathcart gelobte, die von Savigny mitgeteilten Fehler zu berichtigen, Auslassungen zu bereinigen und seine eigenen Anmerkungen deutlicher zu kennzeichnen.[402]

e) *Werktreue und Originalität der Übersetzung*

Dennoch orientierte sich Cathcart in Satzstellung und Wortwahl wesentlich weniger am Original als Hayward. Sichtbar wird das etwa an der Übersetzung

399 Cathcart, Note by Translator (Anm. 379), S. lxv: »although a faithful version has been attempted, the different characters of the two languages forbade all endeavours to equalize, by a scrupulously literal translation, the number of German and English words in each sentence«.

400 Friedrich Carl von Savigny, Stichwortkonzept für einen Brief an Elias Cathcart vom 18. Juni 1828, Marburg Ms. 925/6, Bl. 83.

401 Marburg Ms. 925/6, Bl. 70–82.

402 Elias Cathcart, Brief an Friedrich Carl von Savigny, Edinburgh, 22. Juli 1828, Marburg Ms. 925/6, Bl. 84–85.

von Savignys Beschreibung der Gründe für sein Interesse an der Geschichte des römischen Rechts im Mittelalter:

Gestärkt wurde dann diese Neigung durch die Wahrnehmung des eigenthümlichen Geistes der Glossatoren, und durch die würdige Art, in welcher Sarti diesen durch Dunkelheit und innern Werth so anziehenden Theil unsrer Literargeschichte behandelt hatte. (Geschichte, III)	The inclination was farther strengthened, by an acquaintance – with the peculiar spirit of the Glossators, and – with the excellent manner in which Sarti had treated this branch of literary history, at once so attractive, both by its obscurity and its intrinsic importance. (History, v)

Hier greift Cathcart durch die Einfügung von Gedankenstrichen in den Satzfluss ein, fügt ein im Original nicht vorhandenes und überflüssiges »at once« ein, macht aus »unsrer Literargeschichte« schlicht eine »literary history« ohne Possessivpronomen und übersetzt »würdig« in fragwürdiger Weise mit »excellent«.[403] Typisch für den häufigen Umbau der Satzstellung ist die folgende Stelle, in der Savigny den Wandel des Charakters der Rechtswissenschaft seit dem 16. Jahrhundert beschreibt:

Von da an wird die Geschichte unsrer Wissenschaft eine Arbeit ganz anderer Art, von der Geschichte der früheren Zeit völlig geschieden durch den Schauplatz der Ereignisse, durch die Beschaffenheit der Quellen, wie durch die Art der Behandlung. (Geschichte, v)	The stage of events, the condition of the authorities and the mode of conducting the inquiry are no longer the same; and, the history of legal science from that remarkable period is a to- [viii] tally different task from that of recording its character during the preceding times. (History, vii f.)

Derartige kleine Veränderungen finden sich überall im Text. In der Regel sind sie nicht sinnentstellend, doch wird der Verlust an Präzision auch nicht durch bessere Lesbarkeit aufgewogen. Gelegentlich greift Cathcart auch umgestaltend in den Text ein, wie etwa in dem unmittelbar auf die eben zitierte Stelle folgenden Satz:

Dazu kommt, daß diese neuere Literargeschichte ihrer Natur nach ein bloßes Fragment seyn muß, indem wir dasjenige, was damals begonnen worden ist, noch stets fortzusetzen und weiter zu führen beschäftigt sind: auch dieser Umstand hat Einfluß auf die Art der Behandlung, und macht die Absonderung dieses Stoffs von dem der früheren Zeit natürlich, welche Ab- [vi] sonderung bey vollkommener Gleichartigkeit willkührlich und verwerflich scheinen könnte. (Geschichte, v f.)	The account of the juridical literature of later years can only be a fragment; because, existing generations are constantly employed, in changing and maturing the system and the principles, of which the narrator sees merely the commencement. The manner of conducting the inquiry must also yield to this influence; for, the same reasons, which render any separation among the homogeneous institutions of preceding centuries arbitrary and improper, require, that a history of the Roman Law, during the later period, be carefully separated from that of its earlier condition. (History, viii)

403 Bailey v° würdig; Fick v° würdig.

Cathcart fügt nicht nur einen neuen Absatzumbruch und damit eine im Original nicht vorhandene Zäsur ein. Er entpersönlicht den Text auch, indem er statt »wir« von »existing generations« spricht und sich in unpersönlicher Form auf »den Erzähler« bezieht. Savignys Betonung einer Kontinuität seit dem 16. Jahrhundert, die dieser durch die zeitliche Reihung »damals begonnen ... stets fortzusetzen ... weiter zu führen« zum Ausdruck bringt, geht durch die Umstellung der Satzteile verloren. Und schließlich führt die Einfügung eines im Original fehlenden und offenbar zur näheren Erklärung gedachten Relativsatzes in der zweiten Hälfte des Fragments zu einer Sinnentstellung, da sich »willkührlich und verwerflich« nun auf einen anderen Gegenstand beziehen.

In seltenen Fällen ergänzt Cathcart auch Passagen, für die sich im Original keine Entsprechung findet. Derart überschießende Poetik findet sich etwa an der folgenden Stelle, in der es Savigny dem Übersetzer zugegebenermaßen nicht unbedingt leicht macht:

Nichts ist anziehender in aller Geschichte, als die Zeiten, in welchen die Kräfte und Anlagen verschiedener Nationen zu neuen lebendigen Bildungen zusammen wachsen. (Geschichte, xi)

No period, within the bounds of historical [xv] inquiry, is more interesting and attractive than that, in which the intellectual powers and mental characteristics of the nations ceased to repine in listless inactivity, and came forth in all the freshness of new being, and in every form of a strongly renovated existence. (History, xiv f.)

Hier ist für den Leser nicht ersichtlich, was von Savigny und was vom Übersetzer stammt. An den meisten Stellen aber weist Cathcart Ergänzungen in eckigen Klammern in den Fußnoten zum Haupttext aus. Dort weist er vor allem auf englische Forschungsergebnisse hin, die er durch den Text bestätigt oder widerlegt sieht, oder gibt schlichtweg weiterführende Erklärungen. Einige dieser Hinweise sind sehr ausführlich, doch insgesamt enthält das Buch nur eine geringe Anzahl.[404]

Auf gleiche Weise fügte Cathcart Korrekturen und Aktualisierungen zur ersten Auflage ein, die Savigny ihm mitgeteilt hatte.[405] Schließlich versah er jeden Absatz mit einer kurzen, zusammenfassenden Marginalie. Auf diese Weise glaubte er behaupten zu können, bei seiner Übersetzung handele es sich um eine eigenständige Forschungsleistung.[406]

404 Vgl. etwa History, S. xlvi f. Fn. 8a, 308–310 Fn. 73. Vgl. auch die in History, S. xiv eingefügte Fußnote (s. u. in G 2).

405 Vgl. etwa History, S. 401 f. Fn. 229: »[An opinion since verified by Haubold ...]«.

406 Cathcart, Note by Translator (Anm. 379), S. lxv.

2. Schlüsselwörter und -passagen

a) *Entstehung des Rechts*

Die erste hier zu erwähnende Schlüsselpassage aus der Einleitung der »Geschichte« (G 1) nimmt das bereits aus dem »Beruf« vertraute Thema der organischen Rechtsentstehung auf:

G 1:

Betrachtet man nämlich, so wie es die meisten gewohnt [ix] sind, das bürgerliche Recht eines Volkes als Erzeugniß der Willkühr, so daß in jedem Augenblick das geltende Recht willkührlich abgelegt, ein fremdes aber angenommen werden könnte, so erscheint die Verbindung desselben mit der Geschichte des Volks und des Staats sehr lose, indem diese Verbindung dann in der That nur durch jene Willkühr, mithin durch etwas zufälliges, vermittelt wird. In diesem Sinne allein ist bisher nach der Fortdauer oder dem Untergang des Römischen Rechts im Mittelalter gefragt worden, so daß man dieses Recht gleichsam als ein selbstständiges Wesen angenommen hat, unabhängig von dem Daseyn und Zustand eines Volkes worauf es sich beziehen sollte. Ich habe schon an einem andren Orte die entgegengesetzte Ueberzeugung ausgesprochen, nach welcher alles Recht vielmehr vom Volke selbst mit innerer Nothwendigkeit hervorgebracht wird. (Geschichte, viii f.)

On the ordinary supposition, that the Civil law of a people is the result of caprice, and is subject at every moment to arbitrary changes, its connection with the history and policy of the nation seems indeed to be very vague: since, that connection is itself shaken by the same accidental and irregularly operating causes. All inquirers concerning the continuance, or existence of the Roman Law, during the middle ages, have proceeded on this assumption, and have considered the law, as an isolated subject, totally unconnected with the condition of the people, whose affairs it regulated. The author has already (1a) maintained the opposite opinion, and has proved that all Laws depend more on the ever changing wants and opinions of those who obey them, than on the mere fiat of any legislator. (History, xii)

In der vom Übersetzer eingefügten Fußnote 1a findet sich ein Hinweis auf den »Beruf« und auf Savignys programmatische Aufsätze im ersten und dritten Band der »Zeitschrift für geschichtliche Rechtswissenschaft«.[407] In der zweiten hier interessierenden Schlüsselpassage aus der »Geschichte« (G 2) nimmt Savigny die Problematik nochmals auf:

G 2:

Denn auch das Recht ist ein Stück des öffentlichen Lebens, mit allen übrigen Theilen desselben vielfach verwachsen, bey deren plötzlichem Untergang es auch wird absterben müssen. … daß nämlich die lebendige Fortdauer des Rechts Anstalten zur Rechtspflege voraussetzt, … (Geschichte, x)

The Law is part of a nation, entwined with its existence, and abrogated by its destruction. The continuance of the Law, moreover, implies the continuance of the institutions for its administration; … (History, xiv).

407 Friedrich Carl von Savigny, Über den Zweck dieser Zeitschrift, Zeitschrift für geschichtliche Rechtswissenschaft 1 (1815), S. 1–17; ders., Stimmen (Anm. 25).

aa) »Willkühr«

Im ersten Satz der ersten Schlüsselpassage verwendet Savigny dreimal die Worte »Willkühr« bzw. »willkührlich«. Bei der ersten Nennung übersetzt Cathcart mit »caprice« (»Launenhaftigkeit«), verwendet also die stärkste der möglichen Bedeutungsvarianten von »Willkühr«.[408] Bei der zweiten Nennung benutzt er den Ausdruck »arbitrary«, auf den auch Hayward später durchgehend zurückgreift. Bei der dritten Nennung stellt Savigny »Willkühr« und »[Z]ufälliges« gleich, und Cathcart adjektiviert zu »irregular« und »accidental« (»accident« verwendet er auch an anderer Stelle zur Übersetzung von »Zufall«).[409] Schließlich fügt Cathcart am Ende von G 1 noch einen Halbsatz hinzu, der sich im Original nicht findet. Dort führt er mit »fiat« noch einen weiteren Ausdruck für die Idee gesetzgeberischer Willkür ein. Mit der uneinheitlichen Übertragung von »Willkühr« mag eine stilistische Auflockerung beabsichtigt sein, doch geht damit zugleich der Charakter eines Schlüsselwortes unmittelbar verloren. »Irregular« ist zudem schlicht schief: Was »unregelmäßig« ist, ist nicht notwendig auch willkürlich.

bb) »Innere Nothwendigkeit«

Im letzten Satz von G 1 fasst Savigny nochmals seine »Überzeugung« zusammen, der zufolge »alles Recht ... vom Volke selbst mit innerer Nothwendigkeit hervorgebracht wird«. Hier geht in der Übersetzung fast alles verloren. Die Überzeugung wird zur bloßen Meinung (»opinion«). Statt »Recht« werden »all Laws« im Plural angesprochen und somit suggeriert, es handele sich ausschließlich um Gesetzesrecht, also gerade um den Teil des Rechts, den Savigny marginalisieren will. Der zentrale Begriff des »Volks« taucht in der englischen Version an dieser Stelle nicht auf. Das Recht, bzw. die »Gesetze« werden bei Cathcart auch nicht vom Volk »hervorgebracht«, sondern »depend ... on the ever changing wants and opinions of those who obey them«, also »hängen von den einem ständigen Wandel unterworfenen Wünschen und Anschauungen derjenigen ab, die sie befolgen«. Es scheint daher, als ginge es nicht um die Entstehung von Recht, sondern um die Problematik der Befolgung veralteter Gesetze. Die »innere Nothwendigkeit« schließlich, ein echter Savigny'scher Schlüsselbegriff,[410] fällt bei der Übersetzung ganz unter den Tisch. Allerdings übersetzt Cathcart dort, wo Savigny von »innerer Verwandtschaft der Gegenstände« oder »innerer Grund« spricht, vertretbar mit »intrinsic connexion of the subjects« und »intrinsic reason«.[411]

408 Dazu oben bei Anm. 281.
409 Geschichte, S. xii und History, S. xvi.
410 Dazu oben bei Anm. 248.
411 Geschichte, S. iv und History, S. vi; Geschichte S. vi und History, S. viii.

cc) »Daseyn«

In der zweiten Hälfte von G 1 bezieht sich Savigny auf die Ansicht, wonach das Recht ein »selbständiges Wesen« (gut übersetzt als »isolated subject«) habe, »unabhängig von dem Daseyn und Zustand eines Volkes worauf es sich beziehen sollte«. Hier übersetzt Cathcart nur das Wort »Zustand«; der Savigny sicherlich wichtige Verweis auf das »Daseyn« entfällt.[412]

b) »Rechtswissenschaft«, »Jurisprudenz«, »wissenschaftlich«

Auch die bereits aus dem »Beruf« bekannten Schlüsselwörter aus dem Wortfeld »Rechtswissenschaft«, »Jurisprudenz« und »wissenschaftlich« finden sich in der »Geschichte«.[413] Eine diesbezügliche Schlüsselpassage (G 3) befasst sich mit den beiden Hauptbestandteilen der Rechtsgeschichte des Mittelalters:

G 3:

Der erste umfasst die sechs Jahrhunderte vor Irnerius, in welchen zwar die Fortdauer des Römischen Rechts in großer Vollständigkeit nachgewiesen werden kann, von wissenschaftlicher Thätigkeit aber nur geringe Spuren vorkommen. Der zweyte Haupttheil enthält die vier Jahrhunderte seit Irnerius, worin die wissenschaftliche Verarbeitung und Mittheilung durch Lehre und Schrift gerade das überwiegende ist, … (Geschichte, vii)	The first of these includes the Six Centuries before Irnerius, in which the uninterrupted continuance of the Roman Law may be proved, although there are only few traces of its [x] scientific study. The second contains the Four Centuries after Irnerius, in which, the culture of the Law as a science and the dissemination of its doctrines, by lectures in the Schools and published Works, form the distinguishing features, … (History, ix f.)

Hier übersetzt Cathcart einheitlich mit »scientific« bzw. »science«, wobei er die zweite unterstrichene Wortfolge erneut sehr frei und potentiell irreführend überträgt. An anderen Stellen variiert er im Hinblick auf die Schlüsselwörter stärker. Wo Savigny sich in zwei aufeinanderfolgenden Sätzen auf »unsre Rechtswissenschaft« und »die Geschichte unserer Wissenschaft« beruft, übersetzt er einmal mit »jurisprudence« und ein anderes Mal mit »the history of legal science«.[414] In einer weiteren Schlüsselpassage (G 4) verwendet er für »wissenschaftlich« den altmodischen Begriff »learned« (»gelehrt«):

412 Dazu oben bei Anm. 291.
413 Dazu oben bei Anm. 296.
414 Geschichte, S. v und History, S. vii.

G 4:

… wenn nach einer sehr verbreiteten Meynung, Rechtsgeschichte und juristische Literargeschichte in der That durch eine absolute Gränze geschieden wären, dergestalt daß die Rechtsgeschichte allein von den Gesetzen als der Entstehung des Rechts, die Literargeschichte lediglich von der wissenschaftlichen Verarbeitung dieses gegebenen Stoffes zu handeln hätte: … (Geschichte, iv)

… if, according to a very common theory, the histories of the Law and of juridical literature were capable of being so completely separated, that the one should treat only of the Laws as the origin of right, and the other be confined to the learned interpretations and editions of the original enact- [vii] ments. (History, vi f.)

Auch der Begriff »jurisprudence« findet sich bei Cathcart, allerdings nicht im Zusammenhang mit Rechtswissenschaft, sondern zur Umschreibung des Wortes »Rechtszustand«, das er gleich im Anschluss daran mit »legislation« übersetzt. Zumindest im ersten Fall wäre wohl ein simples »law« treffender:

G 5:

… die Aufgabe seyn wird zu zeigen, wie der Rechtszustand neuerer Zeiten, soweit er auf Römischem Grunde beruht, aus dem Zustand des bestehenden Weströmischen Reichs durch bloße Entwicklung und Verwandlung, ohne Unterbrechung, hervorgegangen ist. (Geschichte, v)

… endeavouring to discover – how the jurisprudence of subsequent times, in so far as its condition depends on Roman influence, has arisen from the legislation of the Western Empire, by mere development and progressive change, without any total interruption. (History, vii)

c) *Juristische Fachausdrücke*

Nicht besonders überzeugend ist schließlich Cathcarts Verwendung juristischer Fachbegriffe. Zwar verwendet er im Gegensatz zu Hayward ohne Umschweife und ganz zutreffend »Private or Civil law« für »bürgerliches Recht«.[415] Ungelenk wirkt es aber, wenn er »Rechtsquellen« mit »Law-sources«[416] oder gar mit »authorities«[417] übersetzt.[418] Ein grober Schnitzer unterläuft ihm in G 4. Dort verwendet er im Gegensatz zu G 1 zunächst den Begriff »Laws« korrekt zur Übersetzung von »Gesetzen«. Wenn Savigny dann aber von der »Entstehung des Rechts« spricht, meint er Recht im objektiven Sinne (»law«) und nicht, wie von Cathcart unterstellt, ein Recht im subjektiven Sinne (»right«). Dass die deutsche Rechtssprache für beide Gegenstände denselben Ausdruck (»Recht«) verwendet, ist für englische Juristen seit jeher sowohl Quelle der Verwunderung als auch

415 Geschichte, S. viii und History, S. xi. Vgl. auch Geschichte, S. x und History, S. xiv.

416 Geschichte, S. viii und History, S. xi.

417 Geschichte, S. v und History, S. vii (im Zusammenhang zitiert oben nach Anm. 403).

418 Dazu oben bei Anm. 149.

Übersetzungsfalle. Doch Kenner wissen bereits zu Cathcarts Zeit, wie damit umzugehen ist. Austin etwa widmet der Frage eine fast einseitige Fußnote, in der er die verschiedenen Wortbedeutungen genau analysiert.[419]

3. Würdigung

Cathcarts »History of the Roman Law in the Middle Ages« ist ein verdienstvoller Versuch. Der schwierigen Aufgabe wird sie jedoch nicht gerecht. Cathcart ist weder ein guter Kenner der deutschen Sprache noch auf der Höhe der romanistischen Forschung. Leider lassen auch seine literarischen Fähigkeiten zu wünschen übrig, so dass seine Versuche, über das Original hinauszugehen, der Eleganz der englischen Fassung eher ab- als zuträglich sind. Vielleicht ist der mangelnde Verkaufserfolg der Übersetzung auch auf die Schwächen der Übersetzung zurückzuführen.

V. »System«

Eine Generation nach den Übersetzungen des »Berufs« und der »Geschichte« erschien auch der erste Band von Savignys Spätwerk »System des heutigen Römischen Rechts« in englischer Sprache. Die Übersetzung stammte von dem in Indien stationierten englischen Richter William Holloway; und das »System of the Modern Roman Law« wurde 1867 im indischen Madras veröffentlicht.[420]

1. Die Übersetzung und ihr Kontext

a) Umfang von Originalfassung und Übersetzung

Der erste Band von Savignys »System« enthält einen Haupttext mit 59 Abschnitten, zwei kurze Anhänge und ein Vorwort.[421] Holloway übersetzte alle diese Bestandteile. Eigene Vorbemerkungen programmatischer Art fügte er nicht hinzu.

419 Austin, Province (Anm. 7), S. 307 f. Fn.

420 Friedrich Carl von Savigny, System of the Modern Roman Law, Madras: J. Higginbotham 1867.

421 Eine eigenständige Übersetzung von Savignys Vorwort zum ersten Band des Systems enthält auch William Guthrie, Introduction, in: Friedrich Carl von Savigny, A Treatise on the Conflict of Laws and the Limits of Their Operation in Respect of Place and Time, Edinburgh: T. & T. Clark und London: Stevens & Sons 1869, S. ix–xli, hier S. x–xxxi. Bei dem Buch handelt es sich um die Übersetzung des achten Bandes des »Systems«. Ein Vergleich der beiden Übersetzungen des Vorwortes zu Bd. I wäre reizvoll, kann hier aber nicht geleistet werden.

b) *Der Übersetzer: William Holloway*

Der 1828 geborene Holloway hatte zwei Jahre lang das legendäre East India College in Haileybury, die Ausbildungsstätte der indischen Kolonialverwaltung in der Nähe von London, besucht und dort akademische Preise für seine juristischen, historischen und nationalökonomischen Studien erhalten. Danach schlug er die höhere Verwaltungslaufbahn auf dem Subkontinent ein und wurde schließlich zum Richter ernannt. Seine Karriere kulminierte 1863 mit der Beförderung zu einem der drei Justices des neugegründeten High Court of Madras, einem der drei gleichrangigen obersten Gerichte Indiens. Er ließ sich bereits 1877 in den Ruhestand versetzen und verstarb 1893.[422]

c) *Intentionen des Übersetzers*

Als Richter des High Court in Madras hatte sich Holloway mit der zu seiner Zeit überall in Indien herrschenden Unklarheit über die anwendbaren Rechtsquellen auseinanderzusetzen. In der unübersichtlichen Gemengelage aus Hindu-Recht, islamischem Recht, englischem common law und Provinzialgesetzen der Kolonialverwaltung war anerkannt, dass die Gerichte wenigstens in einigen Fällen unmittelbar oder subsidiär im Einklang mit »justice, equity and good conscience« zu entscheiden hatten. Langfristig setzte sich auf der Grundlage dieser Formel das common law durch, das die genannten Grundsätze für die in England ausgebildeten Juristen in idealer Weise verkörperte. Insbesondere in der Mitte des 19. Jahrhunderts aber wurde noch vielfach vertreten, die allgemeinen Grundsätze der Gerechtigkeit und Billigkeit ließen sich genauso gut, wenn nicht besser, dem römischen Recht und der darauf beruhenden kontinentalen Rechtstradition entnehmen.[423] Ein theoretisches Fundament für diese Ansicht stellte insbesondere die von Henry Sumner Maine begründete Strömung der »comparative jurisprudence« zur Verfügung. Diese Universaljurisprudenz englischer Prägung bemühte sich, parallele Entwicklungsstrukturen des

422 Percy Wigram, Names of All Students Educated at Old Haileybury, with Notes on Their Subsequent Career, in: Frederick Charles Danvers et al, Memorials of Old Haileybury College, London: Archibald Constable & Co. 1894, S. 324–580, hier S. 520; Charles Edward Buckland, Dictionary of Indian Biography, London: Swan Sonnenschein 1906, v° Holloway, William; J. Duncan M. Derrett, The Role of Roman Law and Continental Laws in India, in: RabelsZ 24 (1959), S. 657–685, hier S. 671.

423 J. Duncan M. Derrett, Justice, Equity and Good Conscience in India, in: J.N.D. Anderson (Hg.), Changing Law in Developing Countries, London: Allen & Unwin 1963, S. 114–153. Vgl. auch Konrad Zweigert und Hein Kötz, Einführung in die Rechtsvergleichung auf dem Gebiete des Privatrechts, 3. Aufl., Tübingen: Mohr Siebeck 1996, S. 221 f.

römischen, englischen und indischen Rechts nachzuweisen, ließ aber keinen Zweifel daran, dass das antike römische Recht sich auf einer höheren Entwicklungsstufe befunden hatte als das englische Recht des 19. Jahrhunderts.[424]

Holloway griff deshalb in vielen Entscheidungen auf römisches Recht zurück, wenn die anderen in Indien geltenden Rechtsquellen keine Lösung bereithielten. Gelegentlich verwarf er auch eine Regel des englischen Rechts, wenn das römische Recht eine seiner Ansicht nach überlegene Lösung zur Verfügung stellte. Dabei stützte er sich weniger auf das antike römische Recht als auf die auf seiner Grundlage entstandenen allgemeinen Rechtsgrundsätze der zivilisierten Nationen. Um diese aufzufinden, machte Holloway ausgiebig von den zahlreichen deutschen Pandektenlehrbüchern in seiner Bibliothek Gebrauch. Insbesondere Savigny gegenüber bekundete er in seinen Entscheidungsbegründungen größten Respekt. Er bezeichnete ihn als »einen der größten Juristen aller Zeiten«, einen Mann »von unermesslicher Gelehrsamkeit, die jeden anderen überwältigt hätte«.[425]

Holloways gelehrte Richtersprüche waren umstritten. Die meisten Richter und Anwälte auf dem Subkontinent waren der deutschen Sprache nicht mächtig und konnten auf die ihm zur Verfügung stehende Literatur nicht zurückgreifen. Mit einer Übersetzung des »Systems« beseitigte er dieses Problem wenigstens teilweise und beförderte damit gleichzeitig die von ihm propagierte Rechtsanwendung auf der Grundlage des »modernen« römischen Rechts.

Darüber hinaus mag aber auch bei Holloway ein eher sachfremdes Motiv eine Rolle gespielt haben: Sein langjähriger Rivale in der indischen Kolonialverwaltung, der mittlerweile zum Generalanwalt von Madras aufgestiegene John Bruce Norton, hatte 1862 einen äußerst umfangreichen Überblick über das indische Recht publiziert, in dem er neben dem englischen Recht ausführlich und mit langen Zitaten auf das römische Recht und gelegentlich auch auf Savigny eingegangen war.[426] Von Holloways Entscheidungsbegründungen in den darauffolgenden Jahren ist behauptet worden, sie erweckten den Eindruck, er habe Norton an Gelehrsamkeit übertrumpfen wollen.[427] Die Übersetzung des »Systems« mag ein weiteres Mittel zu diesem Zweck gewesen sein.

424 Zu Maines »comparative jurisprudence« vgl. zuletzt Stefan Vogenauer, Rechtsgeschichte und Rechtsvergleichung um 1900, in: RabelsZ 76 (2012), S. 1122–1154, hier S. 1137–1139.

425 Vgl. die zahlreichen Nachweise bei Derrett (Anm. 422), S. 672–680 (Zitate zu Savigny auf S. 673 mit Fn. 40).

426 John Bruce Norton, Topics of Jurisprudence: or, Aids to the Office of the Indian Judge, Madras: J. Higginbotham 1862.

427 Derrett (Anm. 422), S. 685.

d) *Programm und Probleme des Übersetzers*

Programmatische Aussagen von Holloway sind nicht überliefert. Allerdings musste eine Übersetzung des »Systems« neben den Problemen, mit denen bereits die Übersetzer des »Berufs« und der »Geschichte« gekämpft hatten, eine besondere Schwierigkeit aufwerfen: Im Gegensatz zu diesen früheren Schriften widmet sich das »System« über weite Strecken genuin juristisch-dogmatischen Fragestellungen und erfordert vom Übersetzer eine ausgezeichnete Kenntnis des materiellen Rechts und der diesbezüglichen Fachsprache. Das gilt für den ersten Band, der sich fast ausschließlich mit der Rechtsquellen- und Interpretationslehre befasst, noch nicht so stark. Doch in den letzten Abschnitten des Buchs, in denen es um die Abgrenzungen der verschiedenen Rechtsgebiete des Privatrechts geht, treten juristische Fachbegriffe in den Vordergrund.

Hier stößt selbst der gelehrte Richter Holloway an seine Grenzen, wenn er zwar in einer Fußnote die Problematik der Unterscheidung zwischen subjektivem Recht und Recht im objektiven Sinne erklärt, dann aber doch die Begriffe »Familienrecht, Sachenrecht, Obligationenrecht« mit dem für eine englische Leserschaft völlig sinnfreien »1. Families'-right. 2. Things'-right. 3. Obligations'-right« übersetzt.[428] Ebenso abschreckend für englische Ohren ist der Begriff »potentiality's-law« oder »law of potentialities«, den Holloway zur Übersetzung von »Vermögensrecht« verwendet.[429] Holloway ist gezwungen, derartige Kunstbegriffe zu erfinden, da das englische Recht des 19. Jahrhunderts mit seiner unterentwickelten Taxonomie schlichtweg keine passende Terminologie zur Verfügung stellt. Noch heute ist das »law of obligations« im englischen Recht keine anerkannte Kategorie, es fehlt an einem umfassenden Oberbegriff für das Recht der beweglichen und unbeweglichen Sachen (»law of personal property« und »land law«), und auch der Begriff »patrimonial law« ist nur im Erbrecht oder bei der Diskussion der französischen Rechtskategorie des »patrimoine« relevant.

e) *Werktreue und Originalität der Übersetzung*

Wie die eben genannten Neologismen zeigen, bemüht sich Holloway konsequent, das Original so getreu wie möglich wiederzugeben. Die Satzstellung lehnt sich, wie die im Folgenden zitierten Schlüsselpassagen zeigen, eng an die deutsche Fassung an. Auch editorische Ergänzungen finden sich nur ganz

428 System Röm. R., S. 345 und System Rom. L., S. 280 mit Fn. 1.

429 System Röm. R., S. 367 und System Rom. L., S. 299; System Röm. R., S. 345 und System Rom. L., S. 280.

vereinzelt, wie die erklärende Fußnote zur Unterscheidung von subjektivem und objektivem Recht, auf die bereits hingewiesen wurde.[430] Eine ähnliche Anmerkung des Übersetzers findet sich zum Begriff »Rechtsverhältnis«.[431]

2. Schlüsselwörter und -passagen

a) »Recht«, »Rechtsverhältniß«, »Rechtsinstitut«, »System«

In §§ 4 und 5 des »Systems« behandelt Savigny die Begriffe »Rechtsverhältniß« und »Rechtsinstitut«.[432] Zusätzlich präzisiert er seinen Rechtsbegriff und erwähnt die Verbindung der Rechtsinstitute zu einem »System«. In der ersten Schlüsselpassage in diesem Zusammenhang (S 1) erklärt Savigny den Begriff des subjektiven Rechts:

S 1:

Betrachten wir den Rechtszustand, so wie er uns im wirklichen Leben von allen Seiten umgiebt und durchdringt, so erscheint uns darin zunächst die der einzelnen Person zustehende Macht: ein Gebiet, worin ihr Wille herrscht, und mit unsrer Einstimmung herrscht. Diese Macht nennen wir ein Recht dieser Person, gleichbedeutend mit Befugniß: Manche nennen es das Recht im subjektiven Sinn. (System Röm. R., 7)

If we regard the position of Right as in practical life it surrounds and penetrates us on all sides it appears to us as the power justly appertaining to the individual person: a territory in which his will rules and rules with our consent. This power we call a right of this person synonymous with privilege; some call it right in a subjective sense. (System Rom. L., 6)

Sichtbar wird ein solches subjektives Recht laut Savigny in der Regel erst im Prozess. Die Anerkennung des Rechts im richterlichen Urteil ist jedoch nicht gleichbedeutend mit dem Recht selbst, wie es in der unmittelbar darauf folgenden Schlüsselpassage (S 2) heißt:

S 2:

Allein die genauere Betrachtung überzeugt uns, daß diese logische Form eines Urtheils ... das Wesen der Sache nicht erschöpft, sondern selbst einer tieferen Grundlage bedarf. Diese nun finden wir in dem Rechtsverhältniß, von welchem jedes einzelne Recht nur eine besondere, durch Abstraction ausgeschiedene Seite darstellt, so daß selbst das Urtheil über das einzelne Recht nur insofern wahr und überzeugend sein kann, als es von der Gesammtanschauung des Rechtsverhältnisses ausgeht.

Only a closer examination convinces us that this logical form of a decision ... does not exhaust the essence of the matter but itself requires a deeper ground-work. This we find in the jural relation, of [7] which each individual right shows a particular side separated from it by abstraction, so that the very decision upon the individual right can only be correct and convincing in so far as it proceeds from the complete perception of the jural relation. The jural relation has moreover an organic nature and

430 System Rom. L., S. 280 Fn. 1 (dazu oben bei Anm. 428).
431 System Rom. L., S. 6 Fn. 1 (dazu unten bei Anm. 441).
432 Zur Verwendung dieser Begriffe bei Savigny, vgl. RÜCKERT, Idealismus (Anm. 3), S. 342–348.

Das Rechtsverhältniß aber hat eine organische Natur, und diese offenbart sich theils in dem Zusammenhang seiner sich gegenseitig tragenden und bedingenden Bestandtheile, theils in [8] der fortschreitenden Entwicklung, die wir in demselben wahrnehmen, in der Art seines Entstehens und Vergehens. Diese lebendige Construction des Rechtsverhältnisses in jedem gegebenen Fall ist das geistige Element der juristischen Praxis, und unterscheidet ihren edlen Beruf von dem bloßen Mechanismus, den so viele Unkundige darin sehen. (System Röm. R., 7 f.)

this reveals itself partly in the coherence of its constituent parts, balancing and limiting one another, partly in the gradual unfolding which we recognize in it, partly in the mode of its arising and passing away. This living production of the jural relation in each given case, is the intellectual element of juristic practice and distinguishes its noble calling, from the bare mechanism which so many ignorant persons see in that practice. (System Rom. L., 6 f.)

Savigny erklärt dann, unter dem Begriff »objektives Recht« (auch: » das Recht schlechthin, oder das allgemeine Recht«) sei die allgemeine Regel zu verstehen, die die einzelnen subjektiven Rechte beherrsche, insbesondere das Gesetz. Darauf folgt die dritte hier interessierende Schlüsselstelle des »Systems« (S 3), in der der Begriff des »Rechtsinstituts« näher erläutert wird:

S 3:

Denn auch die Rechtsregel, so wie deren Ausprägung im Gesetz, hat ihre tiefere Grundlage in der Anschauung des Rechtsinstituts, und auch dessen organische Natur zeigt sich sowohl in dem lebendigen Zusammenhang der Bestandtheile, als in seiner fortschreitenden Entwicklung. Wenn wir also nicht bey der unmittelbaren Erscheinung stehen bleiben, sondern auf das Wesen der Sache eingehen, so erkennen wir, daß in der That jedes Rechtsverhältniß unter einem entsprechenden Rechtsinstitut, als seinem Typus, steht, und von diesem auf gleiche Weise beherrscht wird, wie das einzelne Rechtsurtheil von der [10] Rechtsregel. (System Röm. R., 9 f.)

For the rules of law and also their expression in legislation have a deeper ground-work, in the exhibition of the institutions of law, and the organic nature of this, shows itself as well in the living connexion of the constituent parts as in its gradual unfolding. If we do not stop at the immediate appearance but search into the essence of the thing we recognize the fact that each jural relation is subject to a corresponding legal institution which is, as it were, its type, and by which it is governed, in the same manner as the single judicial decision by the rule of law. (System Rom. L., 8)

Der Unterschied zwischen Rechtsverhältnis und Rechtsinstitut liegt, wie Savigny in der vierten Schlüsselstelle (S 4) ausführt, darin,

S 4:

... daß wir die Rechtsinstitute zuerst gesondert construiren, und hinterher willkührlich combiniren können, anstatt daß uns das Rechtsverhältnis durch die Lebensereignisse gegeben wird, also unmittelbar in seiner concreten Zusammensetzung und Verwicklung erscheint. In fernerer Betrachtung aber erkennen wir, daß alle Rechtsinstitute zu einem System verbunden bestehen, und daß sie nur in dem großen Zusammenhang dieses Systems, in welchem wieder dieselbe organische Natur erscheint, vollständig begriffen werden können. (System Röm. R., 10)

... that we first perceive the institutes of law separately and afterwards combine them by an effort of the will and that on the contrary the jural relation is given to us by the events of life and immediately appears in its concrete combination and complexity.
On further examination however we perceive that all the institutions of law are bound up in a system and that they can only be completely conceived in the entire connexion of this system in which again the same organic nature appears. (System Rom. L., 9)

aa) »Recht«

Die Schwierigkeiten bei der Übertragung des Begriffs »Recht« in die englische Sprache[433] machen sich, wie gesehen, auch in Holloways Text bemerkbar, wenn es um Begriffe wie »Obligationenrecht« und »Vermögensrecht« geht.[434] Ganz zutreffend dagegen übersetzt er in der ersten Schlüsselstelle »ein Recht« (im subjektiven Sinne) mit »a right« und in der zweiten »das einzelne Recht« mit »the individual right«. Seine Übersetzung des Begriffs »objektives Recht« (auch: »das Recht schlechthin, oder das allgemeine Recht«) als »law in an objective sense« (auch: »simply law or law in general«) ist ebenfalls tadellos.[435] Im Zusammenhang mit dem subjektiven Recht ist die Übertragung des Gedankens der individuellen Willensmacht und -herrschaft mit »power« und »his will rules« ebenfalls gelungen.[436]

Wenig überzeugend ist dagegen, den Begriff der »Befugniß«, den Savigny in diesem Zusammenhang gebraucht, mit dem Fachausdruck »privilege« zu übersetzen. Darunter versteht auch das englische Recht des 19. Jahrhunderts das einer Person oder einer Personengruppe besonders eingeräumte Vor- oder Sonderrecht, das sich insbesondere in dem Bereich findet, der in Deutschland als Staatsrecht bezeichnet würde.[437] Bei Blackstone etwa wimmelt es von »Privilegien« des Parlaments, des Monarchen oder bestimmter Gebietskörperschaften[438] – im Sinne einer unter Privaten durch Konsens eingeräumten Rechtsmacht wird der Begriff dagegen nicht verwendet.[439] Hier wäre es wohl geschickter gewesen, dem allgemeinen zeitgenössischen Sprachgebrauch zu folgen und von »entitlement« zu sprechen.[440]

Auch mit dem Begriff »Rechtszustand« am Beginn von S 1 kann Holloway augenscheinlich nichts anfangen. Offenbar geht es Savigny hier um Recht im objektiven Sinne, so dass »law« einschlägig wäre. »Zustand« ließe sich hier wohl am besten mit »state« wiedergegeben; ein mutiger Übersetzer würde dies aber

433 Vgl. bereits oben bei Anm. 419.

434 S. o. bei Anm. 429.

435 System Röm. R., S. 9 und System Rom. L., S. 8.

436 Zum Begriff »power« bereits oben bei Anm. 264. Wenig schön dagegen die Formulierung »justly appertaining to«, die Holloway in diesem Zusammenhang verwendet. Beiser, Historicist Tradition (Anm. 4), S. 246 übersetzt eleganter mit »the power to which an individual person is entitled«.

437 Vgl. etwa die Erklärung bei Austin, Lectures III (Anm. 158), S. 100.

438 Vgl. nur Blackstone, Commentaries, Bd. I (Anm. 222), S. 74 (»particular counties, cities, towns, manors, and lordships«), S. 96 (Schottland), S. 159–161 (»privileges of parliament«), S. 220 (Adelsprivilegien); ebd., Bd. IV, Oxford: Clarendon Press 1769, S. 358 (»privilegium clericale«).

439 Vgl. insbesondere Blackstone, Commentaries, Bd. I (Anm. 222), S. 56.

440 Vgl. Bailey, v° Befugniß; Fick, v° Befugen.

einfach übergehen und statt von »state of the law« einfach von »law« sprechen. Wie dem auch sei, »position of right« ist keine treffende Übersetzung.

bb) »Rechtsverhältnis«

Der Begriff »Rechtsverhältniß«, den Savigny in der zweiten Schlüsselstelle des »Systems« einführt, ist mangels Äquivalent in der englischen Sprache unübersetzbar. Holloway bringt dies deutlich zum Ausdruck, indem er den Neologismus »jural relation« erfindet, sich aber gleichzeitig in einer Fußnote davon distanziert: Er bezeichne den hochkomplexen Begriff des »Rechtsverhältnisses« nur unzulänglich. Da es sich aber um einen *terminus technicus* handele, der im Text gründlich erklärt werde, werfe sein Gebrauch keine Probleme auf.[441] Man mag darüber streiten, ob »jural relation« die eleganteste Übersetzungsmöglichkeit ist. Im heutigen englischen Recht läge es nahe, auf den Begriff »legal relationship« oder, ein wenig phantasievoller, auf »a larger network of rights«,[442] zurückzugreifen. Von »jural relations« spricht man dort nur noch im Zusammenhang mit dem am Beginn des 20. Jahrhunderts vom amerikanischen Rechtstheoretiker Hohfeld entwickelten analytischen Schema der Rechte.[443] Für Holloway hat der Begriff in seiner Sperrigkeit jedenfalls den Vorteil, dass keine Verwechselungsgefahr mit etablierten englischen Rechtsbegriffen besteht.

Zur näheren Kennzeichnung der Idee des Rechtsverhältnisses benutzt Savigny in S 2 eine Reihe bereits aus dem »Beruf« und der »Geschichte« bekannter Metaphern, die Holloway ähnlich wie Hayward und Cathcart übersetzt. Die »organische Natur« wird zur »organic nature«, die »fortschreitende Entwicklung« zu »gradual unfolding«. Als Gegenbegriff zu »Form« verwendet Savigny hier nicht »Substanz« sondern den dunklen Ausdruck »Wesen der Sache«, den Holloway gut vertretbar mit »essence of the matter« (weniger schön in S 3: »essence of the thing«) überträgt.[444]

Für Savigny »offenbart sich« die organische Natur des Rechtsverhältnisses. Damit benutzt er einen theologischen Begriff, um den seit der Aufklärung auch

441 System Rom. L., S. 6 Fn. 1: »The description given of jural relation (Rechtsverhältnis) in this and other places will show how inadequate the term is to the denoting of the very complex conception. The literal meaning of the German word is relation of right or law. That word no more than the English by its etymology expresses its conception. It is therefore a technical phrase of this work, and thoroughly explained as it is, will create no difficulty.«

442 So der Vorschlag von Beiser, Historicist Tradition (Anm. 4), S. 246.

443 Wesley Newcomb Hohfeld, Fundamental Legal Conceptions as Applied in Judicial Reasoning and Other Legal Essays, New Haven: Yale University Press 1919.

444 Bailey, v° Wesen, bietet für »Wesen eines Dinges« auch an: »being«, »substance«, »matter«, »nature«. Ebenso Fick, v° Wesen.

in der Philosophie heftig gerungen wird. Holloway verdeutlicht dies, indem er die anderen in den zeitgenössischen Lexika genannten Bedeutungsvarianten wie »to manifest«, »to make public«, »to shew plainly«, »to divulge«, »to disvover« oder »to disclose« verwirft und stattdessen das theologisch besetzte »reveals itself« verwendet,[445] mit dem auch das Begriffsverständnis der idealistischen Philosophie getroffen wird.[446] Die »lebendige Construction« des Rechtsverhältnisses, die Savigny vorschwebt, mit »living production« zu übersetzen, unterstreicht besonders den rechtserzeugenden Charakter der wissenschaftlichen Behandlung des Rechts. In S 4 benutzt Holloway für »construiren« das wesenlich blassere »combine«.

cc) »Rechtsinstitut«

Für den in der dritten Schlüsselpassage eingeführten Begriff des »Rechtsinstituts« enthält die englische Rechtssprache ebenfalls keine Entsprechung. Mit »Institutes of the Law« wird eine frühneuzeitliche Literaturgattung bezeichnet, deren Titel an die Institutionen des Corpus Iuris anknüpften.[447] »Legal institutions« wird heute gelegentlich zur Übertragung der deutschen Idee des Rechtsinstituts verwendet, ist aber kein *terminus technicus*. Holloway kann hier also ebenso frei verfahren wie mit dem Ausdruck »Rechtsverhältnis«. Seine Lösung überzeugt allerdings nicht, weil er den in S 3 und S 4 insgesamt viermal auftauchenden Begriff »Rechtsinstitut« mit drei unterschiedlichen Wendungen übersetzt: zweimal mit »institution of law« (so auch der Titel von § 5) und je einmal mit »legal institution« und »institutes of law«. Damit wird nicht hinreichend deutlich, dass es sich um ein Schlüsselwort handelt, das für Savigny eine feststehende Bedeutung hat. Dagegen ist die Verwendung von »type« im Zusammenhang mit dem Rechtsinstitut als »Typus« für ein Rechtsverhältnis ganz zutreffend.[448]

dd) »System«

In der vierten Schlüsselpassage erklärt Savigny, wie die Rechtsinstitute »zu einem System verbunden« sind und nur »in dem großen Zusammenhang dieses Systems … vollständig begriffen werden können«. Wenig überraschend übersetzt Holloway beide Male mit »system«. Für den »großen Zusammenhang« würde eine moderne Übersetzung statt »connexion« wohl eher den Begriff

445 Vgl. Bailey, v° Offenbaren; Fick, v° Offenbar.

446 Auch Fichtes Titel »Versuch einer Critik aller Offenbarung« von 1792 wird heute mit »Attempt at a Critique of all Revelation« übersetzt. Soweit ersichtlich wurde die erste englische Übersetzung allerdings erst 1978 veröffentlicht.

447 Vor allem Edward Coke, Institutes of the Lawes of England, 4 Bde, 1628–1644.

448 OED, v° type, Nr. 5.a.

»context« wählen, zu Holloways Zeit ist dieser Begriff aber noch auf Textzusammenhänge im engeren Sinne beschränkt; er wird erst im Verlauf des 19. Jahrhunderts auch im übertragenen Sinne gebraucht.[449] Die zeitgenössischen Lexika weisen »connexion« denn auch als passende Übertragung aus.[450]

b) *Entstehung des positiven Rechts*

Auch das »System« enthält in § 7 einen längeren Abschnitt, in dem Savigny seine Auffassungen zur »Entstehung des positiven Rechts« ausführt.[451] Darin finden sich dieselben Schlüsselwörter, die bereits im »Beruf« und in der »Geschichte« im Vordergrund stehen. Ihre Übersetzungen durch Holloway sind weitgehend plausibel.[452] Aus Savignys »gemeinsamen Bewußtseyn des Volkes« macht er »the general consciousness of the people«.[453] Die »Sitte des geselligen Lebens« wird, ganz modern, zum »social life«. Das »Gefühl innerer Nothwendigkeit« erscheint als »feeling of inner necessity«, bleibt also »Gefühl«. Sieht Savigny diese Art der Rechtsentstehung als entschiedenen »Gegensatz gegen die Entstehung durch Zufall oder menschliche Willkühr« und beschwört er die »Unabhängigkeit vom Zufall und von freyer Wahl« der einzelnen Volkszugehörigen, so konstatiert Holloway eine »manifest opposition to the idea of [the law] arising from accident or the human will« und eine »independence of accident and free individual choice«. Er vermeidet also sorgfältig den Begriff der »arbitrariness«.[454] Das Wort »Volksgeist«, das sich im »Beruf« und in der »Geschichte« noch nicht findet, übersetzt Holloway mit »spirit of a people« bzw. »spirit of the people«.[455]

449 OED, v° context, Nr. 4.a. und 4.b (erste Nennung 1842).
450 Bailey, v° Zusammenhang; Fick v° Zusammen. Beide bieten auch an »coherence«, was hier wohl treffender wäre.
451 So System Röm. R., S. 16.
452 Die folgenden Zitate finden sich alle in System Röm. R., S. 14 f. und System Rom. L., S. 12 f.
453 In S 5 auch: »common consciousness of the people«.
454 So auch in System Röm. R., S. 10 (»willkührlich«) und System Rom. L., S. 9 (»by an effort of the will«) – vgl. S 4; System Röm. R., S. 14 (»Einfluß des Zufalls, oder auch menschlicher Willkühr«) und System Rom. L., S. 11 (»influenced by accident or human will«); System Röm. R., S. 16 (»Zufall und individueller Willkür«) und System Rom. L., 14 (»accident and individual will«) – vgl. S. 6. Vgl. allerdings auch System Röm. R., S. 14 (»Willkühr«) und System Rom. L., S. 12 (»arbitrary will«).
455 System Röm. R., S. 14 (»der in allen Einzelnen gemeinschaftlich lebende und wirkende Volksgeist«) und System Rom. L., S. 12 (»the spirit of a people living and working in common in all the individuals«); System Röm. R., S. 15 (»des in allen Einzelnen gemeinsam wirkenden Volksgeistes«) und System Rom. L., S. 13 (»the spirit of the people working in common in each individual«).

Neu an der Rechtsentstehungslehre im »System« ist vor allem ihre Verknüpfung mit den Lehren vom Rechtsinstitut und vom Rechtsverhältnis. Savigny formuliert dies in der fünften Schlüsselpassage aus dem »System« (S 5) wie folgt:

S 5:

Die Gestalt aber, in welcher das Recht in dem gemeinsamen Bewußtseyn des Volks lebt, ist nicht die der abstracten Regel, sondern die lebendige Anschauung der Rechtsinstitute in ihrem organischen Zusammenhang, so daß, wo das Bedürfnis entsteht, sich der Regel in ihrer logischen Form bewusst zu werden, diese erst durch einen künstlichen Prozeß aus jener Totalanschauung gebildet werden muß. Jene Gestalt offenbart sich durch die symbolischen Handlungen, die das Wesen der Rechtsverhältnisse bildlich darstellen, und in welchen sich die ursprünglichen Volksrechte meist deutlicher und gründlicher aussprechen, als in den Gesetzen. (System Röm. R., 16)

The form however in which law lives in the common consciousness of a people is not that of abstract rules but as the living intuition of the institutions of law in their organic connexion, so that whenever the necessity arises for the rule to be conceived in its logical form, this must be first formed by a scientific procedure from that total intuition. That form reveals itself in the symbolical acts which display in visible shape the essence of the jural relation and in which the primitive laws express themselves more intelligibly and thoroughly than in written laws. (System Rom. L., 13)

Auch auf die dynamische und organische Entwicklung des Rechts geht Savigny erneut ein:

S 6:

Ferner wird sich das Recht durch die Übung entfalten, und was ursprünglich blos im Keim vorhanden war, wird durch die Anwendung in bestimmter Gestalt zum Bewußtseyn kommen. Aber auch Veränderung des Rechts wird auf diesem Wege erzeugt werden. Denn wie in dem Leben des einzelnen [17] Menschen kein Augenblick eines vollkommenen Stillstandes wahrgenommen wird, sondern stete organische Entwicklung, so verhält es sich auch in dem Leben der Völker … Und auch diese Fortbildung steht unter demselben Gesetz der Erzeugung aus innerer Kraft und Nothwendigkeit, unabhängig von Zufall und individueller Willkühr, wie die ursprüngliche Entstehung. Allein das Volk erfährt in diesem natürlichen Entwicklungsprozeß nicht blos eine Veränderung überhaupt, … (System Röm. R., 16 f.)

Moreover law will develope itself by use and what originally was present as a mere germ will by practice [14] assume a definite shape to the consciousness. However in this way the changing of law is also generated. For as in life of single men, no glimpse of complete passiveness can be perceived, but a continual organic developement, so is it with the life of peoples … This gradual formation is subject to the same law of generation from inner power and necessity, independent of accident and individual will, as its original arising was. But the people experiences in this natural process of developement, not merely a change in general, … (System Rom. L., 13 f.)

aa) »Gestalt« des Rechts

Sowohl in S 5 als auch in S 6 spricht Savigny von der »Gestalt« des Rechts. In der deutschen Sprache besteht die Möglichkeit, zwischen »Gestalt« und »Form« zu unterscheiden, wie dies auch in S 5 zum Ausdruck kommt: Gegenstände, die eine »Gestalt« aufweisen, werden dann als organische Einheiten verstanden, die sich nur als Ganzes erkennen lassen.[456] In der englischen Sprache fehlt diese Möglichkeit der Differenzierung, und es kommen wahlweise »form« oder »shape« zur Anwendung[457] – wie auch in Holloways Übersetzung ersichtlich, der in S 5 »Form« und »Gestalt« unterschiedslos mit »form«, in S 6 dann aber »Gestalt« mit »shape« übersetzt.

bb) »Stete organische Entwicklung« und »natürlicher Entwicklungsprozeß«

Schließlich greift Savigny auch im »System« die Idee einer »steten organischen Entwicklung« und eines »natürlichen Entwicklungsprozesses« auf (S 6). Holloway wählt die naheliegenden Übersetzungen »continual organic developement« und »natural process of developement«. Auch in dieser Schlüsselpassage ist »Willkühr« nicht mit »arbitrariness« übersetzt, und die schon aus dem »Beruf« vertraute Formel von der »inneren Nothwendigkeit« wird zuverlässig mit »inner ... necessity« wiedergegeben. Dass der Ausdruck »power« für »Kraft« im hier interessierenden Zusammenhang nicht glücklich ist, ist bereits oben festgestellt worden.[458]

3. Würdigung

Holloways Übersetzung weist einige erhebliche Mängel auf. Sie deswegen insgesamt als mangelhaft abzuqualifizieren,[459] ist auf der Grundlage der hier analysierten Schlüsselpassagen nicht gerechtfertigt. Holloway überträgt diese außerordentlich dichten Texte, die vor dem sprachlichen Empfängerhorizont eines englischen Juristenpublikums fast unverständlich sind, insgesamt solide.

VI. Schluss

Bei allen Verschiedenheiten der drei untersuchten Übersetzungen gibt es doch drei verbindende Momente. Erstens versuchte keiner der Übersetzer, Savigny systematisch durch sprachliche Manipulation zu »anglisieren«, um seine Lehren für eine englischsprachige Leserschaft leichter zugänglich zu machen. Vielleicht war Savigny auch in sprachlicher, juristischer und philosophischer Hinsicht zu fremd, um von den britischen Juristen eingemeindet zu werden.

456 Inwood, form, matter and content.

457 Ebd.

458 Vgl. oben bei Anm. 264.

459 So beiläufig und ohne Belege Stein, Legal Evolution (Anm. 48), S. 80 Fn. 16: »A poor English version«.

Zweitens war keines der Übersetzungsprojekte kommerziell erfolgreich. Der »Beruf« gelangte nie in den Handel, und zu der von Hayward angekündigten Neuauflage[460] kam es nicht. Die Übersetzung der »Geschichte« machte massive Verluste und kam über den ersten Band nicht hinaus. Vom »System« wurde nur der erste Band übersetzt, obwohl Richter Holloway in seinem langen Ruhestand sicher Zeit für eine Fortsetzung gehabt hatte. Vielleicht war Savigny auch in sprachlicher, juristischer und philosophischer Hinsicht zu fremd, um für eine größere britische Leserschaft von Interesse zu sein.

Drittens schließlich nahmen spätere Übersetzungen, soweit ersichtlich, nicht auf frühere Bezug. Angesichts der Tatsache, dass zwischen den hier behandelten Schlüsselpassagen große thematische Überschneidungen in Savignys drei Schriften bestehen, hätte es für Hayward nahegelegen, sich an Cathcart zu orientieren, und Holloway hätte von den Arbeiten beider Vorgänger profitieren können. Die Analyse der Übersetzungen legt nicht nahe, dass ein solcher Lernprozess stattfand.

Nicht zuletzt aus diesem Grund lassen sich große qualitative Unterschiede zwischen den verschiedenen Übersetzungen feststellen. Die Antwort auf die Frage, wie englischsprachige Übersetzer die Savignys Texten eigenen Herausforderungen literarischer, juristischer und philosophischer Art meisterten, muss also differenziert ausfallen. In Hinblick auf den jeweiligen Kontext der Übersetzungen kann dies auch kaum überraschen.

Schon die Übersetzer könnten kaum unterschiedlicher sein: Hier Hayward in London, der aufstrebende Junganwalt, ohne Universitätsausbildung, aber dafür mit immensen literarischen und politischen Ambitionen; dort Cathcart in Edinburgh, auf dem Kontinent promoviert, in der Anwaltskarriere angekommen, aber nur bedingt erfolgreich und mit Hoffnung, an der Universität unterzukommen; und schließlich Holloway in Madras, auch er ohne juristisches Studium, auf dem Gipfel seiner Karriere angelangt und beseelt von dem Ideal völker- und zeitübergreifender Rechtsgrundsätze. Drei verschiedene Rechtsordnungen, drei verschiedene Generationen, drei verschiedene Lebensentwürfe.

Ebenso heterogen wie die Übersetzer sind ihre Intentionen. Keinem geht es nur um die Sache an sich. Alle verfolgen ein rechtspolitisches Ziel, wobei die Stoßrichtungen sich unterscheiden. Hayward geht es darum, das common law vor überhasteten Reformen und Gesetzgebung zu bewahren; Cathcart und Holloway wiederum wollen das schottische bzw. das indische Recht vor dem expandierenden common law bewahren. Bei allen dreien schließlich verquicken sich rechtspolitische und persönliche Motive. Hayward braucht ein Sprungbrett,

460 Hayward, Juridical Tracts (Anm. 41), S. ii. Der Text sollte mit einer neuen Einführung des Übersetzers versehen werden.

das ihn in die bessere Gesellschaft katapultiert; Cathcart benötigt Savignys Protektion, um die Chancen auf eine Professur zu verbessern; Holloway möchte seine intellektuelle Überlegenheit über einen langjährigen Rivalen herausstreichen.

Die Übersetzungen sind ein Spiegel der Persönlichkeiten und ihrer Ziele. Hayward produziert sein literarisches Gesellenstück, das es mit den juristischen Details nicht immer allzu genau nimmt, aber letztlich doch eine gelungene und gut lesbare Übertragung eines schwierigen Textes darstellt. Cathcart ist die bloße Übersetzung nicht genug; er will eigenständige wissenschaftliche Arbeit leisten und durch Umstellungen zeigen, dass er den Text eines Genies verbessern kann. Holloway schließlich entledigt sich seiner übersetzerischen Aufgabe wie der nächsten Gerichtsakte, effizient und ohne Umschweife oder theoretische Vorbemerkungen, nicht unbedingt elegant und sicherlich nicht in jeder Hinsicht ausgereift, aber doch für praktische Zwecke genügend.

Auch im Hinblick auf die Übersetzung ausgewählter Schlüsselwörter hat die vorstehende Analyse große Unterschiede aufgezeigt. Insgesamt lässt sich vielleicht die Faustregel aufstellen, dass die Übertragungen umso gelungener ausfallen, je größer die Nähe des Übersetzungsgegenstands zur englischen Rechts- und Lebenswirklichkeit ist. So haben die Übersetzer vor ihrem Erfahrungshorizont eines sich schrittweise, »still« und ohne nennenswerte Intervention des Gesetzgebers entwickelnden common law keinerlei Probleme mit Begrifflichkeiten, die Savigny in seiner Theorie der Rechtsentstehung entwickelt. Der fließende Übergang zwischen »Sitte« und »Recht«, die Idee »innerer stillwirkender Kräfte« sowie eines »Volksgeistes« oder eines »gemeinsamen Bewusstseins des Volkes«, das Bestreben, den Rechtsstoff »bis zu seiner Wurzel zu verfolgen«, ja die gesamte Vorstellung einer »organischen« Rechtsentstehung erschließt sich ihnen intuitiv, und die englische Sprache bzw. Rechtssprache hält ein hinreichendes Arsenal an einschlägigen Begriffen bereit. Gelegentlich werden hier die rechtspolitischen Intentionen Savignys deutlicher sichtbar als im Original, etwa wenn Hayward Bezugnahmen auf die »Willkür des Gesetzgebers« konsequent im moderneren Sinne von »Launenhaftigkeit« und »Eigenmacht« statt im älteren Verständnis von »Freiheit der Entscheidung« überträgt.

Weniger überzeugend fallen die Übersetzungen von Schlüsselwörtern aus, bei denen der Abstand zur englischen Realität des 19. Jahrhunderts zu groß ist. Dies gilt vor allem für das gesamte Wortfeld zur »Wissenschaftlichkeit« des Rechts. In Anbetracht des Fehlens »gelehrter Juristen«, wie sie Savigny vor Augen hat, gibt es auch für Begriffe wie »Jurisprudenz« und »Rechtswissenschaft« keine adäquaten Ausdrücke in der Zielsprache. Dementsprechend konfus fallen die meisten Übersetzungen aus. Dies gilt insbesondere auch für diejenigen juristischen Fachbegriffe im engeren Sinne, für die sich im englischen Recht keine Entsprechung zur Verfügung stellt: So finden sich etwa für

»subjektives« und »objektives Recht«, »Vermögensrecht«, »Rechtsverhältnis« und »Rechtsinstitut« regelmäßig keine befriedigenden Lösungen im Englischen. Ähnlich verhält es sich mit emotionalem Vokabular (»Gefühl«), das nur von Holloway adäquat wiedergegeben, dagegen bei Hayward systematisch entdramatisiert und mit wesentlich nüchternerer Sprache übersetzt wird. Hier treten neben die rechtlichen und rechtspolitischen auch kulturelle Übersetzungsbarrieren – Savigny ist buchstäblich »lost in translation«.

Stefan Vogenaucr

Jenseits der Philosophie

Friedrich Carl von Savignys Begriffswelt in der Übersetzung*

In *Grettis Saga* stellt Atli, dessen Körper gerade von einem Speer durchbohrt worden ist, fest: »Die sind jetzt in Mode, die breitblättrigen Speere.«[1] Im Jahre 1813 scheinen Übersetzungen eher als breitblättrige Speere sehr in Mode gewesen zu sein. Zwei der prominenten Gestalten der damaligen Zeit, Johann Wolfgang Goethe und Friedrich Daniel Schleiermacher, vertieften sich in jenem Jahr in die Frage nach Natur und Bedeutung der Übersetzung. In seiner berühmten Gedächtnisrede für Christoph Martin Wieland am 18. Februar 1813 beschrieb Goethe malerisch das fundamentale Dilemma des Übersetzers, nämlich die Frage, wie dieser sich gegenüber einem in mehrerer Hinsicht »fremden« Text verhalten solle. Schleiermacher – selbst ein hervorragender Übersetzer – veröffentlichte am 24. Juni 1813 einen Artikel mit dem Titel *Ueber die verschiedenen Methoden des Uebersetzens*. Er legte dort eine brillante und revolutionäre Theorie der Übersetzung vor, welche als der erste Versuch betrachtet werden kann, dieser Art von Tätigkeit auf wissenschaftliche Fundamente zu setzen.

In seinem Text gibt Schleiermacher eine treffende Beschreibung des Janusgesichts der Übersetzung: In vielen Fällen nehme sich die Übersetzungsarbeit als mechanische Tätigkeit aus, die dem Diktat des praktischen Bedürfnisses gehorcht. Die Parallele zum wichtigsten Übersetzungswerkzeug unserer Zeit, dem *Google Translate*, ist schwer zu übersehen. Eine Übersetzung könne jedoch auch in Parität mit der Autorenschaft stehen. Im letzteren Falle stehe die kreative Seite der Tätigkeit im Vordergrund. Der entscheidende Unterschied zwischen *dem bloßen Dolmetschen* und *dem eigentlichen Übersetzen* liege in der Fähigkeit des Übersetzers, hinter die sprachliche Form zu dringen. Insoweit als der zu übersetzende Text hauptsächlich »vor Augen liegende Gegenstände oder äußere

* Aus dem Schwedischen von Dr. jur. Jakob Heidbrink.

1 *Den isländska sagan* (Hrsg. Peter Hallberg), Stockholm 1956, S. 89.

Thatsachen«[2] behandle, sei der Unterschied zwischen Dolmetschen und Übersetzung minimal. Drehe es sich stattdessen um sprachliche Ausdrücke, bei denen der Urheber des Textes »mehr oder weniger selbstthätig denkt, also sich aussprechen will,«[3] sei eine mechanische Übersetzung aus verständlichen Gründen ausgeschlossen.

Der eigentliche Übersetzer, dessen Auftrag es ist, den Ausdruck des freien Willen des Verfassers in eine fremde Sprache zu überführen, müsse daher den Text aus zwei, zum Teil unvereinbaren, Gesichtspunkten betrachten:

> »theils aus dem Geist der Sprache, aus deren Elementen sie zusammengesetzt ist, als eine durch diesen Geist gebundene und bedingte, aus ihm in dem redenden lebendig erzeugte Darstellung; sie will auf der andern Seite gefaßt sein aus dem Gemüth des redenden als seine That, als nur aus seinem Wesen gerade so hervorgegangen und erklärbar.«[4]

Jeder denkende Mensch ist der Sprache ausgeliefert; die Bedeutung der Begriffe und deren Beziehung zueinander bindet den Gedanken. Das ist jedoch bloß die halbe Wahrheit. In gewissem Maße muss jede Aussage auch als Handlung begriffen werden, die nur aus den Eigenschaften des Handelnden[5] heraus verstanden werden kann.[6] Auch wenn es widersprüchlich erscheinen kann, Sprache gleichzeitig als Ziel *und* Mittel zu betrachten, ist dies dennoch in vielen Fällen eindeutig notwendig. Eine Willenserklärung beispielsweise ist zum einen eine Aussage, die den Regeln der Sprache folgen muss, und auf der anderen Seite – und für Juristen häufig: vor allem – Ausdruck für den dahinterliegenden rechtskräftigen Willen. Ein tieferes Verständnis für einen Text setzt also voraus, dass der Übersetzer diese beiden Elemente und deren Verhältnis zueinander erkennen kann.[7] Ein Übersetzer kann sich also nicht darauf beschränken, den zu

2 Schleiermacher, Friedrich Daniel, Ueber die verschiedenen Methoden des Uebersezens (24. Juni 1813) in: *Das Problem des Übersetzens* (Hrsg. Hans Joachim Störig) Stuttgart 1963, S. 43.

3 A. a. O., ibidem.

4 A. a. O., S. 44.

5 A. a. O., ibidem: »Man versteht die Rede auch als Handlung des Redenden nur, wenn man zugleich fühlt, wo und wie die Gewalt der Sprache ihn ergriffen hat, wo an ihrer Leitung die Blize der Gedanken sich hingeschlängelt haben, wo und wie in ihren Formen die umherschweifende Fantasie ist festgehalten worden. [...]«.

6 A. a. O., ibidem: »Daher nun will jede freie und höhere Rede auf zwiefache Weise gefaßt sein, theils aus dem Geist der Sprache, aus deren Elementen sie zusammengesezt ist, als eine durch diesen Geist gebundene und bedingte, aus ihm in dem redenden lebendig erzeugte Darstellung; sie will auf der andern Seite gefaßt sein aus dem Gemüth des redenden als seine That, als nur aus seinem Wesen gerade so hervorgegangen und erklärbar«.

7 A. a. O., ibidem: »Ja, jegliche Rede dieser Art ist nur verstanden im höheren Sinne des Wortes, wenn diese beiden Beziehungen derselben zusammen und in

übersetzenden Text zu studieren. Eine eigentliche Übersetzung erfordert außer Sprachgefühl ein tiefes Verständnis für den Verfasser und dessen Welt.

Die Kunst des Verstehens

Anlass für das zu Beginn des 19. Jahrhunderts neuerwachte Interesse an Übersetzungen ist sicherlich, dass die Nationalsprachen das Latein als *lingua franca* der Wissenschaft verdrängten. Das Interesse der deutschen Idealisten für die Deutung von Texten – Grund der modernen Hermeneutik[8] – bietet jedoch eine weitere Erklärung für dieses Phänomen. Die Übersetzung wissenschaftlicher und künstlerischer Werke hängt nämlich letztendlich davon ab, wie der Übersetzer *die Handlung* versteht, die den aktuellen Text hervorgebracht hat. Ein Text in einer anderen Sprache muss daher als Tür zu einer neuen und fremden Welt begriffen werden, in welcher der Übersetzer erst einmal zuhause werden muss. Die Sprache ist dabei nur das erste Hindernis. Die Eigenheiten einer ganzen Welt verbergen sich nämlich hinter dem zu übersetzenden sprachlichen Ausdruck, was wiederum bedeutet, dass die Tätigkeit des Übersetzens von einer Unzahl Umstände beeinflusst wird. Die Übersetzung ist also nur ein Spezialfall der schweren Kunst des Verstehens.[9]

> »Wenn nun das Verstehen auf diesem Gebiet selbst in der gleichen Sprache schon schwierig ist, und ein genaues und tiefes Eindringen in den Geist der Sprache und in die Eigenthümlichkeit des Schriftstellers in sich schließt: wie vielmehr nicht wird es eine hohe Kunst sein, wenn von dem Erzeugnis einer fremden und fernen Sprache die Rede ist!«[10]

Man kann nicht sagen, Schleiermacher geringschätze die Bedeutung des Übersetzers. Es kann ihm auch nicht vorgeworfen werden, die Schwierigkeiten, die mit einer auf Verständnis gerichteten Übersetzung einhergehen, zu unterschätzen. Wer einen Text ernsthaft zu *verstehen* versucht, landet unausweichlich in einem nicht zu lösenden Dilemma: Wie lässt sich etwas Fremdes jemals verstehen? Als Julius von Kirchmann das Unvermögen der Juristen beschrieb, mit der Entwicklung des natürlichen Rechts Schritt zu halten, fand er ein treffendes Gleichnis: Die Juristen glichen »dem Wanderer in der Wüste«; »[d]ie blühenden Gärten, die wogenden Seen hat er vor sich, er wandert den ganzen Tag, und am Abend sind sie ihm noch so fern wie am Morgen.«[11] Der Weg zu

ihrem wahren Verhältniß gegen einander aufgefaßt sind, so daß man weiß, welche von beiden im Ganzen oder in einzelnen Theilen vorherrscht«.

8 Vgl. *hermeneutica* mit der griechischen *hermeneutiké*, siehe Grondin, Jean, *Einführung in die philosophische Hermeuneutik*, Darmstadt 1991, S. 24 ff.

9 Schleiermacher, a. a. O., ibidem.

10 A. a. O., S. 44 f.

11 Kirchmann, Julius von, *Die Werthlosigkeit der Jurisprudenz als Wissenschaft*, Berlin 1848, S. 15.

einem wirklichen Verständnis einer fremden Kultur scheint auf gleiche Weise endlos. Dieser holistische Albtraum hat denn auch, so Schleiermacher, einige Übersetzer zu solcher Verzweiflung getrieben, dass sie »die hier aufgestellte Idee der Uebersetzung« völlig aufgegeben hätten. Stattdessen hätten sie entweder die Einsicht verdrängt, dass die Sprache und damit das Verständnis unvernünftig sind, oder sie hätten sich der Irrationalität hingegeben und damit die Verbindung zu den verschiedenen Teilen des ursprünglichen Textes gekappt.[12] Aufgabe des eigentlichen Übersetzers sei es jedoch, einen Weg zwischen Scylla und Charybdis der Hermeneutik zu finden.

Neue Zeiten – und insbesondere ein allgemeiner Mangel an Sprachkenntnissen – haben Übersetzungen nötig gemacht. An der juristischen Fakultät der Universität Stockholm läuft seit mehr als einem Jahrzehnt das Projekt, die Schriften, die den deutschen Kodifikationsstreit des Jahres 1814 auslösten, zu übersetzen. Meine Aufgabe in diesem Projekt war es, Friedrich Carl von Savignys *Vom Beruf unserer Zeit für Gesetzgebung und Wissenschaft* zu übersetzen.[13] Im Laufe dieser Arbeit hatte ich immer wieder Gelegenheit, über die Anforderungen an den Übersetzer, die Schleiermacher nur ein knappes Jahr vor der Veröffentlichung des *Vom Beruf* formulierte, nachzudenken. Kann man die Handlung, die den Text hervorbrachte, überhaupt verstehen? Die Zahl der möglichen Beweggründe ist ja unendlich. Die Schwierigkeiten des Übersetzers gleichen in dieser Hinsicht denen des Historikers, denn eine Begrenzung der ungeordneten und unendlichen Masse der Fakten, aus denen Verständnis erwächst, ist nicht gegeben. Will der Übersetzer die Anforderungen Schleiermachers erfüllen, muss er von einer zumindest plausiblen Vorstellung hinsichtlich der Gedankenwelt des Verfassers ausgehen. Auf die gleiche Art, wie der Historiker eine Geschichte aus der Vielzahl der Tatsachen konstruieren muss, ist der Übersetzer gezwungen, sich im Kaleidoskop des Wissens ein Bild des Verfassers und seiner Welt zu schaffen. Das einzige Kriterium für die Auswahl relevanter Fakten, das Übersetzern und Historikern dabei zur Verfügung steht, ist das eventuelle Erklärungspotential des Kontextes im Verhältnis zum zu übersetzenden Text.

Jenseits der Philosophie: Savigny und die Vereinigungsphilosophie

Vom Beruf ist jedoch eine ganz besondere Schrift. Obwohl sie oft als eine polemische Gelegenheitsschrift verstanden wird, ist sie eher eine Programmschrift. Schon der Titel verrät ein Ziel, das weit ehrgeiziger ist als der Zusammen-

12 Schleiermacher, a. a. O., S. 45: »... die Paraphrase und die Nachbildung«.
13 Die Übersetzung gilt der zweiten – erweiterten – Auflage von 1828.

hang andeutet. Der Schachzug Savignys, ein neues juristisches und rechtswissenschaftliches Programm im Rahmen eines rechtspolitischen Streites zu lancieren, ist Zeugnis eines echten Marketinggenies. Mit dieser Charakteristik des *Vom Beruf* konkretisiert sich jedoch auch Schleiermachers Forderung nach einem Verständnis der Beweggründe des Autors. Vernünftigerweise ist nämlich anzunehmen, dass die moderne Rechtswissenschaftlichkeit, die Savigny in *Vom Beruf* vertritt, einen Sonderfall des erkenntnistheoretischen Fortschritts der Zeit ausmacht. Nicht zuletzt spricht die Stellung der Philosophie, insbesondere der Erkenntnistheorie, als Wissenschaft der Wissenschaften für eine solche Verbindung. Einsicht in die Gedankenwelt Savignys würde somit ein gründliches Studium des philosophischen Idealismus der Romantik erfordern.[14]

Hier muss bemerkt werden, dass der hermeneutische Wert der Philosophie mit der Frage, inwieweit Savignys Autorenschaft *tatsächlich* durch den einen oder anderen idealistischen Philosophen beeinflusst wurde, nichts zu tun hat.[15] In diesem Zusammenhang hat nämlich nur der Erklärungswert der Matrix Interesse, was der Deutung einen für Juristen wohlbekannten dogmatischen Zug gibt. Die Wahl des Ausgangspunktes ist jedoch nicht willkürlich. Der Übersetzer lässt sich vielmehr von einer Art Präsumtion leiten: Er nimmt an, die idealistische Philosophie sei Triebfeder des Versuchs Savignys, das Studium der Rechtswissenschaft zu revolutionieren. Im einzelnen Falle kann diese Präsumtion jedoch widerlegt werden. Kämen genügend Indizien hervor, dass Savigny sich von der erkenntnistheoretischen Revolution seiner Zeit *nicht* beeinflussen ließ, wäre eine »philosophische« Deutung seines Texts natürlich unhaltbar. Gerade in Savignys Fall gibt es auch besonderen Grund, die Haltbarkeit der Präsumtion in Frage zu stellen.

14 Worin genau sich die philosophische Matrix für ein Verständnis der Autorenschaft Savignys findet, ist noch unklar, aber es dreht sich offensichtlich um eine Art des objektiven oder absoluten Idealismus. Siehe beispielsweise Rückert, Joachim, *Idealismus, Jurisprudenz und Politik bei Friedrich Carl von Savigny*, Ebelbach am Main 1984, S. 234 ff. und Schröder, Jan, *Recht als Wissenschaft. Geschichte der juristischen Methode in der Neuzeit (1500–1933)*, 2. Auflage, München 2012. S. 195 f.

15 Friedrich Julius Stahl verwies beispielsweise in *Die Philosophie des Rechts nach geschichtlicher Ansicht*, Bd. 1, Berlin 1830, S. VII fleißig auf Joseph Wilhelm Friedrich von Schelling. Siehe dazu u. a. Haferkamp, Hans-Peter, *Georg Friedrich Puchta und die »Begriffsjurisprudenz«*, Frankfurt am Main 2004, S. 312 ff. und Sandström, Marie, *Rättsvetenskapens princip. Till frågan om rättsvetenskapens värdelöshet och Friedrich Julius Stahls rättsinstitutslära*, Stockholm 2004, S. 166 ff. Vgl. Mecke, Christoph-Eric, *Begriff und System des Rechts bei Georg Friedrich Puchta*, Göttingen 2009, S. 485 f. Man bemerke, dass der Verweis auf *Die Philosophie des Rechts* (Heidelberg 1845) geht, wo Stahls Enttäuschung über Schellings Kritik und die Entwicklung der schelling'schen Philosophie greifbar ist, siehe S. XII ff. (vgl S. XIV: »der Begriff der geschichtlichen Philosophie«).

In einem berühmten Passus in der *Marburger Methodenlehre* widerspricht Savigny nachdrücklich dem Gedanken, dass ein wissenschaftliches Studium des Rechts notwendigerweise auch Philosophie beinhalten müsse. Die Wissenschaft der Philosophie könne nicht einmal als Propädeutik einen notwendigen Teil des Rechtsstudiums ausmachen, denn das Recht könne genauso gut ohne wie mit Philosophie studiert werden.[16] Dieser Passus kann natürlich so ausgelegt werden, als wäre Savigny an philosophischen Studien uninteressiert oder ihnen gegenüber gar direkt feindlich eingestellt. Eine solche Auslegung führt jedoch zu anderen Schwierigkeiten. Auch wenn Savigny aus seiner Skepsis hinsichtlich der Relevanz der Philosophie und der philosophischen Wissenschaft keinen Hehl macht, findet sich im Text eine Fülle von Referenzen zur Rechtswissenschaft als »philosophischer Wissenschaft.«[17] Dieser Widerspruch stellt sich jedoch als scheinbar heraus.

Aus dem Zusammenhang ergibt sich, dass Savignys Distanzierung nur der eigentlichen, der wesensmetaphysischen, Philosophie gilt.[18] In dem Konflikt, der zwischen einer *positiven* Rechtswissenschaft und der metaphysischen Rechtslehre unausweichlich entstehen muss, kann es nach Savigny nur einen Verlierer geben: Die Naturrechtslehre, die vormals mit der Rechtswissenschaft gleichgesetzt worden war, betrachtete er nur als »leere« Verzierung an der eigentlichen Rechtswissenschaft.[19] Die strenge Unterteilung zwischen positivem Recht und Philosophie – so anstoßend sie auch für eine ältere Generation von Rechtswissenschaftlern gewesen sein muss – war ein absolut notwendiger Schritt in Richtung eines rechtspositivistischen Wissenschaftsbegriffes. Dennoch, und dies ist ein prächtiges Paradox, setzte dieser neue Wissenschaftsbegriff voraus, dass die positive oder historische Seite der juristischen Erkenntnis mit deren Gegensatz, dem philosophischen Element, vereint werde. Auch die »besondere« Wissenschaftlichkeit der positiven Rechtslehre muss ja aus der philosophischen oder generellen Einheit der Erkenntnis hergeleitet werden. Dieses Kunststück erforderte daher eine radikale Umdeutung des Begriffes »philosophisch«.

Friedrich Wilhelm Joseph von Schelling nahm sich vor, den beschwerlichen Dualismus, der die ältere Erkenntnistheorie prägte, zu überwinden. Immanuel

16 Savigny, Friedrich Carl von, *Vorlesungen über juristische Methodologie 1802–1842* (Hrsg. Aldo Mazzacane), in: Studien zur Europäischen Rechsgeschichte, Bd. 174, Frankfurt am Main 2004, S. 173: »Aber auch blos als Vorkenntnis ist Philosophie dem Juristen durchaus nicht nothwendig.«

17 Siehe z.B. a.a.O., S. 139 (»[die Gesetzgebungswissenschaft] ist auch eine philosophische«) und S. 141 (»*die Jurisprudenz ist also eine philosophische Wissenschaft*«)

18 Siehe Rückert, a.a.O., S. 257 (»die Abneigung gegen traditionelle, ›eigentliche‹ Philosophie«).

19 Siehe Savigny, a.a.O., S. 173 (»einer philosophischen Wissenschaft« – »Philosophie« – »Naturrecht«).

Kants »kopernikanische« Wendung in der Philosophie hatte zudem die Lage weiter erschwert. Kants strenge Unterteilung zwischen Philosophie und Geschichte, zwischen Allgemeinem und Besonderem, Form und Substanz, versetzte alle objektorientierten Wissenschaften, inklusive der Rechtswissenschaften, in eine heikle Lage. Die positive Rechtslehre konnte nämlich höchstens ihrer Form nach als philosophisch-wissenschaftlich betrachtet werden.[20] Die Lösung dieses Problems fand der geschickte Schelling in einem anderen, der Zukunft zugewandten, Aspekt der erkenntnistheoretischen Wendung Kants. Die emanzipierte Vernunft kann nämlich, im Gegensatz zum gebundenen Subjekt der Erkenntnis im Höhlengleichnis Platons, ihre Perspektive auf die Umwelt frei wählen. Dadurch verwandeln sich zweidimensionale absolute Gegensätze – hell und dunkel – in dreidimensionale und damit relative gegenüberliegende Pole, zwischen denen die Verteilung von Licht und Schatten längs einer Skala variiert. Wird der Wissenschaftlichkeitsbegriff derart relativiert,[21] folgt, dass die Wissenschaft weder auf die Art philosophisch ist, welche Philosophen früher angenommen hatten, noch historisch, sondern sowohl philosophisch als auch historisch. Für diese Vereinigung von gegensätzlichen, aber gleichberechtigten Elementen des Wissens musste jedoch ein Preis bezahlt werden: Was alles ist – die Philosophie –, kann nicht mehr absolut sein. »Was aber die philosophische [Fakultät] betrifft, so ist meine Behauptung, daß es überhaupt keine solche gebe noch geben könne, und der ganz einfache Beweis dafür ist: daß das, was alles ist, eben deswegen nichts insbesondere sein kann [sowie daß Philosophie nur freier Verein].«[22] Das Gleiche gilt natürlich für die Geschichte, die nicht einmal als eigene wissenschaftliche Disziplin betrachtet werden kann:

> »Die Frage, welche uns hier zunächst entgegenkommt, nämlich ob Historie Wissenschaft sein könne, scheint wegen ihrer Beantwortung keinen Zweifel zuzulassen. Wenn nämlich Historie als solche, und von dieser ist die Rede, der letzten entgegengesetzt ist, wie im Vorhergehenden allgemein angenommen wurde, so ist klar, daß sie nicht selbst Wissenschaft sein könne, und wenn die realen Wissenschaften Synthesen des Philosophischen und Historischen sind, so kann eben deswegen die Historie selbst nicht wieder eine solche sein, so wenig als es Philosophie sein kann. Sie träte also in der letzten Beziehung mit dieser auf gleichen Rang.«[23]

20 Siehe hier besonders die Kritik Schellings an Kants negativer Einstellung zu objektbestimmten und daher im Grunde unwissenschaftlichen Disziplinen in *Streit der Fakultäten*, Schelling, Friederich Wilhelm Joseph von, *Vorlesungen über die Methode des akademischen Studiums*, Werke, Bd. 2, Leipzig 1907, S. 613. Vgl. Sandström, Marie, *Die Herrschaft der Rechtswissenschaft*, Lund 1989, S. 66 ff.

21 Schelling, a. a. O., S. 585: »Darstellung in intellektueller Anschauung ist *philosophische* Konstruktion …« Meine Hervorhebung.

22 A. a. O., S. 614.

23 A. a. O., S. 637.

Dieser vereinigungs- und identitätsphilosophische Gedanke bedeutet, dass die materiellen – die »realen« – Wissenschaften sich von der Wissenschaft *in abstracto* nur durch ihre geschichtlichen und besonderen Elemente unterscheiden.[24] Die Rechtswissenschaft ist hier keine Ausnahme, da sie sich von der Philosophie nur durch ihre Bindung an das geschichtliche oder positive Recht unterscheidet. Durch diese Wechselwirkung zwischen dem philosophischen und dem historischen Element der Rechtslehre entsteht nach Schelling ein erkenntnistheoretischer Grund für »die positive Wissenschaft des Rechts«.[25] In dem Begriffspaar »philosophisch« und »historisch« kommt somit eine Revolution in der Philosophie zum Ausdruck, denn hier zeigt sich die Interaktion zwischen einem beweglichen Subjekt und einem in Zeit und Raum bestimmten Objekt. Nur mit Hilfe einer solchen »Trennung und Verbindung«[26] der beiden Elemente wahrer Erkenntnis kann der Rechtswissenschaftler den Formalismus der Naturrechtslehre überwinden.[27]

Aus vereinigungsphilosophischer Sicht ist daher Savignys Distanz zu philosophischen Rechtslehren völlig vereinbar mit seiner Betonung des philosophischen Elements der positiven Rechtswissenschaft. Der Unterschied zwischen diesen beiden Formen der Philosophie besteht darin, dass der Jurist im ersten Falle zwischen einer philosophischen und einer positiven Rechtslehre wählen muss – die Naturrechtslehre ist letztendlich unvereinbar mit einer positiven Rechtslehre –, während er im anderen Falle keine der Arten der Erkenntnis, aus denen die Wissenschaft besteht, vernachlässigen muss oder darf. Es ist daher unausweichlich, dass der Begriff »Philosophie« in höherem Grade als der Ausdruck »philosophisch« mit dem Dualismus der älteren Erkenntnistheorie – und damit mit dem der Naturrechtslehre – verbunden ist, besonders wenn »philosophisch« vom Ausdruck »historisch« unterschieden und mit diesem verbunden wird. Wie Schelling meint also auch Savigny, dass die positive Rechtswissenschaft gleichzeitig »vollständig historisch und philosophisch«[28] sein muss. Die beiden Arten der Erkenntnis müssen in der Rechtswissenschaft vereint werden, wenn diese sowohl die materielle als auch die formelle Natur des Rechts spiegeln soll.[29]

24 A. a. O., S. 616: »Die realen Wissenschaften überhaupt können von der absoluten als der idealen allein durch das historische Element geschieden oder besondere sein.«

25 A. a. O., S. 645.

26 A. a. O., S. 613.

27 A. a. O., S. 645.

28 Savigny, a. a. O., S. 139, vgl. S. 141 (»Die Gesetzgebungswissenschaft ist historisch und philosophisch«).

29 Rückert, a. a. O., S. 285: »… die charakteristische Zerlegung *des* Rechts« – und des Rechtsdenkens! – »in zwei Bestandteile, hier in ›allgemein‹ bzw. ›philosophisch‹ und in die ›individuell‹ bzw. ›geschichtlich‹«.

Dieser »Doppelung in der Methode«[30] entspricht eine Reihe von Begriffspaaren, die der Ambivalenz des Rechts und der Rechtswissenschaft Ausdruck verleihen, wie beispielsweise »allgemein« – »besonders«, »Philosophie« – »Geschichte«, »Ideal« – »Natur«.[31]

Auch in *Vom Beruf* macht Savigny reichlich Gebrauch von solchen Begriffspaaren, die ihren Grund in der Technik »des Unterscheidens ohne zu trennen«[32] der idealistischen Philosophie haben, durch welche Gegensätze ohne logische Probleme unterschieden und vereint werden. In *Vom Beruf* ist jedoch das Begriffspaar »philosophisch« – »historisch« völlig von »systematisch« – »historisch« verdrängt. Dies wird besonders deutlich in der Beschreibung des doppelten Verständnisses, das Savignys Meinung nach das juristische Denken prägt:

> »Ein zweyfacher Sinn ist dem Juristen unentbehrlich: der historische, um das eigenthümliche jedes Zeitalters und jeder Rechtsform scharf aufzufassen, und der systematische, um jeden Begriff und jeden Satz in lebendiger Verbindung und Wechselwirkung mit dem Ganzen anzusehen, d. h. in dem Verhältniß, welches das allein wahre und natürliche ist. Dieser zweyfache wissenschaftliche Sinn findet sich ungemein wenig in den Juristen des achtzehnten Jahrhunderts, und vorzüglich ein vielfältiges flaches Bestreben in der Philosophie wirkte sehr ungünstig.«[33]

Es muss jedoch bezweifelt werden, dass diese Verschiebung der Begriffe einen entscheidenden Unterschied in der Sache nach sich zieht. Der Begriff »Philosophie« ist auch im Passus oben greifbar pejorativ und bezieht sich auf einen im Großen und Ganzen überwundenen Standpunkt. Schelling war es, zusammen mit den anderen postkantianischen Idealisten, gelungen, einen für den geschichtsbewussten Juristen akzeptablen wissenschaftlichen Grund für die positive Rechtswissenschaft zu formulieren. Paradoxerweise war damit die Frage nach dem Verhältnis zwischen Rechtswissenschaft und Philosophie weniger akut geworden. Philosophie wird damit – unter dem Stichwort: »systematisch« – als ein erkenntnistheoretischer Parameter in der Rechtswissenschaft internalisiert.[34] Auch Savignys »neues« Begriffspaar – das historisch Besondere und das systematisch Allgemeine – wird erst im Lichte der schelling'schen Philosophie verständlich.

30 A. a. O., S. 331. Siehe auch Wilhelm, Walter, *Zur juristischen Methodenlehre im 19. Jahrhundert*, Frankfurt am Main 1958, S. 19 ff. Vgl. Savigny, a. a. O., S. 156 f. (»Historische Verknüpfung« – »Historische Trennung«).

31 Siehe Sandstrom, a. a. O., S. 108 ff.

32 Siehe Rückert, a. a. O., S. 314 und S. 374 (»die Technik des Doppelns, die Vereinigung von Gegensätzen unter einem Begriff«).

33 Savigny, Friedrich Carl von, *Vom Beruf unserer Zeit für Gesetzgebung und Rechtswissenschaft*, 2. Auflage, Heidelberg 1892, S. 48. Meine Hervorhebungen.

34 Savigny, *Vorlesungen*, S. 171: »Alles System führt auf Philosophie hin«.

Als Savigny die Konsequenz des doppelten Verständnisses der Juristen beschreibt – die »Meisterschaft in der juristischen Methode« – verweist er, etwas ahistorisch, auf die Arbeitsweise der römischen Juristen:

> »Haben sie einen Rechtsfall zu beurtheilen, so gehen sie von der lebendigsten Anschauung desselben aus, und wir sehen vor unsern Augen das ganze Verhältniß Schritt vor Schritt entstehen und sich verändern. Es ist nun, als ob dieser Fall der Anfangspunkt der ganzen Wissenschaft wäre, welche von hier aus erfunden werden sollte. So ist ihnen Theorie und Praxis eigentlich gar nicht verschieden, ihre Theorie ist bis zur unmittelbarsten Anwendung durchgebildet, und ihre Praxis wird stets durch wissenschaftliche Behandlung geadelt. In jedem Grundsatz sehen sie zugleich einen Fall der Anwendung, in jedem Rechtsfall zugleich die Regel, wodurch er bestimmt wird, und in der Leichtigkeit, womit sie so vom allgemeinen zum besondern und vom besondern zum allgemeinen übergehen, ist ihre Meisterschaft unverkennbar.«[35]

Derjenige, der Schellings *Vorlesungen in der akademischen Methode* gelesen hat, erlebt bei diesem Zitat ein schwindelerregendes Gefühl des *dejá-vu*. Echte Wissenschaft ist, so Schelling, produktiv. In diesem Punkte unterscheide sie sich von der Brotwissenschaft, deren einziges Ziel es sei, »daß man die bloßen Resultate kennen lernt, entweder mit gänzlicher Vernachlässigung der Gründe, oder daß man auch diese nur um eines äußeren Zwecks willen, z.B. um bei angeordneten Prüfungen notdürftige Rechenschaft geben zu können, historisch kennen lernt«.[36] Wissenschaftliche Produktivität jeder Art setze jedoch eine »Begegnung oder Wechseldurchdringung des Allgemeinen und Besonderen«[37] voraus. Der Gelehrte müsse es verstehen, »[d]en Gegensatz jeder Besonderheit gegen die Absolutheit scharf zu fassen, und zugleich in demselben unteilbaren Akt jene in dieser und diese in jener zu begreifen,«[38] denn dies sei »das Geheimnis der Produktion«.[39] Noch deutlicher werden die Gemeinsamkeiten der Denkweisen, wenn Schelling die Konsequenzen einer mangelhaften akademischen Methode beschreibt:

> »Erstens ist es unmöglich, sich auch nur das Empfangene richtig anzueignen, notwendig also, daß man es falsch anwende, da der Besitz desselben nicht auf einem lebendigen Organ der Anschauung, sondern nur auf dem Gedächtnis beruht. Wie oft senden Universitäten aus ihren Schulen solche Brotgelehrte zurück, die sich alles, was sich in ihrem Fach von Gelehrsamkeit da vorfindet, vortrefflich eingeprägt haben, denen es aber für die Aufnahme des Besonderen unter das Allgemeine gänzlich an Urteil fehlt! Lebendige Wissenschaftlichkeit bildet zur Anschauung; in dieser aber ist das Allgemeine und Besondere immer eins. Der Brotgelehrte dagegen ist anschauungslos, er kann sich im vorkom-

35 *Vom Beruf*, S. 30 f. Meine Hervorhebung.
36 Schelling, a. a. O., S. 572.
37 A. a. O., ibidem.
38 A. a. O., ibidem.
39 A. a. O., ibidem.

> menden Falle nichts konstruieren, selbsttätig zusammensetzen, und da er im Lernen doch nicht auf alle möglichen Fälle vorbereitet werden konnte, so ist er in den meisten von seinem Wissen verlassen.«[40]

Im Grunde sei die Fähigkeit, das Allgemeine im Besonderen, das Philosophische im Geschichtlichen, das Theoretische im Praktischen – und umgekehrt – zu erkennen, das Adelsprädikat des Gelehrten. Die schlechte Gewohnheit der Philosophen, entweder das Besondere oder das Allgemeine alleine zu betrachten – was dazu führe, dass Ersteres zur leeren Abstraktion, Letzteres zum gleichgültigen Stoff reduziert werde – öffne, »mit Lessing zu reden, [den] breiten Graben, vor dem der große Haufen der Philosophen von jeher stehen geblieben ist«.[41]

An einem wichtigen Punkt scheint Schelling jedoch bedeutend weiter zu gehen als Savigny. Im Gegensatz zu Kant gehen allerdings weder Savigny noch Schelling davon aus, dass Antinomien notwendigerweise erkenntnistheoretische »Fehler« ausmachen, die irgendwie aufgelöst werden müssen.[42] Gegensätze sind nicht unbedingt Widersprüche. Dieser Standpunkt ist übrigens eine direkte Folge des Grundgedankens des objektiven Idealismus, nämlich der Vereinigung eines freien und beweglichen Subjekts der Erkenntnis und einer in Zeit und Raum existierenden Welt der Objekte. Für Schelling jedoch sind Antinomien nicht nur erkenntnistheoretisch ungefährlich: Sie sind vielmehr die Triebfeder der Produktivität des Gedankens. Letztendlich müsse jede wirkliche Veränderung als Effekt der fundamentalsten aller Antinomien begriffen werden, nämlich der Antinomie zwischen der These vom Allgemeinsten – dem Absoluten – und deren Antithese, der Vermutung der endlichen und besonderen Ausdrucksformen.[43] Das Spannungsverhältnis von These und Antithese – die Dialektik – bringe nämlich Synthesen hervor, aus denen wiederum »neue« Antithesen hervorgingen.[44] Die »dialektische Kunst« Schellings ist natürlich auch auf den

40 A. a. O., S. 572 f.

41 A. a. O., S. 580.

42 Dieser Gedanke steht in scharfem Kontrast zu Kants Kritik der reinen Vernunft, in der er Antinomien – beispielsweise die endlose Endlichkeit oder die unteilbare Teilbarkeit der Sache – dazu verwendet zu zeigen, dass die Metaphysik die Anforderung der Wissenschaft, nämlich die Widerspruchslosigkeit, noch nicht erfülle. Schelling gibt folgende Beschreibung der Beschränkung der kantianischen Vernunft: »Der bloß reflektierende Verstand begreift nur einfache Reihen und die Idee, als Synthesis von Entgegengesetzten, als Widerspruch«, in a. a. O., S. 597.

43 A. a. O., S. 597: »Prinzip der Antinomie des Absoluten und der bloß endlichen Formen«.

44 Es scheint, dass diese »dialektische Kunst« der verbleibende Zweck der wissenschaftlichen Philosophie ist, siehe a. a. O., S. 596. Eine wissenschaftliche Philosophie ist wie auch immer ohne Dialektik nicht denkbar.

Gebieten des Rechts und der Rechtslehre anwendbar. Es ist absolut möglich anzunehmen, dass Veränderung in der Wechselwirkung zwischen dem philosophisch-systematischen und dem historisch-gesellschaftlichen Element entsteht.[45] Der Antagonismus zwischen relativen Gegensätzen, wie zum Beispiel der zwischen einem Gegenstand und dessen Begriff, kann eine Bewegung ohne äußeren Einfluss hervorbringen. Solch eine Erklärung könnte Licht auf den rätselhaftesten Ausdruck in *Vom Beruf* werfen, nämlich den der »innere[n], stillwirkende[n] Kräfte«, denen Savigny solchen äußeren und zufälligen Einfluss auf das Recht gegenüberstellt, der durch Gesetzgebung ausgeübt werden kann.[46]

Ein anderer Grund für Savignys Beschreibung der Genetik des Rechts als der Dialektik der Gegensätze ist schwerlich denkbar. Ist dies richtig, dreht es sich um eine wechselnde, nicht-physische und innere Kausalität, die leicht mit einer Hypostasierung der juristischen Begriffe verwechselt werden kann. Als Savigny unter dem Einfluss von Friedrich Julius Stahls *Philosophie des Rechts* im ersten Band des *System des heutigen römischen Rechts* ein neues Begriffspaar einführt, ist es jedenfalls offensichtlich, dass die Spannung zwischen den Gegensätzen als die innere treibende Kraft der Entwicklung des positiven Rechts gesehen wird. Das »besondere« und geschichtliche Rechtsverhältnis stehe zum »allgemeinen« und systematischen Rechtsinstitut in einem klaren Gegensatz, der nur zeitweilig in einer Synthese aufgelöst werden könne. Dadurch entstünde »eine Art juristisches perpetuum mobile«,[47] dem sowohl Anfang als auch Ende fehlten. Dieser Aspekt der Lehre vom Rechtsinstitut ist als begriffsjuristisches Element in der frühen historischen Rechtsschule aufgefasst worden.[48] Besonders Stahls Beschreibung des Rechtsinstituts als einer treibenden Kraft[49] ist als Indiz dafür gesehen worden, dass sich das Recht nach ihm in sich selbst und aus sich selbst entwickle.[50] Solch eine Deutung ist jedoch nur dann möglich, wenn man von der Distinktion zwischen dem Recht im objektiven Sinne – dem momentanen und rein juristisch *geltenden* oder *formellen* Recht – und dem Recht als einem

45 Vgl. Rückert, a. a. O., S. 374: »In der Doppelung war Wandel eingebaut«.

46 Savigny, a. a. O., S. 13. Man bemerke, dass dies nicht unbedingt als eine allgemein gesetzgebungsfeindliche Haltung verstanden werden muss. Der Primat des Gesetzes in der Rechtsquellenlehre bedeutet nämlich, dass die Gesetzgebung die einzige Rechtsquelle ist, die aus rein formellen Gründen Normen Gültigkeit geben kann, denen die Stütze in der inneren Geschichte des Rechts fehlt, d. h. die weder zur fortlaufenden gesellschaftlichen Anpassung des Rechts noch zur systematischen Einheit des Rechts beitragen.

47 Rückert, a. a. O., S. 312.

48 Siehe insbesondere Wilhelm, a. a. O., S. 36 ff.

49 Stahl, a. a. O., Bd. 2, S. 170 f.

50 Siehe Wilhelm, a. a. O., S. 54 (ff.).

Aspekt menschlichen Lebens absieht.[51] Nur das letztere, das »natürliche« Recht, kann im Sinne einer Wechselwirkung zwischen Rechtsinstitut und Rechtsverhältnis erklärt werden. Wie Stahl betont, besteht das Recht im objektiven Sinne dahingegen aus formellen und anorganischen Elementen,[52] denen eigenes »Leben« abgeht.

Vom Verständnishorizont des objektiven Idealismus aus betrachtet muss daher *Vom Beruf* zuvörderst als eine Beschreibung des Prozesses verstanden werden, der das optimale formelle, eher als das formelle Recht an sich, hervorbringt. Die Entwicklung des Rechts kann nämlich nicht durch den eigenen »Trieb« der juristischen Begriffe oder der Rechtsinstitute begriffen werden, denn »[a]lles Objektivwerden des Wissens geschieht nur durch Handeln«.[53] Letztlich richtet also Savigny seine Aufmerksamkeit auf die »Handlungen«, die zum historischen Charakter des Rechts beitragen. Egal, ob es sich um Gesetzgebung, Grundsatzentscheidungen, rechtswissenschaftliche Systematisierung oder um die Handlungen dreht, die zusammen mit der *opinio juris* ein bindendes Gewohnheitsrecht ausmachen, liegt der Fokus des Textes auf den Bedingungen für verschiedene Arten der Rechtsbildung. *Vom Beruf* kann also als der erfolgreiche Versuch betrachtet werden, eine zweckmäßige Rechtsquellenlehre für die Gegenwart aufzustellen.

Die Kunst der Vermittlung

Das Verständnis des Übersetzers für die Gedankenwelt des Verfassers ist nach Schleiermacher zwar eine notwendige, aber keine hinreichende Voraussetzung für eine eigentliche Übersetzung. An der Arbeit seien nämlich nicht zwei, sondern mindestens drei Personen beteiligt: Außer dem Verfasser und dem Übersetzer habe nämlich auch der präsumtive Leser ein beachtliches Interesse an der Sache. Mit dieser Anschauung ist der Übersetzer lediglich der Vermittler der Botschaft des Verfassers an den Leser.[54] Die Beziehung zwischen Übersetzer und

51 Stahls »Rechtsinstitutslehre« ist zwar in dieser Hinsicht präziser als die Savignys – siehe Sandström, *Rättvetenskapens princip*, S. 256 ff., und Wilhelm, a. a. O., S. 48 f. – aber die Unterscheidung gibt es bei beiden Autoren.

52 Rechtliche Regeln und juristische Begriffe.

53 Schelling, a. a. O., S. 613. Vgl. Stahls Verweis auf Schellings »System der That«, in Stahl, a. a. O., Bd. 1, S. 250. Siehe dazu auch Sandström, a. a. O., S. 213 ff.

54 Der Begriff *hermeneúein* ist öfter mit dem griechischen Gott Hermes, der Götterbote, in Verbindung gebracht worden: »Hermes hieß der Götterbote, der die Botschaften der Götter den sterblichen ausrichtet, sein Verkünden ist offenkundig kein bloßes Mitteilen, sondern Erklären von göttlichen Befehlen, und zwar so, daß er diese in sterbliche Sprache und Verständlichkeit übersetzt«, Gadamer, Hans Georg, Hermeneutik, in: *Historisches Wörterbuch der Philosophie* (Hrsg. von Joachim Ritter), Band 3, Darmstadt 1974, Sp. 1061. Siehe auch Mayr,

Leser erfordert jedoch eine andere Angriffsweise: Der Kunst des Verstehens – der Deutung – folgt also die Kunst der Vermittlung. In dieser Phase der Übersetzungsarbeit ist es nämlich Aufgabe des Übersetzers, einem Leser, von dem nicht erwartet werden kann, dass er den historischen und kulturellen Hintergrund des Werkes kennt, ein so richtiges und vollständiges Verständnis für den Verfasser zu vermitteln wie nur möglich. Der Übersetzer kann in dieser Situation eine von zwei denkbaren Strategien wählen:[55]

> »Entweder der Uebersezer läßt den Schriftsteller möglichst in Ruhe, und bewegt den Leser ihm entgegen; oder er läßt den Leser möglichst in Ruhe und bewegt den Schriftsteller ihm entgegen.«[56]

Der Unterschied zwischen diesen beiden Maximen der Übersetzung ist beachtlich. Im ersteren Falle ist Ziel der Übersetzung, die mangelnden Sprachkenntnisse des Lesers auszugleichen. Der Übersetzer gibt den Inhalt des Texts in anderer sprachlicher Form wieder, so dass der Leser den Text verstehen und genießen kann, als sei dieser in einer Sprache geschrieben, die der Leser beherrscht. Die Arbeit beschränkt sich also auf einen Wechsel der sprachlichen Form: »Das nämliche Bild, den nämlichen Eindrukk, welchen er selbst durch die Kenntniß der Ursprache von dem Werke, wie es ist, gewonnen, sucht er den Lesern mitzutheilen, und sie also an seine ihnen eigentlich fremde Stelle hinzubewegen.«[57] Dieser Typus der Übersetzung weicht also dem Fremden nicht aus; umgekehrt, Texte, die auf diese Weise übersetzt werden, wecken im Leser immer eine gewisse Fremde, deren Ausmaß den Grad der kulturellen Distanz widerspiegelt. Eine solche Übersetzung muss also dann als geglückt bezeichnet werden, »wenn man sagen kann, hätte der Autor eben so gut deutsch gelernt, wie der Uebersezer römisch, so würde er sein ursprünglich römisch abgefaßtes Werk nicht anders übersezt haben, als der Uebersezer wirklich gethan«.[58] Wählt der Übersetzer dagegen die andere Strategie, werden die Anforderungen viel höher:

> »Wenn aber die Uebersezung ihren römischen Autor zum Beispiel reden lassen will wie er als Deutscher zu Deutschen würde geredet und geschrieben haben: so bewegt sie den Autor nicht etwa nur eben so bis an die Stelle des Uebersezers, denn auch dem redet er nicht deutsch, sondern römisch, vielmehr rükkt sie ihn

Franz Karl, Der Gott Hermes und die Hermeneutik, in: *Tijdschrift voor Philosophie 30* (1968), S. 535–625, vgl. Jaeger, Henry-Evrard Hasso, Studien zur Frühgeschichte der Hermeneutik, in: *Archiv für Begriffsgeschichte* 128 (1974), S. 64–65.

55 Schleiermacher, a. a. O., S. 48.

56 A. a. O., S. 47.

57 A. a. O., ibidem.

58 A. a. O., ibidem.

> unmittelbar in die Welt der deutschen Leser hinein, und verwandelt ihn in ihres gleichen; und dieses eben ist der andere Fall.«[59]

In diesem Falle reicht es nicht, den Text so zu übersetzen wie der Verfasser ihn übersetzt hätte, beherrschte er die deutsche Sprache, sondern der Text muss so übersetzt werden, »wie er [*der Verfasser*] ursprünglich *als Deutscher* deutsch würde geschrieben haben«.[60] Inwieweit der Übersetzer in seinem Streben Erfolg hat oder nicht, entscheidet sich daran, ob der Übersetzer sagen kann: »[W]enn die deutschen Leser insgesammt sich in Kenner und Zeitgenossen des Verfassers verwandeln ließen, so würde ihnen das Werk selbst ganz dasselbe geworden sein, was ihnen jezt, da der Verfasser sich in einen Deutschen verwandelt hat, die Uebersezung ist.«[61] Ist eine Übersetzung nach der ersteren Maxime Ausdruck für, und unterstreicht sie gar, den Exotismus des Textes, bedeutet die andere Maxime ein bewusstes Hervorheben des Gegensatzes. Der Text wird übersetzt, als sei er ein Teil des kulturellen Kontextes des Lesers und der Verfasser ein naher Bekannter.

Schleiermacher betont, dass der Übersetzer bei der Übersetzung eine dieser Strategien wählen muss. Eine dritte Wahlmöglichkeit komme überhaupt nicht in Frage: »Die beiden getrennten Partheien müssen entweder an einem mittleren Punkt zusammentreffen, und das wird immer der des Uebersezers sein, oder die eine muß sich ganz zur andern verfügen, und hiervon fällt nur die eine Art in das Gebiet der Uebersezung, die andere würde eintreten, wenn in unserm Fall die deutschen Leser sich ganz der römischen Sprache, oder vielmehr diese sich ihrer ganz und bis zur Umwandlung bemächtigte.«[62] Dahingegen scheint Schleiermacher nicht willens zu sein, einer der beiden Strategien den Vorzug zu geben. Goethe übte in seiner Gedächtnisrede für Christoph Martin Wieland keine solche Zurückhaltung:

> »Es gibt zwei Übersetzungsmaximen: die eine verlangt, daß der Autor einer fremden Nation zu uns herüber gebracht werde, dergestalt, daß wir ihn als den Unsrigen ansehen können; die andere hingegen macht an uns die Forderung, daß wir uns zu dem Fremden hinüber begeben und uns in seine Zustände, seine Sprachweise, seine Eigenheiten finden sollen. Die Vorzüge von beiden sind durch musterhafte Beispiele allen gebildeten Menschen genugsam bekannt. Unser Freund, der auch hier den Mittelweg suchte, war beide zu verbinden bemüht, doch zog er als Mann von Gefühl und Geschmack in zweifelhaften Fällen die erste Maxime vor.«[63]

59 A. a. O., ibidem.

60 A. a. O., ibidem: »Diese Methode haben offenbar alle diejenigen im Auge, welche sich der Formel bedienen, man solle einen Autor so übersezen, wie er selbst würde deutsch geschrieben haben«.

61 A. a. O., ibidem.

62 A. a. O., S. 48 f.

63 GOETHE, JOHANN WOLFGANG VON, *Zu brüderlichem Andenken Wielands* (18. Februar 1813) in: Goethes Werke (Weimarer Ausgabe), Abt. I, Bd. 36, S. 329 f.

Selbstverständlich erfordert die Wahl der ehrgeizigeren Übersetzungsmethode eine ganze Menge »Gefühl und Geschmack« vom Übersetzer, egal, welcher Text zu übersetzen ist. Leser, die Bedarf an einer Übersetzung haben, »wie geläufig sie eine fremde Sprache auch lesen, behalten« – trotz der Anstrengungen des Übersetzers – »doch immer dabei *das Gefühl des fremden*.«[64] Einige Werke stellen auch höhere Ansprüche an den Übersetzer als andere. Dies gilt besonders bei historischen Texten, da diese in doppelter Hinsicht fremd sind. Gilt die Arbeit einer Schrift, die, wie *Vom Beruf*, bald zweihundert Jahre alt ist, ist es die wenig beneidenswerte Aufgabe des Übersetzers, den sowohl zeitlichen als auch räumlichen Abstand zwischen Verfasser und Leser zu überbrücken.

Der »schwedische« Savigny

Die Wahl zwischen den beiden Übersetzungsmaximen ist nicht willkürlich. Bei der Übersetzung eines Textes muss der Übersetzer seine Arbeit einer im Vorhinein gewählten Lesart anpassen. Das bedeutet, dass der Übersetzer gewisse Aspekte des Werkes auf Kosten anderer zu betonen wählt, wenn er die Übersetzungsprobleme löst, die sich im Laufe der Arbeit unweigerlich stellen. *Vom Beruf* kann einerseits als historische Quelle, als eine Gelegenheitsschrift, präsentiert werden, andererseits als eine lebendige oder »dogmatische« Programmschrift. Im ersteren Falle betont der Übersetzer den historisch-besonderen oder einzigartigen Charakter des Textes, während die relative Allgemeingültigkeit des Textes im anderen Falle in den Vordergrund tritt. Die beiden Lesarten entsprechen also einer bestimmten Kombination der beiden Erkenntnistypen – des philosophisch-allgemeinen und des historisch-besonderen – entsprechend der Auffassung des Übersetzers vom Sinn des Übersetzens. Die Frage, ob der Übersetzer den Leser in die Welt des Verfassers führen solle oder umgekehrt, kann also nur nach einer Analyse der Funktion des Textes im Rechtssystem, damals und heute, beantwortet werden. Savigny und *Vom Beruf* haben, wie sich zeigen soll, in der Entwicklung der schwedischen Rechtskultur eine wichtige Rolle gespielt.

Auch in Schweden stritten sich im 19. Jahrhundert die Kodifikationsbefürworter und -gegner. Die schwedische Kodifikationsgeschichte begann mit dem Staatsstreich von 1809, als der Enthusiasmus für Gesetzesreformen dazu führte, dass ein Komitee berufen wurde mit dem Auftrag, das Gesetz von 1734 zu vereinfachen und zu redigieren. Schon die Formulierung des Auftrages jedoch gibt den Eindruck einer gewissen Skepsis hinsichtlich einer allzu durchgreifenden Revision des schwedischen Rechts.

64 Schleiermacher, a. a. O., S. 54.

Eine materielle Umarbeitung des Gesetzes von 1734 hätte nämlich laut Gesetzesausschuss des Reichstags eine Untersuchung der Geschichte und des Zusammenhanges der Gesetze aus allgemeiner, philosophischer und politischer Hinsicht erfordert.[65] Einer solch umfassenden Aufgabe seien jedoch die schwedischen Juristen zu diesem Zeitpunkt nicht mächtig. Der Gesetzesausschuss war daher der Auffassung, dass es sinnvoll sei, die Reform darauf zu beschränken, die verstreuten Gesetzeserklärungen und Vorschriften in bequemer und natürlicher Folge zusammenzufassen. Man solle daher ein Komitee berufen, das die Aufgabe habe, die schwedischen Gesetzesvorschriften zu vereinfachen und zu redigieren. Das Gesetzeskomitee begann also seine Arbeit mit einem sehr begrenzten Mandat.

Die offensichtliche Unlust des Gesetzesausschusses beim Gedanken an eine gründliche Reform des Gesetzes von 1734 ist stilbildend für die Reaktion schwedischer Juristen auf die Vorschläge, welche das Gesetzeskomitee ausarbeitete. Schon 1811 legte das Komitee seinen ersten Bericht vor. Das Komitee wies darauf hin, dass die Änderungen, Ergänzungen und Gesetzeserklärungen, die seit Inkrafttreten des Gesetzes von 1734 hinzugekommen seien, sowohl wegen ihrer Anzahl als auch wegen ihrer mangelnden Einheitlichkeit untereinander sowohl Gesetzgebungsprojekte als auch die Rechtsanwendung erschwerten. Dieser Befund muss meines Erachtens als Kritik an dem begrenzten Mandat des Komitees verstanden werden. Die engen Instruktionen machten es dem Komitee praktisch unmöglich, das unübersichtliche Material, aus dem das schwedische Zivilrecht bestand, zu zügeln.

Inhaltlich erinnert der Gesetzesvorschlag von 1826 stark an den französischen *Code civil*. Im Text des Gesetzes wird das unbeschränkte Eigentumsrecht und die annähernd unbeschränkte Vertragsfreiheit als Leitmotiv des Vermögensrechtes betont. Eine Entsprechung der abstrakten Systematik des *Code civil* findet sich im schwedischen Zivilrechtsvorschlag jedoch nicht. In den Motiven beklagt sich das Komitee denn auch, dass es auf Grund des begrenzten Mandats nicht möglich gewesen sei, dem Gesetz eine systematischere Form zu geben.

Da nicht einmal die Urheber des Zivilrechtsvorschlags von 1826 sich hinter ihr Werk stellten, kann es kaum erstaunen, dass der vorgeschlagene Gesetzestext bei schwedischen Juristen wenig Anklang fand. Man war geteilter Meinung hinsichtlich des materiellen Inhalts, doch die negative Einstellung zum Gesetzesvorschlag lässt sich nur teilweise mit politischem Widerstand erklären. Anlässlich der Anhörung der juristischen Fakultäten gaben die juristische Fakultät

65 Siehe Marks von Würtemberg, Erik, Blick på den svenska lagstiftningen alltifrån adertonhundratalets början, in: *Minnesskrift ägnad 1734 års lag*, Stockholm 1934, S. 198.

sowohl der Universität Uppsala als auch die der Universität Lund Meinungspapiere zum Gesetzesvorschlag ab. Beide wiesen den Vorschlag ab. Die Kritiker meinten, der Gesetzesvorschlag weiche sowohl in Form als auch im Inhalt zu sehr von geltendem Recht ab.[66] *Carl Olof Delldén*, Universitätsadjunkt an der Universität Uppsala, hatte schon 1826 seine Kritik am Zivilrechtsvorschlag in einer Beilage zur Zeitschrift *Svea* veröffentlicht.[67] Delldén stellte fest, dass es überhaupt kein Bedürfnis für ein neues Gesetzbuch gebe.[68] Aus diesem Grunde, und da »die Zeiten nicht für ein neues Gesetzbuch reif«[69] seien, solle es Einstellung des Gesetzgebers sein, dass »*nichts* in unseren Gesetzen *umgestaltet*, so *wenig* wie möglich *verändert*, und nur das für die Rechtsanwendung *absolut Notwendigste hinzugefügt* werden soll«.[70] Laut Erik Marks von Würtemberg war Delldéns Einstellung Ausdruck der »gesetzgebungsfeindlichen« historischen Rechtsschule.[71] Es ist offensichtlich, dass Delldén von *Vom Beruf* inspiriert wurde. Auch die Reaktionen der Gerichte erstreckten sich von beredtem Schweigen bis zu offenem Widerstand gegen Reformen.

Die Beweggründe hinter der Kritik am Zivilrechtsvorschlag können schwerverständlich sein. Laut Marks von Würtemberg sollte die Kodifikation doch vor allen Dingen die Rechtsanwendung begünstigen, denn »dürftige Lehre und das geschriebene Gesetz auf dem Gebiet des Privatrechts ließen Gerichte und Allgemeinheit sogar in recht grundlegenden Fragen ohne Anweisung«.[72] Die Menge an ungeordnetem juristischen Material, in Kombination mit einer unterentwickelten juristischen Lehre, bedrohten die Effizienz und Vorhersehbarkeit der Rechtsprechung. Ziel des Gesetzesvorschlags war es daher, einen systematischen Grund für die Rechtsanwendung der Gerichte und Behörden zu schaffen. In der Einleitung zu den Motiven zum Prozessrechtsabschnitt im Zivilrechtsvorschlag von 1826 ist das Ziel der Reform beschrieben, nämlich eine Praxis zu schaffen, deren Kennzeichen Einheit, Schnelligkeit und Sicherheit seien. Die schwedischen Rechtswissenschaftler und Richter scheinen es aber nicht so gesehen zu haben. Vom Standpunkt der Gerichte und der juristischen

66 Marks von Würtemberg, a. a. O., S. 171.

67 Delldén, Carl Olof, *Försök till granskning af Kongl. Lag-Commitéens Förslag till Handels-Balk*, bihang till Svea, Uppsala 1826.

68 A. a. O., S. 1.

69 Marks von Würtemberg, a. a. O., S. 166 Fn 1. Laut Marks von Würtemberg hatte sich Delldén hier von *Vom Beruf* inspirieren lassen.

70 Delldén, a. a. O., S. 117. Zitiert nach Björne, Lars, *Brytningstiden. Den nordiska rättsvetenskapens historia*, del II 1815–1870, Lund 1998, S. 166.

71 Marks von Würtemberg, a. a. O., S. 166. Delldén kam 1832 auf die Frage des Zivilrechtsvorschlags zurück und stellte hierbei die Forderung, eine Reform des Gesetzes solle sich auf eine Redaktion des Gesetzes von 1734 beschränken.

72 Marks von Würtemberg, a. a. O., S. 199.

Fakultäten aus musste der Kodifikationsvorschlag eher als der Versuch betrachtet werden, die Einheitlichkeit der Rechtsanwendung auf Kosten der Bedeutung von Praxis und Lehre als Rechtsquellen zu erreichen.[73]

Obwohl die Gesetzesvorschläge im Laufe der Zeit an Aktualität verloren, bestanden zahlreiche der Probleme, die mit einem neuen Gesetzbuch gelöst worden wären. Die Fragen wurden einzeln behandelt und waren Anlass zu einer Reihe einzelner Gesetze. Im Großen und Ganzen wurden die rechtspolitischen Ziele des Gesetzesvorschlags im Laufe des 19. Jahrhunderts verwirklicht, aber das nur allmählich und in der Form von *ad hoc*-Gesetzgebung, die – im Gegensatz zu umfassenden Kodifikationen – die Stellung von Praxis und Lehre als Rechtsquellen nicht bedrohte. Auch wenn die Bedeutung von Savignys Kodifikationskritik kaum überschätzt werden kann – die Argumente in *Vom Beruf* spielten für den Ausgang des schwedischen »Kodifikationsstreits« eine entscheidende Rolle – hinterließ vor allen Dingen seine Alternative zu einer Kodifikation des Privatrechts tiefe und bestehende Spuren in der schwedischen Rechtskultur.[74]

Den Grund für den Kodifikationseifer der Zeit fand Savigny in der Unfähigkeit der Juristen und vor allen Dingen der Richter, ihr eigenes Material zu beherrschen. »Wie die Sache jetzt steht, besitzen und beherrschen wir diesen Stoff nicht, sondern wir werden von ihm bestimmt und getrieben nicht wie wir wollen.«[75] Die Lösung der Kodifikationsbefürworter, dem Recht eine äußere, formelle Einheit aufzuzwingen, sei jedoch eine Medizin mit vielen unerwünschten Nebenwirkungen, deren Wirksamkeit außerdem in Frage gestellt werden müsse. Savignys Ausweg aus dieser Sackgasse nimmt sich verführerisch einfach aus: »Nur eine gründliche Rechtswissenschaft« kann die Juristen lehren, »diesen historischen Stoff frey als unser Werkzeug zu gebrauchen«.[76] Dann sei die geschichtliche Vielfalt des Rechts nicht mehr eine Gefahr für die Einheitlichkeit der Rechtsanwendung, sondern ein Garant für die gesellschaftliche Relevanz und den dynamischen Charakter des Rechts. Dieses Kunststück stellt jedoch hohe Anforderungen an die Akteure im rechtlichen System: Nicht jede Rechtswissenschaft kann das Programm in *Vom Beruf* für ein nicht-kodifiziertes Rechts-

73 Siehe hinsichtlich der Wirkung einer Kodifikation auf das rechtswissenschaftliche Studium Olivecrona, Knut, *Om den Juridiska Undervisningen vid Universitet i Upsala och om den Juridiska Facultetens förflyttande till Stockholm*, Upsala 1859, S. 12.

74 Siehe für eine nähere Beschreibung Sandström, Marie, Was wir thun sollen wo keine Gesetzbücher sind: Zur Bedeutung des Nichtvorhandenseins, in: *Die Kodifikation und die Juristen. Ein rechtshistorisches Seminar in Stockholm 2. bis 4. Mai 2003*, Rättshistoriska studier 23, Stockholm 2008.

75 Savigny, a. a. O., S. 68.

76 A. a. O., S. 69.

system durchführen. Offensichtlich zielt Savigny auf eine positive Rechtswissenschaft. Auch die Kopplung von Theorie und Praxis, die in *Vom Beruf* verlangt wird, ist nicht naturgegeben. Tatsächlich ist für die Verwirklichung des Programms Savignys die Juristenausbildung entscheidend.

In Knuts Olivecronas *Om den Juridiska Undervisningen vid Universitetet I Upsala och om den Juridiska Facultetens förflyttande till Stockholm*[77] kommen beide Gedankengänge zusammen. Während des Reichstags 1856-58 war die schwedische Juristenausbildung scharf kritisiert worden. Die Kritiker hatten, so *Olivecrona*, »bereits den Stab über die juristischen Fakultäten an den Universitäten des Reichs gebrochen«.[78] Olivecrona empfand die Kritik, die während der Reichstagssitzungen geäußert worden war, als zutiefst ungerecht. Die Juristenausbildung war zwar lange Zeit so dürftig gewesen, wie die Kritiker behaupteten, aber das war schon mindestens 20 Jahre her. Einer der wichtigsten Gründe für den Niedergang der juristischen Fakultäten während des 18. Jahrhunderts war paradoxerweise eine Kodifikation:

> »Es ist oft bemerkt worden, dass, sobald die Gesetze eines Landes kodifiziert wurden, das wissenschaftliche Leben auf juristischem Gebiete abnahm. Die Erfahrungen in unserem Vaterland haben dies auch tatsächlich bestätigt. Denn während des vorigen Jahrhunderts findet man nach 1736 ein allmähliches Abmatten der juristischen Studien.« [79]

Kodifikationen – und das gilt nach Olivecrona auch dem Gesetz von 1734 – führten dazu, dass die Geschichte des Rechts vernachlässigt werde; die öffentlichen Vorlesungen verfielen allmählich zu »dürftigen Kommentaren zu den einzelnen Abschnitten des allgemeinen Gesetzes oder in eine oberflächliche Kasuistik«.[80] Sogar das Interesse für gründlichere Studien schien zu entschlafen. Diese negativen Folgen des Gesetzes von 1734 prägten die Juristenausbildung in der zweiten Hälfte des 18. und während der ersten Jahrzehnte des 19. Jahrhunderts, da die Ausbildung sich darauf beschränkte, die Studenten mit kurzen Erklärungen zu den einzelnen Abschnitten zu versehen, »ohne dass [sie] jemals einen Begriff von der Jurisprudenz als Wissenschaft bekamen«.[81] Diese besorgniserregende Situation habe bis 1835 bestanden, als »eine neue Epoche in der Geschichte der juristischen Ausbildung« eingeleitet worden sei.

Im Sommersemester 1835 begann *Carl Johan Schlyter*, der zum außerordentlichen Professor an der Universität Uppsala berufen worden war, seine Vorlesungen zur Rechtsgeschichte des Vaterlandes:

77 Auf Deutsch: *Über den juristischen Unterricht an der Universität Upsala und über den Umzug der juristischen Fakultät nach Stockholm*.

78 Olivecrona, a. a. O., S. 1.

79 A. a. O., S. 12.

80 A. a. O., ibidem.

81 A. a. O., ibidem.

»Durch ihn wurde den juristischen Studien neues Leben eingehaucht, das Interesse für unser geltendes Recht wuchs in gleichem Maße, wie man lernte, in unseren älteren Gesetzen die Quelle der bestehenden rechtlichen Verfassung zu sehen, und zu sehen, dass die Geschichte des Rechts eines Volkes zugleich getreu die Entwicklung von dessen rechtlichen Institutionen spiegelt und ein lebendiges Bild des inneren Lebens des Volkes malt.«[82]

Entsprechend dem Programm der historischen Rechtsschule galten Schlyters Vorlesungen eher der Entwicklung des geltenden Rechts aus dem Vergangenen als der Vergangenheit als solcher. *Ernst Viktor Nordling*, Professor in römischem Recht, juristischer Enzyklopädie und Rechtsgeschichte, beschrieb denn auch seinen Vorgänger als denjenigen, der den Weg zu »einem wahreren Begriffe des Rechts geebnet«[83] habe. Fast gleichzeitig begann außerdem der Universitätsadjunkt *Pehr Erik Bergfalk*, über das Wirtschaftsrecht als einem systematischen Ganzen vorzulesen, gefußt auf weitreichenden historischen Untersuchungen. Obwohl Schlyter schon nach kurzer Zeit die Fakultät wieder verließ, bedeutete sein Gastspiel, dass die lange Zeit des Niedergangs der Fakultät zu einem Ende gekommen war. Diese Impulse zu einem wissenschaftlicheren Studium führten auch zu einer pädagogischen Neuorientierung. Die älteren Professoren, mit *Jacob Edvard Boëthius* an der Spitze, hatten sich der sogenannten kommentierenden Unterrichtsmethode bedient. Boëthius kommentierte Kapitel um Kapitel im Vermählungs-, Erb- und Bodenabschnitt, was laut Olivecrona den Studenten keinen »klaren Begriff des Zivilrechts als Wissenschaft«[84] gab. Von Schlyter und Bergfalk inspiriert, hatte Boëthius jedoch gegen Ende seines Lebens versucht, das Zivilrecht nach einem geordneten System zu unterrichten. Olivecrona, der nach Boëthius zum Professor für Zivilrecht und römisches Recht berufen wurde, zog die dogmatische der kommentierenden Unterrichtsmethode vor, da die erstere im Gegensatz zur letzteren den Studenten ein klares Bild der grundlegenden Prinzipien des Zivilrechts gab.[85]

Obwohl es Ziel der dogmatischen Lehrmethode war, den Studierenden ein Bild der wissenschaftlichen Seite des Rechts zu geben, war es nicht in erster Linie Sinn dieser pädagogischen Reform, Rechtswissenschaftler auszubilden. Gedanke war vielmehr, den Studenten Anleitung für ein Studium in eigener Regie zu geben, »und dass ihre Gedanken dem praktischen Ziel zugewandt werden, der Anwendung des Gesetzes«.[86] Nicht der Erwerb passiven Wissens sollte also betont werden, sondern die Vermittlung einer Methode, die es dem Juristen

82 A. a. O., S. 14.

83 Nordling, Ernst Viktor, *Om Romerska Rättens, Juridiska Encyklopediens och Rättshistoriens betydelse för Rätts-studiet*, in Naumanns tidskrift 1868, S. 702 f.

84 Olivecrona, a. a. O., S. 20 f.

85 Siehe a. a. O., S. 21.

86 A. a. O., S. 24.

möglich macht, eine systematische und praktisch akzeptable Lösung auch für die schweren Fälle zu finden. Die Kopplung von systematischer Einheit und juristischer Methode in *Vom Beruf* ist also tragender Gedanke der modernen schwedischen Juristenausbildung. Es ist daher nicht überraschend, dass Nordling – als er auf die Frage nach der Einheit des Rechts zurückkam – sich hauptsächlich dem allgemeinen Teil des Zivilrechts und der Rechtsquellenlehre widmete. Im Zusammenhang mit seiner Beschreibung der pluralistischen und nicht-hierarchischen Rechtsquellenlehre, die er als »besonders schwedisch« betrachtete, stellte er fest, dass Selbstbegrenzung Voraussetzung der delikaten Balance zwischen den Rechtsquellen sei. Die Einheit der Rechtsquellen bestehe in dem in Zeit und Raum veränderlichen rechtlichen Bewusstsein, für welches die verschiedenen Rechtsquellen besondere Organe seien.[87] Obwohl die Rechtsquellen Ausdruck verschiedener Facetten des positiven Rechts seien, wirkten sie eher zusammen als dass sie miteinander konkurrierten. Wenn die Rechtsbildung normal ist, wirkten die verschiedenen Faktoren harmonisch miteinander. Manchmal könne diese Harmonie jedoch in Konkurrenz umschlagen, was nach Nordling für das rechtliche System schädlich ist. Als Beispiel führte Nordling die Einführung des *Code Napoléon* in den von Frankreich besetzten Gebieten an. Nordling erwähnt in diesem Zusammenhang *Vom Beruf* überhaupt nicht, was ein Indiz dafür ist, dass die Argumente zu dieser Zeit so selbstverständlich geworden waren, dass ein Verweis keinem vernünftigen Zweck mehr diente. Die Methode der historischen Rechtsschule war, wie Ivar Afzelius bemerkte,[88] die juristische Methode geworden.

Die Abwesenheit einer Kodifikation kann – zusammen mit einer juristischen und rechtswissenschaftlichen Kreativität, die nicht im Gegensatz zum Willen des Gesetzgebers steht – als die wichtigste Triebfeder hinter dem Hervorwachsen der schwedischen juristischen Methode bezeichnet werden. Es ist daher schwer, wenn nicht gar unmöglich, *Vom Beruf* als eine lediglich historische – tote – Quelle zu betrachten. Hinter dem Misstrauen nordischer Juristen gegenüber umfassenden Gesetzgebungsprojekten und deren positiver Reaktion auf pluralistische Rechtsquellenlehren kann man nämlich das Programm für Rechtsbildung und Rechtsanwendung erahnen, das sich in *Vom Beruf* findet. Wenn man Savigny den Sieg in der ersten Schlacht des deutschen Kodifikationsstreits zusprechen kann, ist er der endliche Sieger in dessen schwedischer Entspre-

87 Siehe Nordling, Ernst Viktor, *Anteckningar efter Professor A V Nordlings föreläsningar i svensk civilrätt. Den allmänna delen*, Uppsala 1882, S. 26 ff.

88 Afzelius, Ivar, *Om föreläsningar vid universiteten i Tyskland, rättens och rättsvetenskapens nuvarande ståndpunkt samt de juridiska studiernas bedrivande därstädes*, in: Tidskrift för lagstiftning, lagskipning och förvaltning (Naumanns tidskrift), Jhrg. 14, Stockholm 1877, S. 732.

chung. Wer sich der Übersetzung eines solchen Werkes annimmt, arbeitet also mit einem lebendigen Text, der viel mehr als historisches Verständnis erfordert.

Marie Sandström

Savigny-Leser in Brasilien um die Mitte des 19. Jahrhunderts

I. Savigny international

1. Ein globales Vermächtnis mit lokalen Implikationen

Die internationale Zirkulation und Rezeption der Werke Friedrich Carl von Savignys gehört bekanntlich zu den zentralen Komponenten eines im Lauf des 19. Jahrhunderts einsetzenden globalen Kommunikationsprozesses, der zutreffend als die erste Globalisierung im Rechtsdenken bezeichnet wurde.[1] Savigny zählte – und in mehreren wissenschaftlichen Traditionen zählt er immer noch – zu den Pflichtlektüren jedes privatrechtstheoretisch und methodisch interessierten Juristen.[2] Werke wie das bahnbrechende *Recht des Besitzes* (1803), die berühmt-berüchtigte Streitschrift *Vom Beruf* (1814) oder das Meisterwerk *System des heutigen Römischen Rechts* (1840–49) wurden wie kaum andere europäische Texte der neueren Rechtsgeschichte weltweit gelesen und zitiert. An die verschiedenen Anpassungen und Übersetzungen des darin entwickelten »Apparats allgemeiner Ideen«[3] knüpfen sich intellektuelle Trends, Modernisierungsversuche und rechtspolitische Positionen in so verschiedenen Rechtskulturen wie Brasilien, Russland, Indien und China.[4] Für Richter und Rechtsgelehrte, für Anwälte und Staatsmänner aus diesen und anderen Ländern wurden theore-

1 Vgl. etwa Duncan Kennedy, Three Globalizations of Law and Legal Thought: 1850–2000, in: D. Trubek und A. Santos (Hg.), The New Law and Economic Development, Cambridge 2006, S. 19–73, S. 27 ff. zu Savigny.

2 Bezeichnenderweise beginnt der auch in Brasilien viel rezipierte Karl Larenz, Methodenlehre der Rechtswissenschaft, Berlin et al. 1960, seinen historischen Teil mit Savigny.

3 So der berühmte Ausdruck von Rudolf Jhering, Friedrich Karl von Savigny, in: Jahrbücher für die Dogmatik des heutigen römischen und deutschen Privatrechts 5 (1861), S. 354–376, hier 364.

4 Vgl. etwa die Beiträge von Konstantin Gnitsevich, Stefan Vogenauer und Miaofen Chen in diesem Band.

tische sowie institutionelle Aspekte der »juristischen Moderne«, die Savignys Auffassung von Recht und Rechtswissenschaft so entscheidend prägte,[5] gerade durch die Lektüre seiner Werke überhaupt erst denkbar und in Bezug auf die jeweiligen Kontexte und Problemstellungen artikulierbar.

Wie man aber diese offenbar globale Anziehungskraft von Person und Werk Savignys aus rechtshistorischer Perspektive beschreiben soll, welche Gesichtspunkte und Erkenntnisinteressen also den Blick auf diese Rezeptionsprozesse leiten sollen, ist keineswegs evident. Die Versuchung liegt nahe, bei der Prüfung der internationalen Verwendung von savignyschen Leitmotiven und vor allem der hier interessierenden Schlüsselworte von bestimmten Savigny-Bildern, etwa dem Romanisten oder dem Pandektisten Savigny, auszugehen, die zwar im Rahmen ihrer ursprünglich deutschen oder allgemein europäischen Prägung ein durchaus fundiertes Erklärungspotential haben, in Bezug auf die spezifische Dynamik von außereuropäischen Rezeptionsprozessen aber oft zu Zerrbildern werden können, sobald Grenzen, Akteure und Ziele des lokalen Kontextes außer Acht gelassen werden. Erst durch die »Priorisierung des Lokalen« und der lokalen Praxis werden zentrale Aspekte von Kommunikationsprozessen über Recht und andere normative Strukturen empirisch fassbar.[6] Ein kritischer Zugriff ist insofern geboten, gerade um den asymmetrischen Bedingungen Rechnung zu tragen, die zwischen dem europäischen Kontext, wo Savignys Bedeutung angesichts spezifischer historischer Umstände immer wieder neu aktualisiert wurde, und den institutionellen und kulturellen Strukturen, die seine Rezeption in anderen Teilen der Welt geprägt haben, bestehen.[7]

Diskussionen auf dem Gebiet der Rechtsvergleichung, die sich methodisch gerade mit Fragen der Diffusion, Rezeption und Adaptation von Recht und Rechtswissen in verschiedenen Kontexten beschäftigten, haben folgende Leitfragen individualisiert:

5 Die juristische Moderne als einen zentralen Aspekt von Savignys Werk zu betonen, ist eine charakteristische Pointe der Arbeiten von Joachim Rückert, vgl. nur Friedrich Carl von Savigny, the Legal Method and the Modernity of Law, in: Juridica International XI (2006), S. 55–67, jetzt in: ders., Savigny-Studien, Frankfurt 2011, S. 609–630.

6 Zur Priorisierung des Lokalen Thomas Duve, Von einer Europäischen Rechtsgeschichte zu einer Rechtsgeschichte Europas in globalhistorischer Perspektive, in: Max Planck Institute for European Legal History Research Papers Series, No. 2012-01 (2012), S. 45 ff., online verfügbar unter http://ssrn.com/abstract=2139312.

7 Diego López Medina, Teoría Impura del Derecho. La transformación de la cultura jurídica latinoamericana, Bogotá 2004, S. 15 ff. betont in einem ähnlichen Zusammenhang den Unterschied zwischen Orten der Produktion und der Rezeption von Rechtswissen.

> »What were the conditions of the process, and the occasion for its occurence? What was diffused? Through what channel(s)? Who were the main agents? To what extent were the characteristics of the change agents and their contexts similar or different? When and for how long did the process occur? Why did it start at that particular time? What were the main obstacles to change? How much did the object of diffusion change in the process? What were the consequences of the process and what was the degree of implementation, acceptance and use of the diffused objects over time?«[8]

Diese Fragen sind bewusst auf einer Makroebene gehalten und versuchen einen Ausgleich zu finden zwischen methodischen Auffassungen, die entweder Kontinuitäten und Großlinienziehungen[9] oder lokale Besonderheiten[10] zu stark hervorheben und somit die Nuancen der Rezeption aus dem Blick verlieren. Rezeptionsprozesse sind bekanntlich komplexe Vorgänge, die sich nicht auf die passive Aufnahme oder Reproduktion von Wissen beschränken. Sie implizieren vielmehr auch die Übersetzung einer kulturellen Tradition für einen lokalen Adressatenkreis, die konkrete Ziele verfolgt und insofern auf lokale Akzeptanz abzielt. *Übersetzung* wird dabei breit aufgefasst und bezeichnet sowohl die Übertragung eines Texts in eine andere Sprache, als auch die Einfügung und die erforderliche Anpassung von Denkstilen[11] an politische, ökonomische und institutionelle Kontexte, die von der ursprünglichen Ausgangslage wesentlich verschieden sind. Im Mittelpunkt stehen hier weder einfache begriffsgeschichtliche Genealogien, deren »Keim« stets unreflektiert etwa im römischen Recht oder im Pandektensystem gesucht wird, noch die beliebten, historisch aber undifferenzierten Einfluss-Fragen. Gefragt wird vielmehr nach dem Aneignungsprozess eines bestimmten Denkstils unter spezifischen kulturellen Bedingungen.[12] Ausgangspunkt bilden insofern nicht ewige Entwicklungslinien, sondern konkrete Argumentationen innerhalb eines spezifischen diskursiven Horizonts, die eine bestimmte Konfiguration der Akteure voraussetzen und den lokalen Kontext der Rezeption insofern »irritieren«, als sie ihn zu einer internen

8 William Twining, Social Science and Diffusion of Law, in: Journal of Law and Society 32, Nr. 2 Juni (2005), S. 203–240, hier 221.

9 Vgl. etwa Alan Watson, Legal Transplants. An approach to comparative law, 2. Aufl., Athens and London 1993.

10 Vgl. etwa Pierre Legrand, The Impossibility of Legal Transplants, in: 4 Maastricht Journal of Europ. & Comp. Law 111 (1997), S. 111–124.

11 Im Sinn von Ludwik Fleck, Entstehung und Entwicklung einer wissenschaftlichen Tatsache. Einführung in die Lehre vom Denkstil und Denkkollektiv [1935], hrsg. von L. Schäfer und T. Schnelle, Frankfurt 1980, S. 15: »stilgemäße Bindung aller – oder vieler – Begriffe einer Epoche, die auf ihrer gegenseitigen Beeinflussung beruht«; ferner S. 85.

12 Dazu Pierre Bourdieu, Les conditions sociales de la circulation internationale des idées, in: Actes de la recherche en sciences sociales 145 (déc. 2002), S. 3–8.

Rekonstruktion der eigenen normativen Vorstellungen herausfordern und dabei eine eigene Dynamik entwickeln.[13]

2. Brasilianische Savigny-Leser und Selektion der Schlüsselworte

Will man der Frage der Savigny-Rezeption in Brasilien nachgehen, so sieht man sich zunächst mit Problemen konfrontiert, die nicht nur mit der Komplexität des ohnehin facettenreichen und in seinen spezifischen lokalen Implikationen nicht immer leicht durchschaubaren Rezeptionsprozesses zusammenhängen, sondern auch die kulturelle Identität des brasilianischen Rechts direkt betreffen. Ein Blick in die Literatur zeigt, dass es alles andere als evident ist, die Savigny-Rezeption – sowie die Verbindungslinien zum europäischen Recht überhaupt – als einen Vorgang der brasilianischen Rechtsgeschichte aufzufassen. Man steht hier vor einem »epistemologischen Hindernis«,[14] das jeden Einblick in die spezifischen Lektüren von Savigny-Texten vor Ort, also in die Art und Weise, *wie* und *zu welchem Zweck* Savigny in Brasilien gelesen, zitiert und verwendet wurde, geradezu verweigert. Es gehört nämlich zu den Topoi der rechtshistorischen Literatur, den Rückgriff auf Konzepte und normative Strukturen europäischer Prägung als eine zentrale Komponente der brasilianischen Geschichte anzusehen. Von den beliebten Einflussstudien bis zu den plattesten Begriffsgeschichten stellt die Kopplung an rechtspolitische Ereignisse und wissenschaftliche Richtungen in Europa ein Deutungsmuster dar, das immer wieder begegnet.[15] Egal, ob man eine wie auch immer motivierte »Angehörigkeit« Brasiliens oder Lateinamerikas überhaupt zu Europa behaupten will[16] oder ob man versucht, brasilianische Lösungen von Rechtsproblemen durch einen europäischen Pedigree zu legitimieren,[17] hier findet die Beschreibung von lokalen Phänomenen

13 Zu »legal irritants« anstatt »legal transplants« vgl. Günther Teubner, Legal Irritants: Good Faith in British Law or How Unifying Law Ends Up in New Divergencies, in: The Modern Law Review 61, Nr. 1 (1998), S. 11–32, insb. 12.

14 Der Ausdruck stammt von Gaston Bachelard, La formation de l'esprit scientifique, Paris 2004 (1938), S. 15 und bezeichnet »la connaissance non questionée« (S. 17).

15 Zu der im Folgenden behandelten Frage der Kodifikation vgl. etwa Jan Peter Schmidt, Zivilrechtskodifikation in Brasilien. Strukturfragen und Regelungsprobleme in historisch-vergleichender Perspektive, Tübingen 2009. Dazu Thiago Reis, Apologie des Pandektensystems, in: Rechtsgeschichte 18 (2011), S. 246–249.

16 Vgl. etwa Eugen Bucher, Zu Europa gehört auch Lateinamerika!, in: Zeitschrift für Europäisches Privatrecht 12 (2004), S. 515–547. Kritisch dazu jüngst Duve, Von einer Europäischen Rechtsgeschichte (Fn. 6), S. 30.

17 Kritisch zu solchen Legitimierungsversuchen in der brasilianischen Literatur schon Airton Seelaender, Verfassung und Verfassungsrecht in Brasilien (1824–1988), in: Rechtsgeschichte 16 (2010), S. 97–103.

durch einen externen Bezugspunkt auf beiden Seiten des Atlantiks ihren gemeinsamen Nenner. Dass diese traditionelle Erklärungsstrategie im Grunde genommen wenig erklärt und die Nuancen vom Lesen, Übersetzen und Anpassen von Texten an Kontexte eigentlich von vornherein wegerklärt, liegt nahe. Das Problematische an diesem Zugriff besteht aber nicht nur darin, dass zentrale Aspekte der Rezeption aus dem Blick geraten. Vielmehr ist daran auch eine typische Erzählform zu erkennen, die immer wieder auf dieselbe historische Zeitstruktur: »zuerst in (West)Europa, und dann anderswo« zurückgreift und juristische Problemlösungen sowie die Entstehung von normativen Strukturen in der brasilianischen Rechtsgeschichte nur insofern erkennt und bewertet, als sie ein präetabliertes europäisches Modell reproduzieren oder nicht. Im Vordergrund steht hier also der Versuch, Savigny nicht nur als ein europäisches,[18] sondern als ein globales Vermächtnis zu verstehen, dessen Aneignung und Anpassung an verschiedene soziale, ökonomische und politische Bedingungen nicht nur über zentrale Aspekte von lokalen Rechtsgeschichten informieren, sondern auch Savignys eigenes Rechtsverständnis aus neuen Perspektiven beleuchten können.[19]

Eine differenzierte Auffassung von Rezeptionsprozessen ist im Blick auf die Verwendung von savignyschen Schlüsselworten im brasilianischen Privatrecht des 19. Jahrhunderts entscheidend. Will man die Rezeption von Schlüsselworten prüfen, so muss man zunächst klären, welche Worte überhaupt in Frage kommen: Welche savignysche Worte sind derart relevant und wichtig, dass sie als Anhaltspunkte der Quellenanalyse fungieren sollten? Was unterscheidet die *Schlüssel*worte von den *bloßen* Worten bei Savigny? Die Frage wirkt vielleicht unwichtig, zumal die moderne Savigny-Forschung seit den 1980er Jahren eine bahnbrechende wissenschaftliche Produktion hervorgebracht hat, die über bedeutende Worte und Begriffe der Savigny-Interpretation wenig Raum für Zweifel lässt. Wenn aber die Bedeutung der Wörter ihre Verwendung in der Sprache ist, dann sind die hier einschlägigen savignyschen Schlüsselworte nur dadurch zu ermitteln, dass auf ihre Verwendung in der brasilianischen Literatur um die Mitte des 19. Jahrhunderts geachtet wird. Das Folgende versucht dies

18 So etwa Reinhard Zimmermann, Savignys Vermächtnis. Rechtsgeschichte, Rechtsvergleichung und die Bedeutung einer europäischen Rechtswissenschaft, Tübingen 2008.

19 Vgl. zu diesem Zugriff etwa Dipesh Chakrabarty, Provincializing Europe. Postcolonial Thought and Historical Difference, Princeton 2000, S. 16: »European thought is at once both indispensable and inadequate in helping us to think through the experiences of political modernity in non-Western nations, and provincializing Europe becomes the task of exploring how this thought – which is now everybody's heritage and which affects us all – may be renewed from and for the margins«.

insofern zu tun, als dabei Privatrechtsdiskussionen näher in Betracht gezogen werden, um in der Gegenüberstellung der verschiedenen Positionen auf ihren Gebrauch von savignyschen Worten zu achten, denen eine Schlüsselstelle zugeschrieben wird. Dabei kommt Augusto Teixeira de Freitas, mit dessen Namen und Werk die Savigny-Rezeption in Brasilien aufs Engste verbunden ist, eine besondere Stellung zu. Wie der Überblick über die brasilianische Literatur zeigen wird, war Freitas aber nicht der Einzige, der sich mit Savigny beschäftigte. Auch andere Autoren verwendeten Savigny, um ihre Positionen zu vertreten. Keiner hat sich aber so intensiv – und produktiv – mit Savigny auseinandergesetzt wie Freitas. Weil er einer der bedeutendsten Juristen seiner Generation war, wird sein Werdegang hier als Einstieg in die brasilianische Rechtskultur des 19. Jahrhunderts genommen. Anschließend werden zwei Diskussionsschwerpunkte vertieft, die für die brasilianische Jurisprudenz des 19. Jahrhunderts eine zentrale Rolle spielten und in welchen Savigny – vielleicht etwas überraschend – stark rezipiert wurde, nämlich die Abschaffung der Sklaverei und die Arbeiten an einer Zivilrechtskodifikation.

II. Savigny in Brasilien

1. Teixeira de Freitas als Leser Savignys

Eine Untersuchung über die Savigny-Rezeption in Brasilien kommt, wie soeben angedeutet, an der berühmt-berüchtigten, genialen und zugleich kontroversen Persönlichkeit von Augusto Teixeira de Freitas (1816–1883) bekanntlich nicht vorbei. Seine Verehrung für Savigny begegnet praktisch auf jeder Seite seines Werks und gehört zu den Topoi der brasilianischen Zivilrechtsgeschichte sowie der rechtshistorisch interessierten Zivilrechtsdogmatik.[20] Teixeira de Freitas oder einfach Freitas, wie er vor allem im spanischsprachigen Lateinamerika bekannt wurde,[21] gilt wegen seiner intensiven Arbeit am ersten Projekt einer

20 Vgl. etwa José Carlos Moreira Alves, A formação romanística de Teixeira de Freitas e seu espírito inovador, in: S. Schipani (Hg.), Augusto Teixeira de Freitas e il Diritto Latinoamericano, Padova 1983, S. 17–39, hier 20; Ricardo M. Fonseca, Os juristas e a cultura jurídica brasileira na segunda metade do século XIX, in: Quaderni Fiorentini XXXV (2006), S. 339–371, hier 354; Alfredo Flores, O papel de Teixeira de Freitas no contexto do pensamento jurídico do Séc. XIX, in: The Latin American and Caribbean Journal of Legal Studies, 1 (2006), Art. 1, S. 6; aus der rechtsdogmatischen Literatur vgl. Judith Martins-Costa, A Boa-Fé no Direito Privado, São Paulo 1999, S. 248; informativ auf deutsch Schmidt, Zivilrechtskodifikation in Brasilien (Fn. 15), S. 29 f.

21 Zu Freitas' Wirkung auf Argentinien vgl. etwa Enrique Martinez Paz, Freitas y su influencia sobre el Código Civil argentino, Córdoba 1927.

brasilianischen Zivilrechtskodifikation als der bedeutendste Vertreter der brasilianischen Jurisprudenz des Kaiserreichs,[22] für einige des lateinamerikanischen Zivilrechts schlechthin.[23] Trotz mancher Übertreibung, die sich nicht zuletzt durch Freitas' identitätsstiftende Bedeutung für eine an bedeutenden Namen eher dürftige juristische Literatur im 19. Jahrhundert erklären lässt,[24] sind der Scharfsinn und die Selbstständigkeit seiner juristischen Arbeitsweise nicht zu verkennen. Besonders aufschlussreich hierfür sind Freitas' Kodifikationsarbeiten, vor allem die berühmte Einleitung zur *Consolidação das Leis Civis* (1857),[25] eine 240-seitige Schrift über System, Prinzipien und ökonomische Bedeutung einer modernen Zivilkodifikation, sowie die Streitschrift *Nova Apostilla* (1859),[26] in der er das zeitgenössische portugiesische Kodifikationsprojekt heftig kritisiert und dabei sein methodisches Konzept prägnant zum Ausdruck bringt. Als gefeierter Rechtsanwalt und erfolgreicher Gutachter im kaiserlichen Staatsrat in der damaligen Residenzstadt Rio de Janeiro hinterließ er ein bedeutendes Werk, das durch seine gründliche Kenntnis der Literatur sowie durch eine konsequente, aber durchaus praxisbezogene Argumentation noch den heutigen Leser beeindruckt. Wie vor allem sein Spätwerk erkennen lässt,[27] blieb Freitas sein Leben lang ein Mann der Praxis, der in seinen wissenschaftlichen Arbeiten wiederholt auf seine anwaltliche Erfahrung zurückgriff, der aber vor anspruchs-

22 Die bestdokumentierte Arbeit zu Freitas' Leben und Werk ist SILVIO MEIRA, Teixeira de Freitas. O Jurisconsulto do Império, Rio de Janeiro 1979; immer noch informativ SÁ VIANNA, Teixeira de Freitas. Traços biographicos, Rio de Janeiro 1905; vgl. auf Deutsch M. STOLLEIS (Hg.), Juristen. Ein biographisches Lexikon, München 2001, S. 225 f.

23 Vgl. etwa die vielzitierte Stelle in PONTES DE MIRANDA, Fontes e Evolução do Direito Civil Brasileiro, Rio de Janeiro 1928, S. 89: »genio do direito civil na América«. An dieses Bild anknüpfend das Konzept und die meisten Beiträge in SANDRO SCHIPANI (Hg.), Augusto Teixeira de Freitas (Fn. 20).

24 PONTES DE MIRANDA, Fontes e evolução (Fn. 23), S. 90 zählte »höchstens 15 gute Bücher«. Allgemein zur Literatur im Kaiserreich PEDRO DUTRA, A Literatura Jurídica no Império, Rio de Janeiro 2004, insb. 43 ff.

25 TEIXEIRA DE FREITAS, Consolidação das Leis Civis, Rio de Janeiro 1857, 2. Aufl. 1865, 3. Aufl.1876.

26 TEIXEIRA DE FREITAS, Nova Apostilla à Censura do Senhor Alberto de Moraes Carvalho sobre o Projecto do Codigo Civil Portuguez, Rio de Janeiro 1859.

27 Freitas' Spätwerk war stark praxisbezogen und fokussierte auf die Anpassung von verbreiteten portugiesischen Werken an die brasilianische Rechtspraxis, vgl. nur die Titel: Primeiras linhas sobre o processo civil, por Pereira e Souza, accommodadas ao Fôro do Brazil, 3 Bde., Rio de Janeiro 1879; Doutrina das Acções, por J. H. Corrêa Telles, accommodada ao fôro do Brazil até o anno de 1877, Rio de Janeiro 1880; Formulario dos contractos, testamentos e de outros actos do tabellionato, Rio de Janeiro 1881; Tratado dos testamentos e successões, por Antonio Joaquim Gouvêa Pinto, accommodado ao fôro do Brazil até 1881, Rio de Janeiro 1881.

vollen theoretischen Diskussionen, wie es sich unten in Bezug auf die Sklavereifrage und die methodischen Voraussetzungen der Zivilrechtskodifikation zeigen wird, keineswegs zurückscheute. Man begegnet bei ihm einer charakteristischen Kombination von Anspruch auf Wissenschaftlichkeit, Praxisbezogenheit und energischem Reformwillen, die mit institutionellen Rahmenbedingungen des brasilianischen Kaiserreichs um 1850 eng zusammenhing und seine Savigny-Lektüre entscheidend prägte. Es bietet sich insofern an, einen Blick auf Freitas' Arbeitsbedingungen zu werfen, nicht zuletzt weil daran vergleichende Aspekte sichtbar werden, die spezifischen Akzentverschiebungen der brasilianischen Diskussion gegenüber dem ursprünglichen deutschsprachigen Kontext zugrunde liegen.

2. Institutionelle Bedingungen und Zielsetzung der Savigny-Rezeption

Geboren in der für die brasilianische Unabhängigkeitsbewegung von 1821–1822 wichtigen Vila de Cachoeira im heutigen Bundesstaat Bahia, deren damalige »gesellschaftliche Verhältnisse und Civilisation« die bayerischen Naturwissenschaftler Spix und Martius beeindruckten,[28] gehörte Freitas zur ersten Generation brasilianischer Juristen, die nicht länger im Ausland und hier vor allem an der portugiesischen Universität zu Coimbra, sondern an den 1827 neugegründeten Rechtsfaktultäten von Olinda (seit 1854 Recife) und São Paulo ausgebildet wurde. Im Unterschied zu den spanischen Kolonien Lateinamerikas, wo die ersten Universitätsgründungen in Mexiko und Peru auf die Mitte des 16. Jahrhunderts zurückgehen und wo man bis zur Zeit der Unabhängigkeit 25 Universitäten zählte, hat die portugiesische Monarchie stets die Politik verfolgt, die Gründung von Hochschulen in Brasilien nicht nur prinzipiell zu untersagen, sondern durch das erforderliche Studium in Coimbra auch das kulturelle Abhängigkeitsverhältnis der Kolonie zur Metropole zu verstärken.[29] Denn begrenzt waren in Brasilien bis 1808, als der vor Napoleon flüchtende portugiesische Kronprinz und spätere König João VI. Hof und Hauptstadt nach Rio de Janeiro verlegte, nicht nur die Bildungschancen der Gesellschaft, sondern die

28 Johann B. von Spix und Carl F. P. von Martius, Reise in Brasilien, auf Befehl Sr. Majestät Maximilian Joseph I. Königs von Bayern, in den Jahren 1817 bis 1820, 2. Bd, München 1828, S. 713, Notiz vom 18.02.1819: »Die gesellschaftlichen Verhältnisse und die Civilisation in dieser reichen Villa gleichen denen von Bahia [sc. heute Salvador].«

29 Einen vergleichenden Überblick von spanischen und portugiesischen Kolonien, insb. im Hinblick auf die Bedeutung der Universitäten für die institutionellen Rahmenbedingungen bietet José Murilo de Carvalho, A Construção da Ordem. A elite política imperial/Teatro de Sombras. A política imperial, 5. Aufl., Rio de Janeiro 2010, S. 69 ff.

Grundbedingungen einer differenzierten kulturellen Praxis überhaupt, wie man etwa an der kontrollierten Bücherzirkulation und der weitgehend verbotenen Einrichtung von Druckereien beobachten kann.[30] Im Hinblick auf die Herausbildung einer normativen Ordnung im unabhängigen Brasilien hatte diese prekäre Ausgangslage zur Folge, dass gerade das akademische Studium, vor allem das für die Bildung und Sozialisation einer bürokratischen Elite unentbehrliche Rechtsstudium, im Zentrum der Verfassungs- und institutionellen Reformdebatten seit 1823 stand.[31] Geprägt durch eine heftige Kritik an der für europäische Verhältnisse immer schon rückständigen Rechtsfakultät von Coimbra,[32] waren die Fakultätsgründungen in São Paulo und Olinda zentral für die Ausbildung und Sozialisation von politischen Entscheidungsträgern, die bei der Konsolidierung der brasilianischen Monarchie gegenüber einem sich in verschiedenen Republiken fragmentierenden spanischen Kolonialreich eine entscheidende Rolle spielen sollten.[33] Die Bedeutung der Fakultäten lag aber weniger in dem dort vermittelten Wissen als in den während der Studienzeit entstandenen Netzwerken und rechtspolitischen Affinitäten.[34] Bezeichnenderweise kann man aus den ehemaligen Studenten, die ihr Rechtsstudium im Lauf der 1830er Jahre in Brasilien abgeschlossen haben, genau die Gruppen rekonstruieren, die in der zweiten Hälfte des 19. Jahrhunderts die Politik, die Rechtspraxis und die akademische Bildung des brasilianischen Kaiserreichs prägen sollten.

Freitas' Beschäftigung mit Savigny fällt genau in die Zeit, als diese erste Generation von in Brasilien ausgebildeten Richtern, Anwälten und Staatsmän-

30 Zur portugiesischen Kontrolle des Buchhandels und der Buchproduktion in Brasilien während der Kolonialzeit vgl. Laurence Hallewell, O Livro no Brasil: Sua História, 2. Aufl., São Paulo 2005, S. 95 ff.

31 Vgl. José Honório Rodrigues, A Assembléia Constituinte de 1823, Petrópolis 1974, S. 84 ff.

32 Vgl. etwa die Kritik am Studienmodell von Coimbra bei Bernardo Pereira de Vasconcelos (1795–1850), einem der bedeutendsten Politiker des frühen Kaiserreichs, der an der portugiesischen Universität zwischen 1813 und 1819 studierte, in Discurso na Câmara dos Deputados, Sessão de 7 de agosto de 1826, in: J.M. de Carvalho (Hg.), Bernardo Pereira de Vasconcelos, São Paulo 1999, S. 44.

33 Die Bedeutung der Fakultätsgründungen in São Paulo und Olinda als Vereinheitlichungsfaktor betont auch Ricardo Marcelo Fonseca, Os juristas e a cultura jurídica brasileira (Fn. 20), S. 364 ff.; Hauptthese von Carvalho, A Construção da Ordem (Fn. 29), Kap. 3.

34 Die Qualität des Rechtsstudiums in Olinda und São Paulo der ersten Jahre wurde oft bemängelt, vgl. etwa den Bericht von Nabuco de Araújo, der zusammen mit Teixeira de Freitas und anderen wichtigen Namen der bürokratischen Elite 1831–1836 in Olinda studiert hatte, in: Joaquim Nabuco, Um Estadista do Império, Bd. 1, São Paulo 1936, S. 11 ff. Ausführlich dazu auch Alberto Venâncio Filho, Das Arcadas ao bacharelismo, São Paulo 1977, S. 57 ff.

nern um die Mitte des 19. Jahrhunderts zu wirken begann und eine Reihe von bedeutenden Modernisierungsversuchen einleitete. Während die ersten Jahrzehnte nach der Unabhängigkeit von Portugal 1822 durch intensive Anstrengungen zur internen Konsolidierung einer konstitutionellen Monarchie geprägt waren, zeichnete sich das Kaiserreich der 1850er Jahre durch ein beispielloses »Reformfieber«[35] aus, mit dem man strukturelle Fragen der damaligen Wirtschafts- und Sozialordnung zu bewältigen suchte. 1851 wurde zum Beispiel eine regelmäßige Verbindung über Dampfschiffe nach England eingerichtet; 1852 wurde der erste Telegraf installiert, 1854 die erste Eisenbahn in Rio de Janeiro gebildet; 1851 wird der *Banco do Brasil*, 1854 eine Landes- und Hypothekenbank gegründet. Mit der Repression des Sklavenhandels seit 1850 und der damit zusammenhängenden Reform des Eigentumsrechts, die das Land für die Einwanderung von freien Arbeitskräften vorbereiten sollte, wurden zugleich die ersten konkreten Schritte getan, um die Sklaverei komplett abzuschaffen, was aber erst 1888 durchgesetzt werden konnte.[36] Gerade die Sklavereifrage sollte ein Dauerthema rechtspolitischer Diskussionen bleiben.

Dass alle diese Reformen nicht nur politisch äußerst komplex, sondern auch juristisch eine gewaltige Herausforderung waren, liegt nahe. Umso mehr, wenn man die Prekarität der juristischen Ausbildung und des damals zirkulierenden Rechtswissens bedenkt. Es ist aber nicht zu verkennen, dass die brasilianische Rechtskultur des Kaiserreichs[37] Bereitschaft zeigte, auf diese ökonomischen und sozialen Fragen juristische Antworten zu geben. Das erkennt man nicht nur an dem 1850 in Kraft getretenen Handelsgesetzbuch[38] oder an der Reform des Kreditsystems mit den Gesetzen zum Aktien-, Bank- und Hypothekenrecht zwischen 1849 und 1864, sondern vor allem an dem Projekt eines modernen Zivilgesetzbuchs seit 1855. Dazu bestand durchaus Anlass, denn bis zum Entwurf einer brasilianischen Kodifikation sollte die portugiesische Gesetzgebung der Kolonialzeit fortgelten, was im Hinblick auf das Zivilrecht vor allem die Beibehaltung des konfusen und lückenhaften vierten Buchs der *Ordenações*

35 So der Klassiker Sérgio Buarque de Holanda, Raízes do Brasil, 26. Aufl., São Paulo 2004 (zuerst 1936), S. 74.

36 Zur Bedeutung Englands bei der Unterdrückung des Sklavenhandels in Brasilien vgl. Leslie Bethell, The Abolition of the Brazilian Slave Trade, Cambridge 1970; zur brasilianischen Innenpolitik J.M. de Carvalho, A Construção da Ordem (Fn. 29), S. 293 ff.

37 Zur Frage, ob man im 19. Jahrhundert von einer »brasilianischen Rechtskultur« sprechen kann, vgl. im Anschluss an den Zugriff von Clifford Geertz Fonseca, Os juristas e a cultura jurídica brasileira (Fn. 20), S. 343 ff.

38 Vgl. dazu Lima Lopes, A formação do direito comercial brasileiro. A criação dos Tribunais de Comércio do Império, in: Cadernos Direito GV, v. 4, n. 6: November 2007.

Filipinas von 1603 bedeutete.[39] Zur Arbeit am Kodifikationsprojekt hat der damalige Justizminister Nabuco de Araújo (1813–1878) Teixeira de Freitas berufen, der nicht nur ein berühmter Rechtsanwalt in Rio de Janeiro war, sondern auch mit Nabuco in Olinda studiert hatte und seitdem in verschiedenen Reformprojekten des Ministeriums zur Rate gezogen war.[40] Nach dem Plan des Ministeriums sollte zunächst das geltende, auch das vor der Unabhängigkeit in Kraft getretene Recht konsolidiert und klassifiziert und anschließend neu kodifiziert werden.[41] 1857 legte Freitas die erwähnte *Consolidação das Leis Civis* vor, 1859 wurde er vom Justizministerium mit der eigentlichen Kodifikationsarbeit beauftragt, deren vorläufige Version er zwischen 1860 und 1865 als *Esboço*, also eine Art Entwurf, drucken ließ.[42] Freitas wurde dabei, wie er selbst bemerkte,[43] von Anfang an ein großer Spielraum für methodische und prinzipielle Überlegungen gelassen, was unter anderem dazu führte, dass allein schon die *Consolidação* viele bemerkenswerte Neuerungen enthielt. Nach mehreren Veränderungen seines ursprünglichen Plans[44] und langen Verhandlungen mit dem Ministerium, die 1872 zur Auflösung des Vertrags führten, ist aber Freitas

39 Zur vorkodifikatorischen Rechtslage in Brasilien vgl. etwa Pontes de Miranda, Fontes e Evolução (Fn. 19), S. 49 ff.; Moreira Alves, A formação romanística de Teixeira de Freitas (Fn. 20), S. 17 ff.; Ricardo Fonseca, A cultura jurídica brasileira e a questão da codificação civil no século XIX, in: Revista da Faculdade de Direito da Universidade Federal do Paraná, 44 (2006), S. 61–76, hier S. 62 ff. Zu den portugiesischen *Ordenações* vgl. Ignacio M. Poveda Velasco, Ordenações do Reino de Portugal, in: Revista da Faculdade de Direito da USP 89 (1994), S. 11–67.

40 Zu Freitas' Verhältnis zu Nabuco de Araújo, der ihm die Kodifikationsaufgabe übergab, vgl. Silvio Meira, Teixeira de Freitas (Fn. 22), S. 98 ff.; Joaquim Nabuco, Um Estadista do Imperio, Bd. 1, Rio de Janeiro 1936, S. 244 ff.

41 Zu diesem Vorgehen vgl. die Beiträge von Corrado Pecorella, Consolidazione e codificazione in una esperienza brasiliana, und Alejandro Guzmán Brito, Codificación y consolidación: una comparación entre el pensamiento de A. Bello y el de A. Teixeira de Freitas, im von S. Schipani herausgegebenen Sammelband (Fn. 20), S. 221–239 und 255–267.

42 Teixeira de Freitas, Código Civil – Esboço, 6 Faszikel, Rio de Janeiro 1860–1865.

43 Teixeira de Freitas, Consolidação 1857 (Fn. 25), S. VI.

44 Freitas arbeitete seit mindestens 1865, als der letzte Faszikel des *Esboço* gedruckt wurde, mit der Idee eines *Código Geral*, der die Trennung von Zivil- und Handelsrecht durch Abstraktion überwinden sollte und das ganze Privatrecht in einem einzigen Gesetzbuch, das allein Rechtsgründe (Personen, Sachen und Tatsachen) und -wirkungen regelte, vereinheitlichen sollte. Daran sollten dann Spezialgesetzbücher über Zivil- und Handelsrecht anknüpfen. Vgl. dazu Freitas' Motive und Begründungen im Brief an das Justizministerium vom 20.09.1867, abgedruckt in Silvio Meira, Teixeira de Freitas (Fn 22), S. 373–378; dazu auch Moreira Alves, A formação romanística (Fn. 20), S. 37 ff.

Kodifikationsvorhaben aus verschiedenen Gründen gescheitert.[45] Das Projekt einer Zivilrechtskodifikation sollte in Brasilien erst 1899 wieder in Gang gebracht werden, als die neugegründete Republik den politischen Willen dazu aufbringen konnte und den Rechtsprofessor Clóvis Beviláqua (1859–1944) mit der Aufgabe betraute.

3. Savigny und Freitas: ein erster Blick auf die Schlüsselworte

Trotz des Scheiterns seines Kodifikationsvorhabens hinterließ Freitas ein bedeutendes Werk, das zur Modernisierung des brasilianischen Privatrechts seit der Mitte des 19. Jahrhunderts wesentlich beigetragen hat. Auch wenn sein letzter Entwurf, der *Esboço*, nicht Gesetzeskraft erlangte, war die *Consolidação* bis zum Inkrafttreten des ersten brasilianischen Zivilgesetzbuchs 1917 *de facto* geltendes Recht und gab der Rechtspraxis eine entscheidende Orientierung.[46] Wichtiger aber für die Vertiefung der Frage der Savigny-Rezeption, und zwar nicht nur im Hinblick auf die Verwendung von Schlüsselworten, sondern auch hinsichtlich umfassender Aspekte, die Freitas' Rückgriff auf Savigny motiviert haben können, sind weniger die Gesetzestexte selbst als die beiden erwähnten Texte der Einleitung zur *Consolidação* und der *Nova Apostilla*. Man braucht nur die zeitgenössische Literatur als Vergleichsfolie heranzuziehen, um in beiden Texten eine neue, moderne Sprache über Recht und Rechtswissenschaft zu erkennen, die sonst bei keinem Autor um 1850 begegnet und eine Zäsur in der brasilianischen Privatrechtsgeschichte andeutet.[47] Während die portugiesische Tradition von Mello Freire noch 1851 in den *Instituições de Direito Civil Brasileiro* von Trigo de Loureiro (1793–1870) Fortsetzung fand,[48] hat Freitas eine Reihe von neuen

45 Persönliche Streitigkeiten mit dem damaligen Justizminister José de Alencar, der mit Freitas' neuen Plänen eines Código Geral nicht einverstanden war, scheinen dabei eine Rolle gespielt zu haben, vgl. dazu Meira, Teixeira de Freitas (Fn. 22), S. 379 ff.; dazu auch Schmidt, Zivilrechtskodifikation in Brasilien (Fn. 15), S. 33 f. Die Frage wurde aber nie richtig untersucht.

46 Zur Bedeutung des Werks als Richtlinie für die Rechtspraxis vgl. den Bericht von Clóvis Beviláqua, Observações para esclarecimento do Codigo Civil Brazileiro, in: Projecto de Codigo Civil Brazileiro, Rio de Janeiro 1902, S. 6. Dazu auch Fonseca, A cultura jurídica brasileira e a questão da codificação (Fn. 35), S. 69 m. w. N.

47 Eine moderne Sprache als einen entscheidenden Aspekt von Freitas' *Consolidação* betont auch Fonseca, Os juristas e a cultura jurídica brasileira (Fn. 20), S. 354.

48 Vgl. den Gesamttitel: Instituições de Direito Civil Brasileiro, extrahidas das Instituições de Direito Civil Lusitano do eximio Jurisconsulto Portuguez Paschoal José de Mello Freire, na parte compatível com as instituições da nossa cidade, e augmentadas nos lugares competentes com a substancia das leis brasileiras, 2 Bde., Pernambuco 1851.

Fragen und ein völlig neues Begriffsinstrumentarium in die brasilianische Rechtsliteratur eingeführt, das im Lauf der zweiten Hälfte des 19. Jahrhunderts auch von anderen Autoren produktiv aufgenommen und fortgebildet wurde. Dazu gehörte etwa die wissenschaftstheoretische Frage nach einer adäquaten Systembildung, mit der sich Freitas besonders intensiv beschäftigte und die im Hintergrund seiner unten näher zu erörternden Auseinandersetzung mit dem Kodifikationsprojekt von Seabra steht; dazu gehörten aber auch Fragen über die Grenzen des zu kodifizierenden Zivilrechts, vor allem im Verhältnis zum Verfassungsrecht, oder auch zur ökonomischen Bedeutung der Kodifikation, und schließlich prinzipielle Fragen, etwa zur privatrechtlichen Konstitution von Freiheit und die Anerkennung von subjektiven Rechten der Sklaven.

Dass Freitas' Antworten auf diese Fragen durch seine Savigny-Lektüre entscheidend geprägt wurden, ist auf jeder Seite seiner Schriften zu spüren. Man bemerkt es nicht nur an prominenten, auf Savigny sofort zurückzuführenden Ausdrücken wie »relação jurídica« (Rechtsverhältnis) oder »instituições de direito« (Rechtsinstitute), sondern auch an ganzen Stellen, die *mit*, aber nicht selten auch *ohne* jeglichen Verweis auf Savigny mitten in Freitas' Darstellung begegnen oder paraphrasiert werden. Das macht die Prüfung und Wiedergabe seiner Verwendung von savignyschen Schlüsselworten im Text besonders schwierig, denn meistens handelt es sich dabei um sprachliche Nuancen, die man nicht nur aus dem Vergleich mit der zeitgenössischen brasilianischen Literatur, sondern erst von Savigny her erkennt. Einige Beispiele hierfür sind: »unidade superior«, »idéa superior« (höhere Einheit, Idee); »natureza livre«/»natureza não livre« (freie und unfreie Natur.); »relações de família« (Familienverhältnisse); »ente« (Wesen); »organismo« (Organismus); »manifestações exteriores« und »desenvolvimento de um direito« (äußere Erscheinungen und Entwicklung eines Rechts).[49] Man muss diese typische Ausdrucksweise[50] im Kopf haben, um Freitas' Savigny-Lektüre nachgehen zu können. Fokussiert man auf diese spezifische Sprache, dann geht man über Freitas' immer wieder zitierte

49 Alle Beispiele stammen aus der Einleitung zur Consolidação (Fn. 25), vgl. näher dazu unten bei Fn. 100.

50 Seit der grundlegenden Arbeit von Joachim Rückert, Idealismus, Jurisprudenz und Politik bei Friedrich Carl von Savigny, Ebelsbach 1984, setzte sich in der Forschung die Erkenntnis durch, diese und andere Schlüsselworte als Kennzeichen eines objektiven Idealismus zu interpretieren, der für Savignys Rechtsverständnis charakteristisch ist. Für eine zustimmende Aufnahme von Rückerts Ergebnissen vgl. Jan Schröder, Recht als Wissenschaft. Geschichte der juristischen Methodenlehre in der Neuzeit (1500–1933), 2. Aufl., München 2012, S. 195 f. m. w. N.

Lobworte für Savigny[51] deutlich hinaus und beleuchtet Aspekte seines Werks, die in der brasilianischen Literatur bisher wenig untersucht wurden, wie beispielsweise seinen »juristischen Realismus«.[52] Die unten näher zu prüfenden Debatten über Sklaverei und Kodifikation werden zeigen, dass gerade die Stellen, wo diese Sprache in Freitas' eigenen Text verflochten begegnet, diejenigen sind, die seine spezifische Aneignung von Savingys Werk am besten zum Ausdruck bringen. Denn gerade ihre Verwendung in konkreten Zusammenhängen und in Bezug auf spezifische Problemstellungen der brasilianischen Rechtskultur der Mitte des 19. Jahrhunderts klärt sowohl die Tragweite als auch die Bedeutung von Freitas' Savigny-Rezeption.

Wichtig ist schließlich auch zu bemerken, in welchem literarischen Horizont, im Vergleich mit welchen europäischen Autoren Savigny gelesen wurde. Wie die meisten seiner Zeitgenossen hat Freitas Savignys Werke in ihren französischen Übersetzungen gelesen, die seit dem Beginn der 1850er Jahre in Brasilien verfügbar waren, vermutlich über bekannte Buchhändler wie die Brüder Garnier oder E. Laemmert.[53] Zitiert hat er vor allem das *System* in der Übersetzung von Guénoux, die zwischen 1840 und 1851 in Paris erschienen war, und den *Besitz* in der Übersetzung von D'Audelange, die 1841 ebenfalls in Paris erschien.[54] Wegen dieser erleichterten Rezeptionswege, aber auch wegen der sprachlichen Nähe, ist die französische Rechtsliteratur im Brasilien dieser Zeit enorm präsent.[55] Auch deutsche Autoren wie Mackeldey, Marezoll oder Falck werden auf Französisch gelesen, Puchta hingegen scheint man nicht gekannt zu haben. Bezeichnenderweise – und hier liegt sicherlich das große Paradox von Freitas' Savigny-Rezeption – scheint er den *Beruf* nicht gekannt zu haben, und zwar nicht aus Ignoranz oder einem nachlässigen Umgang mit der Literatur, was man

51 Freitas' Lob für Savigny kann man nur als pathetisch bezeichnen, vgl. die Adjektive »o Sábio«, »o profundo«, »o immenso«, in: Nova Apostilla (Fn. 26), S. 86, 126; Consolidação (Fn. 25), S. CXLIX, CLX–CLXI, CLXIV.

52 Freitas' Realismus betont etwa Pontes de Miranda, Fontes e evolução (Fn. 23), S. 90, ohne dies aber zu vertiefen.

53 Zur bahnbrechenden Rolle dieser Buchhändler in Rio de Janeiro und zur Expansion des französischen Buchhandels in Brasilien vgl. Laurence Hallewell, O Livro no Brasil: sua história (Fn. 30), S. 197 f. Zur Rolle des Buchhandels in der Zirkulation von Ideen in Rio de Janeiro vgl. Tania Cruz Ferreira, Livros e cidadania no Rio de Janeiro do século XIX, in: Carvalho/Campos, Perspectivas da cidadania no Brasil Império, Rio de Janeiro 2011, S. 305–327.

54 Zu den französischen Übersetzungen von Savignys Werken vgl. den Beitrag von Alfred Dufour in diesem Band.

55 Für eine genaue Analyse von Freitas' Verwendung der französischen Literatur, inkl. einem Citation-Index vgl. Pierre Villard, La Tradition juridique française dans l'œuvre de Teixeira de Freitas, im Sammelband von Schipani (Fn. 20), S. 269–287.

bei Freitas sicherlich nicht vermuten kann, sondern einfach weil das Buch in Brasilien zu dieser Zeit nicht verfügbar war. Soweit ersichtlich stammen die ersten Hinweise auf den Kodifikationsstreit in der brasilianischen Literatur aus Antonio Joaquim Ribas' *Curso de Direito Civil Brasileiro* von 1865, der am Schluss seiner Darstellung einen knapp 50-seitigen Bericht über die Positionen von Thibaut und Savigny unter der Überschrift »Über die Gelegenheit zur Kodifikation« enthält.[56] Ribas' Bericht stammt aber aus zweiter Hand,[57] was zu der Vermutung führt, dass das Original des *Beruf* auch ihm nicht bekannt war. Ein Überblick über die brasilianische Zivilrechtsliteratur um die Mitte des 19. Jahrhunderts ergibt ferner, dass das *System* und der *Besitz* in der Tat die Meisterwerke waren, mit denen Savigny sich seinen großen Ruhm bei den brasilianischen Zivilisten erobert hatte. Von den Texten, worauf die Gründung der historischen Rechtsschule zurückgeführt wird wie dem *Vom Beruf* oder gar dem Einführungsaufsatz in die *Zeitschrift* von 1815, war hier gar nicht die Rede, und wenn, dann aus zweiter Hand.[58] Diese ganz elementare Tatsache hebt die Bedeutung einer empirischen Prüfung der Texte, die an einem Ort zu einer gegebenen Zeit überhaupt verfügbar waren, hervor und gehört zu den spezifischen Aspekten eines Rezeptionsprozesses.[59]

III. Savigny-Leser in Recife und São Paulo um 1850 – ein Überblick

1. Savigny-Leser im akademischen Milieu von Recife um 1850

Freitas war freilich nicht der einzige Jurist, der sich im Brasilien der Mitte des 19. Jahrhunderts mit Savigny beschäftigte. Zu Beginn der 1850er Jahre findet

56 Antonio Joaquim Ribas, Curso de Direito Civil Brasileiro, Bd. 1, Rio de Janeiro 1865, S. 70 u. 349 ff. Früher auf S. 45 bemerkt Ribas, er werde auf die Lehre der historischen Rechtsschule näher eingehen, weil sie in Brasilien »noch wenig bekannt sei«.

57 Seine Quellen waren: Falck, Juristische Encyklopädie, Leipzig 1839; Lerminier, Introduction Générale à l'Histoire du Droit, Paris 1835; Belime, Philosophie du Droit, ou Cours d'Introduction à la Science du Droit, Bd. 1, Paris 1844.

58 Das bestätigt auch für den brasilianischen Fall die Bemerkung Wolfgang Kunkels, es seien vor allem Savignys dogmatische Werke gewesen – und nicht eine Gelegenheitsschrift wie die *Vom Beruf* –, die seinen Ruhm im Ausland gemacht hätten, vgl. etwa Savignys Bedeutung für die deutsche Rechtswissenschaft und das deutsche Recht, in: Juristenzeitung 15/16 (1962), S. 457–463, hier 458.

59 Schmidt, Zivilrechtskodifikation in Brasilien (Fn. 15), S. 36 nimmt diese elementare Tatsache nicht in Betracht und behauptet, Freitas hätte Savignys Kritik der Kodifikationsidee wegen einer in Brasilien seit den *Ordenações* eingewurzelten Kodifikationskultur nicht geteilt.

man im Umkreis der Rechtsfakultäten von Olinda, später Recife, und São Paulo mehrere Berichte, dass Savigny-Texte in verschiedenen Kontexten zitiert und verwendet wurden. Die Berichte entstammen oft der Sekundärliteratur und beruhen auf heute schwer auffindbaren Quellen, sind aber insofern bedeutend, als die Diffusion von Savignys Werken in Brasilien dabei hervortritt. 1852 begegnet man Savigny-Zitaten bei dem jungen Braz Florentino Henrique de Souza (1825–1870),[60] seit 1860 Lehrstuhlinhaber für Zivilrecht an der Rechtsfakultät von Recife und später auch eines der Mitglieder der Revisionskomission von Freitas' Kodifikationsprojekt. In einer Streitschrift, die unter dem Titel *Commercio a retalho*[61] verschiedene Aufsätze versammelte, die in den Jahren zuvor in der lokalen Presse erschienen waren, plädierte Braz Florentino für Freiheit im Einzelhandel und zitierte dabei neben Vertretern des klassischen ökonomischen Liberalismus wie Adam Smith, Turgot und Say eben auch Savigny.[62] Auch wenn keine weiteren Informationen über dieses Büchlein verfügbar sind, ist der Zusammenhang, in dem Savigny hier verwendet wird, interessant nicht nur aufgrund der literarischen Beziehungen, die Braz Florentino aufstellt und die alles andere als selbstverständlich waren, sondern vor allem, weil er auf Savigny als juristische Autorität in einer spezifischen lokalen Problemstellung zurückgreift. Denn die Frage des Einzelhandels stand seit 1848, als eine liberale Revolution mit separatistischen Zielen in der Provinz von Pernambuco stattfand, auf der Tagesordnung der politischen Diskussionen dieser Zeit. Gestritten wurde um die Kontrolle des Einzelhandels, ob er durch die Brasilianer kontrolliert, wie – paradoxerweise – die Liberalen es forderten, oder frei zugänglich für alle sein sollte, wie die Konservativen es wollten, wobei die letztere Lösung konkret bedeutete, dass der Handel in den Händen von

60 Zur Person vgl. Sacramento Blake, Diccionário Bibliographico Brazileiro, Bd. 1, Rio de Janeiro 1883, S. 426 ff. Von Braz Florentino stammen bedeutende Werke der Literatur des Kaiserreichs, etwa zur Reform des Eherechts: O casamento civil e o casamento religioso. Exame da proposta do governo, apresentada à câmara dos deputados na sessão de 19 de julho do anno proximo passado, Recife 1859; zum Strafrecht: Do delicto e do delinquente: lições de direito criminal, Recife 1862; zum Verfassungsrecht: Do poder moderador: ensaio de direito constitucional, Recife 1864. Dazu allgemein Dutra, Literatura jurídica no Império (Fn. 24), S. 53 ff.

61 O Commercio a retalho, ou apreciação dos argumentos invocados em favor do exclusivo desse ramo de commercio para os brazileiros, Recife 1854. Die Quelle konnte aber nicht gefunden werden.

62 Nach Clóvis Beviláqua, Historia da Faculdade de Direito do Recife, Bd. 1, Rio de Janeiro 1927, der ab S. 35 einige repräsentative Stellen aus Braz Florentinos Streitschrift wiedergibt.

Portugiesen, Engländern und Franzosen konzentriert würde.[63] Inwiefern Savigny-Texte entscheidend waren für Braz Florentinos Plädoyer für Handelsfreiheit, bleibt ungewiss. Aber allein die Tatsache, dass Savigny etwa zu derselben Zeit wie bei Freitas in Rio de Janeiro auch in Recife gelesen und zitiert wurde – und dazu noch in einem zentralen Kontext für die dortige Gesellschaft –, ist schon an sich bemerkenswert. Allgemein wurde die Rechtsfakultät in Recife später zu einem einflussreichen Zentrum der Rezeption und Zirkulation der deutschsprachigen Rechtsliteratur, vor allem mit Tobias Barreto im späten 19. Jahrhundert.[64] Noch 1908 hat Eduardo Espínola (1875–1968), einer der bedeutendsten brasilianischen Juristen des frühen 20. Jahrhunderts und ehemaliger Student in Recife, sein *Systema de Direito Civil Brasileiro* dem Gedenken an Savigny, Jhering, Windscheid und Dernburg gewidmet, den »bedeutenden deutschen Juristen, deren Einfluss auf meine juristische Ausbildung entscheidend war«.[65]

2. Savigny-Leser zwischen Recife und São Paulo: ein Streit um die Interpretationslehre

Ein besonders aufschlussreiches Beispiel der Art und Weise, wie Savigny als argumentative Waffe in akademischen Auseinandersetzungen des Kaiserreichs verwendet wurde, kann man aus Texten von Francisco de Paula Baptista (1811–1881)[66] und Antonio Joaquim Ribas (1820–1890)[67]rekonstruieren. Beide gehören zusammen mit Braz Florentino zu den prominentesten Dozenten der

63 Gemeint ist die *Revolta Praieira.* Zur Bedeutung des Einzelhandels als unterscheidendes Merkmal zwischen Liberalen und Konservativen Marcus de Carvalho, Movimentos sociais: Pernambuco (1831–1848), in: Grinberg/Salles (Hg.), O Brasil Imperial, Bd. 2, Rio de Janeiro 2011, S. 123–183, hier 165 ff.

64 Vgl. dazu Mario Losano, La scuola di Recife e l'influenza tedesca sul diritto brasiliano, Bologna 1974.

65 Eduardo Espínola, Systema de Direito Civil Brasileiro, Bd. 1, Introdução e Parte Geral, Bahia 1908.

66 Studium der Jurisprudenz in Olinda bis 1833, im folgenden Jahr wurde er daselbst promoviert und als Dozent tätig. Abgeordneter zwischen 1850 und 1856. Von Paula Baptista stammen folgende Werke: Compendio de Theoria e Pratica do Processo Civil para uso das faculdades de direito do Império, Pernambuco 1855; Compendio de Hermeneutica Jurídica, Recife 1860.

67 Studium der Jurisprudenz in São Paulo bis 1840, im folgenden Jahr promoviert. Danach hat Ribas verschiedene Fächer unterrichtet, bis er 1860 den Lehrstuhl für Zivilrecht an der Rechtsfakultät von São Paulo bekam. Von ihm stammen außer dem bereits zitierten zweibändigen Curso de Direito Civil Brasileiro (Fn. 56), in 2. Aufl. 1880, Werke wie: Direito Administrativo Brasileiro, Rio de Janeiro 1866; Da posse e das acções possessórias, segundo o direito pátrio, comparado com o direito romano e canônico, Rio de Janeiro 1883.

Fakultäten von Olinda und São Paulo, von ihnen stammen einige der verbreitetsten Lehrbücher der zweiten Hälfte des 19. Jahrhunderts. Zwischen beiden fand in den 1860er Jahren eine bekannte Auseinandersetzung statt,[68] die kontrastierende Ansichten über Aufgabe und Ziel der juristischen Interpretation zum Ausdruck brachte und dabei konkret zeigte, wie mit Savigny in brasilianischen Privatrechtsdiskussionen argumentiert wurde. Im Hintergrund standen Fragen über die Grenzen der doktrinellen Interpretation sowie die Anerkennung von »Volk« und einer bestimmten Auffassung vom »lebenden Recht« als eigenständigem Faktor im Prozess der Rechtsfortbildung. Dabei handelte es sich offenbar um wichtige Themen der Zeit, die nicht nur die Legitimation der neugegründeten Fakultäten und des von ihnen produzierten Wissens betrafen, sondern auch die durch die Konservativen angestoßene, immer zentralistischer konzipierte normative Struktur des Kaiserreichs in Frage stellten. Hatten die Liberalen durch das Gesetz vom 12. August 1834 (Ato Adicional) wichtige Reformen in die oktroyierte, stark durch einen spätabsolutistischen Charakter geprägte Verfassung von 1824 eingeführt, wodurch vor allem den Provinzen und den lokalen Entscheidungsträgern mehr Autonomie gewährt wurde, so zeichneten sich die späten 1830er und frühen 40er Jahre durch eine Rückkehr von konservativen Initiativen in der Gesetzgebungspolitik des brasilianischen Kaiserreichs aus, die im Mai 1840 in einem Gesetz zur Interpretation der liberalen Verfassungsreform kulminierten. Alle Bestimmungen dieses Gesetzes, das bekannt wurde als *Lei de Interpretação ao Ato Adicional*, waren darauf gerichtet, praktisch brisante Wörter der Reform wie »Municipal«, »Polícia« oder »Magistrado« sowie Gesetzgebungs- und Verwaltungskompetenzen durch eine extrem restriktive Hermeneutik zu neutralisieren.[69] Darauf baut nicht zuletzt die zentralisierende Stärkung der Staatsgewalt gegenüber den Provinzen auf, die die Konsolidierung der konservativen Politik bis in die 1850er Jahre prägen sollte.

Den klärenden Einstieg in die hier interessierende Auseinandersetzung bietet Paula Baptistas *Compendio de Hermeneutica Juridica*, wo er für strenge Gesetzestreue im spätabsolutistischen Sinn plädiert und gleich zu Beginn explizit gegen Savigny polemisiert:

68 Dazu Lima Lopes, O Oráculo de Delfos. O Conselho de Estado no Brasil-Império, São Paulo 2010, S. 72 ff.

69 Vgl. dazu etwa Bonavides/Andreade, História Constitucional do Brasil, Brasília 1989, S. 122 ff.; aus einer anderen Perspektive Carvalho, A Construção da Ordem (Fn. 29), S. 255 ff.; klassisch zum Thema die Darstellung von Raymundo Faoro, Os Donos do Poder. Formação do Patronato Político Brasileiro, 3. Aufl., São Paulo 2001 (1957), S. 379 ff.

»Savigny censura os que limitam a interpretação aos casos accidentaes de obscuridade, diz que ella companha a applicação de todas as leis, (seus discipulos accrecentam *ainda as mais claras*) e a define ›*reconstrução do pensamento contido na lei*‹. Não descubro razão para adoptar uma doutrina como esta, tão vaga e absoluta, com preferencia ao que existe a tal respeito, de positivo e concreto, que he simples, e simplesmente se desenvolve, e se explica.«[70]

In seiner knapp 50-seitigen Schrift, die bis in die 1920er Jahre der führende Text über juristische Hermeneutik in der brasilianischen Rechtsliteratur war,[71] bemühte sich Paula Baptista um eine Widerlegung der offenbar mit Savigny assoziierten Theorie, die die normative Kraft der Gesetzgebung durch eine breit angelegte Auslegungslehre unterminieren wolle. Schon im Prolog seines Büchleins kündigte er an, die juristische Hermeneutik aus der Verwirrung zu retten, in der sie sich jetzt »unter dem falschen Titel von System« befinde. Wie die Fortsetzung zeigt, war ihm die alte Regel *interpretatio cessat in claris* in dem Zusammenhang derart evident, dass er sich gegenüber der »vagen und absoluten Lehre« Savignys, dessen *System* er durchaus kannte, an dieser Stelle aber nicht zitierte, völlig verzweifelt zeigte. Warum man ein klares und eindeutiges Gesetz bezweifeln sollte, leuchtete Paula Baptista überhaupt nicht ein. Eine ausführliche Fußnote zur authentischen Interpretation auf der vorletzten Seite des Texts zeigt aber, dass seine Savigny-Kritik nicht nur auf Missverständnissen beruhte, sondern grundsätzlicher Natur war. Paula Baptista bestritt mit heftigen Worten jede Art Gewohnheitsrecht, das, auf dem Bewusstsein des Volks gegründet, »sich nach den Bedürfnissen der Gesellschaft entwickeln würde mit der inneren und eigenen Kraft, geschriebene Gesetze zu widerrufen«.[72] Eine Rechtsentstehungslehre, die die Existenz eines solchen Gewohnheitsrechts vertreten würde, stehe nicht nur im kompletten Gegensatz zur nationalen Gesetzgebung, sondern sei auch als Theorie bloße Spekulation. In der »Omnipotenz« des auf Gewohnheiten und Bräuche zurückzuführenden Rechts erkennt Paula Baptista nur eine

70 Paula Baptista, Compendio de Hermeneutica (Fn. 66), S. 8: »Savigny kritisiert diejenigen, die die Interpretation auf die zufälligen Fälle von dunklen Gesetzen beschränken und behauptet, sie sei bei jeder Gesetzesanwendung immer dabei (seine Schüler fügen hinzu: *auch der klarsten Gesetze*). Er definiert sie als ›Rekonstruktion des im Gesetz enthaltenen Gedankens‹. Ich sehe keinen Grund, eine vage und absolute Lehre wie diese anzunehmen im Vergleich zu dem, was dazu bereits positiv und konkret vorhanden ist, das leicht ist und sich einfach entwickeln und erklären lässt.«

71 Bezeichnenderweise hat Carlos Maximiliano, Hermeneutica e Aplicação do Direito, Porto Alegre 1925, S. 11 f. gerade Paula Baptistas Savigny-Kritik benutzt, um die konservative Ausrichtung seiner Auslegungslehre zu betonen und sein eigenes Werk als führendes Lehrbuch zur juristischen Interpretation der liberalen Republik durchzusetzen.

72 Paula Baptista, Hermeneutica Juridica (Fn. 66), S. 47, Fn. 2.

offene Tür für reine Willkür und Chaos in der Rechtsanwendung, also genau dasjenige, was der konservative Zentralismus – aber später auch der liberale – vermeiden wollte.

Der soeben angeführte Passus deutet zugleich an, dass es Paula Baptista dabei nicht primär um Savigny ging, sondern um die Kritik von bestimmten Savigny-Schülern (»discipulos«), die die hermeneutischen Regeln auch *auf die klarsten Gesetze* anwenden wollten. Damit waren nicht etwa Mitglieder der historischen Rechtsschule gemeint – deutsche Autoren werden im Text nicht zitiert –, sondern präzise ein brasilianischer »Schüler« Savignys, nämlich Ribas. Dessen *Curso de Direito Civil Brasileiro*, das erste moderne brasilianische Zivilrechtslehrbuch überhaupt, erschien erst 1865, zirkulierte aber schon davor als Nachschrift und war in dieser Form vermutlich die Quelle von Paula Baptistas Kritik im *Compendio*. Ribas' *Curso* wurde bekanntlich unter starkem Einfluss der deutschen Literatur geschrieben,[73] die er anders als die meisten seiner Zeitgenossen im deutschen Original lesen konnte. Man begegnet bei ihm einer Beherrschung der europäischen Literatur, die im Zivilrecht der Zeit sonst nur bei Freitas zu sehen ist. Der *Curso* hat aber einen anderen Stil in der Art der Darstellung, weil Freitas – um ein savignysches Wort aus der Vorrede zum *System* zu verwenden – »für die Kundigen« schrieb, während Ribas einen studentischen Adressatenkreis im Auge hatte. Im Hinblick auf die Interpretationslehre hatte Ribas an der einschlägigen Stelle bemerkt:

> »Cumpre ao jurisconsulto assemelhar-se o pensamento da lei, e para chegar a este fim torna-se indispensável que elle o reconstrua: é a esta reconstrução que se denomina interpretação. Não se estende pois a interpretação sómente ás leis obscuras ou defeituosas, posto que nestas seja de maior importancia, e sim tambem ás leis mais claras e isentas de controversia.«[74]

Genau auf diese Stelle bezog sich Paula Baptistas *Compendio*, den Ribas hier auch als seinen »Opponenten« bezeichnete. Interpretation als »Rekonstruktion des Gedankens des Gesetzes« – diese und andere savignysche Leitmotive finden sich bei Ribas erstaunlich oft und lassen die Spuren der durch Freitas angestoßenen Erneuerung des brasilianischen Zivilrechts erkennen. Kaum zufällig ist Ribas

73 Vgl. dazu Venancio Filho, Das arcadas ao bacharelismo (Fn. 34), S. 125 ff.; Dutra, A literatura jurídica no Império (Fn. 24), S. 73 ff.

74 Ribas, Curso de Direito Civil Brasileiro (Fn. 56), S. 271: »Der Rechtsgelehrte soll sich dem Gedanken des Gesetzes annähern und, um dieses Ziel zu erreichen, ist es unerlässlich, dass er ihn rekonstruiert: genau diese Rekonstruktion nennt man Interpretation. Die Interpretation bezieht sich also nicht nur auf die dunklen oder fehlerhaften Gesetze, auch wenn es in diesen Fällen wichtiger ist, sondern auch auf die klarsten und unumstrittensten Gesetze.«

einer der wenigen, der sich mit Freitas' Gedanken näher auseinandersetzt und von diesem auch anerkannt wird.[75]

Zugleich zeigte Ribas eigene Interessen. Im Anschluss an die damals verbreiteten Pandektenlehrbücher von Mackeldey, Falck und Thibaut führte er in die brasilianische Literatur die Unterscheidung von objektivem und subjektivem Recht ein, womit auch die Sicherung einer von der Staatsgewalt unabhängigen Freiheitssphäre des Einzelnen juristisch fixiert wird.[76] Auch bei Ribas bemerkt man Ausdrücke und Passagen, die aus Savigny stammen, aber mit seinem eigenen Text verwoben sind, etwa zur historischen Entwicklung der Rechtsinstitute.[77] Es ist aber in der Rechtsquellenlehre, wo der springende Punkt von Ribas' *Curso* liegt:

> »O direito preexiste ao legislador na consciencia nacional; elle não o inventa, nem o crea; apenas o formúla, e traduz em caracteres sensiveis, esclarecendo-o com as luzes da razão universal, e presta-lhe o apoio da força social.«[78]

Auch wenn Ribas den Gedankengang hier mit eigenen Elementen bereichert – Savigny wird zwar zitiert, hätte aber selber ungern von »universeller Vernunft« und »Unterstützung durch die soziale Macht« gesprochen –, legte er eine Rechtsentstehungslehre vor, die im Blick auf die Position Paula Baptistas womöglich als revolutionär begriffen werden könnte. Ribas' Darstellung weist eine ausgesprochen liberale Ausrichtung auf, die für das akademische Milieu von São Paulo dieser Jahre charakteristisch ist.[79] Dabei spielt die von Savigny übernommene Auffassung eines »lebendigen«, sich im Volk »organisch« entwickelnden Rechts eine zentrale Rolle. Anarchistisch, wie es Paula Baptista anzudeuten scheint, waren seine Ansichten indes nicht, denn Ribas betonte – übrigens genauso wie Savigny – die unterstützende Rolle der Gesetzgebung bei der Rechtsentwicklung, »indem sie die Hindernisse, die sich den natürlichen

75 Ribas, Curso de Direito Civil Brasileiro (Fn. 56), S. 270. Über die begrenzte Rezeption seiner Kodifikationsarbeit in der Literatur hat sich Freitas mehrmals beschwert, vgl. etwa in der Nova Apostilla (Fn. 22), S. 215 und zu Ribas etwa *Consolidação*, 3. Aufl. 1876 (Fn. 25), S. XLVIII.

76 Ribas, Curso de Direito Civil Brasileiro (Fn. 56), S. 39.

77 Ebda., S. 89: »O jurisconsulto só póde ter consciencia que possue a intelligencia completa de uma instituição jurídica, que se a assimilou verdadeiramente, quando, remontando-se á sua primitiva origem, a houver acompanhado atravez de todas as fórmas históricas, de que ella se revestio, até chegar ao estado actual, penetrando ao mesmo tempo nas razões de suas successivas modificações.«

78 Ebda., S. 99: »Das Recht ist schon vor dem Gesetzgeber im nationalen Bewusstsein existent. Das Recht wird vom Gesetzgeber weder erfunden, noch geschaffen, sondern nur ausformuliert und in sinnliche Zeichen übersetzt. Er klärt es mit dem Licht der universellen Vernunft und unterstützt es durch die soziale Kraft.«

79 Vgl. etwa Sérgio Adorno, Os aprendizes do poder. O bacharelismo liberal na política brasileira, São Paulo 1988, S. 91 ff.

und progressiven Entwicklungen des Rechts entgegensetzen, beseitigt, dabei veraltete Formen für veraltet erklärt und neuentwickelte Formen mit ihrer Anerkennung und sozialen Kraft bestätigt«.[80] Savignysche Worte sind hier sofort zu erkennen, aber immer schon vermischt mit eigenen »Beiträgen«, wie etwa der Rede von »sozialer Kraft«. Solchen impliziten Verwendungen von Savigny begegnet man immer wieder sowohl bei Ribas als auch bei Freitas. Darin scheint ein spezifisches Merkmal dieser Savigny-Lektüren zu liegen, das offenbar mit lokalen Problemstellungen zusammenhängt.

3. Ein unerwarteter Savigny-Leser: Luiz Gama

Ribas' Vertrautheit mit der frühen Pandektenliteratur und mit Savigny insbesondere erklärt sich nicht zuletzt aus dem akademischen Milieu in São Paulo. 1854 wurden die Statuten und dabei die Organisation der beiden Rechtsfakultäten des Kaiserreichs in mehrfacher Hinsicht reformiert und das Studium des römischen Rechts als permanentes Fach etabliert.[81] Zum Lehrstuhl der Fakultät von São Paulo wurde João Crispiniano Soares (1809–1876) berufen, der dort in den 1830er Jahren studiert hatte und danach verschiedene politische Ämter bekleidete. Crispiniano Soares hat zwar nie ein Werk publiziert, erwarb sich aber bald den Ruf eines hochmütigen, arroganten Lehrers, der sich selbst als Savignyaner und Anhänger der historischen Schule präsentierte.[82] Aus verschiedenen Quellen stammt aber der Bericht, dass Crispiniano Soares das akademische Leben in São Paulo um 1850 wirklich beherrschte,[83] was vermutlich zu einer näheren Auseinandersetzung mit Savigny bei Ribas und anderen führte. Die unterschiedlichen Savigny-Lektüren, die man bei dem Liberalen Ribas in São Paulo im Vergleich zum Konservativen Paula Baptista in Recife feststellt, hängen nicht zuletzt mit kulturellen Veränderungen zusammen, die São Paulo zu dieser Zeit erlebte und die auch im akademischen Leben Auswirkungen hatten.[84]

80 Ribas, Curso de Direito Civil Brasileiro (Fn. 56), S. 48.

81 Zur Reform und Einführung des Studiums des römischen Rechts vgl. Moreira Alves, Aspectos do ensino do direito romano na Faculdade de Direito de São Paulo, durante o Império, in: Estudos de Direito Romano, Brasília 2009, S. 242–276, insb. 247 f. zu Crispiniano Soares.

82 In der Literatur wird immer wieder behauptet, von Crispiniano Soares stamme ein Tratado sobre as Fontes do Direito Pátrio, der nie gedruckt wurde, vgl. etwa Venancio Filho, Das arcadas ao bacharelismo (Fn. 34), S. 123 f.

83 Vgl. dazu Dutra, Liteartura jurídica no Império (Fn. 24), S. 74 m. w. N.

84 Vgl. etwa Vampré, Memórias para a história da academia de São Paulo, Bd. 2, 2. Aufl, São Paulo 1977, S. 48 ff.

Dass Savigny zu diesen kulturellen und – wie gleich zu sehen sein wird – auch prinzipiellen Veränderungen der brasilianischen Gesellschaft gehörte, erkennt man an dieser etwas ungewöhnlichen Quelle aus dem Jahr 1859:

Qual cratera vomitando lava ardente,
Que de Pompeia sumiu a pobre gente,
Novo Eòlo os mares agitando,
Arbustos e penedos derrubando,
Argentino Quixote se appresenta,
Com bulha que as cabeças atormenta!
É Doctor em Sciencias sociaes,
Conhece toda casta de animaes;
Em direito, supplanta o *Savigny*,
Mórmente quando toma – a *Paraty*;
E nos fastos da gran filosophia,
Diz taes cousas que as carnes arrepia!

Das Gedicht, dessen erste Strophe hier angeführt wird, trägt den Titel *A um vate enciclopédico*, »An einen enzyklopädischen Wahrsager«, und stammt von Luiz Gama (1830–1882),[85] einem Vorläufer der abolitionistischen Bewegung, dessen eigene Biografie vom Kampf gegen die Sklaverei nicht zu trennen ist.[86] Geboren in Bahia als Sohn eines Portugiesen und einer Sklavin, wurde er im Alter von 10 Jahren vom eigenen Vater wegen Spielschulden als Sklave verkauft und weiterverkauft, bis er Lesen und Schreiben lernte und die Illegalität seines Status vor Gericht beweisen konnte. Als freier Publizist und engagierter Anwalt in Sklavenfragen wurde Gama schnell zu einer bedeutenden Persönlichkeit im liberalen und später republikanischen Milieu São Paulos, von ihm stammen einige der bittersten Satiren auf die damalige brasilianische Gesellschaft. Wie man oben erkennt, gehörte dazu auch das akademische Leben der Rechtsfakultät, wo Gama zwar nicht studieren, in deren Bibliothek er aber arbeiten durfte und so zu einem »rábula«, einem selbst gelernten Anwalt, wurde.

85 Luiz Gama, Primeiras Trovas Burlescas de Getulino, São Paulo: Typographia dous de dezembro, 1859, S. 61 ff. Die Originalausgabe ist online verfügbar auf www.brasiliana.usp. Die Strophe würde in freier Übersetzung etwa lauten: »Wie ein Krater, woraus sich die brennende Lava bricht,/ Die die arme Leute aus Pompeji wegstrich,/ Wie ein neuer Äolus, der das Meer erregt,/ Büsche und Felsgesteine mitbewegt,/ Stellt sich der silberhaarige Quixote vor,/ Mit einer Schreierei, die alle Köpfe belästigt,/ Ist er Doktor der sozialen Wissenschaften,/ Kennt daher alle Tierklassen,/ Im Recht verdrängt er selbst *Savigny*,/ Vor allem wenn er trinkt – die *Paraty*,/ Und in Gedenkstunden der großen Philosophie,/ Sagt er Sachen, die man kaum verträgt.«

86 Die Literatur über Gama ist Legion, verwendet wurden hier Sud Mennucci, O precursor do abolicionismo no Brasil (Luiz Gama), São Paulo 1938; Elciene Azevedo, Orfeu de Carapinha. A trajetória de Luiz Gama na imperial cidade de São Paulo, Campinas 1999.

Gamas Erwähnung von Savigny ordnet sich genau in seine satirischen Beobachtungen des akademischen Milieus von São Paulo ein und zeigt, wenngleich etwas ironisch, wie offensichtlich die Präsenz und Auswirkung von Savignys Werken in der brasilianischen Rechtskultur der 1850er Jahre waren. Dargestellt wurde in seinem Gedicht der prunkvolle Auftritt eines enzyklopädischen Gelehrten der Jurisprudenz, Philosophie und Medizin, der sich selber zwar als belesen und gebildet auf den verschiedensten Wissensgebieten darstellt, der aber unter der rhetorischen Oberfläche im Wesentlichen nur Unsinn redet, am Ende noch einen Nervenzusammenbruch erleidet und im Krankenhaus landet. Ob damit João Crispiniano Soares gemeint war, bleibt ungewiss. Bezeichnend ist hier einerseits die Art und Weise, wie Gama Savigny »brasilianisiert« – und dabei den Gelehrten karikiert –, indem *Savigny* mit der cachaça *Paraty*, einem typischen brasilianischen Schnaps, den Reim bildet. Die satirische Pointe des Gedichts liegt aber zweifellos in der Karikatur eines heute noch an vielen brasilianischen Rechtsfakultäten anzutreffenden, offenbar unausrottbaren Gelehrtentypus, der mit beliebigen Zitaten von europäischen Autoren einer »höheren Kultur« anzugehören glaubt, der aber in Wahrheit die Problemstellungen des eigenen Rechtslebens völlig ignoriert und dabei die Aufgabe von Rechtswissenschaftlern oder – wie die engagierte Anwaltschaft von Gama und Anderen zeigte – auch Rechtspraktikern verkannte.

IV. Savigny im Kontext des Abolitionismus

1. Brasilianische Juristen und die Abschaffung der Sklaverei

Luiz Gamas Engagement für die Abschaffung der Sklaverei bietet den Übergang zu einem weiteren, für die brasilianische Rechtsgeschichte des 19. Jahrhunderts zentralen Diskussionsschwerpunkt, in dem mit Savigny-Texten argumentiert wird, nämlich der Abschaffung der Sklaverei. Gemeint sind hier abolitionistische Initiativen, die seit etwa der Mitte des 19. Jahrhunderts von der Regierung und von verschiedenen Gesellschaftsbereichen, darunter auch die Anwaltschaft, in Gang gebracht wurden. Fokussiert wird dabei vor allem auf eine Debatte, die Ende 1857 im *Instituto dos Advogados Brasileiros* stattfand und bedeutende Auswirkungen auf die abolitionistische Literatur hatte.

Die Dependenz der im unabhängigen Brasilien etablierten normativen Ordnung von einem auf importierter Sklavenarbeit beruhenden und auf die Großproduktion von Agrarexporten zielenden Wirtschaftssystem ist bekannt und schon mehrfach untersucht worden.[87] Trotz massivem englischen Drucks

87 Ein Dauerthema der brasilianischen Geschichtsschreibung, vgl. nur Faoro, Os donos do poder (Fn. 69), S. 457 ff.; und für die Wirtschaftsgeschichte Celso Furtado, Formação econômica do Brasil, 34. Aufl., São Paulo 2007, S. 142 ff.

bis in die 1850er Jahre hinein hat selbst die liberal orientierte Gruppe der politischen Elite, die prinzipiell für die Abschaffung der Sklaverei plädierte, deren vorläufige Beibehaltung akzeptiert. Es herrschte die Überzeugung, ohne die Sklavenarbeit würde nicht nur die Wirtschaft, sondern auch die territoriale und politische Einheit des neuen Kaiserreichs kollabieren. Für die Liberalen war die Sklaverei der Preis, der für die Erhaltung der Einheit gezahlt werden musste. Dass der Preis mit der Arbeit und dem Leben von tausenden Menschen, die aus den Küsten Afrikas unter Zwang transportiert wurden,[88] zu zahlen war, gehört sicherlich zu den Widersprüchen des brasilianischen Liberalismus, muss aber im breiteren Kontext der Konsolidierung einer zivilen, konstitutionell begründeten Regierung interpretiert werden – was im caudillistischen Lateinamerika keineswegs selbstverständlich war.[89] Das Schicksal des brasilianischen Kaiserreichs war also von Beginn an mit der »questão servil«, wie man damals die Sklaverei euphemistisch nannte, unmittelbar verbunden, und es ist insofern kein Zufall, dass deren definitive Abschaffung 1888 mit dem Untergang der Monarchie zusammenfiel.

An den verschiedenen Lösungsversuchen der Sklavereifrage seit etwa 1830, als England den Druck auf die brasilianische Regierung erhöhte und wichtige Reformen in Gang gesetzt wurden, hat die juristische Elite des brasilianischen Kaiserreichs intensiv mitgewirkt, sei es in Bezug auf das Gesetz zum Verbot des Sklavenhandels 1850 oder die damit zusammenhängende Reglementierung der Besitz- und Eigentumsverhältnisse zur Förderung der europäischen Immigration,[90] sei es in den Diskussionen des kaiserlichen Staatsrats über die dort vorgetragenen Rechtsfälle und relevanten Gesetzesentwürfe.[91] Diese Entscheidungen wurden durch die Konzeptionen und Modelle der in Olinda und São Paulo ausgebildeten Juristen wesentlich geprägt. Freitas' Kodifikationsarbeiten, die sich mit der Sklaverei aus systematischer Sicht auseinandersetzten, bieten hierfür ein deutliches Beispiel. Neben der Beteiligung der politischen Elite und des hohen Beamtentums hat die Forschung auf der Basis von Freilassungsprozessen und anderen Quellen neulich gezeigt, dass auch an der Rechtspraxis direkt beteiligte Anwälte und Richter eine bedeutende Rolle bei der Abschaf-

88 Vgl. dazu exemplarisch im Hinblick auf die Rechtsregelungen über Kauf, Verkauf und Freilassung von Sklaven in Brasilien die Arbeit von Kátia de Queirós Mattoso, Ser escravo no Brasil, 3. Aufl, São Paulo, 1982.

89 Vgl. dazu die abwägende Meinung von Carvalho, A construção da ordem (Fn. 29), S. 293 ff.

90 Dazu u.a. Ricardo Fonseca, A ›Lei de Terras‹ e o advento da propriedade moderna no Brasil, in: Anuário Mexicano de Historia del Derecho XVII (2005), S. 97–112.

91 Siehe dazu Lima Lopes, O oráculo de Delfos (Fn. 68), S. 177 ff.

fung der Sklaverei spielten.[92] Dabei handelt es sich um anfangs noch unkoordinierte Initiativen, die den normativen Rahmen des sklavistischen Produktionssystems von seinen Grenzen her in Frage stellten und einzelne Rechtsfälle dazu nutzten, um die Freiheit von Sklaven punktuell durchzusetzen. Dass diese Initiativen über die einzelnen Prozesse hinaus auch breitere Resonanz finden konnten, zeigen bekannte Debatten im *Instituto dos Advogados Brasileiros* (IAB), wo dieses Spannungsverhältnis zwischen abolitionistischen Initiativen der Rechtspraxis und dem zögernden Reformgeist der Regierung zusammentraten. Trotz seiner Bezeichnung als Anwaltsinstitut war der IAB eher ein Juristenverein als eine Vertretung von korporativen Interessen, wie man sowohl an den Mitgliedern als auch an seinen offiziellen Zielen erkennt. Gegründet 1834 in Rio de Janeiro »zur Föderung der Wissenschaft und der Rechtspraxis« (Art. 2 der Gründungssatzung), versammelte das IAB, zu dessen Gründungskreis auch Teixeira de Freitas gehörte, die bedeutendsten Namen der juristischen Elite des Kaiserreichs. Unter seinen Mitgliedern befanden sich vor allem Anwälte, aber auch Magistrate und Staatsminister, was schon auf die enge Verbindung des Instituts zu Ämtern und Führungspositionen im Staat hinweist.[93] Aus rechtsvergleichender Perspektive ist es interessant zu bemerken, dass im brasilianischen Kontext des 19. Jahrhunderts es gerade Institutionen sind wie das Anwaltsinstitut oder der 1841 neugegründete Staatsrat[94] – und nicht die Universitäten –, die als einflussreicher Bezugspunkt der Zirkulation und Fortbildung von anspruchsvollem Rechtswissen fungierten.

2. Freitas gegen Caetano Alberto Soares

1857 stand im IAB die Frage zur Debatte, ob die Kinder einer Sklavin, die durch Testament freigelassen wurde unter der Bedingung, dem Erben oder Legatar

92 Vgl. etwa zu Luiz Gama Azevedo, Orfeu de Carapinha (Fn. 85), S. 189 ff.; zu Antonio Pereira Rebouças (1798–1880), einem anderen wichtigen Anwalt im Kaiserreich, vgl. Keila Grinberg, O fiador dos brasileiros. Cidadania escravidão e direito civil no tempo de Antonio Pereira Rebouças, Rio de Janeiro 2002; Dies., Senhores sem escravos: a propósito das ações de escravidão no Brasil imperial, in: Carvalho, Repensando o Brasil do Oitocentos. Cidadania, Política e Liberdade, Rio de Janeiro 2009, S. 415–435.

93 Der Zusammenhang zwischen den Mitgliedern des IAB und Führungspositionen im Staatsrat oder in Ministerien wird besonders stark gemacht von Eduardo S. Penna, Pajens da casa imperial. Jurisconsultos, escravidão e a lei de 1871, Campinas 2001, S. 37 und passim.

94 Nach Joaquim Nabuco bezeichnet als das »Gehirn der Monarchie«, vgl. Carvalho, A construção da ordem (Fn. 29), S. 357 ff.; Christian Lynch, A idéia de um Conselho de Estado brasileiro. Uma abordagem histórico-constitucional, in: Revista de Informação Legislativa, n 165 Okt./Dez. (2005), S. 45–63, hier 52 ff.; Lima Lopes, O oráculo de Delfos (Fn. 68).

während dessen Lebzeiten zu dienen, frei wären und, wenn ja, ab wann.[95] Die Debatte wurde angeregt durch den portugiesischen Kleriker und Rechtsanwalt Caetano Alberto Soares (1790–1867), der sich seit den 1840er Jahren stark für die Verbesserung der Lebensbedingungen der Sklaven einsetzte. Bekannt wurde seine Ansicht über die Sklavereifrage insbesondere durch eine Schrift über die Verbesserung der Lebensbedingungen der Sklaven von 1847,[96] wo er sich ganz im Stil der Literatur des 18. Jahrhunderts mit dem damaligen Zustand der Sklaven in Brasilien beschäftigte. Soares, der in Coimbra studiert und promoviert hatte, war zwar 1833 als flüchtender Liberaler nach Rio de Janeiro gekommen und wurde in die dortige Elite sofort aufgenommen, plädierte aber in der Sache eher konservativ für eine »langsame und allmähliche Emanzipierung der Sklaven«. Von einer sofortigen Abschaffung, die »unbedingt die Zerstörung der Vermögen, den Ruin der Landwirtschaft und einen Rückschritt in unserem Fortschritt auf dem Weg zur Zivilisation mit sich bringen würde«,[97] wollte er – wie übrigens die meisten seiner Zeitgenossen – nichts wissen. Mit Zitaten von Voltaire, Montesquieu und Bentham argumentierte er, dass die Sklaverei zwar ein Verstoß gegen das Naturrecht sei, denn alle Menschen seien von Natur aus frei und gleich. In der damaligen Entwicklungsphase der brasilianischen Gesellschaft sei sie aber aus ökonomischen und sogar aus demografischen Gründen wenigstens vorläufig insofern zu tolerieren, als es hier an den freien Arbeitskräften fehle, die in Europa vorhanden seien. Diese Position hinderte Soares aber nicht, in seiner anwaltlichen Praxis und in IAB-Diskussionen für die Freilassung von Sklaven in spezifischen Fällen passioniert einzutreten. Die Sklaverei in konkreten Fällen zu problematisieren, anstatt ihr im Parlament und in der Presse frontal entgegenzutreten, war für diese zögernden abolitionistischen Ansätze oft der Weg, die heftige und mächtige Opposition der Sklavenhalter und -händler zu umgehen und so die komplette Abschaffung vorzubereiten.

Einer dieser Fälle, der in der damaligen Rechtspraxis offenbar sehr verbreitet war, betraf eben die Kinder einer unter aufschiebender Bedingung befreiten Sklavin. Den Fall kannte man aus den römischen Quellen als *statuliber*[98] und wurde in den Grenzen der *Lei da boa Razão* von 1769 auch im brasilianischen

95 Eine Übersicht über die einzelnen Positionen findet sich bei Penna, Pajens da casa imperial (Fn. 93), S. 71 ff.

96 Caetano Alberto Soares, Memoria para melhorar a sorte dos nossos escravos, Rio de Janeiro 1847. Die 36-seitige Schrift geht auf eine 1845 im IAB gehaltene Rede zurück.

97 Soares, Memoria para Melhorar a Sorte dos nossos Escravos (Fn. 96), S. 16.

98 Paul. D. 40, 7 pr: »Statuliber est, qui statutam et destinatam in tempus vel condicionem libertatem habet.« Dazu M. Kaser, R. Knütel, Römisches Privatrecht, 17. Aufl., München 2003, S. 112.

Recht rezipiert. Der Schwebezustand, in dem sich die Sklavin bis zum Eintritt der Bedingung befand, bot Soares die Gelegenheit, den Freiheitsstatus der Mutter und folglich auch der Kinder an einem Grenzfall zu erörtern und – was ihm sicherlich wichtiger war – zu bestätigen. Mit mehr Rhetorik als eigentlicher Jurisprudenz bemühte er sich zu zeigen, dass die Mutter allein schon durch das Testament »ein Recht auf Freiheit« erworben habe, das auch den Kindern gebühre, obgleich sie für eine bestimmte Zeit verpflichtet sei, den Erben oder Legataren zu dienen. Die Rechtsnatur der Verpflichtung war hier offenbar Nebensache – einer der Diskutanten hat sie sogar mit der eines Beamten gegenüber dem Staat verglichen –, wichtig war vielmehr die Förderung von Freiheit im Einzelfall, auch wenn dies *contra legem* und argumentativ schwammig erfolgte. Soares' Stellungnahme löste eine heftige Polemik mit Freitas aus, die über den Rahmen des IAB hinausging und auch die Öffentlichkeit in Rio de Janeiro erreichte. Der Streit ist bekannt und aus rechtshistorischer sowie sozialgeschichtlicher Perspektive mehrmals untersucht worden,[99] vor allem weil er im Blick auf die Sklavereifrage die widersprüchlichen Positionen der juristischen Elite des Kaiserreichs, sprich: der Anwälte, Wissenschaftler oder an der Regierung beteiligten Rechtsberater, zum Ausdruck bringt.

Freitas war einer der Protagonisten dieser Polemik, nicht nur, weil er dezidiert gegen Soares Stellung nahm und die internen Widersprüche seiner menschenfreundlichen Auffassung bloßlegte, sondern auch, weil er von einem liberalen Standpunkt aus argumentierte, der so konsequent bei keinem seiner Zeitgenossen begegnet und unmittelbar mit seiner Savigny-Lektüre zusammenhing. Das erkennt man schon an dem bekannten Brief vom Oktober 1857, wo er seine Lösung der *statuliber*-Frage darlegte und dem IAB zugleich den Kauf eines Exemplars des *Corpus Iuris Civilis* zu Bildungszwecken empfahl.[100] Freitas argumentierte, dass Mutter und Kinder, Soares' begeistertem Plädoyer für die sofortige Freilassung der Sklavin zum Trotz, nach römischem Recht bis zum Eintritt der Bedingung ihren Sklavenstatus behielten und auch als solche zu behandeln seien. Darin liege weder die Verkennung von Freiheit im Sinne eines Naturrechts, noch die Verteidigung der Sklaverei, die Freitas für eine erbärmliche, in der nahen Zukunft abzuschaffende Institution hielt. Es handelte sich vielmehr um die Anerkennung einer positivrechtlichen Regelung, die nur im Rahmen einer konstitutionellen Reform verändert werden könnte. Das Verhältnis zwischen Verfassungsrecht und Zivilrecht im Hinblick auf die Sklavereifrage ist bei Freitas eindeutig: »Das Zivilrecht wird immer durch die

99 Zur Diskussion im IAB aus romanistischer Perspektive Moreira Alves, A formação romanística de Teixeira de Freitas (Fn. 20), S. 23; aus der abolitionistischen Literatur etwa Penna, Pajens da casa imperial (Fn. 93), S. 79 ff.

100 Zitiert hier aus Sá Vianna, Teixeira de Freitas (Fn. 22), S. 42–81.

politische Organisation beherrscht.«[101] Mit viel Ironie und auch einem gewissen Sarkasmus deutete er auf die Widersprüche in der Argumentation seiner Gegner hin, denn weder Soares noch Perdigão Malheiro (1824–1881), auch Mitglied des IAB, waren bereit, dem Freigelassenen die volle Rechtsfähigkeit zuzuerkennen, ganz zu schweigen von politischer Partizipation. Das Wahlrecht sprach beispielsweise Perdigão Malheiro dem Sklaven explizit ab, auch wenn er die zensitären Voraussetzungen dafür erfüllt hätte.[102]

Demgegenüber war Freitas' Auffassung radikaler und ging von einer Privatrechtskonzeption aus, die *alle* Rechtssubjekte als frei und gleich anerkannte und die Sklaverei als eine zu behebende Anomalie betrachtete. Dass er diese Konzeption von Savigny übernommen hatte, belegt folgender Vergleich von Freitas' Brief an das IAB[103] mit Stellen aus Savignys *System*:

»1°. Todas as relações de direito são relações de pessoa á pessoa determinadas por uma regra de direito, e essa regra determinante assigna a cada individuo um dominio, em que a sua vontade reina, independente de toda a vontade estranha. Eis o que é a *liberdade*. Facto direito. Elemento material, elemento plastico que enobrece o facto.	»Von dem nunmehr gewonnenen Standpunkt aus erscheint uns jedes einzelne Rechtsverhältniß als eine Beziehung zwischen Person und Person, durch eine Rechtsregel bestimmt. Diese Bestimmung durch eine Rechtsregel besteht aber darin, daß dem individuellen Willen ein Gebiet angewiesen ist, in welchem er unabhängig von jedem fremden Willen zu herrschen hat. [...] Das erste Stück können wir als das materielle Element der Rechtsverhältnisse, oder als die bloße Thatsache in denselben bezeichnen: das zweyte als ihr formelles Element, das heißt als dasjenige, wodurch die thatsächliche Beziehung zur Rechtsform erhoben wird« (*System* I, S. 333).
2°. Natureza livre, natureza não livre; pessoas, cousas; são os dous theatros da nossa vontade. Quando a relação de direito tem por objecto immediato as pessoas, sem duvida são ellas attrahidas ao dominio da nossa vontade, mas essa dominação é, e deve ser, parcial, para que não destrua a liberdade dos outros. Em tal caso o imperio da nossa vontade, já que não alcança o todo da personalidade passiva, limita-se a um acto, ou a alguns actos della, subtrahidos a seu livre arbitrio.	»[...] so bleiben uns nur noch zwey Gegenstände möglicher Willensherrschaft übrig: die unfreye Natur, und fremde Personen. [...] Die erste mögliche Beziehung zu einer fremden Person ist die, worin dieselbe, auf ähnliche Weise wie eine Sache, in das Gebiet unsrer Willkühr herein gezogen, also unsrer Herrschaft unterworfen wird. [W]ollen wir uns vielmehr ein besonderes Rechtsverhältnis denken, welches in der Herrschaft über eine fremde Person, ohne Zerstörung ihrer Freyheit, besteht, so muß die Herrschaft nicht auf die fremde Person im Ganzen, sondern nur auf eine einzelne Handlung derselben bezogen werden« (*System* I, S. 339).

101 Teixeira de Freitas, *Consolidação* 1857 (Fn. 25), S. VIII.

102 Perdigão Malheiro, A Escravidão no Brasil. Ensaio historico-juridico-social, Parte 1: Direito sobre os escravos e libertos, Rio de Janeiro 1866, S. 208.

103 Teixeira de Freitas, Brief vom 22. Oktober 1857, zit. aus Sá Vianna (Fn. 22), S. 59–61.

3º. Se a dominação é absoluta, o ente passivo perde o seu caracter de liberdade, perde portanto a personalidade. Eis a *escravidão*. É pois que a natureza creada compõe-se de pessoas, e cousas; eis porque nos paizes, onde houver escravidão, os escravos são, e devem ser cousas. Se elles não são pessoas, passam a ser cousas, porquanto a força, o abuso, a lei, assim quer que elles sejam. Se quereis que o escravo seja pessoa, acabai com a escravidão. Se quereis a escravidão, o escravo será cousa.

4º. Mas, como a escravidão é só obra da lei, obra que não aniquila a essencia humana, a lei que tira a liberdade, por mais barbara que seja, não supprime todos os direitos; e quando benigna, pode alargar a esphera desses direitos. Não implica portanto, que o escravo tenha direitos para que deixe de ser cousa. É o que se observa no direito romano, é o que acontece entre nós, e acontecerá em todos os paizes, onde existir essa tão má instituição«.

»Wäre diese Herrschaft eine absolute, so würde dadurch in dem Andern der Begriff der Freyheit und Persönlichkeit aufgehoben; wir würden nicht über eine Person herrschen, sondern über eine Sache, unser Recht wäre Eigenthum an einem Menschen, so wie das Römische Sklavenverhältnis in der That ist« (*System* I, S. 338).

Der Passus findet sich gleich zu Beginn einer ausführlichen Argumentenreihe, die bis zu Nr. 32 reicht und Freitas' Ideal einer »natürlichen« und »rigorosen« Beweisführung entspricht.[104] Gerade diese Art Präzision hatte er bei seinen Gegnern im IAB bemängelt und der heutige Leser kann den Eindruck kaum vermeiden, dass Freitas ihnen nun vorführen will, wie man echte Rechtswissenschaft betreibt. Ohne Verweis auf Savigny und als wäre alles die Frucht seiner eigenen Geisteskräfte, steigt er direkt *in medias res* ein mit einer Paraphrase vom berühmt-berüchtigten § 52 des savignyschen *System*, worauf eine ebenfalls mit eigenen Worten bereicherte Wiedergabe von § 53 folgt. Dass Freitas' Argumentation in diesem aussagekräftigen Zusammenhang genau beim Rechtsverhältnis einsetzt, ist bezeichnend und zeigt, wie stark er savignysche Grundkonzepte in die eigene Rechtsauffassung aufnahm. Denn von Rechtsverhältnissen konsequent auszugehen – nicht etwa von subjektiven Rechten und schon gar nicht von Naturrechten – ist keineswegs evident, weder für den brasilianischen noch für den deutschen Kontext im Umkreis der historischen Schule.[105] Anders als etwa Ribas, der savignysche Begriffe eher oberflächlich verwendet, bildet bei

104 Ebda., S. 79.

105 Darin lag bekanntlich ein zentraler Unterschied zwischen Savignys Privatrechtskonzeption und derjenigen Puchtas oder Windscheids, die nicht vom Rechtsverhältnis, sondern vom subjektiven Recht ausgehen. Vgl. zu Savigny etwa Joachim Rückert, Savignys Dogmatik im »System« (2007), jetzt in: Savigny-Studien (Fn. 5), S. 153–193, hier 180 f.; für Puchta vgl. Hans-Peter Haferkamp, Georg Friedrich Puchta und die »Begriffsjurisprudenz«, Frankfurt 2004, S. 408; für Windscheid Sibylle Hofer, Freiheit ohne Grenzen? Privatrechtstheoretische Diskussionen im 19. Jahrhundert, Tübingen 2001, S. 216 ff.

Freitas eine aus Rechtsverhältnissen strukturierte Privatrechtskonzeption einen Grundzug seiner juristischen Arbeitsweise, der, wie die *Consolidação* zeigt, sein Kodifikationsprojekt maßgeblich geprägt hat. Darauf wird gleich zurückzukommen sein.

Spannend an dem obigen Vergleich ist aber nicht nur Freitas' Gebrauch von savignyschen Schlüsselworten, der offensichtlich ist, sondern vor allem die Art und Weise, wie er Savignys Text mit eigenen Worten ergänzt und modifiziert, indem er ganze Stellen auslässt und sich somit von Savigny schrittweise distanziert. Dieses Aussortieren der relevanten Information im Blick auf den lokalen Kontext bildet bekanntlich einen zentralen Aspekt des Rezeptionsprozesses.[106] Ergänzend greift Freitas schon im ersten Punkt ein mit der Rede von Freiheit als dem »plastischen Element, das die Tatsache zum Recht erhebt«, wo Savigny nicht explizit von Freiheit spricht und eher vage auf »dasjenige« verweist, wodurch die Tatsache verrechtlicht wird. Ob es sich dabei um die Anwendung der Rechtsregel als »formellem Element« im Rechtsverhältnis handelt oder um eine überpositive, »natürliche« Komponente oder beides, lässt Savigny offen.[107] Freitas, der Freiheit an anderer Stelle auch in Anlehnung an Savigny als Einwirkung der Persönlichkeit auf die äußere Welt definierte,[108] scheint Savigny so zu lesen und auch zu betonen, dass Freiheit in den Grenzen der Rechtsregeln die Tatsache zum Recht erhebt. Von diesem Standpunkt aus folgt er Savignys Klassifikation der Rechtsverhältnisse nach den möglichen Willenseinwirkungen auf die freie und unfreie Natur, also Personen und Sachen. Der stimmt er im Allgemeinen zu, die Herrschaft über fremde Personen ist immer eine partielle und beschränkt sich auf eine Handlung derselben. Freitas musste sich aber von Savigny insofern trennen, als für diesen das römische Sklavenverhältnis schlicht »nicht sein sollte«. Gerade bei dieser normativen Wendung, die bei Savigny die Fortsetzung der Textstelle im dritten Punkt bildet, musste Freitas Savigny verlassen und die Sklaverei »kraft Gesetzes« (por obra da lei) als Negation der Freiheit akzeptieren. Ab dieser Stelle im vierten Punkt findet seine Darstellung keine Entsprechung mehr bei Savigny. Freitas war der Meinung, dass ein positives Recht, das die Sklaverei anerkennt, zwar barbarisch und brutal sei, das »Wesen« des Sklaven als Mensch (essencia humana) aber nicht vernichte. Dieser habe auch als Sache eine »Rechtssphäre« (esphera de direitos), die je nach Gesetz breiter oder enger gefasst werden

106 Vgl. dazu schon oben, bei Fn. 9.

107 Walter Wilhelm, Savignys überpositive Systematik, in: Blühdorn/Ritter, Philosophie und Rechtswissenschaft. Zum Problem ihrer Beziehung im 19. Jahrhundert, Frankfurt 1969, S. 123–136, hier 131. Vgl. jetzt auch Thiago Reis, Savignys Theorie der juristischen Tatsachen, Frankfurt 2013, zu meiner eigenen Hypothese zum Verhältnis zwischen Faktizität und Normativität bei Savigny.

108 Teixeira de Freitas, Nova Apostilla 1859 (Fn. 26), S. 186.

könnte. Solange die Sklaverei als Institution positivrechtlich anerkannt war – und hier liegt der Unterschied zu seinen Gegnern im IAB –, sollte man die Sklaven als Sache behandeln, anstatt Halblösungen oder illusorische Kompromisse zu finden: »Wollt ihr, dass der Sklave auch Person sei, dann schafft die Sklaverei ab; wollt ihr die Sklaverei, dann lasst den Sklaven Sache sein« – so lautet Freitas' Fazit.

V. Savigny im Kontext der brasilianischen Zivilrechtskodifikation

1. Rechtswissenschaft durch Kodifikation bei Freitas

Der Entschluss, das aus der Kolonialzeit überkommene Zivilrecht auf neuer Grundlage zu kodifizieren, war schon 1824 verfassungsrechtlich verankert (Art. 179, XVIII) und gehörte, wie bereits bemerkt, zu den wichtigsten Reformen des Kaiserreichs in den 1850er Jahren.[109] Die soeben skizzierte Diskussion über die Sklaverei zeigte aber, dass damit Prinzipienfragen und Interessen betroffen waren, die die politische Durchsetzung nahezu jeder Reform der Gesetzgebung bekanntlich erschwert haben. Wie in anderen lateinamerikanischen Ländern, die im frühen 19. Jahrhundert ihre Unabhängigkeit erklärten, stellte die Forderung nach einem Zivilgesetzbuch auch in Brasilien eine zentrale, identitätsstiftende Errungenschaft dar.[110] Die Zirkulation und Anpassung von europäischen Gesetzgebungsmodellen, vor allem des französischen *Code Civil*, spielte dabei bekanntlich eine bedeutende Rolle.[111] Im regionalen Vergleich kommt aber der brasilianischen Kodifikationsgeschichte aufgrund der allgemein anerkannten Originalität von Freitas' Kodifikationsarbeiten eine eigentümliche Stellung zu. Originell war nicht nur die Ablehnung jeder Aufnahme von ausländischen Modellen, was unter den prekären Bedingungen der damaligen brasilianischen Rechtskultur nicht selbstverständlich war und eine enorme Leistung erforderte, sondern auch eine obsessive Neigung Freitas', die zum Scheitern seiner Projekte führte. Sein Vorhaben, nach der *Consolidação* 1857 und dem *Esboço* 1860–65 den Kodifikationsplan nochmals zu ändern und mit einem *Código Geral* das ganze Privatrecht zu vereinheitlichen, führte letztendlich zu einer unsicheren Lage im zentralen Bereich des Zivilrechts bis 1916. In seiner

109 Vgl. zum modernisierenden »Reformfieber« der 1850er Jahre in Brasilien oben S. 377 ff.

110 Für den argentinischen Fall vgl. etwa Víctor Tau Anzoátegui, La Codificación en la Argentina 1810–1870, 2. Aufl. Buenos Aires 2008, S. 250 ff.; für Brasilien selbst vgl. Fonseca, A questão da codificação (Fn. 39), S. 69 ff.

111 Vgl. Alejandro Guzmán Brito, La Codificación Civil en Iberoamerica. Siglos XIX y XX, Santiago 2000, S. 289 ff.

Haltung lag aber nicht einfach Perfektionismus.[112] Darin war auch der Anspruch zu erkennen, eine wissenschaftliche Behandlung des Rechts durch Gesetzgebung zu sichern. Während seiner ganzen Beschäftigung mit der Kodifikation, von den ersten Beratungen mit dem Ministerium 1854 bis hin zu seiner Entlassung 1872, stand die Frage nach den Voraussetzungen vom Recht als Wissenschaft im Zentrum seiner gedruckten und ungedruckten Äußerungen. Wissenschaftlichkeit drängte sich in seiner Arbeit von vornherein durch und war schon 1854 in Äußerungen über Grenzen, Methode und System des geltenden Zivilrechts zu erkennen,[113] die dann 1857 in der Einleitung zur *Consolidação* wieder aufgenommen und vertieft wurden. Deren 240 dichtgeschriebene Seiten, die methodische, prinzipielle, praxisbezogene sowie ökonomische Problemstellungen behandeln, sind der beste Beleg für Freitas' Versuch, die Gesetzgebung durch eine solide wissenschaftliche Basis zu untermauern.

Vor dem bisher skizzierten institutionellen Hintergrund der Rechtskultur im Kaiserreich, die – von einzelnen Ausnahmen wie Ribas und Paula Baptista abgesehen – mit einer eher bescheidenen wissenschaftlichen Produktion an ihren beiden Rechtsfakultäten auskam und wo die entscheidenden Debatten auf kleinere Kreise im Anwaltsinstitut oder im Staatsrat beschränkt waren, ist es vielleicht nicht überraschend, dass diese starke Verbindung von Wissenschaft und Gesetzgebung gerade bei Freitas begegnet. In einem Kontext, in dem das Zivilrecht »weniger durch seine konstituierenden Gesetze studiert wird als durch die Praxisten, die sie überfallen haben«;[114] wo die Zivilrechtsliteratur eindeutig praxisorientiert war und die Aufgabe einer modernen, auf Reform ausgerichteten Rechtsdogmatik wie etwa die deutsche Pandektistik nicht erfüllen konnte und auch nicht wollte, da musste die Vorbereitung auf die Kodifikation die Wissenschaft leisten, die die Universität nicht erbrachte. Freitas war sich der Defizite der »Doktrin« vollkommen bewusst,[115] und seine Arbeiten stellten einen klaren Versuch dar, die Beschäftigung mit wissenschaftstheoretischen Themen in der brasilianischen Literatur auf ein Niveau zu bringen, das offenbar nicht vorhanden war und von ihm als unverzichtbare Bedingung einer

112 Der ihm in der Literatur oft vorgeworfen wird, vgl. etwa Fonseca, A questão da codificação (Fn. 39), S. 68.

113 Teixeira de Freitas, Brief vom 10.07.1854 an den Justizminister Nabuco de Araújo, abgedruckt in Meira, Teixeira de Freitas (Fn. 22), S. 98–100.

114 Teixeira de Freitas, Consolidação 1857 (Fn. 25), S. VIII.

115 Vgl. etwa Teixeira de Freitas, Brief vom 20.09.1867, abgedruckt in Meira, Teixeira de Freitas (Fn. 22), S. 375: »Die Meister empfehlen, dass die Gesetzgebung nicht definiere, denn Definitionen sind Sache der Doktrin. Wo ist aber die Doktrin? Nirgends, denn weder die Bücher, noch die Schulen [sc. Fakultäten] lehren mehr als eine Meinungsgeschichte oder Wortfragen bis zu dem Punkt, dass man heute nicht einmal weiß, was das Wort ›Recht‹ bedeutet.«

gelungenen Kodifikation empfunden wurde. Dass dies auch zu seinen Lebzeiten anerkannt und geschätzt wurde, belegt der Bericht der Zeitgenossen. Bezeichnenderweise fand man bei Freitas – und nicht bei den Professoren der Rechtsfakultäten von Olinda und São Paulo, mit denen man nur praxisorientierte Werke assoziierte – die brasilianische »Zivilrechtstheorie methodisch und klar« dargestellt.[116]

Diese etwas paradoxe Aufgabenkonzentration von Wissenschaft und Kodifikation bei einem praktizierenden Anwalt bildet den spezifischen Kontext von Freitas' Gebrauch von savignyschen Schlüsselworten in methodischen Fragen. Die bereits erwähnte Tatsache, dass Freitas Savignys im *Beruf* 1814 vertretene Position gegen die Kodifikation nicht kannte, hat auch seine Selektion der rezipierten Texte geprägt und gehört insofern auch in diesen Zusammenhang. Aus vergleichender Perspektive ist hier nicht zuletzt auf die unterschiedlichen Rahmenbedingungen von Savignys Schreiben und Freitas' Lesen hinzuweisen. Savignys Wirkung sowie die Tragweite seiner Schriften sind von einem Zusammenhang, wo die primär an Universitäten institutionell gebundene »deutsche Wissenschaft« als vereinheitlichender »Verfassungsfaktor« fungierte, nicht zu trennen.[117] Kaum zufällig hatten »Wesen und Werth der deutschen Universitäten« gerade in diesem nationalbildenden Sinn Savigny von Anfang an beschäftigt.[118] Auf die dramatischen Veränderungen in den juristischen Arbeitsbedingungen um 1800, die im deutschsprachigen Raum zu spezifischen Problemstellungen im Hinblick auf das positive Recht führten,[119] antwortete eine rechtspolitisch und reformbewusste Jurisprudenz mit einer methodisch fundierten Systematisierung des geltenden Rechts auf moderner Grundlage,[120] die

116 So der Bericht von Ribas, Curso de Direito Civil Brasileiro (Fn. 56), Bd. 2, S. 348.

117 Zur deutschen Wissenschaft als »Verfassungsfaktor« Pierangelo Schiera, Laboratorium der bürgerlichen Welt. Deutsche Wissenschaft im 19. Jahrhundert, Frankfurt 1992, S. 70 ff. Zur Bedeutung der Professoren für römisches Recht und vor allem Savignys dabei vgl. James Q. Whitman, The Legacy of Roman Law in the German Romantic Era. Historical vision and legal change, Princeton 1990, S. 92 ff.

118 Savigny, Wesen und Werth der deutschen Universitäten (1832), in: Vermischte Schriften 4, Berlin 1850, S. 270–308. Zu seinen früheren Beschäftigungen mit dem Thema Rückert, Idealismus, Jurisprudenz und Politik (Fn. 50), S. 12.

119 Zur Tatsache, dass erst in diesem spezifischen Zusammenhang »das positive Recht selber Problem geworden ist«, vgl. die historisch-komparative Analyse von Frankreich, England und Deutschland bei Alf Ross, Theorie der Rechtsquellen. Ein Beitrag zur Theorie des positiven Rechts auf Grundlage dogmenhistorischer Untersuchungen, Leipzig und Wien 1929, S. 3 für die Problemstellung u. 128 ff. für die historische Schule.

120 Für System und systematische Methode als allgemeines Reformmedium der deutschen Rechtswissenschaft um 1800 vgl. Joachim Rückert, Heidelberg um

über den Kodifikationsstreit hinaus bis ins späte 19. Jahrhundert Gesetzgebung und Rechtspraxis entscheidende Orientierung gegeben hat. Auch wenn man Differenzierungen in den methodischen Konzeptionen einzelner Autoren in Betracht zieht, und die wären angesichts der neueren wissenschaftshistorischen Forschung detailliert vorzulegen, ist der Zusammenhang zwischen der institutionellen Bindung an die Universität und der wissenschaftlichen Produktion auf der Makroebene ein gemeinsames Phänomen, das bei Savigny umso wichtiger wird, als damit nicht nur methodische Fragen wie Systembildung und Auslegungslehre betroffen sind, sondern auch die Rechtsfortbildung, solange das Juristenrecht als Rechtsquelle anerkannt wird.[121] Im Vergleich zu Savigny arbeitete also Freitas unter völlig verschiedenen Bedingungen. Inwiefern dies auf seine Verwendung von savignyschen Schlüsselworten im Blick auf methodische Fragen gewirkt hat, soll jetzt geprüft werden.

2. Freitas gegen Antonio Luiz de Seabra

Einen bedeutungsvollen Zusammenhang, in dem Freitas' Selektion und Verwendung von savignyschen Schlüsselworten deutlich hervortritt, bietet seine Auseinandersetzung mit dem Portugiesen Antonio Luiz de Seabra (1798–1895) und dessen Kodifikationsprojekt. Seabra, der in seiner Jugendzeit in Brasilien gelebt hatte, später als liberaler Abgeordneter und Publizist wirkte und seit 1840 Richter zweiter Instanz am *Tribunal da Relação* in Porto war, wurde 1850 von der Königin Maria II. mit dem Projekt eines Zivilgesetzbuchs beauftragt.[122] Seinen ersten Gesetzesentwurf legte er 1857 vor, worauf andere bis zur endgültigen Fassung von 1867 folgen sollten. Seabras Projekte lösten eine lebhafte Debatte in der portugiesischen Öffentlichkeit aus, die anhand von Apostillen mit Bemerkungen zu den einzelnen entworfenen Gesetzesvorschriften intensiv geführt wurde.[123]

Freitas, dessen *Consolidação* in der brasilianischen juristischen Literatur kaum Beachtung gefunden hatte,[124] griff in die portugiesische Diskussion 1859 ein mit

1804 oder: die erfolgreiche Modernisierung der Jurisprudenz durch Thibaut, Savigny, Heise, Martin, Zachariä u.a. (1987), jetzt in: Savigny-Studien (Fn. 5), S. 235–269, hier 250 ff.

121 Dazu mit den Ergebnissen der jüngeren Forschung jetzt Jan Schröder, Recht als Wissenschaft (Fn. 50), S. 198 ff.

122 Vgl. Mário Júlio de Almeida Costa, História do Direito Português, 3. Aufl., Coimbra 2005, S. 432 ff.

123 Eine hervorragende digitale Sammlung der portugiesischen Kodifikationsgeschichte findet sich online unter: http://www.fd.unl.pt/ConteudosAreasDetalhe.asp?ID=60&Titulo=Biblioteca%20Digital&Area=BibliotecaDigital.

124 Freitas' *Consolidação* erhielt eine einzige Besprechung von Antonio Pereira Rebouças (1798–1880), die in ihre 2. Aufl. von 1867 als Kommentar zu den

der Schrift *Nova Apostilla*[125] und erhoffte sich dabei den Meinungsaustausch, der ihm in Brasilien versagt wurde. In der Sache unterzog er aber Seabras Gesetzesentwurf von 1858 einer vernichtenden, oft verbittert klingenden Kritik, in deren Mittelpunkt das System des Projekts stand. Allein schon die Natur der Kritik, die primär auf das Verhältnis von Systembildung und positivem Recht im portugiesischen Entwurf gerichtet ist, ist ohne Savigny kaum zu denken. Texte wie Ortolans *Généralisation du Droit Romain* und Benthams *Traités de Législation Civile et Pénale*, sowie Leibniz' *Nova methodus*, die Freitas aus einem Aufsatz der französischen Zeitschrift *Thémis* zitierte,[126] spielen zwar auch eine wichtige Rolle. Savigny bleibt aber die dominierende Figur. Das erkennt man schon an Freitas' Sprache, die auch hier immer wieder savignysche Worte mit dem eigenen Text vermengt. Wiederholt spricht er von den *Rechtsverhältnissen* und ihrer *fortschreitenden Entwicklung*, vom Menschen als *Wesen*, von *freier* und *unfreier Natur* oder auch von der *organischen* Natur der *Familienverhältnisse*, die die ganze *Persönlichkeit* ergreifen. Wie schon im Rahmen der Sklaverei-Debatte im IAB, finden sich auch hier Seiten, wo ganze Textstellen aus Savignys *System* ohne Anführungszeichen in Freitas' Darstellung einfließen, wie etwa folgender Passus belegt:[127]

»O direito quer a vida real, quer a possibilidade de relações do individuo intelligente com os entes, que têm a mesma natureza, e o mesmo destino.«	»Der Mensch steht inmitten der äußeren Welt, und das wichtigste Element in dieser seiner Umgebung ist ihm die Berührung mit denen, die ihm gleich sind durch ihre Natur und Bestimmung« (*System* I, S. 331).

Der Rückgriff auf den für Freitas' Lektüre von Savigny offenbar paradigmatischen § 52 des *System* ist hier nicht nur wegen der unvermittelten Verwendung von savignyschen Schlüsselworten von Bedeutung, die oben bereits bemerkt wurde und bei ihm immer wieder begegnet, sondern vor allem wegen seiner Betonung der Rechtsverhältnisse für die Systembildung. Die Grundauffassung, dass das Rechtssystem nicht aus subjektiven Rechten oder gar natürlichen

Gesetzesvorschriften aufgenommen wurde. Zu Rebouças K. Grinberg, O fiador dos brasileiros (Fn. 91).

125 Wie der Gesamttitel *Nova apostilla á censura do senhor Alberto Moraes de Carvalho sobre o projecto do codigo civil portuguez* andeutet, knüpft Freitas an die früheren Bemerkungen eines portugiesischen Juristen an, weswegen seine eigene Schrift *Neue Apostille* heißt.

126 H. Blondeau, Des méthodes de classification qui ont été suivies ou proposées, à diverses époques, pour faciliter l'étude du droit privé, et notamment de cettes qui sont adoptés aujourd'hui dans la pluspart des Universités d'Allemagne, in: Thémis, ou Bibliothèque du Jurisconsulte, Bd. 3, S. 246–277. Der Text hat eine enorme Verbreitung in der brasilianischen Literatur des 19. Jahrhunderts gehabt.

127 Teixeira de Freitas, Nova Apostilla (Fn. 26), S. 46.

Urrechten, sondern aus positivrechtlich geregelten, im Rahmen der Rechtsverhältnisse zu erwerbenden Rechten besteht, ist ein zentraler savignyscher Aspekt in seinem Widerspruch zum portugiesischen Entwurf. Denn ein spezifisches Merkmal von Seabras Projekt, das auch in den 1867 in Kraft getretenen *Código Civil* Portugals Eingang fand, bestand in der Erklärung und Abgrenzung von »direitos originarios«, also von Natur aus garantierten angeborenen Urrechten wie Existenz und Freiheit.[128] Damit setzte der zweite Teil des Projekts ein, der gerade vom Rechtserwerb handelte und zu Beginn eine relativ ausführliche Beschreibung von Freiheitsrechten wie Denkfreiheit, Meinungsfreiheit, körperlicher Unversehrtheit und auch Eigentumsrecht (Art. 382–390) enthielt. Diese Vorschriften gehören zu den Besonderheiten des portugiesischen Kodifikationsprojekts und sollten schließlich für den individualistischen, spätnaturrechtlichen Charakter der Kodifikation repräsentativ sein.[129]

Freitas' Kritik in der *Nova Apostilla* knüpfte gerade an Seabras Aufnahme von Urrechten in den Kodifikationsentwurf an. Seiner Meinung nach werden dabei nicht nur die Grenzen einer Zivilrechtskodifikation, mithin die Trennung von Privat- und öffentlichem Recht, »woran fast alle deutschen und französischen Schriftsteller arbeiten«, gänzlich überschritten, denn die Erklärung von Individualrechten ist die Aufgabe von politischen Verfassungen und gehört nicht ins Zivilrecht.[130] Sondern es handele sich dabei auch um bloß deklarative Vorschriften, die keine Verhaltensnormen enthalten – modern gesprochen: die nicht in Tatbestand und Rechtsfolge strukturiert sind – und insofern keine praktische Bedeutung haben können.[131] Freitas ging es also in erster Hinsicht sowohl um Abgrenzungsfragen als auch um Fragen der Gesetzgebungstechnik, aber nicht um prinzipielle Positionen. Wie die soeben skizzierte Diskussion um die Abschaffung der Sklaverei zeigte, vertrat Freitas eine konsequent liberale Privatrechtsauffassung, wenngleich es eine war, die sich stark am positiven Recht orientierte. Im Vordergrund seiner Auseinandersetzung mit Seabra stand also nicht das Prinzip, sondern die Art und Weise, wie man es positivrechtlich fixiert und in konkreten Rechtsregeln übersetzt. Dass Freitas' Antwort das Ergebnis

128 Codigo Civil Portuguez. Projecto redigido por Antonio Luiz de Seabra, Coimbra 1858, Art. 382: »Dizem-se direitos originarios os que o homem recebe da natureza, e que a lei civil reconhece e protege como fonte e origem de todos os outros. Estes direitos são: 1.° O direito de existencia; 2.° O direito de liberdade; 3.° O direito de appropriação« (»Man nennt Urrechte diejenigen, die man kraft Natur bekommt und die das Zivilgesetz als Quelle und Ursprung aller anderen Rechte anerkennt und schützt. Sie bestehen in: 1. dem Recht auf Existenz; 2. dem Recht auf Freiheit; 3. dem Aneignungsrecht«).

129 Vgl. etwa Costa, História do Direito Português (Fn. 121), S. 434.

130 Teixeira de Freitas, Nova Apostilla 1859 (Fn. 26), S. 42 f.

131 Ebda., S. 18 u. 110.

seiner Savigny-Lektüren war, erkennt man aus folgendem Vergleich der *Nova Apostilla* mit Stellen aus Savignys *System*:

»No Direito Civil só se trata de direitos adquiridos [...]; o que significa, no dizer do sabio Savigny, que as relações de direito não existem como taes no fundo da natureza humana, mas vêm de fóra juntar-se-lhe. A possibilidade e a necessidade destas relações, isto é, seu germen (continúa o mesmo sabio) é só o que existe em gráo igual para todos os homens, e traz comsigo sua necessidade anterior. O desenvolvimento porém deste germen tem um caracter de individualidade e de contingencia, que se manifesta pela variedade indefinida que se observa na extensão dos direitos de cada um.« (S. 110)

»[...] daß unsre Wissenschaft keine anderen Gegenstände hat, als erworbene Rechte. Dieses hat den Sinn, daß die Rechtsverhältnisse, deren Wesen wir zu erforschen haben, nicht schon in der menschlichen Natur als solcher gegründet, sondern als ihr von außenher kommende Zusätze zu betrachten sind. Nur die Möglichkeit und das Bedürfniß solcher Rechtsverhältnisse, das heißt der Keim derselben, findet sich gleichmäßig in der Natur jedes Menschen, führt also eine innere Nothwendigkeit mit sich; die Entwicklung jenes Keimes ist das Individuelle und Zufällige, und offenbart diese ihre Natur durch den höchst verschiedenen Umfang, den wir an den Rechten der Einzelnen wahrnehmen.« (*System* III, S. 1)

»A sentença, que condemna o vicioso systema do Projecto do Codigo Civil Portuguez, ha d'ha muito se acha lavrada por um desses juízes, á cuja autoridade deve-se curvar a cabeça: ›Para bem conhecer o complexo das relações de direito, tal como funcciona na vida real, não basta conhecêr o conteúdo de cada uma dessas relações, e sua acção actual. Cumpre tambem estudar a marcha de sua organização viva, a parte movel de sua natureza, o que comprehende sua origem, sua dissolução, seus desenvolvimentos, suas transformações possíveis, e sobretudo a repressão de sua violação. Fuja-se porém de considerar estas differentes phases da vida organica das relações de direito como direitos novos collocados na mesma linha das relações originarias. Fuja-se de procurar algum lugar que devão ter no edifício do direito – um semelhante método confundiria todas as idéias‹. Savigny« (S. 87–88)

»Soll uns eine vollständige Einsicht in das Wesen der Rechtsverhältnisse entstehen, wie sie in das wirkliche Leben eingreifen, so ist es nicht genug, ihren Inhalt zu kennen, also die Wirksamkeit, die ihnen in der gegenwärtigen Zeit zuzuschreiben ist, sondern es muß uns zugleich ihr eigener Lebensproceß klar werden, also neben der stabilen Seite auch die bewegliche Seite derselben. Dazu gehört ihre Entstehung und Auflösung, ihre Entwicklung und ihr möglicher Übergang in neue Gestalten (Metamorphose), vorzüglich auch ihre Verfolgung wenn sie verletzt werden. Man hat nun zuweilen diese einzelnen Momente in dem organischen Leben der Rechtsverhältnisse als eigene, neue Rechte aufgefaßt, sie mit den ursprünglichen Rechtsverhältnissen auf Eine Linie gestellt, und nun die Stelle aufgesucht, die ihnen im System aller Rechte anzuweisen wäre. Ein solches Verfahren konnte nur zur Verwirrung der Begriffe führen.« (*System* I, 393–94)

Beide Texte sind im Blick auf die Frage, inwiefern Freitas die savignysche Lösung des Problems der privatrechtlichen Konstitution von Freiheit in die eigenen Überlegungen aufnahm und in seinem lokalen Kontext verwendete, besonders repräsentativ, und zwar nicht nur, weil Savigny an beiden Stellen zitiert wird. »Persönlichkeit, Freiheit, Wille« – die Formel legte Savignys *System* zugrunde[132]

132 Die Formel stammt bekanntlich von Bethmann-Hollweg und wurde neulich aufgenommen bei Joachim Rückert, Savignys Dogmatik im »System« (Fn. 5), S. 180 f.; vgl. aber schon Hans Kiefner, Der Einfluss Kants auf Theorie und

und deutete eine Privatrechtskonzeption an, die den Menschen nicht abstrakt im Naturzustand, sondern immer schon in Beziehungen mit anderen Menschen und insofern immer schon im »wirklichen«, objektiv geltenden positiven Recht betrachtete. Angeborene Rechte werden zwar nicht explizit anerkannt, aber doch als ein »Keim« (»germen« bei Freitas) in jedem Menschen vorausgesetzt, der sich dann im Rechtszustand entwickelt und zum Erwerb und Verlust von Rechten in unterschiedlichen Grenzen führt. Kaum zufällig stammt der erste Text aus der Einführung zu dem Kapitel des *System*, wo Savigny die Regeln über Entstehung und Untergang der Rechtsverhältnisse unter der Lehre der juristischen Tatsachen zusammenfasst, deren Aufnahme in Freitas' *Esboço* eine bekannte Neuerung seiner Kodifikationsarbeiten bildet.[133] Freitas ging also im Anschluss an Savigny von einer Privatrechtskonzeption aus, die nur erworbene Rechte anerkannte und in der der Begriff des Rechtsverhältnisses eine zentrale Rolle spielte. Im Vergleich zu Seabras individualistischer Auffassung, deutet die durchgehende Betonung der Rechtsverhältnisse bei ihm, die mit Ausdrücken wie »realidade das cousas« (Realität), »natureza das cousas« (Natur der Sachen) oder auch »factos« (Tatsachen) immer wieder ergänzt wird, auf den Versuch hin, seiner Systembildung eine objektive und positive Grundlage zu geben. Dass Freitas' Rückgriff auf Savigny-Texte entscheidend war für seine Kritik des portugiesischen Projekts, belegt nicht zuletzt Seabras Reaktion auf die *Nova Apostilla*. Bezeichnenderweise zog er gegen Freitas gerade Savigny zu Hilfe, um sein System von subjektiven Rechten zu verteidigen.[134]

VI. Fazit

Versucht man eine zusammenfassende Antwort auf die eingangs mit Twinings Worten formulierten Leitfragen über die Diffusion und Adaptation von Rechtswissen zu geben, so kann man festhalten, dass die Savigny-Rezeption in Brasilien um die Mitte des 19. Jahrhunderts in einem Kontext und zu einem Zeitpunkt erfolgte, wo man ein Reformfieber feststellt, das verschiedene Rechtsbereiche berührte und die Suche bzw. die Übernahme von neuen Paradigmen in der

Praxis des Zivilrechts im 19. Jahrhundert, in: Blühdorn/Ritter, Philosophie (Fn. 106), S. 7 ff.

133 Im Unterschied zur *Consolidação* arbeitete Freitas seit dem *Esboço* mit einem Konzept vom Allgemeinen Teil, der in Personen, Sachen und juristische Tatsachen gegliedert war, vgl. Munir Karam, O processo de codificação do direito civil brasileiro (da Consolidação de T. de Freitas ao projeto Beviláqua), in: Schipani, Teixeira de Freitas e il diritto latinoamericano (Fn. 20), S. 319–339.

134 Vgl. Antonio Luiz de Seabra, Novissima apostilla em resposta a diatribe do Sr. Augusto Teixeira de Freitas contra o projecto de codigo civil portuguez, Coimbra 1859, S. 59 f.

Jurisprudenz besonders begünstigte. Savigny wurde in begrenzten, elitären Kreisen und oft unter prekären institutionellen Bedingungen gelesen und rezipiert. Seine brasilianischen Leser waren auf eine stark reduzierte Anzahl seiner Werke angewiesen, die nur einen partiellen Blick auf seine juristische Arbeitsweise gewährten. Das hinderte aber nicht, dass diese Juristen in Savignys Schriften Antworten auf lokale Problemstellungen wie die Abschaffung der Sklaverei oder die methodischen Voraussetzungen für eine moderne Zivilrechtskodifikation finden konnten. Trotz der fehlenden akademischen Struktur und der praxisorientierten, wissenschaftlich wenig interessierten sonstigen Literatur fanden Werke wie Savignys *System* und der *Besitz* so punktuell Eingang in den literarischen Horizont von Lesern, die einen großen Einfluss auf die angestrebten Reformen ausüben sollten.

Im Blick auf die Frage der savignyschen Schlüsselworte ist zu bemerken, dass deren Selektion stark kontextabhängig war. Das Interesse für Savignys Auslegungslehre und das damit zusammenhängende Problem der Rechtsfortbildung durch Juristenrecht war von der politischen Zentralisierung des sich in den 1840er Jahren konsolidierenden Kaiserreichs nicht zu trennen; die Rezeption von Savignys Privatrechtskonzeption bei Freitas stand in engem Zusammenhang mit den Positionen, die dieser in zwei wichtigen Diskussionen der brasilianischen Privatrechtsgeschichte des 19. Jahrhunderts vertreten musste. Aber auch wenn der lokale Kontext von zentraler Bedeutung war, ist nicht zu verkennen, dass man in der Verwendung der Wörter vor allem bei Freitas einer Savigny-Lektüre begegnet, die den zeitgenössischen deutschen Lektüren und Diskussionen sehr nahe kommt. Die Auseinandersetzung zwischen Freitas und Seabra zum Beispiel drehte sich um ähnliche Fragen wie der Streit zwischen Puchta und Stahl im Lauf der 1830er Jahre, worauf nicht zuletzt Savignys *System* 1840 antwortete. Ob die juristische Systembildung vom Individuum oder von seinen Beziehungen mit den anderen Menschen her zu denken war, stellt eine Frage dar, die anscheinend transkulturelle Bedeutung erlangte, nicht zuletzt deswegen, weil daran zentrale Entscheidungen über die prinzipielle Gestaltung einer modernen Privatrechtsordnung anknüpfen.

Thiago Reis

Zur Geschichte der Savigny-Forschung in Japan zwischen 1880 und 1945

1 Prolog

Eine kleine allgemeine Bemerkung sei gestattet. Es besteht nämlich eine gewisse Angst davor, von irgendeiner japanischen Sache in europäischer Sprache zu sprechen. Das Japanische gibt es nicht. Die Sache wird erst japanisch, wenn eben das Epitheton »japanisch« zur Sache hinzugefügt wird. Die Frage, ob eine Sache japanisch ist oder nicht, entscheidet die sprachliche Konstruktion. Weil es *die* japanische Rechtswissenschaft nicht gibt, kann ich auch kein ›Vertreter‹ der japanischen Rechtswissenschaft sein. Hier wird daher kein Ihnen gefälliges ›Panorama‹ der japanischen Savigny-Forschung geliefert. Als Rechtshistoriker schlage ich im Folgenden stattdessen einen historischen Weg ein, um Ihnen ein mehr oder minder historisch taugliches Bild der in der japanischen Sprache publizierten Savigny-Forschungen in ihrer chronologischen Folge zu zeigen. Auch dabei handelt es sich um ein sprachlich konstruiertes Bild, das auf dessen Quellenmäßigkeit hin zu prüfen den Europäern schwer fallen würde. Um so gebotener erschiene es mir, dieses Bild mit dem in diesem Band enthaltenen, von Akamatsu entworfenen, völlig anderen kritisch zu vergleichen. Die naive Vorstellung des eigentlich Japanischen verlöre allein schon dadurch erheblich an Überzeugungskraft.

* * *

Friedrich Carl von Savigny (1779–1861) hat auf die Gestaltung und Weiterentwicklung der modernen japanischen Rechtswissenschaft kaum Einfluss genommen. Auch japanische Übersetzungen der Werke Savignys[1] scheinen in dieser Hinsicht umsonst gewesen zu sein. Savigny war und ist nur dem Namen nach bekannt.

1 Die Liste der japanischen Savigny-Übersetzungen befindet sich auf S. 469 f. dieses Bandes.

Der Grund hierfür ist rasch erklärt. Savigny starb 1861. Die Modernisierung des japanischen Rechts qua Verwestlichung wurde etwa erst seit den 1870er Jahren intensiviert. Savignys Rechtswissenschaft schien den Japanern obsolet. Und die Japaner waren und sind immer hungrig nach irgendetwas Neuem.

Auf den ersten Aufsatz, in dem der Name »Savigny« nicht nur beiläufig gestreift wird, sondern dessen Texte eingehender behandelt werden, musste man deshalb bis 1922 warten. Dieser Aufsatz war von Kimura Kameji (1897–1972)[2] verfasst. Sein Titel enthält freilich den Namen »Savigny« nicht. Er lautet *Gesetzgebungslehre Thibauts und Probleme der Gegenwart*.[3] Seit dem Erscheinen dieses Aufsatzes nahm die Zahl der Abhandlungen über Savigny bis Ende der 1930er Jahre konstant zu. Es entstand somit auch in Japan doch eine Literaturgattung der Savigny-Forschung.

Wie ist diese Literaturgattung entstanden? Wie entwickelte sie sich weiter? Diesen Fragen ist zunächst nachzugehen. Insofern wird die jedem Verfasser dieses Bandes aufgegebene Analyse einiger besonders savignyanischer Schlüsselworte einstweilen zurückgestellt. So oder so tauchen dann doch einige Schlüsselworte unweigerlich auf. Man sollte darauf aufpassen, wann, wie und welche Schlüsselworte in Erscheinung treten.

2 Nobushige Hozumis Ansicht über Savigny

Um die Geschichte der japanischen Savigny-Forschung zu verstehen, muss man aber den allgemeinen historischen Kontext kennen. Die erste Schule für juristische Ausbildung war 1871 unter dem Justizministerium gegründet worden. Diese Schule wurde dann 1877 in die juristische Fakultät der soeben

2 Der japanische Name wird hier in der in Japan üblichen Reihenfolge angegeben. Der Familienname geht dem Vornamen voran; Kimura ist der Familienname, Kameji der Vorname. Zur Person Kimura vgl. Abe Junji, Kimura Kameji, in: Hôgaku Seminâ 300 (1980), S. 116–121 (阿部純二「木村亀二」法学セミナー300号). Zur Zitierweise: Beim Zitieren der japanischen Literatur werden der alphabetisch buchstabierte Verfassername sowie der ins Deutsche übertragene Titel vorangestellt. Für den des Japanischen kundigen Leser werden in Klammern der Verfassername sowie der japanische Titel wiedergegeben. – Kimura (1897–1972) hat seine wissenschaftliche Karriere zunächst mehr mit rechtsphilosophischen Untersuchungen angefangen. Dann setzte er die Akzente mehr und mehr auf das Strafrecht. Heute ist er vorwiegend als Strafrechtler in Erinnerung geblieben.

3 Kimura Kameji, Gesetzgebungslehre Thibauts und aktuelle Probleme, in: Hôgaku Kyôkai Zassi 40 (1922), S. 1139–1183; S. 1595–1646 (木村亀二「ティボーの立法論と現時の問題」（一）（二）法学協会雑誌40巻).

gegründeten ersten japanischen Universität, der Universität Tokyo, umgeformt.[4] Zeitgleich war man bestrebt, Kodifikationen herzustellen. Die erste japanische Kodifikation betraf den strafrechtlichen Bereich und kam erst 1880 zustande. Die erste japanische Verfassung wurde 1889 erlassen. Nach einem Kodifikationsstreit[5] kam das japanische BGB 1897 heraus.

Bis in die Mitte der 1880er Jahre wurden im Rechtsunterricht überwiegend das englische und französische Recht berücksichtigt, während das deutsche Recht eher marginal war. Dann wurde das Studium des deutschen Rechts seit Mitte der 1880er Jahre besonders unter der Initiative des einflussreichen Zivilrechtlers Hozumi Nobushige,[6] der ab 1882 das Amt des Dekans der juristischen Fakultät der Universität Tokyo bekleidete, sehr gefördert. Diese Verdeutschung wurde durch den gleichzeitig zu beobachtenden politischen Richtungswechsel in der Regierung hin zur autoritären Herrschaft – angesichts der durch die liberale Menschenrechtsbewegung (自由民権運動) ausgelösten Unruhe – verstärkt.[7] Vor diesem Hintergrund entstand auch schon ein gewisses Interesse für Savigny.

Hozumi verbreitete 1884 folgende rechtsvergleichende Ansicht:[8] In England sei das Recht zwar pragmatisch, aber unsystematisch, in Frankreich blieben rechtstheoretische Überlegungen oberflächlich, obwohl moderne Kodifikationen vorhanden seien. Dagegen biete sich in Deutschland die beste Wissenschaft des Rechts an. Der Kern dieser Charakterisierung lag darin, dass in Hozumis Augen die deutsche Rechtswissenschaft am konsequentesten die Ergebnisse der soeben entstandenen empirischen Forschungen aufgenommen zu haben schien. Die Jurisprudenz entwickle sich, so Hozumi in einer anderen Schrift, von der Metaphysik zur empirischen Wissenschaft.[9] In diesem Zusammenhang wurde

4 Eine noch konkretere Beschreibung über die Anfänge des juristischen Unterrichts außerhalb der Universität Tokyo in Japan findet sich im folgenden, auch ansonsten lesenswerten kompakten Aufsatz: Ishibe Masasuke, Nobushige Hozumi und die japanische Rechtswissenschaft in der Meiji-Zeit, Tübingen 2001, hier bes. S. 24–28.

5 Vgl. Christoph Sokolowski, Der sogenannte Kodifikationsstreit in Japan, München 2010.

6 Wani Akira, Art. Hozumi, Nobushige (1855–1926), in: Michael Stolleis (Hg.), Juristen. Ein biographisches Lexikon, München 2001, Sp. 304 f.

7 Einzelheiten bei Ishibe, N. Hozumi (Anm. 4), bes. S. 28–32.

8 Hozumi Nobushige, Vergleichung der englischen, französischen und deutschen Jurisprudenz, in: Hôgaku Kyôkai Zassi Nr. 9 (1884), S. 26–44 (穂] 、積陳重「英仏独法学比較論」法学協会雑誌9 号). Auch zu dieser Schrift noch eingehender Ishibe, N. Hozumi (Anm. 4), S. 41–44.

9 Hozumi Nobushige, Beitrag von Herrn Spencer zur Jurisprudenz, in: Hôgaku Kyôkai Zassi Nr. 39 (1886), S. 47–49 (穂積陳重「スペンサー氏の法理学に対する功績」法学協会雑誌39号).

als Erneuerer der empirischen Jurisprudenz neben Charles de Montesquieu, Gustav Hugo und Jeremy Bentham auch Savigny genannt. Damit ist die Namensliste aber nicht zu Ende. Vielmehr wurden weiter angeführt Eduard Gans, Numa-Denis Fustel de Coulanges, Henry Sumner Maine, Herbert Spencer und schließlich Albert Hermann Post. Hozumi sprach weiterhin davon, dass jetzt eine große Revolution der Jurisprudenz stattfinde:[10] »Die Jurisprudenz erreicht nun«, so Hozumi, »die Phase einer großen Revolution«. »Was löst die Revolution der Jurisprudenz aus? Das sind Fächer der Physik, Entwicklungen in der Biologie, der Anthropologie, der Soziologie. Jurisprudenz gehört zu einem Zweig der Wissenschaft, und alle Wissenschaften hängen miteinander zusammen. Also kann die Wissenschaft des Rechts von den erheblichen Entwicklungen in den anderen Fächern gar nicht unabhängig sein.«[11] »Die Jurisprudenz ist ein Teil der Soziologie, die Soziologie ein Teil der Biologie.«[12] Und am Anfang dieser Revolution stehe die Historische Rechtsschule Savignys: »Am Anfang des 19. Jahrhunderts, seit Savignys Begründung der Historischen Rechtsschule, freut man sich über die Blütezeit der Historischen Rechtsschule sowie der Rechtsvergleichung. Man hat den Eindruck, als hätte sich der Weg zur evolutionistischen Jurisprudenz geöffnet. Es entfaltet sich eine Wissenschaft, die die Theorie im Einklang mit der sozialen Tatsache entwickelt.«[13] Federführend für diese Richtung sei A. H. Post, ein heute in Vergessenheit geratener Jurist.[14] Hozumi verstand die Historische Rechtsschule Savignys hier als Vorläuferin der stark empirisch ausgerichteten, wie Naturwissenschaft anmutenden, also fortgeschrittensten Jurisprudenz eines Post. Diese durch Hozumi gezogene Entwicklungslinie von Savigny zu Post beruhte auf der evolutionistischen Auffassung der Historischen Rechtsschule insbesondere durch Maine, dessen *Ancient Law* (1861) Hozumi immer wieder gelesen hatte.[15]

10 Hozumi Nobushige, Eine große Revolution der Jurisprudenz, in: Hôgaku Kyôkai Zassi Nr. 60 (1888), S. 6–12 (穂積陳重「法律学の一大革命」法学協会雑誌60号).

11 Op. cit. S. 6.

12 Op. cit. S. 8.

13 Op. cit. S. 8 f.

14 Zu A. H. Post siehe Rainer-Maria Kiesow, Das Naturgesetz des Rechts, Frankfurt am Main 1997. Zum Verhältnis zwischen Hozumi und Post s. Ishibe Masasuke, Nobushige Hozumi und die vergleichende Rechtswissenschaft, in: Marcel Senn, Claudio Soliva (Hg.), Rechtsgeschichte und Interdisziplinarität. Festschrift für Clausdieter Schott zum 65. Geburtstag, Bern et al. 2001, S. 131–142, bes. S. 138 f.

15 Auch zu diesem Befund grundlegend, Ishibe, N. Hozumi (Anm. 4), bes. S. 33–38, Ishibe, Hozumi und die vergleichende Rechtswissenschaft (Anm. 14), bes. S. 134–137.

In seinen Überlegungen *Über die Kodifikation* hatte Hozumi den deutschen Kodifikationsstreit zwischen Thibaut und Savigny etwas eingehender erörtert.[16] Hozumi zufolge war Thibaut vom enthusiastisch-nationalistischen Verlangen nach der Rechtsvereinheitlichung durchdrungen. Savigny habe hingegen mit seiner ersten Erklärung des Schulprogramms der Historischen Rechtsschule im *Beruf* sehr zum Fortschreiten der Wissenschaftlichkeit des Rechts beigetragen. Freilich sei er auch doch zu sehr dem ungeschriebenen Recht zugeneigt gewesen, da er sich gegen die Kodifikation geäußert habe. In der weiteren deutschen Geschichte habe sich gezeigt, »dass die beiden Lager, das von Thibaut und das von Savigny, in jener Weise ins Gleichgewicht gekommen sind, indem einerseits das Lager Savignys zur Förderung der Rechtswissenschaft, zur Durchsetzung des Rechtsgedankens sowie zur Präzisierung der juristischen Termini wesentlich beigetragen hat, was einen perfekten Weg zur Kodifikation bereitete und indem andererseits das Lager Thibauts häufig zur allgemeinen Zivilrechtskodifikation angeregt hat, so dass diese jetzt fest auf dem Programm steht. Nun hat sich also, wie es scheint, nicht nur das eine, sondern auch das andere Lager durchgesetzt. Unterirdisch sollten Savigny und Thibaut auf diese Weise endlich Frieden geschlossen haben.«[17] Hier sieht man deutlich, dass die rechtspolitische und -theoretische, durchaus polemisch gemeinte Kernaussage Savignys im *Beruf*, den Gesetzespositivismus zu bekämpfen, in der Deutung Hozumis evolutionistisch uminterpretiert wurde.

Diese Vorstellung, die Historische Rechtsschule als Vorläuferin der empirischen Untersuchung des Rechts anzusehen, hat in der Folgezeit eine weitreichende Auswirkung gehabt. Nur war anscheinend zwischen etwa 1890 und 1920 keine nennenswerte weitere Auseinandersetzung mit Savigny entstanden.

3 Anfänge der eigentlichen Savigny-Forschung

Erst 1922 wurde, wie erwähnt, der erste Aufsatz über Savigny veröffentlicht. Seitdem erschienen Aufsätze über Savigny in regelmäßigem Rhythmus. Hier ist die Liste der Aufsätze über Savigny bis zum Ende des zweiten Weltkrieges:

16 Hozumi Nobushige, Über die Kodifikation, Tokio 1890, bes. S. 8–14 (穗積陳重『法典論』).

17 Hozumi, Über die Kodifikation (Anm. 16), S. 14. In einem in Japan häufig zitierten Essay *Über den Kodifikationsstreit zwischen Thibaut und Savigny* wiederholte sich eigentlich bloß die im Text präsentierte Ansicht Hozumis in einer feuilletonistischeren Form, vgl. Hozumi Nobushige, Über den Kodifikationsstreit zwischen Thibaut und Savigny, in: ders., Juristische Abendgespräche Tokio 1916, S. 353–358 (穗積 陳重 「「ザヴィニー」「ティボー」の法典争議」同『法曹夜話』所収).

- 1892 *Miyazaki Michisaburô*, Eine kurze Biographie von Herrn Savigny[18]
- 1922 *Kimura Kameji*, Gesetzgebungslehre Thibauts und aktuelle Probleme
- 1923 *ders.*, Über die soziologische Rechtsauffassung bei Savigny[19]
- 1926 *Takayanagi Shinzô*, Über Savignys Grundgedanken[20]
- 1927 *Suekawa Hiroshi*, Theorie des subjektiven Rechts bei Savigny[21]
- 1930 *Tanaka Kôtarô*, Internationalismus und Naturrechtsgedanke bei Savigny[22]
- 1930 *Osaba Masatoshi*, Kodifikationsstreit zwischen Savigny und Thibaut[23]
- 1931 *Kimura Kameji*, Hegel und Savigny[24]
- 1935 *Suekawa Hiroshi*, Art. Savigny[25]
- 1935 *Fuchi Yasushi*, Zur Volksgeistlehre Savignys[26]
- 1935 *Hirohama Yoshio*, Geburt der Historischen Rechtsschule – Tendenzen der Empirischen Jurisprudenz, Nr. 4[27]

18 Miyazaki Michisaburo, Eine kurze Biographie von Herrn Savigny, in: Hôgaku Kyôkai Zassi 10 (1892), S. 177–180 (宮崎 道三郎「サウキニー氏の略傳」法学協会雑誌10巻). Es handelt sich hier um eine Kurzbiographie über Savigny.

19 Kimura Kameji, Über die soziologische Rechtsauffassung bei Savigny, in: Shiso Nr. 22 (1923), S. 635–667 (木村 龜二 「サヴィニイの社会学的法律観」思想22号).

20 Takayanagi Shinzo, Über Savignys Grundgedanken, in: Kokka Gakkai Zassi 40 (1926), S. 853–914 (高柳 眞三 「サヴィニイの根本思想」国家学会雑誌40巻).

21 Suekawa Hiroshi, Theorie des subjektiven Rechts bei Savigny, in: Hôgaku Shirin 29 (1927), S. 1190–1206 (末川 博 「サヴィニーの權利論」法学志林29巻).

22 Tanaka Kotaro, Internationalismus und Naturrechtsgedanke bei Savigny, in: Kamikawa Hikomatsu (Hg.), Festschrift für Prof. Yamada zu seinem 60. Geburtstag, Tokio 1930, S. 313–366 (田中耕太郎「サヴィニーに於ける國際主義と自然法思想」 神川彦松編『山田教授還暦祝賀論文集』).

23 Nagaba Masatoshi, Kodifikationsstreit zwischen Savigny und Thibaut, in: Waseda Hôgaku Sonderheft 1 (1930) (長場 正利 「ザヴィニー・ティボー法典論議」早稲田法学別冊第一巻).

24 Kimura Kameji, Hegel und Savigny (zuerst 1931), in: ders., Rechtsphilosophie. Mensch und Gedanke, Tokio 1949, S. 141–151 (木村 龜二 「ヘーゲルとサヴィニー」 同『法哲学 人と思想』所収).

25 Suekawa Hiroshi, Art. Savigny, in: Tanaka Kotaro und Suehiro Izutaro (Hg.), Das juristische Lexikon, Bd. 2 (1935), S. 1026–1027 (末川 博 「サヴィニー」田中耕太郎・末弘嚴太郎編『法律學辭典』第二巻所収).

26 Fuchi Yasushi, Zur Volksgeistlehre Savignys, in: Kôhô Zasshi 1 (1935), S. 976–989 (淵 定 「サギニーの民族精神について」公法雑誌1巻).

27 Hirohama Yoshio, Geburt der Historischen Rechtsschule. Tendenzen der Empirischen Jurisprudenz, Nr. 4, in: Kokkagakkai Zasshi 49 (1935), S. 1049–1087 (廣濱 嘉雄 「歴史法學派の誕生 —— 經驗法學の諸傾向・その四」国家学会雑誌49巻).

- 1936 *Takikawa Yukitoki*, Feuerbach und Savigny[28]
- 1936 *Fuchi Yasushi*, Antlitz von Savigny, dem Juristen[29]
- 1936 *ders.*, Savignys Rechtswissenschaft[30]
- 1936 *ders.*, Geschichtlichkeit des Rechts bei Savigny[31]
- 1937 *Kimura Kameji*, Savigny[32]
- 1937 *Ishimoto Masao*, Savignys Position in der Irrtumslehre[33]
- 1938 *Fuchi Yasushi*, Freiheit und Notwendigkeit bei Savigny[34]
- 1938/39 *Terada Shirô*, Leben und Werke von Carl von Savigny[35]

3.1 Kimura

Der Beginn dieser eigentlichen Geschichte der Savigny-Forschung in Japan deckte sich mit dem Gefühl, in der japanischen Rechtswissenschaft sei eine Wende eingetreten. Geradezu von exemplarischer Bedeutung war der Akt von Suehiro Izutarô.[36] Dieser hat sowohl durch die Begründung einer Arbeitsgruppe für die Erforschung der zivilrechtlichen Entscheidungen des Obersten Gerichts-

28 Takikawa Yukitoki, Feuerbach und Savigny, in: Hô to Keizai 5 (1936), S. 161–175 (瀧川幸辰「フォイエルバッハとサヴィニー」法と経済5巻).

29 Fuchi Yasushi, Antlitz von Savigny, dem Juristen, in: Kôhô Zasshi 2 (1936), S. 62–71 (淵 定 「法律學者サギニーの面影」公法雑誌2巻).

30 Ders., Savignys Rechtswissenschaft (1) (2), Hô to Keizai Bd. 5 (1936), S. 715–728; S. 862–875 (淵 定「サギニ一の法律學について（一）（二）」法と経済5巻).

31 Ders., Geschichtlichkeit des Rechts bei Savigny (1) (2), Kôhô Zasshi 2 (1936), S. 897–908; S. 1173–1182 (淵 定 「サギニーに於ける法の歴史性（一）（二）」公法雑誌2巻).

32 Kimura Kameji, Savigny, in: Hôritsu Jihô 9 (1937), 549–552 (木村 龜二「サヴィニー」法律時報9巻).

33 Ishimoto Masao, Savignys Stellung in der Irrtumslehre, in: Hôritsu Jihô 9 (1937), S. 457–459 (石本 雅男「錯誤論におけるサヴィニィの地位」法律時報9巻).

34 Fuchi Yasushi, Freiheit und Notwendigkeit bei Savigny, in: Hô to Keizai 9 (1938), S. 71–86 (淵 定 「サギニーにおける自由と必然」法と経済9巻).

35 Terada Shiro, Leben und Werke von Carl von Savigny (1) – (6), in: Hôgaku Shinpô 48 (1938) S. 1617–1629; S. 1821–1832; S. 1964–1989; 49 (1939), S. 82–109; S. 237–262; S. 406–416; S. 1024–1057 (寺田 四郎 「カール・フォン・サーヴィニ一の生涯と其の業績（一）〜（六）」法学新報48巻49). In der vorliegenden Abhandlung ist von diesem langen, aber inhalts- und auswirkungslosen Aufsatz abzusehen.

36 Zu Suehiro Izutarô (1888–1951), bedeutendem Zivilisten und Arbeitsrechtler, Begründer der Rechtssoziologie, cf. Wani Akira, Art. Suehiro, Izutarô (1888–1951), in: Juristen (Anm. 6), S. 612 f.

hofes (1921)[37] als auch in seinem Lehrbuch *Sachenrecht* (1921)[38] sehr energisch dafür plädiert, eher eine soziologisch fundierte Jurisprudenz zu betreiben statt der unreflektierten und unermüdlichen Aufnahme der in den westlichen Ländern kultivierten abstrakten dogmatischen Figuren. Seitdem ist bis heute die Besprechung der Gerichtsentscheidungen zu einem festen Bestandteil der japanischen Jurisprudenz geworden. Dieser Impuls Suehiros hatte aber auch eine Nebenwirkung, als die japanischen Juristen sich nun verstärkt für jene modische europäische Rechtstheorie zu interessieren begannen, die sich gegen den Gesetzespositivismus sowie die Begriffsjurisprudenz[39] wandte. Vor diesem Hintergrund entstand auch ein gewisses Interesse für Savigny.

Denn in der deutschen Diskussion über die moderne juristische Methode war oft von Savigny die Rede. Die Meinungen bildeten sich häufig in Form eines Pro oder Contra Savigny. 1911 stigmatisierte bekanntlich Hermann U. Kantoworicz, Vorkämpfer fürs Freirecht seit 1906,[40] Savigny als »Gegner« der »gegenwärtigen deutschen Rechtswissenschaft«.[41] Dann wurde Savigny 1914 von Alfred Manigk dadurch parteiisch verteidigt, dass er Savignys Rechtswissenschaft als zum juristischen Modernismus gehörig erklärte.[42] Wer einen Blick auf diese Debatte wirft, gewinnt bald den Eindruck, dass Savigny in dieser Methodendiskussion alles andere als tot war. Er lebte gewissermaßen immer noch als Autorität unter den methodisch interessierten juristischen Geistern.[43] Insofern war es kein

37 Arbeitsgruppe für die Besprechung der zivilrechtlichen Entscheidung, Berichte der Besprechung der zivilrechtlichen Entscheidung, Nr. 1, in: Hôgaku Kyôkai Zassi 39 (1921), S. 1598–1605 (民法判例研究會「民法判例研究録（一）」法学協会雑誌39巻).

38 Suehiro Izutaro, Sachenrecht, 1. Bd., Tokio 1921 (末弘嚴太郎　『物權法上巻』).

39 Man sollte den Gesetzespositivismus von der Begriffsjurisprudenz theoretisch vielleicht besser differenzieren. Uns geht es aber darum, einen »Zeitgeist« zu vermitteln.

40 Hermann Kantrowicz (= Gnaeus Flavius), Der Kampf um die Rechtswissenschaft (1906). Mit einer Einführung von Karlheinz Muscheler, 2002.

41 Ders., Was ist uns Savigny? in: Recht und Wirtschaft, Bd. 1 (1911), S. 47–54; S. 76–79, auch in: Helmut Coing, Gerhard Immel (Hg.), Rechtshistorische Schriften von Dr. Hermann Kantrowicz, Karlsruhe 1970, S. 397–417, bes. S. 417 (78); vgl. auch ders., Der Kampf um die Rechtswissenschaft (Anm. 40), bes. S. 24–26.

42 Alfred Manigk, Savigny und der Modernismus im Recht, Berlin 1914.

43 Manigk lässt beispielsweise sein Werk mit folgenden Worten beginnen, ders., Savigny und der Modernismus (Anm. 42), 7: »Was hat Savigny mit dem Modernismus des Rechts zu tun? Verlohnt es sich, angesichts so vieler durch die Gegenwart gestellter Rechtsprobleme, zu Savigny zurückzukehren und sich über Dinge Gedanken zu machen, die hundert Jahre zurückliegen und sich als überwundene Stufen unserer Rechtsauffassung darstellen? Versteckt sich dahinter nicht etwa schon wieder antiquarische Neigung, die der Modernismus am

Wunder, dass die geneigten japanischen Leser auch Savignys Texte zur Hand zu nehmen begannen.

Nur war es in Japan selbstverständlich nicht möglich, davon überzeugt zu sein, dass Savigny in der Methodendiskussion ›lebt‹. Laut Hozumi war Savigny geradezu Ahnherr der empirischen Jurisprudenz, und sie wurde nicht mehr von Savigny, sondern von einem Post oder einem Kohler weiter getragen. Kimura, der als Erster einen Aufsatz über Savigny verfasste, war gezwungen, am Anfang des Aufsatzes mit einer hermeneutischen Akrobatik zu behaupten, dass seine Abhandlung, obwohl sie von einer Debatte vor 100 Jahren in Deutschland, nämlich jenem Kodifikationsstreit zwischen Thibaut und Savigny, handle, keine bloß rechtshistorische sei, sondern eine solche, die auf die brennende Aktualität hinaus wolle.[44] Am Ende dieses Aufsatzes verglich Kimura den Streit zwischen

Historismus gerade bekämpft, und von dem sich der praktisch denkende Jurist fern zu halten hat? Solche und ähnliche Fragen würden verkennen, daß die die Gegenwart bewegenden, aus den praktischen Bedürfnissen der Rechtsanwendung herausgewachsenen Aufgaben aufs engste mit dem großen methodischen Streit zusammenhängen, für den Savigny vor einem Säkulum zu den Waffen rief. Die modernistischen Schriften zur Frage der Rechtsanwendung und Rechtsschöpfung sehen sich in der Tat immer wieder veranlaßt, Savignys Grundsätze in die Erörterung zu ziehen.«

44 Kimura, Gesetzgebungslehre Thibauts (Anm. 3), 1139 f: »Das Unternehmen, heute auf den Verlauf des Kodifikationsstreits in Deutschland vor 100 Jahren zurückzublicken, mag den Anschein erzeugen, dass es nicht über das historische Interesse hinausgehen könnte. Verstünden wir die Geschichte als bloße Sammlung der vergangenen Fakten der Menschheit, so würden wir in ihr keine nennenswerte Bedeutsamkeit erblicken können. Eine solche Geschichte wäre nur der unseres Alltagslebens völlig entleerten Schale gleich und enthielte nichts, was uns interessieren könnte. Kann die historische Tatsache aber nur so viel bedeuten? Die historische Tatsache erweckt unser Erkenntnisinteresse zwar eigentlich deshalb, weil sie nicht zu wiederholen ist, weil sie einmalig ist. Aber die historische Tatsache kann doch erst dann als die wahre historische Tatsache erkannt werden, wenn sie nicht ein einmaliges Ereignis, sondern einen individualisierten Fall, einen Teil des Ganzen, einen Prozess der Offenbarung des Allgemeinen darstellt. Jedes historische Ereignis soll einen Hauch des Allgemeinen beinhalten. Jedes vergangene, historische Ereignis soll die gegenwärtige Problematik beinhalten.« （「今日に於て百年以前の独逸に於ける法典争議
の事実を回顧して見るということは、既にそれが歴史的興味の範囲を出で-
ぬことを明に示すものの如き感がある。歴史を以って我々人類の過去の事-
実の単純なる蒐集堆積に外ならぬと見るならば、我々はその中に何等の意-
味をも発見し得ないであろう。それは我々の生活から切り離されたる脱穀-
であって、人間に対して何等の興味をそそるものをも含まない。しかなが-
らかくの如きが果して歴史的事実の真相であろうか。成る程、歴史的事実-
はその再び繰り返さざるの特質、その一回的生起なる所以に繫がれて我々-
人間の認識的興味をそそるものである。しかしながら、それは単に繰り返-
さざるもの、単に一回的なる事件としてではなく、それは個別的なる事件-
として、全体の部分として、普遍者の実現の過程として、初めて真の歴史-

Thibaut und Savigny mit dem Streit zwischen der Freirechtsbewegung und der Begriffsjurisprudenz.[45] Thibaut sei voluntaristisch und praxisnah, Savigny zu theoretisch.[46] Kimuras Votum fiel schließlich für Thibaut aus.

Symptomatisch ist, dass Kimura Thibauts Rechtsdenken, das er demjenigen Savignys vorzog, später nicht weiter verfolgte. Er wird stattdessen Savigny, i. e. dem Berühmteren, neben zwei kürzeren Texten[47] noch einmal einen längeren Aufsatz widmen. Dieser erschien nur ein Jahr nach der Publikation des soeben gesehenen ersten Thibaut-Aufsatzes.[48] Während er Savigny im ersten Aufsatz ähnlich wie Kantorowicz als Vertreter der Begriffsjurisprudenz verstanden hatte, deutete er in dem zweiten Savigny-Aufsatz Savigny als einen bislang beinahe verkannten Vorläufer der »durch einen Henry Maine, durch einen Jhering oder kürzlich durch einen Ehrlich«[49] begründeten soziologischen Jurisprudenz.[50] Diese These entlehnte er nach eigener Aussage vor allem von Ehrlich.[51] Während es aber bei Ehrlich zentral darum ging, den methodischen Blick auf

的事実として認識されるのである。故に、歴史的 世界に現 れて来 る 事 件は、そのいづれの断片を採って見ても、其の中に全体の面影を宿すようなものでなければならない。過去の如何なる歴史的事件といえども、それは同時に現代の問題を宿しているものでなければならぬ。」)

45 Op. cit. S. 1642.

46 Op. cit. S. 1640.

47 Kimura, Hegel und Savigny (Anm. 24); ders., Savigny (Anm. 32).

48 Ders., Über die soziologische Rechtsauffassung (Anm. 19).

49 Op. cit. S. 667.

50 Op. cit. S. 663–665 .

51 Eugen Ehrlich, Die juristische Logik, Tübingen 1918, S. 84 f.: »Erst in der byzantinischen Zeit tritt die vulgäre staatliche Rechtsauffassung hervor, besonders aufdringlich in den justinianischen Konstitutionen, die auch die Verbindlichkeit des Juristenrechts unmittelbar auf die kaiserliche Gestattung gründen. Von den justinianischen Rechtsbüchern dringt sie zu den Glossatoren und den romanistisch geschulten Juristen, nur zum Teile zu den Kanonisten: im übrigen ist sie dem Mittelalter unbekannt. Aber seit dem XVI. Jahrhundert gewinnt sie, wohl infolge des gefestigten Machtbewußtseins des Staates an Raum; wir finden sie bei *Baco*, *Hobbes*, *Spinoza*, *Bodinus*. Trotzdem wird der Zusammenhang des Rechts mit der Gesellschaft seit dem Mittelalter nie ganz übersehen. Er wird wieder klar erfaßt von den Naturrechtslehrern: was diese als Naturrecht bezeichnen, ist im Wesentlichen das Recht, das sich aus dem Aufbau der Gesellschaft ergibt, im Gegensatz zu dem vom Staate festgesetzten Recht. Bei *Montesquieu* waltet dagegen […] wieder die staatliche Rechtsauffassung vor, da er zwischen Staat und Gesellschaft nicht unterscheidet […]. Erst die Begründer der historischen Schule, *Burke*, *Savigny* und *Puchta*, betonen bewußt und nachdrücklich die gesellschaftliche Natur des Rechts. Sie verstehen, was immer verkannt wird, unter Volk oder Nation dasselbe, was wir heute als Gesellschaft im Gegensatz zum Staate bezeichnen, allerdings in nationaler Begrenzung: wenn sie das Recht als Ergebnis der geschichtlichen Entwicklung des Volkes betrachten, so bedeutet das bei ihnen, daß es nicht vom Gesetzgeber willkürlich

den Zusammenhang zwischen Recht und Gesellschaft zu schärfen, wofür er sich neben der Historischen Rechtsschule vor allem auch auf die naturrechtliche Tradition berief, war Kimura doch fest davon überzeugt, Savignys Theorie sei der aufklärerisch-individualistischen und statischen des Naturrechts gegenüberzustellen und jene als dynamisch-evolutionistisch und auch noch gemeinschaftlich zu bezeichnen.[52] Dies entspricht insofern der Auffassung Hozumis, als dieser Savigny als Vorläufer der evolutionistischen Jurisprudenz verstand. Aber Kimura speiste Savignys Theorie mit dem Gemeinschaftsgedanken Gierke'scher Provenienz.[53] Kimura kleidete Savigny in dieser Weise à la mode. Man findet in den damaligen wichtigeren juristischen Zeitschriften in Japan schon viele Aufsätze, die sich mit der »Sozialen Frage« befassten.

3.2 Takayanagi

Im 1926 erschienenen Aufsatz *Über Savignys Grundgedanken* von Takayanagi,[54] der vor allem von Savignys *Beruf* handelte, setzte sich im Grunde die von Hozumi stammende Ansicht fort, in der Historischen Rechtsschule die Vor-

gemacht wird, sondern aus der geschichtlichen Entwicklung der nationalen Gesellschaften hervorgeht. Ihre Jünger waren ihnen nicht gewachsen; sie mißverstehen sie grade dort, wo sie in die Tiefe gehen. Abgesehen von *Beseler* und einigen Germanisten ist die Rechtsauffassung der historischen Schule in Deutschland die vulgäre staatliche. Dagegen hat in England Henry Sumner *Maine* tatsächlich eine gesellschaftliche Rechtsauffassung begründet.« Auf diese Stelle wurde von Kimura ausdrücklich hingewiesen, Kimura, Über die soziologische Rechtsauffassung (Anm. 19), S. 648 f.

52 Kimura, Über die soziologische Rechtsauffassung (Anm. 19), S. 112–115.

53 Das von Gierke inspirierte, einflussreiche Buch von Hirano erschien dann 1924, Hirano Yoshitaro, Der römische Gedanke und der germanische Gedanke im Zivilrecht, Tokio 1924 (平野義太郎『民法に於けるローマ思想とゲルマン思想』). Hirano gehörte zur »Arbeitsgruppe für die Besprechung der zivilrechtlichen Entscheidungen« (Anm. 37). Übrigens: Kimuras erstem Savigny-Thibaut-Aufsatz ging ein Aufsatz über den Neuhegelianismus voran, in dem Josef Kohler und Fritz Berolzheimer eingehend behandelt wurden, Kimura Kameji, Gesetzesphilosophie des Neuhegelianismus (1) (2), in: Hôgaku Kyôkai Zassi 39 (1921), S. 1400–1414 (Kohler); S. 1572–1591 (Berolzheimer) (木村亀二「新「ヘーゲル」派ノ法律哲學」法學協會雜誌39巻). Seitdem war Kimuras Interesse für den Neuhegelianismus konstant geblieben, was natürlich für seine Strafrechtstheorie nicht ohne Bedeutung war.

54 Takayanagi, Über Savignys Grundgedanken (Anm. 20). Takayanagi (1902–1990) war, nach dem Abschluss des Jura-Studiums an der kaiserlichen Universität Tokio 1925, Assistent bei Prof. Nakada Kaoru – zu Nakada Wani Akira, Art. Nakada, Kaoru (1877–1967), in: Juristen (wie Anm. 6), S. 463 f.; Nishikawa Yoichi, Feudalismus und Staat. Zur Entstehung der Systematik der japanischen Rechtsgeschichte, in: ZNR 25 (2003), S. 19–38 –, seit 1927 a. o. Professor an der kaiserl.

reiterin der modernen soziologischen Auffassung des Rechts zu sehen. Gleichwohl war der Tonfall leicht anders geworden. In Anlehnung an die Ausführungen von Landsberg[55] arbeitete er nämlich die beim Rechtsdenken Savignys konstitutiven Elemente heraus: die empirisch-geschichtliche Auffassung, den evolutionistischen Gedanken und die Romantik.[56] Teilweise mit Manigk verteidigte er Savigny gegen den Angriff von Kantorowicz, indem er behauptete, dass Savigny seine historischen Forschungen weder völlig empiristisch noch evolutionistisch, noch aus einem puren Interesse für die Vergangenheit getrieben habe, sondern zum Zweck der Selbstreflexion basierend auf der Empirie, i. e. im Klartext, dass Savigny ein reges Interesse auch für die aktuelle praktische Jurisprudenz gehabt habe.[57] Obwohl Takayanagi die romantischen Elemente bei Savigny hauptsächlich in dessen Idealisierung des klassischen römischen Rechts zu sehen glaubte, hat er dennoch dann auch in der allgemeinen intellektuellen Tendenz Savignys den Hauch der Romantik gespürt, wenn er mit Radbruch,[58] dem prominenten Neukantianer, kritisch darauf hinwies, dass bei Savigny das Normative mit dem Empirischen vielfach verschränkt sei.[59] Das logische Verhältnis dieser kantianisch angelegten Kritik Takayanagis mit seiner Verteidigung Savignys gegen Kantorowicz ist zunächst einmal nicht einsichtig, wird aber verständlich, wenn man darauf aufmerksam wird, dass Takayanagi Tanabe

Universität Tohoku, seit 1931 o. Prof. für die Theorie des japanischen Rechts. Er spezialisierte sich auf die japanische Rechtsgeschichte.

55 Ernst Landsberg, Geschichte der Deutschen Rechtswissenschaft, 3. Abt., 2. Halbbd., München und Berlin 1910, bes. S. 186–253.

56 Takayanagi, Über Savignys Grundgedanken (Anm. 20), S. 878–880.

57 Op. cit. S. 877.

58 Vgl. Gustav Radbruch, Grundzüge der Rechtsphilosophie, Leipzig 1914, bes. S. 6. Dieses Werk ist Hermann U. Kantoworicz gewidmet; Takayanagi, Über Savignys Grundgedanken (Anm. 20), S. 913 f.

59 Takayanagi, Über Savignys Grundgedanken (Anm. 20), S. 913 f., aber auch mit Blick auf Savignys Vorliebe für das römische Recht, op. cit. S. 890–892. Takayanagi zitiert hier aus Paul Sokolowski, Der Besitz im klassischen Recht und dem Deutschen Bürgerlichen Gesetz, Halle 1907, S. 222. Sokolowski interessierte sich freilich zunächst einmal dafür zu klären, warum Savigny in seinem 1803 veröffentlichten *Besitz* fast ausschließlich mit dem römischen Recht befasst war. Daher bezog sich Sokolowskis Beschreibung auf die geistesgeschichtliche Situation um 1803. Takayanagi aber verallgemeinerte Sokolowskis Worte auf Savignys Bevorzugung der Romanistik schlechthin. Für ihn erschien Savignys Konzentration auf das antike römische Recht als eine Art Eskapismus aus der gegenwärtigen Realität, vgl. Takayanagi, Über Savignys Grundgedanken (Anm. 20), S. 891. Bei der abschließenden Einschätzung Takayanagis überwiegt wohl die philosophische Inspiration aus dem Neukantianismus mehr als der Eindruck von der Lektüre der geistesgeschichtlichen Beschreibung von Sokolowski.

Gen[60] gelesen hat, einen Kyotoer Philosophen, der vom gleichsam neukantianisch-metaphysischen Heinrich Rickert vieles aufgenommen hatte.[61] Zugrunde lag ein Konzept der mit der Naturwissenschaft konkurrierenden Kulturwissenschaft.

3.3 Suekawa, Tanaka und Nagaba

Savigny wurde auch im 1927 veröffentlichten Aufsatz[62] über die *Theorie des subjektiven Rechts bei Savigny* von Suekawa Hiroshi weiterhin als Wegbereiter der soziologischen Auffassung des Rechts vorgestellt.[63] Suekawa führte Savignys Begriff des subjektiven Rechts auf den des realitätsstiftenden Rechtsverhältnisses zurück. Damit deutete Suekawa wie bereits Kimura aber auch an, dass Savignys Theorie des subjektiven Rechts nicht allzu sehr individualistisch verstanden werden sollte.[64]

60 Tanabe Gen (1885–1962) war ein einflussreicher Kyotoer Philosoph, früher neukantianisch, später mehr und mehr hegelianisch. Er verkehrte unter anderem mit Husserl und Heidegger.

61 Takayanagi, Über Savignys Grundgedanken (Anm. 20), S. 913f. Zitiert wird Tanabe Gen, Handbuch der Wissenschaft, Tokio 1918 (田邊元『科學概論』), insbesondere die Stelle (S. 202ff.), wo der Begriff »Kulturwert« von Rickert erläutert wird. Zum »Kulturwert« vgl. etwa Heinrich Rickert, Kulturwissenschaft und Naturwissenschaft, 2. Aufl., Tübingen 1910.

62 Suekawa, Theorie des subjektiven Rechts bei Savigny (Anm. 21).

63 Suekawa Hiroshi (1892–1977) war ein wissenschaftshistorisch bedeutender Zivilist. Nach dem Abschluss des Jurastudiums 1917 an der kaiserl. Universität Kyoto wurde er daselbst Doktorand, 1920 a.o. Prof., dann folgte ein längerer Forschungsaufenthalt in Europa und den USA. 1925 wurde er o. Prof. für Zivilrecht. Er hat sich einen Namen gemacht mit einer Untersuchung über die unerlaubte Handlung. Bei der sog. Kyodai-Affäre im Jahre 1933 verließ er als Ausdruck des Protestes gegen die staatliche Intervention in die Autonomie der Universität und die Wissenschaftsfreiheit mit 6 weiteren Professoren die kaiserl. Universität Kyoto. 1940 wurde er, nach der Lehrtätigkeit als Dozent, o. Prof. an der Handelsuniversität Osaka (heute: die städtische Universität Osaka). 1920 wurde er von der Privatuniversität Ritsumeikan als Präsident (bis 1969) berufen. Er starb im Jahre 1977. Cf. Nishimura Nobuo, Meines Mentors Suekawa gedenkend, in: Jurist Nr. 635 (1977), S. 72–76 (西村信雄「末川先生を追悼する」ジュリスト635号). Suekawa hat 1933 mit dem Handelsrechtler Shô Takeda (1880–1954) die bis heute erscheinende repräsentative zivilrechtliche Zeitschrift (Minshôhô Zasshi) gegründet.

64 Savignys Wort »Recht im subjektiven Sinne« wird bei Suehiro als 「主觀的の意味における法律」 übersetzt, op.cit. S. 1192. In deutscher Rückübersetzung hieße es »Gesetz im subjektiven Sinne«. Es handelt sich nicht um eine Fehlübersetzung des Wortes »Recht«. Suekawa meidet hier das Wort 権利, obwohl er es im Titel seines Aufsatzes verwendet. Der Begriff des subjektiven Rechts stellt für Suekawa somit nur die Perspektive dar, die das Gesetz als

Die Auffassung, Savigny eine antiindividualistische und zugleich soziologische Auffassung des Rechts zuzuschreiben, wurde im 1930 publizierten Aufsatz von Tanaka Kôtarô[65] mit der neothomistisch anmutenden Naturrechtstheorie verbunden. Mit Blick auf Savignys Sitztheorie im internationalen Privatrecht[66] entdeckte Tanaka in Savigny einen gewissen Internationalismus oder vielmehr einen Hang zum Allgemeinmenschlichen über den staatlichen Rahmen hinweg, trotz der Unterstreichung der völkischen Eigenschaft des Rechts bei der Historischen Rechtsschule.[67] Dabei betonte er den theoretischen Zusammenhang zwischen der mit dem Rechtsverhältnis begrifflich sehr eng zusammenhängenden Rechtsquellenlehre und der Sitztheorie bei Savigny, um zu verdeutlichen, dass Savignys internationale Privatrechtstheorie im Gegensatz zur etatistischen Rechtsauffassung stehe.[68] Diese nichtetatistische Sichtweise Savignys sah Tanaka an jene Tradition des Naturrechts angeschlossen, die weniger in die rationalistische Aufkärung, als vielmehr ins christliche und mystische Mittelalter zurückreiche.[69]

1930 wurde die erste komplette Übersetzung von Thibauts *Nothwendigkeit* und Savignys *Beruf* durch Nagaba[70] auf der Basis des von J. Stern herausgegebenen Buches *Thibaut und Savigny*[71] erstellt. Die Einleitung von Stern wurde auch zusammenfassend übersetzt. Osaba wollte die berühmten, klassisch gewordenen Texte dem japanischen Leserkreis zugänglich machen. Diese Übersetzung blieb aber offenbar unbeachtet.

soziales Phänomen betrachten will. Konsequent übersetzt Suekawa »Rechtsverhältnis« als 「法律關係」, op. cit. S. 1193. Zurückübertragen ins Deutsche hieße es »Gesetzesverhältnis«. Bereits Kurusu hat scharf beobachtet, dass Suehiro seinen scheinbar soziologisch anmutenden Blick letztlich doch nur auf das staatlich gegebene Gesetzeswerk richtet, Kurusu Saburo, Vermögensrecht und Familienrecht im Zivilrecht (2), in: Hôgaku Kyôkai Zassi 61 (1943), S. 232–250 (来栖三郎「民法における財産法と身分法(二)」法學協會雜誌61巻), bes. 245 f. –– Diese Übersetzungspraxis dauert bis heute an, cf. Art. Rechtsverhältnis, in: Das neue juristische Lexikon, hg. von A. Takeuchi, K. Matsuo und H. Shiono, 3. Aufl. (1989), 1305 (項目「法律関係」『新法律学辞典』第三版所収). Übrigens ist es in letzter Zeit immer seltener geworden, überhaupt »Rechtsverhältnis« im japanischen Rechtslexikon zu erwähnen.

65 Tanaka, Internationalismus und Naturrechtsgedanke bei Savigny (Anm. 22). Zu Tanaka s. Wani Akira, Art. Tanaka, Kôtarô (1890–1974), in: Juristen (wie Anm. 6), S. 622.

66 Tanaka, Internationalismus und Naturrechtsgedanke bei Savigny (Anm. 22), S. 319–324.

67 Op. cit. S. 317, 328.

68 Op. cit. S. 319–324.

69 Op. cit. S. 342–347, bes. S. 345.

70 Nagaba, Kodifikationsstreit zwischen Savigny und Thibaut (Anm. 23). Von der Person Nagaba wissen wir leider nahezu nichts.

71 Jacques Stern (Hg.), Thibaut und Savigny, Berlin 1914.

4 Wende der Savigny-Forschung durch Fuchi?

Vor allem Fuchi hat dann eine Reihe von Savigny-Forschungen publiziert, auch wenn daneben Hirohama, Takikawa, Ishimoto und Terada jeweils Untersuchungen über Savigny veröffentlichten. Takikawas Aufsatz über *Feuerbach und Savigny*[72] ist für uns von gewissem wissenschaftshistorischen Interesse, da dieser Strafrechtler das Gesetzlichkeitsprinzip mit Feuerbach gegen Savigny und damit auch gegen die damals sehr verbreitete ›freiere‹ Interpretationsmethode zu verteidigen suchte. Leitstern für ihn war Radbruch. Seine Abhandlung ging jedoch kaum über die Zusammenfassung der Feuerbach-Monographie von Radbruch[73] hinaus. Dies ist vielleicht aus seiner damaligen Situation zu erklären, da er wegen einer als zu marxistisch angesehenen Aussage bei einem Vortrag 1933 nach Druck seitens des Kultusministeriums schließlich aus der Universität Kyôto austreten musste und als Rechtsanwalt tätig war. Die Veröffentlichungen von Hirohama und Terada[74] können wir schon angesichts ihres durch und durch didaktischen Charakters und auch angesichts ihrer offensichtlichen Gehaltlosigkeit übergehen. Bei der Schrift von Ishimoto handelt es sich um eine kleine Rezension eines sehr kurzen deutschen Aufsatzes über Savignys Irrtumslehre.[75]

Also bleibt uns noch, Fuchis[76] Untersuchungen zu betrachten. Er hat sich vor 1945 am intensivsten mit Savigny auseinandergesetzt. Demgemäß scheint hier

72 Takikawa, Feuerbach und Savigny (Anm. 28). Zu diesem streitbaren Strafrechtler s. Wani Akira, Art. Takikawa, Yukitoki (1891–1962), in: Juristen (Anm. 6), S. 620 f.

73 Gustav Radbruch, Paul Johann Anselm Feuerbach. Ein Juristenleben, Wien 1934.

74 Hirohama, Geburt der Historischen Rechtsschule (Anm. 27); Terada, Leben und Werke von Carl von Savigny (Anm. 35). Hirohama Yoshio (1892–1960) war bis zum Ende des Zweiten Weltkrieges Professor für Rechtstheorie an der kaiserl. Universität Tohoku. 1947 wurde er von der Universität verbannt, daraufhin war er als Rechtsanwalt tätig. 1952 wurde er jedoch von der Privatuniversität Aichi berufen. Vgl. seinen Lebenslauf in: Recht und juristische Didaktik. Gedächtnisschrift für Mentor Hirohama, Tokio 1962, S. 596–598 (『法と法学教育 廣濱先生追悼記念論文集』). – Vom Handelsrechtler und Praktiker, Terada Shirô (geb. 1886) können bislang Daten zu seinem Lebenslauf leider nicht erschlossen werden.

75 Rezensiert wurde Burkhard Oebike, Savignys Stellung in der Irrtumslehre, in: Deutsche Juristen-Zeitung 41 (1936), S. 879–881.

76 Fuchi Yasusi (1909–1944) wurde in Oita geboren, studierte Jura an der Universität Kyôto. Der Abschluss seines Studiums erfolgte im Jahre 1933. Ab 1934 als Doktorand an der privaten Universität Ritsumeikan (europäische Rechtsgeschichte). 1938 diente er im Heer. Er starb 1944. Vgl. Tsuneto Kyo, Die Unvergesslichen. Nr. 5: Erinnerung an Yasuo Fuchi, in: Hôritsujihô Bd. 35 (1963), S. 60–63 (恒藤恭「忘れえぬ人々 —— その五・終 淵定君の追憶」法律時報35巻).

auf den ersten Blick ein gewisser qualitativer Sprung in der Geschichte der japanischen Savigny-Forschung sichtbar zu sein. Gewiss hat er hartnäckig mit einigen, wenn auch nicht allen Texten Savignys bis zu seinem zu frühen Tode gerungen. Sein Durchdringen der Gedankenwelt Savignys ging so weit, dass er Landsbergs Einschätzungen Savignys anhand seiner eigenen Savigny-Lektüre zu kritisieren trachtete.[77] Dies ist bemerkenswert. Sicherlich hatte man in Japan auch bis dahin gelegentlich Meinungen der renommierten westlichen Forscher kritisiert, aber dann eben anhand der Meinungen anderer, gleichermaßen renommierter westlicher Wissenschaftler. Das war bei Fuchi nicht mehr der Fall. Ob man bei Fuchi von einer selbständigen Savigny-Forschung sprechen kann, ist aber eine Frage, auf die im Folgenden zu antworten ist.

Fuchis Augenmerk richtete sich ausschließlich auf die rechtsphilosophische Fragestellung, wie die Freiheit mit der Notwendigkeit in der Geschichte in Einklang gebracht werden kann. Diese Frage hat Fuchi direkt von seinem Lehrer, Tsunetô Kyô, übernommen.[78] Von der in der bisherigen japanischen

77 Besonders deutlich Fuchi, Savignys Rechtswissenschaft (Anm. 30).

78 Tsuneto Kyo, Verkehr zwischen Philosophie und Jurisprudenz, Tokio 1933, bes. S. 69 f. (恒藤 恭「哲學と法律學との交渉」): »Diejenigen, die zum deutschen Idealismus gehörten, haben die Frage, wie die Freiheit und die Notwendigkeit in der Geschichte gleichzeitig hergestellt werden können, als das gemeinsame geschichtsphilosophische Grundproblem erkannt, und zwar aus der folgenden Einsicht heraus, dass das Geschichtliche nicht wie das Natürliche der Herrschaft der Notwendigkeit unterliegen kann, denn während das Natürliche der Herrschaft der Notwendigkeit schlechterdings unterliegt, enthält das Geschichtliche die menschliche Tat. Savigny, dem Vertreter der Romantik in der Gesetzesphilosophie, war diese dem deutschen Idealismus grundlegende gemeinsame Frage in der Art aufgegeben, wie die Freiheit und die Notwendigkeit in der Entstehung und Entwicklung des Rechts gleichzeitig hergestellt werden können.« (「自然的なるものは単に必然の支配に服するに過ぎないに反して、歴史的なるものは人間の行為を含む。だから、後者は前者と同一の仕方で必然の支配に服するものではあり能はぬ」という見地にもとづいて、歴史における自由と必然との両立は如何にして可能であるか」といふことが、ドイツ観念論の人々によって共通の歴史哲学的根本問題とされた。/法律哲学の方面におけるロマンチック運動を代表したサギニーに対しては、斯かるドイツ観念論における共通の一根本問題は、「法の成立、発展において自由と必然とが如何にして両立し能ふか」といふ形式において課せられた。」) NB: Tsunetô sagt ausdrücklich, dass er in diesem kleinen Heft zwischen Gesetz (法律) und Recht (法) terminologisch nicht unterscheiden will, op. cit. 9. Daher sprach er auch von einer »Gesetzesphilosophie (法律哲学)«. – Zur Unterscheidung zwischen Natürlichem und Geschichtllichem etwa vgl. Rickert, Kulturwissenschaft und Naturwissenschaft (Anm. 61), S. 50–60, bes. S. 54 f. Zu Fuchis Übernahme dieser Fragestellung, cf. Fuchi, Zur Volksgeistlehre Savignys (Anm. 26), S. 980 f., S. 983, S. 985; ders., Savignys Rechtswissenschaft (1) (2) (Anm. 30), S. 717–719, S. 870–874; ders., Geschichtlichkeit des Rechts bei Savigny (2) (Anm. 31), bes. S. 1181; ders., Freiheit und Notwendigkeit bei Savigny (Anm. 34).

Savigny-Forschung konstanten Auffassung, Savigny die Vorreiterrolle für die evolutionistisch-soziologische Auffassung des Rechts zuzuschreiben, m. a. W. Savigny als bloßen Empiriker naturwissenschaftlicher Provenienz zu begreifen, war Fuchi sichtlich distanziert.[79] Fuchi will Savigny vielmehr aus dem geistesgeschichtlichen Kontext des deutschen Idealismus heraus verstehen. So unterstrich er immer wieder den Einfluss Schellings auf Savignys Volksgeistlehre.[80] Ein Widerhall der in Deutschland entstehenden geisteswissenschaftlichen Methode war hier deutlich zu vernehmen.[81] Fuchi war an einer privaten Universität in Kyôto (Ritsumeikan Uni.) als Dozent tätig. Die philosophisch gestimmte, in der damaligen japanischen Geisteswelt führende sog. »Kyôtoschule« war gegenüber den neueren Forschungstendenzen in Deutschland sehr empfänglich und aufgeschlossen. Der junge Fuchi atmete eben diese Luft.

Fuchis geisteswissenschaftlich angelegtes Interesse kollidierte schließlich mit seinem Drang zum Verstehen der Texte Savignys. Dies zeigt sich daran, dass seine anfänglich eher affirmative Haltung zu Savigny[82] zunehmend in eine negative[83] umgewandelt wurde. Eine Wende markiert vor allem sein zweiter längerer Aufsatz über *Savignys Rechtswissenschaft*. Hier versuchte er zu zeigen, dass entgegen der Ansicht Landsbergs, nach der dem Programm der Historischen Rechtsschule bei Savignys dogmatischen Werken keine ausschlaggebende Bedeutung zugeschrieben wurde, Savignys Einsicht in die Historizität des Rechts eben auch für seine Rechtswissenschaft konstitutiv sei.[84] Diese Behauptung will er begründen anhand einer »möglichst treuen Wiedergabe der Ansicht

79 Dies war ein Motiv dafür, dass er Landsbergs Ansicht, in Savigny den Evolutionismus zu sehen, bekämpfte, Fuchi, Savignys Rechtswissenschaft (1) (2) (Anm. 30), S. 719.

80 Ders., Zur Volksgeistlehre Savignys (Anm. 26), S. 977, S. 980 f.; ders., Antlitz von Savigny (Anm. 29), S. 452; ders., Savignys Rechtswissenschaft (1) (Anm. 30), S. 717; ders., Freiheit und Notwendigkeit bei Savigny (Anm. 34), S. 81–84.

81 Fuchis Abhängigkeit von Tsunetô ist sehr stark. Daneben zitiert er Rothacker, aber auch Kiyoshi Miki, der in Deutschland an Rickerts Seminar teilnahm und mit Heidegger und dessen Schüler Löwith verkehrte.

82 Fuchi, Zur Volksgeistlehre Savignys (Anm. 26); ders., Antlitz von Savigny (Anm. 29).

83 Savigny gegenüber deutlich kritischer geworden sind ders., Geschichtlichkeit des Rechts bei Savigny (1) (2) (Anm. 31); ders., Freiheit und Notwendigkeit bei Savigny (Anm. 34).

84 Cf. ders., Savignys Rechtswissenschaft (1) (Anm. 30), S. 716: 「能ふ限り忠實にサギニーの所説に依據して・・・明らかにしたい」; cf. auch ders., Zur Volksgeistlehre Savignys (Anm. 26), S. 978: Das Ziel der vorliegenden Abhandlung sei es, »Verständnis über Savignys Volksgeistlehre ein wenig zu vertiefen« (「サギニーの民族精神についての理解を些なりとも深め度い」).

Savignys«.[85] Es stellte sich aber heraus, dass in Savignys Darlegungen eine individualistische Ansicht unleugbar vorhanden war. Am Ende des Aufsatzes wurde Fuchi gegenüber Savigny deutlich kritischer. Er sagte, Savignys Ansicht stelle eine Kontinuität zum ahistorischen abstrakten Naturrecht sowie zur Kantischen Philosophie dar und sei inkompatibel zu seiner kollektivistisch angelegten Volksgeistlehre.[86] Ab dem nächsten Aufsatz bediente er sich nicht mehr der »möglichst treuen Wiedergabe der Ansicht Savignys«. Er will nun seine eigenen, Savigny gegenüber teilweise recht kritischen »Überlegungen« *über* Savignys jeweilige Ansichten[87] liefern.

In seinem letzten Aufsatz, der den Stellenwert der Freiheit und Notwendigkeit im Denken Savignys behandelt, verhehlte er seine theoretische Unzufriedenheit mit Savigny nicht mehr. Erstens wurde nämlich Savignys grundsätzlich individualistische Haltung, nach der das Subjekt des Rechts vor allem die natürliche Person sein soll, als naturrechtlich und ahistorisch, daher letztlich als der Historischen Rechtsschule widersprechend bloßgestellt.[88] Zweitens wurde eine gedankliche Parallelität zwischen der »absoluten Identität« Schellings und der Volksgeistlehre Savignys unterstellt.[89] Diese metaphysischen, nicht weiter analysierbaren Begriffe wurden dann von Fuchi deshalb kritisiert, weil sie nicht fähig seien, gesetzgeberische Tätigkeiten genügend zu würdigen.[90] Diese Kritik Fuchis ist zunächst einmal schwer nachvollziehbar und wird erst vor dem konkreten Hintergrund verständlich, dass Fuchi wiederum jene Ansicht seines Lehrers stillschweigend voraussetzte. Tsunetô nämlich hatte die etatistische Auffassung des Rechts eines Hegels dem romantischen Obskurantismus vorgezogen.[91] Hierauf basierend deutete Fuchi an, dass die Volksgeistlehre jener komplexen Gesellschaft, die die Gesetzgebung nötig hat, nicht gewachsen sein könne.[92]

Diese Deutung wirkt dennoch beim ersten Blick rätselhaft. In seinem ersten Aufsatz über Savignys Volksgeistlehre hatte Fuchi doch mit Nachdruck behauptet, dass sich Savignys Volksbegriff mit dem Begriff des Staates gar nicht decke,

85 Loc. cit.

86 Ders., Savignys Rechtswissenschaft (2) (Anm. 30), S. 874. Hier wieder mit Hinweis auf die Interpretation Tsunetôs.

87 Ders., Geschichtlichkeit des Rechts bei Savigny (1) (Anm. 31), S. 897: »über die Geschichtlichkeit des Rechts bei Savigny« (「サギニーに於ける法の歴史性について若干の考察を試みる」); ders., Freiheit und Notwendigkeit bei Savigny (Anm. 34), S. 73: »über Savignys Ansicht« (「彼の所説について、若干の考究を試みる・・・」).

88 Ders., Freiheit und Notwendigkeit bei Savigny (Anm. 34), S. 76.

89 Op. cit. S. 84.

90 Loc. cit.

91 Tsuneto, Verkehr zwischen Philosophie und Jurisprudenz (Anm. 78), S. 71.

92 Fuchi, Freiheit und Notwendigkeit bei Savigny (Anm. 34), S. 84.

sondern schließlich auf so etwas wie »internationalen Geist«[93] abgestellt sei. Diese Interpretation ist jedoch zunächst einmal nicht zwingend. Savigny sagte im *System* mit allem ihm typischen Vorbehalt am Ende doch ziemlich eindeutig: »Diese leibliche Gestalt der geistigen Volksgemeinschaft ist der *Staat*.«[94] Und ferner: »Vielmehr wird jedes Volk, sobald es als solches erscheint, zugleich als Staat erscheinen.«[95] Trotzdem unterstrich Fuchi wie früher Tanaka[96] die vermeintlich nichtetatistische internationale Seite der Theorie Savignys durchaus lobend. Und nun kritisiert er Savigny wegen seiner der Gesetzgebung fremden Volksgeisttheorie. Wo sah Fuchi dann die Gesetzgebungsmacht?

So viel ist sicher: Fuchis Angriff gegen die theoretische Schwäche Savignys in Bezug auf die Begründung der Gesetzgebung war offenbar nur theoretisch bzw. philosophisch gemeint, ohne jede ideologische Konnotation. Indes bleiben eben seine theoretisch sein wollenden Ausführungen dunkel. Sie werden erst dann erhellt, wenn man also doch den politischen Kontext heranzieht. 1932 trat Japan aus dem von der Logik des Staates geprägten Völkerbund aus, nachdem der Völkerbund gegen die japanische Okkupation der Mandschurei und die Gründung des Staates »Mandschukuo« protestiert hatte. Seitdem machte in Japan der Begriff »Regionalismus« eine große Karriere.[97] Eine Internationalität ohne den rigiden Begriff des souveränen Staates wurde als möglich und nötig erachtet. Und die gesetzgeberische Tätigkeit war selbstverständlich sehr rege, nicht nur in Japan, sondern auch in »Mandschukuo«, und zwar nicht parlamentarisch.[98] Aus diesem Hintergrund geht klar hervor, dass die Überlegungen dieses jungen durch und durch rechtsphilosophisch denkenden Kopfes peinlich genau dem realpolitischen Klima Japans entsprachen.

Danach wurde bis 1945, wie es scheint, keine nennenswerte Untersuchung über Savigny publiziert, und hiermit mag einstweilen eher aus pragmatischen Gründen die Geschichte der japanischen Savigny-Forschung abgebrochen werden.

93 Ders., Zur Volksgeistlehre Savignys (Anm. 26), S. 986–989: 「国際精神」.

94 F. C. Savigny, System des heutigen römischen Rechts, Bd. 1, Berlin 1840, S. 22.

95 Op. cit. S. 23.

96 Vgl. oben 3.3.

97 Dazu Mitani Taichiro, Zum Begriff des »Regionalismus« in Japan, in: ders., Krieg und Politik in der Moderne Japans, Tokio 2010, S. 85–109 (三谷太一郎「日本における「地域主義」の概念」同『近代日本の戦争と政治』所収); Asano Toyomi, Die koloniale Rechtsordnung vom japanischen Kaiserreich, Nagoya 2008 (浅野豊美『帝国日本の植民地法制』), bes. S. 390–489.

98 Mitani Taichiro, Verfassungsstruktur von Mandschukuo und die japanische Innenpolitik (zuerst 1992), in: ders., Krieg und Politik (Anm. 97), S. 111–153 (三谷太一郎「満州国国家体制と日本の国内政治」同『近代日本の戦争と政治』所収); Asano, Die koloniale Rechtsordnung (Anm. 97).

5 Epilog

In dieser Geschichte ist kein Versuch zu finden, Savignys Texte zu lesen. Es waren vielmehr die jeweiligen zeitgenössischen Ideologien, die die Japaner zur Lektüre Savignys geführt hatten. Sie haben dann zwischen den Zeilen der Texte Savignys die jeweilige Ideologie gefunden, und damit waren sie mehr oder minder zufrieden. Savigny wurde aktualisiert. Die Tendenz zur Aktualisierung Savignys reicht bis auf den heutigen Tag, nämlich bis zu den Aufsätzen eines Harashima,[99] eines Noda,[100] eines Kodama[101] oder eines Akamatsu.[102] Somit sind verschiedene modisch oder bewusst altmodisch aktualisierte Savignys entstanden.[103]

Erst mit den bahnbrechenden Savigny-Forschungen von Ishibe Masasuke seit dem Ende der 1970er Jahre ist die explizit historische Untersuchung über Savigny in Japan in Gang gesetzt, nämlich der Versuch, Savigny in seinen historisch-politischen Kontext einzubetten. Diese Untersuchung ist mit der Intention verbunden, das deutsche Recht weder als Vorbild zu preisen, noch völlig zu negieren, noch es gegen ein anderes, vermeintlich ›besseres‹ Recht, sei es amerikanisches, sei es französisches, sei es gar chinesisches umzutauschen, sondern eben das deutsche Recht *historisch* zu beobachten.[104]

99 Harashima Shigeyoshi, Was ist das juristische Urteil? Tokio 2002 (原島重義『法的判断とは何か』).

100 Ryuichi Noda, Zur Entstehung der Irrtumslehre Savignys, in: Ius Commune 16 (1989), 81–130; ders. (= Noda Ryuichi), Formung der Irrtumslehre Savignys, in: Harashima Shigeyoshi (Hg.), Formung der modernen Zivilrechtswissenschaft und die moderne Rechtstheorie, Fukuoka 1988, S. 229–280 (野田龍一「サヴィニー「錯誤」論の形成」， 原島重義編『近代私法学の形成と現代法理論』所収). Noda ist der Familienname.

101 Kodama Hiroshi, Die Grundlage der Rechtsquellenlehre für die klassische Privatautonomie, in: Harashima (Hg.), Formung der modernen Zivilrechtswissenschaft (Anm. 100), S. 119–204.

102 Akamatsu Hidetake, Das echte Abbild der deutschen Zivilrechtswissenschaft im 19. Jahrhundert, Kumamoto 1995 (赤松秀岳『19世紀ドイツ私法学の実像』); ders., Von der Historischen Rechtsschule zur Kodifikation, in: Ishibe Masasuke (Hg.), Die Kodifikation des deutschen BGB und die Rechtswissenschaft, Fukuoka 1999, S. 63–106 (赤松秀岳「歴史法学派から法典編纂へ」石部雅亮編『ドイツ民法典の編纂と法学』).

103 Die hier aufgezählten Wissenschaftler sind alle nicht Rechtshistoriker, sondern Privatrechtler vom Beruf. Es ist hier selbstverständlich davon abzusehen, dass die konkreten Erkenntnisse, die diese vier Forscher erbracht haben, an sich nützlich sind. Weiterhin ist ohnehin bemerkenswert, dass diese Privatrechtler klassische Texte wie die von Savigny mit einer besonderen Intensität lesen. Nur: Das ändert ihre im Text genannte Forschungstendenz keineswegs.

104 Zu Ishibes Savigny-Forschung ausführlicher Moriya Kenichi, Neuere deutsche Rechtsgeschichte in Japan. 2. Teil: Von 1980 bis zur Gegenwart, in: ZNR 31 (2009), S. 95–131, bes. III.

Vor 1945 aber hatten die japanischen Savigny-Forschungen in den Texten Savignys nur das Lebendige mit Ausscheidung des Toten herausgelesen. Gewiss, es war Savigny selbst, der das Auffinden des Lebendigen mit Ausscheiden des Abgestorbenen als Postulat formuliert hatte.[105] Dazu forderte er aber doch auf, den historischen Zusammenhang aufzudecken, der »die Gegenwart an die Vergangenheit knüpft«.[106] Ihm war nicht nur das Lebendige, sondern auch der historische Sinn wichtig; er war schließlich Gründer der geschichtlichen Rechtswissenschaft. Man darf aber auch von Savignys methodischem Credo absehen. Seine Texte, aus denen heraus Savignys Gedanke hervorgeht, sind vor jenem historischen Hintergrund zu beleuchten, dessen volles Ausmaß der Verfasser nie erkennen konnte. Die Geschichte darf die Gegenwart gegen den Strich bürsten und sich mit gutem Recht für das als abgestorben Geltende interessieren. Genau dazu wollte sich aber die japanische Savigny-Forschung nicht gesellen; sie will es zum Teil sogar heute noch nicht. Das hier Vorgetragene bietet somit ein ziemliches Indiz dafür, wie stark der psychische Druck, immer aktuell zu sein, auf die Rechtswissenschaft seit 1880 bis auf 1945 gewesen ist, und der Basso Ostinato dieses Drucks war und bleibt eben vielleicht antiliberal.

Kenichi Moriya
(sprachlich überarbeitet von Joachim Rückert)

105 Vgl. nur Friedrich Carl von Savigny, System des heutigen römischen Rechts, Bd. 1 (1840), XV.

106 Loc. cit.

Die Bedeutung von Savignys Rechtslehre für die moderne Rechtsreform im chinesischen Sprachraum*

A. Einführung

Die Werke von Friedrich Carl von Savigny (1779–1861) sind bekannterweise als die moderne Errungenschaft der deutschen Rechtswissenschaft im chinesischen Sprachraum angenommen. Sie gehörten und gehören immer noch zu dem Kern des Lehrstoffes für die grundlegende Methodenlehre in der Juristenausbildung. Die Juristen haben meist, nach meiner Erfahrung bereits zu Beginn ihres Jurastudiums, die Gelegenheit, sich bei dem »Einführungskurs in die Rechtswissenschaften« vom Namen Savignys beeindrucken zu lassen. Dies ist deshalb nicht ungewöhnlich, weil die deutsche bzw. kontinental-europäische Rechtskultur seit etwa 1907 bis heute weitgehend die Grundlage der juristischen Theorie und Praxis darstellt.

1907 wurde das deutsche BGB von Chung-hui Wang ins Chinesische übersetzt, dem ersten modernen chinesischen Rechtsgelehrten, der in den USA promoviert und auch in Deutschland studiert und gearbeitet hatte. Wang veröffentlichte 1917 einen Artikel über die Rechtsreform in China, in dem er als Vorsitzender der Kommision für die Kondifikation Chinas nicht nur über die Modernisierung des Rechtssystems bzw. die Kodifikation berichtete, sondern auch historische Betrachtungen einbezog.[1] 1931 trat der erste *codex iuris*, das chinesische »Bürgerliche Gesetzbuch« in Kraft, das als die große Leistung der Rechtsreform der chinesischen Regierung vor der Zivil- und Weltkriegszeit galt und bis heute in Taiwan geltendes Recht ist. Die deutschen Einflüsse auf den Kodifikationsprozess zu der Zeit waren paradoxerweise mit dem Interesse für das römische Recht und dem Verständnis seiner systematischen Konstruktion durch

* Die Verfasserin Miaofen Chen ist *associate professor* an der Fakultät für Rechtswissenschaften der National Universität Taiwan.

1 Siehe Wang Chung-Hui, Law Reform in China, in: The Chinese Social and Political Science Review (1917), S. 13–21.

die historische Auffassung verbunden, obwohl der Name Savignys und der Historischen Rechtsschule noch unbekannt blieb. Es gab damals nur verstreute Darstellungen von Begriffen und des Namens Savignys in Lehrbüchern, die sich mit römischem Recht befassten.

Die Schriften Savignys bzw. Darstellungen der Historischen Rechtsschule sind vergleichsweise sehr spät ins Chinesische übersetzt worden. 1999, wie es heute zu sehen ist, erfolgte die erste chinesische Übersetzung von Savigny, »System des heutigen Römischen Rechts«, Bd. 8: Herrschaft der Rechtsregeln über die Rechtsverhältnisse (1849).[2] Die Lehre Savignys, vor allem die Lehre der Auslegung im Rahmen der Historischen Rechtsschule, steht heute in fast allen chinesischen Lehrbüchern, die sich mit den Grundkenntnissen der Rechtswissenschaften befasst haben. Savigny gilt also als der erste klassische Repräsentant der deutschen Rechtswissenschaftler, während die meisten chinesischsprachigen Juristen heutzutage andere Vorgänger, wie etwa Max Weber oder Gustav von Hugo usw., kaum als Rechtswissenschaftler erkennen.

Bemerkenswert ist auch, dass Savigny oft auf einseitige Weise als der Vertreter der deutschen Rechtsdoktrin bekannt ist. Das heißt: Man hat Savigny gewissermaßen so verstanden, dass er sich das Rechtssystem als eine statische Einheit vorstellte und dafür verschiedene, den Sinn des Rechtsgesetzes entschlüsselnde Auslegungsmethoden entwickelte, nämlich die grammatische, historische, systematische und philosophische (oder teleologische) Auslegung.[3]

Es fehlt also bisher ein klares Bild der Theorie und Persönlichkeit Savignys. Forschungen über Savignys Werke und ihre Entstehungsgeschichte bzw. -bedingungen gibt es bislang in der chinesischen Sprachwelt noch sehr wenige. In Bibliotheken findet man heutzutage auch nicht alle Werke Savignys, was wahrscheinlich mit der Schwierigkeit seiner Sprache zusammenhängt. Einige wichtige Werke Savignys, die sich in der Bibliothek der Juristischen Fakultät an der National Taiwan Universität befinden, wie z.B. *Das System des heutigen Römischen Rechts* (1840–1849), sind aus der Zeit vorhanden, in der Taiwan unter japanischer Herrschaft stand.[4] Vermutlich waren die früheren Übersetzer der Schlüsselworte Savignys auch von japanischen Übersetzungen inspiriert, deren Wortprägungen zum großen Teil bis heute wirksam sind.

2 Siehe Anhang VII., Nr. 1 (S. 472).

3 Inzwischen sind die »Kanones« der Auslegung Savignys, d.i. diese Vierzahl bekannt, vor allem durch die neueren deutschen Schriften bezüglich der Rechts- bzw. Methodenlehre; siehe z.B. Heiko Sauer, Juristische Methodenlehre, in: Julian Krüper (Hg.), Grundlagen des Rechts, Baden-Baden 2011, S. 168–186. Es fehlt jedoch eine genaue Vorstellung der Kanones bei Savigny selbst, soweit man ihn sowohl in der deutschen als auch in der chinesischen Literatur nur als Quelle der ursprünglichen Methodenlehre erwähnt.

4 Dies bezieht sich auf die japanische Kolonialzeit in Taiwan von 1895 bis 1945.

Eine genauere und kritische Nachprüfung des Übersetzungsresultats scheint m. E. erst möglich, wenn die Rezeption über Savigny und die Historische Rechtsschule wirklich in der chinesischen Sprachwelt vorkommt. In der vorliegenden Arbeit möchte ich zuerst die Rezeptionsgeschichte der Werke Savignys im chinesischen Sprachraum darstellen, wobei nicht nur die Übersetzungen, sondern auch interessante Forschungen berücksichtigt werden, die Savignys Theorie im Sinne einer Rezeption dargestellt und verarbeitet haben. Dementsprechend wird versucht, eine Zwischenbilanz zur Rezeptionsgeschichte Savignys vorzustellen.

B. Savigny-Rezeption im chinesischen Sprachraum

Im Folgenden sind zuerst die fünf Phasen der Rezeptionsgeschichte von Savignys Werken und Theorien zu skizzieren.

- Die erste Phase: die Rezeption der kontinental-europäischen Rechtstradition der Historischen Rechtsschule bzw. der Lehre Savignys.
  In der Zeit der Modernisierung des chinesischen Rechtssystems seit Ende des 19. Jahrhunderts war eine Rezeption des deutschen Rechts für die Kodifikation des reformierten chinesischen Rechts von entscheidender Bedeutung. Die Lehren Savignys und der Historischen Rechtsschule wurden zunächst durch den Rezeptionsprozess allmählich als Bestand der gesamten kontinental-europäischen Rechtstradition eingeführt. Publikationen aus dieser Zeit sind jedoch fast alle mit den Kriegen und später der maoistischen Kulturrevolution verloren gegangen. Ihre Wiederentdeckung ist nur teilweise möglich.
- Die zweite Phase: die Erforschung des römischen Rechts.
  In der Folge der Erforschung des römischen Rechts anfangs des 20. Jahrhunderts wurde Savigny zitiert, aber ohne genaue Darstellung seiner Werke und Gedanken. Einzelne wichtige Lehrbücher über das römische Recht, die in dieser Phase entstanden sind, haben inhaltlich viele Ähnlichkeiten miteinander. Dies liegt daran, dass ihre Autoren fast alle Schüler von Louis Dupriey waren, dem belgischen Professor und Spezialisten für das römische Recht.[5] Es ist allerdings anzumerken, dass die chinesischen Autoren sich bei der Erforschung des römischen Rechts zwar nicht unmittelbar mit der deutschen Literatur bezüglich der einschlägigen Werke Savignys beschäftigt

5 Wichtige Autoren sind beispielsweise Chaobi Chen (陳朝壁) und Nan Zhou (周楠). Chen ist vor allem mit seinem zweibändigem Werk »Die Grundlage des römischen Rechts« (《羅馬法原理》, die erste Auflage erfolgte 1937, ein Nachdruck in Taiwan nach dem Krieg 1965, eine Wiederentdeckung in China ist im Gange) bekannt geworden.

haben, ihre Beiträge in diesem Gebiet jedoch die breiten Bedürfnisse und das Interesse für die systematische Untersuchung Savignys bei der späteren Generation in China wie in Taiwan vorbereitet haben.

- Die dritte Phase: die Forschung der juristischen Methodenlehre.
  In der Folge der Befassung mit der rechtwissenschaftlichen Methode von 1960 bis heute sind Savigny und die Historische Rechtsschule als Ursprung der Auslegungsmethode bekannt geworden, vor allem durch die Schriften in Bezug auf die Methodenlehre von Karl Engisch und Karl Larenz, aber auch durch die rechtsphilosophische Darstellung von Arthur Kaufmann und Ralf Dreier usw. Die Schlüsselworte Savignys sind stark zusammenhängend mit den methodologischen wie den erkenntnistheoretischen Verständnissen des Rechts ins Chinesisch übersetzt worden. Einzelne Beispiele sind im Folgenden zu veranschaulichen, um dies deutlich zu machen.
- Die vierte Phase: die rechtsgeschichtliche Forschung.
  Infolge der Forschungen zur Rechtsgeschichte Europas sowie Chinas und Taiwans seit etwa 1990 bis heute sind Savigny und die Historische Rechtsschule vor allem für Begriffe wie *Volksgeist* und *historische Auslegung* usw. bekannt. Allerdings stellt man die Begriffe nicht genau dar, sondern verwendet sie vielmehr nur als Stichworte. In China gibt es zur Zeit zunehmendes Interesse für die historisch-systematische Untersuchung der kontinentaleuropäischen Rechtstradition. Es scheint vielen Gelehrten, dass das Recht sich in China durch eine sorgfältige Komparativstudie immer lebendiger und zeitgerechter bilden könnte. Dies hat zu der nachfolgenden Übersetzungswelle Savignys geführt, was viele neue Aspekte des Rechtsvergleichs in Diskussion gebracht hat.
- Die fünfte Phase: Übersetzungswelle.
  Infolge der chinesischen Forschungs- bzw. Übersetzungswelle bezüglich der deutschen Rechtsliteratur seit etwa 2000 sind nicht nur die Schriften von Savigny, sondern auch die von Franz Wieacker, Karl Larenz, Gustav Radbruch, Hans Kelsen, usw. ins Chinesische übersetzt worden.[6] Es wird auch die neuere Forschung über Savigny und seine Wirkungsgeschichte berücksich-

6 Die Übersetzung umfasst die folgenden wichtigen Werke: HANS KELSEN, Principles of International Law, 2. Aufl.,《國際法原理》(Übersetzer unbekannt), Jie-gou Verlag, Taipei, 1992; FRANZ WIEACKER, Privatrechtsgeschichte der Neuzeit,《近代私法史》, übersetzt von Ei-er Chen und Jien-hui Huang (陳愛娥, 黃建輝), Wu-nan Verlag, Taipei, 2007; Karl Larenz, Methodenlehre der Rechtswissenschaft,《法學方法論》, übersetzt von Ei-er Chen (陳愛娥), Wu-nan Verlag, Taipei, 2008; GUSTAV RADBRUCH, Einführung in die Rechtswissenschaft,《法學導論》, übersetzt von Yi-pin Wang und Hung-tao Lin (王怡蘋, 林宏濤), Shang-zhou Verlag, Taipei, 2011.

tigt, denn seine Zeit liegt schon weit zurück und eine zeitgemäße Interpretation Savignys erscheint nur mit Hilfe von »Savignyana« möglich.[7]

Die verschiedenen Phasen der Rezeptionsgeschichte zeigen nicht nur die Reihenfolge der übersetzten Werke Savignys, sondern auch die Problematik, die sich jeweils auf das Verständnis der zu übersetzenden Werke beziehen sollte. Da die Historische Rechtsschule und ihre Theoriebildung durch Savigny noch immer schwierig für nicht-deutschsprachige Leser erscheinen, muss das Verständnis ihrer Begriffe in erster Linie mit ihren spezifischen Wortbildungen zu tun haben. Diese hängen wiederum eng mit den zentralen Schlüsselworten zusammen, wie beispielsweise den Begriffen »Volksgeist« und »das natürliche Recht« usw. Eine kurze Übersicht über einige Begriffe, welche in chinesischen Übersetzungen verbreitet und weitgehend übernommen sind, ist an dieser Stelle nötig, um ihre Bedeutung für die modernen Rechtsverständnisse im chinesischen Sprachraum weiter erläutern zu können.

Einige zentrale Schlüsselworte Savignys, parallel mit der jeweiligen chinesischen Übertragung, sind beispielsweise folgende:

(1) »Volksgeist« als »民族精神«, d. h. lebendige Denkweise einer Nation.

(2) »Volksgeschichte« als »民族歷史«, d. h. die Geschichte einer Nation.

(3) »Beruf« als »職業« oder »使命«, d. h. dauerhafte Arbeit bzw. Position in einer Gesellschaft, oder Aufgabe.

(4) »Besitz« als »占有«, d. h. eine Sache in eigener Gewalt zu haben.

(5) »System des Rechts« als »法的體系«, d. h. einheitliche, vollständige und oft statische Konstruktion des Rechts.

(6) »Das natürliche Recht« als »自然（的）法«, d. h. das Recht, das sich aus der Natur ergeben hat und nicht mit äußerlichen Gewalten oder Zwängen importiert worden ist.

(7) »Das Recht« als »法«, »權利« oder »法權«, d. h. das objektive Recht, das subjektive Recht oder das sowohl objektive als auch subjektive Recht.

(8) »Die Auslegungsmethode« als »解釋方法«, d. h. die Art und Weise, wie man einen Text bzw. eine Regel interpretiert.

Jedes dieser Schlüsselworte ist, allerdings mit gewissen Vorverständnissen, in die Fremdsprache übertragen. Es gibt in den letzten fünf Jahren umfangreiche Übersetzungsversuche in der chinesischen Literatur, und sie zeigen gerade die

7 Der Aufsatz von Joachim Rückert, The Unrecognized Legacy, Savigny's Influence on German Jurisprudence after 1990, in: The American Journal of Comparative Law (1989), ist in diesem Zusammenhang ins Chinesische übersetzt und zitiert worden; siehe Rückert, 〈未被認識到並且未獲承認的精神遺產：薩維尼對於1900以後的德國法學的影響〉, übersetzt von Zhangren Xue (許章潤), in: *Savigny and the School of Historical Jurisprudence* (《薩維尼與歷史法學派》), hrsg. v. Zhangren Xue, Guangxi Normal University Press 2004, S. 358–381.

Vielfältigkeit von solchen Vorverständnissen. Diese lassen sich m. E. in drei Richtungen betrachten, je nachdem wie die Übersetzer/innen sich jeweils mit den Schlüsselworten der Savigny-Forschung vertraut gemacht haben.

Wie erwähnt, hängt die Interpretation von Schlüsselworten eng mit den methodologischen wie erkenntnistheoretischen Verständnissen zusammen. Es sind ihre Übersetzungen in drei Erkenntnisarten zu unterscheiden, wobei sich nicht jede streng voneinander abgrenzen lässt. Sie sind vielmehr aufeinander bezogen, so dass die Bedeutung eines Schlüsselwortes am besten durch eine Übersicht der Gedanken Savignys interpretiert werden kann.

C. Schlüsselworte Savignys und ihre Bedeutung

Die verschiedene Erkenntnisart von Schlüsselworten steht jedoch ihrerseits in einem besonderen konkreten Kontext, der die Lehre Savignys zu überspringen und die chinesischen Leser sowohl zum Wissen als auch zum Verwenden fortzuführen vermag.

1. Allgemeine Schlüsselworte

Schlüsselworte (original)	Fundstelle	Übertragung (chinesisch)	Interpretation
das Recht im objektiven Sinne	Anhang Nr. 96–100, unten S. 472–474	法	allgemein sinngemäß verwendet
das Recht im subjektiven Sinne	Ebda.	權利	allgemein sinngemäß verwendet
Rechtssystem	Ebda.	法律體系	allgemein sinngemäß verwendet
Volksgeist	Ebda.	民族精神	das »Volk« wird verstanden i. S. v. »people« im Englischen
Gemeinsame Überzeugung des Volkes	Yu (2011)[8]	民族的共同意識	unbestimmt und manchmal spezifisch i. S. v. »common consciousness of a people« verwendet
Nation	Ebda.	國族	ähnlich wie »Staatsvolk« interpretiert

8 Lue-xue Yu (余履雪), »Deutsche Historische Rechtsschule: Methode und Tradition« (《德國歷史法學派：方法與傳統》), Tsing-Hua University Press, 2011, S. 89.

das gleiche Gefühl innerer Notwendigkeit	Yu (2011)[9]	來自民族內部的必然-要求的情感	unbestimmt und manchmal spezifisch i. S.v. »Gefühl eines Volkes für seine notwendigen Erfordernisse in sich selbst« interpretiert

Zur Darstellung der allgemeinen Begriffe Savignys verwendet die Autorin Lue-xue Yu, um ein Beispiel zu nennen, in ihrer Monographie über die deutsche Historische Rechtsschule die wörtliche Übersetzung des folgenden Textes von Savigny:

> »... es sind nur einzelne Kräfte und Tätigkeiten des einen Volkes, in der Natur untrennbar verbunden, und nur unserer Betrachtung als besondere Eigenschaften erscheinend. Was sie zu einem Ganzen verknüpft, ist die gemeinsame Überzeugung des Volkes, das gleiche Gefühl innerer Notwendigkeit, welches allen Gedanken an zufällige und willkürliche Entstehung ausschießt.« (Savigny, Vom Beruf unserer Zeit für Gesetzgebung und Rechtswissenschaft, Heidelberg, 1814, S. 8.)

Wie viele Interpreten/innen im chinesischen Sprachraum zeigt Yu ein ähnliches Verständnis der Schlüsselworte *»das gleiche Gefühl innerer Notwendigkeit«*, das ein Volk zu einem Ganzen verknüpft, indem sie es als »notwendige Erfordernisse (必然要求) eines Volkes in sich selbst« übersetzt und somit interpretiert. Die Interpretation macht die Unbestimmtheit der ursprünglichen deutschen Worte deutlicher und konkreter, jedoch scheint sie missverständlich zu sein oder gar eigenwillig. Denn für Savigny bleibt der Begriff *»innere Notwendigkeit«* umstritten, und dafür scheint sie eine wörtliche Übersetzung wie »內在必要性« im Chinesischen (d. h. »inner necessity« im Englischen) zu bevorzugen.

Die Schlüsselworte *»innere Notwendigkeit«* betreffen also hier einen psychologischen Zustand des Volkes, welcher einer dialektischen Erklärung aus geistig-historischer Hinsicht bedarf. Die erwähnte chinesische Übertragung hat sie aber spezifisch in ein unbestimmtes psychologisches Verständnis des Volksgefühls umgewandelt und lässt deshalb kaum noch Raum für die treffende Erklärung des Begriffs.

Die Schwierigkeit der Übersetzung von solchen abstrakten Begriffen wie »Volksgeist« und »innere Notwendigkeit« ist gewissermaßen auch den chinesischen Gelehrten so weit bekannt, dass die Forschung über Savignys Werke und Gedanken in Zukunft um so dringender ermuntert sein sollte. Im Gegensatz dazu steht die Übersetzung von Schlüsselworten bezüglich »Rechtsquelle« und »Auslegungsmethode« unter chinesischen Gelehrten sowie Praktikern weitgehend in der Diskussion und ihre Verwendung gehört zum Bestand der juristischen Ausbildung.

9 Lue-xue Yu (余履雪), a. a. O.

2. Schlüsselworte bezüglich der »Rechtsquelle«

Schlüsselworte (original)	Fundstelle	Übertragung (chinesisch)	Interpretation
Wissenschaftsrecht	Anhang Nr. 96–100, unten S. 472–474	科學法	unbestimmt und manchmal spezifisch i. S. v. »law of science« verwendet
Rechtsbildung	Ebda.	法的形成	allgemein sinngemäß verwendet
römisches Recht	Ebda.	羅馬法	allgemein sinngemäß verwendet
nationales Recht	Ebda.	民族法	allgemein sinngemäß verwendet
gesetzliches Recht	Ebda.	成文法	allgemein sinngemäß verwendet
gesetzliches Recht	Ebda.	不成文法	allgemein sinngemäß verwendet
Gewohnheitsrecht	Ebda.	習慣法	allgemein sinngemäß verwendet
das natürliche Recht	Ebda.	自然法	allgemein sinngemäß verwendet
Rechtsquelle	Ebda.	法的淵源	allgemein sinngemäß verwendet
das positive Recht	Ebda.	實證法(oder 實定法)	allgemein sinngemäß verwendet
das positive Recht	Anhang Nr. 97, unten S. 472	實在法	unbestimmt und hier spezifisch i. S. v. »tatsächlich existierendes Recht« verwendet

In der Rechtsquellenlehre gibt es, wie oben dargestellt, für die Schlüsselworte »*positives Recht*« drei übliche Übersetzungen: die meist verwendete ist »實證法« (d. i. »tatsächlich geltendes Recht«), während einige Interpreten/innen es auch als »實在法« oder »實定法« übersetzten.

Der chinesische Interpret Zhang-ren Xue, der das Werk Savignys »Vom Beruf unserer Zeit für Gesetzgebung und Rechtswissenschaft« 2001 ins Chinesische übersetzte und sich in den letzten Jahren für die Forschung über Savigny und die deutsche Historische Rechtsschule eingesetzt hat, verwendet beispielsweise die chinesische Übersetzung »實在法« (verstanden i. S. v. »tatsächlich existierendes Recht«) für die Worte »positives Recht«.[10] Dies ist relativ ungewöhnlich im Gegensatz zu den anderen zwei Verwendungsweisen, da für das Verständnis vom »*positiven Recht*« die Begriffe »實證法« (»tatsächlich geltendes Recht«) oder »實定法« (»tatsächlich mächtiges Recht«) im Laufe der Zeit mit der Strömung des Rechtspositivismus im chinesischen Sprachraum bereits eine prägende Rolle

10 Siehe Anhang 2.

gespielt haben. Es ist vielleicht mehr eine Geschmackssache als echte fachliche Diversität, welche der drei Übersetzungen man verwendet, denn sie sind begrifflich nicht ganz deutlich voneinander zu unterscheiden.

3. Schlüsselworte bezüglich der »Auslegungsmethode«

Schlüsselworte (original)	Fundstelle	Übertragung (Chinesisch)	Interpretation
Natur der Sache	Anhang Nr. 96–100, unten S. 472–474	事物本質	allgemein als Stichwort verwendet
Elemente des Rechts	Ebda.	法的要素	allgemein sinngemäß verwendet
abstrakte Elemente des Rechts	Ebda.	法的抽象要素	allgemein sinngemäß verwendet
konkrete Elemente des Rechts	Ebda.	法的具體要素	allgemein sinngemäß verwendet
öffentliches Recht	Ebda.	公法	allgemein sinngemäß verwendet
das Privatrecht	Ebda.	私法	allgemein sinngemäß verwendet
Kirchenrecht	Ebda.	教會法	allgemein sinngemäß verwendet
Auslegungsmethode	Ebda.	解釋方法	allgemein sinngemäß verwendet
historische Auslegung	Ebda.	歷史解釋	allgemein sinngemäß verwendet
grammatikalische Auslegung	Ebda.	文法解釋	allgemein sinngemäß verwendet
philosophische Auslegung	Ebda.	哲學解釋	allgemein sinngemäß verwendet
systematische Auslegung	Ebda.	體系解釋	allgemein sinngemäß verwendet

Die Auslegungsmethode und der Systemgedanke Savignys gehören zum wichtigsten Bestand der Lehren von der deutschen Historischen Rechtsschule. Ihre Schlüsselworte sind in zahlreichen Darstellungen im Chinesischen ausgeführt worden. In der erwähnten dritten Phase der Rezeptionsgeschichte Savignys erfolgte die bis heute immer noch wirksame Übersetzung von Schlüsselworten wie z. B. »Rechtssystem«, »Auslegungsmethode«, »Rechtsbildung«, »historische Auslegung« usw.

Infolge der Forschung über juristische Methodik von 1960 bis heute sind Savigny und die deutsche Historische Rechtsschule als Begründer der Auslegungstheorie bekanntgemacht worden. Sie sind teilweise in den Schriften über juristische Methodenlehre von Karl Engisch und Karl Larenz, und auch in den rechtsphilosophischen Werken von Arthur Kaufmann, Ralf Dreier usw. enthalten und wurden zuerst durch die Darstellungen dieser Autoren in die chinesische Interpretation mit eingebracht. Die Schlüsselworte Savignys sind deswegen von Anfang an mit methodologischen und erkenntnistheoretischen Verständnissen des Rechts eng zusammenhängend ins Chinesische übertragen worden. Die Begriffe »Natur der Sache«, heute als »事物本質« (»Wesen einer jeglichen Sache«) und »Gewohnheitsrecht«, heute als »習慣法« (»nichtgesetzliches Recht, mit dem die Leute gewöhnlich leben«) übersetzt, haben wie viele andere Beispiele ihre eigenen chinesischen Wortprägungen erhalten.

D. Zwischenbilanz

Von einer Problematik der Begriffsübertragung Savignys ins Chinesische im Allgemeinen wie im Einzelnen zu sprechen ist noch viel zu früh. Denn die Übersetzungs- bzw. Forschungswelle von Savignyana hat erst in der letzten Zeit angefangen. Es sind an dieser Stelle nur einige Fragen, die in der neueren Übersetzung und Interpretation der Lehre Savignys auftauchen, im Folgenden zu erwähnen, ohne jedoch eine Antwort zu geben. Die meist beeindruckende Frage ist nämlich, ob die marxistische Kritik am Begriff »*Geschichte*« bei Savigny ein »Totschlag« auch für die deutsche Historische Rechtsschule insgesamt ist?

Und wenn man sich mit der ersten Frage, also dem Zweifel über »Geschichtlichkeit« bei Savigny ernsthaft beschäftigt, scheint die zweite Frage unabwendbar: Da das Übersetzungs- bzw. Forschungsinteresse stetig zugenommen hat, sollte man deswegen von einer »Renaissance« oder dem »Beginn der Rezeption« Savignys in der chinesischen Literatur sprechen? Dies hängt mit der letzten Frage zusammen: Was kann man von Savignys Werken heute noch lernen? Nur noch das »System des Römischen Rechts« durch dessen Übersetzung und Interpretation?

Sein Kanon der Auslegungsmethoden scheint überholt zu sein. Mit der »Vermehrung der anerkannten Auslegungsmethoden« lässt sich über die Bedeutung der Rechtslehre Savignys für die gegenwärtigen Rechtsverständnisse streiten.[11] Man bewundert heute zwar immer noch seine Werke und Gedanken, dennoch bleibt die tiefe Ungewissheit, ob sich Savigny bei der Rezeption als Aufklärer, Konservativer, Reaktionär oder Vermittler der modernen Rechtsgedanken, also als Lokalist, Nationalist, Globalist oder wieder zu erlebender Internationalist, bezeichnen lässt.

Miaofen Chen
(sprachlich überarbeitet von Joachim Rückert)

11 Siehe z. B. Arthur Kaufmann, Problemgeschichte der Rechtsphilosophie, in: Ders. u. a. (Hg.), Einführung in Rechtsphilosophie und Rechtstheorie der Gegenwart, 8. Aufl., Heidelberg 2011, 26–147, S. 103.

Schlusskommentar und Zusammenfassung

Savigny in der Fremde – einige summarische Betrachtungen

I. Das Konzept der Tagung

Auf Einladung von Thomas Duve und Joachim Rückert trafen sich vom 24. bis zum 26. Oktober 2011 renommierte Savigny-Forscher aus Brasilien, China, England, Frankreich, Italien, Japan, Korea, Russland, Schweden und den USA, um mit deutschen Kollegen über den Einfluss Savignys in ihren Heimatländern zu diskutieren. Anlass war der Todestag Savignys, der sich am 25. Oktober zum 150. Mal jährte. Im Zentrum stand die Herausarbeitung internationaler Savigny-Bilder. Um sich nicht in Diskussionen um den »richtigen« und den »falschen« Savigny zu verlieren, wurden den Teilnehmern drei »Zugriffe« gegeben, die Savignys Sprache als Vergleichsobjekt betonten: (1) Die Zusammenstellung und Analyse bestehender Übersetzungen; (2) die Ermittlung der Bilder, die man sich jeweils von Savigny machte; (3) eine Analyse bestimmter »Schlüsselworte« in Savignys Werk.

In der Umsetzung erwies sich dieses Rahmenkonzept als außerordentlich fruchtbar. Die Tagung konnte mit einer Reihe von Ergebnissen aufwarten, die aus deutscher Perspektive überraschten. »Unser« Savigny sah im Ausland oft ganz anders aus.

II. Übersetzungen der Werke Savignys

Einen methodisch besonders anspruchsvollen Zugang bot die Übersetzungsperspektive.

1. Übersetzungen als Mittler

Es ging zunächst darum, die Aufgabe von Übersetzungen innerhalb der jeweiligen Kommunikation über Savigny zu bestimmen. Vor allem Thiago Reis nahm hierfür die von Thomas Duve vorgeschlagene »Priorisierung des Lokalen« als konzeptionellen Orientierungspunkt auf. Einigkeit herrscht zwischen den Autoren in der Erkenntnis, dass ohne eindringliche kontextuale Einbindung keine fundierten Aussagen über die Bedeutung und den Inhalt von Übersetzungen getroffen werden können (hierzu Dufour, Alix, Reis).

Dies zeigt sich bereits bei der Gefahr, die Bedeutung von Übersetzungen zu überschätzen. Übersetzungen spielten dort keine Rolle, wo Deutsch als Wissenschaftssprache die Lektüre der Originale zuließ. Am deutlichsten wird dies in den nordischen Ländern, in denen Savigny überhaupt nicht übersetzt, sondern im Original gelesen wurde (Björne, Sandström). In Japan (Akamatsu) und im angloamerikanischen Raum (Reimann) existierten im 19. Jahrhundert offenbar unter führenden Rechtswissenschaftlern und Richtern ebenfalls zumeist hinreichende Deutschkenntnisse. Gleichwohl finden sich in beiden Ländern Übersetzungen. Bisweilen waren solche Übersetzungen bloße aus literarischem oder schlicht privatem Interesse. Verbreitete Originallektüre der Fachleute konnte daher besonders schwache Übersetzungen nach sich ziehen, wenn die Fachwelt sich daran nicht beteiligte. Nahmen die Deutschkenntnisse dann ab, konnte dies dazu führen, dass schwache Übersetzungen plötzlich die Forschung prägten, wie etwa in den USA eine Übersetzung von Savignys ›*Besitz*‹ zum Standardwerk wurde, die 1848 Erskine Perry, ein Richter in British India, aus Privatinteresse fertigte (Reimann, Vogenauer).

Bisweilen hatten solche Übersetzungen in Räumen, in denen Fachleute auch die Originale lasen, aber auch eine klare rechtspolitische Funktion. So bezweckte etwa die Übersetzung von Savignys ›*Geschichte des Römischen Rechts im Mittelalter*‹ durch Elias Cathcart auch die Stützung des in Schottland gepflegten römisch-kontinentalen Erbes gegen den Vorherrschaftsanspruch des Common Law (Reimann). Auch Reis kann für Brasilien sehr eindringlich zeigen, dass Savigny in Debatten um konkrete Rechtsfragen wie die Sklaverei mobilisiert wurde. Seine Texte wurden in eigene Argumentationen verwandelt, modifiziert, ergänzt und lückenhaft zitiert und so Teil eines lokalen Kommunikationsprozesses. Übersetzungen und Savigny-Bilder greifen so ineinander. Brasilien ist freilich bereits Teil eines anderen Übersetzungskontextes. In den romanischen Ländern war Deutsch als Wissenschaftssprache weniger verbreitet. Hier wurde Frankreich, das selbst verschiedene Wellen des Interesses an Savigny erlebte (Dufour), zum Mittler. So bildeten teilweise (Moscati) in Italien (Bertani), Spanien (Alix) und Brasilien (Reis) französische Übersetzungen die Brücke zu Savignys Werk. Sie lagen zudem bisweilen Weiterübersetzungen zugrunde. Es ergaben sich interessante Kettenrezeptionen, bei denen die Interpretation der Übersetzungen besonders komplex ist, da mit Deutschland, Frankreich und dem Drittland drei Kontexte beachtet werden müssen. Dies thematisiert vor allem Thiago Reis.

2. Was wurde übersetzt?

Direkt in nationale Kontexte führt die Frage, welche Werke Savignys übersetzt wurden. Die größte Aufmerksamkeit in nahezu allen untersuchten Regionen erhalten die dogmatischen Werke, allen voran der *›Besitz‹* und das *›System‹*, wegen der dann schon gestiegenen Berühmtheit Savignys auch häufig das erst ab 1853 erscheinende *›Obligationenrecht‹*. Eine Besonderheit bietet Italien (Überblick bei Mazzacane/Vano), das wegen der nationalen Bedeutung des Themas einen besonderen Schwerpunkt auf Savignys Schriften zum antiken römischen Recht legte und auch die *›Geschichte des Römischen Rechts im Mittelalter‹* früh übersetzte. Diese Übersetzungen waren zugleich Teil einer intensiven deutsch-italienischen Zusammenarbeit bei der Entdeckung und Edition antiker Quellen, bei der Savigny anregend und teilweise lenkend wirkte (Moscati). Demgegenüber wurde in Spanien Savignys rechtshistorisches Hauptwerk nie übersetzt (Alix). Erstaunlich wenig Übersetzungen fanden dagegen die politischen Programmschriften, die in Deutschland viel stärker im Fokus standen (*›Beruf‹*, *›Über den Zweck‹*, *›Gönner-Rezension‹*, *›Stimmen Für und Wider‹*). Für den englischsprachigen Raum stehen sieben Übersetzungen der Dogmatik (›Besitz‹ (3), ›System‹ (3) und *›Obligationenrecht‹* (1)) einer Übersetzung des *›Berufs‹* (1. Aufl.) und keiner von *›Über den Zweck‹*, *›Stimmen für und wider‹* oder der *›Gönner-Rezension‹* gegenüber. Freilich sagt die Zahl der Übersetzungen nicht unbedingt etwas aus über die Bedeutung der jeweiligen Schrift Savignys für die Zeitgenossen. So wurde gerade im angloamerikanischen Diskurs Savignys *›Beruf‹* besonders bedeutsam, obwohl er nur einmal übersetzt, dafür aber wegen der hohen Qualität dieser Übersetzung häufig nachgedruckt wurde (Vogenauer, Reimann). Auf den ersten Blick scheint es heute, als sei der ›Besitz‹ im Ausland viel prominenter als in Deutschland. Dabei wird jedoch im deutschen Rückblick heute leicht verkannt, welch immensen Erfolg der *›Besitz‹* im 19. Jahrhundert hatte. Im 20. Jahrhundert ist Savignys Bedeutung als Dogmatiker gegenüber seiner Bedeutung als Theoretiker des Rechts zurückgetreten, vielleicht auch, weil sich viele Fragen unter dem BGB geklärt hatten. Nun rückte der *›Beruf‹* als rechtstheoretische Programmschrift in den Fokus. Dazu passt, dass auch die in Japan erst 1922 breiter beginnende Beschäftigung mit Savigny sofort diese Perspektive einnahm und der *›Beruf‹* im 20. Jahrhundert das Bild Savignys dominiert (Moriya). Auch in China, wo erst 1999 eine Übersetzung von Savigny entstand, war von Anfang an der »moderne« rechtstheoretische Savigny im Fokus. Nach Bd. 8 des *Systems* (1999) erschien 2001 als erste Gesamtübersetzung der *›Beruf‹*. Demgegenüber wurde der *›Beruf‹* im 19. Jahrhundert außerhalb Deutschlands weniger als rechtstheoretische denn als rechtspolitische Schrift, als »politisches Pamphlet« (Björne), gelesen. Der *›Beruf‹* war Stellungnahme im Kodifikationsstreit und dies erklärt seine Beachtung und Nichtbeachtung im

Ausland. In Frankreich führte wohl Savignys darin geäußerte harsche Kritik am Code civil dazu, dass der *›Beruf‹* erst 2006 erstmals übersetzt wurde (Dufour) und *›Über den Zweck‹* erst 2004 (Jouanjan). Auch in Italien scheinen politische Gründe gegen diese Schriften gesprochen zu haben. Man hielt insbesondere die Kodifikationskritik angesichts vieler laufender Kodifikationsvorhaben für unangebracht. Nach einer unvollständigen Ausgabe des *›Beruf‹* aus dem Jahr 1847 entstand auch hier erst 1983 durch Marini eine vollständige Übersetzung (Bertani). Auch in den nordischen Ländern wurde die Berufschrift im 19. Jahrhundert »fast totgeschwiegen« (Björne). Auch im Russland der kodifikationsorientierten zaristischen Zeit scheint der *›Beruf‹* eine geringe Rolle gespielt zu haben. Hier brach der Sozialismus dann radikal mit den Kontakten des 19. Jahrhunderts mit Savignys Dogmatik und Rechtsgeschichte. Eine erste Übersetzung des *›Beruf‹* findet sich hier erst seit 2011 (Gnitsevich). Gleiches gilt für England, wo Haywards Übersetzung des *›Beruf‹* ebenfalls in eine kodifikationsfreudige Zeit fiel und damit wenig Unterstützung fand. Anderes gilt für die USA. Hier spielte Savigny als Argument eine Rolle im folgenreich gescheiterten Projekt eines Zivilgesetzbuches im Staate New York (Reimann). In Spanien erschien die erste Übersetzung des *›Beruf‹* drei Jahre nach Inkrafttreten der Zivilrechtskodifikation, also zu einem denkbar ungünstigen Zeitpunkt (Alix). Auch in Brasilien spielte Savigny in Kodifikationsdebatten eine Rolle, hier scheint freilich der *›Beruf‹* lange gar nicht bekannt gewesen zu sein (Reis). Der *›Beruf‹* ist daher eng mit dem Bild des ›Kodifikationsfeindes Savigny‹ verbunden.

3. Wie wurde übersetzt?

Besonders interessant, aber auch ebenso anspruchsvoll, ist schließlich der ganz konkrete Vergleich von Original und Übersetzung. Vor allem Sandström und Reis thematisieren die hier lauernden hermeneutischen Untiefen. Neben Bertani begeben sich auch Vogenauer und Chen ins Feld der Übersetzungsanalyse. Besondere Zugangsprobleme bietet die Analyse Chens, da die chinesischen Zeichenbedeutungen ganz eigene Übersetzungsprobleme nach sich ziehen. Vogenauer unternimmt eine Art historische Plausibilitätskontrolle anhand des Umgangs mit Schlüsselbegriffen in drei Übersetzungen. Bei den Schlüsselbegriffen orientiert sich Vogenauer, wie auch Bertani, erkennbar an Rückert und betont vor allem philosophisch aufgeladene Begriffe Savignys: *organisch, Sitte, gemeinsames Bewußtsein des Volkes, innere Nothwendigkeit, Daseyn, innere stillwirkende Kräfte, Willkühr, Begriff, innerer Zusammenhang, zweyfacher Sinn* etc. – es geht damit nicht etwa um Animus, Juristische Person oder Willenserklärung, also Schlüsselbegriffe seiner Dogmatik. Die Wahl der Schlüsselbegriffe ist eine wichtige Vorentscheidung, wie Reis klarstellt. Nach der Kontextualisierung der

Textentstehung fragt Vogenauer unter Rückgriff auf zeitgenössische Dictionaries nach der sprachlichen Plausibilität der Wortwahl, der Vereinbarkeit mit der englischen Rechtssprache und der Sensibilität der Übersetzung für Savignys stets mitschwingende Philosophie. Vogenauer geht dabei das Risiko ein, den »richtigen« oder doch »richtigeren« Savigny der Übersetzung gegenüberzustellen. Je konkreter es wird, desto schwieriger werden die Analysen. Gerade bei einer guten Übersetzung wie der des ›*Beruf*‹ durch Hayward fließen Vorverständnisse des Übersetzers und Inkompatibilitäten beider Rechtssprachen in einem komplexen hermeneutischen Prozesse kaum trennbar ineinander und man ist mit Vogenauer versucht zu sagen: »Hayward ist ... nicht um seine Aufgabe zu beneiden.« Eine durchgängige Feststellung für alle Übersetzungen ist immerhin, dass sich die philosophische Grundierung der Sprache Savignys für die Übersetzer als besonders sperrig erwies, schon weil im Aufnahmeland eine Sprache der idealistischen Philosophie fehlte. Wenn »Gefühl innerer Nothwendigkeit« mit »intimi bisogni« (Lo Gatto und Vanni, bei Bertani) oder »opinion« (Cathcart bei Vogenauer) wiedergegeben wurde, dann machte der Übersetzer aus dem Motor geschichtlicher Teleologie einen alltäglichen psychologischen Vorgang. Die chinesische Übersetzung als »notwendige Erfordernisse eines Volkes in sich selbst« (Yu bei Chen) scheint schon eher auf der Spur Savignys. Besonders der philosophische Savigny erwies sich jedenfalls als sperrig. Hier liegt ein wichtiger Grund dafür, dass einige Savigny-Bilder in Deutschland in anderen Ländern kaum eine Rolle spielen.

III. Savigny-Bilder

Den zweiten Schwerpunkt bildeten Savigny-Bilder außerhalb Deutschlands. Die Wechselbeziehung zwischen Übersetzungen und Savigny-Bildern war offenbar sehr unterschiedlich. Einen wichtigen abkürzenden Einfluss konnte eine lebendige Sekundärliteratur auf Savigny-Bilder haben. Wichtig waren hier etwa die Savigny-Bilder, die von der nicht nur in Frankreich (Dufour), sondern auch in Italien (Bertani) und Brasilien (Reis) vielgelesenen Thémis um Athanase Jourdan verbreitet wurden. Deutlich wird vor allem bei Dufour, dass es nicht sinnvoll ist, die Typen der Savigny-Bilder von den Kontexten abzutrennen. Das gleiche Bild konnte in verschiedenen Zusammenhängen sehr unterschiedliche Aufgaben übernehmen. Gleichwohl wurden einige wiederkehrende Typen herausgearbeitet.

Zu Lebzeiten Savignys diskutierte man seine Werke – von den hier behandelten Ländern – vor allem in Italien, wo Savigny auch durch seine Besuche wirkte, und in Frankreich, wo er vor allem über seine »Apostel« (Dufour) wie Warnkönig, Rossi, Wolowski, Jourdan, Laboulaye oder Lerminier vermittelt wurde. Hier beginnt die Geschichte der nichtdeutschen Savigny-Bilder.

(1) Ein in Italien dominantes Bild war Savigny als Kenner des antiken Rechts. Im der Antike zugewandten Italien rief dies Bewunderung hervor und bildete den Schwerpunkt des Interesses (Bertani, Mazzacane/Vano). Hier ging es um den *Rechtshistoriker* Savigny, den Wiederentdecker antiker Quellen und Kenner des antiken römischen Rechts und seiner späteren Geschichte. Nicht zu verkennen ist freilich, dass dieses Bild in anderen Ländern bald ins Negative kippte. Bereits 1830 entstand das Bild des *Nur-Historikers* in Frankreich (Dufour), offenbar zunächst in Parallele zum Nicht-Philosophen, den Gans 1827 in Deutschland ausrief. Auch in den nordischen Ländern wurde das Bild vom *antiquarischen* Savigny seit etwa der Jahrhundertmitte gepflegt. Hier griff etwa der Däne Orla Lehmann Jherings Bild von 1856 auf und sprach von *Mumienverehrung* (Björne).

(2) In Frankreich entstand demgegenüber zunächst das eher unspezifische Bild Savignys als *Erneuerer der Rechtwissenschaft* und *Gelehrtenfürst*. Es wurde von den Autoren der Thémis verbreitet und seit Lerminier 1829 mit dem Vergleich mit Cujas verbunden (Dufour). Dies folgte in den nordischen Ländern direkt aus Berichten seiner Hörer (Björne) oder sonst aus persönlichem Kontakt, etwa bei seinen Besuchen in Italien (Bertani). Später war es wohl einfach ein Nimbus, der ihn sogar zum *»profound statesman«* werden ließ (Reddie bei Reimann).

(3) In den nachfolgenden, primär in Frankreich zunehmend politisierten Diskussionen bis zur Jahrhundertmitte entstanden viele bis in die Gegenwart prägende Bilder, die vor allem Dufour glänzend ausbreitet. Deutlich wird hier, wie eng vor allem die französische Debatte mit der deutschen Debatte zu Savignys Lebzeiten verbunden war. Parallel zur marxschen Kritik an Hugo wurde das Bild des *Antiquarischen* politisch gewendet und es entstand bereits in den 1840er Jahren Savigny der *Reaktionär* (Dufour), ganz ähnlich dem Bild des *Quietisten* Savigny in der deutschen Diskussion.

(4) Wie in der deutschen Debatte bot vor allem die Volksgeistlehre höchst unterschiedliche Interpretationsmöglichkeiten. In Frankreich entstand seit 1850 das Bild des *Staatsfeindes* Savigny (Dufour). Mit der Verschlechterung der deutsch-französischen Beziehungen wurde in Frankreich der Volksgeist *germanisch* gedeutet und damit antifranzösisch. Dieses Bild wurde in anderen Ländern aufgegriffen und gegen Frankreich selbst gewendet. In Spanien (Alix) wie auch in Japan (Akamatsu, Moriya) wurde der Volksgeist gegen Kodifikationsbestrebungen mobilisiert, die der abgelehnten Zentralmacht oder den fremden frankoeuropäischen Einflüssen (Japan) entstammten. Insgesamt spielte das in Deutschland so dominante Bild des *Kodifikationsfeindes* international aber eine auffallend geringe Rolle. Savigny erschien in Spanien und Japan auch eher als *Nationalist* und nicht pauschal als Kodifikationsfeind. Ganz anders als Beselers Kritik am »Nationalunglück der Rezeption« mit seinem Vorwurf, im ›heutigen Römischen Recht‹ werde einem fremden Recht gehuldigt, konnte man Savigny

also auch gerade umgekehrt als Freund des Nationalen gegen das Fremde lesen. Der »*Volksgeist*« zeigte seine interpretativen Möglichkeiten.

(5) Mit der international insgesamt überwiegenden Rezeption der dogmatischen Arbeiten (›*Besitz*‹ und ›*System*‹) gegenüber den Programmschriften (›*Beruf*‹, ›*Über diese Zeitschrift*‹, ›*Gönner-Rezension*‹, ›*Für und Wider*‹) hängt die geringe Bedeutung des Bildes vom *Philosophen* und *Rechtstheoretiker* Savigny zusammen. In Deutschland setzte hier vor allem die hegelianische Kritik an einer »Freiheit« und »Notwendigkeit« vermischenden Philosophie an. Dies lag freilich nicht nur in der unzureichenden Rezeption der Berufschrift begründet, sondern folgte in den nordischen Ländern auch aus einer tiefen Abneigung gegen die durchaus bei Savigny gesehene Metaphysik, etwa bei Ørsted (Björne). Auch in Spanien und Frankreich wurde Savignys Metaphysik kaum wahrgenommen. Im vom Krausismo geprägten Spanien erschien Savignys historische Methode als bloße Abwendung von der Universalität des alten Naturrechts (Alix). Auch in Frankreich fand sich das Bild des *Fatalisten* Savigny. Vor allem in England und den USA bestand demgegenüber besonderes Interesse an Savignys Rechtstheorie. Die Vorstellung eines sich selbst historisch entwickelnden Rechts hatte für die Juristen des Common Law besondere Evidenz. Vor allem hier hatte der ›*Beruf*‹ bereits im 19. Jahrhundert ähnlich breite Wirkung wie in Deutschland. Zudem fand auch Savignys Betonung des Systems hier Anklänge als Anreger der *analytical jurisprudence* Austins (Reimann). Parallel zu Jherings Kritik von 1884 wurde in den USA freilich mit Holmes früh auch das Bild einer abschreckenden *Begriffsjurisprudenz* mit Savigny in Verbindung gebracht.

(6) Eine geringe und ja auch in Deutschland nach 1848 weitgehend vergessene Rolle spielte das vor allem im Kontext hegelianischer Kritik in Deutschland auftauchende Bild des *Frömmlers* Savigny. Eine interessante Besonderheit bildet Durán y Bas in Spanien, der im Versuch, naturrechtlich-katholische Werte bei Savigny zu finden, dessen Hinweis auf die christliche Lebensansicht zu einem christlich-fundamentalen Rechtsprinzip bei Savigny ausbaute (Alix).

IV. Weiterführende Überlegungen in deutscher Perspektive

Betrachtet man die Wirkungsgeschichten im Überblick, so fällt zunächst auf, wie variabel interpretierbar Savigny war. Die politisch-sozialen Rahmenbedingungen der untersuchten Länder unterschieden sich teilweise signifikant von Deutschland. Savignys Lehre ließ höchst unterschiedliche Lesarten zu und war damit breit einsetzbar für politisch-rechtliche Konzepte, die Savigny selbst fremd gewesen wären. Nicht enden wollender Mittelpunkt weitreichender Fehlinterpretationen war dabei die Volksgeistlehre, die ja auch in Deutschland etwa in Beselers plebiszitärer Überzeichnung des Volksrechts oder, gegenteilig, in Maurenbrechers elitärer Konzeption eines autonomen Juristenrechts einseitig verstanden wurde. Mit dem Verlassen des deutschen Kontexts kamen freilich auch neue Facetten der Volksgeistdeutung hinzu. Das deutsche Spannungsfeld deutsch vs. römisch verschob sich zu fremd vs. national oder territorial-eigen vs. gesamtstaatlich-oktroyiert. Aus deutscher Perspektive ist zudem interessant, wie sich die Verschiebungen des Savigny-Bildes in der deutschen Entwicklung im Ausland wiederfinden. Dabei drängen sich gewisse *Epochen* auf.

Die größte Nähe zu dem, was Savigny selbst wollte, fand sich wohl zu seinen *Zeiten als aktiver Lehrer* bzw. bei Rezipienten, die Savigny selbst gehört oder auf seinen Reisen erlebt hatten (Moscati). Besonders eng waren die Kontakte zwischen Deutschland und Italien, wo Savigny über Bluhme, Hänel, Göschen oder Clossius gemeinsame Forschungen anregte (Moscati). Mit Blick auf Frankreich sorgten vor allem Mittler zwischen den Kulturen wie etwa Warnkönig für eine sehr fundierte Kenntnis der Denkweise Savignys (Dufour).

Nach 1848 verschob sich in Deutschland jedoch die Perspektive. Savignys philosophische Basis wurde den Zeitgenossen fremd, seine religiöse Prägung rückte ganz aus dem Blick. Der nachfolgenden Pandektistengeneration, allen voran Jhering mit seinem viel gelesenen Nachruf auf Savigny, wurde die Historische Rechtsschule Gegenstand von Kritik. Der Volksgeist wurde nun als irrational angegriffen und lediglich als Schutzschild gegen staatliche Steuerungsphantasien weitergeschleppt. In den 1850er Jahren kam es zudem zunehmend zu einer Entkopplung von Geschichte und Dogmatik, erneut unter starkem Einfluss Jherings. Damit geriet auch das von Savigny propagierte Wissenschaftsprogramm in die Defensive. Wer zu diesem Zeitpunkt Savigny wahrnahm, tat dies wohl zumeist durch den Filter der Pandektistik. Das Bild Savignys entfernte sich zunehmend von seinen Schriften.

Eine dritte Epoche begann *1871* mit der zunehmenden Abkehr vom Konzept eines von der Rechtswissenschaft und der Rechtspraxis verwalteten nationalen Rechts. Mit der Hinwendung zur Kodifikation wurde Savigny zunehmend als Vorläufer der nun selbst ins Visier der Kritiker geratenden Pandektistik wahrgenommen. Jherings Prägung des Bildes einer ›Begriffsjurisprudenz‹ im Jahr 1884 machte Savigny zum ›Begründer‹ oder ›Vorläufer‹ einer solchen Sicht. Savigny erschien zunehmend weltfremd, unpraktisch und überdogmatisch. In Deutschland war dieses Bild auch im 20. Jahrhundert noch lange einflussreich.

Eine vierte Epoche begann in Deutschland in den *1920er Jahren*. Nun prägte die Einstellung des Antipositivismus die Darstellungen, die Wissenschaftsgeschichte des 19. Jahrhunderts wurde in Positivismen eingeteilt. Damit dominierte, anders als im 19. Jahrhundert, nicht der dogmatische, sondern der methodische Savigny. In der Rechtsgeschichte war der wichtigste Mittler dieses Bildes Franz Wieacker, in der Methodenlehre dominierte Karl Larenz. Savigny wurde bei Larenz nun vor allem von seiner Auslegungslehre her gelesen, einer Thematik, die in Deutschland im 19. Jahrhundert nur ein Randthema der

Beschäftigung mit Savigny gewesen war, nach 1949, bei Helmut Coing, Larenz u. a. im verzerrten Bild der ›Auslegungskanones‹ aber zum Zentrum der Methodenlehre wurde. Der Savigny, der über diese Mittler in den 1990er Jahren China erreichte, hatte nur noch wenig Berührung mit dem historischen Savigny.

Auch an anderen Stellen deutet sich an, dass eine Deutung der Savigny-Bilder nicht nur von Savignys Schriften her erfolgen kann, sondern der Rückkopplung mit Rezeptionskontexten bedarf, die bereits vorgefertigte Savigny-Bilder transportierten. Insgesamt haben die hier vorliegenden Texte also die Tür zu einer neuen Perspektive auf Savigny weit aufgestoßen. Die im vorliegenden Band versammelten Texte verdeutlichen, wie schwierig es selbst dann ist, von gemeinsamen Rechtskulturen zu sprechen, wenn in all diesen Kulturen die gleichen Referenztexte zugrunde liegen. Im internationalen Blick wird aus der Rechtslehre Savignys ein Baukasten, der ganz unterschiedliche Bauten ermöglicht und doch durch das Ausgangsmaterial seine gestalterischen Grenzen findet. Es entsteht so etwas wie eine globale Historische Rechtsschule, ein Mittler zwischen nationaler und internationaler Rechtskultur.

Es ist den Veranstaltern zu danken, dass sie diesem internationalen Gespräch durch klare Fragestellungen Halt gegeben haben. Den Referenten ist dafür zu danken, dass sie sich darauf auch eingelassen haben. Es ist eine bisher wohl noch nicht dagewesene internationale Zusammenarbeit um und mit Savigny entstanden, von deren Qualität der vorliegende Band eindrucksvoll Zeugnis ablegt.

Hans-Peter Haferkamp

Die Präsentation des Buches *Savigny-Portraits* im Freien Deutschen Hochstift und Goethehaus

Die Tagung fiel nicht ohne Absicht genau auf den 150. Todestag Savignys am 25. Oktober 2011. Aus eben diesem Anlass war das Buch *Savigny-Porträts*, herausgegeben von Joachim Rückert, Beate Ritzke und Lena Foljanty, zu Ende gebracht worden und gerade rechtzeitig erschienen. Auf freundliche Einladung des Freien Deutschen Hochstifts und Goethehauses in Frankfurt am Main unter seiner Direktorin Frau Professor Dr. Anne Bohnenkamp-Renken war es Herrn Hierholzer von der FAZ von kunsthistorischer Seite und mir von rechtshistorischer Seite möglich, für alle Teilnehmer der Tagung und eine Reihe von Gästen eine Präsentation dieses Buches und vor allem der Bilder zu bieten. Eine Reihe von Porträts aus den insgesamt 57 überlieferten und im Band vorgestellten wurde an diesem Abend näher präsentiert. Das geschah in der Form einer kunsthistorischen Verortung und einer chronologisch biographischen Erzählung mit genaueren Erklärungen zu den einzelnen Bildern aus den vielfach vorliegenden unmittelbaren Quellen dazu. Diese Quellen dienen auch im Portrait-Band der Kontextualisierung der Abbildungen. Verbunden sind sie auch dort durch eine biografische Chronik zu den jeweiligen Lebensabschnitten Savignys.

Der Abend stand unter einem schlicht schönen Leitwort von Savigny selbst, das er wiederum vor gerade 200 Jahren in einen Brief an Jacob Grimm vom 8. Juli 1811 formuliert hatte: »Wenn Sie das Leben eines großen Menschen lesen, wie viel deutlicher wird Ihnen Alles vor der Seele stehen, wenn sie zu gleicher Zeit ein gutes Bild von ihm vor Augen haben!«. Bilder und Erzählung versuchten, ein solches »gutes Bild« des Menschen Savigny vor unsere Seelen zu stellen. Sie führten damit hinein in die am Ende gar nicht ausmessbare geschichtliche Welt. So entstand auch ein kleines nachdenkliches, zugleich spannendes und lebendiges Gegengewicht zu den thematisch notwendig konzentrierten Savigny-Ausschnitten, die auf der Tagung vorgestellt wurden.

Joachim Rückert

Anhang

Übersetzungen von Savigny-Werken

Es folgt eine zweifache Zusammenstellung von Übersetzungen der Werke Savignys. Im ersten Teil sind die Übersetzungen nach den Sprachen (mit den häufigsten Übersetzungen beginnend) und den Werken Savignys geordnet und dann chronologisch (unter A.). Der zweite Teil bietet eine verkürzte tabellarische Aufstellung der gesamten Chronologie (unter B.). Diese Tabelle zeigt also übersichtlich, wann und wo welches Werk zuerst oder gehäuft übersetzt wurde. Dort findet man auch in knappster Form die Erscheinungsdaten der Werke Savignys. Unter »Übersetzungen« wurden auch längere Textzusammenfassungen einbezogen.

Die Grundlage dieser Zusammenstellung sind die freundlichen Angaben der einzelnen Referenten, denen wir dafür sehr herzlich danken, besonders Corrado Bertani, auch für die Hilfe bei der Zusammenführung zu Italien. Die Autorschaft ist in Teil A. jeweils vermerkt. Die Daten wurden zusammengeführt durch Thomas Gergen und dann durchgesehen, einheitlich geordnet und teilweise ergänzt, insbes. um die chronologische Tabelle, durch Joachim Rückert.

Eine gute chronologische Bibliographie der Werke Savignys bis zur Edition 1951 bietet *Giuliano Marini*, Friedrich Carl von Savigny, Napoli 1978, S. 201–207; ergänzt und integriert stehen die Titel auch in der ausführlichen Chronologie zum Leben Savignys mit allen Schriften, Vorlesungen, Ämtern usw. bei *Joachim Rückert*, Friedrich Carl von Savigny – ein Frankfurter in Berlin, in: Festschrift 200 Jahre juristische Fakultät der Humboldt-Universität zu Berlin. Geschichte, Gegenwart und Zukunft, herausgegeben von Stefan Grundmann u. a., Berlin 2010, S. 133–177, und erneut durchgesehen in den Chronik-Abschnitten in *ders./Beate Ritzke/Lena Foljanty*, Savigny–Portraits (= Savignyana 11), 2011.

(Joachim Rückert)

A. Übersetzungen nach Sprachen und Werken

I. Italienisch (C. Bertani; A. Mazzacane, Cr. Vano)

0. Bibliographie

Napoli, Maria Teresa, La cultura giuridica europea in Italia. Repertorio delle opere tradotte del secolo XIX, I–III, Napoli 1987 (listet praktisch alle Werke auf Italienisch auf).

Ranieri, Filippo, Savignys Einfluss auf die zeitgenössische italienische Rechtswissenschaft, in: Ius Commune. Veröffentlichungen des MPIeR, Bd. 8 (1979), S. 192–219; auch in: Das europäische Privatrecht des 19. und 20. Jahrhunderts. Studien zur Rechtsgeschichte und Rechtsvergleichung (Schriften zur ERV, Bd. 54), Berlin 2007, S. 99–124 (enthält nahezu alle Savigny Übersetzungen ins Italienische).

1. Methode

1 **1974**: Auszüge in: *Aldo Mazzacane*, Savigny e la storiografia giuridica tra storia e sistema. Con un appendice di testi, Liguori Napoli, 1974, 70–79.

2. Recht des Besitzes, 1803 ff.

2 **1839–40:** Il diritto del possesso. Trattato civile del Sig. Dott. Cav. F. C. di Savigny, [...]. Tradotto in italiano dall'Avv. **Pietro Conticini** ..., Firenze 1839, LVII u. 552 S. Übersetzung der 6. deutschen Auflage 1837, mit Vorrede und Anmerkungen, Savigny gewidmet (s. Ranieri, Savignys Einfluss, S. 111 und M.T. Napoli II, no. 677, S. 188).

3 **1857:** Trattato del possesso secondo i principii del diritto romano, tradotto ed annotato da **Raffaello Andreoli**, Napoli-Salerno 1857, XXIII u. 191 S. Die Übersetzung beruht auf der schlechten französ. Übertragung von Beving, Traité de la possession d'après les principes du droit romain, Bruxelles 1840 (s. Ranieri, Savignys Einfluss, S. 112), vgl. Napoli II, no. 1383, S. 360.

3. Vom Beruf unserer Zeit für Gesetzgebung und Rechtswissenschaft, 1814 ff.

4 **1847:** Della Vocazione del nostro secolo per la legislazione e la giurisprudenza di F. C. de Savigny. Prima versione sulla terza edizione tedesca del 1840 per **L. Lo Gatto** e **V. Janni**. Napoli 1847, VIII und 144 S. Aus Napoli II, Nr. 945, S. 251–252.

5 **1857:** La Vocazione del nostro secolo per la Legislazione e la Giurisprudenza. Opera di F. C. de Savigny preceduta da una introduzione generale, e da un discorso sugli scritti di lui, e sulla scuola storica. Verona, Libreria alla Minerva Editrice, 1857, 203 S. (= Biblioteca di giurisprudenza teorico-pratica pubblicata per cura dell'Avv. Giuseppe Tedeschi, I.). Aus Napoli II, no. 1381, S. 359. Die Übersetzung ist ein Plagiat von Nr. 4, bloß mit neuen Paragraphennummern und wenigen Wortänderungen.

6 **1968:** Neudruck von 1857, Verlag Forni, Bologna.

7 **1974:** Auszüge aus Kap. 2 und 3 in: *Aldo Mazzacane*, Savigny e la storiografia giuridica tra storia e sistema. Con un appendice di testi, Liguori Napoli, 1974, S. 79–95.

8 **1980:** F. C. von Savigny, Antologia di scritti giuridici, hg. von *Franca de Marini*, il Mulino, Bologna 1980, 221 S., hier Auszug auf S. 43–77.

9 **1983 ff.:** La vocazione del nostro tempo ..., in: A. F. J. Thibaut – F. C. von Savigny, La polemica sulla codificazione, hg. von *Giuliano Marini*, Napoli 1983, S. 93–197; 2.A. 1989, 3.A. 1992, 4.A. 2000. Übers. von **Margherita Peretti**, Einleitung und Anmerkungen von **Marini**.
1987: Neudruck von 1857, Verlag Forni, Bologna.

4. Über den Zweck, 1815

10 **1852**: In: Ragionamenti storici di Diritto, hgg. von **Antonio Turchiarulo**, Napoli 1852, 3. Teil, S. 63–73.

11 **1974**: In: *Aldo Mazzacane*, Savigny e la storiografia giuridica tra storia e sistema. Con un appendice di testi, Liguori Napoli, 1974, 96–103.

12 **1980**: In: F. C. von Savigny, Antologia di scritti giuridici, hg. von *Franca de Marini*, il Mulino, Bologna 1980, S. 73–84.

13 **1995**: Neudruck in *Franca de Marini Avonzo*, Diritto romano e diritto privato. Letture da F. K. von Savigny, Torino 1995.

5. Geschichte des römischen Rechts im Mittelalter, 1815 ff.

14 **1828–1832 und 1846:** Savigny F. C. – **Capei Pietro**, Storia del diritto romano nel Medio Evo di F. C. De Savigny. In: Antologia. Giornale di scienze, lettere e arti XXI (1828), S. 3–39; XXXIII (1829), S.. 20–49; XXXIV (1829), S. 52–62; XXXVI (1829), S. 3–29; XLVI (1832), S. 143–172; XLVIII (1832), S. 1–36, und in: Annali delle Università toscane I (1846), 175–238 (art. VI, vol. VI). Aus: Napoli II, Nr. 399, S. 109 und Nr. 1017, S. 268, s. auch Ranieri, Savignys Einfluss, 104–5. Ausführliche Zusammenfassung, erneut 1849, s. u.

15 **1844–45**: Storia del Diritto romano nel Medio Evo. Con una biografia dell'autore, una notizia delle di lui opere e note del traduttore, Bd. I–III, Firenze,

1844–1845 anonyme Übersetzung auf der Basis der französ. Übersetzung von Guenoux). Vgl. Napoli II, Nr. 828, S. 223.

16 **1849**: Savigny F. C. – **Capei Pietro**, Istoria del gius romano nel Medio Evo …, ridotta in compendio, Siena, 1849, XII u. 343 S. Neuausgabe von 1828 ff.

17 **1854–57:** Storia del diritto romano nel Medio Evo di F. Carlo de Savigny. Prima versione dal Tedesco dell'avvocato **Emmanuele Bollati** con note e giunte inedite, Bd. I–III, Torino 1854.57.57. 2. Ausgabe 1859; 3. Ausgabe 1863; (ND Rom 1972. Vgl. Napoli II, Nr. 1269, S. 330, Nr. 1382, S. 359 sowie Nr. 1466, S. 380 (aus dem Jahre 1859, s. u.) und Nr. 1600, S. 410 (aus dem Jahre 1863, s. u.).

18 **1855:** Storia del diritto romano nel Medio Evo, Milano 1855. Aus: Napoli II, Nr. 2229, S. 538. Laut Bertani in keiner Bibliothek ermittelbar, evtl. Druckfehler statt 1859.

19 **1859:** s. bei 1854

20 **1863:** s. bei 1854

21 **1865**: Storia del diritto romano nel Medio Evo, Torino 1865. Aus: Napoli II, Nr. 2250, S. 540. Laut Bertani in keiner Bibliothek ermittelbar, evtl. Druckfehler für 1863.

22 **1972:** Neudruck Bollati, s. bei 1854.

23 **1980**: Einleitung Bd. 4: Von dem Werth der Gelehrtengeschichte, in: F. C. von Savigny, Antologia di scritti giuridici, hgg. von *Franca de Marini*, il Mulino, Bologna 1980, S. 84–89.

6. Stimmen, 1816

24 **1974**: Auszüge in: *Aldo Mazzacane*, Savigny e la storiografia giuridica tra storia e sistema. Con un appendice di testi, Liguori Napoli, 1974, S. 104–112.

25 **1980**: Auszüge in F. C. von Savigny, Antologia di scritti giuridici, hgg. von *Franca de Marini*, Bologna 1980, S. 72–76.

7. System des heutigen Römischen Rechts, 1840 ff. und Obligationenrecht 1851.53.

26 **1841:** Sulla *vitalità del neonato* qual postulato della sua capacità giuridica. Discorso del Sig. Consiglier Professore Federico Carlo di Savigny, inserito tra le Appendici al Tomo II della sua nuova opera giuridico-dogmatica intitolata System des Heutiges Römisches (sic!) Rechts (Sistema del Diritto Romano Odierno). Traduzione e note dell'Avv. **Pietro Conticini** Prof. di Diritto Romano e Storia del Diritto nella I. e R. Università di Siena. In: Annali di Giurisprudenza di Firenze I (Firenze 1841), S. 421–458, und in: Giornale Toscano di scienze

morali, sociali, storiche, filologiche I (Pisa 1841), S. 141–161. Aus: Napoli II, Nr. 741, S. 198–199.

27 **1843:** *Violenza ed errore.* Prima versione italiana tratta dal terzo volume dell' originale alemanno intitolato Sistema del diritto romano odierno per cura di **Ludovico Viscardi**, Procuratore del Re presso il Tribunale Civile di Principato citeriore, con annotazioni del traduttore, Napoli 1843, VIII u. 226 S. Aus: Napoli II, Nr. 809, S. 216–217.

28 **1845:** *Sistema* del Diritto romano odierno. Traduzione di **Celestino Guariglia**, preceduta da una notizia sulla vita e sulle opere dell'illustre Autore, ed accompagnata da schiarimenti, note e riscontri con l'antica e vigente legislazione napolitana. Napoli, 1845, fasc. 1. Aus: Napoli II, Nr. 860, S. 231.

29 **1847–55:** *Il Dritto romano* di F. C. Savigny ... Prima versione italiana col confronto della legislazione delle Due Sicilie del Giudice **Ciro Moschitti**, socio di diverse academie, I–III, Napoli 1847.48.55, III u. 416, 367, III u. 152 S. Die Übersetzung basiert auf der französischen Übersetzung von *Guenoux* (Paris 1840–1851; 2. Aufl. 1855–59, s. u. bei Frankreich). Vgl. Napoli II, Nr. 946, S. 252 und Nr. 1514, S. 397. Erneut 1861, s. u.

30 **1850**: *Della appellatio e provocatio* secondo il diritto romano, in: Giornale per le Scienza politico-legali teorico-pratico I (1850) S. 257–264, von **L. B.** (**Luigi Bellavite**). Darstellung und Übers. einiger Stellen von System Bd. 6, 1847, Beilage XV, S. 486–500. Aus Napoli Nr. 1063, S. 279.

31 **1852**: *Non retroattività della legge*. Dottrina di Savigny, in: Giornale per le Scienze politico-legali teorico-pratico 3 (1852), S. 5–16. Zusammenfassung von Luigi **Bellavite**. Redaktioneller Untertitel: Dall'opera Il sistema dell'odierno diritto romano. vol. 8°, cap. II. Berlino, 1849.

32 **1853:** Prefazione di Federico Carlo di Savigny alla sua opera: Sistema del diritto romano attuale. Tradotta dal dott. Leone Fortis e preposta alla versione italiana di quell'opera, fatta dal dott. Paride Zajotti, Co' tipi della Gazzetta Uffiziale, Venezia 1853, S. XXXI. Übers. der Vorrede von **Leone Fortis** separat und vorweg zu 1856.

33 **1856:** *Sistema* del Diritto Romano attuale di F. C. Savigny. Prima traduzione italiana del dottor **Paride Zaiotti** (**junior**) coll'aggiunta di una biografia dell'autore e di una dissertazione dello stesso sullo stato odierno dello studio del diritto romano in Germania, vol. 1, Venezia 1856, X u. 38 u. 416 S. Übers. der Vorrede von Leone Fortis (s. soeben 1853 zur Separatausgabe der Vorrede). Aus Napoli II, Nr. 1343, S. 349–350.

34 **1857**: Übersetzung der Vorrede zum System von **G. Tedeschi**, enthalten in oben Nr. 5, S. 59–80.

35 **1858**: Übs. von System Bd. 6 Beilage XVI: *L. 7 de exceptione rei iudicatae (44.2)*, s. bei Nr. 49.

36 **1861:** Neuausgabe zu 1847–55, s. dort u. Napoli, Nr. 1541, S. 397.

1884: *System* des Heutigen Römischen Rechts von M. F. K. von Savigny. Sistema del Diritto Romano Odierno di M. F. C. di Savigny. Versione italiana eseguita sull'originale tedesco ed annotata per cura di **Adinolfi Salvatore**. Napoli, A. Tocco e C. Editore, 1884, vol. 1, fasc. 1, p. 80. Aus: Napoli II, no. 1893, S. 474.

37 **1886–1898:** *Sistema* del diritto romano attuale. Traduzione dall'originale tedesco di **Vittorio Scialoja**, I–VIII, Torino 1886–1898.

38 **1912–15:** *Le obbligazioni.* Traduzione dall'originale Tedeso con appendici del Prof. **Giovanni Pacchioni,** Torino 1912.15, VIII u. 753 u. 473 S.; s. Ranieri, Savignys Einfluss, S. 112–113; Napoli II, Nr. 1935, S. 483.

39 **1974:** Übersetzung der Vorrede aus 1861, s. dort, in *Mazzacane,* Savigny e la storiografia giuridica tra storia e sistema. Con un appendice di testi, Napoli 1974 (wie Nr. 11).

40 **1980:** Auszüge aus Bd. I, II, III und V nach Scialoja 1886 ff. in: F. C. von Savigny, Antologia di scritti giuridici, hgg. von *Franca de Marini*, Bologna 1980.

8. Internationales Privatrecht, System Bd. 8, 1849

41 **1850–52:** Diritto Internazionale Privato. Succinta esposizione della dottrina di F. C. Savigny sul diritto internazionale privato, e sulla non retroattività della legge compresa nel vol. 8 (ed ultima della parte generale) dell'opera: »Sistema dell'odierno diritto romano«. Berlino 1849, del Dott. **Luigi Bellavite**. In: »Giornale per le Scienze politico-legali teorico pratico« I (1850), S. 706–726; II (1851), S. 1–35; 490–509, 665–679; III (1852), S. 5–16. Aus: Napoli II, Nr. 1063, S. 279. Ausführliche Zusammenfassung zu System Bd. VIII.

9. Kleinere Schriften: Lex Voconia, Steuerverfassung, Kolonat, Altrömisches Schuldrecht, Universitäten, Vermischte Schriften, Lex Cincia

42 **1834:** A. P. C. [Avvocato **Pietro Conticini**], Sopra la *Legge Voconia*. Dissertazione del Sig. di Savigny – Letta il dí due Novembre 1820 all'Accademia Reale di Berlino, ed estratta dagli Atti dell'Accademia medesima, anni 1820–21, in: Nuovo giornale de' Letterati, vol. 29 (Pisa 1834), Nr. 77, S. 91–114, auch separat 1834, 34 S.; Übersetzung und Anmerkungen von »Ueber die Lex Voconia« (auch in Savigny, Vermischte Schriften I, S. 407–446). Aus: Napoli II, Nr. 534, S. 145; s. auch Ranieri, Savignys Einfluss, S. 105.

43 **1837:** Delle *imposizioni dirette* sotto gli imperatori romani. Dissertazione del Signor Carlo Federico di Savigny. Traduzione dal Tedesco del Cavaliere **Carlo Baudi di Vesme**, in: Il Subalpino. Giornale di Scienze, Lettere ed Arti II, Torino 1837; auch separat 1837, 55 S. Übersetzung von »Ueber die Römische Steuerverfassung« (zuerst 1835 Akademie, dann 1828 ZgeschRw VI 3, dann in

Vermischte Schriften, II, S. 67–148). Aus: Napoli II, Nr. 615, S. 164, Nr. 643, S. 170.

44 **1837:** Sopra il *colonato* de' Romani. In: Il Subalpino. Giornale di Scienze, Lettere ed Arti II, Torino 1837, pp. 122–145. Übersetzung und Vorbemerkung von **Gaspare Gorresio**. Aus: Napoli II, Nr. 616, S. 164 und Nr. 643, S. 170. Übersetzung von »Über den römischen Kolonat« (1825 in der Akademie), erneut in: Savigny, Vermischte Schriften II, S. 1–66.

45 **1838:** Dell'antico *diritto romano sui debiti*. Dissertazione del sig. di Savigny – Letta il 28 novembre 1833 all'Accademia Reale di Berlino, estratta dagli Atti dell'Accademia medesima, (anno 1833), e fatta italiana dal **D. A. D.**, in: Nuovo Giornale de' Letterati 36, Nistri, Pisa, 1838, S. 23–40, 121–136; auch separat 1838, 36 S. Anonyme Übersetzung von »Über das altrömische Schuldrecht«, 1833 in der Akademie, erneut in VS II, S. 396–470. Aus Napoli II, Nr. 644, S. 170.

46 **1838:** Wesen und Werth der *deutschen Universitäten* – von Savigny. (Essenza e Pregi delle Università Germaniche ...), in: Nuovo Giornale de' Letterati 36, Pisa 1838, S. 193–214. Übersetzung von A. P. C. (= Avvocato **Pietro Conticini**). Aus Napoli II, Nr. 645, S 171.

47 **1852:** *Ragionamenti Storici* di Diritto (!) del Prof. F. C. Savigny tradotti dall'originale Tedesco e preceduti da un discorso di **A. Turchiarulo**: Napoli 1852, Bd. I–IV. Übersetzung aus Savigny, Vermischte Schriften 1850:

Parte I: Discorso preliminare del traduttore, S. V–XLI; Sul *Colonato* romano, S. 1; Sul sistema romano delle *imposte*, S. 37; Sul primo *divorzio* in Roma, S. 126; Elementi per la storia dei *testimenti* romani, S. 134.

Parte II: Sul *patrocinio* dei minori per Diritto Romano, ed in ispecie seconda la lex Plaetoria, S. 3; Origine e progresso della *Latinità* come condizione speciale delle Stato Romano, S. 49;

Sul jus Italicum, S. 57; Rapporto delle *centurie* colle tribù, S. 87; Memorie sulla vita e sulla importanza di *Niebuhr* tratta dalle sue lettere, S. 95; Lettre sur l'histoire du *Cujas* par M. Berriat-Saint Prix, S. 120.

Parte III: Sull'interdetto *quorum bonorum*, S. 3; Sullo scopo d'un *Giornale* per la scienza storica del diritto, S. 63; Critica della Storia del diritto romano di *Hugo*, S. 74; Il dieci Maggio 1788 (zu Hugos 50 Dr.jubiläum), S. 96; Critica N.T. *Gönner*, Sulla legislazione, S. 104.

Parte IV: Sulla lex *Cincia de donis et muneribus* ed i cambiamenti posteriori di essa, S. 3; Sulla qualità e sul merito delle *Università Tedesche*, S. 46; *Sull'insegnamento* del diritto in Italia, S. 67. Indice generale. Aus: Napoli II, Nr. 1176, S. 305 und Nr. 2224, S. 537.

48 **1853:** Neudruck von 1852, Livorno 1853.

49 **1858:** Trattati Quattro di Giurisprudenza Storica De F. C. Savigny. Elementi per la Storia dei Testamenti romani. Sulla *Lex Cincia de donis et muneribus*. Del

Patrocinio dei minori e della lex Plaetoria. Eccezione della *cosa giudicata*. Con intriduzione. Verona 1858, XXXII u. 101 S. (= Biblioteca giuridica teorico-pratica pubblicata per cura dell'Avv. **Giuseppe Tedeschi**, V). Aus: Napoli II, Nr. 1432, S. 373.

II. Französisch (A. Dufour)

1. Recht des Besitzes, 1803 ff.

50 Das Recht des Besitzes ..., von F. C. de Savigny, in **Themis** 3 (1821) 224–235; 445–460; 4 (1822) 234–256; 5 (1823) 345–366; 468–477 [Franz. Exzerpte von L. A. Warnkönig] (JR).

51 Traité de la possession d'après les principes du droit romain, [...] traduit de l'allemand sur la 6e éd. par **Jules Beving**, Bruxelles, Société belge de librairie, Hauman, 1840.

52 Traité de la possession en droit romain, [...] traduit de l'allemand sur la dernière éd. (6e) par **Charles Faivre d'Audelange**, revu par M. Valette, Paris, Louis Delamotte, Editeur – Charles Hingray, 1841[1]; Paris, Joubert, 1845[2].

53 Traité de la possession en droit romain, [...], septième éd., [...] traduit de l'allemand par **Henri Staedtler**, Paris, Auguste Durand, 1866[1]; Bruxelles, Bruylant-Christophe & Cie 1870[2], 1879[3], 1893[4].

2. Geschichte des römischen Rechts im Mittelalter, 1815 ff.

54 Histoire du droit romain au Moyen-Age, [...] traduite de l'allemand par **Charles Guenoux**, t. I & II, Paris, Alexandre Mesnier, Libraire, 1830, 2 vol.; t. I & II + III–IV (= III–VI), Paris, Charles Hingray, Editeur, Aug. Durand, Libraire, 1839, 4 vol.

3. System des heutigen Römischen Rechts und Obligationenrecht, 1840 ff.

55 Traité de droit romain, [...] traduit de l'allemand par **Charles Guenoux**, Paris, Firmin Didot, 1840–1851[1], 8 vol.; 1855–1860[2], 8 vol.; rééd. 8e vol. Paris, Panthéon-Assas, 2002.

56 Le Droit des Obligations, [...] traduit de l'allemand par **Camille Gérardin & Paul Jozon**, t. I & II, Paris, Auguste Durand, Libraire Editeur, 1863[1], 2 vol.; Paris, Thorin, 1873[2], 2 vol.

57 Le Droit des Obligations partie du droit romain actuel [...] trad. **Théodore Hippert**, t. I & II, Paris, A. Durand & Pedone Lauriel, Libraires-Editeurs, 1873, 2 vol.

4. Vom Beruf unserer Zeit, 1814

58 De la Vocation de notre temps pour la législation et la science du droit, traduction par **Alfred Dufour**, Paris, Presses Universitaires de France, 2006.

5. Über den Zweck [dieser Zeitschrift], 1815

59 Sur le but de la présente revue, trad. partielle **E. Laboulaye** dans: Histoire du droit de propriété foncière en Occident, Paris 1839, S. 24–32.

60 »Sur le but de la présente revue«, trad. par **Olivier Jouanjan**, L'esprit de l'Ecole historique du droit, Ann. Faculté de Droit de Strasbourg, NS 7, 2004, S. 25–32.

6. Stimmen für und wider, 1817 u. 1828

61 »Opinions pour et contre de nouveaux Codes«, traduction par **Alfred Dufour**, De la Vocation (s. o. Nr. 58), Annexes II, Ann. I, S. 137–162.

7. Universitäten, 1832

62 »Essence et valeur des Universités allemandes«, trad. **Olivier Jouanjan**, Revue d'histoire des Facultés de Droit et de la science juridique, n°23, 2003, S. 173–196.

III. Englisch (M. Reimann)

1. Universitäten 1803

63 On the Present State of the German Universities, in: Monthly Register, London 1803, dt. Original bei **Hertha Marquardt**, in: Die Sammlung ..., Bd. 6, Göttingen 1951, S. 321–336; englische Fassung bei René Wellek, Ein unbekannter Artikel Savignys über die deutschen Universitäten, ZRG Germ. Abt. 51, 1931, S. 529–537, 533 ff. [J. Rückert].

2. Das Recht des Besitzes, 1803 ff.

64 Analysis of Savigny's Treatise on the Law of Possession, von **Luther Stearns Cushing**, in: American Jurist & Law Magazine, Bd. 19, 1838, auch Edinburgh 1839 [nach Warnkönigs Zusammenfassung, s. o. bei Französisch].

65 Von Savigny's treatise on possession; or, The jus possessionis of the civil law, **Perry** trans., London 1848.

66 Possession in the civil law. Abridged from the treatise of von Savigny, to which is added the text of the title on possession from the Digest. With notes. Calcutta, Thacker, Spink and Co., 1888.

3. Vom Beruf unserer Zeit, 1814 ff.

67 Of The Vocation of our age for legislation and jurisprudence, **Hayward** trans., London 1831, Repr. 1975, 1986, 2002.
68 Origin of Positive Law, **Hayward** trans., in German Essays on Science in the 19th Century, New York 1996 [Auszüge].

4. Geschichte des römischen Rechts im Mittelalter, 1815 ff.

69 The history of the Roman Law during the Middle Ages, **Cathcart** trans., Vol. 1, Edinburgh 1829, Repr. 1979.

5. System des heutigen Römischen Rechts, 1840–49 und Obligationenrecht 1851.53

70 System of the modern Roman law, **Holloway** trans., Madras 1867.
71 [Band 8, 1849] Private international law, and the retrospective operation of statutes: a treatise on the conflict of laws, and the limits of their operation in respect of place and time, **Guthrie** trans., Edinburgh 1869, ^{2}1880.
72 [Band 2, 1840] Jural relations; or, The Roman law of persons as subjects of jural relations: being a translation of the second book of Savigny's System of modern Roman Law, **Rattigan** trans., London 1884.
73 An Epitome and Analysis of Savigny's Treatise on Obligations in Roman Law, von **Archibald Brown**, London 1872.

Chronologische Übersicht der englischen Übersetzungen und des Savigny-Bildes

Titel des Originals	Übersetzung	durch	Ort und Jahr	Anlass oder Interesse	Wirkungen	Sonstiges	Savigny Bild
[Über den gegenwärtigen Zustand der deutschen Universitäten] Dt. Original nicht gedr. (**oben Nr. 63**)	On the present state of the German Universities	Henry Crabb Robinson englischer (1775–1867) Privatgelehrter und Publizist	**London 1803** (Monthly Reg.) Abgedruckt in SZ (germ. Abt.) 51 (1931) 533 (mit Einleitung von Rene Wellek)	Persönliche Bekanntschaft mit Savigny; Studium in Deutschland (Jena)	Wohl keine unmittelbaren; aber Ausdruck englischen Interesses an den deutschen Universitäten	Schrift verfasst für den Übersetzer! Deutsches Original nicht gedruckt	Experte in Sachen (deutsche) Universitäten)
Das Recht des Besitzes (1803) (Zusammenfassung) (**oben Nr. 64**)	Analysis of Savigny's Treatise on the Law of Possession	Anon.	American Jurist & Law Magaz. Bd. 19 (**Boston 1838**); auch Edinburgh 1839	Erscheinen der französischen Zusammenfassung (Warnkönig in »Themis«)	unklar	Übersetzung der franz. Zusammenfassung, angeblich unter Berücksichtigung des deutschen Originals	Meister der Dogmatik des römischen Rechts (hier des Besitzes)
Geschichte des römischen Rechts im Mittelalter Bd. I (1815) (**oben Nr. 69**)	The history of Roman Law during the Middle Ages Vol. I	Elias Cathcart (1794–1877) Rechtsstudium in Leiden (LLD)	**Edinburgh 1829** Reprinted 1979	Bekräftigung der These der Kontinuität des röm. Rechts im englischen Mittelalter	unklar	»Note« des Übersetzers zeigt gründl. rechtshistor. Kenntnisse	Historiker des römischen Rechts
Vom Beruf unserer Zeit für Gesetzgebung u. Rechtswissenschaft (1814) (**oben Nr. 67**)	Of the Vocation of our Age for legislation and jurisprudence	William Hayward (1801–1831) Barrister und Publicist	**London 1831** Moderne Ausgaben 1975, 1986, 2002; Auszüge in Sammelband 1996	Allgemeiner Beitrag zur »jurisprudence« Rechtsreform in England; Kodifikationsdiskussion	Viel gelesen in England u. USA; dir. Einfluss auf James C. Carter als Kod.gegner in NY 1880 ff.	Angeregt durch Reisen in Dtl. und Bekannschaft mit Hugo, Eichhorn, Gebr. Grimm, etc.	Rechtstheoretiker (Evolution); Kodifikationsgegner

Titel des Originals	Übersetzung	durch	Ort und Jahr	Anlass oder Interesse	Wirkungen	Sonstiges	Savigny Bild
Das Recht des Besitzes (1803) (**oben Nr. 65**)	Von Savigny's Treatise on Possession	(Sir) Erskine Perry (1806–1882) Richter British India	**London 1848**	Demonstration hochentwickelter »jurisprudence« auch prakt. Nutzen für die Rechtsanwend.	Diskussion um die Grundlagen des Besitzrechts (z.B. Holmes, Common Law, 1881, Lect. VI)	Bis heute die Standardübersetzung (benutzt z.B. von Posner, 2000)	Meister der Dogmatik des römischen Rechts (hier des Besitzes)
System des heutigen Römischen Rechts Bd. I (1840) (**oben Nr. 70**)	System of the Modern Roman Law	William Holloway (1828–1893) Vice Chancellor Madras University (Indien)	**Madras (Indien) 1867**	Kein Vorwort oder andere Angaben zur Entstehung	Einfluss auf englische »analytical jurisprudence« im späten 19. Jahrhundert	Von vielen angloamerik. Autoren auch im deutschen Original gelesen	Systematiker eines modernen Privatrechts
Oligationenrecht (2 Bde.) (1851–53) (Zusammenfassung) (**oben Nr. 73**)	An Epitome and Analysis of Savigny's Treatise on Obligations in Roman Law	Archibald Brown (1841–1916) B.A. Edinburgh, Barrister and teacher of Roman Law in Oxford (B.C.L.)	**London 1872**	Examensrepetitorium für Studenten des römischen Rechts in Oxford; Brown: »auch für Praktiker«	unklar	Keine eigentliche Übersetzung, sondern eine stark vereinfachte Zusammenfassung	Meister der Domatik des römischen Rechts (hier der Obligationen)
System des heutigen Römischen Rechts Bd. 8 (1849) (**oben Nr. 71**)	A treatise on the conflict of laws	William Guthrie (1835–1908) Schottischer Anwalt und juristischer Autor	**Edinburgh and London 1869** (2d ed. 1880)	IPR Lehr- und Handbuch für englische u. schott. Studenten und Praktiker	Wechselwirkung mit Story (1834) et al.; Einfluss auf engl. Autoren des 19. Jh.	Einleitung mit kompletter Übersetzung der Vorrede zum System (I)	Begründer eines modernen Internationalen Privatrechts

Titel des Originals	Übersetzung	durch	Ort und Jahr	Anlass oder Interesse	Wirkungen	Sonstiges	Savigny Bild
System des heutigen Römischen Rechts Bd. II (1840) (**oben Nr. 72**)	Jural Relations, or the Roman Law of Persons as Subjects of Jural Relations	William Henry Rattigan (1842–1904) Barrister and Fellow of the Univ. of Punjab (Indien), jur. Autor	**London** (**etc.**) **1884**	Beitrag zur englischen »analytical jurisprudence« in deren Blütezeit	Modell und Vorbild für engl. Autoren (Austin), Markby, Holland, bis hin zu Pollock u.a.	Von vielen angloamerik. Autoren auch im deutschen Original gelesen	Theoretiker eines begrifflich geordneten und systematischen Privatrechts
Vom Recht des Besitzes (1803) (Zusammenfassung) (**oben Nr. 66**)	Possession in the Civil Law. Abridged from the Treatise of von Savigny	J. Kelleher (Hrsg.) Member of the Bengal Civil Service	**Calcutta** (**Indien**) **1888**	Hilfe für die Praxis, insbes. Richter, inbes. in Indien (viele Besitzstreitigk.)	unklar (kam wohl zu spät); Pollock und Wright, Law of Possession,1888	Perry war angeblich ein Fehlschlag (in Indien), deshalb neuer Versuch 40 Jahre später	Meister der Dogmatik des römischen Rechts (insbes. des Besitzes)

IV. Spanisch (L. Lloredo)

1. Juristische Methodenlehre (nach der Ausarbeitung des Jakob Grimm), 1802/03

74 *Metodología jurídica*, übersetzt von J. J. **Santa Pinter**, Depalma, Buenos Aires, 1979.

75 *Metodología jurídica*, übersetzt von J. J. **Santa Pinter**, Valleta Ediciones, Buenos Aires, 2004.

2. Das Recht des Besitzes: eine civilistische Abhandlung, 1803 ff.

76 *Tratado de la posesión según los principios del derecho romano*, Imprenta de la Sociedad Literaria y Tipográfica, Madrid, 1845. Es gibt keinen Hinweis auf den Übersetzer.

77 *Tratado de la posesión según los principios del derecho romano*, aus der oben genannten Übersetzung und mit einer Einführung über »Historicismo y ciencia del derecho en Savigny« (d. h. »Historismus und Rechtswissenschaft bei Savigny«) von **José Luis Monereo**, Comares, Granada, 2005.

3. Vom Beruf unserer Zeit für Gesetzgebung und Rechtswissenschaft, 1814

78 *De la vocación de nuestro siglo para la legislación y la ciencia del derecho*, übersetzt und mit einem Vorwort von **Adolfo G. Posada**, La España Moderna, Madrid, 18?? Es gibt keine Angabe über das Jahr der Veröffentlichung. Es lässt sich aber über den Katalog der Verlag »La España Moderna« mutmaßen, dass es 1894 veröffentlicht wurde.

79 *De la vocación de nuestro siglo para la legislación y la ciencia del derecho*, übersetzt von **Adolfo G. Posada** und mit einer Einführung über »El espíritu del nuevo derecho alemán« (d. h. »Der Geist des neuen deutschen Rechts«) von Enrique de Gandía, Editorial Heliasta, Buenos Aires (Argentina), 1977.

80 *De la vocación de nuestro siglo para la legislación y la ciencia del derecho*, übersetzt und mit einem Vorwort von **Adolfo G. Posada** sowie mit einer Einführung über »Savigny y la nostalgia de la jurisprudencia como ciencia hegemónica« (d. h. »Savigny und die Sehnsucht nach der Jurisprudenz als hegemonische Wissenschaft«) von José Luis Monereo, Comares, Granada, 2008.

5. Über den Zweck dieser Zeitschrift (Vorrede zur ersten Nummer der von Eichhorn und Savigny gegründeten Zeitschrift für geschichtliche Rechtswissenschaft)

81 *Sobre el fin de la revista de la escuela histórica*, übersetzt von R. Atard, in *La escuela histórica del derecho. Documentos para su estudio por Savigny, Eichhorn, Gierke, Stammler*, übersetzt von **R. Atard**, Librería General de Victoriano Suárez, Madrid, 1908. Es handelt sich um ein antologisches Buch, in dem Atard einige wichtige Schriften um die historische Rechtsschule gesammelt hat, darunter das Programm »Über den Zweck ...« Savignys zur *Zeitschrift für geschichtliche Rechtswissenschaft*.

6. System des heutigen Römischen Rechts

82 *Sistema del derecho romano actual*, übersetzt von **Jacinto Mesía** und **Manuel Poley** (aus der französischen Version von M. Ch. Guenoux) und mit einem Vorwort von Manuel Durán y Bas, Centro editorial Góngora, Madrid, 1878–1879 (6 Bände).

83 *Sistema del derecho romano actual*, übersetzt von **Jacinto Mesía** und **Manuel Poley** (aus der französischen Version von M. Ch. Guenoux) und mit einem Vorwort von Manuel Durán y Bas sowie einer Einführung über »El pensamiento jurídico de Savigny« (d. h. »Das juristische Denken Savignys«), Comares, Granada, 2005 (1 Band).

7. Geschichte des römischen Rechts im Mittelalter

Keine Übersetzung vorhanden.

V. Japanisch (Hidetake Akamatsu)

1. Juristische Methodologie

84 **Eizo Hattori**, Übersetzung von F. K. v. Savigny, Juristische Methodenlehre, Stuttgart, 1951, Nihonhyoronshinsha-Verlag, Tokio, 1958.

2. Vom Beruf unserer Zeit für Gesetzgebung und Rechtswissenschaft, 1814, 1828

85 **Masatoshi Nagaba**, vermutlich übersetzt nach J. Stern, Thibaut und Savigny, 1914, in: Waseda Law Review, Extra Issue No. 1 (Waseda University), 1930.

86 **Toyoo Okushi**, übersetzt nach der 2. Ausgabe, 1828, Sekaibungakusha-Verlag, Kioto, 1949.

3. Über den Zweck der Zeitschrift für geschichtliche Rechtswissenschaft, 1815

87 **Rinitsu Kawakami**, in *Seiyohoseishiryosen III Kinsei, Kindai* (Ausgewählte Materialien der westlichen Rechtsgeschichte III, Neue und Moderne Zeit), Sobunsha-Verlag, Tokio, 1979.

4. System des heutigen Römischen Rechts, 1840–49

88 **Eizo Hattori** und **Yu Takahashi**, zu Band 1, § 1 – § 15, in: Doshisha Law Review (Doshisha University) Bd. 7, Heft 3 (1955) – Bd. 8, Heft 4 (1956).
89 **Ryoichi Yamada**, zu Band 8, § 350 – § 359, in: Nagoya University, Journal of law and politics, Nr. 24 (1963).
90 Savigny-**Forschungsgruppe** der Kanseigakuin University, zu Band 1, Vorrede – § 22, in: The journal of law and politics (Kanseigakuin-University) Bd. 15, Nr. 1 (1964) – Bd. 30, Nr. 1 (1979).
91 **Toru Oka**, zu Band 5, § 231, in: The law review of Kansai University, Bd. 31, Heft 5 (1982).
92 **Ichiro Kobashi**, zu Band 1 – Band 8, vollständig übersetzt, Seibundo-Verlag, Tokio, Band 1 (1993), Band 2 (1996), Band 3 (1998), Band 4 (2001), Band 5 (2003), Band 6 (2005), Band 7 (2007), Band 8 (2009).

VI. Russisch (Gnitsevich)

	Nr.	Russischer Titel	Russischer Titel (transliteriert)	Original	Anmerkung
93	**1.**	**Geschichte des römischen Rechts im Mittelalter 1815 ff.**			
		Савиньи Ф. К.О римском праве в средние века. Из соч. [Geschichte des Römischen Rechts im Mittelalter] Савиньи. Пер. Е. Ф. Бутовича-Бутовского. СПб.: Типография Императорской Академии Наук, 1838. – [2], 71 С.	*Savin'i F. K.* O rimskom prave v srednie veka. Iz soč. [Geschichte des Römischen Rechts im Mittelalter] Savin'i. Per. *E.+F. Butoviča-Butovskogo.* St.-Petersburg: Tipografiya Imperatorskoy Akademii Nauk, 1838. – [2],b 71 S.	*Savigny F. C.* Geschichte des römischen Rechts im Mittelalter. Heidelberg: Bd. 1, Mohr u. Zimmer; Bd. 2. 3, Mohr u. Winter, Heidelberg. Erschienen: 1 (1815) – 6 (1831).	1. Verkürzte Übersetzung. 2. Separatdruck der Übersetzung, die erschienen war in: Журнал Министерства народного просвещения. *1838. Т. 20. № 10,* октябрь (Žurnal Ministerstva narodnogo prosveščeniza. 1838. Bd. 20. Nr. 10, Oktyabr' = *Zeitschrift des Ministeriums für Volksbildung).*
94	**2.**	**Obligationenrecht 1851.53**			
		Савиньи Ф. К. Обязательственное право. Пер. с нем. [и снабдил предисл.] Фукс В., Мандро Н. М.: тип. А.В. Кудрявцевой, 1876. – XXXVI, 580, II с.	*Savin'i F. K.* Obyazatel'stvennoe pravo. Per. s nem. [i snabdil predisl.] *Fuks V., Mandro N.* Moskau: Tipografiya A.V. Kudryavcevoy, 1876. – XXXVI, 580, II S.	*Savigny F. C.* Das Obligationenrecht als Theil des heutigen römischen Rechts. Berlin: Veit: Bd. 1: 1851. – VII, 520 S.; Bd. 2: 1853. – IV, 331 S.	S. V–XXXI – Vorwort der Übersetzer: Biografie von F. C. Savigny und seine Bedeutung für die Rechtswissenschaft.
		Савиньи Ф.К. Обязательственное право = Law of obligations. Пер.с нем. Фукс В., Мандро Н. СПб.: Юридический центр Пресс, 2004. – 574 с.	*Savin'i F. K.* Obyazatel'stvennoe pravo = Law of obligations. Per. s nem. *Fuks V., Mandro N.* St. Petersburg: Yuridičeskiy centr Press, 2004. – 574 S.	*Savigny F. C.* Das Obligationenrecht als Theil des heutigen römischen Rechts. Berlin: Veit: Bd. 1: 1851. – VII, 520 S.; Bd. 2: 1853. – IV, 331 S.	Neudruck der Übersetzung des Jahres 1876 (siehe oben).
95	**3.**	**System Bd.1, 1840**			
		Савиньи Ф.К. Система современного римского права: В 8 т. Том I / Пер. с нем. Г. Жигулина; Под ред. О. Кутателадзе, В. Зубаря. М.: Статут, 2011. – 510 с.	*Savin'i F. K.* Sistema sovremennogo rimskogo prava: V 8 t. T. 1 / Per. s nem. *G. Žigulina*; pod red. *O. Kutateladze, V. Zubarya.* Moskau: Statut, 2011. – 510 S.	Savigny F. C. System des heutigen römischen Rechts. Berlin: Veit: Bd. 1–8. Bd. 1: 1840. – L, 429 S.	1. 2011 ist Bd. 1 erschienen. Diese Übersetzung wird vom *Savigny-Centre of Law Research* (Центр исследования права им. Савиньи, Odessa, Ukraine) [unter Leitung von *Oleg Kutadeladze*, JR] veanstaltet.

VII. Chinesisch (Miaofen Chen)

1. Das Recht des Besitzes, 1803 ff.

96 Savigny, Friedrich Carl von (1803). Das Recht des Besitzes. Giessen: Heyer.
（弗里德里希．卡尔．冯．萨维尼著，朱虎、刘智慧译［2007］。
〈论占有〉。北京：法律。）

2. Vom Beruf, 1814

97 Savigny , Friedrich Carl von (1814). Vom Beruf unserer Zeit für Gesetzgebung und Rechtswissenschaft. Heidelberg: Mohr und Zimmer.
（弗里德里希．卡尔．冯．萨维尼著，许章润译［2001］。论立法与法学的-当代使命。北京：中法制。）

3. Verschiedenes aus Beruf und System

98 Savigny, Friedrich Carl von (1948). Grundgedanken der historischen Rechtsschule 1814–1840, hrsg. von Erik J. Wolf. Frankfurt am Main.
（弗里德里希. 卡尔. 冯. 萨维尼著，艾里克. 沃尔夫编，郑永流译[2009]。历史法学派的基本思想：1814－1840年。北京：法律。）

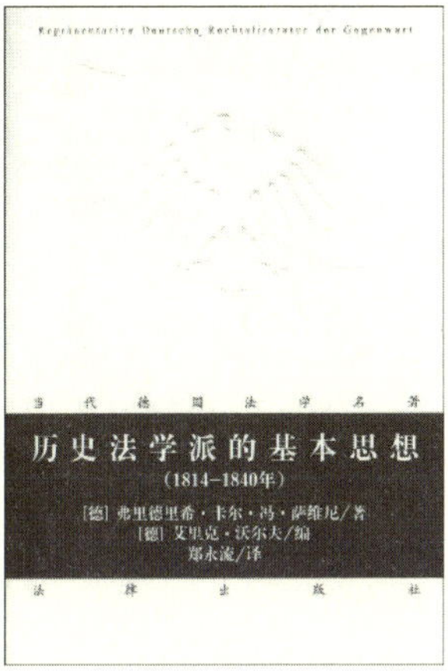

4. System 1849

99 Savigny, Friedrich Carl von (1840–1849). System des heutigen Römischen Rechts, Bd. 8: Herrschaft der Rechtsregeln über die Rechtsverhältnisse, 1849.
（弗里德里希. 卡尔. 冯. 萨维尼著，李双元等译[1999]。法律冲突与法律规则的地域和时间范围，载於：现代罗马法体系，第8卷。北京：法律。）

5. System 1849

100 Savigny, Friedrich Carl von. (1840–1849). System des heutigen römischen Rechts, 8 Bände. Berlin: Veit und Comp. Band 1 (1840); 弗里德里希. 卡尔. 冯. 萨维尼著，《當代罗马法体系》，第1卷，朱虎译，中國法制出版社，北京，2010.

VIII. Portugiesisch (T. Reis)

101 *1. Metodologia jurídica*. Tradução de Hebe A. M. Caletti **Marenco**. Campinas: Edicamp, 2002. 91 S.

102 *2. Sistema de Direito Romano Atual*. Vol. 8. Tradução de Ciro **Mioranza.** Ijuí: Ed. Unijuí, 2004. 414 S.

103 *3. Metodologia jurídica*. Tradução de Heloísa Graça **Buratti**. São Paulo: Ed. Rideel, 2005. 94 S.

IX. Nordische Sprachen, auch Finnisch (L. Björne)

Keine Übersetzungen

X. Baltische Sprachen (M. Luts-Sootak)

Keine Übersetzungen

B. Chronologische Tabelle der Savigny-Übersetzungen (J. Rückert)

(»tw.« bedeutet teilweise)

Savignywerk	Meth 1802 1951	Meth 1993 ^{2}2004	Besitz 1803.06 18.22.26 37.65	Beruf ^{1}1814, ^{2}1828, ^{3}1840	Zweck 1815	GMA ^{1}I–VI, 1815–1831; ^{2}1834–50	System I–VIII, 1840. 40.40.41.41.46 /47.48.49	System VII 1849	OblR I–II 1851, 1853	Sonstiges und Verm. Schriften 1850
Italienisch		1974 tw.	6.-1839 1847–55, ^{2}1861 1857	3.-1847; 1857; 1974 tw.; 1980 tw.; ^{2}1995; 1983, ^{2}1989, ^{3}1992, ^{4}2004	1974 tw.; 1980 tw.	1828–46; 1844 f. 1854–57; 1855; 1865; IV-1980 tw.; ^{2}1995	1828–32, 1846; 1841 tw.; 1843 tw.; 1845 tw.; 1847–55; Vorr. 1853; I-1856; 1861 ND 1847–55; 1884 tw.; 1886–98; 1980 tw.; ^{2}1995	1849 1850	1912–15	Lex Voconia 1834; Kolonat 1837; Steuerverfassg 1837 u. 1838; Schuldrecht u. Universitäten 1838; VS 1852 f.; Stimmen 1974 tw.
Französisch			6.-1840; 6.-1841, ^{2}1845; 7.-1870, ^{2}1879, ^{3}1893	2006;	1839 tw; 2004	I, II-1830; III–VI-1839	1840–51; ^{2}1855–60; ND 2002		1863; ^{2}1873; 1873	Stimmen 1839 tw.; 2006; Universitäten 2003
Englisch			1848; 1888 tw.	1831; 1996 tw.		1829	1867 tw.; 1884 tw.	1880		Universitäten 1803
Spanisch	1979 2004		1845 2005 tw.	(1894) 1977 2008	1908		1878 f. 2005 tw.			

Savignywerk	Meth 1802 1951	Meth 1993 ^{2}2004	Besitz 1803.06 18.22.26 37.65	Beruf ^{1}1814, ^{2}1828, ^{3}1840	Zweck 1815	GMA ^{1}I–VI, 1815–1831; ^{2}1834–50	System I–VIII, 1840. 40.40.41.41.46 /47.48.49	System VII, 1849	OblR I–II 1851, 1853	Sonstiges und Verm. Schriften 1850
Japanisch	1958			1930; 2.-1949	1979		I-1955 f tw.; I-1964–79 tw.; V-1982 tw.; 1993–2009	1963 tw.; 2009		
Portugiesisch		2002 tw.; 2005 tw.						2004		
Russisch				I.-2011	2011	1838 tw.	I-2011		1876; ND 2004	Gönner-Rez. 2011
Chinesisch			I.-2007	2001; 2009 tw.			2009 tw.	1999		

Personenregister

Das Register erfasst alle Namen im Text der Aufsätze, also nicht den Schlusskommentar und den bibliographischen Anhang.